编委会成员

韩　帅（北京云亭律师事务所）

朱一博（北京云亭律师事务所）

党新元（北京云亭律师事务所）

云亭法律
实务书系

金融刑事风控实战指南

实务解析、裁判要点与防控建议

韩 帅 编著

中国法制出版社
CHINA LEGAL PUBLISHING HOUSE

前　言

笔者曾先后在直辖市的市、区两级检察机关从事检察工作，辞去公职之后在某金融控股集团从事法务合规工作。自律师执业以来，主要从事经济类刑事案件的辩护工作。在此期间，笔者承办、督办、指导办理了大量的金融刑事案件和金融合规审查项目。特别是从事律师工作以来，每当办理一个新类型金融犯罪案件时，都需要花费较长的时间梳理个罪的裁判实务情况、裁判要点和法律规范。但是，笔者在与办案人员沟通过程中发现，律师在向办案人员提交详细的类案裁判观点检索报告后，基本都会得到办案人员的正面反馈，案件也较容易取得好的处理结果。

有感于此，笔者在3年前开始筹划编写本书。经过多次打磨，我们最终确定了实务解析、裁判要点、实务建议和法律规范的行文框架。该结构可以使读者阅读一节内容即快速了解个罪的实务现状，把握个罪的裁判要点，洞悉风险防控的实务要点，以此方便从事金融刑事法律工作的法务人员、合规人员、律师以及司法办案人员。

裁判观点，不仅是法官对个案的理解，更是金融公司及实控人、高管、员工应当引以为戒的风险点。本书梳理了金融犯罪中30余个罪名的相关裁判文书，汇编了300个裁判要点。这300个裁判要点对应着至少300个金融刑事法律风险点。

我们以吸收客户资金不入账罪为例，在曾经轰动一时的民某银行北京分行航天桥支行理财“飞单”大案中，二审法院在对原副行长肖某的认定中认为，“由于肖某在销售理财转让产品过程中，明知客户资金打入张某提供或者自己寻找的过渡账户，而并非打入张某所称的实际转让人账户，其在应当采取措施且有能力采取措施的情况下，却没有采取措施去避免或降低客户资金脱离银行有效监管的风险。肖某对客户资金的后续去向持放任态度，不仅严重影响了银行对该部分资金账目真实性的记载，最终也造成了客户资金的巨大损失，应当以吸收客户资金不入账罪追究肖某的刑事责任。”我们将该裁判观点提炼为“金融机构的工作人员明知客户资金未进入法定账户而不采取避免措施，对客户资金的后续去向持放任态度，涉嫌吸收客户资金不入账罪。”该裁判观点代表了法官对该类行为的处理态度。从案外人的视角来看，该裁判观点给我们的启示是，作为银行高管和相关职能部门员工，如果发现客户资金脱离银行有效监管，应当及时履行职责，以避免承担吸收客户资金不入账罪或者其他刑事法律风险。

关于有罪判决的裁判观点，其中蕴含的刑事法律风险点自不待言。关于无罪判决的裁判观点，需要提示的是，即使是无罪裁判案件中的行为方式或者商业模式，通常也蕴含了极高的刑事风险，否则案件不会轻易进入刑事程序。一个无罪判决案件，是要走完公安机关侦查、检察机关审查起诉和法院审判（一审、二审乃至再审）程序的。如果当事人事先知道实施某一特定行为或者启动某一商业模式一定会坐牢，通常是没有人愿意把上述流程“体验”一遍的。因此，我们特别提示读者，不能因为某一行为方式或者商业模式涉及的案件被认定为无罪而认为其没有刑事风险。当然，作为辩护律师，完全可以以此类无罪裁判观点作为类案辩护的参考。

关于本书，我们认为有以下几个特点：

一是体例设置合理，阅读方便。本书根据犯罪对象的不同，将金融犯罪常见的罪名分类归纳为资金贷款类犯罪、票证牌照类犯罪、假币类犯罪、非法集资类犯罪和证券市场类犯罪等五大板块。同时，每节内容分为实务解析、裁判要点、实务建议和法律规范四部分。此外，每节设置详细目录，读者可以根据自己的需求直接检索相关裁判要点。我们希望通过这样的安排，使读者实现“读一节内容，了解一个罪名；读一章内容，了解一类罪名”的目的。

二是案例选取权威、全面。在选取案例的过程中，我们通过公开渠道检索了能够检索到的几乎全部个罪案例，并优先选择“两高”公报案例、指导案例、典型案例和二审判决案例，确保所选择案例的权威性。同时，我们尽量筛选“法院认为”部分论证说理充分的判例。此外，对于个别罪名，考虑到犯罪方式的特殊性，我们选取了少量的一审判例。

三是内容提炼准确，阅读体验友好。我们对每个案例均简要讲明了案件的来龙去脉，大部分案件提炼了“争议焦点”。在忠于判决文书本意的前提下，用凝练精简的文字准确概括了判决文书的裁判要点，尽量让读者“用一句话读懂一篇文章的核心观点”。关于案件事实的提炼，我们适度裁剪加工了裁判文书认定的事实，保留了与裁判要点相关的事实，删除了与裁判要点无关的事实和细节，提升了阅读体验。

四是个罪规范梳理全面详细。本书全面梳理了金融个罪的刑事法律规范性文件，便于读者检索查阅。

通过本书，我们希望金融行业从业人员能够快速识别所在行业的刑事法律风险点，远离刑事法律风险；我们希望法务合规从业人员可以平衡企业运营和刑事风控的关系，护航金融企业平稳发展；我们希望刑事律师从业人员可以从中发现有启发的辩护思路，让自己的金融刑事辩护工作更加有效；我们希望司法裁判人员通过阅读书中的在先判例，借鉴典型案例的论证思路，让自己的判决文书更具说服力和公信力，从而被更多的法律同路人传阅转载！

由于本书作者水平有限，加之时间仓促，遗漏甚至错误在所难免，请各位读者批评指正。如有任何意见或建议，请与本书作者联系，联系邮箱：hanshuai8168@163.com。

韩帅律师
北京云亭律师事务所 管理合伙人
2023年3月18日

目　　录

第一章　资金贷款类犯罪

第一节　高利转贷罪

第二节　违法发放贷款罪

第三节　吸收客户资金不入账罪

第四节 逃汇罪

第五节 骗购外汇罪

第六节 洗钱罪

第七节　贷款诈骗罪

第八节 保险诈骗罪

第二章　票证牌照类犯罪

第一节　擅自设立金融机构罪

第二节 骗取贷款、票据承兑、金融票证罪

第三节 伪造、变造金融票证罪

第四节 窃取、收买、非法提供信用卡信息罪

第五节 违规出具金融票证罪

第六节 票据诈骗罪

第七节 金融凭证诈骗罪

第八节　信用证诈骗罪

第九节　信用卡诈骗罪

第十节　有价证券诈骗罪

第十一节 非法经营罪

第二节　出售、购买、运输假币罪

第三节 持有、使用假币罪

第四节 变造货币罪

第四章　非法集资类犯罪

第一节　非法吸收公众存款罪

第二节　集资诈骗罪

第三节　欺诈发行证券罪

第四节 擅自发行股票、公司、企业债券罪

第五章　证券市场类犯罪

第一节　违规披露、不披露重要信息罪

第二节　背信损害上市公司利益罪

第三节　内幕交易、泄露内幕信息罪

第四节　利用未公开信息交易罪

第五节　操纵证券、期货市场罪

第一章　资金贷款类犯罪

第一节　高利转贷罪

《中华人民共和国刑法》（以下简称《刑法》）第一百七十五条规定了高利转贷罪，本罪的行为方式表现为通过编造虚假的贷款理由或者贷款条件向金融机构套取信贷资金后，以高于贷款时的利率转贷给他人，套取资金的对象是金融机构。本罪的入罪标准为违法所得数额较大，是否给金融机构造成损失不是本罪的构成要件。主观方面要求具有转贷牟利的目的。单位和自然人均可以构成本罪。

为更好掌握司法实务中对高利转贷罪定罪量刑等方面的关注重点，我们对中国裁判文书网公布的高利转贷罪判例进行重点解析。通过研究司法机关的裁判思路，提炼了司法实务裁判要点。针对涉案主体在相关的行为或者经营活动中暴露出来的风险点，从实务角度提出防范建议。同时，我们梳理了与高利转贷罪相关的法律、司法解释、立案标准及政策法规等规定。

一、实务解析

（一）本罪的行为方式为套取金融机构信贷资金后高利转贷给他人

根据《刑法》规定，构成本罪的前提条件是“套取金融机构信贷资金”。

“套取”，通常是指行为人在不符合贷款条件的前提下编造虚假的贷款理由或者贷款条件向金融机构申请贷款，获取在正常流程下无法取得的贷款。值得注意的是，即使是提供真实理由、合法取得贷款，如果未按规定用途使用贷款，而是高利转贷给他人牟利的，也涉嫌“套取”。司法实践中，常见的套取行为包括：以投资、参股、联营等方式将资金转贷给企业，以借新债还旧债形式套取金融机构信贷资金，办理额度循环贷款等。

信贷资金是金融机构作为贷款发放的资金，不但包括信用贷款资金，而且包括担保贷款资金。

本罪中的“高利”不限于高利贷，行为人以高于自己从金融机构获取贷款时的利率进行转贷就属于“高利”。

（二）本罪的入罪标准是违法所得数额较大

根据《刑法》规定，本罪有两个量刑幅度，即违法所得数额较大与违法所得数额巨大。其中，违法所得是否达到数额较大是认定高利转贷罪与非罪的客观标准。

首先，本罪中的“违法所得”是指行为人通过高利转贷所得的利息与应支付给金融机构贷款利息之差，无论行为人是否收回本金，也无论是否向相关部门交还，都计入违法所得金额。

其次，司法实践中，为了避免认定违法所得数额和追缴违法所得数额不一致的情况，“违法所得”是指行为人实际取得的非法利益，不包括可能取得的利益。

最后，根据立案标准，以转贷牟利为目的，套取金融机构信贷资金高利转贷他人，违法所得数额在50万元以上的，应予立案追诉。

（三）构成本罪不要求给金融机构造成重大损失

本罪侵犯的客体是信贷资金发放的管理制度和利率管理秩序。为了金融活动的有序进行，只有符合条件的金融机构才能够进行发放贷款的活动。行为人为了获取利息差，牟取非法利益，套取金融机构贷款后高利转贷，此行为已经侵犯了信贷资金发放的秩序和管理制度，已经涉嫌高利转贷罪。至于行为人之后是否归还本息，即金融机构是否遭到重大损失，不是本罪的构成要件，不影响高利转贷过程中犯罪行为的定性。

（四）本罪要求行为人主观上具有转贷牟利的目的

本罪在主观方面要求行为人具有转贷牟利的目的，就转贷牟利目的产生的时间来看，在获得贷款前和获得贷款后产生转贷牟利目的都属于具有转贷牟利目的。

司法实践中，判断行为人有无转贷牟利目的，关键是根据行为人获取贷款后是否按照其申请理由或者方式使用贷款。如果行为人未按正常用途使用贷款，则容易被认定为具有转贷牟利之目的。

二、裁判要点

001 合法获取贷款后转贷给他人并牟利的涉嫌高利转贷罪

裁判要点

合法获取贷款后转贷给他人并牟利，属于套取金融机构的信贷资金转贷给他人的行为，违法所得数额较大的，构成高利转贷罪。

裁判思路

基本案情[①]**：**

2012 年 9 月 28 日，时任宣某消防公司法定代表人的江某木以宣某消防公司的名义与建某银行状元路支行签订《人民币流动资金贷款合同》，借款金额 1000 万元，期限为 12 个月，月利率为 0.575%。同日，宣某消防公司与新某公司签订《借款协议》，借款金额 1000 万元，期限是 18 个月，借款利率为月息 2%。

次日，建某银行状元路支行向宣某消防公司发放贷款 1000 万元后，宣某消防公司将该 1000 万元用于为新某公司支付工程款。

2012 年 11 月至 2013 年 5 月，宣某消防公司从新某公司获取 1000 万元的借款利息 130 万元，同时为 1000 万元借款支付银行利息 38.908335 万元、咨询费 6 万元、税费 6.802 万元，违法所得 78.289665 万元。

一审法院认为，宣某消防公司犯高利转贷罪，判处罚金人民币二百三十五万元；法定代表人江某木犯高利转贷罪，判处有期徒刑一年六个月。宣判后，宣某消防公司、江某木不服，提起上诉。

争议焦点：未编造虚假的理由或贷款条件，向金融机构申请贷款后转贷牟利的，是否属于“套取”，能否构成高利转贷罪？

---

① 案件来源：安徽省宣某消防工程有限公司等高利转贷案【安徽省宣城市中级人民法院（2014）宣中刑终字第 00159 号】。

辩护意见：

宣某消防公司及其辩护人辩称：高利转贷罪的构成要件是行为人必须套取金融信贷资金，即行为人不符合贷款的条件，而以虚假的贷款理由或者贷款条件向金融机构申请贷款，并且获取由正常程序无法获得的贷款，同时要求行为人主观上有转贷牟利的目的。而本案中上诉人在向建某银行状元路支行借贷时，均是通过正常的程序。虽然上诉人把借款转借出去所得的利息高于银行同期的贷款利息，但是其主观上没有牟利的目的。

二审法院认为：

高利转贷罪是指以转贷牟利为目的，将套取的金融机构信贷资金转贷给他人，违法所得数额较大的行为。本罪侵犯的客体是国家金融信贷资金管理制度。客观方面表现为将套取的金融机构的信贷资金以高于银行的利率转贷他人，获取非法利益，违法所得数额较大的行为。其套取金融机构的信贷资金的方式不仅指“行为人不符合贷款的条件，而以虚假的贷款理由或者贷款条件，向金融机构申请贷款，并且获取由正常程序无法获得的贷款”，而且包括行为人凭借能向银行获取贷款的特殊条件，将从银行以较低利息获取的贷款，转而以较高利率转贷他人，从中非法牟利的情形，因此，二位上诉人的行为属于套取金融机构的信贷资金。

2012 年 9 月 28 日，时任宣某消防公司法定代表人的江某木以宣某消防公司的名义，以月利率 0.575%向建某银行状元路支行借款 1000 万元，同日，宣某消防公司即以月息 2%的利率将该款借与新某公司，自 2012 年 11 月至 2013 年 5 月，宣某消防公司共获取违法所得 78 万余元，其非法牟利的主观故意明显；综上，对上诉人宣某消防公司上诉理由及其辩护人的辩护意见均不予支持。

裁判结果

驳回上诉，维持原判。

002 从金融机构获得贷款后，以投资为名行出借资金牟利之实涉嫌高利转贷罪

裁判要点

行为人从金融机构获得贷款后，以投资为名行出借资金牟利之实，属于套取信贷资金转贷给他人的行为，违法所得数额较大的，构成高利转贷罪。

裁判思路

基本案情[①]**：**

2012年8月，被告人唐某、李某经合谋，在本溪市某银行采取借名、虚构贷款用途等方式，获取银行贷款2390万元。后以投资股权为名，将该资金以每月3%的利息转贷给威海港某置业有限公司。

经司法鉴定所鉴定，二人从中获取转贷利差8804385.49元。

一审法院认为，唐某犯高利转贷罪，判处有期徒刑四年，并处罚金人民币九百二十五万元；李某犯高利转贷罪，判处有期徒刑四年六个月，并处罚金人民币九百二十五万元。宣判后，唐某、李某不服，提起上诉。

争议焦点：以投资为名，将银行贷款出借给他人并获取“投资收益”，是否构成高利转贷罪？

辩护意见：

唐某、李某辩称：2390万元是唐某和李某对港某置业的投资，是唐某、李某作为股东的投资款，不是借款，也非转贷牟利。

二审法院认为：

……王某1、孙某1为筹集收购港某置业的资金向唐某、李某借款，唐某、李某要求在收取每月3分利息的基础之上，还要得到港某置业部分股权，作为借款的前提，《联合开发协议书》约定，甲方（孙某1代表唐某、李某）出资支付股权转让金，获得港某置业部分股权，同时约定“投资的3000万元资金，使用时间为一年，投资收益金每月为3%”，并要求乙方（王某1）为该投资款提供实

---

① 案件来源：唐某、李某高利转贷案【辽宁省本溪市中级人民法院（2020）辽05刑终95号】。

物担保，系以“联合开发”“投资”为名，行出借资金获取利益之实，其出借资金中的2390万元来自银行信贷资金，属转贷牟利行为，其从中获取转贷利差，违法所得数额巨大，构成高利转贷罪，该上诉理由及辩护意见无事实依据，不予采纳。

裁判结果

驳回上诉，维持原判。

003 套取小额贷款公司信贷资金后高利转贷给他人涉嫌高利转贷罪

裁判要点

农村小额贷款公司在性质上属于金融机构，套取小额贷款公司信贷资金后高利转贷给他人，构成高利转贷罪。

裁判思路

基本案情①：

2010年10月至2012年12月，被告人高某忠先后通过陈某等20余人及由高某忠控制的公司作为借款人，以用于生产经营为名、提供虚假财务报表的方式，多次骗取常熟市海某小贷公司贷款共计30700万元，海某小贷公司的贷款月利率为1.25分至1.6分。

其中，高某忠以转贷牟利为目的将上述部分贷款资金中的7216万元，以2分至3分的月息高利转贷给孙某一（已另案处理），从中赚取利息差387.6478万元。

后高某忠无法归还贷款，造成海某小贷公司经济损失8300万元。

一审法院认为，高某忠犯高利转贷罪，判处被告人有期徒刑二年六个月，并处罚金人民币四百万元。宣判后，高某忠不服，提起上诉。

争议焦点：农村小额贷款公司是否属于金融机构?

---

① 案件来源：高某忠高利转贷案【江苏省苏州市中级人民法院（2017）苏05刑终205号】。

辩护意见：

高某忠上诉称：海某小贷公司不属于《刑法》第一百七十五条规定的金融机构，法院不应适用该条对其定罪量刑……

高某忠辩护人认为：小额贷款组织是国务院在2006年授权银监会牵头、会同人民银行等部门研究制定管理办法的新生事物。银监会和人民银行在《关于小额贷款公司试点的指导意见》中仅将其定义为“由自然人、企业法人与其他社会组织投资设立，不吸收公众存款，经营小额贷款业务的有限责任公司或股份有限公司”，并未明确其系金融机构，原审判决认定海某小贷公司的性质系其他金融机构的依据不足……

二审法院认为：

骗取贷款罪和高利转贷罪均以放款单位是金融机构为前提，海某小贷公司在性质上是否属于金融机构可从以下几个方面分析：

第一，海某小贷公司是经江苏省人民政府金融工作办公室批准设立的机构，江苏省人民政府金融工作办公室是经中国人民银行和银行业监督管理委员会授权的省级政府主管部门。

第二，海某小贷公司系经许可从事面向“三农”发放贷款等业务的机构，根据相关法律、法规的规定，农村小额贷款公司从事的放贷业务系金融业务。

第三，中国人民银行的相关规定已经明确认可小额贷款公司为金融机构，中国人民银行颁布的《金融机构编码规范》及中国人民银行、银监会、保监会、证监会、国家统计局经国务院同意颁布的《金融业企业划型标准规定》等规范性文件均将农村小额贷款公司归入金融机构。

第四，海某小贷公司设立后不久即按照有关规定向中某人民银行苏州市中心支行进行新增法人金融机构信息申报，并经中某人民银行苏州市中心支行审核同意后取得金融机构编码。

第五，作为农村小额贷款公司的授权主管机关江苏省人民政府金融工作办公室于2017年11月16日印发了《关于促进小额贷款公司持续健康发展的指导意见》，该意见明确了小额贷款公司的行业分类属于非货币银行服务类金融机构。

综上，本院认为，不管是从分类形式上还是从业务实质上均应认定海某小贷公司属于金融机构。故对上诉人高某忠的该上诉理由及其辩护人的相应辩护意见，本院不予采纳。

裁判结果

驳回抗诉和上诉，维持原判。

004 高利转贷资金的对象不仅包括银行贷款，也包括承兑汇票贴现

裁判要点

高利转贷资金的对象包括银行贷款和承兑汇票贴现，二者均系金融机构信贷资金，凡是将金融机构贷款用于借贷牟取非法收入的行为，均属于《刑法》第一百七十五条第一款规定的“套取金融机构信贷资金”。

裁判思路

基本案情①：

2013年1月22日，被告人楼某芝以虚假的购销合同通过浙江金某公司在中国建某银行义乌分行贷款1700万元；2013年1月28日，楼某芝通过义乌某富公司以承兑汇票贴现方式在中某银行贷款2187万元。

后通过楼某一的司机吴某兵账户以高于银行利率（月息4分）转借给项城市某德公司进行非法牟利。楼某芝等人以高利转贷方式非法牟利共计10297303.53元。

同年，楼某芝等人还通过同样的方式实施高利转贷行为，非法牟利共计3444333.32元。

一审法院认为，楼某芝犯高利转贷罪，判处有期徒刑四年，并处罚金人民币54966547.4元。宣判后，楼某芝不服，提起上诉。

争议焦点：承兑汇票贴现是否属于金融机构的“信贷资金”？

辩护意见：

楼某芝及其辩护人辩称：涉案贷款系担保贷款，而非信用贷款……

---

① 案件来源：楼某芝高利转贷案【河南省周口市中级人民法院（2020）豫16刑终407号】。

二审法院认为：

本案所涉高利转贷资金包括银行贷款和承兑汇票贴现，均系金融机构信贷资金。根据《贷款通则》[①] 有关"借款人不得套取贷款用于借贷牟取非法收入"的规定，可以认定，凡是将金融机构贷款用于借贷牟取非法收入的行为，均属于《刑法》第一百七十五条第一款规定的"套取金融机构信贷资金"；银行贷款有无担保不影响其性质认定。银行承兑汇票是纳入信贷科目管理的，银行承兑汇票贴现时使用的资金属于银行的信贷资金，票据贴现也是银行借出信贷资金的一种表现形式。原审认定涉案银行贷款、承兑汇票贴现属于金融机构信贷资金，符合法律规定。上诉人楼某芝及其辩护人关于"涉案贷款系担保贷款，而非信用贷款"的上诉理由、辩护意见，不能成立。

裁判结果

驳回上诉，维持原判。

005 只要转贷利率高于银行同期贷款利率，即属于高利转贷中的"高利"

裁判要点

高利转贷罪中的高利不同于民间借贷中的"高利贷"，企业向银行贷款后转贷，只要转贷利率高于银行同期贷款利率即为"高利"。

裁判思路

基本案情[②]：

被告人周某系被告单位度某公司的法定代表人，被告人曹某锋在该公司工作。曹某锋与周某商量，决定以度某公司需流动资金为由，向银行申请贷款，龙某公司则以其房产作贷款抵押担保。度某公司套取到信贷资金后再转贷给龙某公

① 《贷款通则》全称为《中国人民银行贷款通则》，于1996年8月1日起施行，现行有效。

② 案件来源：上海度某企业发展有限公司等高利转贷案【上海市闸北区人民法院（2010）闸刑初字第900号】。

司，并从中赚取好处费。

2008年4月24日，周某以度某公司的名义与某银行签订两份贷款合同，共贷款1000万元。5月30日，度某公司与龙某公司在《借款合同》中约定，龙某公司向度某公司借款1000万元，其中将先行扣除97万元作为应归还银行的到期利息（后减少为90万元，另外7万元作为龙某公司支付给曹某锋的劳务费），90万元作为龙某公司支付给度某公司的服务费，30万元作为龙某公司归还本金的保证金暂扣于度某公司账户。当日，曹某锋领取66.8万元好处费。

争议焦点：转贷利率未高于银行同期贷款利率的4倍是否属于“高利”？

辩护意见：

曹某锋的辩护人认为：……度某公司与龙某公司签订的《借款合同》中约定的利息是以银行的实际年利率为准，度某公司并没有高出银行利息转贷；度某公司收取的服务费是否作为利息有待商榷，即使作为利息，也未高出银行利息的4倍，故不属于高利。

法院认为：

首先，从法律规定来看，高利转贷罪中的“高利”不应等同于民间借贷中的“高利”。高利转贷行为所涉及的资金直接来源于金融机构的信贷资金，其侵犯的客体除利率管理制度，还有国家对信贷资金的发放管理秩序等。高利转贷中转贷利率具体高出银行同期贷款利率的多少，并不影响高利转贷罪的成立。因此，行为人违法将金融机构的信贷资金以高于银行的贷款利率转贷给他人，非法获取一定利益，即应以高利转贷罪论处。

其次，根据本案案情，度某公司与龙某公司在《借款合同》中约定借款利息是以到期的银行实际年利率为准并先期予以扣除，表面上看度某公司仅仅是将贷款转借给龙某公司，由龙某公司支付相应的贷款利息，双方并未约定龙某公司还需支付度某公司相应的利息，但《借款合同》同时约定龙某公司须支付给度某公司服务费并先期予以扣除，该笔服务费亦系度某公司在本次转贷中所获取的利益，其性质符合利息的本质，结合具体案情，度某公司收取的服务费与转贷资金总额的比例已高出其与中国工某银行股份有限公司上海市普陀支行签订的《小企业贷款合同》中约定的贷款利率，据此可以认定度某公司实质上将金融机构的信贷资金以高于银行的贷款利率转贷给龙某公司。

裁判结果

一、上海度某企业发展有限公司犯高利转贷罪，判处罚金人民币150万元。

二、周某犯高利转贷罪，判处有期徒刑一年，缓刑二年。

……

006 在规定期间向金融机构归还本息未给金融机构造成损失，仍可能构成高利转贷罪

裁判要点

行为人向金融机构贷款后转贷给他人，即使在规定期间向金融机构归还本息未给金融机构造成损失，仍可能构成高利转贷罪。

裁判思路

基本案情①：

2017年7月11日至2018年7月11日，被告人邓某以其妻子名义，虚构经营事实，向成某银行广某分行贷款70万元。然后，将该笔贷款全部借给杨某按月息3%收取利息（借款期限为12个月），后邓某与杨某双方达成约定，杨某需偿还邓某30万元利息（含2016年至2017年未付部分利息）和70万元本金共计100万元。

截至案发前，杨某已偿还邓某33万元本金，剩余67万元本金尚未偿还。邓某向银行支付贷款本金70万元及利息46309.41元。

一审法院认为，邓某犯高利转贷罪，判处有期徒刑一年，并处罚金人民币六十万元。宣判后，邓某不服，提起上诉。

争议焦点：高利转贷后向金融机构归还本息，未给金融机构造成损失，是否构成犯罪?

辩护意见：

邓某及其辩护人认为：银行的贷款本息由邓某归还，并无损失，不构成高利转贷罪。

二审法院认为：

《刑法》第一百七十五条第一款规定："以转贷牟利为目的，套取金融机构

---

① 案件来源：邓某高利转贷案【四川省广安市中级人民法院（2020）川16刑终52号】。

信贷资金高利转贷他人，违法所得数额较大的，处三年以下有期徒刑或者拘役，并处违法所得一倍以上五倍以下罚金；数额巨大的，处三年以上七年以下有期徒刑，并处违法所得一倍以上五倍以下罚金。”由此可见，本罪侵犯的客体是国家对信贷资金的发放及利率管理秩序，其是否给银行造成损失，不影响高利转贷罪的成立，只要以转贷牟利为目的，套取金融机构信贷资金高利转贷他人，违法所得数额较大的行为就构成本罪，邓某以其妻子的名义以转贷牟利为目的，虚构经营事实，四次向成某银行广某分行申请经营性贷款，后将所贷资金全部借给杨某，并按月息3%收取利息，从中获利51万余元。该行为触犯了《刑法》第一百七十五条的规定，构成高利转贷罪。故，邓某及其辩护人的该上诉和辩护意见不成立，本院不予支持。

裁判结果

……

三、上诉人邓某……犯高利转贷罪，判处有期徒刑一年，并处罚金人民币六十万元……

007 获取贷款后未按用途使用且立即转借他人，应认定其具有转贷牟利的主观目的

裁判要点

从金融机构获取贷款后，未按申请用途使用贷款，而是将贷款立即转借他人，应认定其具有转贷牟利的主观目的。

裁判思路

基本案情[①]**：**

绿某公司由被告人杨某松持股99%，其妻黄某持股1%，从事农贸市场开发、管理、房屋及摊位出租等经营活动。

2013年6月，绿某公司向湖北某银行申请综合授信贷款4000万元。同年7

① 案件来源：杨某松、绿某公司高利转贷案【湖北省宜昌市中级人民法院（2019）鄂05刑终231号】。

月，经湖北某银行（贷审会）批准对绿某公司综合授信2000万元，用于公司经营流动资金及市场房屋装修改造，期限为3年。

其间，杨某、钟某向杨某松借款，杨某松利用绿某公司所获批的综合授信信贷资金转贷杨某、钟某使用，获取差额利息。

一审法院认为，绿某公司犯高利转贷罪，判处罚金人民币160万元；杨某松犯高利转贷罪，判处有期徒刑一年，缓刑二年。宣判后，杨某松不服，提起上诉。

争议焦点：获得贷款后未按申请用途使用贷款，而是立即转入他人账户，能否认定具有转贷牟利的主观目的？

辩护意见：

杨某松上诉称：其获得贷款程序合法，没有采取不合法不合规的行为套取贷款。请求二审法院依法改判无罪。

辩护人认为：高利转贷罪须以转贷牟利为目的套取金融机构贷款，客观上也应有套取贷款的行为。一审法院认定被告单位与借款人形成转贷合意后向银行申请贷款的证据不足。

二审法院认为：

关于上诉人的上诉理由及其辩护人的辩护意见，经查，绿某公司在向金融机构申请授信时虽无违反相关法规的行为，但该公司2013年9月、10月两次向金融机构申请贷款时均虚构资金用途欺骗贷款审核部门，获取贷款后亦没有按正常贷款用途使用贷款，而是均立即转入他人账户转贷牟利。综合全案证据，足以证明绿某公司经营者杨某松出于牟取利益的目的，套取银行信贷资金高利转贷他人牟取非法利益，其行为构成高利转贷罪，故本院对杨某松及其辩护人的辩护意见均不予支持。

裁判结果

驳回上诉，维持原判。

008 行为人是否将放贷本金收回，不影响违法所得数额的认定

裁判要点

实施高利转贷行为的违法所得，是行为人通过高利转贷所获的利息与其应支付给金融机构贷款利息之差，至于行为人是否将放贷本金收回，不影响违法所得数额的认定，不影响其构成高利转贷罪。

裁判思路

基本案情①：

2014年1月10日，被告人高某甲以购买铁矿石为名向某信用社贷款300万元（贷款月利率为7.75‰）后，将其中的100万元出借给李某甲，双方约定按照每10天6%的利率支付利息。

截至2014年5月9日，高某甲一共收到李某甲支付的款项为49.6万元，其中包含本金10万元、利息39.6万元。至2014年5月，高某甲支付信用社上述100万元贷款的利息为3.875万元，与收取李某甲的借款利息39.6万元差额为35.725万元。

一审法院认为，公诉机关指控被告人高某甲高利转贷违法所得数额较大的事实不清，证据不足，高某甲无罪。后云南省易门县人民检察院提起抗诉。

争议焦点：高利转贷后，未能将放贷本金收回，是否构成高利转贷罪？

辩护意见：

辩护人认为：高利转贷罪属于结果犯，只有在转贷行为取得违法数额较大的情形下才构成犯罪。本案中，李某甲只归还了原审被告人高某甲100万元借款中的49.6万元，尚有50.4万元本金没有收回，高某甲没有牟取到任何利益，其不构成犯罪。

二审法院认为：

高利转贷罪中的“违法所得”系借款人高利转贷所得利息与其应支付金融

---

① 案件来源：高某甲高利转贷案【云南省玉溪市中级人民法院（2015）玉中刑终字第143号】。

机构贷款利息之差。本案中，原审被告人高某甲将100万元金融机构贷款转借给李某甲，收取李某甲39.6万元的借款利息，支付金融机构3.875万元的利息，其从中获取的利息差额35.725万元应当认定为高利转贷行为的违法所得。原审被告人高某甲及其辩护人提出本案没有违法所得的意见不能成立，本院不予采纳。……高利转贷罪所侵犯的直接客体是国家对信贷资金的发放及利率管理秩序，其追诉标准是违法所得即利息差额达到数额较大及以上。原审被告人高某甲通过高利转贷行为非法获取利息35.725万元，数额较大，其行为已构成高利转贷罪。原审被告人高某甲及其辩护人所提不构成犯罪的意见不能成立，本院不予采纳。

裁判结果

一、撤销易门县人民法院（2015）易刑初字第43号刑事判决。

二、原审被告人高某甲犯高利转贷罪，免予刑事处罚。

009 高利转贷行为中可能的获利不计入违法所得数额

裁判要点

违法所得一般以实际取得的违法数额作为认定依据，至于行为人可能的获利不计入违法所得数额。

裁判思路

基本案情①：

2012年5月，鑫某公司使用虚假的产品购销合同虚构事由，以8.528%的年利率套取某银行贷款人民币500万元，贷款期限一年，后将其中400万元以2%的月利率转贷给楠某公司，约定借款期限11个月。范某东系鑫某公司的主管负责人，决定并参与了上述转贷行为。

2012年11月，鑫某公司归还银行贷款本金人民币2531973.02元，后于2013年5月还清剩余银行贷款。案发后，鑫某公司向公安机关退缴人民币

① 案件来源：范某东高利转贷案【江苏省宿迁市中级人民法院（2018）苏13刑终281号】。

358384 元。

一审法院认定鑫某公司的违法所得数额为人民币 386187.41 元，其中实际取得人民币 298105.79 元。鑫某公司、范某东上诉后，二审法院认定鑫某公司的违法所得数额为人民币 336023.48 元。

争议焦点：高利转贷行为中，违法所得数额的计算是否包含行为人可能获得的收益？

辩护意见：

范某东上诉称：对一审判决计算的数额不予认可……

辩护人认为：原审法院计算违法所得方法错误，且不应当将可得部分计入违法所得。

鑫某公司提出的主要上诉理由为：原审法院没有阐述计算非法所得的方法，计算数额有误；可能的获利不应当进行计算。

二审法院认为：

高利转贷罪是以转贷牟利为目的，套取金融机构信贷资金高利转贷他人，违法所得数额较大的，构成高利转贷罪。根据《最高人民检察院、公安部关于公安机关管辖的刑事案件立案追诉标准的规定（二）》[①]（以下简称《刑事案件立案追诉标准（二）》）第二十六条的规定，高利转贷违法所得数额在十万元以上的，构成高利转贷罪。从立案标准的整体体系来看，对违法所得一般以实际取得的违法数额作为认定依据。而将可得利益计入违法所得，会导致认定违法所得数额和追缴违法所得数额不一致，出现明显的数额计算上的矛盾和整体解释上的矛盾。综上，上诉人及其辩护人所提该上诉理由和辩护意见有事实和法律依据，本院予以支持。

裁判结果

……

二、上诉人宿迁市鑫某公司犯高利转贷罪，判处罚金人民币三十五万元；上诉人范某东犯高利转贷罪，判处拘役五个月，缓刑七个月。

三、公安机关扣押上诉人鑫某公司 358384 元，其中 336023.48 元作为违法所得予以没收，上缴国库，剩余 22360.52 元作为鑫某公司财产予以追缴，缴纳罚金。

---

① 该文件已于 2022 年 4 月 6 日进行修订，关于高利转贷的规定见第二十一条，立案追诉标准调整为“违法所得数额在五十万元以上”。

010 高利转贷期间为通过高利转贷信贷资金进行牟利的持续期间

裁判要点

高利转贷期间为通过高利转贷信贷资金进行牟利的持续期间，如果归还贷款后又办理额度循环贷款，转贷的款项仍然处于转贷状态，在此期间转贷的获利都应当计入违法所得数额。

裁判思路

基本案情[①]**：**

王某保是欧某家电的法定代表人、创某电器的实际经营者。2014年8月1日，王某保操控欧某家电与创某电器签订了合同标的为2430万元的电器购销合同，然后以欧某家电购买电器资金不足为由，向吉林某银行申请贷款1700万元。

2014年8月，经某公司需要资金，其公司副总经理陈某志向王某保提出借款。8月27日，吉林某银行向欧某家电发放贷款。8月28日，王某保将贷款人民币500万元通过陈某志转贷给经某公司。2014年8月28日至2015年3月28日，王某保收取利息人民币84.5万元。

2015年8月28日，王某保归还贷款，又办理额度循环贷款。截至2015年11月25日，王某保借给经某公司的1350万元（含王某保将商业贷款人民币500万元高利转贷给经某公司）本金及利息由经某公司用19套商品房以物抵债的方式进行折抵，其中，王某保将商业贷款人民币500万元高利转贷收取利息人民币25.6469万元。

另查明，王某保在吉林某银行贷款的500万元的利息及金融服务费共计51.3333万元。王某保获取除吉林某银行贷款利息及金融服务费用外收入人民币58.8136万元。

一审法院认为，王某保犯高利转贷罪，判处有期徒刑六个月，缓刑一年，并

---

① 案件来源：王某保高利转贷罪再审案【吉林省延边朝鲜族自治州中级人民法院（2019）吉24刑再3号】。

处罚金人民币十五万元。后检察院提起抗诉，延边州中级人民法院指令珲春市人民法院再审。

珲春市人民法院认为，王某保犯高利转贷罪，判处有期徒刑一年六个月，并处罚金人民币六十万元。

宣判后，原审被告人王某保不服，向延边州中级人民法院提出上诉。

争议焦点：高利转贷行为中，归还贷款后又办理额度循环贷款，贷款期间是否中断？在此期间内转贷的获利是否应当计入违法所得数额？

辩护意见：

王某保的辩护人辩称：事实上，2014 年 8 月 28 日发放的贷款涉案 500 万元，已在 2015 年 8 月 28 日由王某保筹集资金归还完毕而消灭了贷款，贷款状态结束。2015 年 8 月 28 日以后的贷款是另外发生的新贷款，与涉案转借 500 万元毫无关系。原判将涉案贷款期间认定为 2014 年 8 月 28 日至 2015 年 11 月 25 日，与事实完全矛盾。

二审法院认为：

本案涉案高利转贷额是 500 万元，高利转贷期间应为高利转贷该 500 万元信贷资金牟利的持续期间。虽然王某保于 2015 年 8 月 28 日归还贷款，但王某保又办理额度循环贷款，500 万元仍处于转贷的状态，王某保仍在用该笔转贷资金牟利至 2015 年 11 月 25 日以房抵债。原审认定王某保用 500 万元高利转贷收取利息时间截至 2015 年 11 月 25 日正确。

裁判结果

驳回上诉，维持原判。

011 个人利用公司实施高利转贷犯罪活动属于个人犯罪

裁判要点

公司在高利转贷过程中未按照其注册许可的内容开展正常经营活动，且公司主要发挥从金融机构获取贷款、保证贷款额度的作用的，应认定为行为人利用公司实施高利转贷犯罪活动属于个人犯罪，而非单位犯罪。

裁判思路

基本案情[①]**：**

2011年至2012年，被告人王某、徐某良虚构住某公司与四川三某公司的《工矿产品订货合同》，通过住某公司，以“经营所需流动资金”“流动资金周转”“向供货方支付贷款”等名义，从重某银行成都分行、招某银行成都分行、农某银行锦江支行套取贷款共计1.2亿元。

王某、徐某良将该笔贷款陆续转贷给他人，通过其实际控制的住某公司、贵某公司、翰某公司、三某公司进行转款，由被告人侯某兰通过其个人或公司账户收取还款。通过该方式，王某、徐某良获利共计2041.7万元，其中，向银行支付的贷款利息约为588.33万元，违法所得约为1453.37万元。

一审法院认为，王某犯高利转贷罪，判处有期徒刑四年，并处罚金人民币一千五百万元；徐某良犯高利转贷罪，判处有期徒刑四年，并处罚金人民币一千五百万元。后王某、徐某良不服，提起上诉。

争议焦点：行为人利用公司实施高利转贷行为，属于单位犯罪还是个人犯罪?

辩护意见：

王某及其辩护人辩称：一审判决适用法律不当，该案应认定为住某公司单位犯罪，住某公司的贷款行为是储某代表的三某公司的单位意愿体现，不应认定为王某等人的自然人犯罪……

徐某良辩护人辩称：高利转贷罪是单位犯罪，不是个人犯罪……

二审法院认为：

第一，本案现并无证据证实储某决定将银行贷款高利转贷他人以牟利或者参与将银行贷款高利转贷他人以牟利的共谋，亦无证据证实储某有共同参与具体实施将银行贷款高利转贷他人牟利的行为，即便有证据证实储某参与亦并不能当然等同于三某公司的单位行为，且在案证据也进一步证实高利转贷所获利息并未归属于三某公司或者储某个人所有或者使用。因此，本案高利转贷并非三某公司的单位行为。

第二，王某、徐某良的供述与证人刘某二、陈某二等人的证言以及住某公司和翰某公司的工商登记资料、纳税信息等证据相互印证，证实在高利转贷过程

---

① 案件来源：王某等高利转贷案【四川省高级人民法院（2016）川刑终423号】。

中，无论获取贷款的住某公司，还是将贷款进行转贷的翰某公司，在涉案期间均未按照注册许可的内容开展正常的经营活动。

第三，工商登记资料证实，涉案期间，住某公司的股东为王某、徐某良二人，且二人先后担任法定代表人，该公司主要被用于从银行机构套取贷款，该公司于2009年增资5000万元，也主要是为了支撑在银行的贷款额度，且出资的贵某公司亦为王某实际控制的公司。翰某公司的两位股东中，持有70%股权的王某六系王某之父，持有30%股权的任某梅系徐某良之妻，王某、徐某良系翰某公司的实际控股、持股人，翰某公司的最终获利实际为王某、徐某良所有。

第四，根据银行的贷款政策，王某、徐某良不可能以个人身份从银行套取额度如此之大的贷款，住某公司只是二人从银行套取贷款的工具。对于翰某公司，王某等人供述其目的就是放贷，刚开始使用的资金主要就是贷款，2012年7月，翰某公司将贷款还完后，才使用自有资金对外借款。

第五，王某、徐某良以翰某公司的名义放贷时，却由个人签订借款合同，也是因已认识到转贷行为不合法，为规避法律法规而采取的掩饰手段，证明翰某公司也只是王某、徐某良实施转贷犯罪的工具。

综上所述，本案的高利转贷系王某、徐某良利用二公司实施的犯罪活动，不符合单位犯罪的构成要件。故王某、徐某良及其辩护人提出本案高利转贷罪应认定为单位犯罪的上诉、辩护意见不能成立，本院不予采纳。

裁判结果

驳回上诉，维持原判。

012 个人支配公司以公司名义向银行贷款后向他人转贷，利润最终流入行为人个人账户的，应认定为个人犯罪

裁判要点

以公司名义向银行贷款后向他人转贷，如果贷款行为与转贷行为未经过股东会决议，公司的相关行为由个人支配，且利润最终流入行为人个人账户的，贷款和转贷都属于个人意志的体现，应认定为个人犯罪。

裁判思路

基本案情[①]**：**

被告人陈某林为南某机电、城某机电法定代表人及实际控制人。2009 年 6 月，陈某林分别以南某机电、城某机电的名义，指使时任南某机电财务总监的被告人凌某均利用伪造的贷款资料骗取贷款授信，从某银行贷得 3.2 亿元贷款，利用其中 1.6 亿元成立广西开某和广西广某公司。

之后，陈某林以广西开某为借款主体、广西广某为顾问将城某机电和南某机电从某银行套取的贷款中的 5000 万元转借给广西友某。在借款期内，广西友某前后共计支付了约 1417.26 万元利息、手续费、顾问费给陈某林所控制的公司。同期，陈某林只需支付约 476.13 万元利息给贷款银行，其非法牟利高达约 941.13 万元。

一审法院认为，陈某林犯高利转贷罪，判处有期徒刑三年六个月，并处罚金人民币 950 万元；凌某均犯高利转贷罪，判处有期徒刑一年一个月，并处罚金人民币 20 万元。宣判后，陈某林、凌某均提起上诉。

争议焦点：以公司名义实施贷款、借款、利息收取等高利转贷行为，但所涉行为均由实控人支配，属于单位犯罪还是个人犯罪?

辩护意见：

陈某林提出：涉案公司的股东们实际是通过电话会议表决执行，贷款、投资行为是公司决策，广西友某支付的 5000 万元利息收入均用于给付银行利息，其本人没有拿过该笔收入。

其辩护人辩称：本案高利转贷的行为是单位犯罪。

二审法院认为：

获取某银行贷款时，南某机电股东为陈某林、陈某，城某机电股东为陈某，二公司实际控制人均为陈某林，陈某林供述、陈某证言均证实贷款是由陈某林一人决定，陈某只是挂名，且无股东会决议权。广西开某借款给广西友某时，有三个股东即南某机电、城某机电、新某公司，从陈某林、凌某均供述可知，借款给广西友某的事情陈某林未告知新某公司或彭某馨，从银行流水等书证也证实新某公司或彭某馨未从中获益，且借款给广西友某无股东会决议，上述证据足以证实借款给广西友某是陈某林个人决定。陈某林所提公司股东通过电话表决执行无证

---

① 案件来源：陈某林、凌某均高利转贷案【广东省东莞市中级人民法院（2018）粤 19 刑终 383 号】。

据证实，且与本案查明事实不符。

本案的贷款行为、借款行为、利息收取虽都是通过南某机电、城某机电、广西开某、广西广某，但所涉公司及相关行为均由陈某林一人支配，且在2011年6月至9月南某机电5861的贷款账户转出共计约3675万元至陈某林个人账户，此后直至2015年，该账户均陆续有转出至个人账户的行为，可以印证陈某林操控南某机电公司账户。综上，本案贷款的获取、转贷均是陈某林个人意志的体现，应认定为个人犯罪。

裁判结果

驳回上诉，维持原判。

013 共同实施高利转贷犯罪的，应结合各行为人所起作用综合评判

裁判要点

共同实施高利转贷犯罪的，应结合各行为人在犯意提出、套取资金、发放贷款等环节所起作用综合评判。

裁判思路

基本案情[①]**：**

2009年至2015年，陈某在与几家商业银行谈妥贷款意向后，安排财务人员释某生按照银行的要求组织、编造贷款资料，由陈某洁用人某大酒店、兆某公司的房产作抵押，以人某大酒店和陈某洁个人的名义向某农信社等八家金融机构取得银行贷款资金16笔，合计金额26800万元。

2010年至2016年，陈某、陈某洁、释某生按不同的利率将贷款资金转贷给20家单位和个人，获得利息4767.9146万元。截至2016年3月，陈某洁、陈某共向八家金融机构支付银行贷款利息2957.02万元。

---

① 案件来源：陈某、陈某洁寻衅滋事、高利转贷案【湖北省荆州市中级人民法院（2017）鄂10刑终200号】。

一审法院认为，“在高利转贷犯罪中，被告人陈某提议并组织实施，起主要作用，系主犯；被告人陈某洁起次要作用，被告人释某生起辅助作用，均系从犯，依法对其减轻处罚……”后检察机关提起抗诉，陈某等也上诉。

争议焦点：行为人陈某洁为高利转贷提供担保，在放贷协议上签名并获得转贷收益，是否属于主犯?

抗诉意见：

某市人民检察院提出支持抗诉意见且认为，一审判决认定陈某洁构成高利转贷罪从犯不当，陈某洁在整个高利转贷环节中起主要作用，应当认定为主犯。

首先，高利转贷犯罪行为中，把资金从银行贷出才是后续高利放贷的基础，陈某洁在明知贷款用途的情况下用自己的房产和所有公司资产作为担保向银行贷得大量资金，在贷款环节起到了积极作用和决定性作用。

其次，在放贷环节，陈某放贷前会与陈某洁商量并取得其同意再放贷，并且为了规避放贷利息过高，有部分贷款将高息分为正常利息和咨询费两个部分，陈某洁在咨询费协议上签字。

最后，从资金走向看，有部分贷款转入陈某洁个人银行卡，再通过其银行卡转贷，并且高利转贷实际最大获益人为陈某洁及其子陈某。

二审法院认为：

由于陈某洁与陈某系母子亲情关系，二人之间的财产关系不宜与普通人同等看待，对本案主从犯的认定，不能仅以是用谁名下资产担保贷款作为主要依据，也不能因二人系母子关系便认定二人均是实际最大获益人进而推定陈某洁为主犯，主要应看二人在高利转贷中各自所实施的行为及其行为在犯罪中所起的作用。

在案证据表明，本案从银行套取资金后转贷牟利的犯意由陈某提出，在套取资金环节，与银行洽谈贷款事宜主要由陈某出面，由陈某安排释某生按照银行放贷的要求组织、编造贷款资料。在放贷环节，亦主要由陈某与 20 家单位和个人联系，签订协议或口头约定利率。

虽从银行贷款是用陈某洁的房产和其公司资产作为担保，在少数放贷协议上有陈某洁签名，陈某洁还将自己的银行卡及密码交由陈某用于转贷，但陈某洁所实施的上述行为在高利转贷犯罪中所起作用明显小于陈某。故一审认定陈某洁系高利转贷罪从犯并无不当。

裁判结果

驳回抗诉、上诉，维持原判。

三、实务建议

为防止借款人在向金融机构借款的过程中触犯高利转贷罪，以至身陷囹圄。在办理同类案件的基础上，结合实际办案经验，我们向借款人提出以下建议。

（一）申请贷款时约定的用途与实际用途保持一致，如果擅自改变贷款的使用用途，则可能被认定为具有转贷牟利的目的

无论是自然人还是企业，即使在申请贷款时均符合金融机构为发放贷款设定的条件，贷款到位之后，在未取得金融机构同意的情况下，擅自将贷款转贷他人，在司法实务中很容易被认定为具有高利转贷的主观故意。因此，我们建议借款人务必按照贷款合同约定的用途使用贷款资金。如果贷款用途可能发生变化，则应当在贷款变更用途之前与金融机构协商，就变更贷款用途达成一致意见。

（二）不要试图以“穿马甲”等方式通过投资等名义改变高利转贷的实质

有的借款人出于对刑事司法的不了解，或者一知半解，认为只要对高利转贷行为进行适度包装，就可以改变高利转贷的性质。常见的情况是，借款人从金融机构获得贷款后，以投资的名义将贷款提供给他人，实际上约定投资收益金，从中获取利益差。该行为本质上属于套取信贷资金转贷给他人的行为，涉嫌高利转贷罪。鉴于刑事司法更多“穿透”考量相关行为的实质，建议借款人在“包装”之前，准确评估该行为的刑事风险。

（三）改变只有传统金融机构的贷款才是高利转贷罪的犯罪对象的错误认识

通常，贷款的放贷主体是银行。实际上，金融机构涵盖的主体很多，凡是可以发放贷款的金融机构，都属于本罪所规范的放贷主体。以农村小额贷款公司为

例，在行业分类上，根据相关规范性文件的规定，农村小额贷款公司属于非货币银行服务类金融机构，在性质上属于金融机构，符合高利转贷罪中获取资金贷款的对象要求。因此，借款人应当清醒地认识到，不是只有银行发放的贷款才属于信贷资金，凡是金融机构发放的贷款都有可能被认定为信贷资金。

（四）改变没有给金融机构造成损失，或者没有收回本金就不构成高利转贷罪的错误认识

转贷人没有给放贷主体造成实际损失和转贷人没有从转贷行为中实际获利，并不妨碍高利转贷罪的认定。高利转贷罪侵犯的客体是国家对金融市场的管理秩序，行为人向金融机构贷款后转贷给他人，在规定期间向金融机构归还本息，未给金融信贷机构造成损失结果的，不影响行为人构成高利转贷罪。

实施高利转贷行为的违法所得，是行为人通过高利转贷所获的利息与其应支付给金融机构贷款利息以及其他服务费用之差，至于行为人是否将放贷本金收回，不作为判断其违法所得数额的依据，不影响其构成高利转贷罪。

四、法律规范

（一）法律

《中华人民共和国刑法》（2020 年修正）

第一百七十五条　以转贷牟利为目的，套取金融机构信贷资金高利转贷他人，违法所得数额较大的，处三年以下有期徒刑或者拘役，并处违法所得一倍以上五倍以下罚金；数额巨大的，处三年以上七年以下有期徒刑，并处违法所得一倍以上五倍以下罚金。

单位犯前款罪的，对单位判处罚金，并对其直接负责的主管人员和其他直接责任人员，处三年以下有期徒刑或者拘役。

（二）司法解释

《最高人民法院、最高人民检察院、公安部、司法部印发〈关于办理非法放贷刑事案件若干问题的意见〉的通知》（2019 年 10 月 21 日施行　法发〔2019〕24 号）

六、为从事非法放贷活动，实施擅自设立金融机构、套取金融机构资金高利

转贷、骗取贷款、非法吸收公众存款等行为，构成犯罪的，应当择一重罪处罚。

……

（三）立案标准

《最高人民检察院、公安部关于公安机关管辖的刑事案件立案追诉标准的规定（二）》（2022年5月15日施行　公通字〔2022〕12号）

第二十一条　以转贷牟利为目的，套取金融机构信贷资金高利转贷他人，违法所得数额在五十万元以上的，应予立案追诉。

（四）行政法规和部门规章

《贷款通则》（1996年8月1日施行　中国人民银行令〔1996年2号〕）

第二十条　对借款人的限制：

……

六、不得套取贷款用于借贷牟取非法收入。

……

第二节　违法发放贷款罪

我国《刑法》第一百八十六条规定了违法发放贷款罪。本罪的客观表现为，行为人违反国家规定，向借款人发放贷款。此外，构成本罪还要求行为人发放贷款的数额巨大或者造成重大损失。主观上表现为，行为人明知其发放贷款的行为违反国家规定，仍然继续实施发放贷款的行为。单位和自然人均可以构成本罪。

为更好掌握司法实务中对违法发放贷款罪定罪量刑等方面的关注重点，我们对重点案例进行详细解析，通过研究司法机关的裁判思路，提炼了司法实务裁判要点。同时，我们梳理了与违法发放贷款罪相关的法律、司法解释、立案标准及政策法规等规定。

一、实务解析

（一）构成本罪的前提是行为人发放贷款的行为违反国家规定

《刑法》第九十六条明确规定："……违反国家规定，是指违反全国人民代表大会及其常务委员会制定的法律和决定，国务院制定的行政法规、规定的行政措施、发布的决定和命令。"通常认为，应当对违法发放贷款罪的"法"采取严格解释，将规范性文件的制定主体限定为全国人大及其常委会和国务院。

实践中，由于贷款的发放与管理具有较强的专业性，不便由全国人大或国务院直接作出具体规定，国务院下属的金融主管部门（如中国人民银行、银保监会等）根据全国人大或国务院颁布的原则性规定所作的细则性规定或其他行业指导性规定，对金融机构的贷款业务有统一的约束力，尽管在位阶上低于《刑法》第九十六条的"国家规定"，但作为上位法的具体操作规范，在上位法明确规定的情况下，只要与上位法不存在内容上的冲突，即视为上位法规定的具体化。

（二）本罪的行为方式具有多样性，主要特点是未全面对贷款进行审查

通过对检索到的案例进行梳理可以发现，实践中，构成本罪的常见情形包括以下几种。

1. 在信贷受理、发放业务过程中未认真履行工作职责，在部分贷款人、担保人未到场的情况下办理贷款手续，未对担保人的身份进行调查核实，违规发放贷款。

2. 在审核贷款申请过程中，未实地到借款单位调查即出具相关调查报告，不认真审查贷款用途和还款能力，未能发现借款单位提供的虚假材料，致使贷款到期后不能按时归还。

3. 对授信发放的贷款，不作贷前调查，违规审批发放，贷后对其贷款用途也不作检查，致使贷款逾期未收回。

4. 在明知借款人和实际用款人不一致的情况下，发放冒名贷款。

5. 明知借款人提供虚假贷款资料，未按规定对借款人的借款用途、还款能力等情况进行严格审查，违反贷款发放流程发放贷款。

6. 明知申请借款人不符合贷款条件，仍然不对贷款人的经营情况、清偿能力、贷款用途等重要事项进行实际调查，给金融机构造成巨大经济损失。

（三）构成本罪要求违法发放贷款数额巨大或者造成重大损失

根据《刑事案件立案追诉标准（二）》的规定，违法发放贷款，数额在二百万元以上的，或者违法发放贷款，造成直接经济损失数额在五十万元以上的，应当立案追诉。

关于犯罪数额，值得关注的是，金融机构在债务人旧贷款未归还的情况下，与债务人签订新贷款合同，以新贷出的款项清偿旧贷款，不累计计算犯罪数额。例如，在丁某超违法发放贷款一案中，公诉机关指控丁某超向关系人违规发放信用贷款共计 152.4 万元，包括发放旧贷款 80 万元，贷款到期后又违规办理了还旧贷的转据贷款 72.40 万元。然而，针对检察机关指控的 80 万元旧贷款，法院认为无原始借据证实具体贷款数额，而新贷款全部用于归还旧贷款，并未实际交付借款人，不应累计计算，仅认定违法发放贷款数额为 72.40 万元。

关于银行或者其他金融机构直接经济损失数额的计算，司法实践中，大部分法院并非以贷款本金计算，而是以发放信用贷款数额减去借款人已归还数额进行计算，一般限定为侦查机关立案时贷款人逾期未偿还的信贷资金。至于案发后，司法机关是否挽回损失，不影响对行为人的定罪。

另外，刑法意义上的损失不同于民法意义上的损失。违法发放贷款造成的损失不以是否实际给金融机构造成损失为准，即使金融机构还存在贷款人及保证人未按期偿还的债权，也不能认定为没有造成损失，只要贷款到期没有偿还即为损失。

(四) 二审改判的案件中减轻处罚的比例较高

从整体数据上来看，关于本罪，在中国裁判文书网上检索到的二审维持原判的裁定书共 294 份，对原审进行改判的判决书共 45 份。在改判的案件中，有 38 起案件相较一审减轻了被告人的刑罚，包括：减少刑期、改判适用缓刑、改判定罪免刑，还有 2 起案件二审改判为无罪。

二、裁判要点

014 认定是否违反“国家规定”以及审查的标准可以根据具体化的规章及各金融机构的业务规则确定

裁判要点

规章和金融机构的业务规则尽管在位阶上低于《刑法》第九十六条的“国家规定”，但作为上位法的具体操作规范，在上位法明确规定的情况下，只要与上位法不存在内容上的冲突，即视为上位法规定的具体化。

裁判思路

基本案情①：

2015 年，被告单位梨某县农村信用合作联社（以下简称梨某农联社）为了改制成为农商行，需化解某某集团贷款集中度过高的问题。2015 年 9 月 7 日，被告人杜某伟组织召开党委会议并提出以某某公司担保贷款的方式，使用个人贷款的形式偿还某某集团 39530 万元贷款，被告人田某兵等党委委员一致同意通过。

2015 年 9 月 4 日至 2016 年 8 月 11 日，由某某公司找到于某某等 121 名自然人顶名贷款，使用虚假工程承包合同和虚假借款申请书等，部分反担保抵押物虚

① 案件来源：梨某县农村信用合作联社、杜某伟等违法发放贷款案【吉林省四平市中级人民法院（2020）吉 03 刑终 46 号】。

假或重复抵押，向梨某农联社申请贷款。

梨某农联社在明知借款人不具备贷款条件和贷款档案有虚假的情况下，经梨某农联社层层审批，最后分6个批次共计发放贷款58500万元。除收回保证金代偿的4270万元，其余贷款54230万元逾期至今未收回。

一审法院认为，本案侵犯的客体是国家金融机构贷款管理秩序和金融机构的财产所有权。关于贷款，《中华人民共和国商业银行法》（以下简称《商业银行法》）和《贷款通则》都作了相关规定，本案违反了《商业银行法》《贷款通则》《吉林省农村信用社个人贷款管理办法》《吉林省农村信用联合社关于进一步加强信贷资产质量管理的指导意见》等一系列金融法律、法规，破坏了国家金融机构贷款的管理秩序。该案给梨某农联社造成巨大经济损失，侵犯了集体财产所有权，故对被告单位、被告人依法定罪量刑。

争议焦点：一审法院援引的规章和金融机构的业务规则是否属于“国家规定”？

辩护意见：

被告人杜某伟的辩护人提出，原判决认定违反国家规定缺乏法律依据。《刑法》第九十六条对违反国家规定作出了界定，原审判决引用的违法依据除了《商业银行法》以外，其余规范性文件均不符合国家规定的条件。

二审法院认为：

……《商业银行法》第三十五条、第三十六条规定，商业银行贷款，应当对借款人的借款用途、偿还能力、还款方式等情况进行严格审查；借款人应当提供担保；商业银行应当对保证人的偿还能力，抵押物、质物的权属和价值以及实现抵押权、质权的可行性进行严格审查。第五十二条规定，商业银行的工作人员不得有违反法律、行政法规和业务管理规定的其他行为。可见金融机构贷款需要对申贷企业及担保企业提交的上述材料及资质等进行严格审查，法律仅作了原则性的规定。

认定行为人是否违反法律法规以及严格审查的标准，需要结合对上述原则性规定具体化的规章（如《贷款通则》）及各银行等金融机构的业务规则加以确定，规章和业务规则尽管在位阶上低于《刑法》第九十六条的“国家规定”，但作为上位法的具体操作规范，在上位法明确规定的情况下，只要与上位法不存在内容上的冲突，即视为上位法的规定具体化，《贷款通则》《吉林省农村信用合作联社关于规范全省农村信用社与担保公司业务合作的指导意见》《吉林省农村信用社个人贷款管理办法》《吉林省农村信用联合社关于进一步加强信贷资产质量管理的指导意见》《梨某县农村信用合作联社非农个人贷款业务实施细则》等规定应当视为国家规定……

裁判结果

一、维持吉林省梨某县人民法院（2019）吉 0322 刑初 71 号刑事判决第一项、第二项、第三项、第四项、第五项、第六项、第七项中对上诉人杜某伟等人的定罪部分判项。

二、撤销吉林省梨某县人民法院（2019）吉 0322 刑初 71 号刑事判决第二项、第三项、第四项、第五项、第六项、第七项中对上诉人杜某伟等人的量刑部分判项。

三、上诉人杜某伟犯违法发放贷款罪，判处有期徒刑五年，并处罚金人民币十万元。

……

015 在部分贷款人、担保人未到场，贷款手续不全，未调查偿还能力的情况下发放贷款，属于违法发放贷款的行为

裁判要点

银行或者其他金融机构工作人员在部分贷款人、担保人未到场，贷款手续不全，对借款人的借款用途、偿还能力未进行调查的情况下发放贷款，即使对顶名贷款并不知情，也并不影响其违反规定发放贷款的事实成立。

裁判思路

基本案情[①]**：**

孟某吉系某县信用联社主任，吕某系信贷员。2007 年至 2009 年，姜某臣以姜某文、姜某乙等农民名义，虚构从事粮食作物种植、购买化肥等贷款理由，从信用社贷款。孟某吉、吕某在很多主贷人、担保人未到场，对借款人的借款用

① 案件来源：孟某吉、吕某违法发放贷款案【吉林省松原市中级人民法院（2014）松刑终字第 14 号】。

途、偿还能力等情况未进行调查的情况下，违法发放贷款102万元。

2010年1月至2011年4月，国某德谎称能帮助村民办理贷款，欺骗村民到信用社签订贷款合同。孟某吉、吕某在部分贷款人、担保人未到场，贷款手续不全，对借款人的借款用途、偿还能力未进行调查的情况下，违法向国某德一人支付贷款106.9万元。

一审法院认为，孟某吉犯违法发放贷款罪，判处有期徒刑二年六个月，并处罚金人民币十万元；吕某犯违法发放贷款罪，判处有期徒刑一年六个月，并处罚金人民币九万元。宣判后，孟某吉、吕某不服，提起上诉。

争议焦点：对顶名贷款不知情，但在部分贷款人、担保人未到场，贷款手续不全的情况下发放贷款，是否构成违法发放贷款罪？

辩护意见：

孟某吉及其辩护人上诉辩称：原审判决认定孟某吉、吕某对姜某臣、国某德违法发放贷款二起犯罪中存在事实不清，因孟某吉对姜某臣、国某德顶名贷款并不知情，都是吕某制作合同，故孟某吉不承担责任，不构成犯罪。

二审法院认为：

……被告人孟某吉、吕某在部分贷款人、担保人未到场，贷款手续不全，对借款人的借款用途、偿还能力未进行调查的情况下，向姜某臣、国某德发放贷款，有其二人供述和证人证言及相关书证予以证实，虽提出当时对顶名贷款不知情，但对此是否知情并不影响其违反规定发放贷款的事实成立，并且本案客观事实是此贷款确实被姜某臣、国某德实际使用。故对上诉人及其辩护人此点上诉、辩护意见，本院不予支持。

裁判结果

一、维持前某县人民法院（2013）前刑初字第159号刑事判决第一项、第三项。

二、撤销前某县人民法院（2013）前刑初字第159号刑事判决第二项。

三、上诉人吕某犯违法发放贷款罪，判处有期徒刑一年五个月，并处罚金人民币九万元。

016 没有核实贷款资料真实性和用款企业真实经营情况即发放贷款的，属于违法发放贷款的行为

裁判要点

银行或者其他金融机构的工作人员在发放贷款前，没有履行尽职调查，没有调查核实贷款资料的真实性、用款企业真实经营情况，属于违法发放贷款的行为。

裁判思路

基本案情[①]**：**

2015 年 1 月 30 日，包某银行北京分行向新某民用煤储售煤场发放贷款 2 亿元。被告人刘某鹏作为该笔贷款业务的经办人，在发放贷款前，未对用款企业的信用等级及提交的虚假资料认真审核，未实地到新某民用煤储售煤场进行尽职调查，在流动资金借款合同面签过程中未对李某的身份及权限进行核实的情况下，便将该笔贷款申报到包某银行北京分行相关部门审批并将贷款发放。

贷款发放后，新某民用煤储售煤场仅归还包某银行北京分行部分利息，本金 2 亿元未能归还。

一审法院认为，刘某鹏犯违法发放贷款罪，判处有期徒刑八年，并处罚金人民币五万元。宣判后，刘某鹏不服，提起上诉。

争议焦点：银行或者其他金融机构的工作人员在发放贷款前，没有尽职调查，没有调查核实贷款资料的真实性、用款企业真实经营情况，是否属于违法发放贷款的行为？

辩护意见：

刘某鹏上诉称，公诉机关没有充分直接的证据证明其"未对用款企业的信用等级及提交的虚假资料认真审核""未对李某的身份及权限进行核实"。

辩护人提出，一审认定上诉人未对用款企业的信用等级及提交的虚假资料认真审核，不属实；一审法院认定上诉人未对李某的身份及权限进行核实，不属实；一审法院认定上诉人未到用款企业实地调查，该责任不应由其个人承担；应

---

① 案件来源：刘某鹏、牛某违法发放贷款案【河北省衡水市中级人民法院（2018）冀 11 刑终 494 号】。

发回重审或者改判无罪。

二审法院认为：

在卷证据证实，用款企业在向包某银行北京分行申请借款时已处于停产状态，用款企业向上诉人刘某鹏提供的衡某银行对河曲新某的授信及贷款所需财务报表、购销合同等资料都是虚假的，作为客户经理的上诉人如采取现场与非现场相结合的形式，履行尽职调查，对虚假材料能够查清，而上诉人只收集了用款企业的贷款资料，没有调查核实贷款资料的真实性、用款企业真实经营情况。对于上诉人的不作为，现有证明其职责范围、履职情况及履职后果的证据，足以证实其没有尽职调查。该上诉及辩护意见不予采纳。上诉人刘某鹏违反国家规定发放贷款，数额特别巨大，造成特别重大损失，其行为已构成违法发放贷款罪……

裁判结果

一、维持河北省枣某县人民法院（2018）冀 1121 刑初 141 号刑事判决的第一项、第二项，即被告人刘某鹏犯违法发放贷款罪，判处有期徒刑八年，并处罚金人民币五万元……

017 未实地到借款单位调查即出具相关调查报告并发放贷款，属于违法发放贷款的行为

裁判要点

银行或者其他金融机构工作人员在审核贷款申请过程中，未实地到借款单位调查即出具相关调查报告，不认真审查借款单位资格、贷款用途、还款能力，放款时未让借款单位和担保单位同时在场，均属于违法发放贷款的行为。

裁判思路

基本案情[①]：

2010 年 4 月，被告人祁某鹏任某信用社主任，富某苗木花卉培植有限公司（以下简称富某公司）法定代表人乔某以富某公司名义向某信用合作联社申请贷

① 案件来源：祁某鹏违法发放贷款案【山西省长治市中级人民法院（2015）长刑终字第 460 号】。

款700万元。办理贷款时，乔某提交了伪造的担保单位的股东会决议、借款单位的股东会决议、资产负债表、利润表等虚假资料。

祁某鹏未按规定认真履行贷前调查工作，发放贷款时，未按规定审核借款单位提供的支付申请所列支付对象等信息情况，也未按规定让借款单位与担保单位同时在场，使某信用社向富某公司发放了700万元贷款，贷款到期后富某公司归还本金2448619.11元。截至2014年11月案发之时，还欠本金4551380.89元、利息1416703.93元。

一审法院认为，祁某鹏犯违法发放贷款罪，判处有期徒刑三年，并处罚金人民币五万元。宣判后，祁某鹏不服，提起上诉。

争议焦点：被告人不认真履行职责的行为是否属于违法发放贷款的行为？

辩护意见：

被告人祁某鹏上诉认为原判认定事实不清，证据不足，自己仅是工作失误，且本笔贷款的发放还要经过公司客户部审议小组、联社贷审组和企业领导决定，自己在发放贷款中不起决定性作用，请求从轻处罚。

二审法院认为：

上诉人（原审被告人）祁某鹏任某信用社主任期间，在经办富某公司申请的700万元贷款过程中，未实地到借款单位富某公司和担保单位新某煤业有限公司调查，便出具相关调查报告；不认真审查富某公司资格、贷款用途、还款能力；放款时未让借款单位富某公司和担保单位新某煤业有限公司同时在场；未能发现富某公司法定代表人乔某提供的虚假的借款单位的股东会决议、资产负债表、利润表等资料及担保单位虚假的股东会决议等材料。原审被告人祁某鹏的上述不认真履行职责行为，致使富某公司得以在某信用社贷款700万元，贷款到期后，富某公司归还本金2448619.11元，剩余本金和利息未归还。原审被告人祁某鹏的行为构成违法发放贷款罪，依法应予惩处。

经查，原判认定违法发放贷款事实清楚，有借款借据、相关书证、证人证言、原审被告人供述互相印证。该笔贷款的发放按照某信用合作联社相关文件规定流程进行，公司客户部经理、公司客户部审议小组、联社贷审会、审批岗均对贷款的发放负责。上诉人所在的某信用合作联社郝某庄信用社作为该贷款的发放单位，对于涉案贷款的发放只是其中一个环节，是多方面原因造成的，原审被告人祁某鹏应承担相应的法律责任。

裁判结果

一、撤销长某县人民法院（2015）长刑初字第00049-1号刑事判决书。

二、上诉人（原审被告人）祁某鹏犯违法发放贷款罪，判处有期徒刑三年，缓刑四年，并处罚金人民币三万元。

018 办理信贷业务过程中履行贷前调查的职责包括对客户提供的财务资料及审计报告的审核

裁判要点

银行工作人员应当在办理信贷业务过程中履行贷前调查的职责包括对客户提供的财务资料及审计报告认真审核，对授信发放的贷款同样具有审查义务，否则涉嫌违法发放贷款罪。

裁判思路

基本案情[①]：

2006年，刘某向鞍某银行铁某支行申请了六笔贷款共计5600万元人民币。在申请上述六笔贷款时，刘某向鞍某银行铁某支行提供了虚假的审计报告及虚假的购销合同，并在取得上述六笔贷款后改变贷款用途。

上述贷款到期后，刘某未偿还贷款。后由刘某实际控制的公司承接债务，将五笔共计4300万元人民币贷款重新转贷，尚余1300万元人民币没有转贷。

被告人何某、李某先后为上述六笔信贷业务的信贷员，在发放贷款的过程中违反国家规定发放贷款。

一审法院认为，何某犯违法发放贷款罪，判处有期徒刑一年六个月，缓刑二年，并处罚金人民币一万元；李某犯违法发放贷款罪，判处有期徒刑一年六个月，缓刑二年，并处罚金人民币一万元。宣判后，何某、李某不服，提起上诉。

争议焦点：银行工作人员在办理相关信贷业务过程中是否具有审核审计报告的职责？对授信发放的贷款是否具有审查义务？

---

① 案件来源：何某、李某违法发放贷款案【辽宁省鞍山市中级人民法院（2019）辽03刑终112号】。

辩护意见：

何某提出：其行为仅限于推荐审计师事务所，没有审查审计报告真伪的法律依据，且其没有认真审查是基于银行事先授信行为；其辩护人提出：何某对刘某提供的虚假财务资料不存在事先的明知，因此其无法定责任审核审计报告等材料；何某经办该笔贷款的基础是鞍某银行铁某支行对该公司的事先授信行为，何某后续行为系例行公事，其不应构成违法发放贷款罪；何某对审计报告的合理信赖没有违反《贷款通则》《商业银行法》的有关规定。

李某提出：其职责是负责银行内部贷款到期后的转贷工作，没有参与发放首笔贷款；其没有能力和责任审核审计报告的真伪，因此不应构成犯罪；其辩护人提出：李某只是做了一套转贷手续，并没有发放贷款，亦没有给银行造成损失，所以其行为不构成违法发放贷款罪；李某对审计报告无审查义务。

二审法院认为：

根据《商业银行法》《贷款通则》等法律及该行的相关规定，上诉人何某、李某身为银行工作人员，应在受理企业申请授信及办理相关信贷业务过程中进行认真、细致、全面、深入的审查，其所履行的贷前调查职责的目的，即为评定每笔贷款的风险，为银行是否发放贷款提供依据，其对客户提供的财务资料及审计报告务必认真审核。另外，对授信发放的贷款同样具有审查义务，故其该项辩解不予采信。上诉人何某、李某身为银行工作人员，在履职过程中，对贷款企业提供的信贷业务资料审查不严、违反法律法规及信贷制度等规定，向涉案企业发放贷款，数额巨大，其行为侵犯了国家金融管理制度，均已构成违法发放贷款罪。

裁判结果

一、维持鞍某市铁某区人民法院（2018）辽 0302 刑初 327 号刑事判决第一项、第二项对何某、李某的定罪部分。

二、撤销鞍某市铁某区人民法院（2018）辽 0302 刑初 327 号刑事判决第一项、第二项对何某、李某的刑罚部分。

三、上诉人何某犯违法发放贷款罪，免予刑事处罚。

四、上诉人李某犯违法发放贷款罪，免予刑事处罚。

019 明知他人冒名贷款而予以经办、审批发放的行为，属于违法发放贷款的行为

裁判要点

银行或者其他金融机构工作人员明知他人是冒名贷款而予以经办、审批发放，其行为违反了违法发放贷款罪要求的“国家规定”。

裁判思路

基本案情[①]**：**

2007 年 5 月至 2011 年 3 月，被告人向某胜担任某信用社副主任，主管信贷工作。为完成某信用合作联社下发的工作任务，明知刘某某等 217 人的贷款（共计金额 1066 万元）是冒名贷款而予以经办、审批发放，导致周某某等 204 人的贷款未能归还，给某信用合作联社造成直接经济损失合计 7161979. 44 元。

一审法院认为，向某胜犯违法发放贷款罪，判处有期徒刑五年，并处罚金人民币五万元。宣判后，向某胜不服，提起上诉。

争议焦点：银行或者其他金融机构工作人员明知他人是冒名贷款而予以经办、审批发放的行为是否属于“违反国家规定”?

辩护意见：

被告人向某胜及其辩护人上诉辩称：上诉人的行为并未违反国家规定，且一审对造成损失的数额认定事实不清，证据不足。

二审法院认为：

经查，《商业银行法》《贷款通则》等法律法规对有关信贷管理作出了明确规定，依法应对借款人是否符合有关贷款的条件进行严格审查，所以上诉人明知他人是冒名贷款而予以经办、审批发放的行为违反了国家规定，且至立案时造成没有全部归还的逾期冒名贷款数额达到构成犯罪的损失标准，故该上诉理由和辩护意见不能成立，本院不予采纳……

---

① 案件来源：向某胜等违法发放贷款案【湖南省湘潭市中级人民法院（2016）湘 03 刑终 330 号】。

裁判结果

一、维持湖南省湘某县人民法院（2016）湘0321刑初78号刑事判决关于原审被告人张某胜、上诉人周某俊的定罪量刑部分和上诉人向某胜的定罪部分。

二、撤销湖南省湘某县人民法院（2016）湘0321刑初78号刑事判决关于上诉人向某胜的量刑部分。

三、上诉人（原审被告人）向某胜犯违法发放贷款罪，判处有期徒刑四年，并处罚金人民币五万元。

020 明知贷款人材料造假未认真审核并发放贷款，属于违法发放贷款的行为

裁判要点

办理贷款业务的银行信贷员在明知贷款人材料存在造假的情况下，未认真核实借款人、担保人提交的贷款材料，属于违法发放贷款的行为。

裁判思路

基本案情①：

2012年3月至2015年1月，被告人褚某欣在担任某农商银行信贷员办理贷款业务时，在明知部分贷款人没有房产或者存在造假的情况下，没有认真核实借款人、担保人提交的贷款材料，违法向张某甲等人发放该银行的信用贷款共计人民币173万元，造成某农商银行损失人民币1336327.42元。

一审法院认为，褚某欣犯违法发放贷款罪，判处有期徒刑五年，并处罚金人民币六万元。宣判后，褚某欣不服，提起上诉。

争议焦点：被告人对造假的贷款材料是否明知？是否尽到审查义务？

辩护意见：

褚某欣及其辩护人提出：上诉人褚某欣已经按照银行内部规定及上级领导指示对相应贷款人的材料尽到一定的审查义务，贷后核查时发现部分客户资料存在

---

① 案件来源：褚某欣违法发放贷款案【浙江省温州市中级人民法院（2016）浙03刑终721号】。

作假问题，不应作为构成违法发放贷款罪的条件。其并未通过违法发放贷款获利，仅为过失行为。

二审法院认为：

根据我国关于商业银行需要严格审查相关借款或担保事宜的原则性规定以及该银行关于贷款操作规程、小微贷款管理办法等具体规定，经办信贷业务的客户经理在贷款发放之前应当对客户提交材料的真实情况进行调查核实，特别是客户提供的房产情况，既可以开具介绍信直接去房管部门查询，也可以委托该银行专人或统一上报总行查询房产真伪。

上述情况能够得到相关银行工作人员的证言、褚某欣参加过新上岗客户经理培训课程等证据的印证。褚某欣在供述中承认其没有通过相关部门去核实所有贷款材料的真假，仅凭肉眼判断，也曾提到自己于2014年6月曾发现贷款客户中有使用假房产证，经向上级领导汇报后不予发放贷款的情况，可见其对于该银行的相关贷款流程和规定都是清楚的。

证人唐某均、张某甲、郑某、张某乙等人的证言可以相互印证张某甲等人伪造房产证及其他证明，经唐某均介绍到褚某欣处贷款，褚某欣在明知部分贷款人没有房产或者存在造假的情况下，没有认真核实借款人、担保人提交的贷款材料，也没有到其房产或者公司实地走访就予以放贷。综上，褚某欣及其辩护人的相关意见与查明的事实不符，不予采信……

裁判结果

一、维持浙江省温州市鹿某区人民法院（2015）温鹿刑初字第1896号刑事判决第一项，即被告人褚某欣犯违法发放贷款罪，判处有期徒刑五年，并处罚金人民币六万元。

二、撤销浙江省温州市鹿某区人民法院（2015）温鹿刑初字第1896号刑事判决第二项，即责令被告人褚某欣退赔违法所得人民币1038616.5元，返还被害单位浙江省温州市某农村商业银行。

021 明知借款人不符合贷款条件且未尽职调查即发放贷款，属于违法发放贷款的行为

裁判要点

银行或者其他金融机构的工作人员在审查、办理贷款过程中，明知申请贷款人不符合贷款条件，仍不对贷款人的经营情况、清偿能力、贷款用途等重要事项进行实地调查，给金融机构造成巨大经济损失的，构成违法发放贷款罪。

裁判思路

基本案情①：

2007 年 2 月至 2013 年 7 月，被告人刘某某先后任某农商行长某支行两家分社客户经理，负责信贷发放、贷款管理等工作。

2010 年 4 月至 2013 年 6 月，刘某某违反国家规定，在明知申请贷款人不符合贷款条件和违反规定顶名贷款的情况下，仍不对贷款人的经营情况、清偿能力、贷款用途等重要事项进行实际调查。在此情况下，刘某某先后向贾某乙、贾某甲、吴某某、卢某丙、王某某、卢某丁等人 9 次违法发放贷款共计 360 万元，后收回本金 1203081.88 元，造成本金损失 2396918.12 元。

一审法院认为，刘某某犯违法发放贷款罪，判处有期徒刑二年六个月，并处罚金人民币十万元。宣判后，刘某某不服，提起上诉。

争议焦点：被告人仅进行书面审查是否尽到合理审查的义务？

辩护意见：

被告人刘某某及其辩护人提出：

其一，刘某某的主要职责是根据相关信贷管理制度和办法，审核申请贷款的客户提供的书面申请材料是否符合贷款条件，虽然其没对相关营业执照及经营场所进行实地考察，但其长期从事信贷审批工作，对申请人的家庭、经营等状况较为了解，且申请贷款人提供了相应的担保，已经尽到了合理审查的义务，并且其只是审核贷款流程过程中的一个环节，即使存在过失，也并不存在当然导致损失

---

① 案件来源：刘某某违法发放贷款案【山东省济南市中级人民法院（2016）鲁 01 刑终 97 号】。

的问题。

其二，吴某某、卢某丙均有经营设备和车辆，具备机械租赁的能力，刘某某对二人申请的贷款也进行了主体资格、还款能力、借款用途、信用状况及家庭、生产经营情况等调查，该二笔放贷的行为不存在违规放贷的问题。

二审法院认为：

经查，上诉人刘某某在任某农商行长某支行新某分社、平某北路分社负责人期间，具体负责辖区内信贷投放和贷款管理工作，确保贷款质量。本案证人证言能够充分证实，刘某某在审查、办理贷款过程中，明知申请贷款人不符合贷款条件和违反规定顶名贷款，仍不对贷款人的经营情况、清偿能力、贷款用途等重要事项进行实际调查的情况下，发放贷款，对造成金融机构巨大经济损失的结果有直接责任，其辩解已尽到合理审查义务与事实不符，此条上诉理由和辩护意见不能成立，不予采纳。

经查，潘某某、卢某丙的证言，相关机构出具的说明、书证等证据证明，潘某某、卢某丙分别为归还欠款和贷款给他人使用，伪造经营执照，找刘某某帮助违规办理贷款，刘某某在明知他们不符合贷款条件，且未对经营场所、还款能力、借款用途等进行实地考察的情况下，发放了贷款，贷款到期后不能归还，刘某某再次违反规定，帮助办理借新还旧手续，最终导致贷款实际无法收回，造成资金损失。因此，其上述辩解和辩护意见与事实不符，不能成立，不予采纳。

裁判结果

一、维持济南市长某区人民法院（2015）长刑初字第318号刑事判决中对上诉人刘某某的定罪部分。

二、撤销济南市长某区人民法院（2015）长刑初字第318号刑事判决中对上诉人刘某某的量刑部分。

三、上诉人刘某某犯违法发放贷款罪，判处有期徒刑二年六个月，并处罚金人民币五万元。

022 明知借款人“借新还旧”，没有还款能力仍然予以放款，属于违法发放贷款的行为

裁判要点

银行或者其他金融机构的工作人员即使未参与发放初始贷款，仅参与“借新还旧”贷款的发放，只要未依法履行信贷员职责，明知借款人没有还款能力仍然予以办理，就属于“违反国家规定”的行为。

裁判思路

基本案情①**：**

2008年至2009年，被告人林某任陆某市西某镇信用社信贷员期间，不依法履行信贷员职责，在向雷某隆等4人进行发放贷款前，未依法审核调查，明知借款人没有还款能力，且属于以新贷还旧贷的方式贷款仍然予以办理。

本案中，林某向雷某隆等4人共违法发放贷款194万元，至案发前均未能收回。

一审法院认为，林某犯违法发放贷款罪，判处有期徒刑三年，并处罚金人民币二万元。宣判后，林某不服，提起上诉。

争议焦点：银行或者其他金融机构的工作人员未参与发放初始贷款，在明知借款人没有还款能力且以新贷还旧贷的方式贷款仍然予以办理，是否符合“违反国家规定”？

辩护意见：

林某及其辩护人上诉辩称：其根本没有参与发放初始贷款，与雷某隆等人签订的是“借新还旧”贷款，是按照陆某信用联社规定的程序办理，只是履行了一个普通信贷员的基本职责……请求二审依法改判林某无罪。

二审法院认为：

根据《商业银行法》《贷款通则》等相关法律规定，贷款应当对借款人的借款用途、偿还能力、还款方式等情况进行严格审查，还应当实行审贷分离、分级

① 案件来源：李某辉、林某违法发放贷款案【广东省汕尾市中级人民法院（2019）粤15刑终474号】。

审批等制度。

本案中，上诉人林某没有依法履行信贷员职责，在向雷某隆等 4 人进行发放贷款前，未依法审核调查，明知借款人没有还款能力且以新贷还旧贷的方式贷款仍然予以办理，其行为违反了上述相关法律规定。

上述借款虽然属于“借新还旧”，但此“借新还旧”是信用社与债务人在旧的贷款尚未清偿的情况下，再次签订贷款合同，以新贷出的款项清偿旧的贷款，虽然“借新还旧”没有发生新的资金支出，但上诉人林某向不符合相关规定的贷款人再次发放贷款，故“借新还旧”的贷款数额应当计算为上诉人林某违法发放贷款的数额。

上诉人林某身为信用社信贷员，对贷款审批、调查的相关法律法规及规章制度应当明知，其违反国家规定发放贷款，数额巨大无法收回，造成国家财产重大损失，原审依法认定其行为构成违法发放贷款罪正确。故上诉人林某及其辩护人所提无罪的上诉理由和辩护意见不能成立，不予采纳……

裁判结果

一、维持广东省陆某市人民法院（2018）粤 1581 刑初 471 号刑事判决中对被告人林某的定罪部分。

二、撤销广东省陆某市人民法院（2018）粤 1581 刑初 471 号刑事判决中对被告人林某的量刑部分。

三、上诉人林某犯违法发放贷款罪，判处有期徒刑二年，并处罚金人民币二万元。

023 违法发放贷款“造成重大损失”，是指立案时造成没有归还或者没有全部归还的贷款数额巨大

裁判要点

法律规定违法发放贷款“造成重大损失”，是指立案时造成没有归还或者没有全部归还的贷款数额巨大，案发后司法机关挽回损失，不影响对行为人的定罪。

裁判思路

基本案情[①]**：**

2007 年 2 月至 2013 年 7 月，被告人刘某某先后任某农商行长某支行平某信用社新某分社、平某北路分社客户经理，负责信贷发放、贷款管理等工作。

2010 年 4 月至 2013 年 6 月，刘某某违反国家规定，先后向贾某乙等人 9 次违法发放贷款共计 360 万元。后收回本金 1203081.88 元，造成本金损失 2396918.12 元。

一审法院认为，刘某某犯违法发放贷款罪，判处有期徒刑二年六个月，并处罚金人民币十万元。宣判后，刘某某不服，提起上诉。

争议焦点：违法发放贷款罪“造成重大损失”的时间结点如何认定?

辩护意见：

上诉人及其辩护人提出：某农商行长某支行出具的贷款损失证明证实，某农商行长某支行仅对贷款人进行了催收，未对担保人催收，即在未穷尽一切措施和法律程序收回贷款的情况下，认定尚未归还的本金为贷款损失，缺乏事实依据。

二审法院认为：

法律规定违法发放贷款“造成重大损失”，是指立案时造成没有归还或者没有全部归还的贷款数额巨大。案发后，司法机关依法将贷款追回，挽回了损失的，不能认为行为人违法发放贷款的行为没有造成损失，司法机关挽回犯罪行为造成损失的措施和实际结果不影响对行为人的定罪。经查，本案原审判决认定的损失数额是案发时实际未归还数额，该认定于法有据，此上诉理由和辩护意见无法律依据，不能成立，不予采纳。

裁判结果

一、维持济南市长某区人民法院（2015）长刑初字第 318 号刑事判决中对上诉人刘某某的定罪部分。

二、撤销济南市长某区人民法院（2015）长刑初字第 318 号刑事判决中对上诉人刘某某的量刑部分。

三、上诉人刘某某犯违法发放贷款罪，判处有期徒刑二年六个月，并处罚金人民币三万元。

---

① 案件来源：刘某某违法发放贷款案【山东省济南市中级人民法院（2016）鲁 01 刑终 97 号】。

024 借款人旧贷未还的情况下签订新贷款合同，借新还旧不累计计算犯罪数额

裁判要点

金融机构在债务人旧贷款未归还的情况下，与债务人签订新贷款合同，以新贷出的款项清偿旧贷款的情况下，不累计计算犯罪数额。

裁判思路

基本案情①：

2006年至2014年，被告人丁某超担任某信用社信贷员期间，向邱某等人违法发放贷款93.40万元；向其妻子马某等人违法发放信用贷款合计约80万元，其间归还了利息和小部分本金，在贷款到期后无力还贷，丁某超又违规办理了新贷还旧贷的转据，转据贷款合计72.40万元。

以上总计违法发放贷款245.80万元（其中，72.40万元为转据贷款）。上述贷款到期后，均未能及时收回。案发前收回贷款2.31万元，案发后，收回贷款14.44万元，至起诉时仍有贷款149.05万元未能收回。

争议焦点：金融机构在债务人旧贷款未归还的情况下，与债务人签订新贷款合同，以新贷出的款项清偿旧贷款的情况下，能否累计计算犯罪数额?

法院认为：

被告人丁某超身为金融机构信贷人员，违反国家规定，向他人和关系人发放贷款共计165.80万元，数额巨大，至今尚有149.05万元贷款没有收回，其行为已构成违法发放贷款罪。其中向关系人违法发放贷款72.40万元，应从重处罚。公诉机关指控罪名成立。

关于公诉机关对丁某超向关系人违规发放信用贷款共计80万元，其间归还部分本金和利息，贷款到期后又违规办理了新贷还旧贷的转据，转据贷款合计72.40万元，均计算为犯罪数额的指控，经查，无旧贷贷款原始借据证实原具体贷款数额，而新贷合计72.40万元全部用于归还旧贷，并未实际交付借款人，不

---

① 案件来源：丁某超违法发放贷款案【安徽省濉溪县人民法院（2017）皖0621刑初519号】。

应累计计算，以本案证据应认定此项违法发放贷款额为72.40万元，故对公诉机关的此项指控予以纠正……

裁判结果

被告人丁某超犯违法发放贷款罪，判处有期徒刑一年六个月，并处罚金人民币三万元。

025 经单位党委会集体研究形成决议并由多个部门多人具体落实违法发放贷款的行为属于单位犯罪

裁判要点

经单位党委会集体研究形成决议，体现单位意志，并由多个部门多人具体落实违法发放贷款的行为属于单位犯罪，而非个人行为。

裁判思路

基本案情[①]**：**

2015年，被告单位某农联社为了改制成为农商行，需化解某某集团贷款集中度过高问题。2015年9月7日，被告人杜某伟组织召开党委会议并提出以某某公司担保贷款的方式，使用个人贷款的形式偿还某某集团39530万元贷款，被告人田某兵等党委委员一致同意通过。

2015年9月4日至2016年8月11日，由某某公司找到于某某等121名自然人顶名贷款，使用虚假工程承包合同和虚假借款申请书等，部分反担保抵押物虚假或重复抵押，向某农联社申请贷款。

某农联社在明知借款人不具备贷款条件和贷款档案有虚假的情况下，经某农联社层层审批，最后分6个批次共计发放贷款58500万元。除收回保证金代偿的4270万元，其余贷款54230万元逾期至今未收回。

一审法院认为，某农联社犯违法发放贷款罪，判处罚金人民币二十万元。杜

---

① 案件来源：梨某县农村信用合作联社、杜某伟等违法发放贷款案【吉林省四平市中级人民法院（2020）吉03刑终46号】。

某伟犯违法发放贷款罪，判处有期徒刑六年，并处罚金人民币十万元……宣判后，某农联社、杜某伟等被告不服，提起上诉。

争议焦点：被告人发放贷款的行为是否构成单位犯罪？

辩护意见：

某农联社上诉称：发放贷款行为并非被告单位意志的体现，是该单位部分工作人员未经正当程序，违反相关个人贷款审批程序规定，擅自决定发放贷款。被告单位并未按照单位意志决定以个贷方式和某某公司担保贷款的方式化解某某集团贷款集中的问题，不构成单位犯罪。

检察机关意见：

原审被告单位某农联社党委是某农联社最高领导机构，某农联社党委为了某农联社转制成农商行，为了单位利益，通过党委会研究决定并经贷款审批委员会讨论以“虚假个贷化解”某某集团贷款集中度过高问题，违反了《商业银行法》《贷款通则》《吉林省农村信用社个人贷款管理办法》等金融法律、法规，发放贷款121笔，金额58500万元，属集体意志的体现，构成违法发放贷款罪，应承担相应刑事责任。

二审法院认为：

某农联社经党委会集体研究形成决议，体现单位的意志，决定以个贷形式，让没有担保能力并采用虚假担保的某某公司担保贷款的方式化解某某集团贷款集中度过高问题，主观上有违法发放贷款的故意。客观上实施了由直接责任人员具体落实，由多个部门多个人连续的协商、组织、审批、发放等各个环节行为，顶名的贷款已履行发放贷款手续并实际发放到顶名贷款人名下，并被挪用，犯罪行为已经完成，贷款数额特别巨大，给某农联社造成贷款逾期不能收回的特别重大损失的结果，已构成违法发放贷款罪，且系单位犯罪……

裁判结果

一、维持吉林省梨某县人民法院（2019）吉0322刑初71号刑事判决中第一项、第二项、第三项、第四项、第五项、第六项、第七项中对上诉人杜某伟、田某兵、李某鹏、孙某、万某红、王某敏的定罪部分判项。

二、撤销吉林省梨某县人民法院（2019）吉0322刑初71号刑事判决中第二项、第三项、第四项、第五项、第六项、第七项中对上诉人杜某伟、田某兵、李某鹏、孙某、万某红、王某敏的量刑部分判项。

三、上诉人杜某伟犯违法发放贷款罪，判处有期徒刑五年，并处罚金人民币十万元。

……

026 违反单位的贷款管理制度对外发放贷款，并给单位造成重大损失的，不属于单位行为

裁判要点

金融机构工作人员违反单位的贷款管理制度对外发放贷款，并给单位造成重大损失的，不属于单位行为。

裁判思路

基本案情①：

2011年1月1日，被告人洪某被某农村资金互助社聘任为该社信贷员，主要职责是对借款人进行贷前调查、收集贷款资料、撰写调查报告、贷中审查。2011年6月22日，被告人刘某被聘任为城某资金互助社经理，负责对城某资金互助社进行全面管理。

刘某在担任城某资金互助社经理期间，罗某等借款人员多次向刘某提出贷款要求，刘某在明知上述人员不是该社贷款对象且不符合贷款条件的情况下予以同意，并安排洪某为上述借款人制作贷款资料。洪某在明知上述借款人并不是该社贷款对象且不符合贷款条件的情况下，不认真履行贷前调查、贷中审查的职责，伪造贷前调查报告、相关供销合同，甚至在部分贷款资料中虚增贷款抵押标的物价值，制作不实贷款资料，并在资料上签字上报。

刘某在明知贷款调查报告等贷款资料不真实，向个人贷款金额超过限额的情况下，违反国家规定签字审批发放贷款，累计发放贷款共计196笔，金额为11162万元。

一审法院认为，刘某犯违法发放贷款罪，判处有期徒刑四年三个月，并处罚金人民币十万元；洪某犯违法发放贷款罪，判处有期徒刑二年四个月，并处罚金

---

① 案件来源：刘某、洪某违法发放贷款案【重庆市第四中级人民法院（2019）渝04刑终23号】。

人民币五万元。宣判后，刘某、洪某不服，提起上诉。

争议焦点：被告人的行为是否属于单位行为？

辩护意见：

刘某的辩护人提出，刘某作为单位的法人，以单位名义对非社员发放贷款，为单位牟取利益，并经审贷小组审查通过，属于单位犯罪，而非个人犯罪。

二审法院认为：

……城某资金互助社的贷款管理制度中已经明确了放贷对象是入股社员，并对贷款条件、贷款程序作了具体要求，刘某、洪某违反单位的贷款管理制度对外发放贷款，并给单位造成重大损失的，不属于单位行为。另外，根据二位上诉人的供述和证人证言，对外发放贷款均系刘某决定，并非依规由审贷小组审查通过，故该理由不能成立，不予采纳……

裁判结果

一、维持重庆市黔某区人民法院（2018）渝 0114 刑初 179 号刑事判决第一项，即“被告人刘某犯违法发放贷款罪，判处有期徒刑四年三个月，并处罚金人民币十万元”。

二、撤销重庆市黔某区人民法院（2018）渝 0114 刑初 179 号刑事判决第二项，即“被告人洪某犯违法发放贷款罪，判处有期徒刑二年四个月，并处罚金人民币五万元”。

三、上诉人洪某犯违法发放贷款罪，判处有期徒刑二年，并处罚金人民币五万元。

027 因工作流程、制度缺陷所导致的瑕疵不具有刑事违法性，不构成违法发放贷款罪

裁判要点

借款人申请贷款时提供虚假材料，银行或者其他金融机构的工作人员在发放贷款中严格履行了相关职责，虽然存在瑕疵，但瑕疵是由工作流程、制度设计存在缺陷所致，故发放贷款行为不具有刑事违法性，主观上亦没有违法发放贷款的

故意，不构成违法发放贷款罪。

裁判思路

基本案情[①]**：**

2013年2月16日，恒某公司的法定代表人王某以采购货物为由，编制虚假的恒某公司“资产负债表”，并伪造质押物镀锌钢管为恒某公司所购买、产品购销合同及增值税专用发票等材料，通过某银行丹某分行申请贷款人民币480万元，借款期限为6个月。

被告人邹某力系某银行丹某分行员工，是恒某公司申请贷款的第一调查人。审批过程中，邹某力对质押物、票据、财务资料及其他项目的审核符合银行规定。根据银行规定，借款人恒某公司属于提供未经审计财务报表的小型企业，对此类企业财务报表的真实性，无须专业审计，而是由银行工作人员进行书面审查，并进行实地调查。

经邹某力调查后，2013年3月11日，恒某公司申请的贷款经某银行丹某分行审批通过并予以发放，同年9月3日还清。

一审法院认为，邹某力犯违法发放贷款罪，判处有期徒刑二年，缓刑三年，并处罚金人民币二万元。

争议焦点：由于银行工作流程、制度设计缺陷导致的被告人的瑕疵行为是否属于“违反国家规定”？

辩护意见：

邹某力上诉称：上诉人的行为是严格依据相关法律规定及银行内部流程规定作出的，贷款发放合法，手续齐全，贷款也不是直接发放到企业的账户上。其不存在未尽严格审查义务的情形，不具有犯罪故意与过失，也不具备刑事危害性，不构成犯罪。原审法院依据《商业银行法》的相关规定，认定上诉人没有尽到严格审查义务，从而认定上诉人构成违法发放贷款罪，属于适用法律错误。

其辩护人也指出：上诉人没有违反国家法律规定的情形；上诉人对恒某公司提供的财务资料及生产经营状况进行了必要考察；上诉人主观上没有违法发放贷款的故意和过失；仅因借款人存在骗取贷款的行为即认定银行工作人员存在违法发放贷款的行为是有罪推定。

---

① 案件来源：邹某力违法发放贷款案【辽宁省丹东市中级人民法院（2019）辽06刑终65号】。

二审法院认为：

关于上诉人邹某力是否存在违反《商业银行法》第三十五条第一款规定的行为，即“商业银行贷款，应当对借款人的借款用途、偿还能力、还款方式等情况进行严格审查”。

本案中，上诉人邹某力提交了某银行丹某分行文件《关于我行员工涉嫌违法发放贷款一案的情况说明》（某银辽丹发〔2016〕47 号）（以下简称《情况说明》）……《情况说明》载明：上诉人邹某力对质押物、票据、财务资料及其他项目的审核符合银行规定，在发放贷款中严格履行了相关职责，截至 2016 年 6 月 20 日，该行对同类贷款的审核流程、标准、工作要求均是如此。根据银行规定，借款人恒某公司属于提供未经审计财务报表的小型企业，对此类企业财务报表的真实性，无须专业审计，而是由银行工作人员进行书面审查，并进行实地调查。

经查，王某提供的恒某公司“资产负债表”等财务资料形式合法、种类齐备，符合贷款银行的要求；上诉人邹某力提交的《贷后管理谈话记录》《贷后管理检查情况表》及照片等证据，能够证实上诉人邹某力与恒某公司法人王某、股东王某 3 进行了谈话，对恒某公司的税费情况进行了记录，对借款用途、偿还能力、还款方式等进行了调查，并将相关情况记录在卷。上诉人邹某力的上述行为符合法律和银行内部规定，不具有违法性。

关于上诉人邹某力是否存在违反《商业银行法》第三十六条第一款规定的行为，即“商业银行贷款，借款人应当提供担保。商业银行应当对保证人的偿还能力，抵押物、质物的权属和价值以及实现抵押权、质权的可行性进行严格审查”。

本案中，借款人恒某公司提供了《购销合同》、增值税发票等证据用以证实该公司账面上存有该批钢管。上诉人邹某力作为第一调查人，应会同某银行丹某分行的第二调查人（即证人郝某）、监管公司工作人员（即证人管某）对质物进行现场勘察，对涉案质物是否账实相符进行审查。涉案质物是钢管，其重量直接影响其价值，但其重量无法通过直观方式获知，必须经过检斤称重。

而某银行丹某分行出具的《情况说明》证实，银行因不具有核实数量和监管的条件，特将此项业务委托给专业的监管公司。而监管公司的工作人员证实，监管公司同样不具有检斤条件。由于发放贷款的专业机构和监管质物的监管公司均不具有检斤条件，确实使涉案钢管存在账实不符的风险，但该风险是由于相关工作制度、机制不完善所导致，不应归咎于上诉人邹某力个人。换言之，在银行等机构不能提供检斤条件的情况下，上诉人邹某力在现有工作制度、机制的框架下，对涉案质物进行核实，不具有违法性……

综上，上诉人邹某力作为银行工作人员，在向恒某公司发放贷款的过程中，虽然存在一定瑕疵，但该瑕疵是由于银行工作流程、制度设计存在缺陷所导致，故邹某力行为本身不具有刑事违法性；而邹某力主观上亦没有违法发放贷款的故意，故邹某力的行为不符合违法发放贷款罪的构成要件。原判认定上诉人邹某力的行为构成违法发放贷款罪，属于认定事实和适用法律错误，依法应予改判……

裁判结果

一、撤销辽宁省凤某市人民法院（2018）辽 0682 刑初 68 号刑事判决。

二、上诉人（原审被告人）邹某力无罪。

三、实务建议

为预防银行或者其他金融机构工作人员在办理贷款业务时因不了解违法发放贷款的刑事风险而触碰高压线，在办理同类案件的基础上，结合实际办案经验，我们向银行或者其他金融机构工作人员提出以下建议。

（一）审批人员应充分了解业务规则，及时更新知识储备

正所谓："法网恢恢，疏而不漏。"实践中，"违反国家规定"中的"国家规定"不仅包括法律，如《商业银行法》，还包括行政法规以及人民银行、银保监会等金融机构主管部门制定的金融机构业务规则等规范性文件。因此，银行或者其他金融机构工作人员须对法律法规、业务规则的出台、更新保持敏锐的洞察力，切勿触碰红线。

（二）勿抱侥幸心理，贷款审批当尽职尽责

上述法律规范、业务规则等共同圈定了银行以及其他金融机构工作人员的职责范围。欲远离违法发放贷款罪的法律风险，一方面，侥幸心理不可有。即便并非第一责任人，即便经手的是授信发放的贷款，即便未参与初始贷款的发放，仅

参与“借新还旧”贷款的发放，只要未严格履行上述规范规定的义务，就容易身陷囹圄。另一方面，尽职尽责是关键。审批人员应当对借款人的借款资格、借款用途、还款能力、经营情况、贷款资料等情况的真实性进行严格审查并留痕，如因发放的贷款未归还而身陷囹圄，能证明其履行职责的相关材料都能成为出罪的关键证据。

（三）改变“贷款全部收回，没有实际损失，就不构成犯罪”的错误认识

有些人会认为，虽然自己在发放贷款的时候有违法操作，但贷款最终顺利收回，并未造成实际损失，就不构成犯罪。实际上，没有任何损失，也可能涉及违法发放贷款罪。违法发放贷款罪有两个入罪标准：违法发放贷款数额在二百万元以上，或违法发放贷款造成直接经济损失数额在五十万元以上。即使损失未达到五十万元的标准，如果贷款数额达到了二百万元的标准，也可以认定犯罪成立，贷款全部收回只能作为量刑情节加以考虑。

（四）准确理解作为入罪要件之一的“重大损失”

刑法意义上的“损失”与民法意义上或者通常理解的“损失”不完全相同。在刑法领域，对犯罪行为的认定是具有时间节点的。换言之，如果在侦查机关立案时贷款人逾期未偿还，即可认定金融机构遭受“损失”，至于立案后金融机构持有的对贷款人及保证人的债权是否能实现则在所不问。

四、法律规范

（一）法律

1.《中华人民共和国刑法》（2020 年修正）

第一百八十六条 银行或者其他金融机构的工作人员违反国家规定发放贷款，数额巨大或者造成重大损失的，处五年以下有期徒刑或者拘役，并处一万元以上十万元以下罚金；数额特别巨大或者造成特别重大损失的，处五年以上有期徒刑，并处二万元以上二十万元以下罚金。

银行或者其他金融机构的工作人员违反国家规定，向关系人发放贷款的，依

照前款的规定从重处罚。

单位犯前两款罪的，对单位判处罚金，并对其直接负责的主管人员和其他直接责任人员，依照前两款的规定处罚。

关系人的范围，依照《中华人民共和国商业银行法》和有关金融法规确定。

2.《中华人民共和国商业银行法》（2015年修正）

第三十五条 商业银行贷款，应当对借款人的借款用途、偿还能力、还款方式等情况进行严格审查。

商业银行贷款，应当实行审贷分离、分级审批的制度。

第三十六条 商业银行贷款，借款人应当提供担保。商业银行应当对保证人的偿还能力，抵押物、质物的权属和价值以及实现抵押权、质权的可行性进行严格审查。

经商业银行审查、评估，确认借款人资信良好，确能偿还贷款的，可以不提供担保。

第四十条 商业银行不得向关系人发放信用贷款；向关系人发放担保贷款的条件不得优于其他借款人同类贷款的条件。

前款所称关系人是指：

（一）商业银行的董事、监事、管理人员、信贷业务人员及其近亲属；

（二）前项所列人员投资或者担任高级管理职务的公司、企业和其他经济组织。

（二）立案标准

《最高人民检察院、公安部关于公安机关管辖的刑事案件立案追诉标准的规定（二）》（2022年5月15日施行 公通字〔2022〕12号）

第三十七条 银行或者其他金融机构及其工作人员违反国家规定发放贷款，涉嫌下列情形之一的，应予立案追诉：

（一）违法发放贷款，数额在二百万元以上的；

（二）违法发放贷款，造成直接经济损失数额在五十万元以上的。

（三）司法解释性质文件

1.《最高人民法院刑事审判第二庭关于对银行工作人员违规票据贴现行为如何适用法律问题的函》（2006年7月5日　〔2006〕刑二函字第42号）

根据我国法律规定，票据贴现属于贷款的一种类型。违规票据贴现行为是否构成违法发放贷款罪，应当根据案件事实和刑法规定综合评判加以认定……

2.《最高人民法院关于印发〈全国法院审理金融犯罪案件工作座谈会纪要〉的通知》（2001年1月21日施行　法〔2001〕8号）

……

（二）关于破坏金融管理秩序罪

4. 破坏金融管理秩序相关犯罪数额和情节的认定

……

关于违法发放贷款罪。银行或者其他金融机构工作人员违反法律、行政法规规定，向关系人以外的其他人发放贷款，造成50—100万元以上损失的，可以认定为“造成重大损失”；造成300—500万元以上损失的，可以认定为“造成特别重大损失”。

……

对于单位实施违法发放贷款和用账外客户资金非法拆借、发放贷款造成损失构成犯罪的数额标准，可按个人实施上述犯罪的数额标准二至四倍掌握。

由于各地经济发展不平衡，各省、自治区、直辖市高级人民法院可参照上述数额标准或幅度，根据本地的具体情况，确定在本地区掌握的具体标准。

（四）行政法规和部门规章

《金融违法行为处罚办法》（1999年2月22日施行）

第十六条　金融机构办理贷款业务，不得有下列行为：

（一）向关系人发放信用贷款；

（二）向关系人发放担保贷款的条件优于其他借款人同类贷款的条件；

（三）违反规定提高或者降低利率以及采用其他不正当手段发放贷款；

（四）违反中国人民银行规定的其他贷款行为。

金融机构有前款所列行为之一的，给予警告，没收违法所得，并处违法所得1倍以上5倍以下的罚款，没有违法所得的，处10万元以上50万元以下的罚款；

对该金融机构直接负责的高级管理人员、其他直接负责的主管人员和直接责任人员，给予撤职直至开除的纪律处分；情节严重的，责令该金融机构停业整顿或者吊销经营金融业务许可证；构成违法向关系人发放贷款罪、违法发放贷款罪或者其他罪的，依法追究刑事责任。

第三节　吸收客户资金不入账罪

我国《刑法》第一百八十七条规定了吸收客户资金不入账罪，本罪为2006年《刑法修正案（六）》新增罪名。本罪的客观表现形式是违反金融法律、法规，对收受的客户资金不如实记入金融机构的法定账目。构成本罪要求达到数额巨大或者造成较大损失的立案标准。主观方面要求行为人具有故意，即行为人明知吸收客户资金不入账，希望或者放任其发生。犯罪主体是有权吸收客户资金的金融机构及其工作人员。

为更好掌握司法实务中对吸收客户资金不入账罪定罪量刑的关注重点，我们对重点案例进行详细解析，通过研究司法机关的裁判思路，提炼了司法实务裁判要点。同时，我们梳理了与吸收客户资金不入账罪相关的法律、司法解释、立案标准及政策法规等规定。

一、实务解析

（一）本罪的行为特征表现为吸收客户资金后不记入法定存款账目

根据2001年1月21日最高人民法院发布的《全国法院审理金融犯罪案件工作座谈会纪要》，吸收客户资金不入账，是指吸收客户资金不记入金融机构的法定存款账目，以逃避国家金融监管，至于是否记入法定账目以外设立的账目不影响本罪的成立。

在司法实务中，构成本罪的前提是吸收的客户资金属于金融机构的存款资金，其判断依据是客户与金融机构之间是否存在真实有效的存款关系，表现形式则是吸收客户资金时是否出具真实的存款凭证。如果金融机构工作人员未向客户出具存单或者出具的是虚假的存单，则不存在真实有效的存款关系，客户的资金尚未成为金融机构的资金。如果金融机构工作人员将资金用于个人用途，可认定其具有非法占有的目的，则该工作人员涉嫌诈骗类犯罪。

实践中，吸收客户资金不入账的情形有以下几种：其一，与客户达成合意，为获取高额利息回报，客户知晓并同意金融机构将自己的资金不记入法定账户内而是用于其他活动；其二，在客户不知情的情况下，银行或者其他金融机构将吸收的客户资金存入单位“小金库”账册上。此外，还包括银行或金融机构的工作人员通过将客户资金转入私人账户、销毁原始凭证、向客户提供虚假账号等手段欺骗客户，未将客户资金入账等情形。

与客户达成合意的“账外循环”仅涉嫌吸收客户资金不入账罪，然而在多数情况下，吸收客户资金不入账的行为往往成为实现其他目的的手段，因而还可能触犯其他关联犯罪。例如，在客户不知情的情况下，将客户资金存入“小金库”、私人账户，或者实施非法拆借等行为，根据行为人是否具有非法占有的主观目的，可能涉嫌贪污罪、职务侵占罪，或者挪用型犯罪。在实务中，需要特别注意厘清此类关联犯罪与吸收客户资金不入账罪的关系。

（二）构成本罪要求达到数额巨大或者造成重大损失的立案标准

吸收客户资金不入账，只有不入账的资金“数额巨大”或者“造成重大损失”的，才能构成本罪。根据刑事立案标准，吸收客户资金不入账数额在 200 万元以上的，或者造成直接经济损失数额在 50 万元以上的，应当追诉。如果未达到刑事立案标准的，属于一般违法行为，由主管部门给予行政处罚。

（三）构成本罪的主观方面要求行为人具有故意，至于客户是否明知资金不入账不影响本罪的成立

首先，构成本罪要求行为人主观上对吸收客户资金不入账的行为明知，而仍然选择实施该行为或对该行为采取放任态度。

其次，构成本罪不要求行为人具有非法占有的目的。如果行为人以非法占有为目的吸收客户资金后不入账，除构成本罪外，还可能涉嫌诈骗类犯罪。

最后，客户是否明知资金不入账不影响本罪的成立。如上所述，构成本罪的情形不限于“与客户达成合意，将资金账外循环”这一种情形。司法实务中，只要行为人实施了吸收客户资金不入账的行为，即使客户对资金不入账不知情，仍然可以认定行为人构成本罪。

（四）本罪的行为主体是特殊主体，主要是金融机构及其工作人员

根据《刑法》的规定，吸收客户资金不入账罪的犯罪主体是金融机构及其工作人员，具体包括能吸收客户资金的银行、证券公司、保险公司、证券投资基

金管理公司、信托投资公司、企业集团财务公司、金融租赁公司以及中国人民银行认定的其他从事金融业务的机构及其工作人员。

值得关注的是，行为人即使不是金融机构的在编人员，但其在金融机构从事为客户办理存取款、贷款、还款等业务，并且由该银行或者金融机构进行考核、支付报酬的，司法实务中也将其视为该银行或者金融机构的工作人员。

另外，非金融机构工作人员与金融机构工作人员共同实施了吸收客户资金不入账行为的，也构成本罪。

二、裁判要点

028 明知客户资金未进入法定账户而不采取避免措施，对客户资金的后续去向持放任态度，涉嫌吸收客户资金不入账罪

裁判要点

金融机构的工作人员明知客户资金未进入法定账户而不采取避免措施，对客户资金的后续去向持放任态度，涉嫌吸收客户资金不入账罪。

裁判思路

基本案情①**：**

张某担任民某银行北京分行航天桥支行行长期间，自2013年以来，以高息为诱饵，诱骗被害人签订虚假的理财产品购买或转让协议，并将购买或受让虚假理财产品的钱款转入其控制的个人银行账户用于个人消费，骗取147名被害人共计27.46亿余元。

被告人肖某身为民某银行北京分行航天桥支行分管个人理财业务的副行长，明知张某向被害人转让的理财产品存在不规范之处，仍帮助张某向被害人推销理财产品，违反规定未将客户资金存入银行理财金账户，并在理财产品转让协议上伪造出让人签名，加盖张某指使民某银行北京分行航天桥支行员工何某（已判刑）伪造的民某银行北京分行航天桥支行储蓄业务公章，致使客户资金脱离银行

① 案件来源：肖某吸收客户资金不入账二审案【北京市高级人民法院（2020）京刑终96号】。

监管。肖某参与销售理财转让产品13.8余亿元，最终给被害人造成巨额经济损失。

一审法院认为，肖某犯合同诈骗罪，判处有期徒刑十年，剥夺政治权利二年，并处罚金人民币十万元。宣判后，肖某不服，提起上诉。

争议焦点：金融机构的工作人员明知客户资金未进入法定账户而不采取避免措施，是否构成吸收客户资金不入账罪?

辩护意见：

肖某的辩护人提出：在案证据无法证明肖某有吸收客户资金不入账的犯罪故意，即便构成本罪，也系从犯，应依法减轻处罚。

二审法院认为：

虽然不能证明肖某在主观上对张某销售虚假理财产品系明知，但其在客观上实施了一系列帮助行为，除了积极向客户推销涉案理财转让产品外，还包括以下行为：参与制作虚假理财合同，在转让人处代客户签字，对理财产品协议上加盖伪造的储蓄业务公章知情，定期催促张某提供不同转让人账户信息以方便扩大销售规模，对所谓的转让人账户不是实际转让人情况明知，主动联系理财经理用其母亲的账户作为转让人账户，对张某提供和自己找的转让人账户均为中间过渡账户明知，应张某规避反洗钱系统的要求对客户的转账行为不备注为理财转让，对客户仅是普通转账而非柜台通过银行理财系统进行资金划拨的程序违规明知，对客户打入过渡账户后的资金流向采取放任态度，对于理财转让完成后没有更名的情况明知，等等。

本院认为，张某与肖某分别作为民某银行北京分行航天桥支行的行长、副行长在吸收客户资金不入账罪的范围内已经成立共同犯罪，且均系主犯；张某因具有非法占有目的被认定为合同诈骗罪，并不影响将肖某的上述违规帮助行为独立评价为吸收客户资金不入账罪。

一是客户资金没有进入法定账户，必然会影响银行法定账目的记载。案发前，2015年4月，民某银行总行资产管理部下发了《民某银行理财产品转让管理细则》……可见民某银行的理财产品转让有三个关键：其一，必须通过银行理财系统而非存款系统进行资金划转；其二，从接收方的理财金账户转到转出方的理财金账户，而非普通存款账户直接划转；其三，原始理财客户的名称变更为受让方。因此，尽管张某、肖某辩称民某银行北京分行航天桥支行做理财转让一直就是客户存款账户之间互转，而不是通过理财金账户的互转，但是习以为常的实际操作并不能改变违规事实的成立，不能改变对银行关于理财产品的法定账目记载的影响。

二是肖某对于吸收客户资金没有进入法定账户明知，且对后续资金走向采取放任态度。本案中，张某一开始欺骗肖某其有大客户需要进行理财转让，在肖某不知情的情况下，将客户资金按照张某的指示打入陈某的账户，虽然没有打入陈某的理财金账户，但仅系程序违规，不足以认定肖某构成犯罪。而在发展的后期，随着理财转让产品规模的扩张，肖某急于完成销售任务，不仅定期向张某索要中间过渡账户，而且主动去找理财经理母亲这样的过渡账户，其对资金没有打入张某所谓的真实转让人账户是明知的……

由于肖某在销售理财转让产品过程中，明知客户资金打入张某提供或者自己寻找的过渡账户，而并非打入张某所称的实际转让人账户，其在应当采取措施且有能力采取措施的情况下，却没有采取措施去避免或降低客户资金脱离银行有效监管的风险。肖某对客户资金的后续去向持放任态度，不仅严重影响了银行对该部分资金账目真实性的记载，最终也造成了客户资金的巨大损失，应当以吸收客户资金不入账罪追究肖某的刑事责任。

裁判结果

……

二、撤销北京市第一中级人民法院刑事判决的第二项，即被告人肖某犯合同诈骗罪，判处有期徒刑十年，剥夺政治权利二年，并处罚金人民币十万元。

三、上诉人肖某犯吸收客户资金不入账罪，判处有期徒刑九年，并处罚金人民币九万元。

029 在金融机构从事为客户办理业务，由该金融机构进行考核、支付报酬的，视为该金融机构的工作人员

裁判要点

行为人在金融机构从事为客户办理存取款、贷款、还款等业务，并且由该金融机构进行考核、支付报酬的，应将其视为该金融机构的工作人员。

裁判思路

基本案情[①]**：**

被告人成某广原任平遥县达某信用社（后改制为银行）代办员。在其任代办员期间，为曹某三在达某支行办理存取款、贷款、还款等业务。2006 年，根据中国银监会下发的《关于清理农村信用社代办站、邮政储蓄机构代办机构的通知》，成某广被平遥县达某乡曹村聘用为信用社信息联络员，为曹村村民在达某支行办理存取款、贷款、还款业务，并由达某支行对成某广的工作进行考核，直接支付成某广报酬。在实际工作中，成某广的业务范围未有实质性的变化。

2015 年 2 月至 2017 年 5 月，成某广利用其给曹村村民办理存取款、转存款的职务便利，采取给曹村村民出具收据等方式，吸收曹村村民 66 户存往达某支行的存款等共计 3149320 元，未交达某支行入账，私自将钱用于其经商、个人及家庭开支等。

一审法院认为，成某广犯吸收客户资金不入账罪，判处有期徒刑七年，并处罚金人民币十二万元。后成某广不服，提起上诉。

争议焦点：办理存取款、贷款业务的信用社信息联络员是否属于银行的工作人员？

辩护意见：

成某广上诉辩称：其不属于平某农商银行达某支行的工作人员，原判定罪不准，量刑畸重。

二审法院认为：

经查，上诉人成某广原为平遥县达某信用社（后改制为银行）代办员，为曹某三在达某支行办理存取款、贷款、还款等业务；成某广被聘为该信用社信息联络员，继续为曹村村民在达某支行办理存取款、贷款、还款业务，并由达某支行对成某广的工作进行考核，直接支付成某广报酬，故对成某广应视为达某支行工作人员。上诉人成某广在达某支行为曹村村民办理存、取款过程中，未按照相关业务办理程序，未将其吸收储户的存款交达某支行入账，其行为构成吸收客户资金不入账罪。本院认为，原判认定事实清楚，适用法律正确，审判程序合法，量刑适当，依法应予维持。

---

① 案件来源：成某广吸收客户资金不入账案【山西省晋中市中级人民法院（2019）晋 07 刑终 116 号】。

裁判结果

驳回上诉，维持原判。

030 与金融机构工作人员共谋实施吸收客户资金不入账的行为，构成吸收客户资金不入账罪

裁判要点

非金融机构工作人员与金融机构工作人员共谋实施吸收客户资金不入账的行为的，构成吸收客户资金不入账罪。

裁判思路

基本案情①**：**

2013年11月，被告人刘某某与被告人田某某共谋，由田某某找人往银行内存款，许诺付给存款人高利息，刘某某找银行的熟人操作，表面上让存款人以为钱存到银行里了，其实直接将存款人的钱转到刘某某的卡上供刘某某使用。

刘某某找到周某银行工作人员程某某，共谋由刘某某事先准备好一张假的定期存款单，在存款人存款时，将存款人的资金不入银行账户，直接转到刘某某账户，由程某某将假的定期存单交给存款人。

12月3日，田某某找来的存款客户蒋某将400万元存入周某银行，程某某在办理存款业务时未将该笔资金存入银行账户，而是直接转入刘某某个人账户，将假的定期存款单交给蒋某。后蒋某发现存单是假的，遂报警。

争议焦点：非金融机构工作人员与金融机构工作人员共谋实施吸收客户资金不入账的行为，是否构成本罪？

辩护意见：

被告人刘某某的辩护人辩称：被告人刘某某不构成犯罪，指控罪名的犯罪主体是特殊主体，刘某某不是吸收客户资金的犯罪主体，应为无罪；共同犯罪必须

---

① 案件来源：刘某某、程某某吸收客户资金不入账案【河南省周口市川汇区人民法院（2014）川刑初字第197号】。

有明确说明，吸收客户资金不入账罪没有共犯的明确规定和相应的司法解释，因此被告人刘某某不构成本罪。

法院认为：

经查，被告人刘某某与田某某及银行工作人员程某某等人共谋，共同故意实施吸收客户资金不入账且数额巨大的犯罪行为，三位被告人的行为均已构成吸收客户资金不入账罪，三位被告人共同故意犯罪系共犯，辩护人辩护意见无法律依据，本院不予采纳。

裁判结果

一、被告人刘某某犯吸收客户资金不入账罪，判处有期徒刑二年，并处罚金人民币三万元。

……

三、被告人田某某犯吸收客户资金不入账罪，判处有期徒刑一年，并处罚金人民币二万元。

031 为完成上级下达的工作任务，金融机构负责人决定以单位名义吸收客户资金不入账，属于单位犯罪

裁判要点

为完成上级下达的工作任务，金融机构负责人决定以单位名义吸收客户资金不入账，属于单位犯罪。

裁判思路

基本案情[①]：

2010年3月至2012年8月，为完成收贷任务，赫某伟利用宁某县城关农信社主任职权，采取承诺高息，打白条加盖单位储蓄专用章等手段，先后向王某、张某等人吸收资金300余万元不入账。后因不能如期支付客户资金被告发。

① 案件来源：宁某县农村信用合作联社城关信用社、赫某伟吸收客户资金不入账案【河南省商丘市中级人民法院（2014）商刑终字第190号】。

一审法院认为，赫某伟在担任宁某县城关农信社主任期间，吸收客户资金不入账，数额巨大，其行为已构成吸收客户资金不入账罪。赫某伟给储户出具的借据均加盖了农信社公章，且本人利用单位名义吸收存款，故为单位犯罪……判决被告单位宁某县农村信用合作联社城关信用社犯吸收客户资金不入账罪。

争议焦点：金融机构负责人决定以单位名义吸收客户资金不入账属于单位犯罪还是个人犯罪?

辩护意见：

被告单位宁某县城关农信社及其辩护人上诉称：赫某伟吸收客户资金不入账没有经过集体讨论决定，没有向领导汇报，也没有用于单位，属于个人犯罪。

二审法院认为：

经查，时任宁某县城关农信社信贷员王某明证实，赫某伟为完成每月的贷款收息及贷款盘活任务吸收客户存款不入账；宁某县城关农信社信贷员张某杰证实，赫某伟为了完成上级下达的清收任务，吸收客户存款不入账，有垫付利息现象；被害人王某证实，宁某县城关农信社职工完不成任务不发工资；被害人张某证实，赫某伟吸收她 100 万元存款是为了应付上级查账；时任宁某县城关农信社会计庞某霞证实，赫某伟曾让她管理不入账的存款；赫某伟辩解称，为完成贷款收息任务才吸收客户资金不入账。上述证据相互印证，共同证实了为完成工作任务，宁某县城关农信社单位负责人赫某伟决定，以单位名义吸收客户资金不入账 300 余万元，严重破坏了金融管理秩序，宁某县城关农信社的行为已构成吸收客户资金不入账罪，系单位犯罪……宁某县城关农信社及其辩护人的意见不能成立。

裁判结果

驳回上诉，维持原判。

032 获得客户资金后未出具存单，而是用于偿还个人债务，构成诈骗罪，不构成吸收客户资金不入账罪

裁判要点

金融机构的工作人员获得客户资金后未出具存单，而是用于偿还个人债务，

构成诈骗罪，不属于吸收客户资金不入账罪。

裁判思路

基本案情[①]**：**

2014 年 1 月至 2 月，被告人贾某玲在任农村信用社某分社信贷专管员期间，虚构拉存款顶任务的事实，骗取中某置业 80 万元，用于偿还个人债务。后经中某置业多次催要，贾某玲向中某置业偿还 10 万元。

公诉机关认为，贾某玲的行为构成诈骗罪，依法提起公诉。

争议焦点：金融机构的工作人员获得客户资金后未出具存单，而是用于偿还个人债务，是否构成吸收客户资金不入账罪?

辩护意见：

贾某玲的辩护人认为：应认定被告人贾某玲构成吸收客户资金不入账罪，并根据罪责刑相适应原则，对被告人贾某玲免予刑事处罚……

法院认为：

经查，被告人贾某玲虚构拉存款顶任务的事实，使被害单位中某置业产生错误认识，先后分两次将 80 万元转入被告人贾某玲指定的账户，被告人贾某玲将该笔钱用于偿还其个人债务，被告人贾某玲的行为完全符合诈骗罪的构成要件。

吸收客户资金不入账罪的客观要件是指银行或者其他金融机构对公营或个人存款户的入款或存款，只单方面地发给入款户或储户一张存单，不纳入上报中国人民银行和国家财政的银行会计核算，而仅将其另纳入法定会计账册以外的本单位“小金库”账册上。

本案中，被告人贾某玲以拉存款顶任务的名义，骗取中某置业 80 万元后，并未给中某置业出具存单……而是将该笔钱转到其个人名下，用于偿还个人债务，其虚构事实，非法占有他人财物的故意明显，不能仅因其银行工作人员的特定身份认定其不构成诈骗罪而构成他罪。故，对辩护人所提该项辩护意见不予采信。

裁判结果

法院认为：该案不构成吸收客户资金不入账罪。但是，公诉机关指控的诈骗

---

① 案件来源：贾某玲诈骗、吸收客户资金不入账案【山东省桓台县人民法院（2016）鲁 0321 刑初 150 号】。

罪部分事实成立。故判决如下：

被告人贾某玲犯诈骗罪，判处有期徒刑十年，并处罚金人民币五万元。

033 给客户开具虚假的“存款凭条”，实则将客户资金非法占为己有，构成诈骗罪，不构成吸收客户资金不入账罪

裁判要点

金融机构的工作人员给客户开具无金融机构印章的“存款凭条”，让客户误以为资金入账，实则将客户资金非法占为己有，涉嫌诈骗罪。

裁判思路

基本案情[①]**：**

被告人林某丰因与他人合作承揽装修工程，急需投资资金，利用其担任农村信用合作联社某分社主管的身份，采用虚构代储户将资金存入某分社事实的手段，先后骗取被害人林某甲等10人19笔资金共867500元，除已归还23000元，余款844500元非法占为己有。

另外，林某丰为虚构其代他人将资金存入信用社的事实，向被害人出具的没有加盖某某信用社某某分社公章的空白“存款凭条”，系信用合作联社各营业网点放置在营业柜台外任客户随意拿取，用于客户存款时填写的存款意向凭证，并非金融机构收到客户存款后出具给客户的正式储蓄存款凭证，而金融机构出具给客户的正式储蓄存款凭证均有编码并加盖金融机构的现金收讫章、储蓄专用章及营业人员一系列私章。

检察院指控林某丰犯吸收客户资金不入账罪，一审法院认为公诉机关指控罪名不当，判决林某丰犯诈骗罪，判处有期徒刑十一年，剥夺政治权利三年，并处罚金人民币五万元。宣判后，林某丰不服，提起上诉。

争议焦点：金融机构的工作人员给客户开具无金融机构印章的“存款凭条”，让客户误以为资金入账，实则将客户资金非法占为己有，构成诈骗罪还是

---

① 案件来源：林某丰吸收客户资金不入账案【广东省汕头市中级人民法院（2014）汕中法刑二终字第50号】。

吸收客户资金不入账罪?

辩护意见:

林某丰上诉称：对原公诉机关指控的吸收客户资金不入账罪，其有从轻情节，原审改变定性为诈骗罪，系定性错误，请求二审法院认定其犯吸收客户资金不入账罪，对其从轻处罚。

二审法院认为:

上诉人林某丰收到被害人委托其存入所在信用社的资金后隐瞒真相，没有按照被害人的委托将资金存进信用社，也没有到汕头市潮阳农村信用合作联社某某信用社某某分社开具金融机构正式的“储蓄存单”给被害人，而是将在家里开具的既无编码也无金融机构印章的存款凭条给被害人，使被害人误认为交给上诉人林某丰的资金已由其代为存入汕头市潮阳农村信用合作联社某某信用社某某分社进行储蓄。

而上诉人林某丰开具给被害人的没有金融机构印章的“存款凭条”，是汕头市潮阳农村信用合作联社放在各营业网点由客户任意拿取填写用于准备要存款的凭证，并非金融机构收到客户存款后开具的有编码且盖有金融机构各种专用公章和经办、复核人员私章的正式存款凭证，被害人的资金尚未成为金融机构的资金，且该款也不是用于上诉人林某丰所在的汕头市潮阳农村信用合作联社某某信用社某某分社对外非法拆借或发放贷款，故不符合吸收客户资金不入账罪的法律特征……

裁判结果

驳回上诉，维持原判。

034 向客户提供虚假信息获取客户资金，并将取得的客户资金用于个人用途的，构成诈骗罪，不构成吸收客户资金不入账罪

裁判要点

金融机构的工作人员向客户提供虚假信息获取客户资金，并将取得的客户资金用于个人用途的，构成诈骗罪，不构成吸收客户资金不入账罪。

裁判思路

基本案情[①]**：**

2009年至2014年5月，被告人刘某在肥城市某信用合作联社工作期间，故意隐瞒其原在肥城市信用社橡某厂储蓄所工作期间领取的手写股金证已不能使用的事实，仍持有该股金证，编造高息揽储存入肥城市某信用合作联社的理由，骗取袁某戊等人信任，共骗取袁某戊等人239.2896万元，取得款项后，刘某以将手写股金证换成机打股金证为由，从袁某戊等人处骗回股金证后逃匿。

争议焦点：金融机构的工作人员向客户提供虚假信息获取客户资金，后将客户资金用于个人用途，是否构成吸收客户资金不入账罪?

辩护意见：

辩护人提出：刘某的行为应构成吸收客户资金不入账罪。

法院认为：

首先，吸收客户资金不入账罪，是指银行或者其他金融机构的工作人员以及单位，吸收客户资金不入账，数额较大或者造成重大损失的行为，实施该犯罪行为的目的是逃避国家金融机构的监管，而被告人刘某实施的并非吸收客户资金的行为。

吸收客户资金不入账罪是吸收客户资金应入账而未入账，而刘某在经营过程中因缺少资金，明知其持有的股金证已经作废，仍持有该股金证实施诈骗，取得资金后为个人使用，其主观上具有非法占有的目的，刘某对此也是供认不讳，所以刘某实施的是骗取资金的行为而非吸收客户资金的行为。

其次，被告人刘某实施的一系列客观行为印证其非法占有骗取的资金，在其隐瞒股金证不能使用的事实后编造高息存储的虚假事实，取得钱财后，又以更换股金证为由从被害人手中骗取股金证后逃匿，刘某所实施的客观行为完全印证其主观上非法占有的目的，从主观到客观，刘某的行为构成诈骗罪。

最后，诈骗罪与吸收客户资金不入账罪的表现形式不同。吸收客户资金不入账主要表现为采取吸收客户资金不入账的方式，本案中刘某将取得的资金用于个人高风险投资、归还个人欠款，与以上两种行为不同。

综合以上三点，刘某的行为应为诈骗罪而非吸收客户资金不入账罪。

---

① 案件来源：刘某诈骗案【山东省肥城市人民法院（2015）肥刑初字第337号】。

裁判结果

一、被告人刘某犯诈骗罪，判处有期徒刑十三年，并处罚金人民币二十五万元。

……

035 将开具存单的资金据为己有或者挪作他用，构成职务侵占类或挪用类犯罪，不构成吸收客户资金不入账罪

裁判要点

金融机构的工作人员给客户开具银行存单后，若将资金据为己有，构成贪污罪或职务侵占罪；若将资金进行非法拆借，构成挪用公款罪或挪用资金罪，不构成吸收客户资金不入账罪。

裁判思路

基本案情①**：**

2000 年 4 月至 8 月，被告人葛某利用其在某县工某银行工作的便利，开具储蓄存单给储户付某，将收取的 19.3 万元存款不入某县工某银行账户或金库，而是据为己有。

2000 年 4 月，葛某利用其在某县工某银行工作的便利，开具储蓄存单给储户朱某，将收取的 54.1 万元存款不入某县工某银行账户或金库，而是据为己有。

一审法院认为，葛某犯贪污罪，判处有期徒刑四年，并处罚金人民币三十一万元。后葛某不服，提起上诉。

争议焦点：金融机构的工作人员给客户开具存单后据为己有，或进行非法拆借，是否构成吸收客户资金不入账罪？

辩护意见：

葛某上诉称：原判认定其犯贪污罪属于适用法律错误，其行为应构成吸收客户资金不入账罪。辩护人主张：定性应为吸收客户资金不入账罪。

---

① 案件来源：葛某挪用公款、贪污案【安徽省淮南市中级人民法院（2020）皖 04 刑终 177 号】。

二审法院认为：

葛某在分别收取水泥厂、付某、朱某的钱款后，均向对方开具了银行现金缴款单和存单，相应的钱款则应认定为已记入金融机构法定存款账户的客户资金，成为银行的资金，资金如存在被非法拆借等情况，根据葛某开具的银行单据，则由银行承担赔偿责任。本案中，民事判决对付某所持存单的确认及判决亦可证实该法律关系。故本案不符合吸收客户资金不入账罪的构成要件……

裁判结果

驳回上诉，维持原判。

三、实务建议

为预防银行或者其他金融机构的工作人员犯吸收客户资金不入账罪或其他关联罪名，在办理同类案件的基础上，结合实际办案经验，我们向银行及其他金融机构的工作人员提出以下建议。

（一）改变只有客户知情才构成本罪的错误认识，无论客户对资金未记入金融机构的法定存款账目是否“知情”，都不影响本罪的成立

部分金融机构的工作人员将吸收客户资金不入账罪狭义地理解为惩处与客户共谋后的“账外循环”。然而，司法实务中，只要吸收的客户资金未计入金融机构的法定存款账目，相关的金融机构或工作人员就可能构成本罪，至于客户是否知情在所不问。大量的案例显示，金融机构在客户不知情的情况下，将资金转存至单位“小金库”，或者工作人员将资金转入私人账户等都可能成立本罪。

真正受“客户知情与否”影响的是挪用型犯罪的成立，也就是说，如果不入账的行为得到客户的允许或默认，仅成立本罪。如果客户对“未入账”不知情，还可能构成挪用资金类犯罪。

（二）改变只有金融机构业务部门的工作人员才能构成本罪的错误认识

《刑法》具有刺破一切形式直击实质的穿透力，只要行为人在银行或者其他金融机构从事为客户办理存取款、贷款、还款等业务，且由该银行或者金融机构进行考核、支付报酬的，即便是外聘人员，也符合本罪的主体要件。

另外，不具备本罪主体身份的人员与金融机构的工作人员共同实施吸收资金不入账的行为，也可能构成本罪。

（三）造假风险高，“帮忙”需谨慎

构成吸收客户资金不入账罪要求行为人主观方面对资金不入账系“明知”，包括“明知且积极促成”或者“明知且放任”。司法实务中，通常通过客观行为推定主观故意，前者如给客户开具存单后主动向客户提供虚假账号；后者如应他人之邀“帮忙”制作虚假合同等违规帮助行为。后一种情形中，即使银行或者其他金融机构的工作人员对他人销售虚假理财产品等其他造假行为不知情，只要对资金走向采取放任态度，也可能构成本罪。曾引起全社会广泛关注的“民某银行巨额理财资金诈骗案”中，作为副行长的肖某对行长张某销售虚假理财产品等其他造假行为不知情，但其对资金走向采取了放任态度，最终也被认定构成吸收客户资金不入账罪。

四、法律规范

（一）法律

《中华人民共和国刑法》（2020 年修正）

第一百八十七条　银行或者其他金融机构的工作人员吸收客户资金不入帐，数额巨大或者造成重大损失的，处五年以下有期徒刑或者拘役，并处二万元以上二十万元以下罚金；数额特别巨大或者造成特别重大损失的，处五年以上有期徒刑，并处五万元以上五十万元以下罚金。

单位犯前款罪的，对单位判处罚金，并对其直接负责的主管人员和其他直接责任人员，依照前款的规定处罚。

（二）立案标准

《最高人民检察院、公安部关于公安机关管辖的刑事案件立案追诉标准的规定（二）》（2022 年 5 月 15 日施行　公通字〔2022〕12 号）

第三十八条　银行或者其他金融机构及其工作人员吸收客户资金不入帐，涉嫌下列情形之一的，应予立案追诉：

（一）吸收客户资金不入帐，数额在二百万元以上的；

（二）吸收客户资金不入帐，造成直接经济损失数额在五十万元以上的。

（三）司法解释性质文件

《最高人民法院关于印发〈全国法院审理金融犯罪案件工作座谈会纪要〉的通知》（2001年1月21日施行 法〔2001〕8号）

……

（二）关于破坏金融管理秩序罪

3. 用账外客户资金非法拆借、发放贷款行为的认定和处罚

……

银行或者其他金融机构的工作人员将用款人支付给单位的回扣、手续费秘密占为己有，数额较大的，以贪污罪定罪处罚；银行或者其他金融机构的工作人员利用职务便利，用账外客户资金非法拆借、发放贷款，索取用款人的财物，或者非法收受其他财物，或者收取回扣、手续费等，数额较大的，以受贿罪定罪处罚。吸收客户资金不入账，是指不记入金融机构的法定存款账目，以逃避国家金融监管，至于是否记入法定账目以外设立的账目，不影响该罪成立。

审理银行或者其他金融机构及其工作人员用账外客户资金非法拆借、发放贷款案件，要注意将用账外客户资金非法拆借、发放贷款的行为与挪用公款罪和挪用资金罪区别开来。对于利用职务上的便利，挪用已经记入金融机构法定存款账户的客户资金归个人使用的，或者吸收客户资金不入账，却给客户开具银行存单，客户也认为将款已存入银行，该款却被行为人以个人名义借贷给他人的，均应认定为挪用公款罪或者挪用资金罪。

第四节　逃汇罪

我国《刑法》第一百九十条规定了逃汇罪。1998 年，全国人民代表大会常务委员会《关于惩治骗购外汇、逃汇和非法买卖外汇犯罪的决定》对逃汇罪进行了修订，加强了对逃汇行为的惩处力度。实践中，本罪的客观表现形式较为单一，常见的情形是将境内的外汇非法转移到境外。本罪是单位犯罪，犯罪主体是公司、企业或者其他单位，当单位构成逃汇罪时，除了单位受到处罚，单位直接负责的主管人员和其他责任人员也需承担刑事责任。

为更好掌握司法实务中对逃汇罪定罪量刑等方面的关注重点，我们对重点案例进行详细解析，通过研究司法机关的裁判思路，提炼了司法实务裁判要点。同时，我们梳理了与逃汇罪相关的法律、司法解释、立案标准及政策法规等规定。

一、实务解析

（一）本罪在实践中的表现形式较为单一，将境内外汇非法转移到境外最常见

我国《刑法》只处罚两种逃汇行为，即实施了违反国家规定，擅自将外汇存放境外，或者将境内的外汇非法转移到境外，数额较大的行为。司法实践中，第一种行为方式“擅自将外汇存放境外”比较少见，第二种行为方式“将境内的外汇非法转移到境外”比较普遍。

（二）本罪的犯罪主体是公司、企业或者其他单位

本罪是单位犯罪，根据《刑法》规定，行为主体只能是公司、企业或者其他单位，单纯的自然人实施逃汇行为只能依据相关的外汇管理法规进行行政处罚而不构成逃汇罪。实践中，当单位构成本罪，单位直接负责的主管人员或者其他责任人员也构成本罪，根据逃汇金额的大小，需要承担不同程度的刑事责任。

（三）实践中对单位的主管人员、其他责任人员判处的量刑相对较轻

根据《刑法》规定，逃汇数额较大的，对单位直接负责的主管人员和其他

直接责任人员处五年以下有期徒刑或者拘役；数额巨大或者有其他严重情节的，对单位直接负责的主管人员和其他直接责任人员处五年以上有期徒刑。

在检索到的14起案件（共涉及18个行为人）当中，只有4人被判处的刑罚在五年以上，刑罚最高的1人被判处有期徒刑五年六个月；其他14人被判处的刑罚均在五年以下，刑罚最轻的1人被判处有期徒刑九个月，且其中有4人被适用缓刑。总的来说，在实践中，行为人被判处的刑罚相对较轻。

（四）实践中本罪二审维持原判比例高

在检索到的4起逃汇罪二审案件中，3起案件被驳回上诉，维持原判，还有1起案件二审对被告人其他罪名进行改判，而对逃汇罪予以维持。也就是说，实践中发生的逃汇罪二审均维持原判，暂未发现减轻处罚的判例。

二、裁判要点

036 与实际控制下的境外空壳公司签订虚假代理采购合同并向境外付汇，涉嫌逃汇罪

裁判要点

与实际控制下的境外空壳公司签订虚假代理采购合同并向境外付汇，属于将境内外汇非法转移到境外，数额较大的，构成逃汇罪。

裁判思路

基本案情[①]：

2012年，被告人郑某东、陈某利以被告人郑某标的名义在香港设立了基某公司，陈某利享有基某公司的资金管理权。

此后，被告单位鑫某华公司与基某公司签订了虚假的代理采购合同。2013年5月至12月，鑫某华公司在中国工某银行长某支行购汇，先后5笔付汇至基某公司香港汇某银行账户内共计62055675.63美元（折合人民币383714971.04元）。在付汇

① 案件来源：郑某东、陈某利等逃汇罪二审案【福建省福州市中级人民法院（2018）闽01刑终850号】。

后，陈某利多次前往香港，对基某公司账户内资金进行处理。

2015年6月至2016年7月，鑫某华公司以购买原材料核销外汇共计36476249.92美元（折合人民币236300198.1元）。

一审法院认为，郑某东犯逃汇罪，判处有期徒刑五年六个月；陈某利犯逃汇罪，判处有期徒刑五年。后郑某东、陈某利不服，提起上诉。

争议焦点：作为付汇基础的代理采购合同是否为虚假？

辩护意见：

郑某东、陈某利及其辩护人上诉称：原审判决关于鑫某华公司与基某公司签订虚假的代理采购合同证据不足；原审被告单位鑫某华公司的付汇及外汇核销行为均为合法，未破坏国家的外汇收支平衡，不违反国家对外汇的管制，不存在逃汇行为……其行为不构成逃汇罪。

二审法院认为：

涉案香港基某公司系由鑫某华公司实际控制下的离岸空壳公司，上诉人郑某东、陈某利分别为鑫某华公司的董事长及副董事长，陈某利在其中负责公司财务、申请代理采购贷款及设立基某公司等事项，二位上诉人均系鑫某华公司直接负责的主管人员及直接责任人员。

在案的鑫某华公司与基某公司的代理采购合同显示，基某公司为鑫某华代理采购相应机器设备；该代理采购合同中代表基某公司一方的“陈某丙”签字均系伪造：而作为该代理采购合同项下机器设备的卖方某公司与TMT机械株式会社均证实其与基某公司无任何合同往来；以上足以证实鑫某华公司与基某公司之间代理采购合同内容的虚假性。

从本案资金流转分析，基某公司收到外汇后即汇转至多家无业务关联公司及多个个人账户，而非支付给拟采购设备的公司或者留在基某公司账户内以待将来支付，说明从申请贷款和付汇开始鑫某华公司就无通过基某公司采购设备的意愿，其逃汇的主观故意明显。

从鑫某华公司在向香港基某公司付汇后，为应对外汇管理部门的追查而提供的6份伪造的香港汇某银行电汇底单复印件以及通过基某公司采购进口鑫某华公司并不需要的原材料，进而转卖给其他公司从而核销外汇的行为亦可证实作为上述付汇基础的代理采购合同的虚假性。

《中华人民共和国外汇管理条例》（以下简称《外汇管理条例》）第十二条规定：“经常项目外汇收支应当具有真实、合法的交易基础……”本案中，鑫某华公司基于其与基某公司之间的虚假代理采购合同，向境外付汇 62055675 美元，属将境内外汇非法转移到境外，已构成逃汇犯罪既遂，其后续核销部分外汇亦不应从上述逃汇数额中予以扣减。综上，上述辩护意见均不能成立，不予采纳……

裁判结果

驳回上诉，维持原判。

037 为赚取利差虚构转口贸易，致使境内外汇被非法转移至境外，涉嫌逃汇罪

裁判要点

为赚取利差虚构转口贸易，致使境内外汇被非法转移至境外，数额较大的，构成逃汇罪。

裁判思路

基本案情[①]**：**

2012 年 8 月至 2013 年 4 月，被告人王某财在经营大某同公司期间，为赚取人民币定期存款利息与外汇贷款资金成本之间的利差，虚构转口贸易背景，以虚假的销售合同、货物装箱单、货物提单等材料向银行申请外汇贷款。同时，王某财向他人借款、借用银票等，以用于向银行支付保证金、提供银票质押等，为外汇贷款提供担保，其中保证金存入银行保证金账户，利息按定期存款利率计算。

银行审核王某财提供的大某同公司的上述贸易资料后，即以“转口贸易”形式将外汇资金电汇至王某财控制的 6 家境外公司开设在汇某银行（香港）账户，之后大某同公司又以转口收汇形式收到王某财控制的境外公司银行账户电汇划入境内的外汇资金，大某同公司将大部分外汇资金结汇人民币后用于归还保证金借款、银票，或作为保证金再向银行申请外汇贷款。

银行外汇贷款到期后，大某同公司的保证金账户被启封，同时银行向大某同公司支付相应的保证金利息，大某同公司归还银行外汇贷款等额的人民币资金及

① 案件来源：王某财等逃汇罪二审案【上海市第一中级人民法院（2015）沪一中刑终字第 285 号】。

贷款利息、手续费等，或银行直接从大某同公司保证金账户内扣划外汇贷款本息，大某同公司据此获取了人民币定期存款利息收入与外汇贷款成本之间的利差部分。

其间，被告人王某财以大某同公司名义通过上述方式或办理进口押汇先后从7家国内银行获取外汇融资资金76笔，金额累计为29493.11万美元，均以转口贸易名义汇入王某财控制的境外公司银行账户。

一审法院认为，被告单位犯逃汇罪，判处罚金人民币二千万元；王某财犯逃汇罪，判处有期徒刑五年六个月。宣判后，王某财不服，提起上诉。

争议焦点：虚构转口贸易，致使境内外汇被非法转移至境外，是否构成逃汇罪？

辩护意见：

王某财的辩护人称：本案以逃汇罪论处不当，且社会危害性较小，量刑过重。

二审法院认为：

原审被告单位大某同公司虚构转口贸易，致使境内外汇被非法转移至境外。原审被告单位的行为危害了国家外汇管理制度，依法应以逃汇罪论处。原审被告单位大某同公司实施了逃汇犯罪行为，王某财作为大某同公司的法定代表人，对单位实施的犯罪行为，应该承担直接负责的主管人员的刑事责任……

裁判结果

驳回上诉，维持原判。

038 重复申请信用证，在其控制下的公司之间反复进行无盈利的虚假贸易，涉嫌逃汇罪

裁判要点

行为人通过重复申请信用证，在其实际控制下的境内外关联公司之间反复进行无盈利贸易，贸易行为不具有真实性。基于虚假贸易背景向银行申请信用证，并在信用证到期后申请银行押汇，由银行直接将外汇转移至境外，数额较大的，

构成逃汇罪。

裁判思路

基本案情[①]**：**

2007年至2008年间，被告人吴某耀以他人名义注册帝某豪公司、瓯某华公司从事国际橡胶进口贸易，吴某耀为两家公司实际控制人。2011年12月5日起，吴某耀担任帝某豪公司法定代表人。

2010年4月至2012年3月，吴某耀在经营帝某豪公司、瓯某华公司过程中，为获取资金用于周转，分别以上述两家公司名义，伪造、变造海关进境货物备案清单等材料，虚构贸易背景，并以支付保证金、提供房产抵押与信用保证等方式作为担保，先后向中某银行温州分行、中国建某银行温州鹿城支行申请开立90日远期不可撤销跟单信用证26份，票面金额共计26096940美元，付汇净额共计26092505美元。

信用证到期后，两家银行均依照合同约定将上述26份信用证的外汇资金全部付至吴某耀实际控制的多家境外收款公司账户，而吴某耀又将上述外汇资金回流到境内用于偿还两家公司前期到期的信用证及其他用途。

争议焦点：行为人通过重复申请信用证，在其实际控制的境内外关联公司之间反复进行无盈利贸易，能否认定贸易行为不具有真实性？

辩护意见：

被告人吴某耀辩称：其将外汇转移至境外，属真实贸易背景下的付汇行为，行为合法。

其辩护人辩称：被告人吴某耀并未违反国家规定将境内外汇非法转移至境外，也并未存放境外而不流回境内，其所操作的外汇业务均在外汇局的监管之下，且均在国有银行账户间转移，不符合逃汇罪的构成要件，故其行为不构成逃汇罪。

法院认为：

关于涉案信用证是否存在真实贸易背景的问题。经查，（1）被告人吴某耀实际控制帝某豪公司、瓯某华公司及香港、澳门等境外公司；（2）2010年4月起，被告人吴某耀利用对上述境内外公司财务和经营管理的控制权，在境内外公司之间进行自买自卖，境内公司基于该虚假贸易向银行申请开立信用证，并申请

① 案件来源：吴某耀逃汇罪一审案【浙江省温州市鹿城区人民法院（2016）浙0302刑初1360号】。

银行押汇。本院认为，信用证是银行开立的有条件的承诺付款的书面文件，由银行作为买卖双方的保证人，以银行信用替代商业信用，其实质在于为贸易双方提供信用保证，保障贸易顺利进行，帝某豪公司、瓯某华公司及涉案的香港、澳门等境外公司虽均系独立法人，具有独立的法人资格，但均由被告人吴某耀实际控制，在其控制下的公司之间的相互贸易并无以银行信用替代商业信用的必要，即没有开立信用证的必要，被告人吴某耀化简为繁，通过信用证在境内外关联公司之间反复进行无盈利贸易，其目的不在于追求银行信用保证，而在于骗取融资机会，且该自买自卖过程不但不产生利润，还需要在每次申请开立信用证、押汇时向银行支付一定比例的手续费，被告人重复申请信用证的行为客观减损了其付款赎单的能力，故该贸易行为系以融资而非盈利为目的，不具有真实性。被告人及其辩护人就此提出的辩解及辩护意见，均不予采纳……

被告人吴某耀以帝某豪公司、瓯某华公司名义，基于虚假贸易背景向银行申请信用证，并在信用证到期后申请银行押汇，由银行直接将外汇转移至境外，虽然外汇转移至境外是在国家外汇管理局监管下通过银行付汇的合法形式来完成的，但由于被告人吴某耀隐瞒了在其控制下的境内外关联公司之间虚假贸易的事实，继而导致银行付汇，其本质上并不具有合法性，被告人吴某耀以欺骗手段客观造成26092505美元被非法转移至境外，已构成逃汇罪，外汇汇回境内不影响其犯罪构成，但可在量刑时予以考虑……

裁判结果

被告人吴某耀犯逃汇罪，判处有期徒刑二年，决定执行有期徒刑五年，并处罚金人民币二十万元。

039 转移外汇是否以牟利为目的以及外汇资金事后是否回流，不影响逃汇行为及犯罪数额的认定

裁判要点

公司及经营负责人具有逃汇的主观故意和客观行为，转移至境外的外汇资金均应计入逃汇的犯罪数额，至于转移外汇是否以牟利为目的以及外汇资金事后是

否回流，不影响逃汇行为及犯罪数额的认定。

裁判思路

基本案情[①]**：**

2015 年 6 月，叶某霞在经营上海虞某贵金属有限公司（以下简称虞某公司）。其间，为牟取人民币理财利息与外汇贷款资金成本之间的利差等利益，利用其控制的境外公司，以虚假的销售合同、货物提单等材料，虚构转口贸易背景，向东某银行上海分行申请信用证，并将为开具信用证提供担保的资金存入银行账户，获取利息，通过该方法将 940 余万美元非法转移至境外，后再以转口收汇等形式收回资金。

8 月，叶某霞在经营虞某公司期间，采用上述相同方式虚构转口贸易背景，向东某银行上海分行申请付汇 680 余万美元，将资金非法转移至境外。

2015 年 4 月至 7 月，叶某霞在经营拓某公司期间，为牟取人民币定期存款利息与外汇贷款资金成本之间的利差等利益，利用其控制的境外公司，以虚假的销售合同、货物提单等材料，虚构转口贸易背景，向平某银行上海分行申请进口押汇共计 3 笔，并将为贷款提供担保的资金存入银行账户，获取利息，通过该方法将 2100 余万美元非法转移至境外，后拓某公司又以转口收汇等形式收回资金。

争议焦点：转移外汇是否以牟利为目的以及外汇资金事后是否回流，是否影响逃汇行为及犯罪数额的认定？

辩护意见：

叶某霞的辩护人认为：虞某公司系平账需要，申请了 680 万美元的付汇业务，且该笔业务公司没有牟利，故该部分也不应计入叶某霞的犯罪数额。

法院认为：

……叶某霞案发期间作为虞某、拓某两家境内公司的经营负责人，作为领某、伟某、东某等三家境外公司的控制人，向银行故意提供虚假提单、合同等材料，虚构转口贸易背景，致使银行将外汇付至境外，客观上造成了国家转口贸易在外汇统计上的虚增，损害了外汇管理制度，扰乱了国家外汇管理秩序。故虞某公司、拓某公司以及作为公司经营负责人的叶某霞均具有逃汇的主观故意、客观行为，转移至境外的外汇资金均应计入逃汇的犯罪数额。至于虞某公司、拓某公

---

① 案件来源：上海虞某贵金属有限公司、叶某霞逃汇罪一审案【上海市嘉定区人民法院（2018）沪 0114 刑初 1080 号】。

司虚构转口贸易背景、转移外汇是否以牟利为目的以及外汇资金事后是否回流，不影响逃汇行为及犯罪数额的具体认定。公诉机关已指控叶某霞作为拓某公司经营负责人所涉的逃汇事实，并当庭举证了相关证据，经审理，该部分事实清楚、证据确实充分，本院依法予以确认……

裁判结果

一、被告单位上海虞某贵金属有限公司犯逃汇罪，判处罚金人民币一千二百万元。

二、被告人叶某霞犯逃汇罪，判处有期徒刑五年。

040 个人以公司的名义向开证银行骗购外汇汇至境外，并将企业自有外汇非法转移至境外，涉嫌逃汇罪

裁判要点

个人以公司的名义，使用虚假的外贸合同、信用证合同，向开证银行骗购外汇汇至境外并将企业自有外汇非法转移至境外，系单位犯罪的直接责任人员，构成逃汇罪。

裁判思路

基本案情[①]**：**

1997 年 1 月至 1998 年 8 月，被告人罗某以瑞某（集团）公司及北京瑞某科技贸易发展公司的名义，为公司办理进口计算机业务的手续，在公司与中某经纬进出口公司签署委托代理进口协议后，被告人罗某在 3 份外贸合同外商签名处假冒外商签名，以此 3 份虚假合同欺骗银行开立信用证的手段，通过中某经纬进出口公司从开证银行为北京瑞某科技贸易发展公司骗购外汇 447.685 万美元汇至境外，将瑞某（集团）公司自有外汇 365 万美元非法转移至境外。

1998 年 5 月到 6 月，罗某在办理国家外汇管理局对贸易进口付汇报审手续时，通过他人结识该局国际收支司进出口核销处负责进口付汇核销报审工作的上

① 案件来源：罗某逃汇罪二审案【北京市高级人民法院（2000）高刑终字第 185 号】。

诉人于某，请托于某用 250 万美元的 6 张报关单（经鉴定系伪造的报关单）报审 812 万美元付汇金额，以逃避外汇管理机关的监管。

一审法院认为，罗某犯逃汇罪，判处有期徒刑二年。后罗某不服，提起上诉。

争议焦点：职员以公司的名义，使用虚假的外贸合同、信用证合同，向开证银行骗购外汇汇至境外是否构成逃汇罪？

辩护意见：

被告人罗某及其辩护人提出：罗某不是北京瑞某科技贸易发展公司的领导、决策人，工作系受公司指派；未从中获利。

二审法院认为：

经查，罗某系瑞某（集团）公司职员，其实施了在虚假外贸合同上假冒外商签字，代表瑞某（集团）公司出具订货单，在信用证开立后，在部分银行付款通知上签字确认，事后提供假报关单、填写核销表，请托国家工作人员对其参与的逃汇、骗购外汇的数额予以报审核销的行为，显系单位犯罪的直接责任人员，原审法院以逃汇罪追究其刑事责任于法有据……被告人罗某身为国有公司的工作人员，无视国家外汇管理制度，以公司的名义，使用虚假的外贸合同、信用证合同，向开证银行骗购外汇汇至境外并将企业自有外汇非法转移至境外，情节严重，其行为已构成逃汇罪，依法均应予惩处……

裁判结果

一、维持北京市第一中级人民法院（2000）一中刑初字第 1 号刑事判决的第三项中对被告人常某的定罪部分及第一项、第二项、第四项，即被告人罗某犯逃汇罪，判处有期徒刑二年……

三、实务建议

司法实践中，逃汇罪适用频率较低，但在人民币汇率波动加大、跨境资金流动形势日趋复杂的大环境下，涉及本罪名的刑事法律风险依旧存在。为预防公司、企业或者其他单位触犯逃汇罪，在对重点案例进行深入研究的基础上，结合实际办案经验，我们向经营外汇业务的企业提出以下建议。

（一）确保外汇收支具有真实、合法的交易基础

《外汇管理条例》第十二条明确规定：“经常项目外汇收支应当具有真实、合法的交易基础。”如果脱离真实、合法的交易基础，如与实际控制下的境外空壳公司签订虚假代理合同，申请银行向境外汇付，或通过虚假转口贸易，采用“内保外贷”方式流转资金，就可能涉嫌逃汇罪。

（二）打破“以牟利为目的才构成犯罪”或“事后资金回流不构成犯罪”的认识误区

尽管多数逃汇行为的背后是基于牟利的主观故意，如通过虚假转口贸易将低贷款利率的境外融资成本调回境内赚取利息差，也就是“套利”。然而，构成逃汇罪并不以行为人具有牟利的目的为前提，只要行为人具有逃汇的主观故意，即符合本罪的主观构成要件。

另外，只要行为人具有逃汇的主观故意，实施了将外汇非法转移至境外的行为，且单笔在二百万美元以上或者累计数额在五百万美元以上，就满足了逃汇罪的构成要件。当资金非法转移至境外时，逃汇行为已经完成，外汇资金脱离国家监管已成事实，即使资金最终汇入境内也不影响逃汇罪既遂的认定。

（三）改变“自然人不用承担刑事责任”的错误认识

逃汇罪是单位犯罪，也就是说，自然人不单独构成本罪。然而，当从事对外贸易经营活动的公司、企业或者其他单位构成逃汇罪时，参与逃汇行为的“直接责任人员”和对公司直接负责的“主管人员”均成立逃汇罪，根据逃汇的数额以及情节承担对应的刑事责任。

四、法律规范

（一）法律

1. **《中华人民共和国刑法》（2020 年修正）**

第一百九十条　公司、企业或者其他单位，违反国家规定，擅自将外汇存放境外，或者将境内的外汇非法转移到境外，数额较大的，对单位判处逃汇数额百

分之五以上百分之三十以下罚金，并对其直接负责的主管人员和其他直接责任人员，处五年以下有期徒刑或者拘役；数额巨大或者有其他严重情节的，对单位判处逃汇数额百分之五以上百分之三十以下罚金，并对其直接负责的主管人员和其他直接责任人员，处五年以上有期徒刑。

2.《全国人民代表大会常务委员会关于惩治骗购外汇、逃汇和非法买卖外汇犯罪的决定》（1998 年 12 月 29 日施行）

五、海关、外汇管理部门以及金融机构、从事对外贸易经营活动的公司、企业或者其他单位的工作人员与骗购外汇或者逃汇的行为人通谋，为其提供购买外汇的有关凭证或者其他便利的，或者明知是伪造、变造的凭证和单据而售汇、付汇的，以共犯论，依照本决定从重处罚。

（二）司法解释

《最高人民法院关于审理骗购外汇、非法买卖外汇刑事案件具体应用法律若干问题的解释》（1998 年 9 月 1 日施行　法释〔1998〕20 号）

第一条　以进行走私、逃汇、洗钱、骗税等犯罪活动为目的，使用虚假、无效的凭证、商业单据或者采取其他手段向外汇指定银行骗购外汇的，应当分别按照刑法分则第三章第二节、第一百九十条、第一百九十一条和第二百零四条等规定定罪处罚。

非国有公司、企业或者其他单位，与国有公司、企业或者其他国有单位勾结逃汇的，以逃汇罪的共犯处罚。

（三）立案标准

《最高人民检察院、公安部关于公安机关管辖的刑事案件立案追诉标准的规定（二）》（2022 年 5 月 15 日施行　公通字〔2022〕12 号）

第四十一条　公司、企业或者其他单位，违反国家规定，擅自将外汇存放境外，或者将境内的外汇非法转移到境外，单笔在二百万美元以上或者累计数额在五百万美元以上的，应予立案追诉。

（四）行政法规和部门规章

《中华人民共和国外汇管理条例》（2008 年 8 月 5 日施行）

第三条　本条例所称外汇，是指下列以外币表示的可以用作国际清偿的支付手段和资产：

（一）外币现钞，包括纸币、铸币；

（二）外币支付凭证或者支付工具，包括票据、银行存款凭证、银行卡等；

（三）外币有价证券，包括债券、股票等；

（四）特别提款权；

（五）其他外汇资产。

第五节　骗购外汇罪

骗购外汇罪是全国人民代表大会常务委员会于1998年通过单行刑法《关于惩治骗购外汇、逃汇和非法买卖外汇犯罪的决定》设立的罪名。本罪的客观方面表现为行为人实施了骗购国家外汇的行为。本罪的犯罪主体是一般主体，自然人和单位均可构成。本罪司法实践中判处的刑罚相对较轻，大部分被告人被判处的刑期在五年以下。

为更好掌握司法实务中对骗购外汇罪定罪量刑等方面的关注重点，我们对重点案例进行详细解析，通过研究司法机关的裁判思路，提炼了司法实务裁判要点。同时，我们梳理了与骗购外汇罪相关的法律、司法解释、立案标准及政策法规等规定。

一、实务解析

（一）本罪的客观方面表现为骗购国家外汇的行为

骗购外汇是指以虚构事实或者隐瞒真相的方法欺骗外汇管理机关，购买国家外汇的行为。根据《全国人民代表大会常务委员会关于惩治骗购外汇、逃汇和非法买卖外汇犯罪的决定》，骗购外汇的方式包括：使用伪造、变造的海关签发的报关单、进口证明、外汇管理部门核准件等凭证和单据；重复使用海关签发的报关单、进口证明、外汇管理部门核准件等凭证和单据；以其他方式骗购外汇。判例显示，采用前两种方式骗购外汇的案件居多。

另外，伪造、变造海关签发的报关单、进口证明、外汇管理部门核准件等凭证和单据，并用于骗购外汇的，按骗购外汇罪的法定刑从重处罚。

（二）自然人和单位都可以构成本罪，自然人犯罪的情形较多

本罪的主体为一般主体，年满16周岁具有刑事责任能力的自然人和单位均可构成。海关、外汇管理部门以及金融机构、从事对外贸易经营活动的公司、企业或者其他单位的工作人员与骗购外汇的行为人通谋，为其提供购买外汇的有关

凭证或者其他便利的，或者明知是伪造、变造的凭证和单据而售汇、付汇的，以共犯论，从重处罚。

司法实践中，自然人犯本罪的情形发生较多，单位犯本罪的情形发生较少。单位构成本罪的案例中，犯罪主体多为拥有进出口经营权的外贸公司、企业或者其他单位。

（三）本罪在实践中判处的刑罚相对较轻

根据《刑法》的规定，骗购外汇罪分为三个量刑档，最高可判处无期徒刑。而在检索到的案例中，绝大多数被告人被判处五年以下有期徒刑，并且大多被判处三年以下有期徒刑，近一半被告人适用缓刑。总体而言，本罪在实践中判处的刑罚相对较轻。

二、裁判要点

041 没有真实交易，虚构进出口合同、海关单据等资料向银行骗购外汇，涉嫌骗购外汇罪

裁判要点

在没有真实交易的情况下，通过虚构进出口合同、发票、海关单据等资料向银行骗购外汇，数额较大的，构成骗购外汇罪。

裁判思路

基本案情[①]**：**

2010 年，魏某狮在深圳成立高某信公司。2014 年初，魏某狮在明知周某琨、官某鑫受他人指使和雇用，采取虚构进出口贸易的方式向银行骗购外汇的情况下，仍采用多种方式为其提供帮助：一是注册多家空壳公司用于虚假进出口业务和资金结算。二是提供资金用于购买骗汇所需要的虚假报关单、进出口证明等文

① 案件来源：魏某狮、许某涛等骗购外汇二审案【广东省深圳市中级人民法院（2018）粤 03 刑终 680 号】。

件。三是指派财务主管郭某萍将高某信公司控制的多家空壳公司账户和个人账户的资金聚集到指定账户后提供给周某琨、官某鑫等人用于骗购外汇。同时，为了资金安全，魏某狮指派行政主管许某涛等人在骗汇现场进行监督。四是指派行政主管许某涛和黄某在香港成立公司并开设银行账号，用于接受所骗购外汇和资金支付结算，在境外结汇后赚取汇率差价和相关手续费用。

一审法院认为，魏某狮犯骗购外汇罪，判处有期徒刑八年，并处罚金人民币六千五百万元……宣判后，魏某狮等人不服，提起上诉。

二审法院认为：

魏某狮、许某涛、周某琨、官某鑫、郭某萍无视国家法律，在没有真实交易的情况下，通过虚构进出口合同、发票、海关单据等资料，向银行骗购外汇，数额巨大，其行为均已构成骗购外汇罪……

裁判结果

一、维持深圳市宝安区人民法院（2016）粤0306刑初字第4550号刑事判决中第一项对被告人魏某狮等人的定罪部分和郭某萍的量刑部分以及第二项、第三项。

二、撤销深圳市宝安区人民法院（2016）粤0306刑初字第326号刑事判决中第一项对被告人魏某狮等人的量刑部分。

三、上诉人（原审被告人）魏某狮犯骗购外汇罪，判处有期徒刑四年，并处罚金人民币一千五百万元。

……

042 由客户提供购汇资金，在没有真实贸易的情况下虚构资料向银行骗购外汇赚取差价，涉嫌骗购外汇罪

裁判要点

联系需要外汇的客户，由客户提供购汇资金，在没有真实贸易的情况下，通过虚构贸易合同、发票，向银行骗购外汇从而赚取差价，数额较大的，构成骗购外汇罪。

裁判思路

基本案情[①]**：**

2013年下半年，深圳市金某桂资产管理公司的法定代表人张某大组织股东王某龙、员工陈某霓等人，通过其控制的19家境内公司及13家香港公司，在没有真实贸易的情况下，虚构两地公司之间的贸易合同，以进口平板电脑、废碎料等跨境贸易全额预付款的名义，向深圳中某银行、建某银行等5家银行骗购外汇。

其中，王某龙负责提供其香港个人公司及账户用于收取外汇资金；陈某霓负责制作虚假贸易合同、发票等购汇单据，并作为具体经办人向银行申请购汇。

经统计，2013年6月至2014年5月，共骗购外汇1333944572.69美元。

一审法院认为，张某大犯骗购外汇罪，判处有期徒刑十四年；陈某霓犯骗购外汇罪，判处有期徒刑六年。宣判后，张某大不服，提起上诉。

争议焦点：联系需要外汇的客户，由客户提供购汇资金，在没有真实贸易的情况下，通过虚构贸易合同、发票，向银行骗购外汇从而赚取差价，构成骗购外汇罪还是非法经营罪？

辩护意见：

张某大及其辩护人上诉提出：本案应当定性为非法经营而非骗购外汇。金某桂公司只是帮有外汇需要的企业购买外汇，而非骗购外汇自用。购买外汇资金都是由有外汇需求的企业提供的，金某桂公司只是从中赚取一些手续费，获利人民币1138530元。本案的行为，系金某桂公司超越经营范围，违反国家法律规定的非法经营行为，应依非法经营罪追究上诉人刑事责任。

二审法院认为：

金某桂公司张某大等人通过联系需要外汇的客户，由客户提供购汇资金，在没有真实贸易的情况下，以进口平板电脑、废碎料等货物名义，虚构进出口贸易合同，于设境内公司的银行账户收取客户预付款后，向深圳中某银行等银行骗购外汇，再由香港公司的银行账户在境外支付外汇给客户，从中赚取差价，张某大等人系直接实施骗购外汇行为，而非居间介绍、委托他人骗购外汇，其行为符合我国法律规定的骗购外汇罪的构成要件，应依照1998年12月29日公布施行的《全国人民代表大会常务委员会关于惩治骗购外汇、逃汇和非法买卖外汇犯罪的

---

① 案件来源：张某大、王某龙等骗购外汇二审案【广东省高级人民法院（2016）粤刑终78号】。

决定》第一条规定以骗购外汇罪追究张某大的刑事责任，一审对本案定性准确，张某大辩护人提出本案应定性为非法经营罪的理由不成立，不予采纳……上诉人张某大、王某龙、陈某霓、许某、杨某勇无视国家法律，在没有真实贸易的情况下，通过虚构贸易合同、发票，向银行骗购外汇，数额特别巨大，其行为已构成骗购外汇罪。

裁判结果

一、维持广东省深圳市中级人民法院（2015）深中法刑二初字第208号刑事判决中第一项、第二项、第四项、第五项及第三项对上诉人陈某霓的定罪部分。

二、撤销广东省深圳市中级人民法院（2015）深中法刑二初字第208号刑事判决中第三项对上诉人陈某霓的量刑部分。

三、上诉人陈某霓犯骗购外汇罪，判处有期徒刑五年。

043 虚构转口贸易背景，使用伪造、变造提单等方式骗购国家外汇，涉嫌骗购外汇罪

裁判要点

虚构转口贸易背景，自制相关合同等材料，使用伪造、变造提单、重复使用提单等方式骗购国家外汇，数额较大的，构成骗购外汇罪。

裁判思路

基本案情①：

绿某石公司主要从事进出口化工产品的一般贸易和转口贸易，公司实际控制人为被告人海某二和海某一，海某二负责联系资金，海某一负责联系业务。

2015年至2017年，绿某石公司在转口贸易中，所涉及的上、下游公司均在境外注册，海某一在绿某石公司的转口贸易中，通过控制上、下游公司网银U盾、公司电子章及签名、往来汇款，虚构转口贸易背景，自制相关合同等材料，使用伪造、变造提单、重复使用提单等方式骗购国家外汇。

---

① 案件来源：海某一骗购外汇罪一审案【内蒙古自治区满洲里市人民法院（2018）内0781刑初180号】。

经统计，海某一通过绿某石公司转口贸易骗购外汇共计18636993.33美元。

法院认为：

被告人海某一在绿某石公司的转口贸易中，虚构转口贸易背景，自制相关合同等材料，使用伪造、变造提单、重复使用提单等方式骗购国家外汇，且数额较大，其行为已构成骗购外汇罪。公诉机关指控罪名成立，本院予以认定。关于本案的社会危害性，被告人海某一自2015年至2017年先后购汇多笔，虽然被告人海某一向银行申购外汇，从形式上看并没有给国家造成直接的经济损失，但在实质上影响到国家的外汇储备和相应汇率，损害了正常的外汇管理制度和管理秩序，具有一定的社会危害性。同时，鉴于本案的立案标准为五十万美元，且对数额较大、数额巨大的标准没有明确规定，故本案应属于数额较大，应在五年以下有期徒刑量刑……

裁判结果

一、被告人海某一犯骗购外汇罪，判处有期徒刑二年，缓刑三年，并处罚金人民币五百九十万元。

……

044 公司通过向海关高报货物价格的方式虚开信用证骗购外汇，涉嫌骗购外汇罪

裁判要点

公司通过向海关高报货物价格的方式虚开信用证骗购外汇，数额较大的，构成骗购外汇罪。

裁判思路

基本案情[①]**：**

被告单位河南阳某国际贸易有限公司（以下简称河南阳某公司）主要从事

① 案件来源：河南阳某国际贸易有限公司、郭某胜骗购外汇二审案【河南省高级人民法院（2018）豫刑终30号】。

大豆进口贸易。被告人郭某胜于2009年至2013年担任河南阳某公司的法定代表人、总经理，负责公司日常全面工作。

2010年3月至2011年3月，河南阳某公司为支付在境外期货交易中的亏损，多次通过高报大豆进口价格的方式虚开信用证骗购外汇，骗购总额为4955576.797美元。

一审法院认为，河南阳某公司犯骗购外汇罪，判处罚金人民币三百四十三万三千二百元；郭某胜犯骗购外汇罪，判处有期徒刑二年。

争议焦点：向海关高报货物价格是否构成骗购外汇罪？

辩护意见：

河南阳某公司、郭某胜及其辩护人提出：本案所涉大豆进口贸易报关时点价尚未完成，按暂定价格报关，必然会出现“低报”（货物报关价格低于实际成交价格）或“高报”（货物报关价格高于实际成交价格）货物价格的情况，因该项贸易实施长期滚动结算，“低报”的通过后期“高报”、“高报”的通过后期“低报”来最终平衡，没有骗购外汇的故意，不构成骗购外汇罪。

二审法院认为：

该上诉理由和辩护意见与本案的真实交易不符，亦无证据支持，理由如下：

首先，以河南阳某公司与某公司交易为例，三个合同交易中，2010年10月27日向海关申报进口黄大豆50694.065吨，合同号为30189/A，真实的结算单已于同年10月4日传真给河南阳某公司；2012年9月26日、10月9日向海关申报进口黄大豆65963.17吨，合同号为30532/A，真实的结算单在同年8月8日已完成并传真给河南阳某公司，即该二单交易均在报关前较长时间即确定了货物真实价格。河南阳某公司以货物价格报关时未确定，所以“低报”的辩解不能成立。

其次，即便报关时货物价格未确定，海关允许二次报关，而本案中所涉十次“低报”均未二次报关。

再次，“低报”必然导致少缴关税，上诉人河南阳某公司和郭某胜均明知也是认可的。

最后，郭某胜详细供述了在国外期货盈利无法转回国内的情况下冲抵贷款，为通过报关让沙某某伪造点价单的事实，该供述亦得到原审被告人沙某某供述和提取在案的伪造的点价单的印证。同时，郭某胜亦供认“高报”是为了弥补期货亏损。

综上，原判认定河南阳某公司“低报”进口大豆价格偷逃关税，“高报”进口大豆价格骗购外汇的事实清楚，证据确实充分，定罪并无不当……河南阳某公司在从事进口贸易过程中，通过向海关“高报”价格的形式虚开信用证，用以骗购外汇，骗购总额4955576.797美元，其行为构成骗购外汇罪，郭某胜作为被告单位直接负责的主管人员，亦应承担刑事责任……原判认定事实清楚，定罪准确，量刑适当，审判程序合法。上诉人河南阳某公司、郭某胜的上诉理由及其辩护人的辩护意见均不能成立，不予采纳。

裁判结果

驳回上诉，维持原判。

045 冒用他人银行账户，虚构旅游等事由骗购外汇的，涉嫌骗购外汇罪

裁判要点

行为人采用“批量借壳开户、树形分拆资金、异地网银操纵”的运作模式，冒用他人银行账户，虚构旅游等事由骗购外汇的，其行为构成骗购外汇罪。

裁判思路

基本案情[①]：

2016年5月至2017年4月，被告人陈某鸿、何某汕、林某燕等人通过“马氏”等人介绍金主，采用“批量借壳开户、树形分拆资金、异地网银操纵”的运作模式，利用各自亲友提供的开立在招某银行、光某银行的可用以购买外汇的借记卡账户接受金主的购汇资金，再按照当天汇率，拆分为每笔约330000元人民币汇至非法收集的近2000个招某银行“人头卡”（包含身份证复印件、网银U盾、手机卡、银行卡）账户，随后通过在网上银行虚构出境旅游等事由，利用开户人每年50000美元的用汇额度进行购汇，再将外汇资金转账至各自亲友提供的招某银行香港一卡通账户，最后转入“马氏”人员指定的境外账户。

---

① 案件来源：何某汕、林某燕、陈某鸿骗购外汇罪二审案【福建省三明市中级人民法院（2020）闽04刑终69号】。

陈某鸿、何某汕、林某燕等人每完成一笔（50000美元）购汇行为便可获得人民币2500元至3500元不等的手续费。

经审计及统计，被告人何某汕、林某燕、陈某鸿与余某共骗购美元、欧元、港元共计95078657.49美元，非法获利人民币4740000元。

一审法院认为，何某汕犯骗购外汇罪，判处有期徒刑十一年六个月，并处罚金人民币一千二百万元。宣判后，何某汕等人不服，提起上诉。

争议焦点：被告人采用“批量借壳开户、树形分拆资金、异地网银操纵”的运作模式购得外汇的行为是否构成骗购外汇罪？

辩护意见：

何某汕及其辩护人提出：上诉人等人将境内外汇非法转移至境外的行为属于逃汇行为，不是骗购外汇行为，原判认定其行为构成骗购外汇罪，适用法律错误。

二审法院认为：

经查，何某汕、林某燕、陈某鸿等人采用“批量借壳开户、树形分拆资金、异地网银操纵”的运作模式，冒用他人银行账户，虚构旅游等事由，骗购外汇。上诉人购得外汇的行为本身即是通过虚构事实、隐瞒真相的非法方法骗取而来的，而非仅仅将境内合法的外汇非法转移至境外，也非在国家规定的外汇交易场所以外倒买倒卖外汇，根据《全国人民代表大会常务委员会关于惩治骗购外汇、逃汇和非法买卖外汇犯罪的决定》第一条第一款的规定，上诉人的行为均构成骗购外汇罪。该诉辩意见不能成立，不予采纳……上诉人何某汕、林某燕、陈某鸿伙同他人骗购外汇，数额特别巨大，其行为均已构成骗购外汇罪。本案系共同犯罪。

裁判结果

驳回上诉，维持原判。

046 虚构货物交易和贸易背景利用汇率差价套汇，即使未造成国家经济损失，也涉嫌骗购外汇罪

裁判要点

虚构货物交易和贸易背景利用境内外的汇率差价套汇，即使未造成国家经济损失，其行为也构成骗购外汇罪。

裁判思路

基本案情①**：**

金某绘等公司的实际控制人李某铧与郑某一、郑某二经过协商达成合意，由郑某二陆续提供人民币约6000万元作为资金，由李某铧提供公司作为虚假的转口贸易公司，由郑某一负责控制资金并具体操作，采用虚假转口贸易向境内银行申购美元，划转至境外兑换成人民币从中赚取汇率差价，获利后由李某铧和郑某一、郑某二按比例分成。

2015年12月至2016年2月，李某铧在取得伪造的提单后，指使郑某一根据提单记载事项，使用其控制的金某绘公司等作为转口贸易中间商、供货商、购货商，制作虚假转口贸易合同、形式发票、购汇申请书等材料，向华某银行上海分行以转口贸易支付贷款为名，申请购买美元支付给境外供货商。

银行付汇成功后，郑某一会根据李某铧提供的另一份提单，使用李某铧控制的公司作为中间商、供货商、购货商，制作另一套虚构的转口贸易材料，利用郑某一控制的供货商公司网银密钥将美元兑换成人民币，后将人民币汇入境内楷某等公司的银行账户，除获利部分按照约定分成外，其他钱款继续采用同样方式进行循环操作。

其间，被告人李某铧等人采用上述手段，向华某银行上海分行购汇28笔，共计美元20216.81万余元，非法获利共计人民币1370.98万元。

争议焦点：虚构货物交易和贸易背景利用境内外的汇率差价套汇，未给国家造成经济损失的，是否构成骗购外汇罪？

---

① 案件来源：李某铧、郑某一等骗购外汇一审案【上海市浦东新区人民法院（2016）沪0115刑初4438号】。

辩护意见：

被告人李某铧提出：其行为虽然会影响国家外汇平衡和统计，但不应认定构成骗购外汇罪。

辩护人提出：买卖提单进行转口贸易属于业内的常见做法，目前国家外汇储备较多，应当放宽对自贸区企业的外汇管制，本案的资金都安全回归，最终没有外汇平仓是由于外汇管理局给金某绘公司降级所致。

法院认为：

……关于本案的定性，根据《外汇管理条例》第四十条的规定，以虚假、无效的交易单证等向经营结汇、售汇业务的金融机构骗购外汇等非法套汇行为……构成犯罪的，依法追究刑事责任。另根据《全国人民代表大会常务委员会关于惩治骗购外汇、逃汇和非法买卖外汇犯罪的决定》第一条第一款第一项的规定，使用伪造、变造的海关签发的报关单、进口证明、外汇管理部门核准件等凭证和单据的，属于骗购外汇。本案被告人明知不存在真实货物交易和贸易背景，利用境内外的汇率差价，使用伪造提单和虚假贸易合同向银行申购美元，将美元汇入境外后，再使用另一套伪造提单和虚假贸易合同向银行申请将美元兑换成人民币，进而在短时间内获取高额利润，其行为完全符合上述规定，符合《刑法》设定骗购外汇罪的主客观构成要件。

关于本案的社会危害性，被告人李某铧、郑某一等人自2015年12月至2016年2月先后购汇28笔，在此期间直至2016年2月底外汇管理局来检查之前，被告人都没有实施过任何外汇平仓行为，在检查之后才陆续平仓少量外汇，之后直至案发近3个月时间内，被告人亦没有对剩余外汇进行平仓；虽然被告人是以等值人民币向银行申购兑换美元，从形式上看并没有给国家造成直接的经济损失，但在实质上影响到国家的外汇储备和相应汇率，损害了正常的外汇管理制度和管理秩序，具有一定的社会危害性，且犯罪数额高达2亿美元，属于犯罪数额巨大……

裁判结果

一、被告人李某铧犯骗购外汇罪，判处有期徒刑六年，并处罚金人民币八千万元。

二、被告人郑某一犯骗购外汇罪，判处有期徒刑六年，并处罚金人民币八千万元。

……

047 为了规避监管购买大额外汇，采取欺骗手段分拆方式购汇结汇的，涉嫌骗购外汇罪

裁判要点

行为人明知国家对个人购汇和结汇实行限额管理，为了规避监管购买大额外汇，采取欺骗手段分拆方式购汇结汇的，构成骗购外汇罪。

裁判思路

基本案情[①]**：**

2016年，被告人尚某一的胞弟尚某八准备在澳大利亚购买房产，需家中汇款支持。2016年6月，尚某一安排在其经营的宾馆担任会计的尚某钧和其共同设法购买澳元，汇往澳大利亚。

2016年7月至10月，二被告人分别请求赵某、陈某一等31位亲戚、朋友、同学、同事持本人身份证到中某银行开设账户，并将尚某一自有资金789万余元，分拆汇入上述账户中，并以上述人员的名义，通过申报留学学费等，分别从中某银行购入一定金额的澳元，累计购买澳元外汇折算100余万美元，存入上述账户，分拆购汇后，以留学学费的名义，通过中某银行柜台或网银操作，汇往澳大利亚尚某八指定的银行账户。

争议焦点：行为人为了规避国家对外汇的限额监管，采取分拆方式购汇结汇，是否构成骗购外汇罪？

公诉意见：

公诉机关认为，被告人尚某钧、尚某一的行为符合骗购外汇罪的构成要件，其理由为：本罪的主体是一般主体，二被告人符合骗购外汇罪的主体资格；二被告人明知国家对个人购外汇有限额的情况下仍找他人帮忙开户骗购外汇的，即明知违反规定而为之；尚某八购买住房，不属于经常项目下的非经营性支出，属于资本项目下的支出，其购付汇应按照《个人外汇管理办法》关于资本项目下购付汇规定办理，但其采取分拆方式并按个人经常项目下的规定购付汇，以规避国

---

① 案件来源：尚某一、尚某钧骗购外汇一审案【湖北省广水市人民法院（2019）鄂1381刑初49号】。

家对外汇用途的管制，从其客观行为亦能反映其二人的主观故意。

二被告人尚某钧、尚某一的行为，与《全国人民代表大会常务委员会关于惩治骗购外汇、逃汇和非法买卖外汇犯罪的决定》第一条第一项、第二项规定的行为方式、行为危害程度具有相当性。首先，二被告人行为违反了《个人外汇管理办法》第十二条、《个人外汇管理办法实施细则》第十四条规定，即个人购付汇年度总额为 5 万美元，超过该限额的需要提供相关交易额的真实凭证。同时违反了《个人外汇管理办法》第七条、国家外汇管理局《关于进一步完善个人结售汇业务管理的通知》第一条的规定，利用 31 位个人的身份信息开户，并分别在每个账户内购汇、付汇，以达到规避国家年度限额的规定，即属于采取分拆的方式购付汇的行为，该分拆购付汇的行为是相关规定所禁止的，与《全国人民代表大会常务委员会关于惩治骗购外汇、逃汇和非法买卖外汇犯罪的决定》规定的"以其他方式骗购外汇的"程度相当。其次，本案二被告人采取了欺骗的手段购付汇。采取分拆的方式购付汇给尚某八，即为欺骗，且虚构"一年以上留学生活费支出"的事项。最后，本案的二被告人骗购外汇的数额达到了本罪 50 万美元的立案标准。

辩护意见：

辩护人在本案审理过程中，出示了相关法学专家针对本案出具的《关于被告人尚某一、尚某钧是否构成骗购外汇罪的法律咨询意见书》。相关法学专家认为：根据《全国人民代表大会常务委员会关于惩治骗购外汇、逃汇和非法买卖外汇犯罪的决定》第一条的规定，我们认为，被告人尚某一、尚某钧采取分拆方式购汇以逃避国家对外汇的限额监管，本质上属于规避外汇管理的行为，不能认定为骗购外汇罪。主要理由如下：

第一，被告人尚某一、尚某钧没有实施《刑法》规定的骗购外汇行为。根据《全国人民代表大会常务委员会关于惩治骗购外汇、逃汇和非法买卖外汇犯罪的决定》的规定，成立骗购外汇罪，客观上行为人必须使用了欺骗的手段，骗购外汇。所谓"骗购"即采取虚构事实、隐瞒真相的方式购买外汇。本罪中的"骗"与"诈骗罪"中的"欺骗"含义基本是一致的，即行为人在购买外汇过程中虚构事实、隐瞒真相，导致银行及其工作人员陷入错误认识，最终购得外汇。如前指出，无论是《全国人民代表大会常务委员会关于惩治骗购外汇、逃汇和非法买卖外汇犯罪的决定》规定的"使用伪造、变造的海关签发的报关单、进口证明、外汇管理部门核准件等凭证和单据的"，还是"重复使用海关签发的报关单、进口证明、外汇管理部门核准件等凭证和单据的”，都明显具有该特征。

本案中，被告人借用的31位亲戚、朋友、同学、同事身份证都是真实的，利用该31个身份证开设的中某银行账户也都是真实的，本案中购汇行为及其购汇用途，同样也是真实的。而且，中某银行及其工作人员系基于对真实资料的依法审查继而办理外汇业务的，并不存在被骗从而陷入错误认识的问题。将本案行为认定为骗购外汇，不符合案件事实。

第二，以分拆方式购汇在性质上不属于骗购外汇，也是现行法律法规的明确规定。比如，中国人民银行《个人外汇管理办法》第七条规定：“银行和个人在办理个人外汇业务时，应当遵守本办法的相关规定，不得以分拆等方式逃避限额监管，也不得使用虚假商业单据或者凭证逃避真实性管理。”该规定明确将“以分拆等方式”办理个人外汇业务的行为与“使用虚假商业单据或者凭证”的骗购外汇行为相区别。又如，国家外汇管理局《关于进一步完善个人结售汇业务管理的通知》[①] 规定：“一、个人不得以分拆等方式规避个人结汇和境内个人购汇年度总额管理。个人分拆结售汇行为主要具有以下特征：……（五）同一个人将其外汇储蓄账户内存款划转至5个以上直系亲属，直系亲属分别在年度总额内结汇；或者同一个人的5个以上直系亲属分别在年度总额内购汇后，将所购外汇划转至该个人外汇储蓄账户。（六）其他通过多人次、多频次规避限额管理的个人分拆结售汇行为。”该通知更是明确地将分拆方式结汇和购汇行为界定为对外汇限额监管的规避行为，而非骗购外汇的行为。

综上所述，根据本案现有的证据，我们认为，被告人尚某一、尚某钧采取分拆方式购汇，本质上属于规避外汇管理的行为，虽违反国家关于外汇管理的行政法律法规，但不能认定为骗购外汇罪。

法院认为：

被告人尚某一安排、指使并伙同被告人尚某钧，请托亲戚、朋友、同学、同事等31人在中某银行开设账户，并将被告人尚某一的自有资金汇入上述账户之中，为上述本无购买外汇意愿和需求的人员购进外汇，并将所购买的外汇以上述人员的名义汇给被告人尚某一的弟弟尚某八所指定的澳大利亚账户。被告人尚某一、尚某钧实施上述分拆购汇结汇行为，是基于其明知国家为防止外汇资金非法外流，对个人购汇和结汇实行限额管理（每年每人不超过5万美元），为了购买大额外汇，而规避国家对外汇的监管，采取虚构出国留学等经常项目下购汇的事

---

① 现已失效。

实，隐瞒海外购房的资本性支出的真相，采取欺骗手段实施的购买外汇的行为，其行为符合《全国人民代表大会常务委员会关于惩治骗购外汇、逃汇和非法买卖外汇犯罪的决定》第一条第一款第三项的规定，且数额达到本罪50万美元以上入罪的标准，应当追究其刑事责任，案发后，其所购外汇也未退回。故此，二被告人及其辩护人关于其行为仅构成逃汇行为，仅具有行政违法性，不构成骗购外汇罪的辩护意见不能成立……

裁判结果

一、被告人尚某一犯骗购外汇罪，判处有期徒刑一年，缓刑一年六个月，并处罚金人民币三十九万四千五百元。

二、被告人尚某钧犯骗购外汇罪，免予刑事处罚。

048 银行工作人员与骗购外汇的人通谋，在骗购外汇过程中积极提供便利的，属于骗购外汇罪的共犯

裁判要点

银行工作人员与骗购外汇的行为人通谋，在其骗购外汇过程中积极提供便利和协助的，属于骗购外汇罪的共犯。

裁判思路

基本案情[①]**：**

2013年9月至2014年1月，上诉人刘某放通过中某银行深南支行、福保支行和华丽支行骗购美元、港币等外汇共计603625981美元。

在上述骗购外汇过程中，上诉人杨某亮（银行工作人员）在明知刘某放为牟取非法利益而骗购并出售外汇的情况下，积极帮助刘某放在中某银行福保支行和华丽支行开立账户并申购外汇、申请获得购汇汇率优惠，以至于代为保管、填写、提交虚假的购汇资料和购汇申请书，并于2013年10月和2014年2月分4次收取刘某放转账支付的非法买卖外汇所得共计人民币19.44万元。

---

① 案件来源：刘某放、杨某亮骗购外汇二审案【广东省高级人民法院（2016）粤刑终220号】。

一审法院认为，杨某亮身为金融机构的工作人员，与骗购外汇行为人通谋，为其购买外汇提供便利，依法应从重处罚。杨某亮犯骗购外汇罪，判处有期徒刑十一年，并处罚金人民币一亿元。宣判后，杨某亮不服，提起上诉。

争议焦点：银行工作人员与骗购外汇的行为人通谋并积极提供便利和协助的证据是否充分，是否属于骗购外汇罪的共犯？

辩护意见：

杨某亮及其辩护人提出：原判认定杨某亮与刘某放共谋骗购外汇事实不清，证据不足，杨某亮的行为应成立非国家工作人员受贿罪而非骗购外汇罪。

二审法院认为：

关于上诉人杨某亮是否与上诉人刘某放通谋及其定罪问题。经查，杨某亮归案后一直否认其与刘某放事前通谋而仅供认在刘某放骗购外汇过程中提供便利和协助，但刘某放归案后一直指证杨某亮提议并与其密谋商定骗购外汇的相关事宜，并且杨某亮归案后供认且有其他证据印证杨某亮在刘某放骗购外汇之初向刘某放解释说明向银行申购外汇的流程等事宜，在刘某放骗购外汇过程中帮助刘某放以嘉某信公司名义在中某银行福保支行和中某银行华丽支行开立账户并申购外汇、帮助申请取得购汇优惠、代为保管、填写虚假购汇资料并递交购汇手续、直接分取刘某放非法倒卖外汇所获收益等。综合全案证据情况，可以看出刘某放关于其与杨某亮事先通谋的相关供述可信度高，应予采信；而杨某亮否认其与刘某放事先通谋的相关供述不符常理，不予采信。

在现有证据足以证实杨某亮与刘某放事前通谋且在刘某放骗购外汇过程中积极提供便利和协助的情况下，依照《全国人民代表大会常务委员会关于惩治骗购外汇、逃汇和非法买卖外汇犯罪的决定》第五条的规定，对杨某亮应以刘某放的共犯论处，即应以骗购外汇罪对杨某亮定罪处罚。因此，杨某亮及其辩护人上诉辩称杨某亮的行为应构成非国家工作人员受贿罪而非骗购外汇罪理据不足，不予采纳……

裁判结果

驳回上诉，维持原判。

049 为实施骗购外汇行为专门购买空壳公司，使用伪造、变造报关单骗购外汇，构成骗购外汇罪，属于自然人犯罪

裁判要点

行为人为实施骗购外汇行为专门购买空壳公司，使用伪造、变造的海关签发的报关单骗购外汇的，构成骗购外汇罪，且属于自然人犯罪，不属于单位犯罪。

裁判思路

基本案情[①]**：**

2014 年 12 月，为非法获取外汇，被告人詹某购买了一家名为“深圳市英某华贸易有限公司”（以下简称英某华公司）的外贸进出口公司的营业执照、公章、机构代码以及法人代表任某的身份证等全套资料。

随后，詹某在宁某银行龙华分行开设了购买外汇的账户，同时又在香港登记注册成立“香港万某顺公司”并开设公司账户以及网银。

2015 年 5 月至 8 月，詹某多次使用伪造的报关单到宁某银行龙华分行购买外汇共计 5705660 美元，并将购得的美元汇入其控制的“香港万某顺公司”账户进行转卖。

争议焦点：行为人为实施骗购外汇犯罪活动而专门购买了空壳公司，其使用伪造、变造的海关签发的报关单骗购外汇的行为是否属于单位犯罪？

辩护意见：

辩护人提出，本案应定性为单位犯罪。

法院认为：

被告人詹某无视国家法律，使用伪造、变造的海关签发的报关单骗购外汇，数额较大，其行为已构成骗购外汇罪，公诉机关指控的罪名成立，本院予以确认。

辩护人辩称被告人詹某的行为属于单位犯罪，经查，被告人詹某系以“英某华公司”的名义骗购外汇，但该公司系被告人为了实施骗购外汇犯罪活动而专门

① 案件来源：詹某骗购外汇一审案【广东省深圳市宝安区人民法院（2017）粤 0306 刑初 6950 号】。

购买的空壳公司，仅有相关工商注册手续而无实际外贸经营业务，根据《最高人民法院关于审理单位犯罪案件具体应用法律有关问题的解释》第二条“个人为进行违法犯罪活动而设立的公司、企业、事业单位实施犯罪的，或者公司、企业、事业单位设立后，以实施犯罪为主要活动的，不以单位犯罪论处”的规定，被告人的涉案犯罪不属于单位犯罪。辩护人相关辩护意见，不予采纳。

裁判结果

一、被告人詹某犯骗购外汇罪，判处有期徒刑一年二个月，并处罚金人民币二百万元。

二、缴获的赃款人民币24575元，依法予以没收，上缴国库。

050 未经股东会决定使用控制的多家公司作为贸易背景申购外汇，且获利归个人，不认定单位犯罪，属于个人犯罪

裁判要点

行为人虽然使用公司作为贸易背景申购外汇，但在实施具体行为之前，并未经过股东会集体讨论，不能代表单位意志，最终获利归个人所有，不能认定为了单位利益实施犯罪，应属于个人犯罪。

裁判思路

基本案情①：

被告人李某铧系金某绘公司、楷某等公司、东某集团、黄某集团的实际控制人，上述公司的办公地点一致，系多块牌子一套班子，由一支工作团队负责运作。

2015年12月至2016年2月，李某铧在取得李某二提供的伪造的提单后，指使被告人郑某一根据提单记载事项，使用其控制的金某绘公司、东某集团、黄某集团等作为转口贸易中间商、供货商、购货商，制作虚假转口贸易合同、形式发

---

① 案件来源：李某铧、郑某一等骗购外汇一审案【上海市浦东新区人民法院（2016）沪0115刑初4438号】。

票、购汇申请书等材料，向华某银行上海分行以转口贸易支付贷款为名，申请购买美元支付给境外供货商。

银行付汇成功后，郑某一根据李某铧提供的另一份提单，使用李某铧控制的公司作为中间商、供货商、购货商，制作另一套虚构的转口贸易材料，利用郑某一控制的供货商公司网银密钥将美元兑换成人民币，后将人民币汇入境内楷某等公司的银行账户，除获利部分按照约定分成外，其他钱款继续采用同样方式进行循环操作。

其间，被告人李某铧等人采用上述手段，向华某银行上海分行购汇 28 笔，共计美元 20216.81 万余元，非法获利共计人民币 1370.98 万元。

争议焦点：行为人使用控制的多家公司作为贸易背景申购外汇，是否能认定单位犯罪?

辩护意见：

李某二的辩护人提出：本案应当认定单位犯罪。

法院认为：

……本案应当区分主从犯，不能认定单位犯罪……本案中，虽然使用李某铧控制的多家公司作为贸易背景申购外汇，但在实施具体行为之前，李某铧的公司并未经过股东会集体讨论，不能认定代表单位意志，最终获利归李某铧和其他被告人个人所有，不能认定为了单位利益实施犯罪，故本案不符合单位犯罪的特征，依法认定属于个人犯罪……

裁判结果

一、被告人李某铧犯骗购外汇罪，判处有期徒刑六年，并处罚金人民币八千万元。

二、被告人郑某一犯骗购外汇罪，判处有期徒刑六年，并处罚金人民币八千万元。

……

051 利用公司实施骗购外汇，违法所得由公司人员统计归入公司利润的行为，属于单位犯罪

裁判要点

以公司为依托，利用公司人员及组织架构实施骗购外汇的行为，违法所得亦由公司人员进行统计，并归入公司利润，相关人员亦从中获取相应报酬，应定性为单位犯罪。

裁判思路

基本案情[①]**：**

2013 年下半年，深圳市金某桂资产管理公司（以下简称金某桂公司）的法定代表人即被告人张某大组织金某桂公司的股东王某龙，员工陈某霓、许某、杨某勇等人，通过其控制的 19 家境内公司及 13 家香港公司，在没有真实贸易的情况下，虚构两地公司之间的贸易合同，以进口平板电脑、废碎料等跨境贸易全额预付款的名义，向深圳中某银行、建某银行等 5 家银行骗购外汇。

其中，王某龙负责提供其香港个人公司及账户用于收取外汇资金；陈某霓、许某负责制作虚假贸易合同、发票等购汇单据，并作为具体经办人向银行申请购汇；杨某勇负责汇总购、售汇资金及利润结算明细。

经统计，2013 年 6 月至 2014 年 5 月，共骗购外汇 1333944572.69 美元。

一审法院认为，陈某霓犯骗购外汇罪，判处有期徒刑六年。后陈某霓不服，提起上诉。

二审法院认为：

上诉人张某大、王某龙、陈某霓、许某、杨某勇无视国家法律，在没有真实贸易的情况下，通过虚构贸易合同、发票，向银行骗购外汇，数额特别巨大，其行为已构成骗购外汇罪。张某大等人以金某桂公司为依托，利用金某桂公司的人员及组织架构实施骗购外汇的行为，其违法所得亦由金某桂公司的人员进行统计并归入金某桂公司的利润中，相关人员亦从中获取相应报酬，故本案应定性为单

① 案件来源：张某大、王某龙等骗购外汇二审案【广东省高级人民法院（2016）粤刑终 78 号】。

位犯罪。上诉人张某大作为金某桂公司的法定代表人及实际负责人，利用公司资源组织实施骗购外汇的行为，是单位犯罪中直接负责的主管人员。上诉人王某龙作为金某桂公司的股东之一，明知张某大等人从事骗购外汇的活动，仍然为张某大等人提供其香港个人公司及公司的账户用于接收外汇并从中获利，客观上为张某大等人骗购外汇提供了帮助；上诉人陈某霓、许某、杨某勇均受雇参与实施部分犯罪行为，为金某桂公司完成骗购外汇行为提供了帮助。上诉人王某龙、陈某霓、许某、杨某勇应认定为单位犯罪中的其他直接责任人员，在单位犯罪中起到次要作用，依法应当减轻处罚……

裁判结果

一、维持广东省深圳市中级人民法院（2015）深中法刑二初字第208号刑事判决中第一项、第二项、第四项、第五项及第三项对上诉人陈某霓的定罪部分。

二、撤销广东省深圳市中级人民法院（2015）深中法刑二初字第208号刑事判决中第三项对上诉人陈某霓的量刑部分。

三、上诉人陈某霓犯骗购外汇罪，判处有期徒刑五年。

三、实务建议

为防止外贸公司、企业或者其他单位及相关自然人因法律专业知识缺位而触犯骗购外汇罪，我们在对重点案例梳理的基础上，结合实际办案经验，提出以下建议。

（一）洞悉骗购外汇罪的本质：任何采用欺诈行为获得外汇的行为均有可能涉嫌骗购外汇罪

1998年《全国人民代表大会常务委员会关于惩治骗购外汇、逃汇和非法买卖外汇犯罪的决定》中规定的骗购外汇罪的犯罪手段主要包括“使用伪造、变造的海关签发的报关单、进口证明、外汇管理部门核准件等凭证和单据”，以及“重复使用海关签发的报关单、进口证明、外汇管理部门核准件等凭证和单据”两大类别。

然而，随着贸易方式和国家结售汇制度的变化，以及实践中刻意规避法律的骗购外汇行为不断涌现，法院通过“以其他方式骗购外汇的”这一兜底条款进行裁判的案例逐渐增多。不论如何包装，只要行为的本质属于采用欺诈方式获得外汇，就很容易被认定为符合骗购外汇罪的客观要件。

除《全国人民代表大会常务委员会关于惩治骗购外汇、逃汇和非法买卖外汇犯罪的决定》列举的犯罪手段外，常见的欺诈方式包括虚构贸易背景，虚构合同、发票等。实践中，有两类骗购外汇的行为值得特别关注：第一类，以虚假转口贸易名义骗购外汇，即通过虚构转口贸易背景，使用虚假贸易合同和提单直接到银行购汇或者获得外汇贷款；第二类，个人分拆购付汇，也就是将大额资金分拆成较小金额，利用多个他人账户，编造用途进行购汇，并将外汇资产转移至境外。上述骗购外汇的行为，一旦达到“数额较大”的立案标准，就构成骗购外汇罪。

（二）改变“造成损失才是犯罪”的错误认识，认定骗购外汇罪不以造成直接经济损失为前提

部分人错误地认为“虽然在申购外汇过程中采用了欺骗的方式，但以等值人民币进行申购，或未造成外汇流失，没有给国家造成直接经济损失，不构成犯罪”。采用欺诈的手段骗购外汇的行为即使没有给国家造成直接的经济损失，但该行为实质上影响了国家的外汇储备和相应汇率，损害了正常的外汇管理制度和管理秩序，具有社会危害性。因此，构成本罪不以造成损失为前提，如果骗购外汇的行为还造成了其他严重后果，如导致境内外汇非法转移到境外的，还涉嫌逃汇罪。

（三）勿因亲情或蝇头小利成为骗购外汇罪的共犯

我国的外汇管制较为严格，《个人外汇管理办法实施细则》第二条规定：“对个人结汇和境内个人购汇实行年度总额管理。年度总额分别为每人每年等值5万美元……”外汇管制从某种程度上对个人投资和消费设定了限制，许多人便希望通过分拆的方式来规避额度限制。在一些案例中，行为人因碍于人情将自己的额度或账户交给亲朋好友使用，未意识到违法风险，一旦该骗购外汇的行为被发现，行为人很可能被认定为骗购外汇罪的共犯。即使金额未达到50万美元的立案标准，也可能被外汇管理机关处非法套汇金额30%以下的高额罚款。因此，个人应当谨慎管理、使用本人的银行卡，避免成为他人犯罪的工具，进而使得自身陷入囹圄。

四、法律规范

（一）法律

《全国人民代表大会常务委员会关于惩治骗购外汇、逃汇和非法买卖外汇犯罪的决定》（1998 年 12 月 29 日施行）

第一条 有下列情形之一，骗购外汇，数额较大的，处五年以下有期徒刑或者拘役，并处骗购外汇数额百分之五以上百分之三十以下罚金；数额巨大或者有其他严重情节的，处五年以上十年以下有期徒刑，并处骗购外汇数额百分之五以上百分之三十以下罚金；数额特别巨大或者有其他特别严重情节的，处十年以上有期徒刑或者无期徒刑，并处骗购外汇数额百分之五以上百分之三十以下罚金或者没收财产：

（一）使用伪造、变造的海关签发的报关单、进口证明、外汇管理部门核准件等凭证和单据的；

（二）重复使用海关签发的报关单、进口证明、外汇管理部门核准件等凭证和单据的；

（三）以其他方式骗购外汇的。

伪造、变造海关签发的报关单、进口证明、外汇管理部门核准件等凭证和单据，并用于骗购外汇的，依照前款的规定从重处罚。

明知用于骗购外汇而提供人民币资金的，以共犯论处。

单位犯前三款罪的，对单位依照第一款的规定判处罚金，并对其直接负责的主管人员和其他直接责任人员，处五年以下有期徒刑或者拘役；数额巨大或者有其他严重情节的，处五年以上十年以下有期徒刑；数额特别巨大或者有其他特别严重情节的，处十年以上有期徒刑或者无期徒刑。

第五条 海关、外汇管理部门以及金融机构、从事对外贸易经营活动的公司、企业或者其他单位的工作人员与骗购外汇或者逃汇的行为人通谋，为其提供购买外汇的有关凭证或者其他便利的，或者明知是伪造、变造的凭证和单据而售汇、付汇的，以共犯论，依照本决定从重处罚。

（二）立案标准

《最高人民检察院、公安部关于公安机关管辖的刑事案件立案追诉标准的规定（二）》（2022 年 5 月 15 日施行　公通字〔2022〕12 号）

第四十二条　骗购外汇，数额在五十万美元以上的，应予立案追诉。

（三）行政法规和部门规章

1.《中华人民共和国外汇管理条例》（2008 年 8 月 5 日施行）

第四十条　有违反规定以外汇收付应当以人民币收付的款项，或者以虚假、无效的交易单证等向经营结汇、售汇业务的金融机构骗购外汇等非法套汇行为的，由外汇管理机关责令对非法套汇资金予以回兑，处非法套汇金额 30%以下的罚款；情节严重的，处非法套汇金额 30%以上等值以下的罚款；构成犯罪的，依法追究刑事责任。

2.《个人财产对外转移售付汇管理暂行办法》（2004 年 12 月 1 日施行　中国人民银行公告〔2004〕第 16 号）

第十三条　申请人通过提供虚假材料、以同一财产重复提出申请等手段非法套取外汇或者骗购外汇对外转移财产的，外汇局按照《中华人民共和国外汇管理条例》第四十条的规定给予处罚。

外汇指定银行未按照本办法办理个人财产对外转移的售汇、付汇业务的，外汇局按照《中华人民共和国外汇管理条例》有关规定给予处罚。

第六节 洗钱罪

我国《刑法》第一百九十一条规定了洗钱罪。洗钱罪的犯罪对象是七类上游犯罪的违法所得及其产生的收益。本罪的行为方式具有多样性，实践中发生较多的是提供资金账户或者通过转账、提现等方式转移资金，掩饰、隐瞒犯罪所得及其产生的收益的来源和性质。根据《刑法修正案（十一）》的规定，洗钱的方式不仅包括“他洗钱”模式，还包括“自洗钱”模式。构成本罪还要求行为人明知是上游犯罪所得及其产生的收益。另外，本罪二审大部分维持原判，改判比例较小。

为更好掌握司法实务中对洗钱罪定罪量刑等方面的关注重点，我们对重点案例进行详细解析，通过研究司法机关的裁判思路，提炼了司法实务裁判要点。同时，我们梳理了与洗钱罪相关的法律、司法解释、立案标准及政策法规等规定。

一、实务解析

（一）本罪的犯罪对象是上游犯罪的违法所得及其产生的收益

洗钱罪的成立，以上游犯罪事实成立为认定前提。根据《刑法》第一百九十一条的规定，上游犯罪包括毒品犯罪、黑社会性质的组织犯罪、恐怖活动犯罪、走私犯罪、贪污贿赂犯罪、破坏金融管理秩序犯罪和金融诈骗犯罪七类。司法实践中，上游犯罪中毒品犯罪、贪污贿赂犯罪、破坏金融管理秩序犯罪和金融诈骗犯罪的洗钱行为发生较多。

根据司法解释的规定，上游犯罪尚未依法裁判，但查证属实的，不影响对洗钱罪的审判。上游犯罪事实可以确认，因行为人死亡等原因依法不予追究刑事责任的，不影响洗钱罪的认定。上游犯罪事实成立，依法以其他罪名定罪处罚的，也不影响洗钱罪的认定。

（二）本罪的客观方面表现为行为人实施了掩饰、隐瞒犯罪所得及其产生的收益的性质和来源的行为

《刑法》规定的洗钱行为主要有五种类型：第一，提供资金账户；第二，将

财产转换为现金、金融票据、有价证券；第三，通过转账或者其他支付结算方式转移资金；第四，跨境转移资产；第五，以其他方法掩饰、隐瞒犯罪所得及其产生的收益的来源和性质。

司法解释对该兜底条款进行了补充，列举了六种具体方法，分别是：第一，通过典当、租赁、买卖、投资等方式，协助转移、转换犯罪所得及其产生的收益；第二，通过与商场、饭店、娱乐场所等现金密集型场所的经营收入相混合的方式，协助转移、转换犯罪所得及其产生的收益；第三，通过虚构交易、虚设债权债务、虚假担保、虚报收入等方式，协助将犯罪所得及其产生的收益转换为“合法”财物；第四，通过买卖彩票、奖券等方式，协助转换犯罪所得及其产生的收益；第五，通过赌博方式，协助将犯罪所得及其产生的收益转换为赌博收益；第六，协助将犯罪所得及其产生的收益携带、运输或者邮寄出入境。

总的来说，本罪的行为方式具有多样性，实践中发生率较高的洗钱行为即提供资金账户或者通过转账、提现等方式转移资金，掩饰、隐瞒犯罪所得及其产生的收益的来源和性质。

（三）本罪主观方面要求行为人明知是七类上游犯罪的犯罪所得及其产生的收益

尽管《刑法修正案（十一）》删除了洗钱罪法条中“明知”这一词语，但这并不代表移除了洗钱罪“明知”这一构成要件。实践中，“明知”仍是判断是否构成“他洗钱”的重要判断标准。司法解释明确，对于“明知”，一般结合被告人的认知能力，接触他人犯罪所得及其收益的情况，犯罪所得及其收益的种类、数额，犯罪所得及其收益的转换、转移方式以及被告人的供述等主客观因素进行认定。

关于“明知”的认定，符合特定情形的，可以推定行为为“明知”：第一，知道他人从事犯罪活动，协助转换或者转移财物的；第二，没有正当理由，通过非法途径协助转换或者转移财物的；第三，没有正当理由，以明显低于市场的价格收购财物的；第四，没有正当理由，协助转换或者转移财物，收取明显高于市场的“手续费”的；第五，没有正当理由，协助他人将巨额现金散存于多个银行账户或者在不同银行账户之间频繁划转的；第六，协助近亲属或者其他关系密切的人转换或者转移与其职业或者财产状况明显不符的财物的；第七，其他可以认定行为人明知的情形。对于上述推定情形，有证据证明确实不知道的除外。

此外，被告人将《刑法》第一百九十一条规定的某一上游犯罪的犯罪所得及其收益误认为是《刑法》第一百九十一条规定的上游犯罪范围内的其他犯罪所得及其收益的，不影响对洗钱罪“明知”的认定。

对于“明知”的认识程度，通常理解为一种概括性认识。以韩某龙洗钱案为例，法院认为洗钱罪的“明知”是一种概括性认识，只要行为人认为对方资金来路不明，可能来源于七类上游犯罪即可，并不要求行为人必须确切知道具体是哪一个上游犯罪。另外，“明知”不等于确知。以揭某春洗钱案为例，法院认为，“明知”不等于确知，确定性认识和可能性认识都属于明知的范畴，行为人对掩饰、隐瞒的财产系犯罪所得具有可能性认识，即可认定为主观明知。

二、裁判要点

052 明知涉案钱款是他人非法集资犯罪所得及其产生的收益，仍提供资金账户，并协助转移的，涉嫌洗钱罪

裁判要点

行为人明知涉案钱款是他人非法集资犯罪所得及其产生的收益，仍提供资金账户，并按照指令转移相关资产、资金的，构成洗钱罪。

裁判思路

基本案情[①]**：**

2018年5月，被告人徐某玲在明知其丈夫曹某一向社会公众非法集资且资金链断裂的情况下，为规避法律责任，在短期内与曹某一办理离婚手续，协助曹某一出售2人名下的2处房产和4辆汽车，并将售得款项、存款等资金归集至其银行卡中，通过网银转账2098万元人民币至赵某的银行卡上，用于其女儿曹某二在美国的生活、学习开支。

经查明，其中1990万元系曹某一集资诈骗的违法所得及收益。

一审法院认为，徐某玲犯洗钱罪，判处有期徒刑四年，并处罚金人民币一百

① 案件来源：徐某玲洗钱案【江苏省南京市中级人民法院（2020）苏01刑终366号】。

万元。宣判后，徐某玲不服，提起上诉。

二审法院认为：

关于上诉人徐某玲的行为是否构成洗钱罪的问题，经查，在案证据证实，徐某玲虽然不在华某集团公司上班，但曾参加过华某集团公司的年会，曹某一也曾告知其公司可能涉嫌犯罪的情况；而且在曹某一非法集资后，徐某玲的银行账户多次被转入巨额的资金，故其应当明知前述资金来源于曹某一的集资诈骗款。徐某玲明知涉案钱款是曹某一非法集资犯罪所得及其产生的收益，仍提供资金账户，并按照曹某一的指令转移相关资产、资金，其行为符合洗钱罪的犯罪构成，应当认定为洗钱罪。相关上诉意见、辩护意见无事实和法律依据，本院不予采纳……

裁判结果

驳回上诉，维持原判。

053 明知涉案财产是他人贪污所得，仍协助将其财产转换为现金，涉嫌洗钱罪

裁判要点

明知涉案财产是他人贪污所得，仍协助他人将财产转换为现金，掩饰、隐瞒财产的来源和性质的，构成洗钱罪。

裁判思路

基本案情①：

2005年6月、7月，国有企业上海具某电动工具有限公司进行企业转制，时任该公司总经理的徐某国在转制评估过程中，未向评估人员提供该公司所有的2处房产的房产证明，隐瞒了上述房产的真实情况，致使评估人员误认为该2处房产已拆除，在评估报告中将上述房产价值评估为零。此后，徐某国将上述房产用于改制后由其个人控制的上海龙某电动工具有限公司、上海龙某实业有限公司的

① 案件来源：许某某洗钱案【上海市第一中级人民法院（2011）沪一中刑终字第889号】。

租赁等营利活动。

2007年8月，被告人许某某在明知上述2处商业房产系被徐某国隐匿的国有资产的情况下，仍按照徐某国的授意并利用由其负责保管的原国有企业相关公章、企业法人章等，帮助徐某国将该房产予以出售，上述涉案房产的合同转让价为人民币260万元，其中徐某国获利人民币250万元用于公司经营，被告人许某某获利人民币10万元。

一审法院认为，许某某犯洗钱罪，判处有期徒刑三年，缓刑四年，并处罚金人民币十八万元。宣判后，许某某不服，提起上诉。

二审法院认为：

……上诉人许某某的供述与徐某国的供述能相互印证，足以认定上诉人许某某主观上明知涉案房产系徐某国贪污所得的事实。上诉人许某某明知是他人贪污所得，仍协助他人将财产转换为现金，掩饰、隐瞒财产的来源和性质，其行为已构成洗钱罪，且属情节严重，依法应予处罚。

裁判结果

驳回上诉，维持原判。

054 采用金融化手段转换他人受贿所得资金形式，使得非法所得收入合法化的行为属于洗钱行为

裁判要点

采用金融化手段转换他人受贿所得资金形式，使得非法所得收入合法化的行为属于洗钱罪的客观行为。

裁判思路

基本案情[①]**：**

2015年7月至10月，某县公安局交警大队车管所民警揭某珍在办理机动车临牌业务过程中，滥用职权，为他人办理了13197份江西省机动车临时牌照，通

① 案件来源：揭某春洗钱案【江西省南昌市中级人民法院（2017）赣01刑终92号】。

过自己的微信和支付宝账户非法收受人民币 1191540 元，所得赃款中有 55 万元从支付宝账户转存其在银行的账户用于购买股票。

2015 年 10 月中旬，揭某珍的父亲揭某春与母亲方某来到女儿家居住。其间，揭某珍将自己的银行卡和股票账号交给揭某春。

2015 年 10 月 29 日，县公安局对揭某珍以涉嫌伪造国家机关证件、印章罪立案侦查。

2015 年 12 月 28 日，揭某春将揭某珍在海某证券购买的股票卖出，将相关现金转移至自己的银行卡内，取出现金共计 123 万元。

2016 年 2 月 29 日，揭某春向县人民检察院投案。

一审法院认为，揭某春犯掩饰、隐瞒犯罪所得罪，判处有期徒刑三年，缓刑三年，并处罚金人民币八万元。后揭某春不服，提起上诉。

二审法院认为：

……从客观行为看，揭某春采用了金融化手段使得非法所得收入合法化。洗钱罪要求行为人借助一定的金融手段或非金融手段来实现对犯罪所得及收益的转换，有一个类似交易、兑换等的转换过程，即需要资金形式的“转换”。《刑法》第一百九十一条明确规定，提供资金账户是洗钱罪的客观行为之一。由此可见，与单纯提供藏匿地点等物理意义上的窝藏、转移行为不同，将现金转换为他人名下的银行卡等因涉及资金形式的转换，属于洗钱罪的客观行为。本案中，揭某春将揭某珍的股票卖出，并将相关现金转移至自己的银行卡内再取现，显然是采用金融化手段转换资金形式，使得非法所得收入合法化……原审被告人揭某春的行为构成洗钱罪。

裁判结果

一、撤销江西省安义县人民法院（2016）赣 0123 刑初 89 号刑事判决，即被告人揭某春犯掩饰、隐瞒犯罪所得罪，判处有期徒刑三年，缓刑三年，并处罚金人民币八万元。

二、原审被告人揭某春犯洗钱罪，判处有期徒刑一年，并处罚金人民币四万元。

055 明知涉案房产是金融诈骗犯罪所得，协助将犯罪所得及其收益转换为合法财产的，构成洗钱罪

裁判要点

明知涉案房产是金融诈骗犯罪所得，为掩饰、隐瞒其来源和性质，通过虚构交易、虚设债权债务的方式协助将犯罪所得及其收益转换为合法财产的，构成洗钱罪。

裁判思路

基本案情[①]：

被告人魏某玲系魏某琳大姐，魏某琳与韩某系夫妻。

2018年4月21日，魏某玲在得知韩某、魏某琳集资诈骗行为已暴露的情况下，为了确保魏某琳名下房产不被他人占有，与魏某琳合谋，由魏某琳在2018年5月3日为魏某玲出具170万元的虚假借条，借条出具日期为2018年4月3日，以此虚假借条为依据将该房产抵押并过户到魏某玲名下，并将此情况告诉韩某。

一审法院认为，魏某玲犯洗钱罪，判处有期徒刑五年八个月，并处罚金人民币十五万元。宣判后，魏某玲不服，提起上诉。

二审法院认为：

本案在卷证据确实充分，相互印证，已经形成完整的证据体系，足以证实魏某玲在明知韩某、魏某琳涉嫌集资诈骗犯罪，且资金链断裂、无法偿还巨额欠款的情况下，为保住魏某琳名下的涉案房产不被处置，在与魏某琳之间并不存在其所辩解的真实债权债务的情况下，与魏某琳采取虚设债权债务、虚构交易的方式，协助将涉案房产的购买人变更为魏某玲，从而转换为“合法”财产，达到掩饰、隐瞒韩某、魏某琳集资诈骗违法所得的来源和性质的目的，其行为已构成洗钱罪……

---

① 案件来源：魏某玲洗钱案【安徽省阜阳市中级人民法院（2019）皖12刑终358号】。

裁判结果

驳回上诉，维持原判。

056　明知他人的资金可能是毒品犯罪所得，仍协助他人以投资企业经营的方式隐瞒资金性质的行为，构成洗钱罪

裁判要点

明知他人从事毒品犯罪活动，且掌握的大量资金可能是毒品犯罪所得，仍协助他人以购买股份的方式投资企业经营，掩饰、隐藏资金的性质及来源的行为构成洗钱罪。

裁判思路

基本案情①**：**

2001年底，被告人汪某认识区某儿后，在明知区某儿的弟弟区某能从事毒品犯罪并想将违法所得转为合法收益的情况下，于2002年8月伙同区某儿、区某能二人，以区某能、区某儿出资的520万元港币（其中大部分为区某能毒品犯罪所得），购得广州市百某林木业有限公司60%的股权，汪某协助区某能运送了购买公司股权的转让款。

事后，区某儿、区某能将公司更名为广州市腾某木业有限公司，由区某儿任该公司法定代表人，汪某挂名出任公司董事长，每月领取人民币5000元以上的工资。此外，区某儿、区某能还送给汪某一辆奔驰牌小汽车。公司更名后，区某儿、区某能以经营木业为名，采用制造亏损账目的手段，掩饰、隐瞒其违法所得的来源与性质，意图将区某能的毒品犯罪违法所得转为合法收益。

法院认为：

被告人汪某为获得不法利益，明知他人从事毒品犯罪活动，其掌握的大量资金可能系毒品犯罪所得，仍积极协助他人以购买股份的形式投资企业经营，并掩

---

① 案件来源：汪某洗钱案【广东省广州市海珠区人民法院（2004）海刑初字第255号】【《中华人民共和国最高人民法院公报》2004年第10期（总第96期）】。

饰、隐藏该项资金的性质及来源，其行为妨害了我国的金融管理秩序，已构成洗钱罪。汪某的辩解及其辩护人的辩护意见依据不足，不予采纳。

裁判结果

一、被告人汪某犯洗钱罪，判处有期徒刑一年六个月，并处罚金人民币二十七万五千元。

二、没收被告人汪某的违法所得——奔驰牌小汽车一辆。

057 无正当理由协助他人将与其职业收入状况明显不符的巨额现金进行频繁划转、提现，应认定其对犯罪所得明知

裁判要点

行为人无正当理由，协助他人将与其职业收入状况明显不符的巨额现金进行频繁划转、提现，应当认定行为人明知是犯罪所得而为其掩饰、隐瞒资金的真实来源。

裁判思路

基本案情[①]**：**

原审被告人周某与丁某一系大学同学。2008 年底至 2012 年 8 月，丁某一担任湖南省高某公路管理局（以下简称省高管局）财务处副处长兼融资支付中心主任和湖南省高某公路投资集团（以下简称省高投集团）有限公司财务总监，利用经办省高管局和省高投集团的信托资金业务、银行揽储业务和企业债承销业务的职务之便，为相关单位或个人牟取利益，单独或伙同何某非法收受他人财物，共计 7414.336 万元。

周某听从丁某一的安排，先后提供了以其名义开户的多个银行账号。2009 年 7 月至 2011 年 4 月，周某提供的名下账户先后接收了丁某一受贿所得的赃款 1315.99948 万元。同时，在丁某一的指示下，周某通过转账、提现等方式协助丁某一转移受贿所得的赃款 1120 万元，剩余的资金也由周某为其保管。为了隐瞒

---

① 案件来源：周某洗钱罪再审案【湖南省岳阳市云溪区人民法院（2017）湘 0603 刑再 1 号】。

上述资金款项的真实来源和去向，在丁某一案发前，周某先后 8 次接受丁某一的指示，与何某等相关人员统一口径，以确保在有人调查时撇清这些款项与丁某一的关系。周某在丁某一同意的情况下将剩余资金自行放贷收息。至案发时止，周某从丁某一打入其账户的钱中赚取了放贷利息及银行利息共计 102.443206 万元。

一审法院认为，周某犯洗钱罪，判处有期徒刑二年，缓刑三年，并处罚金人民币四十万元。

岳阳市人民检察院提起抗诉，岳阳市中级人民法院指令再审。

争议焦点： 协助他人将与其职业收入状况明显不符的巨额现金进行频繁划转、提现，能否认定行为人具备洗钱罪的主观明知?

辩护意见：

周某辩称：其不知道丁某一钱的来源和性质，主观上没有洗钱的明知和故意，其是从统一口径后开始明知，所有的涉案钱款都不是丁某一打入其账户的，并且钱款分多次打入，每次以几十万元至一百多万元到账，且到账后又转走，资金是流动的，不能证明与丁某一的职业收入及财产状况不相符，故洗钱的金额应为转入其账上的资金 1316 万元减去统一口径前汇走的 1040 万元，其实际犯罪金额为 276 万元。

再审法院认为：

……原审被告人周某接受过高等教育，具有较高的认知能力，对丁某一国家工作人员的身份及从事职业亦熟知，且没有正当理由，协助丁某一将与其职业收入状况明显不符的巨额现金进行频繁划转、提现。并且原审被告人周某案发前受丁某一的指使与何某等人多次进行串通，企图撇清转移的钱款与丁某一的关系，以掩盖其犯罪行为。故应当认定被告人周某是明知丁某一的巨额现金是受贿犯罪所得而为其掩饰、隐瞒资金的真实来源。该辩解意见与事实不符，本院不予采纳。

裁判结果

一、维持本院（2016）湘 0603 刑初 80 号刑事判决中的定罪部分，撤销本院（2016）湘 0603 刑初 80 号刑事判决中的量刑部分。

二、原审被告人周某犯洗钱罪，判处有期徒刑三年，缓刑四年，并处罚金人民币七十万元。

……

058 对掩饰、隐瞒的款项系上游犯罪赃款具有认识可能性，即可以认定为主观明知

裁判要点

协助近亲属转移与其正常收入明显不符的财物，可以推定具备洗钱罪的主观明知。对掩饰、隐瞒的款项系上游犯罪赃款具有可能性认识，即可以认定为主观明知。

裁判思路

基本案情[①]**：**

2015年7月至10月，某县公安局交警大队车管所民警揭某珍在办理机动车临牌业务过程中，滥用职权，为他人办理了13197份江西省机动车临时牌照，通过自己的微信和支付宝账户非法收受人民币1191540元，所得赃款中有55万元从支付宝账户转存其在中国工某银行牡丹灵通卡账户用于购买股票。

2015年10月中旬，揭某春与妻子方某来到女儿揭某珍家居住。其间，揭某珍将自己的中国工某银行牡丹灵通卡和股票账号交给揭某春。10月29日，县公安局对揭某珍以涉嫌伪造国家机关证件、印章罪立案侦查。12月28日，揭某春将揭某珍在海某证券购买的股票卖出，将相关现金转移至自己的银行卡内，取出现金共计123万元。

2016年2月29日，揭某春向县人民检察院投案。6月6日，揭某春向县人民检察院交纳20万元赃款。在县人民法院审理揭某珍滥用职权、受贿案过程中，揭某春代为退缴了赃款98.204万元。

一审法院认为，揭某珍犯受贿罪、滥用职权罪，判处有期徒刑五年，并处罚金人民币二十五万元。后揭某珍不服，提起上诉。

争议焦点：协助近亲属转移与其正常收入明显不符的财物，能否认定具有洗钱罪的主观明知?

---

① 案件来源：揭某春洗钱案【江西省南昌市中级人民法院（2017）赣01刑终92号】。

公诉意见：

江西省安义县人民检察院认为，揭某春帮助自己女儿揭某珍转移了与其职业或财产状况明显不符的财物，应当认定明知是犯罪所得的财物。

辩护意见：

揭某春辩称：不明知揭某珍存于中国工某银行牡丹灵通卡账户用于购买股票的资金是揭某珍受贿的赃款，不构成洗钱罪。

其辩护人辩称：根据主客观相一致的原则，主张揭某春主观上并不明知123万元是揭某珍的赃款，起诉书根据一般的常识认定其应该知道，与本案不相符，因为本案有一个特殊之处，揭某春系喉癌晚期患者，子女有事情，家属有可能不告诉他，这也是人之常情。

二审法院认为：

经查，揭某春在明知其女儿揭某珍因涉嫌犯罪正被公安机关立案侦查，其应当知道揭某珍银行账户内股票卖出套现的123万元中有很大一部分甚至全部系揭某珍违法犯罪所得，仍然予以掩饰、隐瞒，数额达55万元。

从主观方面看，揭某春明知掩饰、隐瞒的款项系揭某珍受贿所得。揭某春否认主观明知的情况下，可以也应当通过刑事推定认定其主观是否明知。首先，揭某春明知上述款项系揭某珍违法犯罪所得。在公安机关立案侦查期间，揭某春将揭某珍账户内股票卖出套现123万元这一明显与揭某珍正常收入不相符的资金全部转移并藏匿，由此可以推定其的主观明知。对此，一审判决也予以认定。其次，揭某春明知上述款项系揭某珍受贿所得。明知不意味着确定知道，确定性认识和可能性认识均应纳入明知范围。结合揭某珍车管所民警的公职身份以及刑拘前后揭某春在揭某珍家中居住的事实，从一般社会常识和揭某春的认知出发，揭某春知道或应当知道上述款项极有可能与揭某珍的受贿行为有关。综上，揭某春对掩饰、隐瞒的款项系受贿赃款显然具有可能性认识，即可以认定为主观明知。

裁判结果

一、撤销江西省安义县人民法院（2016）赣0123刑初89号刑事判决，即被告人揭某春犯掩饰、隐瞒犯罪所得罪，判处有期徒刑三年，缓刑三年，并处罚金人民币八万元。

二、原审被告人揭某春犯洗钱罪，判处有期徒刑一年，并处罚金人民币四万元。

059 明知他人被追债且存在潜逃嫌疑的异常情况，无正当理由，为他人异常取现，可认定其具有洗钱的故意

裁判要点

行为人明知他人被追债且存在潜逃嫌疑的异常情况，无正当理由，为他人异常取现，可以认定行为人主观上已达到洗钱罪所要求的概括性认识标准。

裁判思路

基本案情[①]**：**

2013年7月9日，倪某及其经营的“飞某公司”以集资诈骗的方式从王某处骗得人民币2000万元，通过“诗某公司”账户收到该笔款项后，其中1130万元被转入被告人韩某龙个人账户；870万元被汇入倪某经营的公司，除归还银行贷款外，剩余65万元。

同日，“飞某公司”以提供虚假证明文件的方式从“中国农某银行绍兴嘉会分理处”骗取贷款800万元，其中295万元经多次转账后，与剩余款65万元以及其他款项合并成480万元，于同月10日被转入韩某龙个人账户。同月11日，“诗某公司”将合计727万元转入韩某龙个人账户。

倪某以急用为由，要求韩某龙将转入其账户的上述2337万元全部取现。韩某龙按照倪某的要求，将转入其账户中的2000万元转入韩某一账户，将其中200万元转入许某的账户并要求许某帮忙取现，将其中647.50万元用于归还倪某的借款、支付房租和取现等。

一审法院认为，韩某龙犯洗钱罪，判处有期徒刑二年六个月，并处罚金人民币三十五万元。宣判后，韩某龙不服，提起上诉。

争议焦点：行为人明知他人被追债且存在潜逃嫌疑的异常情况，无正当理由，为他人异常取现，是否可以认定具备洗钱罪的主观明知？

辩护意见：

韩某龙及其辩护人提出：没有证据证实韩某龙明知倪某曾向社会不特定人员

---

① 案件来源：韩某龙洗钱案【浙江省绍兴市中级人民法院（2016）浙06刑终635号】。

借款融资的事实和倪某骗取贷款的事实，上诉人并非公司财务人员，对倪某和飞某等公司的财务状况并不清楚，对资金来源是否涉嫌违法无法判断。上诉人主观上没有积极追求洗钱的愿望和动机，是迫于亲戚关系才帮助倪某取现，并未获得好处费。

二审法院认为：

…… 韩某龙不存在为倪某大额取现的正当理由。韩某龙在倪某的公司负责日常用品及配件的采购工作，平时并不负责资金取现、转账或财务相关工作。且根据韩某龙的供述及倪某、韩某二（系韩某龙的姐姐和倪某的妻子）的证言，此前并不存在倪某让韩某龙大额取现的情况。证人王某、吴某、薛某、倪某、韩某三（系韩某龙的另一个姐姐）、陈某二（系韩某龙的妻子）、韩某二等的证言证实，2013 年 7 月 11 日至 13 日，王某等人多次到倪某公司、倪某丈母娘家等地找倪某，称倪某欠债且已失去联系。同月 13 日，韩某龙从北京回到绍兴，韩某三、陈某二等将王某等人上门找倪某追债和倪某逃跑的事情告知了韩某龙，韩某龙称外面都在传倪某逃跑的事情，担心再帮倪某取现会受牵连。韩某三等遂与韩某二联系，要求倪某出具一张书面委托书，内容是倪某委托韩某龙和韩某一取现，责任由倪某承担。上述事实得到韩某龙供述的印证，韩某龙多次供述其意识到倪某叫其大量取现不正常，回到绍兴听家人说起王某上门催讨欠款和倪某手机无法联系等事情，就知道倪某是逃跑了。韩某龙在获知倪某被追债且存在潜逃嫌疑的异常情况下，驾车从绍兴出发赶往杭州，沿路遇见银行就停车取现，其取现方式、取现金额明显异常。

《最高人民法院关于审理洗钱等刑事案件具体应用法律若干问题的解释》中规定，被告人将《刑法》第一百九十一条规定的某一上游犯罪所得及其收益误认为《刑法》第一百九十一条规定的上游犯罪内的其他犯罪所得及其收益的，不影响刑法第一百九十一条规定的“明知”的认定，根据该解释精神，洗钱罪的“明知”是一种概括性认识，即只要行为人认为对方资金来路不明，可能来源于七类上游犯罪即可，并不要求行为人必须确切知道具体是哪一个上游犯罪。本案虽无证据证实上诉人韩某龙明知倪某骗取贷款的事实，但综合上诉人韩某龙的认知能力、其异常的取现方式、取现金额、其所获知倪某被追债并出逃的信息及其供述等主、客观因素，可认定其已认识到涉案钱款可能是倪某金融诈骗犯罪或破坏金融管理秩序犯罪所得，韩某龙主观上已达到洗钱罪所要求的概括性认识标准。上诉人韩某龙及其辩护人的上述意见，本院不予采纳。

裁判结果

驳回上诉，维持原判。

060 明知巨款系配偶受贿所得而实施掩饰、隐瞒犯罪所得的行为，应认定为洗钱罪

裁判要点

明知巨款系配偶受贿所得而实施掩饰、隐瞒犯罪所得的行为，应以洗钱罪论处，而非以掩饰隐瞒犯罪所得罪论处。

裁判思路

基本案情[①]**：**

2011 年 6 月至 2014 年 9 月，被告人梅某甲在明知其丈夫黄某一交给其保管的资金是黄某一涉嫌受贿犯罪所得的情况下，为黄某一掩饰、隐瞒其受贿财物的来源和性质，经与黄某一共同商议后，梅某甲用黄某一交给其保管的犯罪所得的资金，以其本人或亲属名义先后在广州购买 6 套房产；以其亲戚名义在广州市购买某车位；以其本人名义在广州市购买奥迪 TT 汽车、丰田大霸王牌汽车各 1 辆。其间，梅某甲还将涉案的犯罪所得用于购买银行理财产品等。

经统计，从 2011 年至案发，梅某甲协助其丈夫黄某一洗钱的数额合计人民币 71704276.48 元、港币 38.61 元、美元 4.41 元。

一审法院认为，梅某甲犯洗钱罪，判处有期徒刑三年，并处罚金人民币四百万元。宣判后，梅某甲不服，提起上诉。

争议焦点：明知巨款系配偶受贿所得，实施掩饰、隐瞒犯罪所得的行为，构成掩饰隐瞒犯罪所得罪还是洗钱罪?

辩护意见：

上诉人梅某甲及其辩护人认为：梅某甲对于本案所涉财产的来源认知能力不足，因其丈夫黄某一一直谎称是做生意赚取的，梅某甲仅是怀疑，而非客观上准

---

① 案件来源：梅某甲洗钱案【广东省广州市中级人民法院（2017）粤 01 刑终 712 号】。

确知道是受贿所得；梅某甲与黄某一结婚以来，到 2012 年才知悉黄某一公务员的身份，原判认定其知悉身份有重大疑点及瑕疵，梅某甲对购买汇悦台 4168 万元、购买丰田汽车 49 万元、购买绿城地产 30 万元和家具共 555 万元的款项是不知情的；涉案的犯罪数额不应包含个人合法财产，其支付购房购车的款项中应减去自己的合法财产收入、贷款金额及租金等。梅某甲帮助黄某一处理赃款的目的在于逃避司法机关查明犯罪、追究犯罪所得及收益的活动，结合梅某甲主客观的行为，符合掩饰、隐瞒犯罪所得罪；而洗钱罪系通过将大量的黑钱进入经济领域，其侵犯的是金融管理秩序。

二审法院认为：

梅某甲与黄某一均是居住境内的中国籍公民，其两人却前往香港办理结婚手续，显然有意隐瞒婚姻状况；梅某甲办理结婚手续的见证人是黄某一至亲，梅某甲亦多次供述其常与行贿黄某一之行贿人相聚吃饭，再结合梅某甲与黄某一认识不久即共同生活、黄某一将大量的受贿款交与梅某甲保管和处理等情形，可见黄某一是高度信赖梅某甲的，不存在黄某一向梅某甲隐瞒其国家工作人员身份的理由；梅某甲在 2008 年、2010 年，刻意借用其远在外地的近亲属身份购买豪宅，亦说明其知道购房款项来源的不合法、具有隐匿财产来源的意图；此外，梅某甲亦供述其与黄某一交往后就知道他任职广州市国土部门，又供述黄某一在 2010 年就告知其任职情况。综上，认定梅某甲于 2011 年前已清楚知道黄某一国家工作人员身份、涉案巨款源于黄某一利用其职务便利受贿所得的证据充分。因此，梅某甲及其辩护人关于梅某甲对涉案赃款来源认知能力不足、不知情的意见没有事实依据。

梅某甲明知黄某一交付之巨额款项源于受贿所得，为掩饰、隐瞒该资金来源或帮助黄某一逃避法律追究，梅某甲通过以其名义购买豪宅、理财产品的方式来转换对犯罪所得的占有，又通过以其近亲属名义购买豪宅的方式转移犯罪所得，因此，梅某甲具有帮助犯罪行为人逃避刑事追究、占有犯罪所得之目的，客观上实施了掩饰、隐瞒犯罪所得系受贿所得的来源和性质的行为，符合洗钱罪的特征。

《刑法》第三百一十二条关于掩饰、隐瞒犯罪所得、犯罪所得收益罪的规定，与第一百九十一条关于洗钱罪的规定，是一般法与特别法的关系，梅某甲实施了资金的转移占有、改变性质的行为，且犯罪所涉对象为贪污贿赂犯罪所得财产，符合洗钱罪的特征，依法应以洗钱罪论处。

裁判结果

驳回上诉，维持原判。

061 明知赃款系他人违法犯罪所得而帮助转移，但对该违法犯罪的性质并不知情，不构成洗钱罪，而是构成掩饰、隐瞒犯罪所得罪

裁判要点

通过频繁转账并取现的方式转移配偶的违法犯罪所得赃款，但对配偶违法犯罪系毒品犯罪的性质并不知情，不符合洗钱罪的犯罪构成，而是构成掩饰、隐瞒犯罪所得罪。

裁判思路

基本案情[①]**：**

2014 年 6 月 16 日凌晨，王某因涉嫌制造毒品被公安民警在家中抓获，同时公安机关对涉案款物予以扣押。在扣押过程中，被告人林某琴（王某妻子）全程在场，民警扣押物品后告知林某琴不得私自将卡内钱款转移。林某琴在明知卡内钱款是王某犯罪所得赃款的情况下，仍通过网上银行将公安机关扣押的王某中国工某银行的银行卡上的毒品犯罪所得赃款转账至洪某等人的银行卡上，转账 7 次共计人民币 314999 元，后全部取现。

6 月 19 日，林某琴在明知王某因犯罪被逮捕的情况下，仍将自己名下的中国工某银行的账户（该卡已被公安机关扣押）中购买的理财产品 99 万元申请质押贷款，贷款金额为 89 万元，并于同日将该 89 万元贷款转账至林某及林某琴另一个银行账户并取现。

争议焦点：行为人通过频繁转账并取现的方式转移配偶的违法犯罪所得赃款，但对配偶违法犯罪系毒品犯罪的性质并不知情，构成洗钱罪还是掩饰、隐瞒犯罪所得罪？

---

① 案件来源：林某琴洗钱案【江西省乐平市人民法院（2018）赣 0281 刑初 443 号】。

辩护意见：

辩护人认为：被告人林某琴主观上不清楚款项为毒品犯罪所得，客观上也没有掩饰、隐瞒犯罪所得的性质和来源的行为，其侵害的是公安机关的查处行为，妨碍了司法秩序，该行为符合妨害司法秩序罪特征，应构成掩饰、隐瞒犯罪所得罪。

法院认为：

被告人林某琴在明知王某及其本人的银行账户内的存款为王某犯罪所得赃款且相关的银行卡已被公安机关扣押的情况下，仍将卡内存款以转账并取现的方式转移，其行为已构成掩饰、隐瞒犯罪所得罪，依法应予惩处。

洗钱罪是指明知是毒品犯罪、黑社会性质的组织犯罪、恐怖活动犯罪、走私犯罪、金融诈骗犯罪、贪污贿赂犯罪、破坏金融管理秩序犯罪的所得及其产生的收益，为掩饰、隐瞒其来源与性质，而以存入金融机构、转移资金等方式使其在市场上合法化的行为，其目的是掩饰、隐瞒上游犯罪所得的非法性质，使之披上合法外衣。

经查，本案现有证据材料不能证明被告人林某琴在公安机关抓获王某之前明知王某系毒品犯罪，故王某将其制毒犯罪所得赃款存入被告人林某琴的银行账户的行为，不属于被告人林某琴提供自己拥有的合法账户给犯罪分子从而使赃款合法化的洗钱行为。同时，在公安机关抓获王某时，搜查证未提及王某涉嫌犯罪的罪名，拘留通知书中没有作为王某家属的被告人林某琴的签名，抓获王某时的执法视频亦未能提供，故现有证据不足以认定被告人林某琴在公安机关抓获王某时明知王某系毒品犯罪，而只能认定被告人林某琴知道王某涉嫌违法犯罪。

另外，从被告人林某琴的转账时机来看，在公安机关抓获王某之前，被告人林某琴并无频繁地转账并取现的行为，其在公安机关抓获王某之后且在有关银行卡已被依法扣押的情况下，通过频繁转账并取现的方式转移王某的违法犯罪所得赃款，具有非法占有该赃款的目的，并无掩饰、隐瞒王某犯罪所得赃款的来源和性质进而将其洗白的行为，该行为主要妨害了司法机关追缴赃款的执法活动，构成掩饰、隐瞒犯罪所得罪，故公诉机关指控林某琴构成洗钱罪不当，应予纠正……

裁判结果

一、被告人林某琴犯掩饰、隐瞒犯罪所得罪，判处有期徒刑三年，并处罚金人民币一万元。

二、被告人林某琴掩饰、隐瞒犯罪所得转移的财产人民币 1214999 元，已退缴人民币 4 万元，余款人民币 1174999 元继续予以追缴，上缴国库。

三、实务建议

洗钱犯罪听起来“高大上”，实则很容易触犯，因帮助上游犯罪的亲友“处理”涉案财物或受利益诱惑而被卷入洗钱犯罪的案例为数不少。为远离洗钱犯罪法律风险，在对重点案例进行深入研究的基础上，结合实际办案经验，我们提出以下建议。

（一）只要意识到待处理对象可能是犯罪的违法所得或收益，就应当拒绝提供“帮助”，否则将涉嫌犯罪

根据我国《刑法》的规定，明知是毒品犯罪、黑社会性质组织犯罪、恐怖活动犯罪、走私犯罪、贪污贿赂犯罪、破坏金融管理秩序犯罪、金融诈骗犯罪七类犯罪的犯罪所得及收益，而为其掩饰、隐瞒来源和性质，即构成洗钱罪。明知是其他犯罪的犯罪所得及收益而提供掩饰、隐瞒的帮助，也涉嫌掩饰、隐瞒犯罪所得、犯罪所得收益罪。因此，只要意识到待处理对象可能是犯罪所得或收益，若仍提供帮助，即涉嫌犯罪。

结合司法解释及参考案例，所谓“明知”并不要求是确定的知道，只要认识到可能是犯罪所得或因犯罪产生的收益即可。实践中，对行为人的主观认知通常采用推定的方式进行认定。例如，通过非法途径协助转换财物、收购财物的价格明显低于市场价格，“手续费”明显高于市场价格；协助近亲属或者关系密切的人转换财物，但财物与该近亲属、关系密切的人的职业收入或财产状况明显不符；明知他人被追债且存在潜逃嫌疑的异常情况，无正当理由为他人异常取现；等等。换句话说，当出现了类似上述非正常的情况，一般人都应当认识到可能是犯罪所得或收益，如果仅辩解不知情，与常理不符，除非行为人能提出相反证据，否则不能推翻对其主观明知的推定。

（二）拒绝实施将上游犯罪的违法所得合法化的一切行为

当行为人意识到待处理对象可能是上游犯罪的违法所得或收益，实施的一切

试图将违法所得及收益“合法化”的行为都属于洗钱，包括但不限于：提供资金账户，将犯罪所得转账、提现、购买股票、债券，乃至虚构交易、虚设债权债务将犯罪所得及收益转换为合法财产，又或者协助他人以购买股份的方式投资企业经营，掩饰、隐藏资金的性质及来源等。无论行为人采用的包装如何复杂，实务认定中也会“穿透”审查，对复杂的外包装行为进行实质性评价，一切旨在使犯罪所得合法化的行为都难逃法网。

（三）了解“自洗钱”行为入罪化处理避免数罪并罚

理论上，洗钱罪包含两种行为类型：为他人的上游犯罪所得进行洗钱的属于“他洗钱”，而为自己的上游犯罪所得进行洗钱的属于“自洗钱”。《刑法修正案（十一）》施行前，实践中对“自洗钱”是否构成犯罪存在争议，因为要求行为人合法处置犯罪所得不具有期待可能性，传统理论将其视为“事后不可罚”的行为。《刑法修正案（十一）》突破了“事后不可罚”这一传统理论的限制，将“自洗钱”纳入了洗钱罪的适用范围。在《刑法修正案（十一）》的背景下，如果行为人实施了上游犯罪后再进行洗钱行为，可能会同时构成上游犯罪和洗钱罪，对此应当数罪并罚。

四、法律规范

（一）法律

《中华人民共和国刑法》（2020 年修正）

第一百九十一条 为掩饰、隐瞒毒品犯罪、黑社会性质的组织犯罪、恐怖活动犯罪、走私犯罪、贪污贿赂犯罪、破坏金融管理秩序犯罪、金融诈骗犯罪的所得及其产生的收益的来源和性质，有下列行为之一的，没收实施以上犯罪的所得及其产生的收益，处五年以下有期徒刑或者拘役，并处或者单处罚金；情节严重的，处五年以上十年以下有期徒刑，并处罚金：

（一）提供资金帐户的；

（二）将财产转换为现金、金融票据、有价证券的；

（三）通过转帐或者其他支付结算方式转移资金的；

（四）跨境转移资产的；

（五）以其他方法掩饰、隐瞒犯罪所得及其收益的来源和性质的。

单位犯前款罪的，对单位判处罚金，并对其直接负责的主管人员和其他直接责任人员，依照前款的规定处罚。

（二）司法解释

《最高人民法院关于审理洗钱等刑事案件具体应用法律若干问题的解释》（2009年11月11日施行 法释〔2009〕15号）

第一条 刑法第一百九十一条、第三百一十二条规定的“明知”，应当结合被告人的认知能力，接触他人犯罪所得及其收益的情况，犯罪所得及其收益的种类、数额，犯罪所得及其收益的转换、转移方式以及被告人的供述等主、客观因素进行认定。

具有下列情形之一的，可以认定被告人明知系犯罪所得及其收益，但有证据证明确实不知道的除外：

（一）知道他人从事犯罪活动，协助转换或者转移财物的；

（二）没有正当理由，通过非法途径协助转换或者转移财物的；

（三）没有正当理由，以明显低于市场的价格收购财物的；

（四）没有正当理由，协助转换或者转移财物，收取明显高于市场的“手续费”的；

（五）没有正当理由，协助他人将巨额现金散存于多个银行账户或者在不同银行账户之间频繁划转的；

（六）协助近亲属或者其他关系密切的人转换或者转移与其职业或者财产状况明显不符的财物的；

（七）其他可以认定行为人明知的情形。

被告人将刑法第一百九十一条规定的某一上游犯罪的犯罪所得及其收益误认为刑法第一百九十一条规定的上游犯罪范围内的其他犯罪所得及其收益的，不影响刑法第一百九十一条规定的“明知”的认定。

第二条 具有下列情形之一的，可以认定为刑法第一百九十一条第一款第（五）项规定的“以其他方法掩饰、隐瞒犯罪所得及其收益的来源和性质”：

（一）通过典当、租赁、买卖、投资等方式，协助转移、转换犯罪所得及其收益的；

（二）通过与商场、饭店、娱乐场所等现金密集型场所的经营收入相混合的方式，协助转移、转换犯罪所得及其收益的；

（三）通过虚构交易、虚设债权债务、虚假担保、虚报收入等方式，协助将犯罪所得及其收益转换为“合法”财物的；

（四）通过买卖彩票、奖券等方式，协助转换犯罪所得及其收益的；

（五）通过赌博方式，协助将犯罪所得及其收益转换为赌博收益的；

（六）协助将犯罪所得及其收益携带、运输或者邮寄出入境的；

（七）通过前述规定以外的方式协助转移、转换犯罪所得及其收益的。

第三条 明知是犯罪所得及其产生的收益而予以掩饰、隐瞒，构成刑法第三百一十二条规定的犯罪，同时又构成刑法第一百九十一条或者第三百四十九条规定的犯罪的，依照处罚较重的规定定罪处罚。

第四条 刑法第一百九十一条、第三百一十二条、第三百四十九条规定的犯罪，应当以上游犯罪事实成立为认定前提。上游犯罪尚未依法裁判，但查证属实的，不影响刑法第一百九十一条、第三百一十二条、第三百四十九条规定的犯罪的审判。

上游犯罪事实可以确认，因行为人死亡等原因依法不予追究刑事责任的，不影响刑法第一百九十一条、第三百一十二条、第三百四十九条规定的犯罪的认定。

上游犯罪事实可以确认，依法以其他罪名定罪处罚的，不影响刑法第一百九十一条、第三百一十二条、第三百四十九条规定的犯罪的认定。

本条所称“上游犯罪”，是指产生刑法第一百九十一条、第三百一十二条、第三百四十九条规定的犯罪所得及其收益的各种犯罪行为。

（三）立案标准

《最高人民检察院、公安部关于公安机关管辖的刑事案件立案追诉标准的规定（二）》（2022年5月15日施行 公通字〔2022〕12号）

第四十三条 为掩饰、隐瞒毒品犯罪、黑社会性质的组织犯罪、恐怖活动犯罪、走私犯罪、贪污贿赂犯罪、破坏金融管理秩序犯罪、金融诈骗犯罪的所得及其产生的收益的来源和性质，涉嫌下列情形之一的，应予立案追诉：

（一）提供资金帐户的；

（二）将财产转换为现金、金融票据、有价证券的；

（三）通过转帐或者其他支付结算方式转移资金的；

（四）跨境转移资产的；

（五）以其他方法掩饰、隐瞒犯罪所得及其收益的来源和性质的。

第七节　贷款诈骗罪

我国《刑法》第一百九十三条规定了贷款诈骗罪。本罪的客观行为是指行为人使用欺骗方法，骗取银行或者其他金融机构的贷款。成立本罪要求诈骗的贷款金额达到数额较大的标准。本罪要求行为人对作为犯罪对象的贷款具有非法占有的目的。“非法占有目的”的认定是区分本罪与骗取贷款罪的关键所在。本罪的犯罪主体是自然人，单位不能成为贷款诈骗罪的主体。

为更好掌握司法实务中对贷款诈骗罪定罪量刑等方面的关注重点，我们对重点案例进行详细解析，通过研究司法机关的裁判思路，提炼了司法实务裁判要点。同时，我们梳理了与贷款诈骗罪相关的法律、司法解释、立案标准及政策法规等规定。

一、实务解析

（一）本罪的行为方式是行为人使用欺骗方法，骗取银行或者其他金融机构的贷款

通常，行为人在实施贷款诈骗中的客观行为表现为以下几种。

1. 编造引进资金、项目等虚假理由，即虚构引进资金、开展项目的事实，伪造一些虚假项目的相关材料，欺骗银行或者其他金融机构提供贷款。

2. 使用虚假的、伪造的经济合同进行贷款诈骗。

3. 使用虚假的证明文件，即使用虚假的银行存款证明、评估机构资产评估报告、担保单位的担保函等申请贷款所需文件，骗取贷款。

4. 使用虚假的产权证明作担保或者超出抵押物价值重复担保，如提供虚假的房屋产权证书、车辆所有权证书以及其他动产、不动产的产权证书，或者超出抵押物价值重复担保，骗取银行或者其他金融机构信任，提供贷款。

5. 以其他方法诈骗贷款，如通过伪造国家机关公文、证件、印章或者伪造公司、企业、事业单位、人民团体印章，制作虚假材料，骗取贷款。

（二）构成本罪要求诈骗贷款数额达到立案标准

根据立案标准，诈骗贷款数额达到5万元的，应当追诉。如果行为人欺骗银行取得贷款，但未导致银行遭受经济损失或损失未达到追诉标准，不构成贷款诈骗罪。

（三）构成本罪要求行为人具有非法占有目的

行为人具有非法占有目的是成立本罪的前提，如果行为人在主观上不具有非法占有目的，或者现有证据不能认定行为人具有非法占有目的，那么即使行为人在申请贷款过程中使用了欺骗手段，也不构成贷款诈骗罪，但是可能涉嫌骗取贷款罪。

实践中，对于以欺诈手段获取金融机构贷款，且到期未归还贷款的行为人，办案人员会考虑以下因素综合认定行为人是否具有非法占有目的，主要包括：（1）行为人过往的贷款表现；（2）行为人申请贷款时的经济情况，所贷款项和经济收入、经营情况是否匹配，是否具有还贷能力；（3）贷款用途，是否将所贷资金用于经营活动，或从事非法活动；（4）贷款到期未归还的原因；（5）贷款合同到期后行为人的还款意愿和贷款偿还情况等。

如果行为人具有下列情形之一的，通常可能被认定为具有非法占有目的：（1）明知没有归还能力而大量骗取资金的；（2）非法获取资金后逃跑的；（3）肆意挥霍骗取资金的；（4）使用骗取的资金进行违法犯罪活动的；（5）抽逃、转移资金、隐匿财产，以逃避返还资金的；（6）隐匿、销毁账目，或者搞假破产、假倒闭，以逃避返还资金的；（7）其他非法占有资金、拒不返还的行为。

（四）本罪的犯罪主体是自然人

根据我国《刑法》的规定，本罪的行为主体是自然人，单位不能成为贷款诈骗罪的犯罪主体。对于单位实施的贷款诈骗行为，应当对组织、策划、实施贷款诈骗行为的自然人以贷款诈骗罪论处。

二、裁判要点

062 没有归还能力而使用虚假的证明文件获取贷款，应认定具有非法占有目的

裁判要点

行为人贷款前已背负巨额债务无法偿还，贷款时使用虚假的证明文件证明其资信获取贷款，案发后大部分无法归还，应认定其明知没有归还能力而大量骗取资金，具有非法占有的目的。

裁判思路

基本案情①**：**

2010年11月至2011年5月，原审上诉人覃某庆先后向他人借款，后未能如期归还，债权人起诉至法院，人民法院判决覃某庆需偿还他人142万元及利息。判决发生法律效力后，覃某庆未能履行还款义务，部分债权人申请执行，人民法院于2012年10月30日裁定对覃某庆相关财产予以查封。

在此情况下，2013年3月13日，覃某庆以需采购饲料为由，使用伪造的房产证、个人银行账户对账单等虚假资产证明，向柳某银行贷款200万元用于购买饲料。次日，柳某银行按覃某庆提供的受托支付材料将贷款200万元转入覃某庆的农行账户。

之后，覃某庆先用该200万元贷款偿还了廖某一等人的欠款与其他费用，再将剩余贷款用于发放公司员工工资、购买生产物资及日常开支。

2013年4月13日第一期贷款还款到期后，覃某庆于2013年12月21日前归还2017.59元，2013年12月11日由廖某一代还576143.99元，共计578161.58元。

一审法院认为，覃某庆犯贷款诈骗罪，判处有期徒刑十三年，并处罚金人民币十万元。宣判后，覃某庆不服，提起上诉。

---

① 案件来源：覃某庆贷款诈骗案【广西壮族自治区贵港市中级人民法院（2019）桂08刑再1号】。

争议焦点：行为人已背负大量债务，仍提供虚假材料申请贷款，能否认定其具有非法占有的目的？

辩护意见：

覃某庆及其辩护人辩称：其主观上没有非法占有的目的，一是其与柳某银行签订的《微贷通借款/担保合同》属于个人信用贷款合同，合同约定担保方式为保证担保，提供的虚假材料不是决定贷款发放的关键因素；二是其具有还贷能力，因涉嫌抽逃出资而被羁押导致不能归还，且已归还贷款578161.58万元。其行为不符合贷款诈骗罪规定的五种情形，不构成贷款诈骗罪。

二审法院认为：

经查，到案证据已充分证实贷款前覃某庆已背负巨额债务无法偿还，贷款时使用虚假的证明文件，如房产证、银行流水清单、水库承包合同、果场承包合同等，证明其资信获取贷款200万元，案发至今已归还柳某银行的578161.58元，其中的576143.99元，即绝大部分是由廖某一于案发后代还，其他无法归还，应认定其明知没有归还能力而大量骗取资金，具有非法占有的目的，其行为属于使用虚假的证明文件诈骗贷款，构成贷款诈骗罪，对覃某庆及其辩护人该辩解辩护意见不予采纳。一审判决、二审裁定以覃某庆“明知没有归还能力而大量骗取资金的”，认定覃某庆具有非法占有的目的，数额巨大，构成贷款诈骗罪，事实清楚，证据确实、充分。

裁判结果

一、撤销本院（2013）贵刑二终字第59号刑事裁定、贵港市港北区人民法院（2013）港北刑初字第441号刑事判决。

二、原审上诉人覃某庆犯贷款诈骗罪，判处有期徒刑十二年，并处罚金人民币十万元。

……

063 明知自己没有偿还能力仍骗取银行贷款，贷款大部分用于偿还债务或进行赌博非法活动，可以认定具有非法占有目的

裁判要点

行为人明知自己没有偿还能力，骗取银行贷款，且所骗取的贷款除小部分用于企业经营外，大部分用于偿还债务或进行赌博非法活动，可认定其具有非法占有目的。

裁判思路

基本案情[①]：

2014 年 11 月至 2015 年 2 月，上诉人刘某因急需资金偿还欠款，遂采取欺骗手段，以他人名义虚构购买汽车事实，伪造相关贷款资料，先后 13 次从县邮某储蓄银行骗取贷款共计人民币 338 万元，大部分资金用于偿还欠款，已偿还贷款本金 545124. 34 元、利息 100098. 86 元，后因资金链断裂，致使贷款无法偿还。

原审被告人危某辉明知其伪造贷款资料仍帮助刘某骗取银行贷款，接受刘某指示，按照其要求伪造汽车销售合同、首付款收据等虚假贷款资料，配合刘某从县邮某储蓄银行骗取贷款。

一审法院认为，刘某犯贷款诈骗罪，判处有期徒刑十年六个月，并处罚金人民币二十万元。宣判后，刘某不服，提起上诉。

二审法院认为：

骗取贷款罪是指以欺骗手段取得银行或者其他金融机构贷款，给银行或者其他金融机构造成重大损失或者有其他严重情节的行为。贷款诈骗罪是指以非法占有为目的，诈骗银行或者其他金融机构的贷款、数额较大的行为。从《刑法》规定的罪状分析，骗取贷款罪与贷款诈骗罪的最主要区别在于主观要件，即行为人主观上是否以非法占有为目的……经查，上诉人刘某采取欺骗手段，以他人名义虚构购买汽车事实，先后多次骗取银行贷款。从本案现有相关书证及证人证言证明的事实分析，上诉人刘某是在负有大量债务、明知自己没有偿还能力的情况下骗取银行贷款，且所骗取的贷款除小部分用于企业经营外，大部分用于偿还债

① 案件来源：刘某、危某辉贷款诈骗案【湖南省岳阳市中级人民法院（2017）湘 06 刑终 178 号】。

务或进行赌博非法活动，可认定其具有非法占有的目的。故对上诉人及其辩护人提出的该上诉意见本院不予支持。上诉人刘某以非法占有为目的，使用虚假的经济合同，诈骗银行贷款，数额特别巨大，其行为构成贷款诈骗罪。原审被告人危某辉采取欺骗手段骗取银行贷款，给银行造成重大损失，其行为构成骗取贷款罪。

裁判结果

一、维持湖南省湘阴县人民法院（2016）湘0624刑初203号刑事判决中对上诉人刘某犯贷款诈骗罪的定罪及原审被告人危某辉犯骗取贷款罪的定罪、量刑部分。

……

三、上诉人刘某犯贷款诈骗罪，判处有期徒刑十年，并处罚金人民币十万元。

064 骗取银行贷款后以失联手段逃避还款，应认定具有非法占有目的

裁判要点

行为人编造虚假理由，提供虚假的证明文件，骗取银行贷款，虽然部分偿还，但逾期后经银行催收以失联手段逃避还款，应认定其具有非法占有目的。

裁判思路

基本案情[①]**：**

2014年10月，原审被告人纪某明与明某刚、明某胜、邹某夫约定，由纪某明为三人提供虚假的用于向银行贷款的所有资料，在取得贷款后三人分别向纪某明支付实际取得贷款数额15%至20%的好处费。

明某刚、明某胜、邹某夫用纪某明提供的虚假房产证等相关证照，以经营机

① 案件来源：明某胜与纪某明、明某刚等贷款诈骗案【青海省西宁市中级人民法院（2018）青01刑终268号】。

电产品为由，采用三户联保方式于2014年10月31日取得青某银行贷款。其中，明某刚贷款70万元、明某胜贷款40万元、邹某夫贷款40万元。取得贷款后明某刚、明某胜、邹某夫按实际取得数额向纪某明支付费用。

后明某刚给银行还款200364.31元，明某胜还款121451.48元，邹某夫还款73065.41元。在银行追索过程中，三人分别隐匿，逃避还款。

一审法院认为纪某明无罪。西宁市城西区人民检察院以原判判处纪某明无罪系错误判决为由，提出抗诉。

二审法院认为：

经查，四原审被告人共同预谋后，由其中三人向银行共同编造购买机电产品的虚假理由，提供明知虚假的房产证、工商注册登记资料、商铺使用合同等证明文件，共同编造谎言、隐瞒事实真相，最终以三户联保的形式骗得银行贷款。骗得贷款后虽然部分偿还，但逾期后经银行催收均以失联手段逃避还款，至案发大部分贷款未予偿还。上诉人明某胜、原审被告人明某刚、邹某夫主观上具有非法占有的故意，客观上实施了相互配合、相互支撑的共同犯罪行为。故关于此节的上诉、辩解及辩护意见均不能成立。原审被告人纪某明、明某刚、明某胜、邹某夫以非法占有为目的，利用向银行提供虚假资料为手段诈骗银行贷款1105118.8元，数额特别巨大，其行为均构成贷款诈骗罪，应予惩处。

裁判结果

……

二、撤销该判决第一项，即“被告人纪某明无罪”。

三、原审被告人纪某明犯贷款诈骗罪，判处有期徒刑十年，并处罚金人民币二十万元。

……

065 应当结合贷款手段、贷款目的、贷款用途、贷款到期未归还的原因，综合认定是否具有非法占有目的

裁判要点

不能仅因行为人以欺诈手段获取金融机构贷款，且未如期归还到期贷款就认

定其具有非法占有目的，应当结合贷款手段、贷款目的、贷款用途、贷款到期未归还的原因来综合认定。

裁判思路

基本案情[①]**：**

2003年12月，姜某新通过联系路边小广告上的电话，让他人为其伪造“某市园林旅游局”和“某市路灯管理处”印章，并利用假印章向信用联社营业部提供虚假的单位证明作虚假担保，从信用联社营业部贷款5万元，用于归还其先期贷款。

至案发前，姜某新对该笔贷款本息均未归还。

一审法院认为，姜某新犯贷款诈骗罪，判处有期徒刑五年，并处罚金人民币五万元。宣判后，姜某新不服，提起上诉。

争议焦点：行为人以欺诈手段获取金融机构贷款，且未如期归还到期贷款，能否认定其具有非法占有目的?

辩护意见：

被告人姜某新上诉提出：其贷款时提供的担保证明并不全是虚假的，贷款的目的是用于投资经营，没有非法占有贷款的主观故意，其行为不构成贷款诈骗罪。

二审法院认为：

上诉人姜某新利用伪造的“某市园林旅游局”和“某市路灯管理处”印章，提供虚假的贷款担保证明，侵犯了上述事业单位的信誉和正常活动，并致使5万元贷款本息至今无法追回，其行为已构成伪造事业单位印章罪……

一审法院认定姜某新构成贷款诈骗罪的证据不足。上诉人姜某新尽管在贷款中使用了虚假的单位证明，以欺诈手段获取金融机构贷款，亦未按合同约定使用贷款，且未如期归还到期贷款，又将部分资金投入土地承包等，但原判据此认定姜某新主观上具有非法占有金融机构贷款的目的证据不足，主要基于以下事实和理由。

1. 从贷款手段看。姜某新提供的担保证明并非全部虚假。姜某新贷款时，其并未隐瞒个人真实身份，担保人杨某华及单位证明是真实的，担保人陆某亮的单位证明印章虚假，但内容是真实的，仅是担保人王某宇（某市园林旅游局）、

---

① 案件来源：姜某新伪造事业单位印章案【江苏省徐州市中级人民法院（2005）徐刑二终字第092号】。

汤某保（某市路灯管理处）的内容和单位印章均系虚假。即使姜某新不能如期归还贷款，鉴于《保证担保借款合同》中担保人对债务承担的都是连带保证责任，金融部门可以通过提起民事诉讼寻求救济途径。

2. 从贷款目的看。证明上诉人姜某新具有永久占有贷款的非法目的证据不足，亦无充分证据证实姜某新在2004年11月贷款期限届满前将部分资金投入承包土地在主观上是为了逃避偿还贷款。

3. 从贷款用途看。姜某新无挥霍、恶意处分或者携款潜逃的行为，而是用于经营石膏或承包土地。

4. 从贷款到期未归还的原因看。本案中，贷款最初发放后，虽然约定的用途是购船，但其后两次贷款实质是以贷还贷，并偿还了前期贷款及利息，一审法院认定姜某新主观上不想归还贷款的证据不足。鉴于认定姜某新主观上具有占有该笔贷款的目的证据不足，因此，对姜某新的行为不能以贷款诈骗罪论处。

综上，姜某新提出的其贷款时提供的担保证明并不全是虚假的，贷款是用于投资经营，没有非法占有贷款的主观故意，其行为不构成贷款诈骗罪的上诉理由成立，予以采纳。原判认定上诉人姜某新非法占有金融机构贷款的事实不清，证据不足，以贷款诈骗罪对其定性错误……

裁判结果

一、撤销江苏省某市人民法院（2005）邳刑初字第401号刑事判决。

二、上诉人姜某新犯伪造事业单位印章罪，判处有期徒刑一年。

066 应当结合以往贷款表现，申请贷款时履约能力，偿还贷款表现等综合认定是否具有非法占有目的

裁判要点

判断是否具有非法占有目的，应当结合行为人以往在银行的贷款表现，申请贷款时是否具有履约能力，贷款合同到期后是否积极偿还等客观行为综合认定。

裁判思路

基本案情[①]**：**

郑某节担任力某公司的法定代表人。2012年6月，郑某节以公司名义在中国工某银行股份有限公司合肥某支行（以下简称工某银行某支行）办理总额为1290万元的国内保理贷款，到期后按时归还。2013年9月，郑某节再次申请国内保理贷款，为骗取贷款，其故意夸大力某公司对供货单位某省立医院与安某附院的应收账款数额，并伪造了相关的合同、公章和债权转让通知等文件，以力某公司对上述两个医院虚假的应收账款作为质押，申请国内保理业务贷款。

2013年9月25日，郑某节的贷款申请获得审批。9月27日，工某银行某支行分两次向郑某节发放贷款800万元、900万元，贷款期限一年。收到贷款后，郑某节于放款当日将该款转走，用于归还其向曾某等人的借款及力某公司的生产经营。

2014年7月至8月，郑某节提前归还贷款200万元；12月31日至立案前，郑某节陆续归还贷款15万元；立案后至2016年1月4日，郑某节又陆续归还工某银行某支行贷款5万元，尚有1480万元贷款未归还，给工某银行某支行造成损失共计人民币1480万元。

一审法院认为，郑某节以非法占有为目的，诈骗银行贷款共计人民币1480万元，数额特别巨大，其行为已构成贷款诈骗罪。

争议焦点：行为人以非法手段骗取银行贷款并在贷款到期后不能偿还，能否认定行为人具有非法占有目的?

辩护意见：

郑某节上诉提出，一审判决认定其构成贷款诈骗罪定性错误，其行为应构成骗取贷款罪。辩护人提交了郑某节控制的力某公司、鼎某公司及郑某节本人资产资料等证据，证明上诉人郑某节在2013年9月申请保理贷款时有履约能力，其不具有非法占有的主观目的，依法不构成贷款诈骗罪。

二审法院认为：

贷款诈骗罪与骗取贷款罪的手段相似，行为人均采取隐瞒真相或者虚构事实的方法骗取贷款且未按期归还贷款，但主观目的不同。骗取贷款不是以非法占有为目的，只因在不符合贷款条件的情况下为取得贷款而采用非法手段，签订贷款

---

① 案件来源：郑某节贷款诈骗案【安徽省合肥市中级人民法院（2017）皖01刑终225号】。

时有还款的能力且有归还的意愿，而贷款诈骗罪的主观意图是通过非法手段骗取贷款并非法占有。区分行为人是构成贷款诈骗罪还是骗取贷款罪的关键是判断行为人是否具有非法占有的主观目的，不能简单地认为只要以非法手段取得贷款并在贷款到期后不能偿还，就一律以贷款诈骗罪论处，而应通过多方位客观行为全面考察行为人主观心态，从而得出行为人是否具有非法占有贷款的主观目的。

就本案来看，承办人认为上诉人郑某节没有非法占有的主观目的，具体理由如下。

1. 从上诉人郑某节以往在银行的贷款表现看。上诉人郑某节在涉案贷款的上一年度以力某公司名义在工某银行某支行办理了总额为1290万元的国内保理贷款，到期后如约按时归还。上诉人郑某节以往在银行的贷款表现良好。

2. 从上诉人郑某节申请贷款时是否具有履约能力看。上诉人郑某节的辩护人二审向法院提交的上诉人郑某节实际控制的公司及其个人的资产材料证实，上诉人郑某节在2013年9月与工某银行某支行签订保理贷款合同时，其控制的力某公司、鼎某公司及其个人拥有的应收款、房产、汽车等价值在3000万元左右，远远超过其申请保理贷款的1700万元数额，上诉人郑某节在申请贷款时有履行贷款合同的能力。另外，中国工某银行的银行调查报告证实，工某银行某支行在审批涉案贷款时对力某公司的经营状况、财务状况、资信状况等进行了调查，评判力某公司财务指标正常，具有长短期偿还债务的能力。

3. 从上诉人郑某节在贷款合同到期后是否积极偿还看。对于涉案的1700万元保理贷款，上诉人郑某节在贷款合同到期前提前归还了其中200万元，后由于资金链断裂等意志以外的原因，在合同到期后未能一次性偿还贷款，但其仍一直在积极努力履行还款义务，陆续偿还贷款20万元。上诉人郑某节没有明知无归还能力而大量骗取资金，非法获取资金后逃跑，肆意挥霍骗取资金，使用骗取的资金进行违法犯罪活动，抽逃、转移资金、隐匿财产，以逃避返还资金，隐匿、销毁账目，或者搞假破产、假倒闭，以逃避返还资金以及其他非法占有资金、拒不返还资金等行为，结合上诉人郑某节以往在银行的贷款表现、贷款时的资产状况以及贷款后履行合同情况，不宜认定上诉人郑某节具有非法占有的主观目的。

上诉人郑某节以力某公司经营发展需要为由，虚构资金用途，夸大对安某附院、某省立医院的应收账款数额，伪造供货合同和安某附院、某省立医院的债权转让通知书及应收账款确认函、供货发票等材料，骗取银行贷款，给银行造成特别重大损失，其行为符合骗取贷款罪的构成要件，依法构成骗取贷款罪。原审判决认定上诉人郑某节构成贷款诈骗罪定性不当，本院依法予以纠正。

裁判结果

一、维持合肥市庐阳区人民法院（2016）皖0103刑初485号刑事判决中第二项，即责令被告人郑某节退赔中国工某银行股份有限公司合肥某支行经济损失人民币一千四百八十万元。

二、撤销合肥市庐阳区人民法院（2016）皖0103刑初485号刑事判决中第一项，即被告人郑某节犯贷款诈骗罪，判处有期徒刑十年，并处罚金人民币十万元。

三、上诉人郑某节犯骗取贷款罪，判处有期徒刑四年，并处罚金人民币十万元。

067 以欺骗手段取得银行贷款，如果不能认定非法占有目的，构成骗取贷款罪

裁判要点

行为人以欺骗手段取得银行贷款，若有证据证明行为人将贷款资金用于经营活动，不能认定其非法占有目的，行为人不构成贷款诈骗罪，而是构成骗取贷款罪。

裁判思路

基本案情[①]：

2014年10月10日，上诉人刘某萍使用伪造的房产材料、虚假的购销合同等材料，骗取中国民某银行长春分行小微企业互助基金贷款人民币250万元。

贷款到期后，刘某萍共造成贷款本金人民币1538876.91元不能归还。

一审法院认为，刘某萍犯贷款诈骗罪，判处有期徒刑十年，并处罚金人民币五万元。宣判后，刘某萍不服，提起上诉。

① 案件来源：刘某萍骗取贷款案【吉林省长春市中级人民法院（2018）吉01刑终399号】。

二审法院认为：

经查，上诉人刘某萍辩称其骗取贷款后用于在红某农场经营铺路用的火油生意，公安机关出具的情况说明、电费缴费证明及证人刘某军的证言等证据能够证实刘某萍在红某农场存在经营火油行为，在案证据不足以排除其将贷款资金用于经营活动的可能性，原审判决认定刘某萍对所骗取的贷款具有非法占有目的的证据不足。依据现有证据，不能认定其行为构成贷款诈骗罪，应按照骗取贷款罪处理。故对上述上诉理由、辩护意见及出庭意见予以支持。上诉人刘某萍以欺骗手段取得银行贷款 250 万元，并造成 150 余万元的损失，其行为已构成骗取贷款罪。原审判决认定刘某萍犯贷款诈骗罪证据不足，应予纠正……

裁判结果

一、维持（2018）吉 0102 刑初 136 号刑事判决中第二项……

二、撤销（2018）吉 0102 刑初 136 号刑事判决中第一项，即被告人刘某萍犯贷款诈骗罪，判处有期徒刑十年，并处罚金人民币五万元。

三、上诉人（原审被告人）刘某萍犯骗取贷款罪，判处有期徒刑二年六个月。

068 行为人帮助借款人欺骗银行取得贷款并实际占用资金，导致借款人受损但银行未受损，不构成贷款诈骗罪，但可能构成诈骗罪

裁判要点

行为人在帮助借款人向银行贷款过程中，采用了虚假过户交易以及虚开收入证明等方式欺骗银行，从而取得贷款并实际占用资金，未导致银行受到经济损失，但导致借款人受损失，该行为不构成贷款诈骗罪，但可能构成诈骗罪。

裁判思路

基本案情[①]：

2009 年 8 月，被害人王某耀、杨某珍夫妻因需要资金，欲以杨某珍名下的虹

① 案件来源：姚某贷款诈骗案【上海市第一中级人民法院（2011）沪一中刑终字第 220 号】。

革路房产向银行贷款，并委托何某春办理贷款业务。何某春以其个人名义为王某耀、杨某珍夫妻提供借款 22 万元，并以上述房产作为借款合同的抵押物。而后，何某春将该贷款业务介绍给上诉人姚某。

同年 9 月，姚某指使徐某军等人通过原判认定的虚假交易上述房产的方式向平某银行申请贷款 75 万元。在贷款过程中，姚某提出寻找垫资人出资，等贷款发放后再以贷款归还垫资人相关钱款。

12 月 4 日、5 日，姚某利用王某耀、杨某珍夫妇委托其办理贷款手续以及王某耀、杨某珍二人不了解贷款程序等条件，诱使杨某珍在相关银行凭条上签名，将垫资人姚某琴划入杨某珍银行卡内的共计 65 万元的垫资款划至姚某的银行卡内。姚某将上述钱款中的 12 万元用于支付中间人好处费，将 22.9 万元代王某耀、杨某珍夫妇归还何某春，将 25.2 万元出借给林某，另有 4 万余元用于支付交易费用。

审理过程中，姚某的家属自愿代姚某退赔涉案赃款，以弥补被害人的损失。

一审法院认为，被告人姚某串通他人使用内容虚假的房地产买卖合同及骗取的产权过户登记证明和伪造的购房人收入情况证明，以他人房产抵押担保骗取银行发放贷款后非法占有其中的 50 万元，其行为已构成贷款诈骗罪，依法应予惩处。

争议焦点：行为人欺骗银行取得贷款，但未导致银行受到经济损失，是否可以认定其构成贷款诈骗罪？

辩护意见：

上诉人姚某的辩护人认为：由于贷款有真实的房产予以抵押，平某银行并无损失，不能认定为本案的被害人，因此不能认定为贷款诈骗罪。

二审法院认为：

上诉人姚某的行为不构成贷款诈骗罪，具体理由如下：被害人王某耀、杨某珍夫妇系通过杨某珍名下房产向银行申请贷款的主体，二人关于以自己名下的合法房产为担保向银行申请贷款的意思表示真实，即真实的房产权利人对于以该房产作为抵押物申请银行贷款明知，银行也主要基于有真实的房产作为抵押物而同意发放贷款，银行对该真实房产享有抵押权。尽管在申请贷款过程中，姚某等人采用了虚假过户交易以及虚开收入证明等方式欺骗银行，从而取得贷款，但上述欺诈行为并不影响银行依法行使抵押权，即姚某等人采取的欺诈行为并不导致银行受到经济损失。综上，姚某的行为不构成贷款诈骗罪。

被害人王某耀的陈述和姚某在一审庭审前的供述证实姚某利用王、杨夫妇不熟悉贷款业务及其受委托帮助二人办理贷款业务的条件，谎称在银行划款凭条上签名系办理贷款业务需要，诱使杨某珍在相关转账凭条上签字，从而将杨某珍账户内的钱款划至姚某的银行账户内。姚某上诉提出关于林某与王某耀、杨某珍夫妇约定借款的辩解既无其他证据予以证实，也与其以往的供述不符，且有悖常理，对此本院不予采信。姚某骗得上述钱款后将钱款予以处分，直至银行贷款已发放，姚某仍然隐瞒真相，直至案发仍未将骗取的钱款归还王某耀、杨某珍夫妇，上述客观事实足见姚某具有非法占有王某耀、杨某珍夫妇钱款的故意。姚某在王某耀、杨某珍夫妇不知情的情况下将钱款支付高额的中间人“好处费”以及将钱款出借林某均系姚某对非法占有钱款的处分行为，不影响对其诈骗故意的认定。关于姚某代王某耀、杨某珍夫妇偿还何某春钱款以及支付的相关交易费用系办理贷款所支出的必要费用，不应计入姚某诈骗的数额，应从姚某实际占有的65万元垫资款中予以扣除。综上，姚某的行为构成诈骗罪，诈骗金额为39万余元……

综上所述，本院认为，上诉人姚某以非法占有为目的，在帮助被害人王某耀、杨某珍夫妇办理贷款业务的过程中，骗取王某耀、杨某珍夫妇钱款39万余元，其行为已构成诈骗罪，且数额巨大，应依法予以处罚。原审判决定性有误，依法予以纠正。辩护人所提姚某的行为不构成贷款诈骗罪的意见予以采纳，但另提姚某不具有非法占有的目的或其行为系单位犯罪的辩护意见与查明的事实不符，本院不予采纳。

裁判结果

一、撤销上海市闵行区人民法院（2010）闵刑初字第1377号刑事判决，即被告人姚某犯贷款诈骗罪，判处有期徒刑十一年，剥夺政治权利一年，并处罚金人民币五万元……

二、上诉人姚某犯诈骗罪，判处有期徒刑四年，并处罚金人民币二万元。

069 单位实施的贷款诈骗行为，应当对组织、策划、实施贷款诈骗行为的自然人以贷款诈骗罪论处

裁判要点

贷款诈骗罪的主体不包括单位，对于单位实施的贷款诈骗行为，应当对组织、策划、实施贷款诈骗行为的自然人以贷款诈骗罪论处。

裁判思路

基本案情[①]**：**

2006年，被告人何某某注册成立了红某宇公司，其担任法人代表并实际控制经营。2010年，何某某以虚假的土地证，骗取资产评估公司出具资产评估报告，后以此报告骗取会计师事务所出具审计报告。2012年1月29日，何某某带着审计报告等材料，向兰山某银行申请评定授信，被该行评定为A级，授信额度为480万元。

2011年初，何某某曾向兰山某银行贷款380万元，贷款期限为一年。2012年2月15日，何某某先后向朋友借款用于归还该笔贷款。2012年2月17日，何某某虚构红某宇公司向某经贸公司购买重质纯碱的工业品买卖合同，以红某宇公司名义从兰山某银行某支行取得贷款480万元，期限为一年。兰山某银行某支行将贷款划入某经贸公司的账户。

该笔贷款发放当日，何某某将贷款391万余元用于归还他人借款，剩余部分用于购买轿车和偿还借款。2012年5月10日，何某某将红某宇公司以103万元购买的经营场所以140万元价格转让给其哥哥何某全，后又将沙子以30余万元的价格变卖。截至案发，该笔480万元贷款仍未偿还。

争议焦点：由单位实施的贷款诈骗行为应如何处理？

辩护意见：

何某某的辩护人认为：被告人何某某不构成贷款诈骗罪的犯罪主体。何某某是红某宇公司的法定代表人，其为公司贷款属于履行职务行为，由单位承担贷款清偿责任，而单位不构成贷款诈骗罪的主体，何某某也不构成本罪的犯罪主体。

---

① 案件来源：何某某贷款诈骗案【山东省临沂市兰山区人民法院（2014）临兰刑初字第251号】。

法院认为：

依现行《刑法》的规定，单位虽不构成贷款诈骗罪的犯罪主体，但根据《全国人民代表大会常务委员会关于〈中华人民共和国刑法〉第三十条的解释》“公司、企业、事业单位、机关、团体等单位实施刑法规定的危害社会的行为，刑法分则和其他法律未规定追究单位的刑事责任的，对组织、策划、实施该危害社会行为的人依法追究刑事责任”的规定，被告人何某某作为其开办的红某宇公司的控制人和法定代表人，使用虚假土地证进行公司财务审计，骗取银行授信后伪造购货合同骗取贷款 480 万元，上述骗取贷款行为均是由其组织、策划、实施的，其危害行为依法应当追究刑事责任，故其仍可构成本案贷款诈骗罪的犯罪主体……

裁判结果

被告人何某某犯贷款诈骗罪，判处有期徒刑十二年，并处罚金人民币五十万元。

三、实务建议

为防止借款人在向金融机构贷款的过程中触犯贷款诈骗罪，以至于身陷囹圄。在办理同类案件的基础上，结合实际办案经验，我们向借款人提出以下建议。

（一）贷款时应审慎评估自身的还贷能力

行为人具有非法占有目的是构成贷款诈骗罪的前提。对于非法占有目的这一主观构成要件，办案人员通常只能通过行为人的客观行为去判断。判断时，首要考量因素即贷款时行为人的具体经济情况，如资产、负债、预期收入等，以及所贷款项与经济情况是否成比例。如果行为人贷款时已负债累累，或者所贷款项和经济收入明显不匹配，在明显不具有还贷能力的情况下，仍采用欺骗手段进行贷款，很有可能被认定为具有非法占有目的。因此，我们建议借款人所贷款项应当结合自身还款能力，量力而行。

（二）贷款实际用途应与申请贷款时约定的用途保持一致

借款人取得贷款后对贷款的使用情况，也是办案人员判断借款人是否具有非法占有目的的重要考量因素。如果行为人收到贷款后“卷钱跑路”，或将贷款用于违法犯罪活动（如赌博），或将大部分贷款进行高风险投资、大肆挥霍导致贷款无法偿还，在司法实务中将被认定为具有非法占有信贷资金的主观故意。因此，我们建议借款人应当按照贷款合同约定的用途使用贷款资金，若变更贷款用途，在与金融机构就变更贷款用途协商一致之前，不要擅自改变贷款用途。

（三）如因客观原因到期未能归还贷款时，应留存证据说明客观情况，表明还款意愿，并积极采取行动

贷款到期后，行为人未能归还贷款往往是引发纠纷，甚至是导致金融机构报案的导火索。借款人未能归还贷款的原因对于判断非法占有目的至关重要，即借款人究竟是“有能力还而不想还”，还是“想还，但因客观原因暂时还不了”。

如果借款人具有还贷能力，却采取转移资金、隐匿财产，搞假破产、假倒闭以逃避返还资金，或经银行催收以失联手段逃避还款等，属于“有能力还而不想还”，将被认定具有非法占有目的。如果借款人有归还的意愿，案发时不能归还贷款是因为意志以外的客观原因，如经营不善、资金链断裂等，则不能认定具有非法占有目的。因此，如果行为人因客观原因未能归还到期贷款，我们建议保留客观原因的相关证据，与金融机构积极协商，表明还贷意愿，并努力履行还款义务。

（四）改变“单位实施贷款诈骗行为，个人不用担责”的错误认识

虽然我国《刑法》没有将单位规定为贷款诈骗罪的行为主体，但这并不意味着行为人可以将单位作为其实施贷款诈骗的保护壳。对于以单位形式实施的贷款诈骗行为，并不会因为贷款诈骗罪没有单位犯罪就免除自然人的刑事责任。这种情况下，组织、策划、实施贷款诈骗行为的单位负责人将会以自然人身份被追究刑事责任。

四、法律规范

（一）法律

《中华人民共和国刑法》（2020年修正）

第一百九十三条 有下列情形之一，以非法占有为目的，诈骗银行或者其他金融机构的贷款，数额较大的，处五年以下有期徒刑或者拘役，并处二万元以上二十万元以下罚金；数额巨大或者有其他严重情节的，处五年以上十年以下有期徒刑，并处五万元以上五十万元以下罚金；数额特别巨大或者有其他特别严重情节的，处十年以上有期徒刑或者无期徒刑，并处五万元以上五十万元以下罚金或者没收财产：

（一）编造引进资金、项目等虚假理由的；

（二）使用虚假的经济合同的；

（三）使用虚假的证明文件的；

（四）使用虚假的产权证明作担保或者超出抵押物价值重复担保的；

（五）以其他方法诈骗贷款的。

（二）立案标准

《最高人民检察院、公安部关于公安机关管辖的刑事案件立案追诉标准的规定（二）》（2022年5月15日施行　公通字〔2022〕12号）

第四十五条 以非法占有为目的，诈骗银行或者其他金融机构的贷款，数额在五万元以上的，应予立案追诉。

（三）司法解释性质文件

《最高人民法院关于印发〈全国法院审理金融犯罪案件工作座谈会纪要〉的通知》（2001年1月21日施行　法〔2001〕8号）

（三）关于金融诈骗罪

1. 金融诈骗罪中非法占有目的的认定

金融诈骗犯罪都是以非法占有为目的的犯罪。在司法实践中，认定是否具有非法占有为目的，应当坚持主客观相一致的原则，既要避免单纯根据损失结果客观归罪，也不能仅凭被告人自己的供述，而应当根据案件具体情况具体分析。根据司法实践，对于行为人通过诈骗的方法非法获取资金，造成数额较大资金不能归还，并具有下列情形之一的，可以认定为具有非法占有的目的：

（1）明知没有归还能力而大量骗取资金的；

（2）非法获取资金后逃跑的；

（3）肆意挥霍骗取资金的；

（4）使用骗取的资金进行违法犯罪活动的；

（5）抽逃、转移资金、隐匿财产，以逃避返还资金的；

（6）隐匿、销毁账目，或者搞假破产、假倒闭，以逃避返还资金的；

（7）其他非法占有资金、拒不返还的行为。但是，在处理具体案件的时候，对于有证据证明行为人不具有非法占有目的的，不能单纯以财产不能归还就按金融诈骗罪处罚。

2. 贷款诈骗罪的认定和处理。贷款诈骗犯罪是目前案发较多的金融诈骗犯罪之一。审理贷款诈骗犯罪案件，应当注意以下两个问题：

一是单位不能构成贷款诈骗罪。根据刑法第三十条和第一百九十三条的规定，单位不构成贷款诈骗罪。对于单位实施的贷款诈骗行为，不能以贷款诈骗罪定罪处罚，也不能以贷款诈骗罪追究直接负责的主管人员和其他直接责任人员的刑事责任。但是，在司法实践中，对于单位十分明显地以非法占有为目的，利用签订、履行借款合同诈骗银行或其他金融机构贷款，符合刑法第二百二十四条规定的合同诈骗罪构成要件的，应当以合同诈骗罪定罪处罚。①

二是要严格区分贷款诈骗与贷款纠纷的界限。对于合法取得贷款后，没有按规定的用途使用贷款，到期没有归还贷款的，不能以贷款诈骗罪定罪处罚；对于确有证据证明行为人不具有非法占有的目的，因不具备贷款的条件而采取了欺骗手段获取贷款，案发时有能力履行还贷义务，或者案发时不能归还贷款是因为意志以外的原因，如因经营不善、被骗、市场风险等，不应以贷款诈骗罪定罪处罚。

---

① 注意：这一规定与2014年4月24日第十二届全国人民代表大会常务委员会关于《中华人民共和国刑法》第三十条的解释相矛盾："公司、企业、事业单位、机关、团体等单位实施刑法规定的危害社会的行为，刑法分则和其他法律未规定追究单位的刑事责任的，对组织、策划、实施该危害社会行为的人依法追究刑事责任。"从法律效力的位阶关系来看，司法实践中应以立法解释为准。

第八节　保险诈骗罪

《刑法》第一百九十八条规定了保险诈骗罪。本罪的行为方式是使用各种欺骗方法骗取保险金，骗取方式具有多样性，主要表现为使用虚构保险标的、保险事故或者制造保险事故等欺骗方法。骗取的保险金应当达到数额较大的标准。主观方面要求行为人具有非法获取保险金的目的。本罪的犯罪主体是特殊主体，只有具有投保人、被保险人或者受益人特殊身份的才能构成本罪。实践中，保险诈骗罪的重刑率呈逐年下降的趋势，被告人缓刑适用率较高。

为更好掌握司法实务中对保险诈骗罪定罪量刑等方面的关注重点，我们对重点案例进行详细解析，通过研究司法机关的裁判思路，提炼了司法实务裁判要点。同时，我们梳理了与保险诈骗罪相关的法律、司法解释、立案标准及政策法规等规定。

一、实务解析

（一）本罪的行为方式具有多样性，故意制造财产损失的情形较为常见

本罪的行为方式是使用各种欺骗方法，骗取数额较大的保险金。根据《刑法》的规定，本罪的欺骗方法主要表现为以下五种情形：

1. 投保人故意虚构保险标的，骗取保险金。例如，恶意重复保险、隐瞒保险危险骗取保险金。

2. 投保人、被保险人或者受益人对发生的保险事故编造虚假的原因或者夸大损失的程度，骗取保险金。例如，酒后、无证驾车发生事故及造成事故后找人顶替驾驶员；又如，伪造定损单、发票夸大损失骗取保险金等情形。

3. 投保人、被保险人或者受益人编造未曾发生的保险事故，骗取保险金。例如，基于人身保险虚构保险事故骗取意外伤害险；又如，谎称车辆被盗、被破坏骗取车险；再如，利用平台理赔程序的漏洞，通过虚假交易再退货，编造未发生的保险事故等情形。

4. 投保人、被保险人故意造成财产损失的保险事故，骗取保险金。

5. 投保人、受益人故意造成被保险人死亡、伤残或者疾病，骗取保险金。

如果存在上述第四项、第五项所列行为，同时构成其他犯罪的，数罪并罚。

司法实践中，通过故意造成财产损失的保险事故骗取保险金的情形发生较多，故意虚构保险标的骗取保险金的情形发生较少。

（二）构成本罪要求行为人主观上具有非法获取保险金的目的

保险诈骗罪要求行为人主观上具有诈骗的故意和非法获取保险金的目的，如果行为人不具有非法获取保险金的目的，或者在案证据不能证实行为人具有非法获取保险金的主观故意，就无法认定行为人构成保险诈骗罪。

（三）本罪的犯罪主体是特殊主体，只有投保人、被保险人或者受益人才能构成本罪

并非所有人都能构成保险诈骗罪，就单独犯罪而言，只有具有投保人、被保险人或者受益人特殊身份的才能构成本罪。《刑法》还根据行为方式对主体范围作了具体限定，如虚构保险标的的，只限于投保人；虚构保险事故的，包括投保人、被保险人与受益人；等等。

其中，投保人是指与保险人签订保险合同并向保险人交付保险费的人；被保险人是指受保险合同保障的人；受益人是指在人身保险中有权领取保险金的人。

值得重视的是，实践中，通过融资租赁的方式取得保险标的使用权并交纳保险费用的承租人，虽然不是保险协议签订的当事人，但属于实质上的投保人，符合保险诈骗罪的主体要件。利用显名被保险人名义实施保险诈骗犯罪行为的隐名被保险人，也符合保险诈骗罪的主体资格。

另外，单位也可以成为本罪的行为主体。保险事故的鉴定人、证明人、财产评估人故意提供虚假的证明文件，为他人诈骗提供条件的，以保险诈骗的共犯论处。

（四）向保险公司索赔或者提出支付保险金的请求是本罪的着手行为

如果行为人向保险公司索赔，或者提出支付保险金请求，则可以认定行为人已经着手实施保险诈骗罪，除非行为人采取积极举措防止犯罪结果的发生，才属于犯罪中止。否则，因意志以外的原因未能获得保险赔偿的，属于诈骗未遂，情节严重的，也应依法定罪量刑。司法实践中，在行为人未能获得保险赔偿的案例中，大部分未获赔偿的原因是被害单位发现了行为人的诈骗行为。因此，行为人的行为被认定为犯罪未遂。

（五）实践中，本罪判处的量刑相对较轻，缓刑适用率较高

针对保险诈骗罪，我国《刑法》规定了三个量刑幅度，分别是5年以下有期徒刑或者拘役、5年以上10年以下有期徒刑以及10年以上有期徒刑。

司法实践中，构成本罪的被告人被法院处以5年以下有期徒刑的居多，部分被告人还被判处拘役或者免予刑事处罚，在被判处拘役或者3年以下有期徒刑的被告人当中，缓刑适用率较高。

二、裁判要点

070 恶意重复保险行为属于虚构保险标的，骗取保险金，涉嫌保险诈骗罪

裁判要点

隐瞒已经投保的事实，重复投保并重复理赔，获取超额保险赔偿金的行为属于虚构保险标的，骗取保险金数额较大的，构成保险诈骗罪。

裁判思路

基本案情①**：**

2012年5月至2014年11月，被告人陈某生或冒充车主，或以本人作为购买车辆保险人，通过互联网或电话向各保险公司办理购买车辆保险，虚构投保车辆发生交通事故，骗取保险公司保险金。其间共作案18起，违法所得达611533.11元。案发后，陈某生已退还保险金82746.6元。

2013年12月，陈某生购买二手别克轿车后，先后在太某洋保险宁波分公司、中某人寿温州中心支公司为该车购买车辆保险。次年5月，陈某生驾驶该车辆发生车辆进水事故后，分别向上述两家保险公司提出理赔申请，并从太某洋保险宁波分公司理赔得款145000元，从中某人寿温州中心支公司保险金75000元。案发后，陈某生已退还保险金145000元。2014年4月，陈某生再次以相同方式骗

① 案件来源：陈某生保险诈骗案【浙江省苍南县人民法院（2016）浙0327刑初895号】。

取中某人寿宁波分公司保险金97.1万元。

2014年9月，陈某生冒用“宋某”的身份办理银行卡并伪造驾驶证，后虚构宋某驾驶车辆发生车辆撞人事故，四次骗取保险金共计125276.2元。

综上，陈某生骗取保险金共计1927827.31元，尚未退还保险金人民币1700062.71元。后检方以陈某生构成保险诈骗罪向法院提起公诉。

争议焦点：隐瞒重复保险的事实，重复投保并重复理赔，获取超额保险赔偿金的行为，是否构成保险诈骗罪？

辩护意见：

被告人陈某生辩解：交通事故是真实发生的，因存在两份保险，故做了两次理赔，不应以保险诈骗罪定性。

其辩护人提出：这一事实不应认定为保险诈骗罪，仅因存在重复投保双重理赔，根据《保险法》的规定，属于多赔，但不属于保险诈骗。

法院认为：

……被告人陈某生以获取超额保险赔偿金为目的，利用两家被害保险公司投保数据未联网的漏洞，隐瞒重复保险的事实，向两家被害保险公司重复投保并重复理赔，属于恶意重复保险。被告人陈某生的恶意重复保险行为，故意夸大保险标的价值，致使两家被害保险公司赔付远超过车辆损失价值的保险金，属于虚构保险标的，骗取保险金，应以保险诈骗罪对其定罪处罚。被告人陈某生及其辩护人关于该事实不应以保险诈骗罪定性的意见于法无据，不予采纳……

裁判结果

一、被告人陈某生犯保险诈骗罪，判处有期徒刑十一年，并处罚金人民币十万元。

二、责令被告人陈某生于本判决生效之日起十日内退赔违法所得人民币1700062.71，返还各被害单位。

071 利用平台漏洞，进行虚假交易再退货骗取运费险，涉嫌保险诈骗罪

裁判要点

利用平台理赔程序的漏洞，通过虚假交易再退货的方式，编造未发生的保险

事故，骗取运费险数额较大的，构成保险诈骗罪。

裁判思路

基本案情[①]**：**

2016 年 1 月至 10 月，被告人王某发利用购物平台退换货运费险赔付功能及发现的平台理赔程序的漏洞，通过购买某商城店铺、某买家账号，雇用刷单公司通过刷单方式进行虚假交易、退货的批量操作，虚构了大量保险事故，致使保险公司退赔运费险，王某发再通过买家账号到后端店铺虚假消费进行转账套现，雇用取钱手取现，骗取中国某保险股份有限公司北京市分公司运费险赔偿金共计人民币 11558222.4 元。

一审法院认为，王某发犯保险诈骗罪，判处有期徒刑十二年，并处罚金人民币十二万元。

争议焦点：利用平台理赔程序的漏洞，通过虚假交易再退货，编造未发生的保险事故骗取运费险的行为是否构成保险诈骗罪?

辩护意见：

王某发上诉称：其在店铺中所列商品为虚拟电子物品，没有实物，不会实际产生物流运费，保险公司在不会产生物流运费的情况下，进行错误理赔，所产生的经济损失应由保险公司承担；其并未编造保险事故，其利用投保协议和理赔程序的漏洞获利属于不当得利，不应承担保险诈骗罪的刑事责任。

其辩护人提出：保险公司设计的合同和理赔程序存在缺陷，将不能存在实际运费的交易列为赔付对象，自身应当承担一定责任。

二审法院认为：

……在案证据证明王某发客观上实施了通过编造未发生的保险事故骗取运费险的行为，主观上具有非法占有上述运费款的目的，其行为构成保险诈骗罪。上诉人王某发的供述，前端店铺原所有人佘某、后端店铺原所有人张某等人的证言，银行账目交易明细，鉴定意见等证据证明王某发利用所购买的某商城店铺、某买家账号，雇用刷单公司通过刷单方式进行虚假交易，后利用平台运费险赔付漏洞运行退货流程，编造未发生的运费险保险事故，获取运费险赔偿金，并利用某买家账号到后端店铺通过虚假消费转账套现，雇用取钱手取现，从而非法占有上述保险金，造成保险公司一千余万元的经济损失，上述行为符合保险诈骗罪的构成要件，构成保险诈骗罪……

---

① 案件来源：王某发保险诈骗二审案【北京市第二中级人民法院（2019）京 02 刑终 200 号】。

购物平台运费险是否存在漏洞不能成为王某发不构成保险诈骗罪的免责事由。在案证据证明王某发发现了上述漏洞后，实施了一系列积极行为，通过编造虚假交易、退货及刷单公司的批量操作，在短时间内虚构了大量保险事故，造成了保险公司一千余万元的保费损失，上述行为严重侵犯了我国的保险制度和保险公司的财产所有权，具有相当的社会危害性，已构成保险诈骗罪，应当给予刑罚处罚。此外，一审法院亦考虑到该起保险诈骗犯罪的发生与被害单位软件管理存在一定关联，故对王某发所犯保险诈骗罪从轻处罚……

裁判结果

驳回上诉，维持原判。

072 通过融资租赁的方式取得保险标的使用权的承租人，作为保险费用的实际交纳人，是实质上的投保人，符合保险诈骗罪的主体要件

裁判要点

通过融资租赁的方式取得保险标的使用权的承租人，虽然不是保险协议签订的当事人，但系保险费用的实际交纳人，是实质上的投保人，符合保险诈骗罪的主体要件。

裁判思路

基本案情①：

2010年2月5日，被告人刘某亮通过融资租赁的方式，由买方沃某沃公司向供货人长沙佳某公司购买挖掘机一台出租给其使用，租赁期限为36个月。根据《融资租赁协议》的规定，该挖掘机的保险由出租人沃某沃公司统一购买，而承租人刘某亮选择将租赁保费分摊到各期租金中以分期支付的方式全额补偿沃某沃公司。

2012年2月18日晚，刘某亮承租的挖掘机在被李某的拖车托运过程中，由

---

① 案件来源：刘某亮保险诈骗案【北京市房山区人民法院（2015）房刑初字第514号】。

于拖车躲避其他车辆，致使该挖掘机从拖车上甩出，造成挖掘机侧翻。后李某等人将挖掘机送去长沙佳某公司进行修理，并支付修理费。

2012 年 2 月 21 日，刘某亮向平某财险公司报案谎称，涉案挖掘机在司机驾驶作业过程中侧翻，并向该公司提供了虚假的事故经过、事故证明等理赔材料，索赔 42 万余元。经与平某财险公司某员工协商，平某财险公司最终赔付刘某亮 302955 元。

争议焦点：通过融资租赁的方式取得保险标的使用权的承租人，虽然不是保险协议签订的当事人，但系保险费用的实际交纳人，能否成为保险诈骗罪的主体?

辩护意见：

被告人刘某亮的辩护人提出：公诉机关指控刘某亮犯保险诈骗罪定性有误，刘某亮既非法定的也非保险合同约定的投保人和被保险人，其行为不符合保险诈骗罪的构成要件，应构成诈骗罪或构成孙某职务侵占罪的共犯。

法院认为：

保险诈骗罪，是指投保人、被保险人或者受益人，违反《保险法》的规定，用虚构事实或者隐瞒真相的方法，骗取保险金，数额较大的行为。《刑法》第一百九十八条第一款明确列举了五种保险诈骗的行为，本案被告人刘某亮对发生的保险事故编造虚假的原因，从保险公司骗取保险理赔金的行为符合其中“投保人、被保险人或者受益人对发生的保险事故编造虚假的原因或者夸大损失的程度，骗取保险金”的情形，但被告人刘某亮是否符合保险诈骗罪“投保人、被保险人或者受益人”的主体要件则是本案的主要争议焦点。

根据《保险法》的规定，投保人是指与保险人订立保险合同，并按照合同约定负有支付保险费义务的人。被保险人是指其财产或者人身受保险合同保障，享有保险金请求权的人。投保人可以为被保险人。受益人是指人身保险合同中由被保险人或者投保人指定的享有保险金请求权的人。根据上述定义，受益人是在人身保险合同中享有保险金请求权的人，本案系财产保险合同，故刘某亮不属于受益人。那么，能否认定刘某亮属于投保人或者被保险人?

从供货合同、融资租赁协议、保险协议等在案证据来看，出租人沃某沃公司为涉案挖掘机的所有权人，刘某亮系通过融资租赁的方式取得该挖掘机的使用权，该挖掘机的保险由出租人沃某沃公司向平某财险公司统一购买，而承租人刘某亮选择将租赁保费分摊到各期租金中分期支付的方式全额补偿沃某沃公司。

由此可知，从形式上看，承租人刘某亮虽非涉案挖掘机保险协议签订的当事人，但刘某亮系该挖掘机保险费用的实际交纳人，是实质上的投保人，而沃某沃公司为名义上的投保人；另外，沃某沃公司出具“赔付意向及权益转让书”同意将赔偿款支付给刘某亮，可视为沃某沃公司已将保险金请求权转让给刘某亮，刘某亮在领取保险金前已实际取得了被保险人地位。因此，可认定刘某亮系涉案挖掘机在刑法意义上（实质上）的投保人和被保险人，其符合保险诈骗罪的主体要件，同时其主观上有非法占有的目的，客观上实施了对发生的保险事故编造虚假的原因骗取理赔金的行为，其行为符合保险诈骗罪的构成要件，应以保险诈骗罪定罪处罚……

裁判结果

一、被告人刘某亮犯保险诈骗罪，判处有期徒刑五年，并处罚金人民币五万元……

073 利用显名被保险人名义实施保险诈骗的隐名被保险人，符合保险诈骗罪的主体资格

裁判要点

利用显名被保险人名义实施保险诈骗犯罪行为的隐名被保险人，应当被认定为保险诈骗罪的间接正犯，符合保险诈骗罪的主体资格。

裁判思路

基本案情[①]：

被告人张某与妻子马某将共同购买车的车主登记为马某，在人某保险公司投有机动车保险，被保险人亦为马某。2018 年以来，该车辆一直由被告人张某管理、使用。

2019 年 4 月 16 日，张某的朋友骆某向张某借用该汽车。骆某的朋友杨某娜驾驶该机动车载骆某发生单方交通事故，骆某遂电话告知张某并言明不能报保

① 案件来源：骆某、张某保险诈骗案【安徽省阜阳市颍泉区人民法院（2020）皖 1204 刑初 90 号】。

险，张某认可。当日，被告人骆某伪造其驾驶案涉汽车撞到桥墩，造成车辆、桥墩受损的单方交通事故，并以交通肇事者的身份向人某保险公司及公安机关报案。

在理赔过程中，骆某、张某分别向人某保险公司隐瞒事实、虚构事故陈词。同时，在办理车辆理赔手续时，张某借助于被保险人马某名义向保险公司提交了骆某交于其的伪造的社区居民委员会出具的证明。

2019年6月6日，保险理赔款28200元转账至马某账户。

法院认为：

被告人骆某、张某合谋，以非法占有为目的，伪造交通事故，使用虚假理赔材料等手段骗取保险公司保险理赔款，数额较大，其行为均已构成保险诈骗罪，且系共同犯罪。公诉机关指控的罪名成立。本案的争议焦点在于被告人张某是否符合保险诈骗罪的主体要件。

首先，依民事公示公信原则，权利属于展现于外观的主体，但特殊情况下，同时存在权利的隐名主体，如未登记在册的财产共有人等。根据马某证言，车为其与张某共同购买，2018年以来一直由张某管理、使用。基于此，使得在所有权领域，车辆在名义上归属马某，而实际所有人为其二人。进入保险领域，名义车主自然是投保人或被保险人。而实际上，张某、马某均为合同的实质承受主体。

其次，财产保险的目的在于填补被保险人所遭受的损害。因此“损害是利益的反面”常作为判断保险利益归属的方法，即谁会因为保险事故的发生而受到损害。具体到本案，张某作为合同标的实际归属者和使用者，与车辆有着切身的利害关系，对车辆实际占有、控制和支配，对车辆亦存在实质上的保险利益，是实际隐名合同主体。在发生保险事故时享有实质上的借助显名被保险人的名义获得赔偿的请求权。

最后，张某构成保险诈骗罪的间接正犯。间接正犯通常是指行为人把一定的人作为中介实施其犯罪行为，其所利用的中介由于具有某些情节而不负刑事责任或不发生共犯关系，间接正犯对于其通过中介所实施的犯罪行为完全承担刑事责任。因在实际操作中，保险公司只会受理名义上的被保险人提出的理赔申请。即便在实施合法行为时，隐名被保险人的一切意图、行为也理所当然地必须借助于显名被保险人的名义付诸实施。此时，无论是隐名者，还是显名者都明知隐名者才是事务的具体实施人、受益人，显名者通过提供名义、协助事务的处理等方式对隐名者利用其名义处理约定事务表示默认。故而，作为隐名被保险人的张某利用显名被保险人名义实施保险诈骗犯罪行为，应当认定为保险诈骗罪间接正犯。

综上，在形式合理性的范围内应尽量从实质上理解罪刑法定原则，被告人张某应认定为符合保险诈骗罪“投保人、被保险人或者受益人”的主体资格……

裁判结果

一、被告人骆某犯保险诈骗罪，判处有期徒刑九个月，并处罚金人民币二万元。

二、被告人张某犯保险诈骗罪，判处有期徒刑七个月，并处罚金人民币一万元。

074 司法鉴定人伙同他人对发生的保险事故故意夸大损失程度骗取保险金，构成保险诈骗罪

裁判要点

保险事故的鉴定人伙同他人对发生的保险事故故意夸大损失程度，出具与伤者伤残等级不符的伤残等级鉴定意见，骗取保险金，构成保险诈骗罪。

裁判思路

基本案情①：

2012 年至 2019 年 3 月，刘某等人在医院等场所搭识交通事故伤者，许诺为伤者代理交通事故人身伤害索赔能获赔更多保险金或赔偿款，与伤者订立口头或书面代理索赔协议，并与司法鉴定人、律师共谋，由司法鉴定人出具与伤者伤残等级不符的伤残等级鉴定意见，由律师钱某、陈某等人依据上述鉴定意见，通过提起民事诉讼的手段，骗取中某保险公司等支付高于其应当支付的事故理赔款。

2014 年 10 月至 2015 年 11 月，被告人张某涛在某鉴定所工作及担任法定代表人期间，明知上述事实，仍与鉴定人张某、王某一等人，通过上述手段为刘某等人出具与伤者伤残等级不符的鉴定意见 20 份，骗取保险公司事故理赔款人民

① 案件来源：张某涛保险诈骗案【上海市第一中级人民法院（2020）沪 01 刑终 1257 号】。

币 139 万余元。另有 117276.4 元因鉴定意见未被采纳而未能骗得。

一审法院认为，张某涛犯保险诈骗罪，判处有期徒刑十一年，并处罚金人民币七万元。宣判后，张某涛不服，提起上诉。

二审法院认为：

上诉人张某涛以非法占有为目的，伙同他人对发生的保险事故夸大损失程度骗取保险金，进行保险诈骗活动，其行为已构成保险诈骗罪，且数额特别巨大。针对上诉人所提上诉理由及辩护人的辩护意见，评析如下：关于张某涛的行为是否构成保险诈骗罪以及专家鉴定意见书是否能作为定案依据，《刑法》第一百九十八条第四款以及上海市施行的《关于严格司法鉴定责任追究的实施办法》第十条、《上海市司法鉴定管理条例》第三十四条有明确规定，张某涛的行为应构成保险诈骗罪……

裁判结果

驳回上诉，维持原判。

075 单位实施诈骗行为，以单位名义向保险公司提出保险赔偿，且利益归单位所有，属于单位犯罪

裁判要点

单位负责人共谋实施诈骗行为，以单位名义向保险公司提出保险赔偿，且利益归单位所有，系单位犯罪，单位构成保险诈骗罪。

裁判思路

基本案情[①]**：**

被告单位大某营科技（惠州）有限公司（以下简称大某营公司）于 2004 年 3 月成立，被告人林某担任董事、总经理，被告人陈某担任财务副总经理，被告人江某某担任执行副总经理，被告人张某某担任稽核室经理、执行副总经理幕僚。被告单位长某电器（深圳）有限公司（以下简称长某公司）于 1992 年 3 月

① 案件来源：林某保险诈骗案【上海市第二中级人民法院（2009）沪二中刑初字第 126 号】。

成立，林某担任副董事长、总经理，陈某担任财务副总经理。

2007年12月，大某营公司、长某公司向平某保险公司投保财产一切险。2008年6月，大某营公司、长某公司所在厂区遭受水灾受损，林某、陈某、江某某、张某某经共谋，由林某提出通过对呆滞物料淋水，将大某营临时仓库内受损的供货商货物虚假计入其公司库存，将长某公司未受损存货运至大某营公司人为淋水等方式，扩大大某营公司、长某公司的损失。林某等人还商定由江某某负责各部门协调并向保险公司索赔，张某某协助江某某负责监督执行情况并陪同评估保险人员现场评估定损，陈某负责制作虚假财务账册。

嗣后，大某营公司向平某保险公司索赔9682万余元，其中虚假形成的存货损失为975万余元，对应的理算金额为717万余元；长某公司向平某保险公司索赔1045万余元，其中虚假形成的存货损失为578万余元，对应的理算金额为528万余元，以上两项共计1245万余元。

2008年7月，大某营公司、长某公司又根据保险合同“预付赔款条款”约定，向平某保险公司分别提出3000万元、400万元预付赔款请求，平某保险公司于同年9月向大某营公司预付赔款1500万元。

法院认为：

大某营公司、长某公司及四名被告人的行为均构成保险诈骗罪，且系单位犯罪。理由如下：

1. 大某营公司、长某公司具有非法占有的目的。作为被告单位直接负责的主管人员和直接责任人员林某、陈某、江某某、张某某，通过开会的形式商定，以淋水、虚假入库等方式扩大受灾损失或故意造成财产损失的保险事故，向保险公司提出索赔请求，其主观上具有非法占有的目的。

2. 大某营公司、长某公司有实施虚构事实和隐瞒真相等诈骗行为。证人大某营公司员工毛某某、李某、危某及大某营供货商吴某某和证人长某公司员工杜某某、卓某某等人的证言均证实，大某营公司由林某、陈某、江某某、张某某决定故意将呆滞物料淋水伪造受损存货、隐匿存货，将存放于临时仓库内的供货商货物虚假计入大某营公司库存，长某公司亦将呆滞物料运至大某营公司淋水冒充受损物资，以便向保险公司索赔。

3. 林某等人实施扩大受损行为后，以大某营公司、长某公司名义向保险公司提出包括虚假损失在内的保险求偿。根据林某等四名被告人的供述、大某营公司和长某公司向平某保险公司提供的索赔材料以及上海公信中南会计师事务所出具的《司法鉴定意见书》证实，大某营公司向保险公司共计索赔 9682 万余元，其中通过诈骗方式虚假索赔 975 万余元，所对应的理算金额为 717 万余元；长某公司向保险公司共计索赔 1045 万余元，其中通过诈骗方式虚假索赔 578 万余元，所对应的理算金额为 528 万余元。

4. 本案的利益归属为单位，符合单位犯罪的构成要件。根据平某保险公司与大某营公司、长某公司签订的保险合同证实，两公司以各自公司财物而非个人财物作为保险标的，保险公司亦系向两公司而非个人支付保险赔偿金；而大某营公司、长某公司是具有独立法人资格的公司，保险赔偿金是作为公司收入被公司收取，并非归个人所有，预付赔款也用于公司生产经营，故本案的主要利益归属于单位……

裁判结果

一、被告单位大某营科技（惠州）有限公司犯保险诈骗罪，判处罚金人民币二十万元。

二、被告单位长某电器（深圳）有限公司犯保险诈骗罪，判处罚金人民币十五万元。

三、被告人林某犯保险诈骗罪，判处有期徒刑三年，缓刑三年。

……

076 行为人骗取保险金的行为同时符合诈骗罪和保险诈骗罪的犯罪构成，应以保险诈骗罪定罪处罚

裁判要点

诈骗罪和保险诈骗罪是普通法条和特别法条的关系，行为人骗取保险金的行为同时符合诈骗罪和保险诈骗罪的犯罪构成，应以保险诈骗罪定罪处罚。

裁判思路

基本案情①：

2013 年底，被告人周某甲、陈某甲将涉案奔驰汽车以人民币十万元的价格

① 案件来源：周某甲、陈某甲诈骗案【广东省珠海市中级人民法院（2016）粤 04 刑终 125 号】。

抵押给宝某华投资公司，因二人没有及时给付利息导致汽车被处理变卖。

2014 年 6 月，周某甲、陈某甲经密谋后以汽车被盗为由向中某保险公司申请索赔，并提交了汽车钥匙，中某保险公司工作人员对陈某甲递交的索赔申请资料进行审核，并将周某甲、陈某甲提交的奔驰汽车钥匙委托奔驰公司进行鉴定。经鉴定，钥匙为假冒奔驰钥匙。于是，怀疑二人有诈骗保险金的行为，暂停支付保险赔偿金 250966.24 元并报案。

一审法院认为，周某甲、陈某甲以非法占有为目的，虚构事实，编造未曾发生的保险事故，骗取保险金 250966.24 元，其行为同时符合保险诈骗罪和诈骗罪的构成要件，按照择一重处的原则，以诈骗罪定罪。

争议焦点：行为人骗取保险金的行为同时符合诈骗罪和保险诈骗罪的构成要件时，应适用何种罪名定罪?

辩护意见：

周某甲上诉提出：原判决适用法律不当，其行为符合保险诈骗罪未遂构成要件，依特别罪名优于普通罪名原则，与诈骗罪竞合时应以保险诈骗罪定罪。

周某甲的辩护人指出：原判决适用法律错误，《刑法》中的诈骗罪规定“本法另有规定的，依照规定”，由于《刑法》另规定有保险诈骗罪，而且根据法条竞合时“特别法优于普通法”的适用原则，在保险诈骗罪、诈骗罪和合同诈骗罪竞合时，应优先适用保险诈骗罪的规定定罪处罚。

二审法院认为：

在现行《刑法》中，诈骗罪属普通法条，保险诈骗罪属特别法条。当一个行为同时触犯同一法律的普通法条与特别法条时，在通常情况下，应依照特别法条优于普通法条的原则论处；仅在两种特殊情况下，适用重法条优于轻法条的原则：一是法律明文规定按重罪定罪量刑；二是法律虽未明文规定按普通法条规定定罪量刑，但对此亦未作禁止性规定，且按特别法条定罪罪刑不相适应。即当《刑法》条文规定“本法另有规定的，依照规定”时，禁止适用普通法条。

具体到本案，两名上诉人行为所触犯的诈骗罪和保险诈骗罪，从《刑法》规定两罪的数个量刑幅度以及相关定罪量刑的数额标准看，作为普通法条的诈骗罪为重罪，由于《刑法》在诈骗罪条文中已明确规定“本法另有规定的，依照规定”，依照上述理论不能适用重法条优于轻法条的原则，而应适用特别法条优于普通法条的原则，即应以保险诈骗罪定罪处罚。此外，由于诈骗罪相较于保险诈骗罪等特别诈骗犯罪而言属于重罪，如依重法条优于轻法条原则将导致特别法条被架空，显然与立法设定特别法条的原意相悖。上诉人周某甲、陈某甲的行为应以保险诈骗罪论处，两名上诉人及辩护人就原判决认定罪名所提上诉理由和辩护意见成立，本院予以采纳……

裁判结果

一、维持广东省珠海市香洲区人民法院（2016）粤 0402 刑初 1 号刑事判决第三项。

二、撤销广东省珠海市香洲区人民法院（2016）粤 0402 刑初 1 号刑事判决第一项、第二项。

三、上诉人周某甲犯保险诈骗罪，判处有期徒刑一年六个月，并处罚金人民币一万五千元。

四、上诉人陈某甲犯保险诈骗罪，判处有期徒刑一年，并处罚金人民币一万元。

077 故意造成被保险人死亡，意图骗取保险金，同时构成故意杀人罪和保险诈骗罪的，数罪并罚

裁判要点

投保人故意制造保险事故，非法剥夺被保险人生命，意图骗取保险金，同时构成故意杀人罪和保险诈骗罪的，数罪并罚。

裁判思路

基本案情[①]**：**

被告人杨某因对其弟弟杨某一的平日表现不满，遂产生以驾车撞杨某一的方式制造交通事故，并向多家保险公司理赔的想法。

案发前十余日，杨某在太某保险公司为自己的大众宝来轿车投保了 100 万元的第三者责任险，在安某保险等保险公司为杨某一投保 11 份人身意外险，理赔总额度为 91.2 万元。

① 案件来源：杨某保险诈骗案【吉林省高级人民法院（2018）吉刑终 197 号】。

2016年10月30日，杨某以带杨某一去看病为由将其约出。在路上，杨某驾驶轿车将杨某一撞倒在地。经鉴定：死者杨某一系头部外伤致闭合性颅脑损伤、呼吸循环衰竭死亡。

案发后，杨某向投保的保险公司报案理赔，因杨某在案发前为杨某一投保了多份人身意外险，引起保险公司怀疑，理赔未能得逞。

一审法院认为，杨某犯故意杀人罪与保险诈骗罪，数罪并罚，决定执行死刑，缓期二年执行。宣判后，杨某不服，提起上诉，认为其开车撞人与骗保无关，不构成保险诈骗罪。

二审法院认为：

杨某因家庭琐事对其弟杨某一不满，遂驾车故意将杨某一撞死，其非法剥夺他人生命的行为已构成故意杀人罪。杨某在案发前短时间内，为自己驾驶的车辆投保第三者责任险并为杨某一向多家保险公司投保人身意外险，其以非法占有为目的，作为投保人故意制造事故将被害人撞死后，向保险公司理赔，因保险公司发现此次事故存在多处疑点，理赔未能得逞，杨某的行为又构成保险诈骗罪，属未遂……

裁判结果

驳回上诉，维持原判。

078 就单独犯罪而言，只有投保人、被保险人或者受益人才能构成保险诈骗罪

裁判要点

保险诈骗罪的犯罪主体为特殊主体，就单独犯罪而言，只有投保人、被保险人或者受益人才能构成本罪。如果不具备投保人、被保险人或者受益人的身份，则可能构成诈骗罪。

裁判思路

基本案情[①]：

2014 年 11 月 16 日，被告人任某峰无证、酒后驾驶其哥哥任某军的吉利全球鹰白色无牌小轿车与一辆重型半挂车发生碰撞，致双方车辆不同程度损坏。事故发生后，任某峰为逃避法律追究，联系被告人王某军帮忙找人处理该起事故，并谈好付王某军一万元好处费，王某军安排其妻弟刘某某顶替任某峰处理事故。在交警到达现场处置时，刘某某谎称是其驾车发生的事故。

11 月 17 日，交警大队作出事故责任认定后，王某军拿刘某某的驾驶证与任某峰一同前往投保的中某保险公司进行车辆保险理赔，保险公司于 2015 年 2 月 16 日向任某峰支付保险赔偿金 53940 元。

肇事车辆在中某保险公司投保有机动车强制险和商业险，投保单载明该保险的投保人、被保险人为任某军。

法院认为：

保险诈骗罪是以非法获取保险金为目的，违反保险法规，采用虚构保险标的、保险事故，或者制造保险事故等方法，向保险公司骗取保险金，数额较大的行为。依照《保险法》第十条、第十二条、第十八条之规定，保险合同是投保人与保险人约定保险权利义务关系的协议。构成本罪，必须以行为人与保险人之间存在保险合同关系为前提，否则属于一般违法行为。本案中，保险合同的当事人为任某军与中某保险公司，而非本案的被告人任某峰或王某军与中某保险公司。

而且依照《刑法》第一百九十八条之规定，保险诈骗罪的犯罪构成主体为特殊主体，只能由投保人、被保险人、受益人构成。投保人是指与保险人订立保险合同，并按照保险合同负有支付保险费义务的人。被保险人是指其财产或人身受保险合同保障，享有保险金请求权的人。受益人是指人身保险合同中由被保险人或投保人指定的享有保险金请求权的人。保险事故发生后，享有保险金请求权的人只能为投保人、被保险人、受益人。

作为保险诈骗罪的犯罪主体是特殊主体，是身份犯，身份犯是以行为人的特定身份作为犯罪构成要件或量刑情节的犯罪。身份犯是由《刑法》规定的，是罪刑法定原则的根本要求和体现，也是身份犯与普通犯罪的区别标志，并不由

① 案件来源：任某峰、王某军保险诈骗案【山西省沁源县人民法院（2017）晋 0431 刑初 50 号】。

《刑法》理论和判例所认可。就单独犯罪而言，只有具备此身份的人才能构成此罪。

本案中，保险合同的标的物为吉利全球鹰白色无牌小轿车，订立的是财产保险合同，根据《保险法》的规定，本案自无受益人一说。本案中，保险合同载明的投保人和被保险人均是任某军，而非公诉机关指控的被告人任某峰、王某军二人。根据我国《刑法》罪行法定原则、法无明文规定不为罪的刑法精神，本案的被告人任某峰、王某军不具备保险诈骗罪的主体资格，故被告人任某峰、王某军不构成保险诈骗罪。但被告人任某峰、王某军以非法占有为目的，采用虚构事实、隐瞒真相的手段骗取他人财物且数额较大，其行为已构成诈骗罪，依法应予惩处……

裁判结果

法院认为，该案不构成保险诈骗罪。但是，公诉机关指控的诈骗罪部分的事实成立。故判决如下：

一、被告人任某峰犯诈骗罪，免予刑事处罚。

二、被告人王某军犯诈骗罪，免予刑事处罚。

079 保险诈骗罪要求行为人主观上具有诈骗的故意，如不能证明行为人具有诈骗故意，则无法认定其构成保险诈骗罪

裁判要点

保险诈骗罪要求行为人主观上具有诈骗的故意和非法获取保险金的目的，如果在案证据不能证实行为人具有非法获取保险金的主观故意，则不能认定行为人构成保险诈骗罪。

裁判思路

基本案情[①]**：**

2009 年 4 月，刘某平从安某保险公司购买了机动车交通事故责任强制保险。

① 案件来源：刘某平保险诈骗案【甘肃省徽县人民法院（2012）徽刑初字第 38 号】。

2010年1月15日，刘某平在无驾驶证的情况下，发生交通肇事，致吴某平死亡。事故发生后，刘某平为逃避法律的制裁，安排持有驾驶证的刘某宁顶替自己并报案。交警接警后，迅速进行了事故现场勘查。

在勘查过程中，刘某平获知保险公司可以理赔，便给安某保险打电话，安某保险接报后派人赶赴现场进行了勘查。在交警队勘查事故现场和处理事故过程中，刘某宁的驾驶证被交警队扣押。

2010年3月，刘某平从交警队领取了道路交通事故认定书，后携带道路交通事故认定书等材料要求安某保险进行理赔。2010年3月31日，安某保险将96084.52元理赔款汇入刘某平银行账号内。

法院认为：

刘某平无证驾驶车辆发生交通事故后，让刘某宁顶替肇事驾驶员，其初衷是躲避交通肇事罪的刑责，无证据证实刘某平让刘某宁顶替是为了诈骗交强险保险金，无法证实其有诈骗的故意和目的。

《最高人民法院关于审理道路交通事故损害赔偿案件适用法律若干问题的解释》第十七条[①]规定："有下列情形之一导致人身损害的，应当按照道路交通安全法第七十六条的规定，由保险公司在机动车第三者责任强制保险责任限额范围内予以赔偿：（一）驾驶人未取得驾驶资格、醉酒、吸毒、滥用麻醉药品或者精神药品后驾驶机动车发生交通事故的。"保险公司自向赔偿权利人赔偿之日起，有权向被保险人追偿。根据上述规定，保险公司对无证驾驶发生交强险的，应在交强险责任限额内予以赔偿，保险公司自赔偿之日起有追偿权。

法庭认为公诉机关起诉刘某平犯保险诈骗罪，缺乏主观方面犯罪构成要件，证据不足，不能认定有罪，应当按照疑罪从无的原则宣告无罪。

裁判结果

被告人刘某平无罪。

---

① 判决原文引用的内容源自《关于审理道路交通事故损害赔偿案件适用法律若干问题的解释》（征求意见稿）（以下简称《解释》），在征求意见稿中，该条款为第十七条，正式公布的《解释》（2012版）中，该条款相关内容规定在第十八条，后续修改的《解释》（2020修订版）中，该条款相关内容规定在第十五条，虽然条款的顺序有别，但实质内容并未发生根本变化，故不影响本案无罪判决结果的认定。

080 保险公司支付保险金不是因为被欺骗，则行为人不构成保险诈骗罪

裁判要点

保险公司支付保险金是基于法院的生效判决，而非基于被欺骗而处分财产，投保人不构成保险诈骗罪。

裁判思路

基本案情①：

被告人唐某全系法律工作者。被告人安某全系某村村民。2010年10月2日，安某全骑自行车与九某公司名下由王某彬驾驶的出租车相撞，造成安某全受伤。九某公司投保的保险公司为安某保险公司。

事故发生后，安某全找到唐某全，委托唐某全为其"打官司"。唐某全告知安某全如果按照城镇人口标准计算残疾赔偿金可以多得赔偿款，双方约定由唐某全风险代理该案。

唐某全伪造了虚假的安某全与郑某签订的《租房合同》，制作了虚假的《劳动合同》以及虚假的安某全系宜宾市某厂职工的证明等材料。唐某全以安某全特别授权的诉讼代理人身份因机动车交通事故责任纠纷到法院起诉王某彬、九某公司、安某保险公司。

后法院判决安某保险公司赔偿安某全伤残赔偿金、住院费等共计130884.4元，安某保险公司将保险赔偿金转入唐某全持有的、户名为安某全的银行卡上，唐某全将该款据为己有。

一审法院认为，唐某全犯保险诈骗罪，判处有期徒刑一年，缓刑二年，并处罚金人民币一万元；安某全犯保险诈骗罪，免予刑事处罚。宣判后，唐某全、安某全不服，提出上诉。

争议焦点：保险公司支付保险金是基于法院的生效判决，而非基于被欺骗而处分财产，投保人是否构成保险诈骗罪？

---

① 案件来源：唐某全、安某全保险诈骗案【四川省宜宾市中级人民法院（2020）川15刑终23号】。

辩护意见：

唐某全及其辩护人提出：唐某全不是保险诈骗罪的主体，在民事诉讼中伪造证据妨害的是法院的审判活动，保险公司多支付保险金不是被骗而是基于法院的民事判决，该行为应属行政处罚范畴，不构成保险诈骗罪。

安某全及其辩护人提出：安某全全权委托他人代理，没有参加诉讼，没有诈骗的客观行为，不构成保险诈骗罪。

二审法院认为：

……虽然上诉人唐某全和原审被告人安某全有指使他人作伪证、提供虚假证明等行为，意图多获取保险赔偿，但保险公司多支付保险金的行为并非基于其被欺骗而处分自己的财产，而是因为法院的生效裁判。该公司已通过调查发现对方当事人提供虚假证据，但其诉讼主张未获人民法院的支持。上诉人唐某全指使他人作伪证的行为，严重妨害司法秩序，其行为符合妨害作证罪的犯罪构成。上述不构成保险诈骗罪的上诉理由和辩护意见部分成立，本院予以采纳。

裁判结果

法院认为，该案不构成保险诈骗罪。但是，公诉机关指控的妨害作证罪部分的事实成立。故判决如下：

……

二、上诉人（原审被告人）唐某全犯妨害作证罪，判处有期徒刑一年，缓刑二年。

三、原审被告人安某全无罪。

081 行为人使用欺骗方法骗取大病保险的行为构成诈骗罪，不构成保险诈骗罪

裁判要点

行为人以欺诈、伪造证明材料或者其他手段骗取养老、医疗、工伤、失业、生育等社会保障金或者其他社会保障待遇的，构成诈骗罪，不构成保险诈骗罪。

裁判思路

基本案情①：

2014 年，泾县新农合管理中心根据安徽省卫生厅、财政厅等部门文件规定，泾县新农合的参保对象，大病治疗费用在泾县新农合管理中心报销之后，个人承担的医疗费用超过一定数额的，可以在国某农业保险股份有限公司（以下简称国某保险）泾县支公司申请报销大病保险补偿款。

被告人孙某国使用伪造的他人治疗再生障碍性贫血病的病历资料，骗取国某保险泾县支公司大病保险补偿款 146320.05 元。

争议焦点：行为人以欺诈、伪造证明材料或者其他手段骗取养老、医疗、工伤、失业、生育等社会保障金或者其他社会保障待遇的，是否构成保险诈骗罪？

公诉意见：

公诉机关认为：被告人孙某国以非法获取大病报销理赔为目的，违反《保险法》的规定，使用虚假的医疗报销资料，骗取大病报销理赔款 146320.05 元，数额巨大，其行为触犯《刑法》第一百九十八条第一款第一项的规定，应当以保险诈骗罪追究其刑事责任。

辩护意见：

对公诉机关指控被告人孙某国犯保险诈骗罪的事实无异议，对定性有异议。《刑法》第一百九十八条规定的保险诈骗罪的五种情形，本案被告人孙某国不符合该五种情形，不具备保险诈骗罪的犯罪主体，应当认定为诈骗罪。

法院认为：

……公诉机关指控被告人孙某国骗取国某保险泾县支公司大病保险补偿款 146320.05 元构成保险诈骗罪，经审查，城乡居民大病保险是国家发改委根据国务院“十二五”期间医药卫生体制改革规划的精神，进一步完善城乡居民医疗保险制度，健全医疗保障体系而提出的一项健康惠民工程，该工程由政府主导，专业运作，政府通过公开招标方式选定承办大病保险的商业保险公司机构。安徽省卫生厅、财政厅等多个部门根据上级部门的精神和要求制定了本省的大病保险指导方案，泾县卫生局、财政局依照文件要求，结合泾县新农合的运行情况等，由国某保险泾县支公司承办了大病医疗保险。该项惠民工程是在城乡居民基本医

---

① 案件来源：孙某国诈骗、保险诈骗案【安徽省泾县人民法院（2017）皖 1823 刑初 74 号】。

疗保障制度的基础上，对大病患者发生的高额医疗费用给予进一步的保障，是对基本医疗保障制度的补充和延伸，惠及所有农村和城乡居民。

《全国人民代表大会常务委员会关于〈中华人民共和国刑法〉第二百六十六条的解释》规定："以欺诈、伪造证明材料或者其他手段骗取养老、医疗、工伤、失业、生育等社会保险金或者其他社会保障待遇的，属于刑法第二百六十六条规定的诈骗公私财物的行为。"故本案被告人孙某国以虚假的医疗材料骗取国某保险泾县支公司的大病保险补偿款应当以诈骗罪追究其刑事责任。公诉机关指控被告人孙某国犯保险诈骗罪，本院不予支持。辩护人关于被告人孙某国构成诈骗罪的辩护意见，本院予以采纳……

裁判结果

一、被告人孙某国犯诈骗罪，判处有期徒刑十二年六个月，并处罚金人民币二十万元……

082 行为人实施的骗保行为与《刑法》规定的保险诈骗罪的五种情形不符，不构成保险诈骗罪，但可能构成诈骗罪

裁判要点

行为人隐瞒真相让保险公司陷入错误认识骗取理赔款，但未实施《刑法》规定的保险诈骗罪的五种情形对应的行为，不符合保险诈骗罪的构成要件，但可能构成诈骗罪。

裁判思路

基本案情[①]**：**

2011年10月，被告人王某与伟某公司签订分期付款汽车买卖和服务合同，并委托伟某公司作为担保人在银行办理了分期付款的购车手续。王某购车后，按合同规定分期支付了部分款项，余款未支付，银行及伟某公司多次催款未果。

2013年6月，在未事先告知王某的情况下，伟某公司安排董某等三人持银行

① 案件来源：王某保险诈骗案【湖北省孝感市中级人民法院（2014）鄂孝感中刑终字第00223号】。

扣押的备份车钥匙将车开走。当日，王某分别向派出所及所投保的中某保险公司报案称汽车被盗。在王某报案后保险公司赔付前，伟某公司与王某取得联系，王某即得知所购买的汽车并非被盗，而是被伟某公司派员开走。

得知这一情况后，王某未向公安机关及保险公司说明情况，而是隐瞒了事实，继续向中某保险公司索赔车辆盗抢险，骗取保险公司理赔款 100073.84 元。

一审法院认为，王某犯保险诈骗罪，判处有期徒刑五年，并处罚金人民币二万元。宣判后，王某不服，提出上诉。

二审法院认为：

……王某以非法占有为目的，采取隐瞒真相的手段，骗取保险公司理赔款，数额巨大，其行为构成诈骗罪……《刑法》第一百九十八条对保险诈骗罪采用了严格的列举式叙明罪状的表述方式，将保险诈骗罪的客观行为限定为五种情形：（1）投保人故意虚构保险标的，骗取保险金的；（2）投保人、被保险人或者受益人对发生的保险事故编造虚假的原因或者夸大损失的程度，骗取保险金的；（3）投保人、被保险人或者受益人编造未曾发生的保险事故，骗取保险金的；（4）投保人、被保险人故意造成财产损失的保险事故，骗取保险金的；（5）投保人、受益人故意造成被保险人死亡、伤残或者疾病，骗取保险金的。

本案中，被告人王某在误以为汽车被盗的情况下报案，其后得知车系被伟某公司开走但隐瞒真相骗取保险理赔款的行为不属于《刑法》第一百九十八条规定的五种情形之一。按照罪刑法定原则，不能超出《刑法》条文所列明的明确规范作出任意的扩大解释。因此，被告人王某的行为不符合保险诈骗罪的构成要件。其在知晓汽车系由伟某公司开走后隐瞒真相，使得保险公司陷入错误认识误以为汽车被盗向其支付理赔款的行为符合诈骗罪的构成要件，应当以诈骗罪定性处理……

裁判结果

法院认为，该案不构成保险诈骗罪。但是，公诉机关指控的诈骗罪部分的事实成立。故判决如下：

一、撤销湖北省孝感市孝南区人民法院（2014）鄂孝南刑初字第 00211 号刑事判决。

二、上诉人（原审被告人）王某犯诈骗罪，判处有期徒刑二年九个月，缓刑三年，并处罚金人民币二万元。

三、实务建议

近年来，保险诈骗案件数量呈逐年上升趋势，车险骗保成为保险诈骗的高发类型，互联网保险诈骗的新样态也层出不穷。为防止投保人、被保险人、受益人及相关主体因法律专业知识缺位而触犯保险诈骗罪，我们在对重点案例梳理的基础上，结合实际办案经验，提出以下建议。

(一) 了解保险诈骗罪的实质与常见高发的犯罪类型

穿透纷繁复杂的行为表现形式，只要是特定主体（通常涉及投保人、被保险人、受益人）以获取保险金为目的，采取虚构保险标的、保险事故、保险事故的原因、损失的程度，或者制造保险事故的方法，骗取数额较大的保险金，就构成保险诈骗罪。

在诸多保险诈骗行为中，以下三种保险诈骗行为发生频率较高，值得关注：一是恶意重复保险，也就是投保人在同一时期，对于同一个保险标的，在对保险人隐瞒重复保险的事实的情况下，与数个保险人分别订立数个合同的保险，并且各保险金额的总数超过了保险标的的价值。恶意重复保险实际上是将价值较小的保险标的虚构为价值较大的保险标的，属于“虚构保险标的”。二是酒后或无证驾车发生事故后找人顶包，向保险公司申请理赔，涉嫌“对发生的保险事故编造虚假的原因”。三是利用购物平台无理由退货规则，为赚取赔付的运费险，通过虚假交易再退货，也涉嫌“编造未发生的保险事故”。

(二) 改变“只有名义上的投保人、被保险人、受益人才构成保险诈骗罪”的错误认识

首先，就司法判例展现的裁判倾向而言，保险诈骗罪的行为主体不限于“名义上”的投保人、被保险人与受益人，还包括“实质上”的投保人、被保险人与受益人。例如，没有签订保险协议，但实际上交纳保险费用的行为人，或者对保险标的实际占有、控制和支配，对保险标的存在实质上保险利益的行为人，也符合保险诈骗罪的主体资格。

其次，即使不具有特殊身份的行为人，如果与上述特定主体共同实施了保险诈骗行为，也涉嫌保险诈骗罪。在保险诈骗案件中，亲属间共同犯罪屡见不鲜，

常见的情形包括，酒后、无证驾驶发生事故后相互顶包骗取保险金，或者共同制造交通事故等。

（三）走出“欺诈行为与保险诈骗罪列举的五种情形不符就不构成犯罪”的认识误区

虽然保险诈骗罪的客观行为有边界，即只有行为人实施的客观行为符合《刑法》列举的五种特定情形才涉嫌保险诈骗罪，但是并不意味着对采取其他欺诈手段的行为人“网开一面”。值得重视的是，我国《刑法》规定的诈骗罪和保险诈骗罪是普通法条与特殊法条的关系，如果行为人骗取保险金的行为同时符合诈骗罪和保险诈骗罪的犯罪构成，则以保险诈骗罪定罪处罚。如果行为人虚构事实、隐瞒真相使保险公司陷入错误认识骗取理赔款，但实施的行为与保险诈骗罪五种情形不符，则不构成保险诈骗罪，但仍然可能构成诈骗罪。

四、法律规范

（一）法律

《中华人民共和国刑法》（2020 年修正）

第一百九十八条　有下列情形之一，进行保险诈骗活动，数额较大的，处五年以下有期徒刑或者拘役，并处一万元以上十万元以下罚金；数额巨大或者有其他严重情节的，处五年以上十年以下有期徒刑，并处二万元以上二十万元以下罚金；数额特别巨大或者有其他特别严重情节的，处十年以上有期徒刑，并处二万元以上二十万元以下罚金或者没收财产：

（一）投保人故意虚构保险标的，骗取保险金的；

（二）投保人、被保险人或者受益人对发生的保险事故编造虚假的原因或者夸大损失的程度，骗取保险金的；

（三）投保人、被保险人或者受益人编造未曾发生的保险事故，骗取保险金的；

（四）投保人、被保险人故意造成财产损失的保险事故，骗取保险金的；

（五）投保人、受益人故意造成被保险人死亡、伤残或者疾病，骗取保险金的。

有前款第四项、第五项所列行为，同时构成其他犯罪的，依照数罪并罚的规定处罚。

单位犯第一款罪的，对单位判处罚金，并对其直接负责的主管人员和其他直接责任人员，处五年以下有期徒刑或者拘役；数额巨大或者有其他严重情节的，处五年以上十年以下有期徒刑；数额特别巨大或者有其他特别严重情节的，处十年以上有期徒刑。

保险事故的鉴定人、证明人、财产评估人故意提供虚假的证明文件，为他人诈骗提供条件的，以保险诈骗的共犯论处。

（二）立案标准

《最高人民检察院、公安部关于公安机关管辖的刑事案件立案追诉标准的规定（二）》（2022 年 5 月 15 日施行　公通字〔2022〕12 号）

第五十一条　进行保险诈骗活动，数额在五万元以上的，应予立案追诉。

（三）司法解释性质文件

1.《最高人民法院关于印发〈全国法院审理金融犯罪案件工作座谈会纪要〉的通知》（2001 年 1 月 21 日施行　法〔2001〕8 号）

（三）关于金融诈骗罪

1. 金融诈骗罪中非法占有目的的认定

金融诈骗犯罪都是以非法占有为目的的犯罪。在司法实践中，认定是否具有非法占有为目的，应当坚持主客观相一致的原则，既要避免单纯根据损失结果客观归罪，也不能仅凭被告人自己的供述，而应当根据案件具体情况具体分析。根据司法实践，对于行为人通过诈骗的方法非法获取资金，造成数额较大资金不能归还，并具有下列情形之一的，可以认定为具有非法占有的目的：

（1）明知没有归还能力而大量骗取资金的；

（2）非法获取资金后逃跑的；

（3）肆意挥霍骗取资金的；

（4）使用骗取的资金进行违法犯罪活动的；

（5）抽逃、转移资金、隐匿财产，以逃避返还资金的；

（6）隐匿、销毁账目，或者搞假破产、假倒闭，以逃避返还资金的；

（7）其他非法占有资金、拒不返还的行为。但是，在处理具体案件的时候，对于有证据证明行为人不具有非法占有目的的，不能单纯以财产不能归还就按金融诈骗罪处罚。

4. 金融诈骗犯罪定罪量刑的数额标准和犯罪数额的计算。金融诈骗的数额不仅是定罪的重要标准，也是量刑的主要依据。在没有新的司法解释之前，可参照1996年《最高人民法院关于审理诈骗案件具体应用法律的若干问题的解释》的规定执行。在具体认定金融诈骗犯罪的数额时，应当以行为人实际骗取的数额计算。对于行为人为实施金融诈骗活动而支付的中介费、手续费、回扣等，或者用于行贿、赠与等费用，均应计入金融诈骗的犯罪数额。但应当将案发前已归还的数额扣除。

2.《最高人民检察院法律政策研究室关于保险诈骗未遂能否按犯罪处理问题的答复》(1998年11月27日　〔1998〕高检研发第20号)

……行为人已经着手实施保险诈骗行为，但由于其意志以外的原因未能获得保险赔偿的，是诈骗未遂，情节严重的，应依法追究刑事责任。

第二章　票证牌照类犯罪

第一节　擅自设立金融机构罪

我国《刑法》第一百七十四条第一款规定了擅自设立金融机构罪。本罪的犯罪对象是金融机构，本罪在客观方面表现为未经批准擅自设立金融机构，在实践中具有多种表现形式。本罪属于行为犯，即在未经国家有关主管部门批准的情况下，只要实施了设立银行、证券公司等金融机构的行为，就构成犯罪既遂。本罪的犯罪主体包括自然人和单位。

为更好掌握司法实务中对擅自设立金融机构罪量刑等方面的关注重点，我们对重点案例进行详细解析，通过研究司法机关的裁判思路，提炼了司法实务裁判要点。同时，我们梳理了与擅自设立金融机构罪相关的法律、司法解释、立案标准及政策法规等规定。

一、实务解析

（一）本罪的犯罪对象是金融机构

成立擅自设立金融机构罪的关键是被告人是否实施了“擅自设立金融机构”的行为，其中对“金融机构”的认定尤为重要。《刑法》第一百七十四条列举了六类金融机构，包括：商业银行、证券交易所、期货交易所、证券公司、期货经纪公司、保险公司，并以“其他金融机构”兜底。

根据《中国人民银行法》的规定，“其他金融机构”包括：城市信用合作社、农村信用合作社、金融资产管理公司、信托投资公司、财务公司、金融租赁公司等。

（二）本罪客观方面表现为未经批准擅自设立金融机构

关于“未经批准”，既包括未向国家有关主管部门提出申请，也包括已经向国家有关主管部门提出申请但未获批准两种形式。

关于“擅自设立”，司法实践中主要包括以下四种情形：一是未经批准，成立从事相关金融业务的机构或组织；二是合法设立的公司未经批准，超出经营范围从事金融业务活动；三是合法的金融机构为了进行非法金融业务，未经批准，擅自设立需要国家有关部门批准才能成立的金融机构或非法金融组织；四是冒用其他合法金融机构的名称，同样属于“擅自设立”。

值得关注的是，根据相关司法解释，对于未经国家有关主管部门批准，擅自设立金融机构筹备组织的行为人，也应当以本罪立案追诉。

（三）本罪属于行为犯

构成本罪不要求行为人开展了相应的金融业务活动，只要行为人实施了未经批准擅自设立金融机构的行为，就意味着擅自设立金融机构罪既遂。

（四）本罪的犯罪主体包括自然人和单位

本罪的主体是自然人和单位。单位可以成为本罪的犯罪主体，《刑法》第一百七十四条第三款规定：“单位犯前两款罪的，对单位判处罚金，并对其直接负责的主管人员和其他直接责任人员，依照第一款的规定处罚。”

二、裁判要点

083 公司未经批准设立内部银行，吸收内部职工及职工亲属朋友的存款，构成擅自设立金融机构罪

裁判要点

公司未经国家批准，设立内部银行，吸收公司职工及职工亲属朋友的存款，不属于公司向内部职工的借款行为，构成擅自设立金融机构罪。

裁判思路

基本案情[①]**：**

1999年12月23日，被告单位云南银某纸业有限公司未经国家有关部门批准，经公司董事会决定后发文成立公司内部银行，办公地点设在公司财务部，制定内部银行管理办法和内部银行存款利率表，私自刻制内部银行业务专用章，活期存款、整存整取、零存整取存折。内部银行由被告人肖某富负总责，由被告人王某生具体分管，参照银行模式运作。

2000年2月21日，该内部银行正式开始办公，从2002年1月到2013年6月共计吸收存款21777万元，存款户依据内部银行的存款存折支取存款，共计支付20572万元。截至2013年6月，应付职工个人存款12045701.97元，到期未偿还。

一审法院认为，云南银某纸业有限公司、肖某富、王某生犯擅自设立金融机构罪，分别判处云南银某纸业公司罚金人民币五十万元；判处肖某富有期徒刑六年，并处罚金人民币十万元；判处王某生有期徒刑四年，并处罚金人民币六万元。后肖某富提起上诉。

争议焦点：公司未经国家批准，设立内部银行，吸收公司职工及职工亲属朋友的存款，是否构成擅自设立金融机构罪？

辩护意见：

肖某富上诉认为：其不构成擅自设立金融机构罪。

其辩护人认为：被告人肖某富不构成擅自设立金融机构罪，“内部银行”不是以开展金融业务为目的的商业银行或其他金融机构，仅是公司因资金困难向内部职工的借款行为，未侵犯金融秩序。

二审法院认为：

原审被告单位云南银某纸业有限公司、上诉人（原审被告人）肖某富、王某生未经国家有关主管部门批准，擅自设立商业银行，吸收单位职工（职工亲属、朋友）存款，情节严重，其行为已构成擅自设立金融机构罪。云南银某纸业有限公司、肖某富、王某生成立的内部银行，吸收了包括纸业公司的职工在内及职工的亲戚朋友的存款，并计息取款，数额巨大，已扰乱金融秩序，行使了银行或金融机构的部分职能，因此不再是公司针对内部职工的借款行为，而是构成了

---

① 案件来源：肖某富、王某生擅自设立金融机构案【云南省曲靖市中级人民法院（2015）曲中刑终字第291号】。

未经国家有关机构批准，擅自设立金融机构罪。上诉人肖某富、王某生及其辩护人认为该行为仅构成公司向内部职工借款，逾期不能偿还，属民事行为的上诉理由及辩护意见均不予采纳。

裁判结果

……

三、原审被告单位云南银某纸业有限公司犯擅自设立金融机构罪，判处罚金人民币五十万元……

四、上诉人肖某富犯擅自设立金融机构罪，判处有期徒刑六年，并处罚金人民币十万元……

五、上诉人王某生犯擅自设立金融机构罪，判处有期徒刑四年，并处罚金人民币八万元……

……

084 未经批准，擅自设立商业金融储蓄所，并从事存贷款业务，构成擅自设立金融机构罪

裁判要点

未经国家有关主管部门批准，擅自设立商业金融储蓄所，并从事存贷款业务，构成擅自设立金融机构罪。

裁判思路

基本案情①**：**

2012年8月21日，被告人段某某注册成立了某农业公司，并担任法定代表人，经营范围为化肥零售。

2013年10月至2015年2月，段某某未经中国银行业监督管理机构批准，擅自开设商业金融储蓄所，通过发宣传单、口头宣传等方式向附近村民宣传存款业务，并以该公司名义开展吸收存款、发放贷款业务。

---

① 案件来源：段某某擅自设立金融机构案【山西省长子县人民法院（2015）长刑初字第179号】。

2015 年 3 月，其所经营的储蓄所被有关部门联合检查后，段某某承诺不再向周围村民集资，但 2015 年 5 月 23 日，段某某又以该公司名义吸收王某某存款 1 万元。自 2013 年 10 月至 2015 年 6 月，段某某通过其设立的储蓄所吸收存款共计 665900 元，发放贷款共计 541200 元，其中 407000 元已由存款人取回。

法院认为：

被告人段某某未经批准擅自设立金融机构，并从事存贷款业务，其行为已构成擅自设立金融机构罪。公诉机关指控罪名成立。案发后，被告人段某某能如实供述其犯罪事实，对其可依法从轻处罚。

裁判结果

被告人段某某犯擅自设立金融机构罪，判处有期徒刑一年，并处罚金人民币 20000 元。

085 未经批准，擅自设立农民专业合作社吸收储户存款，构成擅自设立金融机构罪

裁判要点

未经国家有关主管部门批准，擅自设立农民专业合作社并吸收储户存款，构成擅自设立金融机构罪。

裁判思路

基本案情[①]：

2015 年 8 月，被告人陈某伙同他人共同出资，成立裕某农民专业合作社，并由陈某出任法定代表人，在明知自己经营的专业合作社没有任何金融管理部门批准、无任何金融审批手续的情况下，以农村资金互助社形式，开展存款、贷款等金融业务，陈某将吸收来的存款用于维持合作社及陈某自己公司的运营。

在专业合作社经营期间，周某侠、闫某英等 24 人在此处存款共计人民币 210.29 万元。截至案发，陈某没有返还上述 24 人的本金。

① 案件来源：陈某擅自设立金融机构案【吉林省长春市绿园区人民法院（2020）吉 0106 刑初 15 号】。

法院认为：

被告人陈某未经国家有关主管部门批准，擅自设立裕某农民专业合作社并吸收储户存款，其行为已构成擅自设立金融机构罪。公诉机关指控的事实及罪名成立，应依法惩处。被告人陈某到案后能如实供述其罪行，依法可以从轻处罚。被告人犯罪所得，应责令退赔，返还各存款人。

裁判结果

一、被告人陈某犯擅自设立金融机构罪，判处有期徒刑一年三个月，并处罚金人民币十万元。

二、责令被告人陈某返还其吸收的储户存款。

086 合法设立的公司未经批准超范围经营金融业务，属于擅自设立其他金融机构的行为

裁判要点

合法设立的公司未经国家有关主管部门批准，超经营范围，非法从事存贷款等金融业务活动，属于擅自设立其他金融机构的行为。

裁判思路

基本案情①：

2013年1月，被告人陈某在福建成立鱼某贷金融信息咨询有限公司，陈某作为该公司的法定代表人及总经理全面负责公司事务。

在公司运营期间，陈某未经国家有关主管部门批准，经营存贷款等金融业务，并在互联网及公司门口宣传该公司主要经营吸收个人理财存款及发放贷款等金融业务。

自2013年3月至2013年7月案发时止，该公司共向陈某栋等人吸收个人理财存款15笔，合计人民币204.2万元，向林某武等人发放贷款合计人民币195.56万元。

---

① 案件来源：陈某擅自设立金融机构案【福建省漳州市中级人民法院（2014）漳刑终字第300号】。

一审法院认为，陈某犯擅自设立金融机构罪，判处有期徒刑一年，并处罚金人民币八万元。后陈某提起上诉。

争议焦点：合法设立的公司未经国家有关主管部门批准，超经营范围，非法从事存贷款等金融业务活动，是否属于擅自设立其他金融机构的行为?

辩护意见：

上诉人陈某的辩护人提出：一审判决的定性错误，陈某的行为不构成擅自设立金融机构罪。

二审法院认为：

上诉人陈某未经国家有关主管部门批准，以合法设立的鱼某贷金融信息咨询有限公司超经营范围，非法从事存贷款等金融业务活动，属擅自设立其他金融机构，其行为已构成擅自设立金融机构罪……上诉人陈某及其辩护人分别提出，上诉人陈某的行为不构成擅自设立金融机构罪、一审法院判决量刑畸重、要求适用缓刑等的诉、辩意见，没有事实、法律依据，不予采纳。

裁判结果

驳回上诉，维持原判。

087 未经批准，擅自设立商业银行筹备组织，构成擅自设立金融机构罪

裁判要点

未经国家有关主管部门批准，擅自设立商业银行筹备组织，构成擅自设立金融机构罪。

裁判思路

基本案情[①]**：**

2013 年 8 月至 2014 年 3 月，被告人姜某未经中国银监会等银行主管部门批

① 案件来源：姜某擅自设立金融机构案【浙江省杭州市下城区人民法院（2015）杭下刑初字第 00242 号】。

准，在工商主管部门预核准“浙江钱某银行股份有限公司（筹）”名称，使用“浙江钱某银行股份有限公司（筹）”印章开立银行验资账户、签订经营场所租赁预约协议书，成立“浙江钱某银行股份有限公司筹备委员会”“浙江钱某银行股份有限公司筹备委员会办公室”等机构，在其办公场地挂“浙江钱某银行股份有限公司（筹）”标牌，以银行法定代表人的身份参与意向股东谈判等。

法院认为：

被告人姜某未经国家有关主管部门批准，擅自设立商业银行筹备组织，其行为已构成擅自设立金融机构罪。公诉机关指控的罪名成立。被告人姜某归案后如实供述主要的犯罪事实，可从轻处罚；结合本案的事实、情节及被告人的悔罪表现及身体状况，对被告人可以适用缓刑。辩护人与上述相关的量刑意见，本院予以采纳。

裁判结果

被告人姜某犯擅自设立金融机构罪，判处有期徒刑一年，缓刑二年，并处罚金人民币十五万元。

三、实务建议

为防止行为人触犯擅自设立金融机构罪，我们在对重点案例梳理的基础上，结合实际办案经验，提出以下注意事项和建议。

（一）“金融机构”不限于典型的传统金融机构，司法实践对“金融机构”的认定采用实质认定标准

我国对金融机构的监管较为严格，只有经过国家有关主管部门批准成立的金融机构才能从事金融业务，其他任何单位、个人都不能擅自设立金融机构。

大多数人对“金融机构”的理解还停留于银行、储蓄所等典型金融机构。然而，无论是现行法律规范还是司法实践，对本罪的“金融机构”均采用实质判断标准，而非形式判断标准。只要行为人或单位未经批准，擅自设立的机构从事或主要从事吸收存款、发放贷款、资金拆借、金融租赁、融资担保等金融业务活动，就可能被认定为本罪规定的“金融机构”。

“金融机构”既包括典型金融机构，也包括组织形式松散，没有固定经营场

所和人员分工或以合法公司“包装”的非典型金融机构。例如，在肖某富、王某生擅自设立金融机构案中，被告单位云南银某纸业有限公司未经国家有关部门批准，在公司财务部设立公司内部银行，用于吸收公司职工及职工亲属朋友的存款，最终也被法院认定为“金融机构”。因此，对“金融机构”的认定并不局限于其组织结构或名称，而是实质考察该机构是否从事金融活动。

（二）了解“擅自设立”的内涵与表现形式，开展金融业务需“名正言顺”

“擅自”指的是应当经过批准而没有经过批准，“设立”不但包括成立新的机构或组织，也包括冒用已有金融机构的名称，以及合法设立的机构在批准的经营范围之外从事金融业务活动等方式。概言之，想要开展金融业务，必须经过国家有关主管部门批准，没有捷径可言，没有漏洞可钻。如果未经批准，无论披上何种“马甲”，无论是否实际开展相应的金融业务，都构成擅自设立金融机构罪。

（三）掌握本罪的立案追诉标准，“勿以恶小而为之”

部分行为人仍抱有“数额较大或造成严重后果才构成犯罪”的错误认识和侥幸心理。需要重视的是，擅自设立金融机构罪属于行为犯，而非情节犯或结果犯，也就是说，构成本罪不以数额、情节或严重后果为附加条件，只要行为人实施了未经批准擅自设立金融机构的行为，就构成犯罪，且为犯罪既遂。

根据2022年施行的《刑事案件立案追诉标准（二）》第十九条之规定，行为主体未经国家有关主管部门批准，擅自设立商业银行、证券交易所、期货交易所、证券公司、期货公司、保险公司或者其他金融机构的，或者擅自设立金融机构筹备组织的，应当立案追诉。

四、法律规范

（一）法律

1.《中华人民共和国刑法》（2020年修正）

第一百七十四条 未经国家有关主管部门批准，擅自设立商业银行、证券交易所、期货交易所、证券公司、期货经纪公司、保险公司或者其他金融机构的，处三年以下有期徒刑或者拘役，并处或者单处二万元以上二十万元以下罚金；情节严重的，处三年以上十年以下有期徒刑，并处五万元以上五十万元以下罚金。

伪造、变造、转让商业银行、证券交易所、期货交易所、证券公司、期货经纪公司、保险公司或者其他金融机构的经营许可证或者批准文件的，依照前款的规定处罚。

单位犯前两款罪的，对单位判处罚金，并对其直接负责的主管人员和其他直接责任人员，依照第一款的规定处罚。

2.《中华人民共和国中国人民银行法》（2004 年 2 月 1 日施行）

第五十二条　本法所称银行业金融机构，是指在中华人民共和国境内设立的商业银行、城市信用合作社、农村信用合作社等吸收公众存款的金融机构以及政策性银行。

在中华人民共和国境内设立的金融资产管理公司、信托投资公司、财务公司、金融租赁公司以及经国务院银行业监督管理机构批准设立的其他金融机构，适用本法对银行业金融机构的规定。

3.《中华人民共和国商业银行法》（2015 年 10 月 1 日施行）

第十一条　设立商业银行，应当经国务院银行业监督管理机构审查批准。

未经国务院银行业监督管理机构批准，任何单位和个人不得从事吸收公众存款等商业银行业务，任何单位不得在名称中使用“银行”字样。

第十六条　经批准设立的商业银行，由国务院银行业监督管理机构颁发经营许可证，并凭该许可证向工商行政管理部门办理登记，领取营业执照。

（二）立案标准

《最高人民检察院、公安部关于公安机关管辖的刑事案件立案追诉标准的规定（二）》（2022 年 5 月 15 日施行　公通字〔2022〕12 号）

第十九条　未经国家有关主管部门批准，擅自设立金融机构，涉嫌下列情形之一的，应予立案追诉：

（一）擅自设立商业银行、证券交易所、期货交易所、证券公司、期货公司、保险公司或者其他金融机构的；

（二）擅自设立金融机构筹备组织的。

（三）行政法规和部门规章

1.《中华人民共和国外资保险公司管理条例》（2019 年 9 月 30 日施行）

第三十一条 违反本条例规定，擅自设立外资保险公司或者非法从事保险业务活动的，由国务院保险监督管理机构予以取缔；依照刑法关于擅自设立金融机构罪、非法经营罪或者其他罪的规定，依法追究刑事责任；尚不够刑事处罚的，由国务院保险监督管理机构没收违法所得，并处违法所得 1 倍以上 5 倍以下的罚款，没有违法所得或者违法所得不足 20 万元的，处 20 万元以上 100 万元以下的罚款。

2. 国务院办公厅关于严厉打击以证券期货投资为名进行违法犯罪活动的通知（2001 年 8 月 31 日发布 国办发〔2001〕64 号）

……

三、正确适用法律，把握政策界限

……

（二）对未经证券监管部门批准和工商行政管理部门登记注册，擅自设立证券期货机构的，以涉嫌擅自设立金融机构罪立案查处。

第二节　骗取贷款、票据承兑、金融票证罪

我国《刑法》第一百七十五条之一规定了骗取贷款、票据承兑、金融票证罪。本罪的行为方式较为特定，即以欺骗手段取得银行或者其他金融机构贷款、票据承兑或金融票证。构成本罪要求欺骗行为给银行或者其他金融机构造成重大损失，根据《刑事案件立案追诉标准（二）》第二十二条之规定，造成直接经济损失数额在五十万元以上的，应予立案追诉。本罪在主观方面要求行为人具有故意，且不要求具有非法占有目的，如果行为人具有非法占有目的，则应按照相应的金融诈骗犯罪定罪处罚。另外，自然人和单位都能构成本罪。

为更好掌握司法实务中对骗取贷款、票据承兑、金融票证罪定罪量刑等方面的关注重点，我们对重点案例进行详细解析，通过研究司法机关的裁判思路，提炼了司法实务裁判要点。同时，我们梳理了与骗取贷款、票据承兑、金融票证罪相关的法律、司法解释、立案标准及政策法规等规定。

一、实务解析

（一）本罪的行为方式较为特定，即以欺骗手段取得银行或者其他金融机构贷款、票据承兑或金融票证

首先，本罪的犯罪对象是银行或者其他金融机构的贷款、票据承兑或信用证、保函等金融票证。本罪是选择性罪名，只要行为人实施骗取贷款、骗取票据承兑或骗取金融票证这三者之一的行为，就构成本罪。如果行为人同时实施上述行为，也只构成一罪，不能数罪并罚。司法实践中，相较骗取票据承兑或金融票证而言，骗取银行贷款的行为发生率较高。

其次，构成本罪要求行为人对金融机构工作人员实施了欺骗行为，让金融机构工作人员产生了错误认识。如果金融机构工作人员对行为人的欺骗行为明知，没有产生错误认识，那么行为人不构成本罪。

司法实践中，行为人对金融机构工作人员实施的欺骗行为主要包括：编造引进资金、项目等虚假理由，虚构贸易或投资，使用虚假的财务报表、购销合同、

资信证明文件、收据、税票等证明材料，隐瞒企业经营状况恶化、履约能力差、资信度低的真相等。

（二）构成本罪要求欺骗行为给银行或者其他金融机构造成重大损失

2020年12月26日最新通过的《刑法修正案（十一）》对本罪进行了修改，将原条文中的“或者有其他严重情节的”予以删去。修改后，“其他严重情节”不再是本罪的入罪标准，只有骗取贷款、票据承兑、金融票证的行为给银行或者其他金融机构造成重大损失的才能构成本罪。

根据《刑事案件立案追诉标准（二）》第二十二条的规定，给银行或者其他金融机构造成直接经济损失数额在五十万元以上的，应予立案追诉。

（三）本罪在主观方面要求行为人具有故意，且不要求具有非法占有目的

区别本罪与金融诈骗犯罪的关键在于行为人是否具有非法占有目的，如果行为人具有非法占有目的，则应按照相应的金融诈骗犯罪定罪处罚。例如，以非法占有为目的，骗取银行贷款的，成立贷款诈骗罪；以非法占有为目的，骗取信用证的，成立信用证诈骗罪。

（四）本罪的犯罪主体为一般主体

自然人和单位都能构成本罪。对于单位犯本罪的，对单位判处罚金，并对其直接负责的主管人员和其他直接责任人员，依照《刑法》第一百七十五条之一第二款的规定进行处罚。

另外，本罪不是身份犯，即使行为人没有直接取得贷款、票据承兑、信用证、保函也能构成本罪。例如，行为人明知他人骗取贷款，仍为他人提供身份证等材料，并配合他人在相关贷款材料上签字，为他人骗取贷款提供了帮助，造成了银行重大损失，行为人构成骗取贷款罪。

二、裁判要点

088 提供虚假贷款资料，隐瞒公司巨额亏损、虚假循环贸易的事实，骗取银行贷款，给银行造成重大损失的，构成骗取贷款罪

裁判要点

假借贸易名义申请贷款，采用提供虚假财务报表和虚假合同等方法隐瞒公司巨额亏损、虚假循环贸易的欺骗手段获得银行贷款，给银行造成重大损失的，构成骗取贷款罪。

裁判思路

基本案情①：

2007 年底，浙江纵某集团董事长袁某某在明知该集团已处于严重经营困境的情况下，向上海金某国际经贸发展有限公司（以下简称金某经贸公司）法定代表人周某进提出，通过被告单位金某经贸公司以虚假循环贸易方式骗取银行贷款以供浙江纵某集团使用的要求。周某进在误信浙江纵某集团届时有能力归还贷款的情况下，同意了袁某某所提的要求，还提议向中某保上海公司投保以作为顺利获得贷款的前提条件，袁某某亦同意。

2008 年 1 月，周某进以金某经贸公司等名义向中某保上海公司提出国内贸易信用保险的申请；同时，又以金某经贸公司名义就涉案内贸业务与某银行上海分行积极协商贷款事宜。为了能够顺利获得保险和贷款，周某进指使公司财务人员采取变更记账的方法以隐瞒公司证券交易巨额亏损的真相，并将虚假财务报表按期提供给某银行上海分行和中某保上海公司。2008 年 3 月至 7 月，金某经贸公司先后获得了中某保上海公司 3 亿元的保险限额和某银行上海分行 3 亿元的信贷额度。

2008 年 8 月至 9 月，浙江纵某集团以下属两个子公司的名义与金某经贸公司

① 案件来源：上海金某国际经贸发展有限公司等骗取贷款案【上海市第一中级人民法院（2009）沪一中刑初字第 314 号】。

开展了11笔虚假循环贸易。为了顺利获得贷款，浙江纵某集团先后找到9家公司作为中间商参与虚假循环贸易。

同时，金某经贸公司向中某保上海公司提交虚假购销合同、《货物收据》和上述商业承兑汇票等并获得相应的保险单，再将相同材料连同保险单等一并提交给某银行上海分行并分批获得总金额为292866000元的贷款。

至此，金某经贸公司收到预付款和贷款共计3.71亿余元，扣除支付给中间商的贷款3.35亿余元，收支差额为3585万余元。9家中间商的收支差额为687万余元。浙江纵某集团共计得款250137840元。

2009年2月至3月，某银行上海分行持浙江纵某集团以下属的两个子公司开具的11份商业承兑汇票至银行提示承兑被拒绝。金某经贸公司向中某保上海公司提出索赔申请，亦被拒赔。截至2009年8月，某银行上海分行的经济损失为262671280元。

法院认为：

《刑法》第一百七十五条之一规定以欺骗手段取得银行或者其他金融机构贷款等，给银行或者其他金融机构造成重大损失或者有其他严重情节的，构成骗取贷款罪。被告单位金某经贸公司伙同他人，假借贸易名义向被害单位申请贷款，采用提供虚假财务报表和虚假合同等方法隐瞒公司巨额亏损、虚假循环贸易和另行收取预付款等真相的欺骗手段骗得被害单位的贷款共计2.92亿余元，造成被害单位经济损失2.6亿余元，故其行为已构成骗取贷款罪（单位），且属于造成特别重大损失之情形，依法应当被判处罚金。被告人周某进作为金某经贸公司直接负责的主管人员，对金某经贸公司所犯骗取贷款罪起重要作用，故其行为亦构成骗取贷款罪，依法应当被判处三年以上七年以下有期徒刑，并处罚金。被告人刘某某作为金某经贸公司的其他直接责任人员，对金某经贸公司所犯骗取贷款罪起积极作用，故其行为也构成骗取贷款罪，依法应当被判处三年以上七年以下有期徒刑，并处罚金……

裁判结果

一、被告单位金某经贸公司犯骗取贷款罪，判处罚金人民币九百万元。

二、被告人周某进犯骗取贷款罪，判处有期徒刑六年，并处罚金人民币一百万元。

三、被告人刘某某犯骗取贷款罪，判处有期徒刑三年，缓刑五年，并处罚金人民币十万元。

……

089 使用欺骗方法向银行申请信用卡以获取高额授信额度，给银行造成重大损失的，构成骗取金融票证罪

裁判要点

与信用卡申请人合谋，为他人申请信用卡提供虚假的资信证明材料、签订虚假的商品订购单、首付款收据，骗取银行高额授信额度，给银行造成重大损失的，构成骗取金融票证罪。

裁判思路

基本案情[①]**：**

2012年12月至2013年7月，李某某任岳阳紫某汽车销售服务有限公司（以下简称岳阳紫某汽车公司）法人代表期间，为了牟取非法利益，伙同任该公司销售经理的邹某某，在明知客户不是真实购车的情况下，在为客户向工某银行申请“中国工某银行信用卡专项分期付款业务”的过程中，为客户提供虚假的首付款收据、商品订购单等其他虚假资料，以骗取银行高额授信。

当车贷信用卡通过银行审批发放后，客户即用车贷信用卡在该公司POS机[②]上刷卡购买低于授信额度价位的小汽车。之后，李某某、邹某某将多余的资金转至他们两人的账户后再支付持卡人，从而达到套现的目的。

截至2015年5月，岳阳紫某汽车公司共在该行办理车贷信用卡99户，通过该公司POS机累计刷卡消费4611.7万元，已造成张某某等35名客户逾期本金共计10919835.75元。公安机关已核实13名客户，虚构交易套现677万元，逾期本金2923532.76元，造成损失2154808.11元。

---

① 案件来源：李某某、邹某某骗取金融票证案【湖南省岳阳市岳阳楼区人民法院（2015）楼刑二初字第65号】。

② POS机指销售点终端机具。

公诉机关指控：

被告人李某某、邹某某违反国家规定，使用销售点终端机具（POS 机），以虚构交易的方式向信用卡持卡人直接支付现金，数额达到 500 万元以上，造成银行资金 100 万元以上逾期未还、造成银行损失 50 万元以上，情节特别严重，两被告人的行为均已构成非法经营罪。

法院认为：

被告人李某某、邹某某利用岳阳紫某汽车公司与中国工某银行股份有限公司岳阳分行合作开展“工某银行信用卡购车专项分期业务”时取得的合同项下权利便利，在为客户申请工某银行购车专项分期付款业务专用信用卡过程中，为信用卡申请人制作、提供虚假的财产状况、收入等资信证明材料，与信用卡申请人合谋后，签订虚假的商品订购单，并出具虚假的首付款收据，致使多个信用卡申请人骗得工某银行购车专项分期高额授信透支额度，给中国工某银行股份有限公司岳阳分行造成重大损失；被告人李某某、邹某某实施上述行为均是为了岳阳紫某汽车公司的销售业务等单位利益，并以该公司的名义实施，且所得利益归公司所有，故本案应属单位犯罪；被告人李某某作为该公司的主管人员和直接责任人员、被告人邹某某作为该公司直接责任人员实施上述行为，两被告人的行为均已构成骗取金融票证罪。

关于公诉机关指控认为对两被告人的行为应以非法经营罪定罪处罚的意见。经查，本案中涉及的销售点终端机具（POS 机）是中国工某银行股份有限公司岳阳分行基于与岳阳紫某汽车公司的合作协议按约定布装在该公司的购车专项分期业务专用 POS 机具，各购车专项分期信用卡持卡人均是根据各自与该行签订的分期付款合同的约定到岳阳紫某汽车公司刷卡消费，故两被告人使用该分期业务专用 POS 机具为各购车专项分期信用卡持卡人刷卡消费是经批准的行为。此外，从被告人李某某、邹某某的犯罪行为看，两被告人所实施的行为本质是采取欺骗的方法申请工某银行购车专用分期付款信用卡，以获取银行的授信额度，两被告人配合信用卡申请人使用欺骗手段为信用卡申请人获得高额度的授信，与造成银行信用贷款资金风险具有刑法上的必然因果关系，两被告人扣除购车款项后将多余款项返还该信用卡持有人的行为属事后不再罚行为。故本院认为公诉机关指控两被告人犯非法经营罪属定性不当，应予纠正……

裁判结果

一、被告人李某某犯骗取金融票证罪，判处有期徒刑一年二个月，并处罚金人民币五万元。

二、被告人邹某某犯骗取金融票证罪，判处有期徒刑一年，缓刑二年，并处罚金人民币二万元。

090 明知他人骗取贷款，仍配合提供材料、在相关贷款材料上签字，造成银行重大损失的，构成骗取贷款罪

裁判要点

行为人明知他人骗取贷款，仍为他人提供身份证等材料，并配合他人在相关贷款材料上签字，为他人骗取贷款提供帮助，造成银行重大损失的，构成骗取贷款罪。

裁判思路

基本案情①：

被告人何某法以其女友被告人梁某英的名义找黄某“零首付购车贷款”，黄某把梁某英的身份证等材料传给张某。

2016年1月11日，马某用某车行以38.9万元向某汽车公司购买奥迪车1辆，购车款由张某找林某联借款转账垫付。之后，张某等人再以梁某英的名义伪造购车发票联，将车价税款提高到98.12万元及其他担保等材料，交由马某向某行以信用卡汽车专项贷款68.6万元。

何某法、梁某英明知黄某、马某等人是以低端车冒充高端车，使用虚假的购车发票提高车价等方式，仍在马某引导下在相关贷款材料上配合签字；同时，何某法还冒充梁某英的丈夫张某某在虚假的财力证明上签字。

2016年1月21日，某行向梁某英放贷68.6万元并转入梁某英信用卡。同年1月22日，梁某英在马某指定的POS机刷卡将该款转入某车行。之后，该款流向张某、林某联账户。同年2月2日，马某通过支付宝转两笔共3万元到梁某英账户，由梁某英交给何某法。后该车下落不明。立案侦查之前，梁某英给银行造成损失68.51万元。

一审法院认为，何某法犯骗取贷款罪，判处有期徒刑一年，并处罚金人民币

---

① 案件来源：何某法、梁某英骗取贷款二审案【福建省三明市中级人民法院（2018）闽04刑终161号】。

五千元；梁某英犯骗取贷款罪，判处拘役五个月，缓刑六个月，并处罚金人民币三千元。后何某法提起上诉。

二审法院认为：

上诉人何某法、原审被告人梁某英明知他人以虚增车价款的方式骗取贷款，仍为他人提供身份证等材料，并配合他人在相关贷款材料上签字，为他人以其名义骗取贷款提供帮助，造成贷款银行重大损失，其行为均已构成骗取贷款罪……根据本案查明的事实，涉案的银行贷款 68.6 万元均流入张某和林某联账户，何某法违法所得为 3 万元，已由梁某英代为退赔，原审判决对违法所得部分的处理不当，本院予以纠正。

裁判结果

一、维持福建省三明市梅列区人民法院（2018）闽 0402 刑初 103 号刑事判决第一项、第二项，即被告人何某法犯骗取贷款罪，判处有期徒刑一年，并处罚金人民币五千元；被告人梁某英犯骗取贷款罪，判处拘役五个月，缓刑六个月，并处罚金人民币三千元。

……

091 行为人伙同他人骗取银行贷款，即使约定由他人代偿贷款，但给银行造成重大损失的，构成骗取贷款罪

裁判要点

行为人伙同他人使用虚假的材料骗取银行贷款，即使骗取贷款后约定由他人代偿银行贷款，但给银行造成重大损失的，行为人构成骗取贷款罪。

裁判思路

基本案情[①]：

2014 年 1 月 17 日，上诉人朱某平伙同徐某虚构朱某平在徐某所经营的汽车公司购买宝马 7 系小汽车的事实，并提供以上海某汽车公司名义开具的虚假发

① 案件来源：朱某平骗取贷款罪二审案【江西省宜春市中级人民法院（2017）赣 09 刑终 76 号】。

票、朱某平具有还款能力的虚假证明材料以及由徐某出资购买的一辆宝马 5 系轿车作为担保，向某银行申请汽车按揭贷款，还款期限为 12 个月。银行同意该贷款申请后下发了一张户名为朱某平的信用卡。

同年 4 月 4 日，朱某平通过徐某汽车公司的 POS 机刷卡到账 120 万元，并将该 120 万元交给徐某。在支付了首期款及利息后，朱某平和徐某未偿还任何按揭款。2015 年 1 月 13 日，朱某平向银行申请变更还款期限，还款期限确定为 36 期。同日，徐某与该银行签订信用卡欠款代偿协议，由徐某代朱某平偿还银行贷款。截至银行报案之日，给银行造成本金损失人民币 1141148. 74 元。

一审法院认为，朱某平犯骗取贷款罪，判处有期徒刑三年，并处罚金人民币二十万元。后朱某平提起上诉。

争议焦点： 行为人伙同他人使用虚假的材料骗取了银行贷款，后由他人代偿银行贷款，给银行造成了重大损失，行为人是否构成骗取贷款罪?

辩护意见：

上诉人朱某平提出：银行已与徐某签订信用卡欠款代偿协议，由徐某代朱某平偿还银行贷款，故朱某平的行为没有给银行造成重大损失，朱某平不构成骗取贷款罪。

二审法院认为：

上诉人朱某平伙同他人以欺骗的手段骗取银行贷款人民币 120 万元，造成银行重大损失，其行为已构成骗取贷款罪。本案系共同犯罪。关于上诉人朱某平提出银行已与徐某签订信用卡欠款代偿协议，由徐某代朱某平偿还银行贷款，朱某平的行为没有给银行造成重大损失，朱某平不构成骗取贷款罪的上诉意见，经查，代偿协议的签订并不影响朱某平和徐某一起用虚假的材料证明骗取银行贷款的行为定性，朱某平伙同徐某捏造汽车买卖的事实，使用虚假的发票、虚假的身份、资产证明材料取得银行的贷款，且因其骗贷行为客观上造成了银行的重大损失，符合骗取贷款罪的构成要件，故对该上诉意见，本院不予采纳……根据案发前银行与徐某签订的信用卡欠款代偿协议、信用卡刷卡记录和朱某平的供述等现有证据来看，骗取的贷款朱某平并未实际占有和使用，可酌情对朱某平从轻处罚。

裁判结果

一、撤销江西省樟树市人民法院（2016）赣 0982 刑初 239 号刑事判决中对上诉人朱某平犯骗取贷款罪的量刑部分。

二、上诉人朱某平犯骗取贷款罪，判处有期徒刑一年六个月，并处罚金人民币二十万元。

092 明知经营状况恶化，提供虚假材料骗取银行贷款，即使提供了担保，给银行造成重大损失的，其行为构成骗取贷款、票据承兑罪

裁判要点

公司实际控制人明知经营状况已经恶化，仍通过提供虚假的财务报表、购销合同、增值税发票，骗取银行贷款和票据承兑，给银行造成了重大损失的，即使提供了担保，但其欺骗行为和银行发放贷款具有刑法上的因果关系，其行为构成骗取贷款、票据承兑罪。

裁判思路

基本案情①：

2013年12月，原审被告人郝某民伙同原审被告人马某静、马某江以信某商贸公司的名义向建某银行吴忠分行申请贷款和承兑汇票，并提供虚假的财务报告、购销合同和增值税专用发票。

2013年12月23日，郝某民从建某银行吴忠分行取得700万元流动资金借款和600万元银行承兑汇票。后郝某民将取得的贷款用于偿还其个人及潮某商贸公司、明某商贸公司的债务及承兑汇票的保证金借款、贴现费用。在700万元的贷款到账后，郝某民仅支付利息共计245764.87元；在600万元的承兑汇票到期后，建某银行吴忠分行从信某商贸公司保证金账户转账还款3045779.17元，后郝某民支付8万元，尚欠银行本息共计9628455.96元未予归还。

一审法院判决被告人郝某民、马某静、马某江无罪。宣判后，吴忠市利通区人民检察院不服，提出抗诉。

---

① 案件来源：郝某民、马某静等骗取贷款、票据承兑二审案【宁夏回族自治区吴忠市中级人民法院（2017）宁03刑终174号】。

争议焦点：公司实控人明知公司经营状况恶化，通过提供虚假的财务报告、购销合同骗取银行贷款和票据承兑，同时提供了担保，最终造成银行重大损失，行为人是否构成骗取贷款、票据承兑罪?

辩护意见：

郝某民当庭提出其无罪的辩护意见。其辩护人提出：郝某民在贷款过程中提供的材料虽有一定的瑕疵，但提供了担保，本案所涉民事案件正在执行当中，并未给银行造成重大损失，郝某某的行为不符合骗取贷款、票据承兑罪的主客观要件，郝某某的行为无罪，原判适用法律正确，抗诉机关的抗诉理由不能成立，建议驳回抗诉。

二审法院认为：

原审被告人郝某民、马某静、马某江以欺骗手段取得银行贷款700万元及票据承兑600万元，给银行造成损失9628455.96元，其行为均已构成骗取贷款、票据承兑罪……

抗诉机关所提原判适用法律错误，原审被告人郝某民、马某静、马某江均已构成骗取贷款、票据承兑罪的抗诉理由以及原审被告人郝某民及其辩护人、原审被告人马某静、原审被告人马某江及其辩护人所提三原审被告人均无罪的辩解和辩护意见，经审核，原审被告人郝某民作为信某商贸公司的实际控制人，明知信某商贸公司的经营状况已经恶化，在向建某银行吴忠分行申请贷款和票据承兑汇票的过程中，向金融机构提供根本不准备履行的虚假工矿产品合同、虚假的财务报表、虚假的增值税发票，上述欺骗行为足以使金融机构产生错误认识，影响到金融机构对资金使用安全的判断，是导致金融机构发放贷款的重要因素，原审被告人郝某民虽提供了担保，但原审被告人郝某民的欺骗行为和金融机构发放贷款具有刑法上的因果关系，原审被告人郝某民在取得贷款后，未按约定用途使用贷款，亦未按约定及时履行还款义务，足以证明其具有骗取贷款、票据承兑的主观故意，已生效的民事判决结果不足以影响原审被告人郝某民的犯罪构成和刑事责任的承担。

原审被告人马某静、马某江明知原审被告人郝某民采取上述欺骗手段仍为其提供帮助，致使金融机构在产生错误认识的情况下，向贷款申请人发放贷款、票据承兑，其行为符合共同犯罪的法律规定，应当以骗取贷款、票据承兑罪定罪处罚。原审被告人郝某民、马某静、马某江的行为均已构成骗取贷款、票据承兑罪。故抗诉机关所提该抗诉理由成立，予以支持。原审被告人郝某民、马某静、马某江及其辩护人所提无罪的辩解和辩护意见，均不能成立，不予采纳……

裁判结果

一、撤销宁夏回族自治区吴忠市利通区人民法院 2017 宁 0302 刑初 177 号刑事判决。

二、原审被告人郝某民犯骗取贷款、票据承兑罪，判处有期徒刑三年，并处罚金人民币十万元。

三、原审被告人马某静犯骗取贷款、票据承兑罪，判处有期徒刑一年六个月，缓刑二年，并处罚金人民币三万元。

四、原审被告人马某江犯骗取贷款、票据承兑罪，判处有期徒刑一年，缓刑二年，并处罚金人民币二万元。

093 行为人骗取银行贷款，但未给银行造成损失，不构成骗取贷款罪

裁判要点

行为人虽然多次骗取银行贷款，但在合同约定期限内已还清本息，未给银行造成损失，不构成骗取贷款罪。

裁判思路

基本案情[①]**：**

2011 年至 2013 年，原审被告人温某崇以其注册的兴宁鑫某建材商行、兴宁民某家电商行的名义，以土地使用权（价值约 800 万元）作抵押，分别以其本人、家人、朋友为保证人，先后 6 次向工某银行兴宁支行申请贷款。因兴宁鑫某建材商行、兴宁民某家电商行并未实际开展经营活动，不符合银行放贷条件，温某崇便以该两家商行的名义与其他企业签订虚假购销合同，将其提交给工某银行兴宁支行，通过了该行审核，先后获取 6 笔贷款，每笔 400 万元，共计 2400 万元。上述贷款部分被温某崇用于炒房，部分用于其兄温某的生意周转。上述 6 笔

---

① 案件来源：温某崇骗取贷款再审案【广东省高级人民法院（2018）粤刑再 21 号】。

贷款均在贷款合同约定期限内还清。

在审贷过程中，工某银行兴宁支行工作人员对温某崇前5次申贷提交的购销合同的真实性疏于审查，致使温某崇获取贷款5笔，每笔400万元，共计2000万元。在第6次贷款过程中，该支行客户经理邹某明知兴宁民某家电商行没有实际经营活动，却帮助温某崇联系裕某五金交电批发部，促使该批发部与兴宁民某家电商行签订虚假购销合同，使得温某崇借此获取贷款400万元。该笔贷款于2013年8月6日全部归还。

一审法院认为，温某崇犯骗取贷款罪，判处有期徒刑二年，并处罚金人民币十万元。后温某崇提起上诉。

二审法院认为，一审判决认定事实清楚，定罪准确。温某崇在二审期间积极缴纳罚金，主观恶性较小，犯罪情节较轻，依法可再从轻处罚，并可适用缓刑。故判处有期徒刑一年六个月，缓刑二年，并处罚金人民币十万元（已缴纳）。

后温某崇坚持申诉。经省高院审查认为，其申诉符合再审情形，故作出再审决定，提审本案。

再审法院认为：

《刑法》第一百七十五条之一规定，以欺骗手段取得银行或者其他金融机构贷款，给银行或者其他金融机构造成重大损失或者有其他严重情节的，构成骗取贷款罪。骗取贷款罪以“重大损失”或“其他严重情节”为构成要件，“重大损失”与“其他严重情节”在危害性上理应相当。

本案中，温某崇虽然多次骗贷数额巨大，但在合同约定期限内已还清本息，未给银行造成损失，且其在贷款时提供真实、足额的抵押担保，自始不存在给银行造成损失的危险，贷款未用于非法活动，其危害性与“重大损失”不相当，亦不能认定为骗取贷款的“其他严重情节”，不符合骗取贷款罪的构成要件，不构成骗取贷款罪。原审被告人温某崇虚构事实，隐瞒真相，骗取银行贷款，其行为违反了金融管理法规。但是，温某崇的骗贷行为未给银行造成损失，也不具有其他严重情节，不构成骗取贷款罪。

裁判结果

一、撤销广东省梅州市中级人民法院（2014）梅中法刑终字第5号刑事判决及广东省兴宁市人民法院（2013）梅兴法刑初字第260号刑事判决。

二、原审被告人温某崇无罪。

094 骗取贷款、票据承兑、金融票证罪是选择性罪名，根据行为人实施的行为选择适用

裁判要点

骗取贷款、票据承兑、金融票证罪是选择性罪名，应根据行为人实施的行为选择适用，不能数罪并罚。

裁判思路

基本案情[①]：

2012年4月至2014年2月，上诉人袁某虎伙同他人，以中某发公司的虚假铝锭贸易为背景，以盈某公司名下某商铺办理虚假抵押担保，向广西某银行防城港支行申请开立银行承兑汇票，上诉人王某厅负责协助袁某虎带领银行工作人员办理虚假抵押担保登记手续。袁某虎等人共计从银行骗开了17份银行承兑汇票，票面总金额为143540万元，其中，第17次骗开的票面价值为14300万元的银行承兑汇票到期后未还清，造成银行经济损失人民币7633.91万元。

2014年8月，袁某虎、王某厅伙同王某健，用伪造的盈某公司一商铺房产证办理虚假抵押，以王某健控制的某通公司、兴某达公司名义向深圳市某村镇银行申请贷款，骗取贷款人民币2000万元，给银行造成经济损失人民币1249万元。

一审法院认为，袁某虎、王某厅共同以欺骗手段取得银行贷款，以欺骗手段取得银行票据承兑，给银行造成特别重大损失，其行为已构成骗取贷款罪、骗取票据承兑罪。依法应对被告人袁某虎、王某厅数罪并罚。

争议焦点：行为人实施了骗取票据承兑以及骗取贷款的行为，是否应数罪并罚?

二审法院认为：

上诉人袁某虎、王某厅共同以欺骗手段取得银行贷款、票据承兑，给银行造成特别重大损失，其行为已构成骗取贷款、票据承兑罪。骗取贷款、票据承兑罪

---

① 案件来源：袁某虎、王某厅骗取贷款、票据承兑二审案【广东省高级人民法院（2017）粤刑终1009号】。

是《刑法》第一百七十五条之一所规定的选择性罪名，应根据行为人实施的行为选择适用，不能数罪并罚，原判将其作为两个罪名，认定袁某虎、王某厅构成骗取贷款罪和骗取票据承兑罪，实行数罪并罚，属适用法律错误，应予纠正……

裁判结果

……

二、撤销广东省深圳市中级人民法院（2016）粤03刑初273号刑事判决第一项对上诉人袁某虎犯骗取票据承兑罪、骗取贷款罪和第二项对上诉人王某厅犯骗取票据承兑罪、骗取贷款罪的定罪量刑。

三、上诉人袁某虎犯……骗取贷款、票据承兑罪，判处有期徒刑六年，并处罚金人民币八十万元……

四、上诉人王某厅犯……骗取贷款、票据承兑罪，判处有期徒刑三年，并处罚金人民币三十万元……

095 通过伪造增值税专用发票的方式骗取贷款，二者构成牵连关系，择一重罪论处

裁判要点

行为人通过伪造增值税专用发票的方式骗取贷款，其伪造增值税专用发票的行为系手段行为，骗取贷款是目的行为，二者构成牵连关系，择一重罪论处。

裁判思路

基本案情[①]**：**

2011年11月至2012年5月，被告人赵某新以其经营的原青岛九某和公司的名义，通过虚构交易的方式，伪造增值税专用发票73张，金额共计人民币8335.8万元。赵某新还虚构了购销合同等相关材料，将虚假的应收账款质押给某银行青岛李沧某支行，骗取银行信任后，先后4次骗取该行国内保理贷款6700

---

① 案件来源：赵某新伪造、出售伪造的增值税专用发票、骗取贷款、票据承兑、金融票证二审案【山东省青岛市中级人民法院（2016）鲁02刑终729号】。

万元。至案发时，仍有4693万余元贷款尚未偿还。

一审法院认为，被告人赵某新作为青岛九某和公司直接负责的主管人员，伪造增值税专用发票，数量巨大，并以欺骗手段取得银行贷款，给银行造成特别重大损失，其行为分别构成伪造增值税专用发票罪和骗取贷款罪，被告人赵某新系单位犯罪，应予数罪并罚。

一审法院以伪造增值税专用发票罪判处被告人赵某新有期徒刑十二年六个月；以骗取贷款罪判处其有期徒刑五年六个月，并处罚金人民币二十万元，决定执行有期徒刑十四年，并处罚金人民币二十万元。

争议焦点：行为人通过伪造增值税专用发票的方式骗取贷款，应当数罪并罚，还是认定具有牵连关系，择一重罪处罚？

辩护意见：

赵某新及其辩护人提出：赵某新的行为系牵连犯，应以骗取贷款罪对其定罪处罚。

二审法院认为：

赵某新作为九某和公司直接负责的主管人员，犯伪造增值税专用发票罪的事实清楚，证据确实充分，定性准确，审判程序合法，但同时以伪造增值税专用发票罪和贷款诈骗罪对赵某新进行并罚属于适用法律错误，导致量刑不当。

关于上诉人赵某新及其辩护人所提其行为系牵连犯的上诉理由和辩护意见，经查，赵某新伪造增值税专用发票的目的是骗取贷款，其也仅是将伪造的增值税专用发票交给银行办理保理业务，其伪造增值税专用发票的行为系手段行为、骗取贷款是目的行为，二者构成牵连关系，该上诉理由和辩护意见成立，本院予以采纳……本案中，赵某新伪造增值税专用发票的犯罪行为依法应当对其判处十年以上有期徒刑或无期徒刑，其骗取贷款的犯罪行为依法应当对其判处三年以上七年以下有期徒刑，并处罚金，因此应当以伪造增值税专用发票罪对其定罪处罚……

裁判结果

一、撤销山东省青岛市市北区人民法院（2015）北刑初字第666号刑事判决。

二、被告人赵某新犯伪造增值税专用发票罪，判处有期徒刑十二年六个月。

096 金融机构工作人员明知行为人使用他人名义贷款，仍批准贷款发放，行为人不构成骗取贷款罪

裁判要点

虽然行为人使用他人名义申请贷款，但金融机构工作人员在明知的情况下批准贷款发放，未产生错误认识，行为人不构成骗取贷款罪。

裁判思路

基本案情[①]**：**

2004年，某农商行金某支行取得金星村、干河村总计220亩土地承包经营权后，将此220亩土地对外发包。经该行信贷员刘某某与被告人张某某协商，张某某与金某支行签署转让协议，金某支行将此220亩土地转包给张某某经营30年，承包费总计人民币940500元并约定一次性付清。

为解决土地承包费及建设大棚的资金问题，张某某决定在金某支行办理贷款，因当时金某支行个人贷款额度为5万元，张某某遂以自己的名义，采用联保担保方式，分3笔贷款15万元，又以李某某等17人的名义分24笔贷款120万元。时任金某支行信贷员的刘某某明知张某某使用他人名义进行贷款，仍为张某某办理贷款手续，时任金某支行行长的张某洋，明知张某某系使用他人名义贷款，仍然批准贷款发放。135万元贷款发放后，其中940500元由金某支行直接划扣用于抵顶张某某的土地承包费，剩余贷款405000元由张某某进行生产经营使用。张某某偿还部分利息后以经营困难为由，未再偿还本金及利息。

一审法院认为，张某某以欺骗手段取得银行贷款，给银行造成重大损失，其行为已构成骗取贷款罪，判决张某某犯骗取贷款罪。

争议焦点：金融机构工作人员明知行为人使用他人名义贷款仍批准贷款发放，行为人是否构成骗取贷款罪？

辩护意见：

张某某上诉提出：其不存在骗取银行贷款的事实，某农村商业银行金某支行

---

① 案件来源：张某某骗取贷款二审案【辽宁省葫芦岛市中级人民法院（2017）辽14刑终107号】。

对其整个贷款行为均系明知，并将贷款直接给付其本人。故其不存在骗取贷款的行为。

二审法院认为：

骗取贷款罪是指自然人或单位以欺骗手段取得银行或者其他金融机构贷款，给银行或者其他金融机构造成重大损失或者有其他严重情节的行为。其构成犯罪的前提是必须具备欺骗手段，且该欺骗手段必须足以使金融机构产生错误认识，并在此错误认识的基础上发放贷款。该欺骗手段必须是针对金融机构的工作人员实施的。

上诉人张某某为承包金某支行土地而从金某支行使用李某某等 17 人名义贷款 24 笔，总计金额 120 万元。该行为依法不能认定为骗取贷款罪，首先，根据金某支行工作人员张某洋、杨某某、牛某某等人证实及银行贷款档案、张某某还息说明等证据证实，张某某使用他人名义进行贷款的行为无论是当时金某支行具体办理贷款手续的信贷员刘某某，还是当时负责审批贷款的金某支行行长张某洋均为明知。在贷款发放后，上诉人张某某向金某支行支付相关利息，金某支行亦直接向张某某催收欠款，在贷款到期需办理转贷时，金某支行又将上述 120 万元贷款办理转贷至张某某亲属及张某某本人名下。综合上述证据，本院足以认定，金某支行在发放贷款及催缴贷款的过程中，对张某某以他人名义贷款的事实是明知的，没有产生错误认识，贷款也由张某某实际使用。现有证据不能认定张某某对金某支行的工作人员使用欺骗手段，不能认定上诉人张某某构成骗取贷款罪……综上所述，原判认定事实错误，导致适用法律错误，依法应予以改判。

裁判结果

一、撤销葫芦岛市南票区人民法院（2016）辽 1404 刑初 16 号刑事判决。

二、改判上诉人张某某无罪。

三、实务建议

为防止行为人触犯骗取贷款、票据承兑、金融票证罪，以致身陷囹圄。我们在对重点案例梳理的基础上，结合实际办案经验，提出以下建议。

（一）了解本罪常见的刑事风险行为类型

司法机关办案人员在审理涉嫌骗取贷款、票据承兑、金融票证罪的案件时，通常会核实行为人是否对金融机构工作人员实施欺骗行为，立案时银行或其他金融机构是否遭受重大损失，以及二者之间是否具有因果关系。因此，在部分行为人眼中，欺骗行为仅仅只是“瑕疵”，然而在办案人员眼中，欺骗行为是认定行为人是否构成本罪的关键所在。一旦行为人实施了欺骗行为，便将自己暴露在刑事风险之中，如果后期因资金链断裂等原因未能到期偿还资金引发金融机构报案，行为人极有可能涉嫌本罪。

司法实践中，行为人对金融机构工作人员实施的欺骗行为主要包括：编造引进资金、项目等虚假理由，虚构贸易或投资背景，提供虚假的财务报表、购销合同、资信证明文件、收据、税票等证明材料，隐瞒企业经营状况恶化、履约能力差、资信度低的真相等。

（二）转变“骗取贷款后提供担保就不成立本罪”的错误认知

实务中，向银行提交虚假材料获取贷款后，因未能在合同约定的期限内偿还贷款而受到刑事追诉的行为人不在少数，即便行为人对贷款提供了担保或与他人约定由他人代偿贷款，也不能为其免责。

根据《刑法》及相关司法解释的规定，只要行为人对银行或其他金融机构的工作人员实施了欺骗行为，取得了贷款、票据承兑或金融票证，并且给银行或其他金融机构造成了重大损失（50万元以上），就构成犯罪。

值得重视的是，判断是否达到“重大损失”，是以刑事立案时行为人到期未偿还的金额进行计算，而不以该贷款日后是否有实现的可能进行判断。因此，即使行为人提供了担保或约定由他人代偿，如果未能在合同约定的期限内偿还，在立案前累计达到50万元，对于金融机构而言就遭受了重大损失，并且其重大损失与行为人的欺骗行为在刑法上具有因果关系，则该行为人就难逃其咎。

（三）“帮忙”须谨慎，对他人实施的欺骗行为切莫“瞎掺和”

需要关注的是，并不是只有直接获取贷款、票据承兑、信用证、保函的人才会构成本罪。如果明知他人对银行或者其他金融机构实施欺骗行为而为其提供帮助，如提供虚假的财务报告、身份证、资信证明材料、购销合同等，或者在虚假的贷款材料上签字，造成银行重大损失，那么也同样构成骗取贷款、票据承兑、金融票证罪。例如，在何某法、梁某英骗取贷款案中，何某法、梁某英明知他人以虚增车价款的方式骗取贷款，仍为他人提供身份证等材料，并配合他人在相关贷款材料上签字，为他人以其名义骗取贷款提供帮助，造成贷款银行重大损失，最终被法院认定构成骗取贷款罪。有鉴于此，“帮忙”不能随意帮，为他人提供材料需擦亮慧眼，以免招致刑事法律风险。

四、法律规范

（一）法律

《中华人民共和国刑法》（2020年修正）

第一百七十五条之一 以欺骗手段取得银行或者其他金融机构贷款、票据承兑、信用证、保函等，给银行或者其他金融机构造成重大损失的，处三年以下有期徒刑或者拘役，并处或者单处罚金；给银行或者其他金融机构造成特别重大损失或者有其他特别严重情节的，处三年以上七年以下有期徒刑，并处罚金。

单位犯前款罪的，对单位判处罚金，并对其直接负责的主管人员和其他直接责任人员，依照前款的规定处罚。

（二）立案标准

《最高人民检察院、公安部关于公安机关管辖的刑事案件立案追诉标准的规定（二）》（2022年5月15日施行 公通字〔2022〕12号）

第二十二条 以欺骗手段取得银行或者其他金融机构贷款、票据承兑、信用证、保函等，给银行或者其他金融机构造成直接经济损失数额在五十万元以上的，应予立案追诉。

（三）司法解释性质文件

《最高人民法院、最高人民检察院、公安部、司法部印发〈关于办理非法放贷刑事案件若干问题的意见〉的通知》（2019年10月21日施行 法发〔2019〕24号）

六、为从事非法放贷活动，实施擅自设立金融机构、套取金融机构资金高利转贷、骗取贷款、非法吸收公众存款等行为，构成犯罪的，应当择一重罪处罚。

……

第三节 伪造、变造金融票证罪

我国《刑法》第一百七十七条规定了伪造、变造金融票证罪。本罪在客观方面表现为伪造、变造汇票、本票、支票等各种金融票证，明知是伪造、变造的金融票证而贩卖，构成本罪的共犯。本罪要求行为人主观上具有故意，但不要求行为人具有非法占有他人财物的目的。本罪的犯罪主体包括自然人和单位。司法实践中，伪造、变造金融票证行为往往是行为人实施其他金融犯罪活动的手段行为，本罪与其他金融犯罪之间的罪数认定问题值得关注。

为更好掌握司法实务中对伪造、变造金融票证罪定罪量刑等方面的关注重点，我们对重点案例进行详细解析，通过研究司法机关的裁判思路，提炼了司法实务裁判要点。同时，我们梳理了与擅自伪造、变造金融票证罪相关的法律、司法解释、立案标准及政策法规等规定。

一、实务解析

（一）本罪在客观方面表现为伪造、变造各种金融票证

伪造金融票证包括形式伪造和内容伪造，前者是指对金融票证外观形式的非法仿制，后者是指对金融票证实质内容的非法填写。

变造金融票证是指行为人针对真的汇票、本票、支票等金融票据，采取挖补、拼接、翻凑、涂改等方法进行加工处理，制造数量更多或票面价值更大的金融票据。

“伪造”和“变造”最大的区别在于是否基于真实载体，“伪造”行为是不基于真实载体的创设权利的行为；而“变造”则基于真实载体，借助原票证的有效性改变票据的权利内容。

根据金融票证的不同种类，伪造、变造金融票证包括以下情形：（1）伪造、变造汇票、本票、支票；（2）伪造、变造委托收款凭证、汇款凭证、银行存单等其他银行结算凭证；（3）伪造、变造信用证或者附随的单据、文件；（4）伪造信用卡。

值得关注的是，复制他人信用卡、将他人信用卡信息资料写入磁条介质、芯片或者以其他方法伪造信用卡一张以上，或者伪造空白信用卡十张以上的，都属于“伪造信用卡”，以伪造金融票证罪定罪处罚。

另外，构成本罪不限于行为人自己实施伪造、变造金融票证的行为，委托他人实施伪造、变造金融票证的行为，或者明知是伪造、变造的金融票证而贩卖，都构成伪造、变造金融票证罪。

（二）本罪要求行为人主观上具有故意

构成本罪要求行为人具有伪造、变造金融票证的主观故意，至于行为人是否具有非法占有他人财物的目的，不影响本罪的成立。例如，行为人为掩饰其他犯罪而实施伪造、变造金融票证的行为，虽然不具有非法占有他人财物的目的，但仍然构成本罪。

（三）本罪的犯罪主体包括自然人和单位

本罪的主体是自然人和单位。单位可以成为本罪的犯罪主体，《刑法》第一百七十七条第二款规定：“单位犯前款罪的，对单位判处罚金，并对其直接负责的主管人员和其他直接责任人员，依照前款的规定处罚。”

（四）本罪与其他相关犯罪的关系

司法实践中，伪造、变造金融票证行为往往是行为人实施其他金融犯罪活动的手段行为。例如，为骗取银行承兑而伪造银行存单，为实施信用卡诈骗而伪造信用卡等。因此，存在作为方法行为的本罪与作为目的行为的其他犯罪之间的罪数认定问题。

如果行为人实施伪造、变造金融票证后，尚未开始实施其目的犯罪行为的，应以本罪一罪论处。如果行为人既实施了本罪的客观行为，又实施了其他犯罪行为，行为直接具有紧密的内在牵连关系，应当按照牵连犯从一重罪处罚。如果行为人实施了包括本罪在内的多个犯罪行为，仅部分犯罪行为具有牵连关系，那么对于其他犯罪行为仍然需要单独评价，数罪并罚。

二、裁判要点

097 为掩饰犯罪，委托他人伪造金融票证，涉嫌伪造金融票证罪

裁判要点

行为人盗窃后，为掩饰犯罪，委托他人伪造金融票证，达到数额标准的，构成伪造金融票证罪。

裁判思路

基本案情[①]**：**

2019年10月，被告人朱某姣准备向被害人朱某一借钱，后趁朱某一睡着之际，窃得卧室橱柜里包内的两张银行存单。当日，朱某姣到某银行支行将其中16万元的存单取现。同年11月，朱某姣将金额为2万元的存单取现。

11月下旬，朱某姣害怕盗窃银行存单一事被朱某一发现，遂通过网络找人仿制了两张金额等内容与上述存单相同的银行存单。2019年12月初，朱某姣将两张伪造的存单偷偷放回朱某一的包内。

2020年3月，朱某一持该两张存单去某银行取钱，被银行工作人员发现系假存单而报警案发。

一审法院认为，朱某姣犯盗窃罪，判处有期徒刑五年八个月，并处罚金人民币二万元；犯伪造金融票证罪，判处有期徒刑一年六个月，并处罚金人民币二万元。后朱某姣提起上诉。

争议焦点：行为人盗窃后，为掩饰犯罪，委托他人伪造金融票证，是否构成伪造金融票证罪？

辩护意见：

辩护人提出：朱某姣不构成伪造金融票证罪。

---

① 案件来源：朱某姣伪造、变造金融票证案【江苏省常州市中级人民法院（2021）苏04刑终24号】。

二审法院认为：

上诉人朱某姣以非法占有为目的，秘密窃取他人财物，数额巨大，其行为已构成盗窃罪；被告人朱某姣为了掩饰犯罪，让他人伪造虚假的银行存单，其行为已构成伪造金融票证罪。关于上诉人朱某姣所提其不是盗窃以及辩护人所提朱某姣系盗窃近亲属财物，应酌情从宽处罚，不构成伪造金融票证罪的上诉理由及辩护意见，经查，现有证据证明，朱某姣未经他人同意，采取秘密手段将他人存单拿走取现，后为了掩饰犯罪又委托他人伪造存单放至被害人处，导致被害人拿伪造的存单至银行取款时被发现，其行为符合盗窃罪和伪造金融票证罪的构成要件……

裁判结果

驳回上诉，维持原判。

098 明知是伪造的金融票证而贩卖，构成伪造金融票证罪

裁判要点

行为人明知是伪造的金融票证而贩卖，以伪造金融票证罪论处。

裁判思路

基本案情①：

自2014年开始，上诉人戴某辉、邓某放、罗某敏合伙销售假银行承兑汇票、假银行支票等。其中，罗某敏负责在网上发布制售假票信息招揽客户，戴某辉负责提供票源，戴某辉、邓某放负责接听电话、邮寄票据，邓某放支取出售假承兑汇票的票款等。

其间，三人共向他人销售伪造的假银行承兑汇票63张，票面额合计2505万元；假银行支票16张，票面额合计230万元。

一审法院认为，戴某辉等三人均犯伪造金融票证罪，分别判处十三年至六年不等有期徒刑，并处二十万元至十万元不等罚金。后三人提起上诉。

① 案件来源：戴某辉、邓某放伪造、变造金融票证案【河北省高级人民法院（2017）冀刑终381号】。

争议焦点：行为人明知是伪造的金融票证而贩卖，是否构成伪造金融票证罪？

辩护意见：

上诉人邓某放的辩护人提出：上诉人只有销售金融票证的行为，没有伪造、变造金融票证的行为，不构成伪造金融票证罪。

二审法院认为：

……关于戴某辉、邓某放及其辩护人提出的没有伪造、变造金融票据行为，不构成伪造、变造金融票证罪的意见，经查，戴某辉曾供述其贩卖的假票是从网上买的，后供述是由买来空白票打印的，并有罗某敏供述、邓某放 QQ 聊天信息相印证。各上诉人伪造或明知是伪造的金融票证而贩卖，一审认定其构成伪造金融票证罪并无不当……

裁判结果

一、维持沧州市中级人民法院（2016）冀 09 刑初 81 号刑事判决第一项、第二项，即被告人戴某辉犯伪造金融票证罪，判处有期徒刑十三年，并处罚金人民币二十万元；被告人邓某放犯伪造金融票证罪，判处有期徒刑八年，并处罚金人民币十五万元。

二、撤销沧州市中级人民法院（2016）冀 09 刑初 81 号刑事判决第三项，即被告人罗某敏犯伪造金融票证罪，判处有期徒刑六年，并处罚金人民币十万元。

三、上诉人罗某敏犯伪造金融票证罪，判处有期徒刑五年，并处罚金人民币十万元。

099 涂改存单票面金额属于变造金融票证的行为

裁判要点

行为人涂改存单票面金额，属于变造金融票证的行为。

裁判思路

基本案情[①]**：**

1998 年 9 月至 1999 年 5 月，被告人崔某林先后在朔州市多地农村基层信用社以小额存款套取存单 31 支，经涂改将其变造为 8000 元至 43000 元的大额存单，共计金额 665000 元。

之后，崔某林将其中共计金额 597000 元的 25 支假存单借贷给武某某、郭某某等人用作抵押在基层信用社贷款。当贷款人拿到信用社出具的存单抵押贷款证明书后，崔某林便在其上加盖伪造的信用社公章和会计、出纳私章，并先后向贷款人收取好处费 3 万余元。

案发后，大部分贷款被追回。

一审法院认为，崔某林犯变造金融票证罪，判处有期徒刑十四年，并处罚金人民币十万元。宣判后，崔某林不服，提起上诉。

二审法院认为：

被告人崔某林以营利为目的，大肆变造金融机构存单，其行为确已构成变造金融票证罪，且情节特别严重，应予严惩。原审认定事实清楚，证据充分，审判程序合法。考虑到崔某林的行为未给金融机构造成更大损失、原判处刑显重……

裁判结果

一、撤销朔州市中级人民法院（2000）朔刑初字第 30 号刑事判决。

二、原审被告人崔某林犯变造金融票证罪，判处有期徒刑十年，并处罚金人民币十万元。

100 通过伪造银行存单的方式骗取银行承兑，属牵连犯，择一重罪处罚

裁判要点

行为人在实施骗取银行承兑的行为过程中，使用了伪造银行存单的手段，两

---

① 案件来源：崔某林变造金融票证案【山西省高级人民法院（2001）晋刑二终字第 1 号】。

个行为系目的与手段的关系，属牵连犯，依法应择一重罪处罚。

裁判思路

基本案情[①]**：**

2015年5月，上诉人郭某因其公司急需贷款，找到在甘某银行某支行任职的上诉人毛某东，经毛某东介绍认识上诉人张某厚（金融掮客），三人预谋由张某厚高息拉来存款，郭某找人对应伪造存单，毛某东用假存单为郭某办理质押贷款。

2015年6月，张某厚从郝某处拉来2000万元存入银行，郭某向张某厚等人支付17%的贴息。张某厚、毛某东分别从郝某处和银行处取得此存单照片及相关资料，郭某使用这些材料伪造了2000万元存单。同年6月17日，毛某东伙同郭某，以郭某公司名义用虚假的2000万元存单质押，在某银行高新支行办理银行承兑汇票业务，骗得2000万元银行承兑汇票。郭某通过贴现人贴现得款，用于归还郭某公司的贷款及高利贷。

2015年6月至7月，上诉人郭某、毛某东、张某厚采用上述方式多次实施相同行为，共骗取1.2亿元银行承兑汇票。

一审法院认为，郭某、毛某东、张某厚三人犯伪造金融票证罪，分别判处十五年至十三年不等有期徒刑，并处二十万元至十五万元不等罚金。后三人提起上诉。

争议焦点：行为人在实施骗取银行承兑的行为过程中，使用了伪造银行存单的手段，应当如何定罪？

辩护意见：

上诉人郭某针对伪造金融票证罪上诉提出：一审法院以牵连犯，按伪造金融票证罪对其判刑错误，应按其实际实施的骗取银行承兑行为判处。

其辩护人提出：原判认定郭某构成伪造金融票证罪错误。本罪所保护的法益与郭某犯罪行为所侵犯的利益不同，应以犯罪目的的行为定罪；《刑法》规定此行为属吸收犯，应以吸收犯定罪处刑。

二审法院认为：

经查，上诉人郭某、毛某东、张某厚经预谋，分工实施使用伪造的银行存单

---

① 案件来源：郭某、毛某东、张某厚等伪造、变造金融票证案【甘肃省兰州市中级人民法院(2020)甘01刑终233号】。

质押，骗取银行承兑，在没有证据确实证明三人具有非法占有目的的情况下，依法应构成骗取银行承兑罪，但在实施骗取银行承兑的行为过程中，作为骗取银行承兑的手段，三人共同伪造银行存单的行为又构成了伪造金融票证罪。上述两个行为系手段与目的的关系，属牵连犯，依法应择一重处，故应按伪造金融票证罪定罪处罚……

裁判结果

驳回上诉，维持原判。

101 伪造信用卡并使用该卡，两个行为具有牵连关系，择一重罪处罚

裁判要点

行为人采取改装 POS 机窃取他人信用卡信息等手段伪造信用卡，并使用伪造的信用卡，基于两个行为具有内在牵连关系，择一重罪处罚。

裁判思路

基本案情①**：**

2015 年底，被告人雷某东在网络上得知改装 POS 机能够窃取刷卡用户的信用卡信息，用以伪造相同信息的信用卡，再用伪造的卡取现或刷卡消费。雷某东将该技术掌握后，便邀约被告人黄某彬、谢某洲一同伪造信用卡。

其间，先由雷某东对购买的 POS 机进行改装，以窃取刷卡用户的信用卡信息，再由黄某彬、谢某洲以虚假的 POS 机代理的身份，将改装过的 POS 机投放到个体商户店内，过一段时间后以维修 POS 机等理由将 POS 机取回。而后，雷某东将该 POS 机内窃取的刷卡用户信息复制到自己的电脑内。之后，雷某东用购买的写卡器等物品将窃取的信用卡信息复制到购买的磁条卡内，伪造信用卡。

雷某东、黄某彬、谢某洲用伪造的信用卡到各地取款或刷卡消费，共计人民

---

① 案件来源：雷某东、谢某洲伪造、变造金融票证、信用卡诈骗二审案【安徽省合肥市中级人民法院（2017）皖 01 刑终 554 号】。

币 34.417 万元。另外，查获伪造的信用卡共计 104 张。

一审法院认为，三人通过改装 POS 机窃取他人信用卡信息等手段，伪造信用卡 100 余张，情节特别严重；使用伪造的信用卡取现或消费，共计人民币 34.417 万元，数额巨大，三被告人的行为均已构成伪造金融票证罪、信用卡诈骗罪，且系共同犯罪。后三人提起上诉。

争议焦点：行为人采取改装 POS 机窃取他人信用卡信息等手段伪造信用卡，并使用伪造的信用卡，应当如何定罪？

辩护意见：

原审被告人雷某东及其辩护人提出原判定性不准。

二审法院认为：

关于本案定性，现查明的证据能证实本案中的行为人既有伪造信用卡的行为，又有使用部分伪造信用卡的行为。前者构成伪造金融票证罪，后者构成信用卡诈骗罪。基于行为人使用伪造信用卡骗取钱财是目的，伪造信用卡是实现其骗取钱财的方法、手段，这种具有内在牵连关系的方法行为与目的行为分别构成犯罪的，应择一重罪处罚（法律明确规定的除外）。本案中，雷某东、谢某洲、黄某彬伪造信用卡 100 余张，属情节特别严重，论罪应处十年以上有期徒刑，使用伪造的信用卡骗取 34 万余元，属数额巨大，论罪应处五年以上十年以下有期徒刑。因此，本案应定性为伪造金融票证罪，至于行为人使用伪造信用卡非法占有的 34 万余元，此情节应在量刑上予以考量，但基于上诉不加刑原则，应维持原判认定雷某东、谢某洲、黄某彬构成伪造金融票证罪的定罪量刑。故上诉人雷某东及其辩护人对本案定性提出异议之意见成立，予以采信。

裁判结果

一、维持合肥市庐阳区人民法院（2017）皖 0103 刑初 159 号刑事判决中第四项……

二、撤销合肥市庐阳区人民法院（2017）皖 0103 刑初 159 号刑事判决中第一项、第二项、第三项……

三、上诉人雷某东犯伪造金融票证罪，判处有期徒刑十二年，并处罚金人民币 15 万元。

……

102 实施窃取信用卡信息、伪造信用卡、出售信用卡信息等行为，除具有牵连关系的行为择一重罪处罚，其余行为单独评价，数罪并罚

裁判要点

行为人实施了窃取被害人信用卡信息、用窃取的信息伪造信用卡，并将窃取的部分信用卡信息出售给他人用于信用卡诈骗的行为，除窃取的部分信用卡信息已用于其他犯罪活动而被认定为牵连犯，并择一重罪处罚外，其余行为单独评价，数罪并罚。

裁判思路

基本案情[①]**：**

2014 年 11 月至 12 月，高某通过吴某某（另案处理）改装了 5 台移动 POS 机，使上述移动 POS 机增加了记录、存储以及发送在该 POS 机刷卡消费的相关银行卡信息和密码至其指定手机的功能。嗣后，将上述 POS 机提供给商户用于正常刷卡交易。根据测算，高某先后非法窃得他人银行卡信息共 43 条。

2014 年 11 月至案发，高某购买写码器及大量的空白信用卡，将非法获取的他人信用卡信息通过磁条写入的方式制作伪造的信用卡。2015 年 3 月，公安机关在高某处查获笔记本电脑、读卡器及大量的银行卡和伪造的信用卡。经鉴定，查获的 11 张空白信用卡中，有 6 张系伪造的信用卡。

2014 年 11 月至案发，高某通过互联网向李某、何某二（均另案处理）等人出售其窃得的信用卡信息 7 条，并按约定由上述人员制作伪卡后通过取现、套现及网上转账等方式进行盗刷，共计盗刷人民币 391698 元，其中，高某非法获利人民币 8 万元。

一审法院判决，对高某以窃取信用卡信息罪判处有期徒刑五年，并处罚金人民币五万元；以伪造金融票证罪判处有期徒刑五年，并处罚金人民币五万元；以

---

① 案件来源：高某窃取、收买、非法提供信用卡信息二审案【上海市第二中级人民法院（2016）沪 02 刑终 1047 号】。

信用卡诈骗罪判处有期徒刑七年，并处罚金人民币三十万元，决定执行有期徒刑十四年，并处罚金人民币四十万元。后高某提起上诉。

争议焦点：行为人实施了窃取被害人信用卡信息、用窃取的信息伪造信用卡，并将窃取的信用卡信息出售给他人用于信用卡诈骗的行为，应当如何定罪?

辩护意见：

上诉人高某及其辩护人提出：不能三罪并罚，而应按照牵连犯原则择一重罪处罚。

二审法院认为：

经查，高某通过违法改装 POS 机以窃取被害人信用卡信息共计 52 条。其中：因 2 条信用卡信息已被其伪造成信用卡而构成伪造金融票证罪；7 条信息因已被其出售给他人用于实施信用卡诈骗犯罪活动，且与他人共谋并共同分赃而构成信用卡诈骗罪；剩余 43 条信息被原判认定构成窃取信用卡信息罪。

本院认为，高某实施的三个犯罪行为分别具有相对的独立性，除高某窃取的部分信用卡信息已用于其他犯罪活动而被认定为牵连犯，并择一重罪处罚外，其余窃取的 43 条信用卡信息在没有证据证明将实施其他犯罪活动的情况下，对其以窃取信用卡信息罪定罪处罚，既符合充分评价原则，也不违背禁止重复评价原则。故原判对高某三罪并罚并无不当，高某的相关辩解和辩护人的相关辩护意见不予采信和采纳。

综上所述，本院认为，上诉人高某采用秘密手段非法窃取他人信用卡信息，其行为已构成窃取信用卡信息罪，且数量巨大；高某又伪造他人信用卡，其行为已构成伪造金融票证罪，且情节严重；高某还伙同他人使用伪造的信用卡进行诈骗活动，其行为又构成信用卡诈骗罪，且数额巨大，故对高某应三罪并罚。

裁判结果

驳回上诉，维持原判。

三、实务建议

为防止行为人触犯伪造、变造金融票证罪，我们在对重点案例进行梳理的基础上，结合实际办案经验，提出以下建议。

（一）打破“获利才构成本罪”的错误认识

司法实践中，虽然大部分行为人实施伪造、变造金融票证的初衷是获利，既包括贩卖获利，也包括实施其他金融诈骗行为非法占有他人财物，然而，构成本罪并不要求行为人以获利为目的，也不要求行为人最终获利。换言之，获利并非构成伪造、变造金融票证罪的前置条件，只要行为人实施了伪造、变造金融票证的行为，并且伪造、变造的金融票证的总面额或数量达到追诉条件，就构成本罪，即使最终行为人没有获利也不能为其免除罪责。

（二）改变“只有自己实施伪造、变造金融票证的行为才构成本罪”的错误理解

部分行为人在法庭上辩解称“其并未参与伪造、变造金融票证的过程，因此不构成本罪”，该辩解实则是对本罪的误读。构成伪造、变造金融票证罪并不要求行为人“亲力亲为”，委托他人实施伪造、变造金融票证的行为，或者明知是他人伪造、变造的金融票证而贩卖，都构成伪造、变造金融票证罪。

例如，在朱某姣伪造、变造金融票证案中，被告人朱某姣为了掩饰其盗窃他人存单的犯罪事实而委托他人伪造虚假的银行存单，该行为被法院认定构成伪造金融票证罪；在邓某放伪造、变造金融票证案中，邓某放虽然没有实施伪造、变造金融票证的行为，但其在明知金融票证是他人伪造的情况下参与贩卖，被法院认定与其他被告人共同构成本罪。

（三）了解实施本罪与其他关联犯罪行为的法律后果

综观司法案例，行为人为实施其他犯罪，往往会使用伪造、变造金融票证的手段作为“铺垫”，如为骗取银行承兑而伪造银行存单、为实施信用卡诈骗而伪造银行存单。值得重视的是，伪造、变造金融票证在多数情况下尽管只被当作“手段”，但单独构成犯罪，并且其法定刑甚至高于诸多金融犯罪的法定刑。

在行为人实施多个犯罪行为的情况下，如果实施的多个行为环环相扣、一一对应、存在紧密的关联关系，那么将被认定属于牵连犯，从一重罪处罚。例如，在雷某东等人伪造、变造金融票证、信用卡诈骗二审案中，雷某东等人既有伪造信用卡的行为，又有使用部分伪造信用卡的行为，分别构成伪造金融票证罪、信用卡诈骗罪。但基于行为人使用伪造信用卡骗取钱财是目的，伪造信用卡是实现

其骗取钱财的方法、手段，因此被认定具有牵连关系，从一重罪处罚。

如果行为人实施的多个犯罪行为不存在上述紧密关联，而是具有独立性，则多个行为将被单独评价，行为人面临数罪并罚。例如，在高某窃取、收买、非法提供信用卡信息二审案中，高某分别实施了窃取被害人信用卡信息、用部分窃取的信息伪造信用卡、将部分窃取的信用卡信息出售给他人用于信用卡诈骗的行为，分别构成窃取信用卡信息罪、伪造金融票证罪、信用卡诈骗罪，基于高某实施的多个行为具有独立性，最终被判处三罪并罚。

四、法律规范

（一）法律

《中华人民共和国刑法》（2020 年修正）

第一百七十七条　有下列情形之一，伪造、变造金融票证的，处五年以下有期徒刑或者拘役，并处或者单处二万元以上二十万元以下罚金；情节严重的，处五年以上十年以下有期徒刑，并处五万元以上五十万元以下罚金；情节特别严重的，处十年以上有期徒刑或者无期徒刑，并处五万元以上五十万元以下罚金或者没收财产：

（一）伪造、变造汇票、本票、支票的；

（二）伪造、变造委托收款凭证、汇款凭证、银行存单等其他银行结算凭证的；

（三）伪造、变造信用证或者附随的单据、文件的；

（四）伪造信用卡的。

单位犯前款罪的，对单位判处罚金，并对其直接负责的主管人员和其他直接责任人员，依照前款的规定处罚。

（二）司法解释

《最高人民法院、最高人民检察院关于办理妨害信用卡管理刑事案件具体应用法律若干问题的解释》（2018 年 12 月 1 日施行　法释〔2018〕19 号）

第一条　复制他人信用卡、将他人信用卡信息资料写入磁条介质、芯片或者以其他方法伪造信用卡一张以上的，应当认定为刑法第一百七十七条第一款第四项规定的“伪造信用卡”，以伪造金融票证罪定罪处罚。

伪造空白信用卡十张以上的，应当认定为刑法第一百七十七条第一款第四项规定的“伪造信用卡”，以伪造金融票证罪定罪处罚。

伪造信用卡，有下列情形之一的，应当认定为刑法第一百七十七条规定的“情节严重”：

（一）伪造信用卡五张以上不满二十五张的；

（二）伪造的信用卡内存款余额、透支额度单独或者合计数额在二十万元以上不满一百万元的；

（三）伪造空白信用卡五十张以上不满二百五十张的；

（四）其他情节严重的情形。

伪造信用卡，有下列情形之一的，应当认定为刑法第一百七十七条规定的“情节特别严重”：

（一）伪造信用卡二十五张以上的；

（二）伪造的信用卡内存款余额、透支额度单独或者合计数额在一百万元以上的；

（三）伪造空白信用卡二百五十张以上的；

（四）其他情节特别严重的情形。

本条所称“信用卡内存款余额、透支额度”，以信用卡被伪造后发卡行记录的最高存款余额、可透支额度计算。

第十三条 单位实施本解释规定的行为，适用本解释规定的相应自然人犯罪的定罪量刑标准。

（三）立案标准

《最高人民检察院、公安部关于公安机关管辖的刑事案件立案追诉标准的规定（二）》（2022年5月15日施行 公通字〔2022〕12号）

第二十四条 伪造、变造金融票证，涉嫌下列情形之一的，应予立案追诉：

（一）伪造、变造汇票、本票、支票，或者伪造、变造委托收款凭证、汇款凭证、银行存单等其他银行结算凭证，或者伪造、变造信用证或者附随的单据、文件，总面额在一万元以上或者数量在十张以上的；

（二）伪造信用卡一张以上，或者伪造空白信用卡十张以上的。

（四）司法解释性质文件

《最高人民法院研究室关于对贩卖假金融票证行为如何适用法律问题的复函》（2002年2月　法研〔2002〕21号）

明知是伪造、变造的金融票证而贩卖，或者明知他人实施金融诈骗行为而为其提供伪造、变造的金融票证的，以伪造、变造金融票证罪或者金融诈骗犯罪的共犯论处。

第四节　窃取、收买、非法提供信用卡信息罪

我国《刑法》第一百七十七条之一第二款规定了窃取、收买、非法提供他人信用卡信息罪。本罪的犯罪对象是信用卡信息资料，其中信用卡包含“储蓄卡”；本罪是选择性罪名，行为人只要在窃取、收买或者非法提供中实施任一行为即符合本罪的客观构成要件。本罪的入罪门槛相对较低，构成本罪不以行为人获利为前提。本罪的犯罪主体为自然人，对于利用职务上的便利实施本罪的银行或者其他金融机构的工作人员，从重处罚。另外，对实施本罪及其他信用卡相关犯罪的行为人罪数的认定也是本节关注的重要内容。

为更好掌握司法实务中对窃取、收买、非法提供信用卡信息罪定罪量刑等方面的关注重点，我们对重点案例进行详细解析，通过研究司法机关的裁判思路，提炼了司法实务裁判要点。同时，我们梳理了与窃取、收买、非法提供信用卡信息罪相关的法律、司法解释、立案标准及政策法规等规定。

一、实务解析

（一）本罪的犯罪对象是信用卡信息资料

首先，值得关注的是，《刑法》规定的“信用卡”，是指由商业银行或者其他金融机构发行的具有消费支付、信用贷款、转账结算、存取现金等全部功能或者部分功能的电子支付卡。因此，《刑法》中的“信用卡”不限于通常意义上的信用卡，也包括储蓄卡。

其次，只有持卡人信用卡的核心信息才是本罪的犯罪对象。根据中国人民银行2000年发布的《银行卡磁条信息格式和使用规范》，信用卡信息主要包括：主账号、发卡机构标识号码、个人账户标识、检验位以及个人标识代码（密码），上述信息均属于核心信息。

最后，虽然实践中窃取、收买、非法提供个人信用卡信息的案件居多，但非法买卖公司对公账户资料，足以使他人以该银行账户持有人名义进行交易，同样构成本罪。

（二）本罪是选择性罪名，实施任一行为即构成本罪

本罪在客观方面表现为窃取、收买或者非法提供他人信用卡信息资料的行为，行为人只要在窃取、收买或者非法提供中实施任一行为即符合本罪的客观构成要件。

尽管从条文表述来看，本罪的客观构成要件较为简单，但关于“窃取”“收买”“非法提供”的内涵与外延如何理解在理论界与实务界仍存在较多争议。例如，“窃取”行为是否涵盖“骗取”，“收买”“非法提供”是否需以“违背信用卡卡主意愿”“侵犯他人对信用卡信息资料享有的专用权”为前提，换句话说，对于行为人向卡主本人购买信用卡信息资料并转售给他人，卡主本人知情并愿意出售给行为人，行为人的行为是否属于本罪的“收买”“非法提供”等。

就司法实践而言，“窃取”的方式主要包括：在银行 ATM 机上安装用于窃取信用卡信息的读卡设备和查看取款密码的微型摄像头，收买银行或金融机构的工作人员，利用职务便利使用技术手段秘密窃取用户的信用卡信息。另外，行为人向卡主本人收购银行卡及信息资料（俗称“套卡”）再转手出售，足以伪造可进行交易的信用卡，或者足以使他人以信用卡持卡人名义进行交易的，构成收买、非法提供信用卡信息罪。

（三）本罪的入罪门槛相对较低

根据立案标准，实施本罪行为，足以伪造可进行交易的信用卡，或者足以使他人以信用卡持卡人名义进行交易的，涉及信用卡一张以上的，应当追诉。另外，构成本罪不以行为人获利为前提，换句话说，即便行为人没有违法所得，也不影响其犯罪的成立。

（四）本罪的犯罪主体为一般主体

本罪的犯罪主体为自然人。需要重视的是，银行或者其他金融机构的工作人员利用职务上的便利犯本罪的，从重处罚。

（五）对实施本罪及其他信用卡相关犯罪的行为人罪数的认定

司法实践中，部分行为人窃取、买卖他人信用卡信息后又实施了其他信用卡犯罪活动，包括伪造信用卡、出售伪造的信用卡、使用伪造的信用卡到银行刷卡

取现等，除构成本罪外，还可能涉嫌伪造金融票证罪、妨害信用卡管理罪、信用卡诈骗罪等相关罪名。如果行为人实施的多个犯罪行为具有牵连关系，从一重罪处罚；如果不能评价为具有牵连关系，行为人将面临数罪并罚。

二、裁判要点

103 窃取、收买、非法提供信用卡信息罪中的“信用卡”包含储蓄卡

裁判要点

窃取、收买、非法提供信用卡信息罪中的“信用卡”，是指由商业银行或者其他金融机构发行的具有消费支付、信用贷款、转账结算、存取现金等全部或部分功能的电子支付卡，其范围包含储蓄卡。

裁判思路

基本案情[①]**：**

自2018年12月以来，被告人钟某堂以每张1000元的价格向开卡人黄某收买信用卡（实际为储蓄卡）信息资料三套（每套信用卡信息资料包括银行卡、密码、U盾、手机卡等资料）；以500元的价格向开卡人张某收买张某名下的兴某银行卡信息资料一套。事后，钟某堂将张某名下的兴某银行信用卡信息资料非法提供给邱某。

一审法院认为，钟某堂犯收买、非法提供信用卡信息罪，判处有期徒刑二年六个月，并处罚金人民币一万元。后钟某堂提起上诉。

争议焦点：窃取、收买、非法提供信用卡信息罪中的“信用卡”是否包含储蓄卡？

辩护意见：

钟某堂上诉称：其所收买的是银行储蓄卡而非信用卡，其行为应认定为妨害

---

① 案件来源：钟某堂收买、非法提供信用卡信息案【福建省宁德市中级人民法院（2021）闽09刑终6号】。

信用卡管理罪，请求法院依法改判。

其辩护人提出：钟某堂主观上认为所收买、提供的对象为储蓄卡而并非信用卡，其行为不宜以收买、非法提供信用卡信息罪定罪处罚。

二审法院认为：

关于上诉人钟某堂及其辩护人诉辩称钟某堂所收买的是储蓄卡而非信用卡，其行为不宜以收买、非法提供信用卡信息罪定罪，而应认定为妨害信用卡管理罪的意见。经查，《刑法》中规定的“信用卡”，是指由商业银行或者其他金融机构发行的具有消费支付、信用贷款、转账结算、存取现金等全部或部分功能的电子支付卡，故其含义与金融机构所谓的银行卡相同。

在案证据证实，钟某堂向黄某、张某收买的系该两人名下的银行卡信息资料，并非单纯的储蓄卡，也非他人伪造或骗领的银行卡，双方之间存在买卖的交易事实，其行为特征不符合妨害信用卡管理罪的构成要件。在案证据中，证人黄某、张某、王某、林某等证言、微信转账记录、辨认笔录、银行交易流水清单、转账记录、聊天记录等与钟某堂供述能相互印证，证实钟某堂收买四套信用卡信息资料以及将其中一套信用卡信息资料非法提供给他人，足以使他人以信用卡持卡人名义进行交易的事实，钟某堂的行为特征符合收买、非法提供信用卡信息罪的构成要件。原判对钟某堂以收买、非法提供信用卡信息罪定罪处罚，并无不当。故该诉辩意见理由不能成立，不予采纳。

上诉人钟某堂收买、非法提供他人信用卡信息资料，足以使他人以信用卡持卡人名义进行交易，其行为已构成收买、非法提供信用卡信息罪……

裁判结果

驳回上诉，维持原判。

104 非法买卖公司对公账户资料可能构成收买、非法提供信用卡信息罪

裁判要点

非法买卖公司对公账户资料，足以使他人以该银行账户持有人名义进行交

易，构成收买、非法提供信用卡信息罪。

裁判思路

基本案情[①]**：**

2018年底，被告人董某江将其注册的锦州江某公司和锦州东某公司的工商营业执照、对公账户、网银等信息资料出售给刘某二时，刘某二承诺以每套人民币1000元的价格继续从董某江处购买公司工商营业执照和对公账户。

董某江为获取非法利益，先后从李某处获取公司工商营业执照和对公账户1套，以每套500元的价格收购公司工商营业执照和对公账户8套，董某江将上述9套公司工商营业执照和对公账户信息资料出售给刘某二，获利4000元。

一审法院认为，董某江犯收买、非法提供信用卡信息罪，判处有期徒刑三年六个月，并处罚金人民币三万五千元。后董某江提起上诉。

二审法院认为：

上诉人董某江以营利为目的，违反国家信用卡管理制度，收买、非法提供信用卡信息资料，数量巨大，其行为已构成收买、非法提供信用卡信息罪。董某江到案后如实供述自己的罪行，依法可以从轻处罚。董某江系累犯，依法应当从重处罚。上诉人董某江上诉称，其买卖营业执照并不等同于收买、非法提供信用卡信息罪，原审量刑过重。经查，董某江非法买卖的并非只有营业执照等相关信息，还包括以营业执照等资料开设的银行账户，其收买、非法提供他人银行账户信息资料，足以使他人以该银行账户持有人名义进行交易，且涉及的公司工商营业执照和对公账户资料达9套，依法应当以收买、非法提供信用卡信息罪定罪处罚，原审根据其犯罪事实、犯罪情节等在法定刑幅度内量刑，并无不当。

裁判结果

驳回上诉，维持原判。

---

① 案件来源：董某江收买、非法提供信用卡信息案【湖北省襄阳市中级人民法院（2020）鄂06刑终343号】。

105 收买信用卡及配套信息资料，足以使他人以持卡人名义交易的，构成收买、非法提供信用卡信息罪

裁判要点

采用收买的方式非法获得信用卡及配套的密码、U 盾、关联手机卡等资料，其收买、非法提供的标的内容足以使他人以信用卡持卡人名义进行各种有磁、无磁交易，应以收买、非法提供信用卡信息罪定罪处罚。

裁判思路

基本案情[①]**：**

2019 年 7 月、8 月，上诉人吕某浩经与唐某预谋，由上诉人吕某浩联系赵某，以每套 400 元的价格向赵某收买银行卡，并与赵某到工某银行、徽某银行、农某银行办理银行卡各一张，并绑定 U 盾及电话号码，后将这三套银行卡交给唐某。几天后，吕某浩收到唐某支付的每套银行卡人民币 650 元，共计 1950 元，后以每套银行卡人民币 400 元的价格支付给赵某，共计人民币 1200 元。

上述被倒卖的银行卡，于 2019 年 10 月 30 日被用于诈骗犯罪活动。2020 年 5 月 18 日，吕某浩被公安机关传唤到案。

一审法院认为，吕某浩犯收买、非法提供信用卡信息罪，判处有期徒刑三年，并处罚金人民币二万元。后吕某浩提起上诉。

争议焦点：收买信用卡及配套的密码、U 盾、关联手机卡等资料应认定为妨害信用卡管理罪还是收买、非法提供信用卡信息罪？

辩护意见：

上诉人吕某浩及其辩护人提出：本案应认定为妨害信用卡管理罪。

二审法院认为：

关于上诉人吕某浩及其辩护人提出本案应认定为妨害信用卡管理罪的诉辩意见。经查，上诉人吕某浩系采用收买的方式非法获得赵某的信用卡及配套的密

---

① 案件来源：吕某浩收买、非法提供信用卡信息案【福建省泉州市中级人民法院（2021）闽 05 刑终 284 号】。

码、U盾、关联手机卡等资料，其收买、非法提供的标的内容足以使他人以信用卡持卡人名义进行各种有磁、无磁交易，应以收买、非法提供信用卡信息罪定罪处罚，原判定罪并无不当，上诉人吕某浩及其辩护人的该诉辩意见不能成立，不予采纳……本院认为，上诉人吕某浩收买、非法提供他人信用卡信息资料4套，其行为已构成收买、非法提供信用卡信息罪，且数量较大。原判定罪准确，审判程序合法。但原判认定本案上诉人收买他人5套信用卡信息的事实有误，应予改正……

裁判结果

一、撤销福建省晋江市人民法院（2020）闽0582刑初2086号刑事判决中对上诉人吕某浩量刑部分的判决。

二、上诉人吕某浩犯收买、非法提供信用卡信息罪，判处有期徒刑二年，并处罚金人民币二万元。

106 行为人是否获利不影响窃取、收买、非法提供信用卡信息罪的成立

裁判要点

窃取、收买、非法提供他人信用卡信息罪是侵犯信用卡管理秩序犯罪，不以非法所得为构成要件，未获非法利益不影响本罪的成立。

裁判思路

基本案情[①]**：**

2017年3月，被告人杜某利收买董某信用卡3张、李某信用卡4张，连同自己的1张信用卡，共8张信用卡出售给被告人周某军。

2017年3月30日周某军被抓获时，公安机关从其包内查获上述8张信用卡。

一审法院认为，杜某利犯收买、非法提供他人信用卡信息罪，判处有期徒刑

① 案件来源：杨某虎、何某天等收买、非法提供他人信用卡信息案【陕西省咸阳市中级人民法院（2018）陕04刑终190号】。

三年四个月，并处罚金人民币一万元。后杜某利上诉，理由是他没有从中获利，也没有购买过银行卡，只是非法提供。

争议焦点：构成窃取、收买、非法提供信用卡信息罪是否以获利为前提？

辩护意见：

上诉人杜某利提出，他没有从中获利，也没有购买过银行卡，只是非法提供。

二审法院认为：

上诉人何某天、周某军、杜某利及原审被告人杨某虎、杨某、席某收买、非法提供他人信用卡信息数量巨大。其行为均构成收买、非法提供他人信用卡信息罪……上诉人杜某利辩称其在整个犯罪过程中未获取非法利益，不应构成本罪。经查，上诉人杜某利收买、非法提供他人信用卡信息罪是侵犯信用卡管理秩序犯罪，不以非法所得为构成要件，故未获非法利益不影响本罪的成立，关于该节的上诉理由不成立，本院不予采信。

裁判结果

驳回上诉，维持原判。

107 窃取信用卡信息后又实施其他信用卡犯罪，对不具有牵连关系的犯罪行为单独评价，数罪并罚

裁判要点

行为人分别实施了窃取信用卡信息，利用部分信息伪造信用卡，并使用部分伪造的信用卡刷卡取现的行为，同时构成窃取信用卡信息罪、伪造金融票证罪、信用卡诈骗罪，数罪并罚。

裁判思路

基本案情①：

2017 年 4 月 20 日、21 日，杨某伙同韩某等人，在上海某银行 ATM 机处，安装用于窃取信用卡信息的读卡设备和查看取款密码的微型摄像头等物。其间，

---

① 案件来源：杨某、韩某窃取信用卡信息案【上海市第二中级人民法院（2019）沪 02 刑终 229 号】。

杨某、韩某等人共窃得他人信用卡信息计39条。

经检测，上述信用卡信息足以伪造可以进行交易的信用卡。其中，涉及赵一等五名被害人的工某银行信用卡信息被杨某等人制成伪卡，并刷卡取现8.7万余元。

除赵一等五名被害人所涉的信用卡外，杨某等人还采用通过工具将非法获得的信用卡信息写入磁条介质等方式，另伪造信用卡计7张。其中3张的信息来源于前述窃取的信用卡信息。

综上所述，杨某窃取信用卡信息的犯罪数额计31条，韩某窃取信用卡信息的犯罪数额计34条，两人信用卡诈骗犯罪数额计8.7万余元；杨某伪造金融票证（信用卡）的犯罪数额计7张。

一审法院认为，杨某犯窃取信用卡信息罪，判处有期徒刑四年，并处罚金人民币四万元；犯信用卡诈骗罪，判处有期徒刑六年，并处罚金人民币六万元；犯伪造金融票证罪，判处有期徒刑五年六个月，并处罚金人民币六万元，决定执行有期徒刑十二年六个月，并处罚金人民币十六万元。韩某犯窃取信用卡信息罪，判处有期徒刑三年六个月，并处罚金人民币三万元；犯信用卡诈骗罪，判处有期徒刑三年，并处罚金人民币三万元，决定执行有期徒刑四年六个月，并处罚金人民币六万元。后杨某提起上诉。

争议焦点：行为人分别实施了窃取信用卡信息、利用部分信息伪造信用卡并使用部分伪造的信用卡刷卡取现的行为，应当认定构成一罪还是数罪并罚？

辩护意见：

杨某的辩护人提出：杨某系出于非法占有的目的而实施了窃取他人信用卡信息和冒用他人信用卡的行为，对杨某应以信用卡诈骗罪一罪定罪处罚，请求二审法院依法改判。

二审法院认为：

上诉人杨某伙同原审被告人韩某等人，窃取他人信用卡信息资料，足以伪造可进行交易的信用卡，数量巨大；使用伪造的信用卡进行信用卡诈骗活动，数额巨大，两人的行为已构成窃取信用卡信息罪和信用卡诈骗罪。杨某还伪造信用卡，情节严重，其行为已构成伪造金融票证罪。杨某犯三罪，韩某犯两罪，均应对其数罪并罚……杨某具有窃取信用卡信息、实施信用卡诈骗、伪造金融票证的犯罪故意，并分别实施了窃取信用卡信息、实施信用卡诈骗、伪造金融票证的行为，其行为已分别构成相应的罪名。杨某的上诉理由及其辩护人的辩护意见不能成立。

裁判结果

驳回上诉，维持原判。

108 银行工作人员窃取信用卡信息后又实施信用卡诈骗，数罪并罚

裁判要点

银行的工作人员利用职务便利窃取信用卡信息资料，构成窃取信用卡信息罪，从重处罚，后又伙同他人使用伪造的信用卡，进行信用卡诈骗，构成信用卡诈骗罪，数罪并罚。

裁判思路

基本案情①：

2019年上半年，被告人冼某停担任顺德某银行信息科技部综合前置组组长期间，未经审批和授权，使用技术手段秘密窃取55名用户的信用卡信息，并带离办公场所。

随后，冼某停利用尾号为2243的工某银行卡、尾号分别为0032、4181的中某银行卡及星某克会员卡先后写入窃取的信用卡信息，并伙同孙某珂等人通过伪造刷卡消费、ATM机取款或转账等方式，多次在江西、湖南、福建、中山小榄、顺德等地盗刷被害人账户内的资金，致使被害人黄某等人共计损失人民币336013.83元。

一审法院认为，冼某停犯窃取信用卡信息罪，判处有期徒刑四年，并处罚金人民币十万元；犯信用卡诈骗罪，判处有期徒刑五年六个月，并处罚金人民币二十万元；总和刑期有期徒刑九年六个月，并处罚金人民币三十万元；决定执行有期徒刑八年，并处罚金人民币三十万元。后冼某停提起上诉。

争议焦点：银行的工作人员利用职务便利窃取信用卡信息资料，又伙同他人使用伪造的信用卡，进行信用卡诈骗，应当认定构成一罪还是数罪并罚？

---

① 案件来源：冼某停窃取信用卡信息案【广东省中山市中级人民法院（2021）粤20刑终201号】。

辩护意见：

上诉人冼某停及其辩护人辩称：窃取信用卡信息罪与信用卡诈骗罪为作案手段与犯罪目的的关系，为牵连犯，应择一重罪（信用卡诈骗罪）处罚。

二审法院认为：

上诉人冼某停无视国家法律，作为银行的工作人员利用职务上的便利，窃取信用卡信息资料，数量巨大，又伙同他人使用伪造的信用卡，进行信用卡诈骗活动，数额巨大，其行为已分别构成窃取信用卡信息罪、信用卡诈骗罪，对窃取信用卡信息罪应依法从重惩处，对信用卡诈骗罪应依法惩处。冼某停在判决宣告前犯窃取信用卡信息罪、信用卡诈骗罪，依法应当数罪并罚。冼某停到案后如实供述其主要犯罪事实，依法可从轻处罚。

关于冼某停及其辩护人所提冼某停窃取信用卡信息与实施信用卡诈骗为作案手段与犯罪目的的关系，构成牵连犯，应择一重罪（信用卡诈骗罪）处罚的意见。经查，冼某停作为银行工作人员，其利用职务便利窃取他人信用卡信息的行为已完成，不论其将该信息用于何处，均已构成窃取信用卡信息罪，之后将窃取的信用卡信息用于实施信用卡诈骗的行为，另构成信用卡诈骗罪，故冼某停分别实施完成了两个独立的犯罪行为，应分别定罪处罚，其与辩护人所提上述意见，本院不予采纳……

裁判结果

驳回上诉，维持原判。

三、实务建议

近年来，非法买卖银行卡及信息资料的案件日益增多，该行为为电信网络诈骗犯罪、洗钱罪等下游犯罪分子转移赃款创造了便利条件。为防止行为人触犯本罪，我们在对重点案例梳理的基础上，结合实际办案经验，提出以下建议。

（一）树立“收购、非法提供他人信用卡信息资料涉嫌犯罪”的法律意识

根据公安部刑侦局于2020年12月17日发布的通告，自2020年10月10日在全国范围内开展“断卡”行动以来，全国共打掉“两卡”（手机卡、银行卡）

违法犯罪团伙4592个，抓获违法犯罪人员7.1万名。其中不乏购买、非法提供他人信用卡及信用卡信息（俗称“套卡”）的人员，部分行为人直至被抓获才意识到可能涉嫌违法犯罪。因此，牢固树立“收购、非法提供他人信用卡信息资料涉嫌犯罪”的法律意识至关重要。

司法实践中，非法获取或者非法提供的他人信用卡信息资料大多最终流向犯罪集团用于伪造信用卡，对金融秩序安全造成的破坏不容小觑，但难以查明行为人非法获取他人信用卡信息资料的目的是否用于伪造信用卡，也难以查明行为人与伪造信用卡者之间是否有共同犯罪的故意。因此，《刑法修正案（五）》增设了窃取、收买、非法提供信用卡信息罪，从源头上打击银行卡犯罪活动。

根据《刑法》的规定，结合司法判例，行为人向卡主本人收购“套卡”或者非法提供他人信用卡信息资料，只要信用卡信息资料为真实的，涉及信用卡1张以上，就构成收买、非法提供信用卡信息罪。另外，如果行为人收购的部分信用卡没有相关信息资料，那么对于该部分信用卡，行为人还涉嫌妨害信用卡管理罪。可以说，从信用卡信息资料的非法获取，信用卡的非法制作，制作完成后的持有、运输、使用等关涉信用卡犯罪活动链条上的各个环节，《刑法》均已设立对应的罪名并进行了翔实的规定，欲远离刑事法律风险，需远离信用卡及相关信息买卖。

（二）准确理解本罪的犯罪对象——“信用卡信息资料”

一方面，与大众的惯常理解可能不同的是，《刑法》规定的“信用卡”包含储蓄卡，因此行为人窃取、收买、非法提供储蓄卡的核心信息，涉嫌本罪。另一方面，“信用卡信息资料”不限于个人信用卡的信息资料，窃取、收买、非法提供公司对公账户资料，同样涉嫌本罪。例如，在董某江收买、非法提供信用卡信息案中，董某江非法买卖从他人处获取的公司营业执照以及以营业执照等资料开设的银行账户，足以使他人以该银行账户持有人名义进行交易，被法院认定构成收买、非法提供信用卡信息罪。

（三）转变“没有获取非法利益就不构成犯罪”的错误认识

部分被告人在法庭上仍持有“没有获取非法利益就不构成犯罪”的错误认识，坚持做无罪辩护。然而，本罪保护的客体是信用卡管理秩序。根据本罪的立案标准，只要行为人实施了窃取、收买或非法提供信用卡信息的行为，该信息足以用于伪造可进行交易的信用卡，或者足以使他人以信用卡持卡人名义进行交易的，涉及信用卡1张以上就构成犯罪。换句话说，构成窃取、收买、非法提供信用卡信息罪并不以行为人获利为前提，即便行为人没有获取违法所得，也不影响其罪名的成立。

四、法律规范

（一）法律

《中华人民共和国刑法》（2020年修正）

第一百七十七条之一 有下列情形之一，妨害信用卡管理的，处三年以下有期徒刑或者拘役，并处或者单处一万元以上十万元以下罚金；数量巨大或者有其他严重情节的，处三年以上十年以下有期徒刑，并处二万元以上二十万元以下罚金：

（一）明知是伪造的信用卡而持有、运输的，或者明知是伪造的空白信用卡而持有、运输，数量较大的；

（二）非法持有他人信用卡，数量较大的；

（三）使用虚假的身份证明骗领信用卡的；

（四）出售、购买、为他人提供伪造的信用卡或者以虚假的身份证明骗领的信用卡的。

窃取、收买或者非法提供他人信用卡信息资料的，依照前款规定处罚。

银行或者其他金融机构的工作人员利用职务上的便利，犯第二款罪的，从重处罚。

（二）立法解释

《全国人民代表大会常务委员会关于〈中华人民共和国刑法〉有关信用卡规定的解释》（2004年12月29日施行）

全国人民代表大会常务委员会根据司法实践中遇到的情况，讨论了刑法规定的“信用卡”的含义问题，解释如下：刑法规定的“信用卡”，是指由商业银行或者其他金融机构发行的具有消费支付、信用贷款、转账结算、存取现金等全部功能或者部分功能的电子支付卡。

……

（三）司法解释

《最高人民法院、最高人民检察院关于办理妨害信用卡管理刑事案件具体应用法律若干问题的解释》（2018年12月1日施行 法释〔2018〕19号）

第三条 窃取、收买、非法提供他人信用卡信息资料，足以伪造可进行交易的信用卡，或者足以使他人以信用卡持卡人名义进行交易，涉及信用卡一张以上不满五张的，依照刑法第一百七十七条之一第二款的规定，以窃取、收买、非法提供信用卡信息罪定罪处罚；涉及信用卡五张以上的，应当认定为刑法第一百七十七条之一第一款规定的“数量巨大”。

（四）立案标准

《最高人民检察院、公安部关于公安机关管辖的刑事案件立案追诉标准的规定（二）》（2022年5月15日施行 公通字〔2022〕12号）

第二十六条 窃取、收买或者非法提供他人信用卡信息资料，足以伪造可进行交易的信用卡，或者足以使他人以信用卡持卡人名义进行交易，涉及信用卡一张以上的，应予立案追诉。

第五节　违规出具金融票证罪

我国《刑法》第一百八十八条规定了违规出具金融票证罪。本罪在客观方面表现为行为人违反规定为他人出具信用证、保函、票据、存单、资信证明，构成本罪要求行为达到“情节严重”的追诉标准。构成本罪要求行为人具有主观故意，即明知违规出具票据行为违反了法律或金融机构自身的业务规则，并且明知可能会造成的后果，但仍然实施该行为。本罪的犯罪主体是特殊主体，即银行或者其他金融机构及其工作人员，单位也可以成为本罪的犯罪主体。

为更好掌握司法实务中对违规出具金融票证罪定罪量刑等方面的关注重点，我们对重点案例进行详细解析，通过研究司法机关的裁判思路，提炼了司法实务裁判要点。同时，我们梳理了与违规出具金融票证罪相关的法律、司法解释、立案标准及政策法规等规定。

一、实务解析

（一）本罪在客观方面表现为行为人违反规定为他人出具信用证、保函、票据、存单、资信证明

首先，“违反规定”是指行为人违反有关金融法律、行政法规、规章以及银行或其他金融机构内部制定的规章制度与业务规则。

其次，“为他人出具”中的“他人”，不仅包括自然人，还包括单位。最高人民法院刑事审判第一庭《关于银行内部机构的工作人员以本部门与他人合办的公司为受益人开具信用证是否属于“为他人出具信用证”问题的复函》中认为，“为他人出具信用证”中的“他人”，是指银行或者其他金融机构以外的个人或者单位。银行内部机构的工作人员以本部门与他人合办的公司为受益人，违反规定开具信用证，属于为他人非法出具信用证。

再次，“出具”在理论上通常是指票据的出票行为。司法实践中，法院对“出具”行为的理解存在差异。有些法院认为，“出具”不仅包括出票行为，还包括承兑等一系列票据行为，如重庆第一中院作出的（2018）渝01刑终10号判

决。也有法院认为，“出具”仅指出票行为，不包含其他票据行为，因此银行签章承兑的行为不构成本罪，如四川高院作出的（2016）川刑终 423 号判决。因此，站在防范风险的角度，相关人员应当对出票、承兑等票据行为同样予以警惕。

最后，出具的对象包括信用证、保函、票据、存单和资信证明。其中，具有担保性质的文件应视为“保函”，证实单位或个人资金状况和信誉的证明文件属于资信证明。值得关注的是，如果行为人出具的是加盖伪造印章的虚假银行保函，因虚假的银行保函不具备金融票据的功能和作用，不构成违规出具金融票证罪。

（二）构成本罪要求行为达到“情节严重”的追诉标准

行为人违反规定为他人出具金融票证，必须达到“情节严重”的程度，才构成本罪。“情节严重”不仅包括给金融机构造成了较大损失，还包括虽然没有造成较大损失，但违规出具金融票证涉及金额巨大，或者多次违规出具金融票证等情形。

《刑事案件立案追诉标准（二）》第三十九条明确了本罪的追诉标准，涉嫌下列情形之一的，属于“情节严重”，应予立案追诉：（1）违反规定为他人出具信用证或者其他保函、票据、存单、资信证明，数额在二百万元以上的；（2）违反规定为他人出具信用证或者其他保函、票据、存单、资信证明，造成直接经济损失数额在五十万元以上的；（3）多次违规出具信用证或者其他保函、票据、存单、资信证明的；（4）接受贿赂违规出具信用证或者其他保函、票据、存单、资信证明的；（5）其他情节严重的情形。

（三）构成本罪要求行为人具有主观故意

关于本罪的责任形式，尽管刑法理论存在多种学说，但在司法实践中，认定行为人构成本罪仍要求行为人具有主观故意，即行为人在实施违规出具票据时，明知自己的行为违反了法律或金融机构自身的业务规则，并且应当知道自己违规出具票据行为可能造成的后果，但是仍然出具票据。

（四）本罪的犯罪主体是特殊主体

本罪的主体是特殊主体，即银行或者其他金融机构及其工作人员。其中，

“银行”包括中国人民银行、各商业银行、政策性银行以及其他在我国境内设立的中外合资银行和外资银行。“其他金融机构”指非银行金融机构，主要包括保险公司、信托投资公司、证券公司、融资租赁公司等。

单位可以成为本罪的犯罪主体。《刑法》第一百八十八条第二款规定：“单位犯前款罪的，对单位判处罚金，并对其直接负责的主管人员和其他直接责任人员，依照前款的规定处罚。”

二、裁判要点

109 银行工作人员违规为他人出具保函，情节严重，构成违规出具金融票证罪

裁判要点

银行工作人员为帮助客户借款，未经审批、授权，违规以银行名义为他人出具保函，情节严重，构成违规出具金融票证罪。

裁判思路

基本案情[①]**：**

2011年4月，被告人李某锁在担任原泰州某银行行长期间，为帮助该行客户金某鹅业公司向赵某借款人民币2000万元，未经审批、授权，违规在不可撤销的还款担保函和借贷合同上签名并加盖银行公章，保证在借款人不能还款的情况下，由银行无条件代为清偿全部债务。

借款到期后，金某鹅业公司未履行还款义务，赵某提起仲裁并向法院申请强制执行，最终导致银行被执行连带偿还资金人民币4611.34万元，造成重大经济损失且损失尚未挽回。

一审法院认为，李某锁犯违规出具金融票证罪，判处有期徒刑二年六个月。后李某锁提起上诉。

---

① 案件来源：李某锁违规出具金融票证案【江苏省泰州市中级人民法院（2019）苏12刑终154号】。

二审法院认为：

上诉人李某锁明知其以银行名义对外提供担保未经授权，且违反相关规定，仍然在不可撤销的2000万元还款担保函和借贷合同上签名并加盖银行公章，保证在借款人不能还款的情况下，由银行无条件代为清偿全部债务，根据相关法律规定，银行工作人员违反规定，为他人出具保函，数额在100万元以上的，或造成直接经济损失20万元以上的，即可构成违规出具金融票证罪，可见上诉人李某锁的行为已符合本罪的犯罪构成要件……本院认为，上诉人李某锁身为银行工作人员，违反规定，为他人出具保函，情节特别严重，其行为已构成违规出具金融票证罪，依法应予惩处。

裁判结果

驳回上诉，维持原判。

110 行为人指使他人违规授信，出具错误信用评级报告、信贷担保评价，致使银行遭受巨大损失，构成违规出具金融票证罪

裁判要点

银行工作人员指使相关工作人员违规授信，不审核申请资料及评估报告的真实性，并在错误信用评级报告、信贷担保评价报告上作出声明与保证，致使银行遭受巨大损失，构成违规出具金融票证罪。

裁判思路

基本案情[①]：

2011年3月，黑龙江地某公司向建某银行阿城支行申请办理授信业务，被告人沈某时任该行行长助理并担任主管信贷业务的银行领导。

任职期间，沈某多次作出违规操作。首先，沈某在贷前审查过程中未仔细核查该公司的相关凭证，未按规定组织调查核实该公司申请信贷业务的资料、与之交易的贸易背景及评估报告的真实性。其次，沈某明知该公司的信用等级未达

① 案件来源：沈某违规出具金融票证案【黑龙江省哈尔滨市中级人民法院（2019）黑01刑终531号】。

标，仍帮助其通过了银行的授信审查，在该公司的信用评级报告上签字，在该公司的信贷担保评价报告上签字，并作为评价审定人作出声明与保证。最后，沈某明知该公司发生了大量违反相关法规中额度的授信持续条件，如挪用信贷资金他用、无短期偿贷能力、部分长丝生产线停产、经营状况恶化，但均未按照建某银行贷款业务规定要求立即冻结地某公司未使用的授信额度，最终导致银行遭受重大损失。

经鉴定，黑龙江地某公司于2011年6月至2012年7月以购货为名在建某银行阿城支行开出148份银行承兑汇票，金额合计90420万元，到期形成银行垫款291146335.80元，此款尚未归还。

一审法院认为，沈某犯违规出具金融票证罪，判处有期徒刑十三年六个月。后沈某提起上诉。

争议焦点：银行主管信贷业务的领导违规不审核申请人信贷资料的真实性，指使相关人员违规授信，并在相关报告上签字，是否构成违规出具金融票证罪？

辩护意见：

辩护人认为，沈某作为行领导，仅系建某银行阿城支行为黑龙江地某公司办理承兑汇票等业务流程的一个环节，具体审核工作并非其所为，最终决定权亦非属其职权，同时其不明知合同存在瑕疵问题，故其无犯罪故意，亦无“违规”行为，因此不构成违规出具金融票证罪。

二审法院认为：

经二审审理认为，关于沈某的辩护人所提在办理承兑汇票流程中具体审核工作及最终决定均非沈某所为，其无犯罪故意，亦无违规行为，不构成违规出具金融票证罪。经查，沈某时任建某银行阿城支行领导、银行执业人员，其明知办理承兑汇票、贷款等银行信贷业务全部过程中需严格、谨慎，应按规定执行授信、出票等工作，但其却不审核地某公司申请信贷业务资料、贸易背景及评估报告的真实性，指使相关工作人员违规授信，并在错误信用评级报告、信贷担保评价报告上作出声明与保证。而后，其在明知地某公司贸易背景虚假及公司经营不良的情况下，仍指使工作人员违规继续办理信贷业务，致使建某银行阿城支行遭受巨大损失，故其行为构成违规出具金融票证罪……

裁判结果

驳回上诉，维持原判。

111 银行的签章承兑行为属于出具票据的行为

裁判要点

银行承兑汇票在银行签章承兑后，才正式完成票据制作的全部流程，成为实质上的承诺付款担保。故银行的签章承兑行为属于出具票据的行为。

裁判思路

基本案情[①]**：**

2012 年，被告人周某为获取银行贷款投资房地产项目，遂以硕某公司的名义，虚构购销旋挖机事由，以 11 套房产作为抵押物，通过虚构的 7900 万元地产资产评估报告向重庆甲银行提出贷款申请，该银行由时任该行总行客户经理的被告人韩某宇负责办理该贷款业务。

2012 年 9 月，韩某宇在未对周某提供的材料进行全面实质审核调查的情况下撰写调查报告，提出给硕某公司授信 6500 万元的意见。2012 年 10 月，甲银行向硕某公司授信 6500 万元，期限为 1 年。其后，周某通过银行放款、票据贴现的方式取得资金，并挪作他用。

2013 年 10 月，在前期授信资金到期前，周某继续采用前述方式再次向甲银行申请授信 8000 万元。韩某宇以同样的方式向周某授信 8000 万元，周某在归还授信资金后再次获得 8000 万元银行承兑汇票，并挪作他用。

2014 年，周某为归还甲银行 2013 年授信资金，向丙公司贷款 4000 万元，并计划用银行的授信资金归还丙公司的贷款，中途用于抵押的房产被法院查封，甲银行表示不能再次授信，周某与硕某公司遂无力归还重庆丙公司发放的 4000 万元贷款。

一审法院认为，韩某宇犯违规出具金融票证罪，判处有期徒刑二年。后韩某宇提起上诉。

争议焦点：银行的签章承兑行为是否属于出具票据的行为？

辩护意见：

韩某宇的辩护人提出：本案涉及的银行承兑汇票的出票人是硕某公司，甲银

---

① 案件来源：韩某宇违规出具金融票证罪案【重庆市第一中级人民法院（2018）渝 01 刑终 10 号】。

行没有出具票据的行为，故韩某宇不构成违规出具金融票证罪。

二审法院认为：

关于上诉人韩某宇的辩护人提出违规出具金融票证罪主观方面应为故意，韩某宇在主观方面只存在过失，不符合本罪名的犯罪构成要件，以及本案涉及的银行承兑汇票的出票人是硕某公司，甲银行没有出具票据的行为，韩某宇不构成违规出具金融票证罪的辩护意见。经查，涉案银行承兑汇票是由承兑申请人（又称出票人）硕某公司向甲银行提出申请，并提交商品交易合同等材料，由银行审查并审批同意后对汇票进行签章承兑。银行承兑汇票在银行签章承兑后，才正式完成票据制作的全部流程，在内容上才具有完整性，成为实质上的承诺付款担保。故银行的签章承兑行为属于出具票据的行为。韩某宇作为主办客户经理，在涉案承兑汇票出具过程中，负有授信审查、贷后核查的职责，其明知企业资料存在虚假，仍违反银行工作规定，为硕某公司违规授信，贷后亦不核查，情节严重，其行为符合违规出具金融票证罪的犯罪构成要件。该辩护意见不成立，不予采纳。

裁判结果

驳回上诉，维持原判。

112 银行询证函属于“金融票证”中的资信证明

裁判要点

银行询证函是银行向有关询证部门证实单位或个人资金状况和信誉的证明文件，属于“金融票证”中的资信证明。

裁判思路

基本案情[①]：

2009年3月，被告人彭某为成立汇某煤炭运销公司需要办理500万元的验资手续。3月28日，经与被告人吴某生（某信用社主任）商议并在吴某生的安排下，彭某以公司的名义在县信用社开立临时对公账户，先以其弟弟的名义从该信

① 案件来源：彭某、吴某生违规出具金融票证案【河北省高级人民法院（2016）冀刑终320号】。

用社贷款250万元，与其他借款（主要来自赵某利）凑足500万元后，又以彭某的名义向临时对公账户存入260万元，再以赵某利的名义存入240万元。

吴某生安排信用社工作人员为彭某开具了240万元及260万元的现金缴款单，并安排经办人李某乙在彭某拿去的银行询证函上签字、盖了信用社的章，后将彭某及赵某利的存款做冲销处理。之后，彭某让他人持上述证明办理了验资手续，设立了公司。

一审法院认为，吴某生犯违规出具金融票证罪，判处有期徒刑二年。后吴某生提起上诉。

争议焦点：银行询证函是否属于“金融票证”？

辩护意见：

吴某生及其辩护人提出：涉案验资证明不属于《刑法》第一百八十八条规定的金融票证，吴某生出具验资证明时资金真实存在，其违规行为未达到情节严重的标准，未给信用社造成任何经济损失，社会危害性较小，有自首情节，吴某生不构成犯罪。

二审法院认为：

……根据《中国人民银行办公厅关于银行现金解款单、对账单、银行询证函性质认定事宜的复函》的规定，银行询证函是银行向有关询证部门证实单位或个人资金状况和信誉的证明文件，属于资信证明。吴某生作为信用社主任，与彭某通谋，通过以他人名义贷款和借款凑足500万元注册资金，为彭某出具资信证明，并于当日将该注册资金撤出的方式，帮助彭某达到验资目的，上述事实有汇某煤炭运销公司开设账户相关资料、银行询证函、验资报告等书证，证人赵某利、李某乙、史某乙等的证言证实，上诉人吴某生亦供认不讳，足以认定，吴某生行为已构成违规出具金融票证罪。上诉人及辩护人所提吴某生不构成本罪的理由不能成立，本院不予采纳。鉴于吴某生的行为在客观上未给信用社造成严重损失，情节显著轻微，又有自首情节，依法可免予刑事处罚。

裁判结果

一、驳回上诉人彭某上诉。

二、维持张家口市中级人民法院（2016）冀07刑初4号刑事判决中第一项对上诉人彭某的定罪量刑及第二项对上诉人吴某生的定罪部分。

三、撤销张家口市中级人民法院（2016）冀07刑初4号刑事判决中第二项对上诉人吴某生的量刑部分。

四、上诉人吴某生犯违规出具金融票证罪，免予刑事处罚。

113 担保书与加盖公章的借条不构成违规出具金融票证罪中的“保函”

裁判要点

担保书与加盖金融机构公章的民间借贷合同，既不符合银行保函的形式特征，又不同于银行保函的实质特征，不属于违规出具金融票证罪中规定的刑事法律意义上银行的保函。

裁判思路

基本案情[①]**：**

2013 年，某银行行长周某以“倒贷款”为由向他人借款 1000 万元，周某在对方提供的“借条”上签字并私自加盖了银行公章。随后“倒贷款”因意外未能顺利进行，周某无力偿还借款。

2015 年，周某在出借人的要求下，在出借人出具的《担保书》上签字并私自加盖了银行公章，表示银行将承担连带责任。银行在发现该事件后开除了周某，借款人遂起诉周某并要求银行承担连带责任。

2020 年内蒙古高院终审判决银行承担连带清偿责任，银行向公安报案要求追究周某责任。

一审法院认为，周某犯违规出具金融票证罪，判处有期徒刑五年一个月。后周某提起上诉。

争议焦点：担保书能否解释为违规出具金融票证罪里的“保函”？

辩护意见：

辩护人认为：周某不构成违规出具金融票证罪，原审判决对“金融票证”及“保函”进行了扩大解释，本案中的担保书是个人借款担保，不属于银行出

① 案件来源：周某违规出具金融票证、骗取贷款案【内蒙古自治区乌海市中级人民法院（2022）内 03 刑终 46 号】。

具的公共信用文书，出具保函不属于该银行业务范围，本案中的担保书不具备保函的形式特征和实质性质。本案不属于法律意义上的“出具票据”行为，且不属于为他人出具。

二审法院认为：

……关于本案周某是否构成违规出具金融票证罪的问题，经查，本案中的《担保书》不属于违规出具金融票证罪中规定的刑事法律意义上银行的保函，其既不符合银行保函的形式特征，又不同于银行保函的实质特征。对于民间借贷合同加盖金融机构公章，由于公章印章本身不具备保函的形式要件，因此不能视为刑事法律意义上的保函……综上所述，秉持刑法谦抑性原则及罪刑法定原则，周某的行为虽然违反相关法律法规及银行内部规定，但依法不构成违规出具金融票证罪。但本案中对于“保函”的认定系基于刑事法律规定，不影响民事生效判决中对民事法律关系的认定。故对检察人员、辩护人及周某所提周某不构成违规出具金融票证罪的相关意见，依法予以采纳。

裁判结果

……

二、撤销乌海市海勃湾区人民法院（2021）内0302刑初318号判决第一项，即“被告人周某犯违规出具金融票证罪，判处有期徒刑五年一个月；犯骗取贷款罪，判处有期徒刑四年，并处罚金二十万元，数罪并罚，决定执行有期徒刑八年，并处罚金人民币二十万元”。

三、上诉人周某犯骗取贷款罪，判处有期徒刑四年，并处罚金人民币二十万元。

114　加盖伪造印章的虚假银行保函不属于违规出具金融票证罪中的金融票证

裁判要点

银行工作人员出具加盖伪造印章的虚假银行保函，因虚假的银行保函不具备金融票据的功能和作用，也没有造成实际损失，不构成违规出具金融票证罪。

裁判思路

基本案情[①]**：**

2014年9月，被告人熊某波（银行工作人员）找人伪造了多枚农某银行的公章。

2015年6月底，熊某波答应为被告人王某出具商业承兑汇票银行保兑保函，从而帮助王某从华某银行某分行使用商业承兑汇票进行融资。熊某波先以帮助丰某工贸公司融资为由，将该公司多枚公章交给王某。王某在无任何交易的情况下，于2015年6月30日打印了票面总金额达12亿元的24张商业承兑汇票，并加盖了丰某工贸公司的公章。

6月30日晚，熊某波将伪造的银行公章交给曹某，让曹某冒充农某银行分行工作人员，为其违规出具的银行保兑保函加盖伪造的银行公章。

7月1日，王某持4张票面总金额为2亿元的商业承兑汇票到农某银行某分行找到熊某波，熊某波在银行办公室为王某持有的商业承兑汇票出具了银行保兑保函。

一审法院认为，熊某波犯违规出具金融票证罪，判处有期徒刑二年六个月。后熊某波提起上诉。

争议焦点：加盖了假印章的银行保函是否属于本罪中的金融票据?

辩护意见：

被告人熊某波及其辩护人提出：原判认定其犯违规出具金融票证罪无事实和法律依据。虚假的保函不具备担保功能，也不会造成任何损失。

二审法院认为：

上诉人熊某波擅自伪造公司印章并使用制作虚假的银行保函，其行为已构成伪造公司印章罪……上诉人熊某波及其辩护人提出“原判认定其犯违规出具金融票证罪无事实和法律依据。虚假的保函不具备担保功能，也不会造成任何损失”的理由，经查，上诉人熊某波虽系银行工作人员，但其所从事的业务没有出具银行保函的权限，其在向华某银行分行出具金融票证时使用的是加盖了伪造印章的虚假银行保函，因虚假的银行保函不具备金融票据的功能和作用，也没有造成实际损失，故上诉人熊某波认为其行为不构成违规出具金融票证罪的上诉理由成立，本院予以支持。

---

① 案件来源：熊某波违规出具金融票证案【湖北省十堰市中级人民法院（2016）鄂03刑终219号】。

裁判结果

一、撤销湖北省十堰市茅箭区人民法院（2015）鄂茅箭刑初字第571号刑事判决。

二、上诉人熊某波犯伪造公司印章罪，判处有期徒刑二年……

115 受欺诈不是行为人违规为他人出具保函的免责事由

裁判要点

只要行为人实施了违规为他人出具保函的行为，不论行为人出于何种目的，是否存在被欺骗等情况，均不影响对其行为性质的认定。

裁判思路

基本案情[①]**：**

2014年，天某公司因业务合作要求恒某公司提供抵押或担保。被告人黄某方作为恒某公司实际控制人，明知台州某银行支行无权出具保函，仍多次请求时任该支行行长的王某林为恒某公司出具保函，并在王某林询问公司情况时，谎称对天某公司的欠款不多，故意隐瞒恒某公司及其个人的巨额负债和经营不善的情况，以骗得王某林的信任与帮忙。王某林明知该银行无权出具保函，仍为黄某方提供了最高额为3亿元的履约保证。

2015年，天某公司发函要求银行履行保证义务，支付贷款和汇兑损失合计252409184.58元。随后，天某公司将恒某公司与该银行诉至天津市高级人民法院，要求支付252409184.58元、利息6493576.85元，并要求判令银行对上述债务以及律师费、诉讼费承担连带责任。

一审法院认为，王某林犯违规出具金融票证罪，判处有期徒刑六年。后王某林提起上诉。

争议焦点：银行工作人员因受他人欺骗违规为他人出具保函，是否构成犯罪？

---

① 案件来源：王某林等违规出具金融票证案【浙江省台州市中级人民法院（2018）浙10刑终20号】。

辩护意见：

被告人王某林及其辩护人提出：（1）被告人王某林出具该保函主观上是为了恒某公司的经营，且是在对方承诺该保函只是为了形式应付，不会让银行实际担保的情况下签署的。（2）该保函在法律上实际是无效的，不仅是因为银行支行没有出具的权限，恒某公司与天某公司还存在欺诈行为，擅自扩大了债务范围，将恒某公司的前期债务也纳入了担保范围。

二审法院认为：

上诉人（原审被告人）王某林身为银行行长，违反规定为他人出具保函，数额达人民币3亿元，情节特别严重，其行为已构成违规出具金融票证罪；上诉人（原审被告人）黄某方作为被告单位恒某公司的实际控制人，为单位牟取利益，虚构资信现状、隐瞒巨额债务，以欺骗手段取得银行保函，数额达人民币3亿元，情节特别严重，被告单位恒某进出口贸易有限公司及被告人黄某方的行为均已构成骗取金融票证罪……

关于被告人的上诉理由及其辩护人的辩护意见，经审理认为，被告人王某林系银行支行的行长，其明知其支行没有出具保函的权限，但仍然违规为他人出具保函，其出于何种目的，是否存在被欺骗等情况均不影响本案的性质……

裁判结果

驳回上诉，维持原判。

116 银行工作人员违规为他人出具银行付款保函并非法收受他人财物，涉嫌违规出具金融票证罪与非国家工作人员受贿罪

裁判要点

银行工作人员利用职务便利，违反规定为他人出具银行付款保函，并非法收受他人财物，涉嫌违规出具金融票证罪与非国家工作人员受贿罪，数罪并罚。

裁判思路

基本案情[①]**：**

2011 年 11 月至 2012 年 3 月，被告人张某甲在任某银行支行对公客户经理期间，利用职务便利，在明知支行无权限开具银行付款保函的情况下，为原某公司和聚某公司向恒某隧公司的借款提供担保，向恒某隧公司出具银行“付款保函”三张，金额分别为 8400 万元、7350 万元、7350 万元。

聚某公司实际控制人周某给张某甲聚某公司 10%的股权（价值 100 万元）、人民币 170 万元。

一审法院认为，张某甲犯违规出具金融票证罪和非国家工作人员受贿罪，数罪并罚，决定执行刑期为有期徒刑十年。后张某甲不服，提起上诉。

二审法院认为：

上诉人张某甲身为国有控股银行聘用的工作人员，违反规定为他人出具银行付款保函，情节特别严重；并利用其职务上的便利，非法收受他人财物，为他人牟取利益，数额巨大，其行为分别构成违规出具金融票证罪、非国家工作人员受贿罪……上诉人张某甲犯违规出具金融票证的行为没有给秦皇岛某支行造成损失，对其犯违规出具金融票证罪具有自首情节，依法可减轻处罚……上诉人张某甲犯非国家工作人员受贿罪和违规出具金融票证罪，应实行数罪并罚……

裁判结果

一、维持海港区人民法院（2015）海刑重初字第 15 号刑事判决中的第二项，即追缴被告人张某甲的违法所得人民币一百七十万元。

二、撤销海港区人民法院（2015）海刑重初字第 15 号刑事判决中的第一项，即被告人张某甲犯违规出具金融票证罪，判处有期徒刑六年；被告人张某甲犯非国家工作人员受贿罪，判处有期徒刑七年，决定其执行刑期为有期徒刑十年。

三、上诉人张某甲犯违规出具金融票证罪，判处有期徒刑三年；上诉人张某甲犯非国家工作人员受贿罪，判处有期徒刑七年，数罪并罚，决定执行刑期为有期徒刑七年六个月。

---

① 案件来源：张某甲违规出具金融票证案【河北省秦皇岛市中级人民法院（2016）冀 03 刑终 70 号】。

三、实务建议

为防止银行或者其他金融机构的工作人员触犯违规出具金融票证罪，我们在对重点案例梳理的基础上，结合实际办案经验，提出以下建议。

（一）强化“违规就可能涉嫌犯罪”的法律意识

“违规”包括“违法”，但又不限于“违法”，即使是违反银行或其他金融机构内部制定的规章制度、业务规则，为他人出具金融票证，也涉嫌违规出具金融票证罪。实践中，银行工作人员为帮助客户借款，或听从领导的安排，违规授信，出具虚假的信用评级报告、信贷担保评价的违规行为较为高发。

需要特别强调的是，违规行为没有“免责理由”。无论行为人基于何种缘由、出于何种目的，甚至被客户欺骗作出“错误的预判”，都不足以成为其违规行为的免责事由，都不影响对行为人行为性质的认定。

（二）改变“只有造成损失才构成犯罪”的错误认识

我国《刑法》第一百八十八条为违规出具金融票证罪规定了两个量刑档。其中，“情节严重的”，处五年以下有期徒刑或者拘役；“情节特别严重的”，处五年以上有期徒刑。

部分行为人会将“情节严重”与“数额较大”混同理解。实际上，“情节严重”不仅包括给金融机构造成直接经济损失的情形，还包括违规出具数额巨大的金融票证、多次违规出具金融票证、接受贿赂违规出具金融票证等情形。

因此，“造成损失”并非构成违规出具金融票证罪的必要条件，行为人违规出具的巨额保函即使效力尚未明确，也可能会被认定为“情节严重”，甚至“情节特别严重”。

（三）提高风险防范意识，强化金融机构内控制度建设

内控制度是防范金融机构经营风险的重要手段，内控制度失灵会给金融机构的经营埋下严重隐患。在许多案例中，银行职员违规出具金融票证的主观目的并非出于私利或恶意，而是出于实践的惯常做法或迫于无奈的变通尝试。例如，有银行行长为了降低银行的不良贷款率，促进银行稳定发展，便为贷款人的“过桥

贷款”提供担保支持，这种做法在有些地区已经成为惯常操作。如果“过桥”成功将是多赢局面，但如果“过桥”失败，银行将面临巨大风险，违规人也可能会面临刑事责任。因此，金融机构应当提高风险防范意识，加强内控制度建设，规范对公章的管理使用，明确业务的审批权限，消除经营中不规范的做法。

四、法律规范

（一）法律

《中华人民共和国刑法》（2020年修正）

第一百八十八条　银行或者其他金融机构的工作人员违反规定，为他人出具信用证或者其他保函、票据、存单、资信证明，情节严重的，处五年以下有期徒刑或者拘役；情节特别严重的，处五年以上有期徒刑。

单位犯前款罪的，对单位判处罚金，并对其直接负责的主管人员和其他直接责任人员，依照前款的规定处罚。

（二）立案标准

《最高人民检察院、公安部关于公安机关管辖的刑事案件立案追诉标准的规定（二）》（2022年5月15日施行　公通字〔2022〕12号）

第三十九条　银行或者其他金融机构及其工作人员违反规定，为他人出具信用证或者其他保函、票据、存单、资信证明，涉嫌下列情形之一的，应予立案追诉：

（一）违反规定为他人出具信用证或者其他保函、票据、存单、资信证明，数额在二百万元以上的；

（二）违反规定为他人出具信用证或者其他保函、票据、存单、资信证明，造成直接经济损失数额在五十万元以上的；

（三）多次违规出具信用证或者其他保函、票据、存单、资信证明的；

（四）接受贿赂违规出具信用证或者其他保函、票据、存单、资信证明的；

（五）其他情节严重的情形。

（三）司法解释性质文件

《最高法刑事审判第一庭关于银行内部机构的工作人员以本部门与他人合办的公司为受益人开具信用证是否属于“为他人出具信用证”问题的复函》（2000年6月27日）

……

刑法第188条非法出具金融票证罪规定的“为他人出具信用证”中的“他人”，是指银行或者其他金融机构以外的个人或者单位。银行内部机构的工作人员以本部门与他人合办的公司为受益人，违反规定开具信用证，属于为他人非法出具信用证。

第六节 票据诈骗罪

我国《刑法》第一百九十四条规定了票据诈骗罪。本罪在客观方面表现为利用金融票据进行诈骗活动，骗取数额较大财物的行为。根据最新实施的《刑事案件立案追诉标准（二）》，“数额较大”即指数额在5万元以上。在主观方面，构成本罪要求行为人具有非法占有目的。本罪的犯罪主体包括自然人和单位。实践中，行为人一般是熟悉并且经手票据的公司、企业或者事业单位中的负责人员、会计、出纳、销售人员、采购人员等。

为更好掌握司法实务中对票据诈骗罪定罪量刑等方面的关注重点，我们对重点案例进行详细解析，通过研究司法机关的裁判思路，提炼了司法实务裁判要点。同时，我们梳理了与票据诈骗罪相关的法律、司法解释、立案标准及政策法规等规定。

一、实务解析

（一）本罪的行为方式具有多样性

本罪在客观方面表现为利用金融票据进行诈骗活动，骗取数额较大财物的行为，根据《刑法》的规定，一般表现为以下几种行为方式。

1. 使用伪造、变造的汇票、本票、支票骗取财物，即行为人按照票据的功能及通常使用方式，将伪造、变造的票据作为真实票据予以利用，骗取财物。例如，将伪造、变造的票据用于汇兑、支付贷款、转让、结算等。

2. 使用作废的汇票、本票、支票骗取财物。作废的汇票、本票、支票是指根据法律和有关规定不能使用的票据，包括已实现付款请求权的票据，法院已经宣布作废的票据，过期的票据与无效的票据。

3. 冒用他人的汇票、本票、支票，即非票据权利人假冒票据权利人，行使票据权利骗取财产的行为。

4. 签发空头支票或者与其预留印鉴不符的支票骗取财物。签发空头支票是指出票人签发的支票金额超过其付款时在付款人处实有的存款金额；签发与预留印鉴不符的支票是指票据签发人在其签发的支票上加盖与其在银行预留的印鉴不一致的财务章或名章。

5. 汇票、本票的出票人签发无资金保证的汇票、本票，或者在出票时作虚假记载，骗取财物。

上述五种行为方式，行为人只要实施其中之一，即可构成本罪，实施两种或者两种以上行为的，仍只构成一罪，不实行数罪并罚。

（二）构成本罪要求达到“数额较大”的追诉标准

行为人利用金融票据进行诈骗活动，如果骗取的财物符合“数额较大”的追诉标准，则构成本罪。《刑事案件立案追诉标准（二）》第四十六条对本罪的追诉标准进行了修改，根据该规定，进行金融票据诈骗活动，数额在5万元以上的，应予立案追诉。

（三）本罪主观方面要求行为人具有非法占有目的

票据诈骗罪在主观上表现为故意，并要求行为人具有非法占有目的。司法实践中，对于行为人通过上述诈骗方法非法获取资金，造成数额较大资金不能归还，并具有下列情形之一的，可以认定为具有非法占有的目的：（1）明知没有归还能力而大量骗取资金的；（2）非法获取资金后逃跑的；（3）肆意挥霍骗取资金的；（4）使用骗取的资金进行违法犯罪活动的；（5）抽逃、转移资金、隐匿财产，以逃避返还资金的；（6）隐匿、销毁账目，或者搞假破产、假倒闭，以逃避返还资金的；（7）其他非法占有资金、拒不返还的行为。

（四）本罪的犯罪主体包括自然人和单位

票据诈骗罪的主体为一般主体，自然人和单位均可以构成本罪。从司法实践来看，由于金融票据的专业性较强，金融机构以外的人员或者对相关金融票据业务不熟悉的其他人员很少构成本罪，行为人一般是熟悉并且经手票据的公司、企业或者事业单位中的负责人员、会计、出纳、销售人员、采购人员等。单位构成票据诈骗罪则要求所实施的票据诈骗行为必须是经单位决策机构或者决策人同意、授权、追认，并且是为了单位的利益。

二、裁判要点

117 明知是伪造的商业承兑汇票而予以使用，意图骗取银行贴现和用于抵押，数额较大的，构成票据诈骗罪

裁判要点

以非法占有为目的，明知是伪造的、不具有真实贸易关系和债权债务关系的商业承兑汇票而予以使用，意图骗取银行贴现和用于他人处抵押，数额较大的，构成票据诈骗罪。

裁判思路

基本案情[①]**：**

上诉人吴某峰系博某公司法定代表人。2015 年 7 月、8 月，吴某峰在其无资金、无煤炭的情况下，欲以伪造的商业承兑汇票抵押购买煤炭来卖给徐某，让上诉人孙某华寻找煤炭卖家。

吴某峰先找到张某、常某、徐某等人，由张某提供以圆某程公司为付款人，徐某的海某公司为收款人的不具有真实贸易关系和债权债务关系，票面金额共计 1.99 亿元的商业承兑汇票以及虚假的商业承兑汇票保兑保函、证明、授权书等资料；由圆某程公司与海某公司签订虚假的螺纹钢购销合同，常某和徐某将各自公司印章、法定代表人私章加盖在上述资料上。

孙某华在明知吴某峰欲以伪造的商业承兑汇票骗钱骗物的情况下，仍为其联系了经营煤炭生意的王某一。同年 9 月，上诉人吴某峰、孙某华等人与王某一谈妥，由王某一将 1 亿元商业承兑汇票在银行贴现成功后，吴某峰用余下的 1.49 亿元商业承兑汇票在王某一处抵押买煤。吴某峰将上述商业承兑汇票及相关资料交给王某一。

同年 9 月 6 日，王某一持上述虚假商业承兑汇票中的 5000 万元商业承兑汇

---

① 案件来源：吴某峰、孙某华票据诈骗罪二审案【四川省宜宾市中级人民法院（2016）川 15 刑终 378 号】。

票及配套银行保兑保函等资料到工某银行某支行申请贴现。工某银行某支行审核发现保兑保函系伪造，遂假意告知王某一可以贴现。11日，王某一再次持假的1亿元商业承兑汇票资料到该行申请贴现，该行向公安机关报案。

一审法院认为，吴某峰、孙某华犯票据诈骗罪，分别判处有期徒刑十一年、有期徒刑九年。宣判后，吴某峰、孙某华不服，提起上诉。

二审法院认为：

上诉人（原审被告人）吴某峰、孙某华以非法占有为目的，明知是伪造的、不具有真实贸易关系和债权债务关系的商业承兑汇票而予以使用，意图骗取银行贴现和用于他人处抵押，其行为均已构成票据诈骗罪，且数额特别巨大。二被告人在实施犯罪过程中，由于意志以外的原因未能得逞，系犯罪未遂，依法可对二被告人比照既遂犯从轻、减轻处罚。根据本案诈骗行为尚未实施终了，且客观上也不可能成功从银行贴现1亿元，进而在王某一处抵押余下近1.5亿元部分的汇票，故可对二被告人予以减轻处罚。在共同犯罪中，上诉人吴某峰系假汇票的持有者和使用者，起主要作用，系主犯，依法应按照其参与的全部犯罪处罚；上诉人孙某华配合吴某峰，联系被害人，交接汇票资料，起次要、辅助作用，系从犯，依法可对其减轻处罚……

裁判结果

一、撤销四川省江安县人民法院（2016）川1523刑初113号刑事判决。

二、上诉人吴某峰犯票据诈骗罪，判处有期徒刑八年，并处罚金人民币二十万元。

三、上诉人孙某华犯票据诈骗罪，判处有期徒刑六年，并处罚金人民币十万元。

118 使用作废的支票骗取他人财物，或者明知是作废的支票仍提供给他人用于诈骗，数额较大的，构成票据诈骗罪

裁判要点

以非法占有为目的，使用明知是作废的支票骗取他人财物，或者明知是作废

的支票仍提供给他人用于诈骗，数额较大的，构成票据诈骗罪。

裁判思路

基本案情[①]**：**

2011年底，被告人陆某甲将位于高要区的厂房出租给被告人梁某荣继续经营油桶板加工销售生意。

2013年6月至10月，梁某荣由于油桶板加工厂经营亏损，使用已经过期作废、与预留印章不符的支票作为支付手段，先后骗取被害人李某、智某新、智某军、王某合计货值人民币1760877元的油桶板，后销售获利，并与陆某甲瓜分。

该过程中，陆某甲明知是过期作废的支票，仍提供了3张票面金额人民币299366元的支票给梁某荣用于诈骗。

法院认为：

被告人梁某荣、陆某甲无视国法，以非法占有为目的，使用作废的、与预留印鉴不符的支票骗取他人财物。其中，被告人梁某荣诈骗金额人民币1760877元，属于数额特别巨大；被告人陆某甲诈骗金额人民币299366元，属于数额较大，其行为均已触犯了《刑法》第一百九十四条的规定，构成票据诈骗罪……在票据诈骗的共同犯罪过程中，被告人梁某荣利用作废的、与预留印鉴不符的支票实施诈骗，起主要作用，是主犯，依法应当按照其所参与的全部犯罪处罚；被告人陆某甲明知是作废的支票仍提供给被告人梁某荣用于诈骗，起次要作用，是从犯，依法应当从轻处罚……

裁判结果

一、被告人梁某荣犯票据诈骗罪，判处有期徒刑十年，并处罚金人民币二十万元；犯诈骗罪，判处有期徒刑三年，并处罚金人民币三万元；总和刑期十三年，并处罚金人民币二十三万元；决定执行有期徒刑十一年，并处罚金人民币二十三万元。

二、被告人陆某甲犯票据诈骗罪，判处有期徒刑三年，缓刑四年，并处罚金人民币三万元。

……

---

① 案件来源：梁某荣、陆某甲票据诈骗一审案【广东省肇庆市高要区人民法院（2014）肇要法刑初字第238号】。

119 持他人盗窃所得的银行承兑汇票，伙同他人冒名贴现，数额较大的，构成票据诈骗罪

裁判要点

行为人以非法占有为目的，持他人盗窃所得的银行承兑汇票，伙同他人冒用汇票持有人的名义办理贴现，数额较大的，构成票据诈骗罪。

裁判思路

基本案情[①]**：**

2013年5月，被告人邵某飞持李某二盗窃所得的A公司一张面额为人民币100万元的银行承兑汇票来到上海，找到叶某要求帮忙办理票据贴现。叶某遂找到B公司的蔡某将该汇票背书，后又通过中介公司经多次连续背书向工某银行贴现得款97万余元。中介公司将票据贴现款97万余元转至B公司账户。

同年5月17日至21日，蔡某先后三次在长宁区建某银行营业厅内，将上述97万余元取出，因此造成A公司巨额经济损失。

一审法院认为，邵某飞犯掩饰、隐瞒犯罪所得罪，判处有期徒刑五年，并处罚金人民币五万元。后检察院提起抗诉。

争议焦点：行为人持他人盗窃所得的银行承兑汇票伙同他人冒名贴现，非法占有他人财产，构成掩饰、隐瞒犯罪所得罪还是票据诈骗罪？

检察机关认为：

涉案汇票系银行承兑汇票，李某二盗窃得手后尚未对财物取得控制，因此犯罪行为尚未实施完毕，此时并无刑法意义上的“犯罪所得”产生。邵某飞冒用汇票贴现的行为才是导致汇票持有人对财物失去控制的关键环节，邵某飞的行为不是在犯罪既遂后的掩饰、隐瞒行为，而是实现非法占有他人财物的关键行为，其行为既侵害了票据持有人的财产权，也侵犯了国家的金融管理秩序，应认定为票据诈骗罪。

---

① 案件来源：邵某飞票据诈骗罪二审案【上海市第一中级人民法院（2017）沪01刑终2095号】。

二审法院认为：

关于对上诉人邵某飞行为的定性，本案系一起先窃取他人汇票，再冒名贴现，进而非法占有他人财产的案件。认定此类案件的性质，应当以促成财产关系转移的主要行为作为判断的依据。本案中，李某二盗窃涉案汇票得手后并未实际取得对A公司财产的控制，财产关系转移的危害后果尚未实际发生，邵某飞后续委托他人办理票据贴现才是导致本案侵犯财产结果发生的根本原因，是促成财产关系转移的主要实行行为。因此，原审法院认定邵某飞系在李某二盗窃犯罪危害后果发生后的掩饰、隐瞒行为，与本案的客观事实不尽相符。而检察机关认为邵某飞通过虚构交易关系，将涉案汇票多次背书并冒用贴现，才是导致票据所有人对财产失去控制的关键环节，应认定为票据诈骗罪的意见，符合案件的事实和法律规定……上诉人（原审被告人）邵某飞以非法占有为目的，伙同他人冒用汇票持有人的名义办理贴现，其行为已构成票据诈骗罪，且数额特别巨大。原审判决认定的事实清楚，证据确实、充分，审判程序合法，但原审判决适用法律错误，导致量刑不当，依法应予纠正。

裁判结果

一、撤销上海市长宁区人民法院（2016）沪0105刑初803号刑事判决，即"被告人邵某飞犯掩饰、隐瞒犯罪所得罪，判处有期徒刑五年，并处罚金人民币五万元"。

二、上诉人邵某飞犯票据诈骗罪，判处有期徒刑十年，并处罚金人民币十万元。

120 公司实控人采取欺骗手段截留银行承兑汇票，冒用被害单位名义虚假背书贴现，将所得资金回流公司，属于冒用他人汇票的行为

裁判要点

公司实控人利用公司开展的"厂商银"业务，通过第三方空转手段截留银行承兑汇票，并冒用被害单位名义将截留的银行承兑汇票虚假背书贴现，将所得

资金回流公司，属于冒用他人汇票的行为，符合票据诈骗罪的特征。

裁判思路

基本案情[①]**：**

被告人刘某华与林某某共同设立并实际控制准某公司。2011 年 10 月，准某公司为获取银行贷款，通过伪造的审计报告和虚假的财务报表等材料，分别骗取民某银行、兴某银行对该公司的人民币 2.1 亿元和 2.86 亿元的授信额度。该授信额度以银行开具银行承兑汇票方式，专项用于准某公司与鄂某公司的采购钢材活动。

2012 年 8 月，准某公司已无力偿还银行原有贷款，面临资金链断裂，林某某与刘某华商定以银行承兑汇票经第三方空转的手段骗取资金，具体由林某某指使员工使用伪造的鄂某公司财务部公章、变造或伪造《汇票确认函》等手段，多次骗取鄂某公司工作人员在汇票确认函及回执单上加盖鄂某公司合同专用章。

至 2013 年 1 月，共计截留民某银行开具的 26 张总额为 2.55 亿元及兴某银行开具的 17 张总额为 1.92 亿元的银行承兑汇票。林某某再通过伪造的鄂某公司财务专用章及法定代表人私章，冒用鄂某公司名义将上述截留的银行承兑汇票虚假背书后贴现，共获取贴现资金 4.35 亿余元。该款被刘某华、林某某用于支付银行开票保证金、归还之前的贷款、偿还准某公司及个人其他债务。

截至案发，未兑付汇票金额共计 3.06 亿余元。

一审法院认为，刘某华犯票据诈骗罪判处有期徒刑十五年，并处罚金人民币五十万元。后刘某华提起上诉。

二审法院认为：

经查，2011 年，钢贸市场经营萧条，准某公司资金紧张。司法鉴定意见书进一步证实，准某公司实际处于资不抵债的状态。刘某华明知上述情况，为套取银行信贷资金，仍同意林某某使用虚假财务报表、审计报告等申请材料，骗取民某银行及兴某银行对该司合计高达 4.96 亿元的授信额度，并通过与鄂某公司签订回购协议的方式，约定授信额度由银行开具承兑汇票形式专项用于向鄂某公司采购钢材，鄂某公司则承担票款差额的还款义务。

2012 年 8 月，准某公司经营状况持续恶化，负有巨额外债，已无力偿还银行原有贷款，根本不具有归还能力，林某某与刘某华商定以第三方空转手段获取银

---

① 案件来源：刘某华票据诈骗罪二审案【上海市高级人民法院（2019）沪刑终 67 号】。

行承兑汇票，且刘某华对涉案汇票系通过伪造、变造汇票确认函等方式私自截留，只能冒用汇票收款人鄂某公司名义背书贴现、贴现资金回流至准某公司等情况均属明知，仍同意上述操作模式，并将大部分贴现资金用于偿还公司和个人债务、支付开票保证金、兑付票款余额、出借他人等，该使用方式不能产生任何经济效益，在不具有偿付能力的情况下，致使银行承兑汇票先行垫付资金无法得到足额回购，造成重大财产损失。案发后，刘某华未采取积极措施尽力还款，反而在取保候审期间逃逸长达 3 年之久，足以证实其主观上没有偿还银行授信资金的意愿，具有非法占有的目的。

客观上，准某公司、林某某等人采取欺骗手段截留银行承兑汇票，冒用鄂某公司名义在汇票上虚假背书贴现，将资金回流准某公司，属于冒用他人汇票的行为，符合票据诈骗罪的特征。刘某华作为准某公司直接负责的主管人员，参与共谋，在伪造材料申请授信额度时签名，并按照事先约定使用冒用他人汇票贴现所得资金，参与准某公司、林某某等人实施的票据诈骗犯罪，亦构成票据诈骗罪。

裁判结果

驳回上诉，维持原判。

121 签发空头支票或与其预留印鉴不符的支票骗取财物，数额较大的，构成票据诈骗罪

裁判要点

明知账户没有存款，签发空头支票或与其预留印鉴不符的支票骗取财物，数额较大的，构成票据诈骗罪。

裁判思路

基本案情[①]**：**

2011 年，原审被告人黄某泽作为广东省某学校建筑的实际承建商，以中建

① 案件来源：黄某泽票据诈骗罪再审案【广东省清远市清城区人民法院（2015）清城法审监刑再字第 1 号】。

五局第一建筑安装玉某公司的名义向广州市湘某贸易有限公司购买钢材。

收到钢材后，黄某泽在明知账户没有存款的情况下，分别开出了中国农某银行两张合计金额为2724508元的空头支票，并加盖了事先伪造的“中建五局第一建筑安装玉某公司财务专用章（10）”和自己的印鉴，致使广州市湘某贸易有限公司在支票兑付的日期内未能取得钢材款，共骗得广州市湘某贸易有限公司钢材款人民币2724508元。

2011年，黄某泽先后退回共100万元给被害单位广州市湘某贸易有限公司。

一审法院认为，黄某泽犯票据诈骗罪，判处有期徒刑十二年，并处罚金五万元。判决生效后，黄某泽不服，提出申诉。清远市清城区人民法院决定再审本案。

再审法院认为：

原审被告人黄某泽在明知账户没有存款的情况下，签发空头支票或与其预留印鉴不符的支票骗取财物，数额特别巨大，其行为已构成票据诈骗罪。原审判决对原审被告人黄某泽犯票据诈骗罪事实认定清楚，证据充分。原公诉机关指控原审被告人黄某泽的罪名成立……对于原审被告人黄某泽所骗得的钢材款数额返还问题，根据再审查明的事实，原审被告人黄某泽共骗得被害单位广州市湘某贸易有限公司钢材款2724508元后，确实先后退还了共100万元给被害单位广州市湘某贸易有限公司，原审判决原审被告人黄某泽退赔钢材款2724508元给被害单位广州市湘某贸易有限公司，确有不当，应予纠正……

裁判结果

一、维持本院（2014）清城法刑初字第139号刑事判决第一项对原审被告人黄某泽犯票据诈骗罪的定罪及处罚金五万元部分。

二、撤销本院（2014）清城法刑初字第139号刑事判决第一项对原审被告人黄某泽的量刑部分及第二项。

三、原审被告人黄某泽犯票据诈骗罪，判处有期徒刑十一年，并处罚金人民币五万元……

122 明知资不抵债，仍出具到期不能兑付的支票，造成大额财物损失，构成票据诈骗罪

裁判要点

行为人明知其实际经营的公司资不抵债、无力清偿贷款，仍指使他人出具到期不能兑付的支票，骗取被害单位向其继续供货，造成大额财物损失，其行为构成票据诈骗罪。

裁判思路

基本案情①**：**

冯某昌系博某公司与朗某公司的实际控制人。自2013年开始，博某公司与朗某公司资不抵债，大量拖欠多家供应商贷款。为了让供应商继续供货，冯某昌指使公司财务人员向供应商粤某宝公司、星某公司开具了14张不能兑付的金额合计人民币3589172元的银行转账支票，骗取上述两家公司继续供货。

2013年4月至2014年7月，粤某宝公司收到上述支票后继续向博某公司供应了价值人民币1232983元的货物。2013年4月至2014年5月，星某公司收到上述支票后继续向博某公司供应了价值人民币1121636.16元的货物。冯某昌陆续向粤某宝公司支付贷款324408元，向星某公司支付贷款824067元。

2014年8月，冯某昌在供应商向其追索贷款后逃匿，骗取粤某宝公司贷款人民币908575元及星某公司贷款人民币297569.16元，均未归还。

一审法院认为，冯某昌犯票据诈骗罪，判处有期徒刑七年，并处罚金人民币四十万元。后冯某昌提起上诉。

争议焦点：行为人明知其实际经营的公司资不抵债、无力清偿贷款，仍指使他人出具到期不能兑付的支票，骗取被害单位向其继续供货，造成大额财产损失的行为是否构成票据诈骗罪？

辩护意见：

冯某昌及其辩护人提出：该公司并非空壳公司。涉案支票出具后，支票账户

---

① 案件来源：冯某昌票据诈骗罪二审案【广东省高级人民法院（2018）粤刑终58号】。

有多笔款项入账，款项均用于公司日常经营，在2013年至案发前，其向报案人付款的金额达800多万元，未有逃避支付、转移资金的行为，在案证据亦未证明其有增加采购量、高买低卖等异常交易行为。请求二审法院改判其无罪。

二审法院认为：

博某公司自2012年下半年开始资金链断裂，资金缺口巨大，虽曾支付部分贷款，但仍长期拖欠多家供应商大额贷款未予清偿，冯某昌对此事实亦供述在案。冯某昌向粤某宝公司、星某公司出具的14张涉案支票因账户资金不足、不能兑付时，冯某昌亦未采取其他支付方式，按时、足额向粤某宝公司、星某公司付款，可见其并无充足资金偿付贷款。据此，足以认定冯某昌在明知其实际经营的博某公司与朗某公司资不抵债、无力清偿贷款的情况下，仍指使财务人员向粤某宝公司、星某公司出具到期不能兑付的支票，骗取两家公司向其继续供货，造成被害单位大额财物损失，其行为构成票据诈骗罪。冯某昌及其辩护人提出博某公司有能力清偿贷款、其没有通过出具空头支票骗取财物的理由与查证事实不符，不予采纳……

裁判结果

驳回上诉，维持原判。

123 明知所购承兑汇票无资金保证，仍倒手贴现骗取财物，数额较大的，构成票据诈骗罪

裁判要点

明知所购承兑汇票无资金保证无法兑付，仍倒手贴现使之流入市场骗取财物，数额较大的，构成票据诈骗罪。

裁判思路

基本案情[①]：

2014年初，上诉人王某东为筹集资金，与贾某某、朱某某、李某二商定，

① 案件来源：王某东票据诈骗罪二审案【天津市第二中级人民法院（2016）津02刑终2号】。

以百某公司名义与贾某某、朱某某的瀚某公司签订票据服务协议，由李某二的中航中某公司为百某公司出票面值100万元的商业承兑汇票三张。李某二遂开具中航中某公司承兑的无资金保证商业承兑汇票三张，面值各100万元。王某东得到前述三张承兑汇票并付给李某二、贾某某、朱某某三人共15万元。

后涉案三张承兑汇票由王某东交给冯某某，在背书人处经百某公司财务专用章、王某东名章签章，在被背书人处留空，通过他人居间倒卖，贴现给廉某某的天津市某合金厂，造成廉某某经济损失270万元。王某东获得赃款72万元。

一审法院认为，王某东犯票据诈骗罪，判处有期徒刑十年六个月，并处罚金人民币二十万元。后王某东提起上诉。

二审法院认为：

上诉人王某东主观上明知涉案商业承兑汇票无资金保证无法兑付。证人朱某某、贾某某均证实办票时即告知王某东涉案承兑汇票无资金保证，不能贴现。此外，王某东的百某公司与出票的中航中某公司之间无真实交易和债权债务，王某东仅以15万元就获得中航中某公司承兑的300万元汇票，出票方另提出要求让王某东自己向持票人兑付票据钱款。前述事实结合朱某某、贾某某的证人证言，可以认定上诉人王某东明知涉案商业承兑汇票无资金保证。上诉人王某东具有非法占有目的。王某东以少量对价获得面额特别巨大的商业承兑汇票，倒手贴现获得巨额钱款，但其个人无高额收入，公司也未投产营利，其亦供认找人开汇票系因缺乏资金周转，至案发时仍无资金兑付，造成被害人廉某某270万元的损失，故王某东在出票、贴现、票据到期后均不具备偿还能力，所提拆借资金的辩解不能成立，属于明知没有归还能力而大量骗取资金，非法占有目的明确。

上诉人王某东明知所购涉案承兑汇票无资金保证，仍使之流入市场骗取财物，破坏市场经济秩序，造成被害人严重经济损失，犯罪数额特别巨大，应以票据诈骗罪定罪处罚……

裁判结果

驳回上诉，维持原判。

124 虚构交易背景签发无资金保证的汇票，并将汇票交由他人使用，实施诈骗，数额较大的，构成票据诈骗罪

裁判要点

行为人虚构交易背景，以非法占有为目的，签发无资金保证的汇票，并将汇票交由他人使用，实施诈骗，数额较大的，不属于经济纠纷，构成票据诈骗罪。

裁判思路

基本案情①：

2014年9月1日，被告人朱某明在其郝某公司无资金保障及无实际兑付能力的情况下，以郝某公司名义与孟某的鑫某公司签订虚假购销合同，约定鑫某公司出售总价为1008万元的铝卷给郝某公司，郝某公司给鑫某公司出具郝某公司为付款人、鑫某公司为收款人，出票总金额为1000万元的商业承兑汇票，郝某公司收到鑫某公司20万元的履约保证金后将承兑汇票交付鑫某公司。同时，双方又签订购销终止合同协议书解除购销合同，约定已出票的1000万元共三张承兑汇票失效作废。

后该1000万元的商业承兑汇票分成三张出票，孟某代表鑫某公司向朱某明的郝某公司支付15万元保证金后，取得票号分别为20××4103、20××4104、20××4105的三张商业承兑汇票，票面金额分别为200万元、300万元、500万元。

9月3日，孟某将其中两张承兑汇票共500万元通过刘某涛等人连续转手将承兑汇票以450万元的价格出售给丁某均，致使该两张承兑汇票到期后无法兑付，经出票银行查询获知，该行未曾向郝某公司出售票号为20××4103、20××4104的商业承兑汇票，截至本院重审立案时尚有损失113万元未追回。

一审法院认为，朱某明犯票据诈骗罪，判处有期徒刑十三年，并处罚金人民币二十五万元。宣判后，朱某明不服，提起上诉。

争议焦点：行为人虚构交易背景，签发无资金保证的汇票，并将汇票交由他人使用，此类行为应认定为经济纠纷还是票据诈骗行为？

① 案件来源：朱某明票据诈骗罪二审案【河南省许昌市中级人民法院（2019）豫10刑终82号】。

辩护意见：

上诉人朱某明提出：出票行为是公司的正常经营行为，朱某明没有实施诈骗，属于经济纠纷，不应认定为犯罪。

其辩护人提出：丁某均可以通过民事诉讼行使对出票人朱某明的追索权，本案不构成票据诈骗罪，而是经济纠纷。

二审法院认为：

上诉人朱某明以非法占有为目的，签发无资金保证的汇票，并将汇票交由他人使用，实施诈骗，数额特别巨大，其行为已构成票据诈骗罪。在票据诈骗共同犯罪中，朱某明开具不能承兑的商业汇票，为后续实施诈骗提供了票源基础，故朱某明在共同犯罪中起主要作用，系主犯。关于朱某明及其辩护人辩称本案系经济纠纷的辩护意见，经查，孟某告知朱某明要求郝某公司开具商业承兑汇票是为了利用该汇票实施融资担保，而在无资金保证的情况下以汇票融资，必然侵害他人财产权利，朱某明对此明知，为牟取非法利益而出具汇票，其行为构成票据诈骗罪，朱某明和孟某并无真实交易发生，故不应认定为经济纠纷……

裁判结果

驳回上诉，维持原判。

125 明知票据可能存在问题，仍然使用该票据贴息提现，可以认定具有非法占有目的

裁判要点

明知他人以明显低于市场的价格取得大面额银行承兑汇票，且明知该票据可能存在问题，仍然伙同他人使用该票据贴息提现，可以认定具有非法占有目的。

裁判思路

基本案情[①]**：**

2014 年 5 月，被告人高某与被告人张某雷、徐某财、张某一合作，约定由张

---

① 案件来源：张某雷等票据诈骗罪二审案【陕西省高级人民法院（2019）陕刑终 109 号】。

某雷、徐某财、张某一提供银行承兑汇票，高某负责将票据变现。

同年9月1日，高某联系到被害人闫某飞，双方经多轮谈判，最后决定将张某雷、徐某财、张某一提供的一张面额470万元的银行承兑汇票（由张某一以60万元购得），通过汇票贴息的方式，在闫某飞处提现人民币456.84万元，该款转入高某指定账户。当日，四人将该笔款项瓜分。

9月16日，高某持面额400万元的银行承兑汇票再次来到闫某飞处，欲以前次比例贴息提现300余万元。闫某飞在银行验票时，发现该400万元银行承兑汇票可能系伪造、变造票据。经闫某飞质问，高某对此无法作出合理解释，由此闫某飞对此前交易的470万元银行承兑汇票的真实性亦产生怀疑，高某要求不要报警，答应退款。

案发前，高某退款235万元，张某一退款5万元。案发后，高某退款21.84万元，其余195万元未予返还。经出票银行分别查验证实，涉案的两张银行承兑汇票均为变造票据，系假票。

一审法院认为，高某犯票据诈骗罪，判处有期徒刑十三年，并处罚金人民币十万元；张某犯票据诈骗罪，判处有期徒刑十二年，并处罚金人民币八万元。宣判后，高某、张某等人不服，提起上诉。

争议焦点：明知他人以明显低于市场的价格取得大面额银行承兑汇票，且明知该票据可能存在问题，仍然伙同他人使用该票据贴息提现，是否可以认定具有非法占有目的？

辩护意见：

高某上诉提出：其与被害人闫某飞贴息提现时，不知道涉案承兑汇票是假票，也没有非法占有的主观故意，不构成票据诈骗罪。

其辩护人认为：上诉人高某因为给企业融资陷入票据诈骗陷阱，不知道涉案银行承兑汇票是变造票，分得款项的支出部分均用于正常经营，没有挥霍和用于违法犯罪，当被害人发现承兑汇票是变造票据后并未逃跑，而是想方设法全部退还所分案款，原审判决认定其构成票据诈骗罪的证据不足，罪名不能成立，请求依法宣告其无罪。

二审法院认为：

上诉人高某、张某一、张某雷伙同他人，以非法占有为目的，明知是虚假的银行承兑汇票而使用，骗取他人资金，数额特别巨大，其行为均已构成票据诈骗罪。在共同犯罪中，张某一直接联系涉案变造的承兑汇票，高某负责联系能兑付现金的被害人，随后二人伙同张某雷共同骗取被害人巨额资金，而后分配赃款，张某一、高某均起主要作用，系主犯；张某雷受徐某财指使，携带变造的承兑票据与张某一前往榆林，将票据交给被害人，配合高某、张某一实施诈骗犯罪，在共同犯罪中起次要作用，系从犯，依法应当减轻处罚。对于高某及其辩护人关于原审判决认定高某构成票据诈骗罪的证据不足，罪名不能成立的上诉理由和辩护意见，经查，在案证据证明，高某明知张某一从他人手中以明显低于市场的价格取得大面额银行承兑汇票，又在张某雷告知该票据存在问题的情况下，仍然伙同张某一、张某雷使用该票据向被害人贴息提现，并将赃款用于归还借款、出借他人及个人消费等，非法占有的目的明确，其行为符合票据诈骗罪的构成要件，原审判决定性并无不当，其上诉理由及其辩护人的意见不能成立，不予采纳……

裁判结果

一、维持榆林市中级人民法院（2018）陕 08 刑初 53 号刑事判决第二项、第四项，即被告人张某一犯票据诈骗罪，判处有期徒刑十二年，并处罚金人民币八万元；被告人高某、张某一、张某雷共同犯罪的违法所得人民币一百九十五万元依法追缴，责令退赔被害人。

二、撤销榆林市中级人民法院（2018）陕 08 刑初 53 号刑事判决第一项、第三项，即被告人高某犯票据诈骗罪，判处有期徒刑十三年，并处罚金人民币十万元；被告人张某雷犯票据诈骗罪，判处有期徒刑五年，并处罚金人民币五万元。

三、上诉人高某犯票据诈骗罪，判处有期徒刑十一年，并处罚金人民币七万元。

四、上诉人张某雷犯票据诈骗罪，判处有期徒刑五年，并处罚金人民币二万元。

126 虚构承兑汇票来源，骗取被害人资金后提现并隐匿，可以认定具有非法占有目的

裁判要点

行为人虚构承兑汇票的来源，在骗取被害人巨额资金后，在短时间内全部从

银行提现并隐匿，案发后对票据的真实来源及赃款去向拒不交代，可以认定其具有非法占有目的。

裁判思路

基本案情[①]**：**

2014年10月24日，上诉人王某义持一张伪造金额为390万元的银行承兑汇票，向被害人张某某谎称该汇票是某煤矿给其支付的工程款，承诺该承兑汇票系合法取得，并对票据的真伪负全部责任，让张某某给其兑现，张某某信以为真，后经协商同意以380.835万元的价格兑换，王某义出具了业务凭证，张某某随即通过网上银行将全部价款汇至王某义提供的账户，王某义于当日和次日分四次从农某银行神木县支行将汇款全部提现。

案发后，王某义对票据来源、赃款去向均拒不交代。经调查相关证人和鉴定，其所持承兑汇票系伪造票据，其所编造的票据来源，经查证亦为虚假。

一审法院认为，王某义犯票据诈骗罪，判处有期徒刑十四年，并处罚金人民币四十万元。后王某义提起上诉。

争议焦点：使用伪造的承兑汇票，虚构承兑汇票的来源，在骗取巨额资金后，在短时间内全部从银行提现并隐匿，能否认定其具有非法占有目的?

辩护意见：

王某义上诉提出：其没有诈骗的故意，不知道承兑汇票的真假，只是帮助微信好友到张某某处兑换汇票，所得钱款自己没有非法占有，全部交给了微信好友，兑换汇票后也没有逃匿，其行为不构成票据诈骗罪，请求改判无罪。

二审法院认为：

上诉人王某义以非法占有为目的，使用伪造的承兑汇票，虚构和隐瞒承兑汇票的来源，诈骗他人资金，数额特别巨大，其行为已构成票据诈骗罪，依法应予惩处。对于上诉人王某义的上诉理由，经查，王某义使用伪造的银行承兑汇票骗取他人巨额资金的事实清楚，有其为被害人填写的业务凭证、办理银行卡的开户资料、银行卡账户交易明细、银行取款凭证、取款监控视频等证据证明，王某义对此亦供认不讳，足以认定；在案证据证明，王某义作案前并无固定职业，没有承揽过工程，其向被害人编造其持有的承兑票据来源于府谷县新民镇某煤矿支付的工程款，在骗取被害人巨额资金后，在短时间内全部从银行提现并隐匿，案发

① 案件来源：王某义票据诈骗罪二审案【陕西省高级人民法院（2016）陕刑终164号】。

后对票据的真实来源及赃款去向拒不交代，足以反映出其具有非法占有的目的；王某义虽辩解不知道涉案银行承兑汇票的真假，但经调查相关证人和鉴定，其所持承兑汇票系伪造票据，所编造的票据来源，经查证是虚假的，据此可以认定其应当知道所持票据是伪造的，其行为符合票据诈骗罪的构成要件，应依法定罪处罚，其上诉理由不能成立……

裁判结果

驳回上诉，维持原判。

127 履行合同过程中开具空头支票骗取被害人财物，若将票据作为支付结算手段应认定为票据诈骗罪，若将票据用于履行合同担保或延缓债务履行应认定为合同诈骗罪

裁判要点

行为人在签订、履行合同过程中，有开具空头支票行为而被害人财物被骗的情况下，行为定性的关键在于票据的作用，将票据作为支付结算手段应认定为票据诈骗罪，将票据用于履行合同担保或延缓债务履行应认定为合同诈骗罪。

裁判思路

基本案情①：

2012年9月，被告人刘某和戴某甲、戴某乙注册成立某建材有限公司，法人代表为戴某甲。从2013年3月开始，被告人刘某在履行合同过程中，以某建材有限公司名义先后向何某丙等人开具多张空头支票，骗取被害人财物。

2013年5月2日，刘某以运输船需柴油为名，与被害人何某丙约定以人民币7700元每吨的价格购买柴油。何某丙陆续卖给刘某共计107吨柴油，价格合计823900元，刘某以鑫某燦公司名义开具一张出票日期为15日后、金额为770000元的支票。支票到期后，何某丙持该支票到银行支取贷款时被告知无法支取。

5月25日，刘某收回该支票，重新开具两张金额共计823900元的工某银行

① 案件来源：刘某票据诈骗罪二审案【广东省珠海市中级人民法院（2015）珠中法刑二终字第78号】。

业务委托书用于支付何某丙贷款，何某丙按照该委托书支取日期到该委托书开户行工某银行某支行支取贷款，也被告知该委托书账户余额不足以及不留密码无法支取。之后何某丙向被告人刘某追讨贷款，刘某至今一直逃避支付贷款。

刘某还以同样的方式向其他5名被害人骗取了财物。

一审法院认为，刘某构成合同诈骗罪，判处有期徒刑十三年，并处罚金人民币二十万元。后刘某提起上诉。

争议焦点：行为人的诈骗行为应定性为票据诈骗还是合同诈骗?

二审法院认为：

关于上诉人刘某的行为定性问题，本院认为，合同诈骗罪和票据诈骗罪客观上都表现为采用虚构事实、隐瞒真相的手段，使对方当事人上当受骗、信以为真，“自愿”地交出财物。合同诈骗罪是以签订合同、履行合同为欺骗手段，将他人预付定金、贷款或代销售的货物等非法占有；而票据诈骗罪则是以支付金融票据作为犯罪手段，使被害人误以为交易结算已完成，并自愿交付货物或支付相应对价，从而非法占有被害人相应财物，因而两罪在行为方式上互有交叉。在行为人签订、履行合同过程中，有开具空头支票行为而被害人财物被骗的情况下，行为定性关键在于票据的作用，将票据作为支付结算手段应认定为票据诈骗罪，将票据作为履行合同担保或延缓债务履行应认定为合同诈骗罪。

具体到本案，被害人何某丙、余某、郭某、蔡某、蒋某和被害单位珠海新某威公司相关人员分别证实刘某以开具支票形式支付贷款，支票到期后其等到银行支取贷款被告知无法支取。其中，被害人何某丙证实刘某提出购买柴油时即讲明先开支票付款，开票后其开始送油；被害人余某证实其与刘某签订供货协议，第一次送部分货时刘某即开具全部贷款的支票；被害人蔡某证实两次送货时刘某各开具两张支票支付贷款；被害单位珠海新某威公司代表米某证实在五次送货过程中，刘某先后开具三张支票支付贷款。上诉人刘某亦确认其开具支票是用于支付贷款。可见，刘某与各被害人达成口头或书面买卖合同后，在大部分被害人交付货物时即开具空头支票支付贷款，本案中，票据更多是作为支付结算的手段而非履行合同的担保，使被害人误认为交易结算已完成而自愿交付货物乃至继续供货，故上诉人刘某的行为应定性为票据诈骗罪为宜，犯罪数额为其实际骗得的财物金额即2455550元。

本院认为，上诉人刘某以非法占有为目的，在签订、履行合同过程中，签发空头支票进行支付结算，骗取对方当事人财物，且数额特别巨大，其行为已构成票据诈骗罪。原判决认定基本事实清楚，审判程序合法，唯定性不当，应予纠正……

裁判结果

……

二、撤销广东省珠海市香洲区人民法院（2014）珠香法刑初字第1437号刑事判决第二项。

三、上诉人刘某犯票据诈骗罪，判处有期徒刑十三年，并处罚金人民币二十万元……

三、实务建议

伴随商业往来中票据的广泛应用，票据诈骗案件呈高发态势，为防止行为人触犯票据诈骗罪，我们在对重点案例梳理的基础上，结合实际办案经验，提出以下建议。

（一）准确识别“问题票据”

在票据诈骗类案件中，能否认定“被告人具有非法占有目的”往往是各方的争议焦点。透过案例，对审理此类案件的底层逻辑加以梳理，可以发现，一般而言，如果行为人明知票据属于“问题票据”而使用或冒用他人票据即可推定行为人具有非法占有目的。因此，对“明知票据属于‘问题票据’”的理解以及对禁止行为的准确认知尤为关键。

“明知票据属于‘问题票据’”主要包括两种情况。其一，行为人明确知道票据是伪造的、变造的、作废的、虚假的或不具有合法来源的。例如，明知票据是由他人盗窃而来的，或者明知他人出具的票据不具有真实贸易关系和债权债务关系。其二，尽管行为人对票据是否伪造、变造、虚假的情况并不确切的知道，但有所怀疑，结合行为人取得票据的来源、对票据知识的熟悉程度以及常识，司法机关办案人员推定行为人为“明知”。例如，行为人以明显低于市场的价格取得大面额银行承兑汇票，可以据此推定行为人主观明知。

（二）审慎对待“问题票据”

如果行为人明知票据属于“问题票据”而使用或冒用，即面临构成票据诈骗罪的刑事法律风险。“使用”主要是指按照票据的功能及通常使用方式，把“问题票据”当作真实票据加以利用，包括进行汇兑、转让、支付、结算等。

值得关注的是，除了上述使用方式，行为人也不能将自己持有的“问题票据”交由他人或放任他人使用，否则有可能和使用者成立票据诈骗罪的共犯。

（三）出具票据应以公司偿付能力为限

司法实践中，部分涉嫌本罪的被告人辩解“其因资金链断裂，为缓解贷款压力才出具空头支票”，最终无力清偿贷款而锒铛入狱。

前车之鉴，出具票据应量力而行，要充分考量自身的偿付能力。如果行为人明知没有归还能力仍出具到期不能兑付的支票，或签发无资金保证的汇票、本票，则涉嫌票据诈骗罪。例如，在冯某昌票据诈骗案中，冯某昌在明知其实际经营的博某公司与朗某公司资不抵债、无力清偿贷款的情况下，仍指使公司财务人员向被害单位出具到期不能兑付的支票，从而获得被害单位向其继续供货，造成被害单位大额财物损失，其行为被法院认定构成票据诈骗罪。

四、法律规范

（一）法律

《中华人民共和国刑法》（2020 年修正）

第一百九十四条 有下列情形之一，进行金融票据诈骗活动，数额较大的，处五年以下有期徒刑或者拘役，并处二万元以上二十万元以下罚金；数额巨大或者有其他严重情节的，处五年以上十年以下有期徒刑，并处五万元以上五十万元以下罚金；数额特别巨大或者有其他特别严重情节的，处十年以上有期徒刑或者无期徒刑，并处五万元以上五十万元以下罚金或者没收财产：

（一）明知是伪造、变造的汇票、本票、支票而使用的；

（二）明知是作废的汇票、本票、支票而使用的；

（三）冒用他人的汇票、本票、支票的；

（四）签发空头支票或者与其预留印鉴不符的支票，骗取财物的；

（五）汇票、本票的出票人签发无资金保证的汇票、本票或者在出票时作虚假记载，骗取财物的。

使用伪造、变造的委托收款凭证、汇款凭证、银行存单等其他银行结算凭证的，依照前款的规定处罚。

第二百条　单位犯本节第一百九十四条、第一百九十五条规定之罪的，对单位判处罚金，并对其直接负责的主管人员和其他直接责任人员，处五年以下有期徒刑或者拘役，可以并处罚金；数额巨大或者有其他严重情节的，处五年以上十年以下有期徒刑，并处罚金；数额特别巨大或者有其他特别严重情节的，处十年以上有期徒刑或者无期徒刑，并处罚金。

（二）立案标准

《最高人民检察院、公安部关于公安机关管辖的刑事案件立案追诉标准的规定（二）》（2022年5月15日施行　公通字〔2022〕12号）

第四十六条　进行金融票据诈骗活动，数额在五万元以上的，应予立案追诉。

（三）司法解释性质文件

1.《最高人民法院关于印发〈全国法院审理金融犯罪案件工作座谈会纪要〉的通知》（2001年1月21日施行　法〔2001〕8号）

（三）关于金融诈骗罪

1. 金融诈骗罪中非法占有目的的认定

金融诈骗犯罪都是以非法占有为目的的犯罪。在司法实践中，认定是否具有非法占有为目的，应当坚持主客观相一致的原则，既要避免单纯根据损失结果客观归罪，也不能仅凭被告人自己的供述，而应当根据案件具体情况具体分析。根据司法实践，对于行为人通过诈骗的方法非法获取资金，造成数额较大资金不能归还，并具有下列情形之一的，可以认定为具有非法占有的目的：

（1）明知没有归还能力而大量骗取资金的；

（2）非法获取资金后逃跑的；

（3）肆意挥霍骗取资金的；

（4）使用骗取的资金进行违法犯罪活动的；

（5）抽逃、转移资金、隐匿财产，以逃避返还资金的；

（6）隐匿、销毁账目，或者搞假破产、假倒闭，以逃避返还资金的；

（7）其他非法占有资金、拒不返还的行为。但是，在处理具体案件的时候，对于有证据证明行为人不具有非法占有目的的，不能单纯以财产不能归还就按金融诈骗罪处罚。

4. 金融诈骗犯罪定罪量刑的数额标准和犯罪数额的计算。金融诈骗的数额不仅是定罪的重要标准，也是量刑的主要依据。在没有新的司法解释之前，可参照1996年《最高人民法院关于审理诈骗案件具体应用法律的若干问题的解释》的规定执行。在具体认定金融诈骗犯罪的数额时，应当以行为人实际骗取的数额计算。对于行为人为实施金融诈骗活动而支付的中介费、手续费、回扣等，或者用于行贿、赠与等费用，均应计入金融诈骗的犯罪数额。但应当将案发前已归还的数额扣除。

附：《最高人民法院印发〈关于审理诈骗案件具体应用法律的若干问题的解释〉的通知》（1996年12月16日　法发〔1996〕32号，已废止）

五、根据《决定》第十二条规定，利用金融票据进行诈骗活动，数额较大的，构成票据诈骗罪。个人进行票据诈骗数额在5千元以上的，属于“数额较大”；个人进行票据诈骗数额在5万元以上的，属于“数额巨大”；个人进行票据诈骗数额在10万元以上的，属于“数额特别巨大”。单位进行票据诈骗数额在10万元以上的，属于“数额较大”；单位进行票据诈骗数额在30万元以上的，属于“数额巨大”；单位进行票据诈骗数额在100万元以上的，属于“数额特别巨大”。使用伪造、变造的委托收款凭证、汇款凭证、银行存单等其他银行结算凭证进行诈骗，数额较大的，以票据诈骗罪定罪处罚。

2. 《最高人民法院研究室关于对贩卖假金融票证行为如何适用法律问题的复函》（2002年2月发布　法研〔2002〕21号）

……

明知是伪造、变造的金融票证而贩卖，或者明知他人实施金融诈骗行为而为其提供伪造、变造的金融票证的，以伪造、变造金融票证罪或者金融诈骗犯罪的共犯论处。

第七节　金融凭证诈骗罪

我国《刑法》第一百九十四条第二款规定了金融凭证诈骗罪。本罪的行为对象为金融凭证，包括委托收款凭证、汇款凭证、银行存单以及其他银行结算凭证。本罪在客观方面表现为使用伪造、变造的金融凭证进行诈骗活动，实践中，行为方式具有多样性。构成本罪要求达到“数额较大”的立案标准，根据最新实施的《刑事案件立案追诉标准（二）》，数额在5万元以上的，应予立案追诉。本罪在主观方面要求行为人具有非法占有目的。自然人和单位都能构成本罪，实践中，多体现为团伙作案、内外勾结作案。

为更好掌握司法实务中对金融凭证诈骗罪定罪量刑等方面的关注重点，我们对重点案例进行详细解析，通过研究司法机关的裁判思路，提炼了司法实务裁判要点。同时，我们梳理了与金融凭证诈骗罪相关的法律、司法解释、立案标准及政策法规等规定。

一、实务解析

（一）本罪在客观方面表现为使用伪造、变造的金融凭证进行诈骗活动

首先，本罪的行为对象为金融凭证。如果使用伪造、变造的汇票、本票、支票进行诈骗，则构成票据诈骗罪而非本罪。具体来说，金融凭证包括委托收款凭证、汇款凭证、银行存单以及其他银行结算凭证。司法实践中，只要是在经济活动中具有货币给付和资金清算作用，并表明银行与客户之间已受理或已办结相关支付结算业务的凭据，如进账单，就会被认定为“其他银行结算凭证”。

其次，构成本罪要求行为人使用伪造或者变造的金融凭证。所谓“伪造”是指行为人仿照真实的金融凭证上所载的图样、格式、颜色等特征，通过印刷、复印、描绘等方法加以仿照制作，或者在真实的空白金融凭证上作虚假记载的行为。所谓“变造”则是指对真实的金融凭证加以涂改、挖补、拼凑、覆盖等方法，非法改变其主要内容的行为。所谓“使用”是指将伪造或变造的金融凭证谎称、冒充为真实的金融凭证，用以骗取他人财物的行为。

实践中，行为人通过使用伪造、变造的金融票证骗取他人财物的行为方式具有多样性，较为常见的包括：银行或信用社工作人员，或他人冒用银行、信用社工作人员的身份，使用伪造、变造的金融票证骗取被害人财物；冒充购货方电话订货，使用伪造、变造的金融票证传真给对方，骗取对方发货；使用伪造的银行存单为他人提供担保并申请质押贷款，骗取贷款等。

（二）构成本罪要求达到“数额较大”的立案标准

根据《刑事案件立案追诉标准（二）》第四十七条之规定，使用伪造、变造的委托收款凭证、汇款凭证、银行存单等其他银行结算凭证进行诈骗活动，数额在5万元以上的，应予立案追诉。

（三）本罪在主观方面要求行为人具有非法占有目的

金融凭证诈骗罪的主观构成要件为故意，并且要求行为人具有非法占有他人财物的目的。

司法实践中，对于行为人通过诈骗的方法非法获取资金，造成数额较大资金不能归还，并具有下列情形之一的，可以认定为具有非法占有目的：（1）明知没有归还能力而大量骗取资金的；（2）非法获取资金后逃跑的；（3）肆意挥霍骗取资金的；（4）使用骗取的资金进行违法犯罪活动的；（5）抽逃、转移资金、隐匿财产，以逃避返还资金的；（6）隐匿、销毁账目，或者搞假破产、假倒闭，以逃避返还资金的；（7）其他非法占有资金、拒不返还的行为。

如果行为人使用了诈骗的方法获取了他人资金，但与上述情形均不符，客观上具备偿还债务的能力，没有逃债、逃跑的行为，到期后主动找到资金所有人协商延期还款事宜，就很难认定其主观上具有非法占有的目的，也就难以认定其构成本罪。

（四）本罪的犯罪主体为一般主体，团伙作案较为普遍

本罪的主体是一般主体，自然人和单位都能构成本罪。实践中，因为金融凭证诈骗罪具有专业化的特点，团伙作案较为普遍，且由外部人员与银行内部工作人员相互勾结作案的情况较为常见。

二、裁判要点

128 银行出具的进账单属于银行结算凭证

裁判要点

银行出具的进账单在经济活动中具有货币给付和资金清算作用，是表明银行与客户之间已受理或已办结相关支付结算业务的凭据，应认定为银行结算凭证。

裁判思路

基本案情①：

2009 年 7 月至 2013 年 2 月，被告人王某利用银行工作人员的身份，取得被害人的信任后，以高额存款利息为诱饵，采用向被害人出具虚假《进账单》及其他虚假银行业务凭证的手段，先后骗取三名被害人共计人民币 1125 万元，用于其偿还个人债务或个人放贷。其中，骗取被害人李某 65 万元，骗取被害人周某 900 万元，骗取被害人张某 160 万元。

王某利用其银行工作人员的身份，向周某二等人谎称为银行介绍大额存款，银行可向其发放贷款。后经周某二等人介绍，王某以高额存款利息为诱饵，使用伪造的《进账单》及其他虚假银行业务凭证，诱使京港永某公司向其借用的奥某豫公司银行账户转入 2 亿元。

后王某以银行“体外循环”资金的理由，以奥某豫公司名义与周某二所控制的百某邦达公司签订借款合同，并转入百某邦达公司 1.7 亿元。王某将余下的 3000 万元用于偿还个人债务或个人放贷。

2013 年 9 月至 12 月，王某向京港永某公司出具多份虚假的存款余额证明、承诺函、电汇凭证，拖延支付利息并潜逃。

案发后，周某二向京港永某公司归还人民币 1.775 亿元。

争议焦点：银行进账单是否属于银行结算凭证?

---

① 案件来源：王某金融凭证诈骗罪一审案【北京市第三中级人民法院（2014）三中刑初字第 00890 号】。

辩护意见：

被告人王某提出：其给被害人出具的进账单等银行凭证不属于银行结算范围，不具备银行结算方式。

其辩护人认为：进账单、承诺函、存款余额凭证并非银行结算凭证。

法院认为：

经查，根据2004年10月13日印发的《中国人民银行关于调整票据、结算凭证种类和格式的通知》及中国建某银行股份有限公司北京市分行资金结算业务部出具的说明均能证明，虽然《开户申请书》《印鉴卡片》等不属于银行结算凭证，但是《进账单》在经济活动中具有货币给付和资金清算作用，并表明银行与客户之间已受理或已办结相关支付结算业务的凭据，应认定为银行结算凭证，属于金融凭证的范畴，故王某的该项辩解意见及其辩护人的该项辩护意见无事实及法律依据，本院不予采纳……被告人王某以非法占有为目的，利用其银行工作人员的工作便利，使用伪造的银行结算凭证骗取公私财物，其行为已构成金融凭证诈骗罪，且数额特别巨大，依法应予惩处。

裁判结果

一、被告人王某犯金融凭证诈骗罪，判处无期徒刑，剥夺政治权利终身，并处没收个人全部财产……

129 使用伪造的凭证式国债收款凭证，骗取他人财物，数额较大的，构成金融凭证诈骗罪

裁判要点

行为人冒用银行工作人员身份，使用伪造的凭证式国债收款凭证，骗取他人财物，数额较大的，构成金融凭证诈骗罪。

裁判思路

基本案情[①]：

2015年4月某日，被告人耿某谎称自己是银行业务经理，能从银行开具高额国债收款凭证用于贷款，帮助被害人王某一解决公司资金问题。王某一遂与耿某约定，由耿某为其提供国债收款凭证，由王某一向耿某支付相应费用。

次日，耿某交给王某一一张伪造的面额为5000万元的凭证式国债收款凭证，王某一向耿某支付10万元订金。后王某一发现该国债收款凭证无法办理贷款，遂找耿某核实，耿某谎称为王某一重新开具国债收款凭证，后收回该国债收款凭证，又先后向王某一提供了两张伪造的面额为5000万元的国债收款凭证，并以核行费等为由，又骗取王某一共计41.86万元。

因王某一仍然无法使用该国债收款凭证进行贷款，遂要求耿某退款，耿某于案发前向王某一退款共计15.3万元。

2016年3月，耿某以同样的方式骗取孙某50万元。后孙某发现耿某提供的国债收款凭证无法办理贷款，要求耿某退款未果，遂向公安机关报案。

一审法院认为，耿某犯金融凭证诈骗罪，判处有期徒刑十一年，并处罚金二十万元。

二审法院认为：

上诉人耿某以非法占有为目的，使用伪造的凭证式国债收款凭证，骗取他人财物，数额特别巨大，其行为已构成金融凭证诈骗罪。对上诉人耿某提出的上诉理由和辩护意见，经查，原审判决认定耿某冒用银行人员的身份，使用虚假凭证式国债收款凭证骗取被害人财物的犯罪事实清楚，此节有被害人孙某、王某一的陈述、银行流水、协议书及王某二、高某、解某等证人的证言证实，上述证据能相互印证，足以认定，故其请求对其宣告无罪的上诉理由和辩护意见不能成立，本院不予采纳。耿某犯罪数额特别巨大，依法应处十年以上有期徒刑，一审法院结合本案的犯罪事实、犯罪性质、情节和对于社会的危害程度对其判处有期徒刑十一年，并处罚金二十万元的刑罚在法律规定的幅度内，并无不妥。原审判决认定事实清楚，适用法律正确，量刑适当。

---

① 案件来源：耿某金融凭证诈骗罪二审案【陕西省西安市中级人民法院（2019）陕01刑终142号】。

裁判结果

驳回上诉，维持原判。

130 使用伪造的银行汇款凭证骗取被害人发货，数额较大的，构成金融凭证诈骗罪

裁判要点

行为人以虚构的公司之名电话订货，使用伪造的银行汇款凭证传真给对方，骗取对方发货，数额较大的，构成金融凭证诈骗罪。

裁判思路

基本案情①：

原审被告人赵某军于2006年12月至2007年3月，先后单独或伙同上诉人李某亮、原审被告人赵某臣，采取以虚构的公司之名电话订货、使用伪造电汇凭证传真给对方骗取对方发货的方法作案四起，骗得间苯二酚、L酸等化工产品共计价值人民币311695元。

其中，原审被告人赵某军参与作案四起，诈骗总价值311695元；上诉人李某亮参与作案三起，诈骗总价值289295元；原审被告人赵某臣参与作案一起，诈骗总价值91295元。

一审法院认为，赵某军犯金融凭证诈骗罪，判处有期徒刑十年，并处罚金人民币五万元；李某亮犯金融凭证诈骗罪，判处有期徒刑九年，并处罚金人民币五万元；被告人赵某臣犯金融凭证诈骗罪，判处有期徒刑三年，缓刑五年，并处罚金人民币三万元。后李某亮提起上诉。

二审法院认为：

……《刑法》第一百九十四条第二款规定，使用伪造、变造的委托收款凭证、汇款凭证、银行存单等其他银行结算凭证的，依照前款的规定处罚。本案所

① 案件来源：赵某军等金融凭证诈骗罪二审案【江苏省南通市中级人民法院（2007）通中刑二终字第0070号】。

涉是上诉人李某亮、原审被告人赵某军、原审被告人赵某臣使用伪造的银行汇款凭证进行诈骗活动，三原审被告人的犯罪行为犯了《刑法》第一百九十四条第二款规定，应当以金融凭证诈骗定性。依照该款的规定，依照第一款的规定处罚。故一审判决没有引用《刑法》第一百九十四条第二款，属适用法律错误，应予以纠正。

上诉人李某亮、原审被告人赵某军、原审被告人赵某臣使用伪造的汇款凭证进行诈骗活动，三原审被告人的行为均已构成金融凭证诈骗罪。原审被告人赵某军、李某亮诈骗数额特别巨大，原审被告人赵某臣诈骗数额巨大。三原审被告人属共同犯罪，原审被告人赵某军在共同犯罪中起主要作用，系主犯，应按其所参与的全部犯罪处罚；原审被告人李某亮、赵某臣在共同犯罪中起辅助作用，系从犯，应当比照主犯减轻处罚……

裁判结果

一、维持（2007）东刑初字第162号刑事判决主文第一项中关于被告人赵某军犯金融凭证诈骗罪，判处有期徒刑十年，并处罚金人民币五万元；被告人赵某臣犯金融凭证诈骗罪，判处有期徒刑三年，缓刑五年，并处罚金人民币三万元的定性量刑部分……的判决。

二、撤销（2007）东刑初字第162号刑事判决主文第一项中关于被告人李某亮犯金融凭证诈骗罪，判处有期徒刑九年，并处罚金人民币五万元的判决。

三、上诉人李某亮犯金融凭证诈骗罪，判处有期徒刑七年，并处罚金人民币四万元。

131 即使行为人使用伪造的银行存单在格式上有明显错误，也不影响行为人构成金融凭证诈骗罪

裁判要点

行为人使用伪造的银行存单为他人提供担保并申请质押贷款，即使伪造的银行存单在格式上有明显错误，也不影响行为人构成金融凭证诈骗罪。

裁判思路

基本案情[①]：

2002年12月，原审被告人陈某平从他人处以150元的价格买来伪造的某银行福州支行陈某平本人的3000万美元定期存单及存款证明各一份。

2003年6月22日，陈某平携带假存单和存款证明来九江，让在九江做生意的同乡林某容等人误认为其有此笔存款。林某容为筹集资金提出以该存单为其公司申请质押贷款，陈某平不置可否，并将伪造的存单和存款证明交于林某容。

次日，林某容等人到某银行九江分行咨询以存单质押贷款事宜，银行答复如存单属实，可以贷款，并告知林某容将公司的法人证明等办好。

同年12月27日上午，林某容、陈某平等五人到某银行九江分行要求开设外汇账户，并再次提起质押贷款事宜。工作人员当即向福州市中支行进行了核实，确认该存单及存款证明均系伪造。

同日下午，陈某平等一行人再次来到银行，张某锋要求尽快申请办理存单质押贷款，已从福州市中支行获知查询结果的银行工作人员以查询为由拿到陈某平持有的假存单和存款证明原件，并向公安机关报案。陈某平等人被当场抓获。

一审法院认为，陈某平犯金融凭证诈骗罪，判处有期徒刑三年，缓刑五年，并处罚金五万元。

检察院抗诉称，一审法院适用刑罚明显不当，减轻幅度过大，重罪轻判，且陈某平无悔罪表现，在取保候审期间又实施其他犯罪行为，只因证据不足，未予指控，故对其适用缓刑错误。

争议焦点：行为人使用伪造的银行存单为他人提供担保，如果伪造的银行存单在格式上具有明显错误，行为人是否构成金融凭证诈骗罪？

辩护意见：

原审被告人陈某平的辩护人提出：伪造的银行存单格式上明显错误，属于手段不能犯，不构成犯罪。

二审法院认为：

原审被告人陈某平明知自己所使用的属于伪造的银行存单，仍决意使用为他人提供担保，其主观上具有非法占有的目的。其提供伪造的银行存单并陪同他人

---

① 案件来源：陈某平金融凭证诈骗罪二审案【江西省九江市中级人民法院（2005）九中刑二抗字第07号】。

去申请质押贷款1000万元人民币的行为已触犯了《刑法》第一百九十四条的规定，构成金融凭证诈骗罪。其在犯罪过程中，因意志以外的原因而使犯罪未得逞，系犯罪未遂，可以比照既遂犯从轻或减轻处罚，一审法院对其适用减轻处罚正确……关于其辩护人提出的伪造的银行存单格式上明显错误，属于手段不能犯，不构成犯罪的辩护意见，经查，金融凭证诈骗能否得逞，与受害人的鉴别能力有直接关系，本案不属于因迷信或愚昧无知而在任何条件下都不可能发生危害结果的情形，不影响犯罪构成，故此辩护意见不能成立，不予采纳……

裁判结果

驳回抗诉，维持原判。

132 在作废的定期存单上加盖信用社的行政章及伪造的工作人员私人印章，并利用该金融凭证骗取他人钱财，数额较大的，构成金融凭证诈骗罪

裁判要点

信用社工作人员在作废的定期存单上加盖其所在信用社的行政章及伪造的信用社工作人员的私人印章，利用伪造的金融凭证骗取他人钱财，数额较大的，构成金融凭证诈骗罪。

裁判思路

基本案情①：

被告人王某某系某城市信用社职工，在工作中截留已停止使用的信用社定期存单，以高息为诱饵，以办理存款为名，利用其在办公室工作的便利，在上述作废的定期存单上加盖某城市信用社办事处的行政章，并伪造了工作人员张某、王某然的私人印章加盖在存单上，分别于2006年2月24日、2007年8月3日、2007年8月1日，为他人开具城市信用社定期存单人民币230万元、人民币140万元、人民币50万元各一份，并将三人的存款占为己有。

---

① 案件来源：王某某金融凭证诈骗罪二审案【河南省高级人民法院（2010）豫法刑三终字第00156号】。

一审法院认为，王某某犯金融凭证诈骗罪，判处无期徒刑，剥夺政治权利终身，并处没收个人全部财产，责令被告人王某某将所骗钱款退赔各被害人。后王某某提起上诉。

二审法院认为：

……经查，上诉人王某某在作废的定期存单上加盖其所在信用社的行政章，并伪造信用社工作人员的私人印章加盖于该三份存单上，然后利用伪造的金融凭证骗取他人巨额钱财，其行为符合金融凭证诈骗犯罪的构成要件。

上诉人王某某以非法占有为目的，使用伪造的银行存单骗取他人钱财，数额特别巨大并且给他人利益造成特别重大损失，其行为已构成金融凭证诈骗罪，应依法予以惩处。原判认定事实清楚，适用法律正确，定罪准确，量刑适当，审判程序合法。上诉人王某某的上诉理由及其辩护人的辩护意见不能成立，不予采纳。

裁判结果

驳回上诉，维持原判。

133 变造储户的银行存单，雇用他人冒充储户办理银行存款密码挂失支取，骗取储户银行存款，数额较大的，构成金融凭证诈骗罪

裁判要点

行为人以非法占有为目的，变造储户的银行存单，伪造储户的假身份证，雇用他人持假证件冒充储户办理银行存款密码挂失支取，骗取储户银行存款，数额较大的，构成金融凭证诈骗罪。

裁判思路

基本案情[①]**：**

被告人陈某系曲靖市某农信社大堂引领。2015 年 12 月 20 日，陈某为支付其

① 案件来源：陈某金融凭证诈骗罪二审案【云南省曲靖市中级人民法院（2017）云 03 刑终 155 号】。

违规揽储的2000万元存款前置利息，雇用他人冒充被害人董某明（该农信社储户），持伪造的董某明假身份证，到曲靖市某农信社某分社对董某明131.50万元存款密码挂失，将款取出使用。

2016年1月15日，陈某为支付其违规揽储的5000万存款前置利息，变造被害人严某春（该农信社储户）的160万元定期存单，雇用一人冒充严某春，持伪造的严某春假身份证和变造的定期储蓄存单，到曲靖市某信用社对严某春的160万元存单办理密码挂失，企图将严某春的存款取出使用。在办理挂失业务过程中，被信用社发现存单属变造而未得逞。

一审法院认为，陈某犯金融凭证诈骗罪，判处有期徒刑七年，并处罚金人民币五万元。后陈某提起上诉。

二审法院认为：

上诉人陈某以非法占有为目的，采用隐瞒真相，变造储户的银行存单，伪造储户的假身份证，雇用他人持假证件冒充储户办理银行存款密码挂失支取，骗取储户银行存款，数额特别巨大，其行为已构成金融凭证诈骗罪。起诉书指控的第二桩诈骗事实系被告人意志以外原因未得逞，属犯罪未遂，可以比照既遂减轻处罚。上诉人及其辩护人提出其主动投案自首，积极退交全部赃款，取得被害单位谅解，原判根据被告人陈某的犯罪事实，法定和酌定情节，已依法减轻处罚，故其上诉称量刑过重，请求再减轻处罚并适用缓刑的上诉理由不能成立，本院不予采纳……

裁判结果

驳回上诉，维持原判。

134 使用伪造的银行存单用于担保骗取巨额贷款，贷款到期后经多次催收仍未归还，可以认定具有非法占有目的

裁判要点

行为人将购买的伪造的银行存单用于担保，骗取小贷公司巨额贷款，客观上不具有还款能力，贷款到期后经多次催收仍未归还，可以认定具有非法占有

目的。

裁判思路

基本案情[①]**：**

2010 年 1 月，被告人陈某保利用手机收到的办理假发票、假存折的信息，花 1000 元购买了一张标明某银行昆明某支行出具的人民币 60 万元的假银行存单。

2014 年 4 月 29 日，陈某保向某小额贷款公司申请贷款人民币 40 万元，并以 60 万元的假银行存单作为质押。随后，陈某保与该小额贷款公司签订了 40 万元的贷款合同，贷款期限为 6 个月。

2014 年 10 月 28 日，因陈某保无力偿还贷款，双方协商后，该笔贷款展期至 2015 年 4 月 27 日。其间，陈某保偿还了 2014 年 4 月 29 日至 2015 年 3 月 21 日的利息，未还本金。直至贷款合同至展期之日，经多次催收，陈某保仍无力偿还贷款人民币 40 万元及随后产生的利息。

一审法院认为，陈某保犯金融凭证诈骗罪，判处有期徒刑七年六个月，并处罚金人民币 10 万元。后陈某保提起上诉。

争议焦点：行为人将购买的伪造的银行存单用于担保，骗取小贷公司巨额贷款，客观上不具有还款能力，贷款到期后经多次催收仍未归还，能否认定其具有非法占有目的?

辩护意见：

被告人陈某保上诉称：涉案款项是其借来的，而不是骗来的，其一直在为偿还借款努力，主观上没有非法占有的目的，原判认定其构成金融凭证诈骗罪事实不清，证据不足。

法院认为：

上诉人（原审被告人）陈某保无视国法，以非法占有为目的，使用伪造的银行存单骗取他人人民币 40 万元，其行为已构成金融凭证诈骗罪，且诈骗数额巨大，应依法追究其刑事责任。上诉人陈某保到案后坦白认罪，依法可对其从轻处罚。上诉人陈某保故意使用伪造存单进行担保，虚构具有还款能力的事实，骗取某小额贷款有限公司的巨额贷款，贷款到期后经多次催收仍未归还，主观上具有非法占有的故意，关于其主观上没有非法占有的目的，原判认定其构成金融凭

---

① 案件来源：陈某保金融凭证诈骗罪二审案【云南省红河哈尼族彝族自治州中级人民法院（2017）云 25 刑终 53 号】。

证诈骗罪事实不清，证据不足的上诉理由不能成立，本院不予采纳。上诉人陈某保关于被害人有重大过错的上诉意见没有事实及法律依据，本院不予采纳；关于其归案后坦白认罪的上诉意见，与本院查明的事实相符，本院予以采纳。原审判决认定上诉人陈某保犯金融凭证诈骗罪的事实清楚，证据确实充分，定性准确，量刑适当，审判程序合法。

裁判结果

驳回上诉，维持原判。

135 银行工作人员故意出具虚假存单、担保书、存款抵押保全证明，与他人共同骗取银行贷款和承兑汇票，数额较大的，构成金融凭证诈骗罪

裁判要点

银行工作人员利用空白银行凭证开具虚假存单，并出具虚假担保书、存款抵押保全证明，与他人共同骗取银行贷款和承兑汇票，数额较大的，构成金融凭证诈骗罪。

裁判思路

基本案情[①]：

1996 年 5 月，王某贤在原商丘县某银行工作期间，因闫某某让其贷款，即用空白银行凭证虚开一张 5.2 万元的假存单，并出具存折免挂失协议交给闫某某。闫某某以此存单作抵押于 6 月 13 日通过韩某某在某城市信用社贷款 4.5 万元。

8 月，王某贤在原商丘县某银行工作期间，利用空白银行凭证以自己名义虚开一张 120 万元的定期存单交给闫某某，并出具了虚假担保书、存款抵押保全证明。以该假存单作抵押，闫某某通过商丘市振某商业总公司姚某某从商丘市某银行处开出 120 万元承兑汇票。姚某某使用 20 万元，交纳保证金的孟某甲使用 60 万元，王某贤和闫某某使用 40 万元。承兑到期后，王某贤逃跑，银行仅追回

① 案件来源：王某贤金融凭证诈骗罪二审案【河南省商丘市中级人民法院（2015）商刑终字第 33 号】。

276625.2 元。

一审法院认为，王某贤犯金融凭证诈骗罪，判处有期徒刑十二年，并处罚金人民币十万元。

后王某贤上诉，称存单不是其故意开具，且 120 万元存单没有盖章，对贷款和办理承兑亦不知情，也没有使用钱款，不构成金融凭证诈骗罪。

二审法院认为：

虽然 120 万元存单王某贤没有盖章，但其在知道闫某某已盖章后，作为一名银行工作人员，明知自己没有存款，仍出具虚假担保书、存款抵押保全证明，让闫某某、姚某某办理承兑，在承兑汇票办出后使用了 40 万元，这足以证明王某贤是故意开具假存单。本院认为，王某贤故意出具虚假存单、保证书与他人共同骗取银行贷款和承兑汇票，数额达 124 万余元，造成 90 余万元的经济损失，其行为构成金融凭证诈骗罪……

裁判结果

驳回上诉，维持原判。

136 明知他人银行凭证系伪造，仍协助他人申报并骗取政府贴息资金，数额较大的，构成金融凭证诈骗罪

裁判要点

行为人明知他人无贷款付息事实，银行凭证系伪造的情况下，仍协助他人申报并骗取政府贴息资金，数额较大的，构成金融凭证诈骗罪。

裁判思路

基本案情①：

2007 年 12 月，上诉人赵某龙、潘某华用伪造的贷款合同及银行借款、收款凭证，虚构贷款付息的事实，申报并骗取政府贷款贴息资金 200 万元。

2009 年 4 月，赵某龙又用伪造的银行凭证，虚假申报并骗得政府贷款贴息资

① 案件来源：赵某龙等金融凭证诈骗罪二审案【云南省高级人民法院（2010）云高刑终字第 1358 号】。

金 100 万元。

公安机关在赵某龙住处查获其伪造的国家机关、事业单位及企业假公章 17 枚。

一审法院认为，赵某龙犯金融凭证诈骗罪，判处有期徒刑十五年，并处罚金人民币五十万元；潘某华犯金融凭证诈骗罪，判处有期徒刑五年，并处罚金人民币十万元。后二人均提起上诉。

争议焦点：行为人明知他人无贷款付息事实、银行凭证系伪造的情况下仍协助他人申报并骗取政府贴息资金，是否构成金融凭证诈骗罪?

辩护意见：

宣判后，原审被告人潘某华以事先不知情，未参与造假行为，与涉案赃款无利益联系为由提出上诉，请求改判二年以下有期徒刑。

二审法院认为：

上诉人赵某龙伪造银行凭证，两次骗取政府贴息资金 300 万元；上诉人潘某华协助赵某龙骗取其中 200 万元政府贴息资金的行为，均已构成金融凭证诈骗罪。在共同犯罪中，上诉人赵某龙策划并伪造申报材料，系主犯；上诉人潘某华协助赵某龙实施诈骗，作用较小，系从犯，应减轻处罚……

在卷证据表明，上诉人潘某华在明知无贷款付息事实、银行凭证系伪造的情况下仍协助赵某龙骗取到贴息资金；在新某野公司无实际出资却要领取 15 万元退股金，其关于事先不知情、未参与造假、与涉案赃款无利益联系的上诉理由不能成立……原审判决认定事实清楚，定罪准确，量刑适当……

裁判结果

驳回上诉，维持原判。

137 为骗取储户资金伪造银行存单，同时触犯金融凭证诈骗罪和伪造金融票证罪，择一重罪论处

裁判要点

为骗取储户资金，采用伪造银行存单的方式以取得储户信任，同时触犯金融凭证诈骗罪和伪造金融票证罪，属目的行为和方法行为牵连，按照牵连犯的处罚

原则，从一重罪论处。

裁判思路

基本案情[①]**：**

2013年7月至2015年7月，上诉人张某平、王某彬、黄某辉、曹某严，原审被告人薄某某、晁某预谋，用高息吸引他人到汝州某银行张某平柜台处办理定期存款。

张某平先采取存入小额存款不立即打印存单的方式，从银行套出空白的定期存单，后黄某辉在该空白存单上打印固定数额及日期，张某平在柜台内加盖银行印章后交给存款人，王某彬将存款人账户内的款项转出，支付利息及好处费后，余款由张某平及王某彬用于偿还个人欠款、偿还前期存款人的本息及借给他人使用。晁某使用了该款项中的70万元，其中58万余元用于支付其经营的公司员工工资。黄某辉、曹某严、薄某某分别获得好处费。

一审法院认为，张某平、王某彬、黄某辉犯金融凭证诈骗罪、伪造金融票证罪，且均一人兼犯数罪，应当数罪并罚。后张某平等人提起上诉。

争议焦点：为骗取储户资金，采用伪造银行存单以取得储户信任的方式，同时触犯金融凭证诈骗罪和伪造金融票证罪，应当如何定罪判罚？

辩护意见：

上诉人张某平上诉称：其只是为了使用存款，不构成诈骗。只构成伪造金融票证罪，不应数罪并罚。

二审法院认为：

上诉人（原审被告人）张某平、王某彬、黄某辉以非法占有为目的，以伪造银行定期存单的方式骗取他人财物，数额特别巨大，其行为均已构成金融凭证诈骗罪，且系共同犯罪。上诉人（原审被告人）曹某严、原审被告人薄某某、晁某伪造银行定期存单，破坏金融管理秩序，其行为均已构成伪造金融票证罪，且系共同犯罪。

关于原公诉机关指控上诉人张某平、王某彬、黄某辉犯伪造金融票证罪的意见，经查，张某平、王某彬、黄某辉为了达到骗取储户资金的目的，采用伪造银行存单以取得储户信任的方式，其手段行为同时触犯了《刑法》规定的伪造金

---

① 案件来源：张某平、王某彬金融凭证诈骗罪二审案【河南省平顶山市中级人民法院（2017）豫04刑终176号】。

融票证罪，属目的行为和方法行为牵连，按照牵连犯的处罚原则，应从一重罪论处；根据本案造成的后果及量刑情节，对上诉人张某平、王某彬、黄某辉应按照金融凭证诈骗罪论处……原审判决认定事实清楚，证据确实充分，审判程序合法，但对上诉人张某平、王某彬、黄某辉犯伪造金融票证罪定罪不当，二审予以纠正……

裁判结果

……

二、撤销河南省汝州市人民法院（2017）豫0482刑初39号刑事判决第一项、第二项、第三项中对上诉人（原审被告人）张某平、王某彬、黄某辉犯伪造金融票证罪的判决部分及数罪并罚部分。

三、上诉人（原审被告人）张某平犯金融凭证诈骗罪，判处有期徒刑十二年，并处罚金人民币二十万元。

……

138 虽然使用变造的银行存单获取他人资金，但具有偿债能力且没有逃债行为，到期后主动协商延期还款事宜，不能认定其具有非法占有目的

裁判要点

行为人虽然伙同银行工作人员使用变造的银行存单获取他人资金，但客观上具备偿还债务的能力，没有逃债、逃跑的行为，到期后主动找到资金所有人协商延期还款事宜，不能认定其主观上具有非法占有、诈骗他人钱财的目的。但是，可能涉嫌伪造、变造金融票证罪。

裁判思路

基本案情[①]**：**

2013年初，上诉人谭某新与上诉人王某陆结识，王某陆向谭某新提出通过

① 案件来源：谭某新、王某陆、安某东、章某清伪造、变造金融票证罪二审案【四川省德阳市中级人民法院（2016）川06刑终204号】。

“非阳光存款”的方式获取资金，但需银行工作人员配合，利用银行柜台将假存单递给资金所有人，再将资金所有人的资金转至谭某新的个人账户中。谭某新同意后，与王某陆谈好提成比例，又找到在绵某农行工作的上诉人章某清和银行柜台人员上诉人安某东。

之后，谭某新分别与王某陆、章某清和安某东推敲变造、伪造存单的细节并进行演练：采取在空白存单的打印部位涂抹肥皂、配合以打印机快打模式打印等方式，以谭某新本人或安排他人办理正常存单业务的机会到安某东处开出多笔已经处理过的小额定期存单，然后再利用小刀、橡皮擦以及透明涂改液等工具将开出的银行存单的真实信息抹去，用以变造成与资金所有人转账金额一致的银行存单，后由谭某新在资金所有人办理业务前将变造后的存单置于柜台凹槽内，由资金所有人办理业务时取走。

谭某新、王某陆等人通过变造存单方式获取他人资金共计1550万元。其中，100万元已经归还王某一，另向熊某某、吴某一、罗某一、王某二共计支付“返息款”224.15万元。

一审法院认为，王某陆、谭某新、安某东、章某清均已构成金融凭证诈骗罪，应予刑罚处罚。分别判处有期徒刑十四年零六个月至六年不等，并处罚金人民币十五万元至五十万元。后谭某新等人提起上诉。

争议焦点：行为人伙同银行工作人员使用变造的银行存单获取他人资金，但客观上具备偿还债务的能力，没有逃债、逃跑的行为，到期后主动找到资金所有人协商延期还款事宜，能否认定其具有非法占有目的?

辩护意见：

谭某新的上诉理由是“都是借款，没有想不还，没有想过诈骗”。

其辩护人提出：一审法院认定的事实有误，一审认定事实的证据形成不了完整的证据链，证明不了谭某新犯金融凭证诈骗罪，理由如下：（1）本案中所谓的被害人明知其与谭某新之间是借款关系。（2）谭某新没有非法占有的主观故意，虽然确实有几笔款项没有还上的客观事实，但是不能依此就判定谭某新具有非法占有的故意。（3）通过谭某新当庭的陈述以及法院查明的事实，对于王某一这笔转款，谭某新已经还清。至于熊某某这笔款项，在案发前，谭某新和其本人进行了多次的协商，答应每天给多少利息，熊某某也答应了，由此可以看出，熊某某知道资金转入的是谭某新的账户，至于其余几笔没还的款项是因为他们约定的期限还没到期就案发了。（4）谭某新拥有一套价值两千余万元的房子，在接受这些款项的时候，都是即时向借款人支付了利息的，而且大笔借款都是用于会所的装修，有四五百万元，并没有自己用于挥霍，其当庭表示愿意归还，也有能力归还。

二审法院认为：

金融凭证诈骗罪则是以非法占有为目的，使用伪造、变造的银行结算凭证的欺骗手段，使财物所有人、管理人陷入认识错误，“自愿”交出财物，由于行为人采取的是骗取的方式，虽然表面上当时是基于被害人的自愿，但实质上却违背了被害人的真实意志。本案中，关于各上诉人共同参与将变造的银行存单交由王某一、熊某某等人并获得资金的基本事实控辩双方均无异议，亦有证据予以证实并确认。本案的焦点问题在于：1. 四上诉人是否具有非法占有的目的……

关于非法占有的认定。根据2001年《全国法院审理金融犯罪案件工作座谈会纪要》之规定，金融诈骗犯罪都是以非法占有为目的的犯罪。司法实践中，认定是否具有非法占有为目的，应当坚持主客观相一致的原则，既要避免单纯根据损失结果客观归罪，也不能仅凭被告人的供述，而应当根据案件具体情况具体分析。

根据司法实践，对于行为人通过诈骗的方法非法获取资金，造成数额较大资金不能归还，并具有下列情形之一的，可以认定为具有非法占有的目的：（1）明知没有归还能力而大量骗取资金的；（2）非法获取资金后逃跑的；（3）肆意挥霍骗取资金的；（4）使用骗取的资金进行违法犯罪活动的；（5）抽逃、转移资金、隐匿财产，以逃避返还资金的；（6）隐匿、销毁账目，或者搞假破产、假倒闭，以逃避返还资金的；（7）其他非法占有资金、拒不返还的行为。但是，在处理具体案件的时候，对于有证据证明行为人不具有非法占有目的的，不能单纯以财产不能归还就按金融诈骗罪处罚。

经查，本案中，谭某新等人的行为不符合上述规定中的第（2）项至第（7）项情形，同时在案证据显示，谭某新当时的资产状况并不能归类于没有归还能力。综合谭某新当时的状况，其确实有一定资产，其辩解是因为想扩大经营导致资金困难，客观上具备偿还债务的能力，同时其并没有逃债、逃跑的行为，到期后主动找到资金所有人协商延期还款事宜，因此现有证据不能证实其主观上具有非法占有、诈骗他人钱财的目的。而两名银行工作人员（安某东、章某清）也确实未获取利益，据他们了解，谭某新确实有固定资产及合法经营项目，只是帮着谭某新实施了这个不合法的借贷关系的成立，认为谭某新是有钱还的。所以，现有证据无法证实谭某新等人在当时具有非法占有的目的……

本案四上诉人的行为根据现有证据认定为金融凭证诈骗有误，原判认定谭某新、王某陆、安某东、章某清构成金融凭证诈骗罪属适用法律错误。谭某新、王某陆、安某东、章某清变造银行存单的行为应当认定为伪造、变造金融票证罪……

裁判结果

一、撤销绵竹市人民法院（2015）绵竹刑初字第234号刑事判决。

二、上诉人（原审被告人）谭某新犯伪造、变造金融票证罪，判处有期徒刑十二年零六个月，并处罚金人民币五十万元……

三、实务建议

为防止相关人员触犯金融凭证诈骗罪，以致身陷囹圄。我们在对重点案例梳理的基础上，结合实际办案经验，提出以下建议。

（一）了解参与实施本罪的法律后果

实务中，金融凭证诈骗犯罪多体现为团伙作案、内外勾结作案。如果行为人明知他人将伪造、变造的金融凭证用于诈骗行为，仍为其提供帮助，则可能构成金融凭证诈骗罪。例如，在赵某龙等人金融凭证诈骗案中，潘某华在明知赵某龙无贷款付息事实、银行凭证系伪造的情况下仍协助赵某龙申报并骗取政府贴息资金，最终被法院认定构成本罪。

相较于其他罪名，金融凭证诈骗罪的法定刑较重，罪刑严重者可能会被处以无期徒刑并没收财产。根据我国《刑法》的相关规定，使用伪造、变造的金融票据进行诈骗活动的，数额在5万元以上，即达到立案标准，构成金融凭证诈骗罪。其中，数额较大的，将被判处五年以下有期徒刑或者拘役，并处罚金；数额巨大或者有其他严重情节的，将被判处五年以上十年以下有期徒刑，并处罚金；数额特别巨大或者有其他特别严重情节的，将被判处十年以上有期徒刑或者无期徒刑，并处罚金或者没收财产。根据公开的司法判例裁判结果来看，被认定构成本罪而被处以十年以上有期徒刑的被告人不在少数。

部分行为人除参与实施本罪以外，还参与实施了伪造、变造金融凭证的犯罪行为，构成伪造、变造金融票证罪，如果与实施本罪不具有牵连关系，将承担数罪并罚的法律责任。另外，如果银行工作人员利用职务便利与外部人员勾结作案，还可能涉嫌职务侵占罪或贪污罪。

（二）熟悉本罪常见的刑事风险行为类型

行为人通过使用伪造、变造的金融票证骗取他人财物的行为模式在实践中具有多样性，较为典型的行为模式为：银行或信用社工作人员直接使用伪造、变造的金融票证骗取被害人财物；冒用银行、信用社工作人员身份，使用伪造、变造的金融票证骗取被害人财物；冒充购货方电话订货，使用伪造、变造的金融票证传真给对方，骗取对方发货等。

尤其值得关注的是，行为人使用伪造的银行存单为自己或他人提供担保，申请质押贷款骗取贷款，也涉嫌金融凭证诈骗罪。例如，在陈某保金融凭证诈骗案中，陈某保故意使用伪造存单进行担保，虚构具有还款能力的事实，骗取某小额贷款有限公司的巨额贷款，贷款到期后经多次催收仍未归还，最终被法院认定构成本罪。

（三）对于采用“以虚假手段为形式，以融资或借款为实质”的行为人来说，应当权衡偿还能力，避免被误认为“具有非法占有目的”

司法实践中，很多民营企业家虽不具有非法占有目的，但为了融资、借款采取了一些虚假的手段，向资金所有者提供了伪造、变造的金融票证，后因到期未能偿还资金，被卷入本罪的刑事法律案件中。

办案机关在认定行为人是否涉嫌金融凭证诈骗罪时，关键看在案证据能否证实行为人具有非法占有目的。结合相关法律规范，行为人采用虚假手段获取资金时是否具有归还能力，获取资金后是否有逃跑、转移资金、拒不返还等行为是判断行为人是否具有非法占有目的的重要参考因素。

因此，对于采用“以虚假手段为形式，以融资或借款为实质”的行为人而言，应当在获取资金时充分评估偿还能力，获取资金后避免出现“容易被解释为非法占有目的”的行为。例如，拉黑借款人、失联等，且到期后应当主动找资金所有人协商还款方案，以实际行动证明其获取资金的实质目的是借款而非诈骗，从而避免被误认为“具有非法占有目的”。

四、法律规范

（一）法律

《中华人民共和国刑法》（2020 年修正）

第一百九十四条 有下列情形之一，进行金融票据诈骗活动，数额较大的，处五年以下有期徒刑或者拘役，并处二万元以上二十万元以下罚金；数额巨大或者有其他严重情节的，处五年以上十年以下有期徒刑，并处五万元以上五十万元以下罚金；数额特别巨大或者有其他特别严重情节的，处十年以上有期徒刑或者无期徒刑，并处五万元以上五十万元以下罚金或者没收财产：

（一）明知是伪造、变造的汇票、本票、支票而使用的；

（二）明知是作废的汇票、本票、支票而使用的；

（三）冒用他人的汇票、本票、支票的；

（四）签发空头支票或者与其预留印鉴不符的支票，骗取财物的；

（五）汇票、本票的出票人签发无资金保证的汇票、本票或者在出票时作虚假记载，骗取财物的。

使用伪造、变造的委托收款凭证、汇款凭证、银行存单等其他银行结算凭证的，依照前款的规定处罚。

第二百条 单位犯本节第一百九十四条、第一百九十五条规定之罪的，对单位判处罚金，并对其直接负责的主管人员和其他直接责任人员，处五年以下有期徒刑或者拘役，可以并处罚金；数额巨大或者有其他严重情节的，处五年以上十年以下有期徒刑，并处罚金；数额特别巨大或者有其他特别严重情节的，处十年以上有期徒刑或者无期徒刑，并处罚金。

（二）立案标准

《最高人民检察院、公安部关于公安机关管辖的刑事案件立案追诉标准的规定（二）》（2022 年 5 月 15 日施行 公通字〔2022〕12 号）

第四十七条 使用伪造、变造的委托收款凭证、汇款凭证、银行存单等其他银行结算凭证进行诈骗活动，数额在五万元以上的，应予立案追诉。

（三）司法解释性质文件

《最高人民法院关于印发〈全国法院审理金融犯罪案件工作座谈会纪要〉的通知》(2001 年 1 月 21 日施行　法〔2001〕8 号)

（三）关于金融诈骗罪

1. 金融诈骗罪中非法占有目的的认定

金融诈骗犯罪都是以非法占有为目的的犯罪。在司法实践中，认定是否具有非法占有为目的，应当坚持主客观相一致的原则，既要避免单纯根据损失结果客观归罪，也不能仅凭被告人自己的供述，而应当根据案件具体情况具体分析。根据司法实践，对于行为人通过诈骗的方法非法获取资金，造成数额较大资金不能归还，并具有下列情形之一的，可以认定为具有非法占有的目的：

（1）明知没有归还能力而大量骗取资金的；

（2）非法获取资金后逃跑的；

（3）肆意挥霍骗取资金的；

（4）使用骗取的资金进行违法犯罪活动的；

（5）抽逃、转移资金、隐匿财产，以逃避返还资金的；

（6）隐匿、销毁账目，或者搞假破产、假倒闭，以逃避返还资金的；

（7）其他非法占有资金、拒不返还的行为。但是，在处理具体案件的时候，对于有证据证明行为人不具有非法占有目的的，不能单纯以财产不能归还就按金融诈骗罪处罚。

第八节 信用证诈骗罪

我国《刑法》第一百九十五条规定了信用证诈骗罪。本罪在客观方面表现为利用信用证进行诈骗活动。实践中，行为人采用“骗取信用证”的方式进行诈骗活动的情形较为常见。构成本罪要求行为人具有非法占有的目的。自然人和单位都可以构成本罪，司法实践中团伙作案的情形居多。另外，行为人为实施信用证诈骗行为还可能伴随实施其他犯罪行为，本罪与其他关联犯罪的罪数认定问题也是应当关注的重点。

为更好掌握司法实务中对信用证诈骗罪定罪量刑等方面的关注重点，我们对重点案例进行详细解析，通过研究司法机关的裁判思路，提炼了司法实务裁判要点。同时，我们梳理了与信用证诈骗罪相关的法律、司法解释、立案标准及政策法规等规定。

一、实务解析

（一）本罪的行为方式具有多样性

根据我国《刑法》的规定，信用证诈骗罪在客观方面表现为利用信用证进行诈骗活动，行为方式具有多样性，主要包括四种情形：（1）使用伪造、变造的信用证或者附随的单据、文件；（2）使用作废的信用证；（3）骗取信用证；（4）以其他方法进行信用证诈骗活动，如通过信用证“软条款”进行诈骗、在信用证到期付款前宣告资不抵债等方式进行诈骗。

实践中，行为人采用“骗取信用证”的方式进行诈骗活动的情形较为常见。例如，行为人与他人串通，采用签订虚假购销合同的方式骗取银行开立信用证，再利用其控制的关联公司进行单证交换从而套取信用证项下资金。再如，行为人以融资、引资为由诱骗银行开立信用证，而后使用信用证和伪造的单据向银行申请出口信用证押汇。又如，行为人通过窜改合同条款等手段骗取其他公司向被害单位开立信用证，再利用开立的信用证骗取被害单位发运货物等。

（二）构成本罪要求行为人具有非法占有的目的

构成信用证诈骗罪要求行为人具有诈骗的主观故意及非法占有的目的。对于骗取信用证的行为来说，行为人是否具有非法占有的目的，是区别行为人构成信用证诈骗罪，抑或是骗取金融票证罪的关键所在。

司法实践中，行为人是否具有非法占有之目的除了通过行为人的供述之外，更多情况下需通过行为人的客观行为进行判断。如果行为人明知没有归还能力仍骗取信用证，套取信用证项下资金，或者骗取信用证项下资金后，存在逃跑、失联、转移资金、大肆挥霍等情形，逃避返还资金的，都容易被认定为具有非法占有目的。

（三）本罪的行为主体为一般主体

信用证诈骗罪的主体为一般主体，自然人和单位都可以构成本罪。鉴于信用证是国际贸易中重要的信用支付工具，信用证的开证人和受益人大多为公司，但是信用证诈骗罪的犯罪主体并不限于与银行直接发生票据关系的主体。换句话说，如果行为人使用诈骗方法通过第三方公司骗取银行信用证并套取资金，也同样构成信用证诈骗罪。

另外，司法实践中，信用证诈骗案具有国际性、集团化的特点，团伙作案较为普遍。如果行为人在明知无真实货物交易的情况下，参与编造、签订虚假进口合同、办理为诈骗所需的相关文件、分解信用证项下资金等一个或多个环节，就可能被认定为信用证诈骗罪的共犯。

（四）本罪与其他关联犯罪的罪数认定

从司法实践来看，行为人为了能够使用伪造、变造的信用证，附随的单据、文件或者骗取信用证，往往会伴随实施其他行为，如伪造、变造国家机关公文、证件、印章，伪造公司、企业印章，虚开增值税发票，伪造信用证等，此时，就涉及信用证诈骗罪与其他关联犯罪的罪数认定问题。

如果行为人实施其他犯罪行为是实施信用证诈骗犯罪的手段行为，则属于牵连犯，择一重罪处罚。如果实施其他犯罪并非实施信用证诈骗行为所必须，如骗取信用证之后将虚开的增值税专用发票进行抵扣，则不能按牵连犯认定，而是应当数罪并罚。

二、裁判要点

139 行为人与他人串通，虚构交易骗取信用证，并利用其控制的关联公司进行单证交换套取信用证项下资金，构成信用证诈骗罪

裁判要点

行为人与他人串通，采用签订虚假买卖合同的方式骗取银行开立信用证，并利用其控制的关联公司进行单证交换套取信用证项下资金，构成信用证诈骗罪。

裁判思路

基本案情[①]**：**

1993 年 5 月，上诉人严某青、郭某庆申请注册成立了雅某公司，企业性质为外资独资公司。公司成立后，雅某公司投资兴建雅某综合停车楼，累计欠款 2420 余万元未归还。

1995 年初，严某青、郭某庆为从银行骗取资金归还债务，找到上诉人陈某安，提出以雅某公司向陈某安在新加坡成立的申某公司进口货物为由向银行申请开立信用证，获取信用证项下资金，事成后，按所得资金的 5‰向陈某安支付好处费，陈某安表示同意。

1995 年 9 月至 1996 年 8 月，严某青和郭某庆勾结陈某安，采取交纳少量保证金，并将雅某综合停车楼的价值虚高评估后抵押的手段，编造 3 份进口合同，骗开武汉 3 家银行远期信用证 4 份，总开证金额共计 474. 114 万美元，通过瑞某银行某分行议付后，获取资金 433. 3254 万美元，折合人民币 3592. 624843 万元。严某青直接或指使郭某庆要陈某安将兑现资金转入雅某公司指定账户，严某青将骗取的资金部分用于公司业务，部分用于循环开立信用证，部分供严某青个人挥霍，造成各开证银行实际损失 352. 342792 万美元，折合人民币 2920. 914236 万元。

---

① 案件来源：严某青等信用证诈骗案【湖北省高级人民法院（2010）鄂刑三终字第 48 号】。

一审法院认为，严某青犯信用证诈骗罪，判处无期徒刑，剥夺政治权利终身……决定执行无期徒刑，剥夺政治权利终身。宣判后，严某青等人不服，提出上诉。

二审法院认为：

……雅某公司与申某公司没有进行货物交易，用虚构事实的方法骗取了信用证，并套取了信用证项下资金……上诉人严某青、郭某庆与陈某安串通，采取签订虚假买卖合同，并借此向银行申请开立远期信用证，再利用其控制的关联公司进行单证交换，从而套取开证银行信用证项下资金，明显规避了开证银行的监管，达到了非法占有银行资金的目的……上诉人严某青、陈某安和原审被告人郭某庆以非法占有为目的，虚构事实骗取信用证，并非法套取信用证项下资金，数额特别巨大并给国家造成了特别巨大的经济损失，其行为均已构成信用证诈骗罪。

裁判结果

一、驳回上诉，维持湖北省孝感市中级人民法院（2009）孝刑初字第 15 号刑事判决中的第二项、第三项、第四项以及对上诉人严某青犯信用证诈骗罪等罪的定罪处刑及合并执行部分……

140 骗开信用证并向银行申请出口押汇，即使提供足额担保，仍构成信用证诈骗罪

裁判要点

行为人虚构贸易背景骗开信用证，并使用信用证和伪造的单据向银行申请出口信用证押汇，即使在申请出口押汇时提供了足额担保，仍构成信用证诈骗罪。

裁判思路

基本案情[①]：

2012 年 7 月，被告人林某娥、翁某晖通过伪造交易的方式，以赐某公司名

① 案件来源：林某娥、翁某晖信用证诈骗案【浙江省宁波市鄞州区人民法院（2014）甬鄞刑初字第 425 号】。

义，向某银行申请办理出口信用证押汇，并向某银行递交信用证和伪造的全套发货单据，银行审核单据后向开证行寄单。

8月21日，应该银行要求，林某娥、翁某晖向银行提交《最高额保证合同》，由朱某某等人担保。9月12日，银行收到开证行承兑电文，表示只要单据与信用证相符，其行会于2013年2月23日到期付款。当日，林某娥、翁某晖便以赐某公司名义向银行递交正式书面押汇申请书。9月14日，银行将该信用证票面金额的实际结汇金额合计人民币2827980元划拨至赐某公司账户，两被告人随即将上述款项从账户转出，由翁某晖、林某娥个人支配使用和归还借款。

10月8日，银行收到国外开证行回复，以提单由不存在的公司提供、无船务信息为由撤销承兑。银行即联系林某娥、翁某晖，要求还款，后林某娥归还款项约5万元，翁某晖归还款项64万余元，剩余款项则以各种理由进行拖延。后银行无法联系翁某晖、林某娥。

2013年3月15日，经侦大队立案侦查，在侦查过程中发现，林某娥、翁某晖均已改变原联系方式且不知去向。

争议焦点：行为人虚构贸易背景骗开信用证，并使用信用证和伪造的单据向银行申请出口信用证押汇，在申请出口押汇时提供了足额担保，是否构成信用证诈骗罪？

辩护意见：

被告人翁某晖的辩护人提出：翁某晖不构成信用证诈骗罪。被告人申请出口押汇，有足额的担保，银行的权利不会因此损失；被告人主观上无非法占有的故意。

法院认为：

被告人林某娥、翁某晖以非法占有为目的，合伙捏造虚假贸易背景，骗开立信用证，并利用信用证及伪造信用证附随单据，非法获取银行资金约210万元，诈骗数额巨大，其行为均已构成信用证诈骗罪……被告人翁某晖辩护人关于被告人在提供足额担保的情况下，用合法取得的信用证向银行办理贷款，未骗取信用证项下款项，不构成信用证诈骗罪及本案系单位犯罪的辩护意见。本院认为，首先，信用证诈骗罪的客体是国家的金融管理秩序，使用骗取的信用证进行诈骗活动，并不限于行为人利用信用证的支付功能直接骗取信用证项下的款项，也包括了利用信用证的信用功能，将骗取的信用证用于抵押、质押或担保等进而骗取贷款。其次，信用证诈骗包括使用伪造、变造的信用证或者附随的单据、文件进行诈骗活动及骗取信用证进行诈骗活动等情形。本案中，两被告人虚构贸易业务，让他人代为开具信用证，并提交伪造提单等货运单据，骗得银行押汇款，之后逃避返还资金并潜逃，符合信用证诈骗罪客观方面特征，其是否提供担保不影响本罪成立……

裁判结果

一、被告人林某娥犯信用证诈骗罪，判处有期徒刑九年，并处罚金人民币二十万元。

二、被告人翁某晖犯信用证诈骗罪，判处有期徒刑八年，并处罚金人民币十五万元。

三、责令被告人林某娥、翁某晖继续退赔相关被害单位的经济损失。

141 行为人骗取银行开具的信用证上即使有足额担保，且担保人事后代偿了信用证下的款项，也不影响行为人构成信用证诈骗罪

裁判要点

行为人以虚假的贸易合同骗取银行信用证，并将信用证项下的款项偿还个人债务，即使开具的信用证上有足额担保且担保人事后代替行为人偿还了银行信用证下的款项，也不影响行为人构成信用证诈骗罪。

裁判思路

基本案情①：

被告人耿某伟因无力偿还借款，欲用信用证套现还债，在明知青岛某尔公司没有真实贸易的情况下，先后三次指使他人联系，由青岛某尔公司分别与三家公司签订了虚假的购销合同，由他人向某银行青岛分行交纳保证金，后青岛某尔公司使用青岛某博公司为其提供的最高额保证合同，向某银行青岛分行申请开立信用证，三份信用证总金额2866048美元，其中敞口金额2292838.4美元，折合人

① 案件来源：耿某伟合同诈骗、信用证诈骗案【山东省青岛市中级人民法院（2016）鲁02刑终334号】。

民币 14311428.2 元，信用证项下除保证金外的金额用于偿还耿某伟个人债务。

在耿某伟无力偿还银行的情况下，担保人青岛某博公司替耿某伟清偿了欠银行的债务。

一审法院认为，耿某伟犯信用证诈骗罪，判处有期徒刑十一年，并处罚金人民币五十万元。耿某伟提起上诉。

争议焦点：行为人以虚假的贸易合同骗取银行信用证，并将信用证项下的款项偿还个人债务，但开具的信用证上有足额担保且担保人事后代替行为人偿还了银行信用证下的款项，行为人是否构成信用证诈骗罪？

辩护意见：

耿某伟上诉称：信用证到期后，青岛某博公司已经代其公司偿还了银行，且其公司在此之前先支付青岛某博公司 300 万元，不存在欺骗青岛某博公司的事实，事后，其公司也一直不断偿还债权人债务，不构成信用证诈骗罪。

耿某伟辩护人提出：本案涉及的三起办理信用证的行为，属于典型的转口贸易，并向银行提供了足额抵押担保，银行不存在任何损失，且上诉人公司与担保人青岛某博公司之间有办理金融业务时互为提供担保的约定，青岛某博公司替上诉人公司清偿了债务，形成对上诉人公司的追偿关系，即使有纠纷，也不构成信用证诈骗罪。

二审法院认为：

经查，在案证据证实耿某伟为债务所迫，提议并与张某辉、綦某声、屈某共谋，以虚假的贸易合同骗取银行信用证，并将信用证项下的款项偿还所欠张某辉、綦某声、屈某等人的债务，虽然所开具的信用证由青岛某博公司提供足额担保，事后替青岛某尔公司偿还了银行信用证下的款项，但其骗取银行信用证的行为破坏了国家信用证管理制度，最终给青岛某博公司造成重大经济损失，符合信用证诈骗犯罪的构成要件。耿某伟事后在债权人的追要下，被迫偿还债务的行为，不影响对其犯罪的认定。原审判决认定耿某伟构成信用证诈骗罪正确。该上诉理由及辩护意见不成立，不予采纳。

裁判结果

驳回上诉，维持原判。

142 行为人利用伪造的信用证附随单证套取信用证项下资金，即使未与银行直接发生信用证票据关系，仍构成信用证诈骗罪

裁判要点

行为人利用伪造的信用证附随单证，通过其他公司套取信用证项下资金，即使未与银行直接发生信用证票据关系，仍构成信用证诈骗罪。

裁判思路

基本案情①：

2013 年 7 月，四川长某业务员李某一经被告人李某东和被告人黄某光介绍，代表四川长某与亚某东北亚签订了年供应 100 万吨煤炭的战略合作协议。关于煤炭的来源，黄某光推荐中某新兴同四川长某合作，代四川长某向亚某东北亚供煤。

2013 年 9 月初，黄某光和兰某、李某一等人了解到只要执行信用证项下相关合同，取得出库单、收货方收货证明、增值税专用发票，就可申请办理信用证福费廷融资业务。后黄某光私下与李某东通话沟通协商后，向兰某、李某一称其与李某东已向亚某东北亚供应了大量煤炭尚未结算，只需中某新兴与黄某光的久某公司重新签订一份煤炭购销合同，并且将签订时间推前，他们就可以先将其中的 6000 余万元煤炭挂在中某新兴名下结算。中某新兴可凭供货凭证开具出库单和增值税专用发票，向华某银行申请办理信用证福费廷融资业务，将四川长某开出的远期信用证项下资金提前议付出来。

2013 年 9 月，四川长某与中某新兴签订了煤炭购销协议。协议约定由中某新兴代四川长某向亚某东北亚供应煤炭，供货后四川长某用国内远期信用证结算。协议签订后，四川长某于 9 月 22 日向华某银行申请开具了国内远期信用证，向中某新兴开出 1.25 亿余元的国内远期信用证。中某新兴决定用该信用证办理福费廷融资业务进行融资。

黄某光、李某东伪造了更改计量方式的说明函、亚某东北亚收货凭证、质量

① 案件来源：黄某光、李某东信用证诈骗案【四川省高级人民法院（2016）川刑终 437 号】。

检验通知单等单证，虚构其与亚某东北亚有煤炭供销业务的事实，向兰某谎称可将其与亚某东北亚未结算的煤炭划归中某新兴，作为中某新兴代四川长某向亚某东北亚的供煤。在未向亚某东北亚和中某新兴实际供煤的情况下，黄某光以久某公司的名义为中某新兴开具了7000余万元的增值税专用发票，与中某新兴补签了煤炭供销合同，并将上述单证交于兰某，供中某新兴向四川长某开具增值税专用发票及办理信用证项下福费廷融资业务时使用。据此，中某新兴兰某向四川长某开具了6000余万元的增值税专用发票。

9月29日，中某新兴用黄某光、李某东提供的上述单证及其他资料在华某银行办理四川长某信用证项下的福费廷融资业务。银行将上述单证交由四川长某审单，四川长某审单后在华某银行国内信用证来证通知书上加盖财务印鉴，同意到期支付。中某新兴最终成功议付了该信用证项下的资金人民币6004.7万元。除去福费廷融资业务利息支出和银行转账手续费，中某新兴实际获取了该信用证项下资金58558334.79元。黄某光向兰某提出支付其先期供煤款时，兰某要求黄某光提供亚某东北亚煤炭入库证明时，黄某光安排李某东伪造了亚某东北亚6万余吨共计2800余万元煤炭入库的收货凭证。中某新兴依据收货凭证，向黄某光支付“供煤款”共计人民币2860万元。

黄某光在取得2860万元贷款后，除给李某东780余万元，其余款项用于归还个人和公司债务，案发时已无力返还。案发后主动向公安机关投案。

一审法院认为，黄某光犯信用证诈骗罪，判处有期徒刑十一年，并处罚金人民币二十万元；李某东犯信用证诈骗罪，判处有期徒刑十三年，并处罚金人民币二十万元。后二人提起上诉。

争议焦点：行为人利用伪造的信用证附随单证，通过其他公司套取信用证项下资金，与银行不存在直接的信用证票据关系，是否构成信用证诈骗罪？

辩护意见：

黄某光的辩护人提出：信用证诈骗罪侵犯的客体是金融管理秩序和银行财产所有权，黄某光与银行不存在直接的信用证票据关系，故黄某光不构成信用证诈骗罪。请求改判黄某光无罪。

二审法院认为：

黄某光虽未与银行直接发生信用证票据关系，但其通过中某新兴实施了信用证诈骗行为，四川长某系本案信用证诈骗的被害单位……本案系李某东、黄某光利用伪造的信用证单证，通过中某新兴骗取信用证项下资金，进而达到其非法占有的目的，自然人可以成为信用证诈骗犯罪的主体，二被告人的行为已构成信用证诈骗罪……黄某光、李某东以非法占有为目的，采取伪造信用证附随单证的方式，骗取四川长某信用证项下资金 6004.7 万元，数额特别巨大，其行为均已构成信用证诈骗罪。

裁判结果

一、维持四川省绵阳市中级人民法院（2015）绵刑初字第 7 号刑事判决书的第一项、第二项、第四项，即被告人黄某光犯信用证诈骗罪，判处有期徒刑十一年，并处罚金人民币二十万元；被告人李某东犯信用证诈骗罪，判处有期徒刑十三年，并处罚金人民币二十万元……

143 骗取银行押汇款后若未采取实质上的补救措施，藏匿或失联，将被认定具有非法占有目的

裁判要点

行为人骗取银行押汇款后，虽然归还部分款项，但在银行催促还款时未采取实质上的补救措施，且藏匿并改变原联系方式，足以认定行为人具有逃避返还、非法占有的主观故意。

裁判思路

基本案情①：

2012 年 7 月，被告人林某娥、翁某晖通过伪造交易的方式，以赐某公司名义，向某银行申请办理出口信用证押汇，并向某银行递交信用证和伪造的全套发货单据，银行审核单据后向开证行寄单。

8 月 21 日，应该银行要求，林某娥、翁某晖向银行提交《最高额保证合同》，由朱某某等人担保。9 月 14 日，银行将该信用证票面金额的实际结汇金额合计人民币 2827980 元划拨至赐某公司账户，两被告人随即将上述款项从账户转

---

① 案件来源：林某娥、翁某晖信用证诈骗案【浙江省宁波市鄞州区人民法院（2014）甬鄞刑初字第 425 号】。

出，由翁某晖、林某娥个人支配使用和归还借款。

10月8日，银行收到国外开证行回复，以提单由不存在的公司提供、无船务信息为由撤销承兑。银行即联系林某娥、翁某晖，要求还款，后林某娥归还款项约5万元，翁某晖归还款项64万余元，剩余款项则以各种理由进行拖延。后银行无法联系翁某晖、林某娥。

2013年3月15日，经侦大队立案侦查，在侦查过程中发现，林某娥、翁某晖均已改变原联系方式且不知去向。

争议焦点：行为人骗取银行押汇款后，归还部分款项，能否认定非法占有目的？

辩护意见：

被告人翁某晖的辩护人提出：被告人翁某晖曾多次与银行沟通还款事宜，并陆续向银行归还了64万余元，具有还款意愿。

法院认为：

被告人林某娥、翁某晖共同协商虚构出口业务，利用信用证骗取银行押汇款……被告人林某娥、翁某晖在骗取银行押汇款后，将款项大部分用于偿还债务，在银行催促还款时，未采取实质上的补救措施，并继而藏匿且改变原联系方式，足以认定两被告人具有逃避返还、非法占有的主观故意，故对被告人林某娥、翁某晖及其辩护人的上述辩解、辩护意见，本院均不予采信。另根据证人崔某及卢某的证言，经银行催缴，两被告人已在案发前主动向银行归还款项合计人民币69万余元，已归还部分可在诈骗金额中予以扣除，故两被告人诈骗金额应认定为210余万元……

裁判结果

一、被告人林某娥犯信用证诈骗罪，判处有期徒刑九年，并处罚金人民币二十万元。

二、被告人翁某晖犯信用证诈骗罪，判处有期徒刑八年，并处罚金人民币十五万元。

三、责令被告人林某娥、翁某晖继续退赔相关被害单位的经济损失。

144 公司实控人明知公司亏损严重、无归还能力仍骗取信用证且将部分资金挥霍，足以认定具有非法占有目的

裁判要点

公司实际控制人明知公司亏损严重、没有归还能力，仍假借关联公司间的交易向银行骗取信用证，且存在将部分资金挥霍、肆意决定支出的情形，足以认定其具有非法占有目的。

裁判思路

基本案情[①]**：**

被告人张某华在明知昌某公司出现严重亏损、没有偿还能力的情况下，为了昌某公司能够骗取银行信用证资金，同意、指使公司人员在从国外购买货物到银行申请开立信用证后，又将同一批货物转卖给境外的关联公司，再用其他关联公司从上述公司购买该批货物，第二次从银行开立不可撤销跟单信用证 26 笔，其中 11 笔未偿还，给银行造成共计 6838.31 万美元，折合人民币 4.5474 亿元的损失。

另外，张某华为了昌某公司能够骗取银行信用证资金，同意、指使公司人员虚构从境外关联公司购买货物的贸易背景，从某银行日照岚山支行等多家银行多次骗取信用证，给银行造成共计 19 笔 9.2650 亿元的损失。

上述从银行取得的资金，由张某华指示他人统一调度，大部分被用于偿还企业到期融资、支付银行利息、缴纳关税等，另一部分被张某华直接安排公司财务部支出。在公司持续巨额亏损的情况下，以本人或他人名义购置高档别墅等房产，购买豪华汽车供公司高管人员本人及家人使用，还购买价值数百万元的红酒及红木家具，以分红、奖金等名义私分资金，利用公司员工名下账户隐藏资金，部分用于家庭生活和个人消费。

一审法院认为，张某华犯信用证诈骗罪，判处有期徒刑十五年，并处罚金人民币五十万元。后张某华提起上诉。

---

① 案件来源：张某华信用证诈骗案【山东省日照市中级人民法院（2020）鲁 11 刑终 9 号】。

争议焦点：公司实控人明知公司亏损严重、没有归还能力，假借关联公司间的交易从银行骗取信用证，存在将部分资金挥霍、肆意决定支出的情形，能否认定其具有非法占有目的?

辩护意见：

被告人张某华上诉称：一审法院认定其具有非法占有的主观故意，以此认定构成信用证诈骗罪是错误的。

二审法院认为：

第一，从主观意图和客观行为来看……昌某公司从2009年即已出现亏损，2011年、2012年更是分别亏损7亿余元、21亿余元。2013年以后，上诉人张某华作为昌某公司董事长、实际控制人，在聘请专业人士、业务团队从事大宗贸易信用证结算业务中，从市场买卖行情、大豆部油脂部负责人汇报、内部会议、财务部报送的财务报表和盈亏报告等情况，已经知道公司亏损严重，仍假借关联公司间的交易从银行骗取信用证、贷款，这些款项已不能用于正常货物买卖，即使货物卖完获取利润，也不可能全部归还所有信用证款项、贷款款项，还在保持资金链不断裂的主观意愿下继续放任损失扩大，以此恶性循环给银行造成巨大损失。对上述“明知没有归还能力而大量骗取资金”“资金使用成本过高，生产经营活动的盈利不具有支付全部本息的现实可能性”“归还本息主要通过借新还旧来实现”等行为，应认定具有非法占有的主观故意，以信用证诈骗、贷款诈骗定罪处罚。

第二，从赃款去向来看，上诉人张某华在公司出现严重亏损和欠银行巨额款项不能偿还的情况下，为其本人和公司高管购置高档车辆，在做期货亏损的情况下仍私分数额巨大的款项，使用公司资金给子女购置房产，将密某瑰欠昌某公司的950万元转至家人账户用于购买房产，还通过张某一、王某一等人隐匿、转移部分公司资金，上诉人张某华的行为存在将部分资金挥霍、肆意决定支出的情形。故上诉人张某华作为昌某公司及关联公司的实际控制人，其行为应构成信用证诈骗罪、贷款诈骗罪，故其上诉理由及辩护人的辩护意见不能成立，本院不予采纳。

裁判结果

驳回上诉，维持原判。

145 明知无真实货物交易仍参与信用证诈骗，构成信用证诈骗罪的共犯

裁判要点

行为人在明知无真实货物交易的情况下，参与编造、签订虚假进口合同、办理为诈骗所需的相关文件、分解信用证项下资金，构成信用证诈骗罪的共犯。

裁判思路

基本案情[①]**：**

1995 年 2 月，被告人牟某中为获取银行资金用于天津南某经济集团返还债务和集团业务，提出组建临时突击融资小组，由牟某中挂帅，组员有被告人姚某、牟某一、牟某二等人。牟某中经与何某合谋，提出以进口贸易的方式，通过对外循环开立 180 天远期信用证获取银行资金。

同年 7 月，牟某中虚构进口货物的事实，以天津南某经济集团法定代表人的身份与湖北某工签订外贸代理进口货物协议。同时，牟某中委托何某作为天津南某经济集团的代理，编造外贸进口合同，通过湖北某工为天津南某经济集团从湖北中行对外开立 180 天远期信用证；牟某中授权姚某、牟某一配合何某进行诈骗活动，并指示牟某二联系某银行贵阳分行为其提供具有担保内容的见证意见书，作为开证的担保文件。被告人夏某伟根据牟某中的指示，在信用证诈骗活动中负责承办有关请示、批复，在姚某、牟某一等人制作的文件上多次加盖牟某中的签名章。与此同时，牟某中通过香港东某公司董事王某军，以香港东某公司作为信用证受益人，为天津南某经济集团在香港议付信用证，从而获取资金。

从 1995 年 8 月 15 日至 1996 年 8 月 21 日，天津南某经济集团通过虚构进口货物合同的方式在湖北中行骗开信用证 33 份，总开证金额共计 80137530 美元；通过香港东某公司等外企在外国银行议付信用证 31 份，获取总金额 75074004.10 美元，折合人民币 623339456.04 元。

牟某中直接和指使姚某、牟某一发指令给东某公司，将贴现资金转入天津南

---

① 案件来源：天津南某经济集团牟某中、姚某等信用证诈骗案【《最高人民检察院公报》2001 年第 1 号（总第 60 号）】。

某经济集团的指定账号，用于返还集团债务及业务支出 21978096.58 美元，折合人民币 4158121.19 元。余款用于循环开立信用证、支付利息及手续费。造成实际损失 35499478.12 美元，折合人民币 294752166.83 元。

法院认为：

被告单位天津开发区南某经济集团及其法定代表人牟某中为非法占有国家资金，与他人共谋，采取虚构进口货物的事实，骗开信用证，获取资金数额特别巨大，情节特别严重；被告人姚某、牟某一、牟某二、夏某伟明知无货物进口，却在被告人牟某中的指使下参与信用证诈骗，严重地破坏了国家金融管理秩序，其行为均已构成信用证诈骗罪。被告人牟某中在信用证诈骗犯罪过程中起主要作用，系本案主犯……

被告人牟某中作为南某集团总裁、法人代表，无视国家金融管理制度的有关规定，在南某集团有关会议上多次提出不进货的非法融资犯意，又与他人合谋，编造虚假进口合同以南某集团或个人的名义与有关部门签订协议，还指使被告人姚某、牟某一、牟某二等人具体经办，在明知无货进口的情况下，对所骗承兑的大宗美元亲自或授权他人签发划款指令，用于返还集团的债务和扩大业务，给国家造成了极大的经济损失。

被告人姚某多次参加集团有关部门融资的会议，明知无货进口却按照被告人牟某中的授权，与有关部门签订合同、协议，办理为诈骗所需的《见证意见书》，并按被告人牟某中的指令，分解信用证项下的资金，是本案的直接责任人员，系从犯……

被告人牟某一多次参加集团有关融资会议，在明知无货进口的情况下，积极配合姚某，办理签订合同、协议、《见证意见书》，并按被告人牟某中的指令参与分解信用证项下资金，是本案的直接责任人员，在信用证诈骗犯罪过程中起辅助作用，系从犯，依法可予减轻处罚。

被告人牟某二在被告人牟某中的指使下，参与信用证诈骗犯罪，是直接责任人员，系从犯，依法可予减轻处罚。

被告人夏某伟在被告人牟某中的直接指使下，不仅处理部分有关信用证诈骗文件及在文件上加盖被告人牟某中的签名单，还担任过有关融资会议的记录，其行为已构成信用证诈骗罪，根据其在本案中的地位和作用，属从犯，依法可减轻处罚……

裁判结果

一、被告单位天津开发区南某经济集团犯信用证诈骗罪，判处罚金人民币500万元。

二、被告人牟某中犯信用证诈骗罪，判处无期徒刑，剥夺政治权利终身。

三、被告人姚某犯信用证诈骗罪，判处有期徒刑三年，缓刑五年。

……

六、被告人夏某伟犯信用证诈骗罪，免予刑事处分。

146 为信用证议付虚开增值税专用发票，两行为具有牵连关系，但将虚开的增值税发票认证抵扣与信用证诈骗不具有牵连关系

裁判要点

行为人为了取得信用证议付的附随单据虚开增值税专用发票，虚开增值税专用发票与信用证诈骗行为具有牵连关系，但将虚开的增值税专用发票认证抵扣与信用证诈骗不具有牵连关系，应当数罪并罚。

裁判思路

基本案情[①]**：**

2013年7月25日，被告人李某英成为巨某公司的实际控制人。李某英为达到融资目的，委托被告人薛某东帮助联系信用证开证事宜。

在薛某东的帮助下，巨某公司与亿某公司、香某公司签订煤炭买卖合同，巨某公司收到亿某公司和香某公司向某银行申请开具的信用证后并未按约定供货，并通过在各个公司之间转移资金的方式造成贸易假象，在没有真实货物交易的情况下，向亿某公司和香某公司虚开增值税专用发票623份，抵扣认证556份，抵扣税款15915317.3元。

---

① 案件来源：李某英、赵某县信用证诈骗、虚开增值税专用发票案【河北省高级人民法院（2017）冀刑终196号】。

薛某东通过公司职工获得信用证附随单证，巨某公司工作人员赵某县持信用证及随证附单（包括增值税专用发票以及上述虚假附单）以巨某公司名义从某银行申请议付，该银行两笔议付款共计8000万元。

一审法院认为，李某英、赵某县为了取得信用证议付时所必要的信用证随证附单增值税专用发票而虚开增值税专用发票，系为利用信用证诈骗做准备，应该按照牵连犯择一重罪从重处罚，按照信用证诈骗罪论处，不应数罪并罚。一审法院以李某英犯信用证诈骗罪，判处有期徒刑十五年，并处罚金人民币三十万元；赵某县犯信用证诈骗罪，判处有期徒刑六年，并处罚金人民币十万元。

该案宣判后，邢台市人民检察院提起抗诉。

争议焦点：行为人为取得信用证议付的附随单据虚开增值税专用发票，后将虚开的增值税专用发票用于税款抵扣，信用证诈骗行为与虚开增值税专用发票行为是否具有牵连关系，可否按照牵连犯择一重罪处罚？

检察意见：

邢台市人民检察院抗诉意见：一审判决适用法律错误，不应按牵连犯定罪。本案没有证据证明虚开是为了实施信用证诈骗，且虚开增值税专用发票的行为不仅用于信用证诈骗中的议付，还将其提供给没有货物交易的一方用于税款抵扣认证，给国家造成了巨大损失。这种提供给交易方用于税款抵扣认证的行为显然与信用证诈骗并非出于同一个犯罪目的，二者之间没有必然联系。

河北省人民检察院支持抗诉意见及出庭意见：邢台市人民检察院抗诉理由成立，予以支持。李某英、赵某县为亿某公司、香某公司虚开增值税专用发票的直接目的是取得信用证议付的附随单据，与信用证诈骗行为确有牵连关系。但二人为亿某公司、香某公司虚开增值税专用发票认证抵扣并非信用证议付所必须，上诉人为他人虚开增值税专用发票认证抵扣并将其交于对方公司用于抵扣认证的行为与信用证诈骗犯罪亦非出于同一个犯罪目的。

辩护意见：

李某英的辩护人提出：李某英虚开增值税专用发票的行为是信用证诈骗的预备行为，为牵连犯，不应数罪并罚。

赵某县辩护人提出：巨某公司开具增值税专用发票是按照煤炭买卖合同约定的金额，是为了整个信用证合同的履行，如果不开具，信用证会被撤销，因此，虚开增值税专用发票行为是信用证诈骗的手段行为，应按一罪论处。

二审法院认为：

经查，在没有真实货物交易的情况下，巨某公司与亿某公司的信用证业务中，在信用证被注销后，银行将增值税专用发票返还巨某公司，巨某公司交亿某公司抵扣税款。另外，还给亿某公司开具了信用证数额之外的增值税专用发票，亿某公司进行了抵扣。在与香某公司的信用证业务中，信用证被注销后，该银行内丘支行并未将增值税专用发票返还给巨某公司，巨某公司在没有真实货物交易的情况下，为香某公司另外开具了增值税专用发票，香某公司用于抵扣。虚开增值税专用发票行为与信用证诈骗并非出于同一个犯罪目的，二者之间没有必然联系，虚开增值税专用发票行为并非信用证诈骗犯罪的牵连犯。李某英作为涉案公司的实际控制人，赵某县积极参与虚开增值税专用发票行为，二人还构成虚开增值税专用发票罪。该抗诉理由予以采纳。

裁判结果

……

三、上诉人（原审被告人）李某英犯虚开增值税专用发票罪，判处有期徒刑十五年，并处罚金人民币三十万元，与所犯信用证诈骗罪数罪并罚，决定执行有期徒刑二十年，并处罚金人民币六十万元。

四、上诉人（原审被告人）赵某县犯信用证诈骗罪，判处有期徒刑八年，并处罚金人民币十万元；犯虚开增值税专用发票罪，判处有期徒刑八年，并处罚金人民币十万元。合并决定执行有期徒刑十二年，并处罚金人民币二十万元。

147 通过窜改合同条款骗取开立信用证，再利用信用证骗取财物的行为，构成信用证诈骗罪而非合同诈骗罪

裁判要点

行为人通过窜改合同条款等手段骗取其他公司向被害单位开立信用证，再利用开立的信用证骗取被害单位发运设备的行为，构成信用证诈骗罪而非合同诈骗罪。

裁判思路

基本案情[①]**：**

2010年9月至2011年8月，原审被告人中某沣、刘某文、陈某鸥、袁某明知自身无履约能力，却谎称可开立国内信用证付款方式购买机械设备，联系了被害单位三某洲公司销售经理曾某某，商定购买46台装载机，总价款人民币1324.8万元。

为达到让三某洲公司发送46台机械设备的目的，中某沣、刘某文、陈某鸥、袁某通过承诺支付高额中介费用，以窜改合同条款、私自扫描三某洲公司印章等手段，骗取中某材公司向三某洲公司发出购买46台机械设备的信用证。

中某沣、刘某文、陈某鸥向三某洲公司谎称，原审被告人伍某某是中某材公司联系人，可作为收货人。在刘某文、陈某鸥保证提货三天后即付款的情况下，伍某某冒充中某材公司人员并通过私刻中某材公司印章、伪造中某材公司介绍信等手段，提取该46台机械设备并交给刘某文。此后，刘某文将该46台机械设备投资入股二某山公司，并向二某山公司法定代表人张某乙借款人民币410万元。

伍某某等人提供的收货凭证系伪造等原因，三某洲公司无法向银行承兑中某材公司所开立的信用证，该信用证期满后被注销。此后，三某洲公司多次向中某沣、刘某文、陈某鸥催讨贷款，三原审被告人编造各种理由拒绝付款，并拒绝退还所骗取的机械设备。

一审法院认为，被告人中某沣、刘某文、陈某鸥、袁某以非法占有为目的，在签订、履行合同过程中，共同虚构事实、隐瞒真相，骗取被害单位三某洲公司46台装载机，价值共计人民币1324.8万元，数额特别巨大，其行为均已构成合同诈骗罪。

争议焦点：行为人通过窜改合同条款等手段骗取其他公司向被害单位开立信用证，再利用开立的信用证骗取被害单位发运设备的行为，应定性为合同诈骗罪还是信用证诈骗罪?

辩护意见：

刘某文、陈某鸥的辩护人提出：本案诈骗得逞的关键在于中某沣等人骗取中某材公司开立信用证，并利用信用证骗取三某洲公司46台设备，对于中某沣等人应以信用证诈骗罪定罪处罚，原判以合同诈骗罪认定属定性错误。

---

① 案件来源：中某沣等信用证诈骗案【福建省高级人民法院（2014）闽刑终字第21号】。

二审法院认为：

经查，上诉人中某沣、刘某文、陈某鸥、袁某明知自身无履行合同的能力，通过窜改合同条款等手段骗取中某材公司向三某洲公司发出信用证，再以开立的信用证骗取三某洲公司发运46台机械设备，而后通过伪造收货单位中某材公司印章、介绍信等手段骗领该46台机械设备，案发后拒不付款或退还所骗设备，具有明显的非法占有故意并实施了利用信用证进行诈骗的行为，符合信用证诈骗罪的构成要件，均已构成信用证诈骗罪。原判以合同诈骗罪定罪处罚有误，故上诉人刘某文、陈某鸥的辩护人关于本案应认定为信用证诈骗罪的意见予以采纳。

上诉人中某沣、刘某文、陈某鸥、袁某以非法占有为目的，通过窜改购销合同条款骗取中某材公司开立信用证，再以所开立的信用证骗取三某洲公司发运机械设备，通过伪造中某材公司印章和介绍信等手段骗得46台机械设备，价值共计人民币1324.8万元，案发后拒不付款或退回设备，其行为均已构成信用证诈骗罪，且犯罪数额特别巨大……对上诉人中某沣、刘某文、陈某鸥、袁某定性有误，但量刑并无不当……

裁判结果

一、维持厦门市中级人民法院（2013）厦刑初字第19号刑事判决之第五项、第六项、第七项、第八项，即维持原判对原审被告人伍某某定罪量刑以及扣押追缴和退赔赃款赃物之判决和第一项、第二项、第三项、第四项中对上诉人中某沣、刘某文、陈某鸥、袁某的量刑部分。

二、撤销厦门市中级人民法院（2013）厦刑初字第19号刑事判决之第一项、第二项、第三项、第四项中对上诉人中某沣、刘某文、陈某鸥、袁某的定罪部分。

三、上诉人中某沣犯信用证诈骗罪，判处有期徒刑十五年，并处罚金人民币三十万元。

……

三、实务建议

近年来，信用证诈骗罪案发数量呈现上升态势，为防止行为人触犯信用证诈骗罪，以致身陷囹圄。我们在对重点案例梳理的基础上，结合实际办案经验，提出以下建议。

（一）了解本罪司法实践中的认定标准

值得注意的是，信用证诈骗罪是行为犯，构成本罪不以犯罪行为达到特定数额或满足特定情节、造成特定后果为前提条件。根据我国《刑法》第一百九十五条的规定和《刑事案件立案追诉标准（二）》第四十八条的规定，只要行为人使用伪造、变造的信用证或者附随的单据、文件，或使用作废的信用证，或骗取信用证，或以其他方法进行信用证诈骗活动，并且在案证据能够认定其具有非法占有目的，司法机关就能够认定行为人构成信用证诈骗罪。

因此，除对行为人客观施行行为的认定以外，对行为人是否具有非法占有目的之认定是司法机关判断行为人构成罪与非罪、此罪与彼罪的关键所在。如果行为主体存在明知没有归还能力仍骗取信用证，套取信用证项下资金，或者骗取信用证项下资金后，未采取实质上的补救措施，反而存在肆意挥霍、藏匿、失联、转移资金等情形，逃避返还资金的，都足以认定行为人具有非法占有目的。

（二）改变“只要在骗开的信用证上设立担保就不构成犯罪”的错误认识

在信用证诈骗案中，被告人普遍会陷入一个认识误区，认为“只要在骗开的信用证上设立担保，银行就不会受损，骗开信用证的行为就不构成犯罪”。然而，我国《刑法》之所以设立信用证诈骗罪，保护的客体是国家的金融管理秩序，而非某家银行的资金。因此，只要行为人实施了法律规定的信用证诈骗行为，就侵害了信用证管理秩序，如果根据在案证据足以认定其具有非法占有目的，那么，行为人就构成信用证诈骗罪。

至于行为人是否提供担保、担保是否足额、事后担保人是否偿还银行信用证下款项，都不影响行为人构成犯罪。例如，在耿某伟信用证诈骗案中，耿某伟伙同他人以虚假的贸易合同骗取银行信用证，将信用证项下的款项偿还个人债务，即使开具的信用证上已由青岛某博公司提供足额担保，并且事后该公司已经代替偿还了银行信用证下的款项，最终法院判决耿某伟构成信用卡诈骗罪。

（三）慧眼识别法律风险，避免充当犯罪“工具人”

实践中，部分公司实际控制人为缓解资金压力“铤而走险”，意图通过实施信用证诈骗行为获取信用证项下资金。对于公司员工而言，应当识别刑事法律风险，避免充当他人犯罪的“工具人”。

尽管信用证诈骗手法千变万化，但都离不开“作假”，较为常见的行为方式即虚构贸易背景，骗取银行或其他公司开具信用证，直接套取信用证项下款项，或利用信用证的信用功能，将骗取的信用证用于抵押、质押或担保等进而骗取贷款。如果公司员工在明知公司无真实货物交易的情况下，参与编造、签订虚假进口合同、办理为诈骗所需的相关文件、分解信用证项下资金等诈骗环节，就构成信用证诈骗罪的共犯。

此外，在信用证诈骗行为实施过程中，往往还会伴随着实施伪造、变造国家机关公文、证件、印章，伪造公司、企业印章，虚开增值税发票，伪造信用证等作假行为。如果公司员工参与实施上述行为，除构成信用证诈骗罪外，还可能涉嫌伪造金融票证罪、虚开增值税专用发票罪等犯罪。

四、法律规范

(一) 法律

《中华人民共和国刑法》(2020年修正)

第一百九十五条　有下列情形之一，进行信用证诈骗活动的，处五年以下有期徒刑或者拘役，并处二万元以上二十万元以下罚金；数额巨大或者有其他严重情节的，处五年以上十年以下有期徒刑，并处五万元以上五十万元以下罚金；数额特别巨大或者有其他特别严重情节的，处十年以上有期徒刑或者无期徒刑，并处五万元以上五十万元以下罚金或者没收财产：

(一) 使用伪造、变造的信用证或者附随的单据、文件的；

(二) 使用作废的信用证的；

(三) 骗取信用证的；

(四) 以其他方法进行信用证诈骗活动的。

第二百条　单位犯本节第一百九十四条、第一百九十五条规定之罪的，对单位判处罚金，并对其直接负责的主管人员和其他直接责任人员，处五年以下有期徒刑或者拘役，可以并处罚金；数额巨大或者有其他严重情节的，处五年以上十年以下有期徒刑，并处罚金；数额特别巨大或者有其他特别严重情节的，处十年以上有期徒刑或者无期徒刑，并处罚金。

（二）立案标准

《最高人民检察院、公安部关于公安机关管辖的刑事案件立案追诉标准的规定（二）》（2022年5月15日施行　公通字〔2022〕12号）

第四十八条　进行信用证诈骗活动，涉嫌下列情形之一的，应予立案追诉：

（一）使用伪造、变造的信用证或者附随的单据、文件的；

（二）使用作废的信用证的；

（三）骗取信用证的；

（四）以其他方法进行信用证诈骗活动的。

（三）司法解释性质文件

《最高人民法院关于印发〈全国法院审理金融犯罪案件工作座谈会纪要〉的通知》（2001年1月21日施行　法〔2001〕8号）

（三）关于金融诈骗罪

1. 金融诈骗罪中非法占有目的的认定

金融诈骗犯罪都是以非法占有为目的的犯罪。在司法实践中，认定是否具有非法占有为目的，应当坚持主客观相一致的原则，既要避免单纯根据损失结果客观归罪，也不能仅凭被告人自己的供述，而应当根据案件具体情况具体分析。根据司法实践，对于行为人通过诈骗的方法非法获取资金，造成数额较大资金不能归还，并具有下列情形之一的，可以认定为具有非法占有的目的：

（1）明知没有归还能力而大量骗取资金的；

（2）非法获取资金后逃跑的；

（3）肆意挥霍骗取资金的；

（4）使用骗取的资金进行违法犯罪活动的；

（5）抽逃、转移资金、隐匿财产，以逃避返还资金的；

（6）隐匿、销毁账目，或者搞假破产、假倒闭，以逃避返还资金的；

（7）其他非法占有资金、拒不返还的行为。但是，在处理具体案件的时候，对于有证据证明行为人不具有非法占有目的的，不能单纯以财产不能归还就按金融诈骗罪处罚。

4. 金融诈骗犯罪定罪量刑的数额标准和犯罪数额的计算。金融诈骗的数额不仅是定罪的重要标准，也是量刑的主要依据。在没有新的司法解释之前，可参照 1996 年《最高人民法院关于审理诈骗案件具体应用法律的若干问题的解释》的规定执行。在具体认定金融诈骗犯罪的数额时，应当以行为人实际骗取的数额计算。对于行为人为实施金融诈骗活动而支付的中介费、手续费、回扣等，或者用于行贿、赠与等费用，均应计入金融诈骗的犯罪数额。但应当将案发前已归还的数额扣除。

附：《最高人民法院印发〈关于审理诈骗案件具体应用法律的若干问题的解释〉的通知》（1996 年 12 月 16 日施行　法发〔1996〕32 号，已作废）

六、根据《决定》第十三条规定，利用信用证进行诈骗活动的，构成信用证诈骗罪。个人进行信用证诈骗数额在 10 万元以上的，属于“数额巨大”；个人进行信用证诈骗数额在 50 万元以上的，属于“数额特别巨大”。单位进行信用证诈骗数额在 50 万元以上的，属于“数额巨大”；单位进行信用证诈骗数额在 250 万元以上的，属于“数额特别巨大”。

第九节　信用卡诈骗罪

我国《刑法》第一百九十六条规定了信用卡诈骗罪。本罪在客观方面表现为利用信用卡进行诈骗活动。本罪的行为方式具有多样性，实践中，“冒用他人信用卡”和“恶意透支”的犯罪行为占比较高。构成本罪要求达到“数额较大”的立案标准。构成本罪要求行为人具有非法占有的目的。另外，本罪与其他信用卡犯罪的罪数认定也是我们关注的重点。

为更好掌握司法实务中对信用卡诈骗罪定罪量刑等方面的关注重点，我们对重点案例进行详细解析，通过研究司法机关的裁判思路，提炼了司法实务裁判要点。同时，我们梳理了与信用卡诈骗罪相关的法律、司法解释、立案标准及政策法规等规定。

一、实务解析

（一）本罪的行为方式具有多样性

根据我国《刑法》的相关规定，信用卡诈骗罪在客观方面表现为利用信用卡进行诈骗活动，行为方式具有多样性，主要包括以下五种方式：（1）使用伪造的信用卡；（2）使用以虚假的身份证明骗领的信用卡；（3）使用作废的信用卡；（4）冒用他人信用卡；（5）恶意透支。实践中，构成信用卡诈骗罪的犯罪行为中，“冒用他人信用卡”和“恶意透支”占比较高。

其中，“恶意透支”是指持卡人以非法占有为目的，超过规定限额或者规定期限透支，经发卡银行两次有效催收后，超过三个月仍不归还的行为。

“冒用他人信用卡”主要包括以下三种情形：（1）拾得他人信用卡并使用；（2）骗取他人信用卡并使用；（3）以非法方式（如窃取、收买、骗取等）获取他人信用卡信息资料，并通过互联网、通信终端等使用。

值得重视的是，尽管理论界关于“拾得他人信用卡在 ATM 取款机上恶意支取卡内资金究竟是构成盗窃罪还是信用卡诈骗罪”存在较大争议，就司法裁判而言，无论行为人拾得他人信用卡后是对金融机构的工作人员使用，还是对 ATM

机使用，都属于“冒用他人信用卡”，构成信用卡诈骗罪。

另外，如果行为人利用使用他人手机的便利，将他人支付宝所绑定的银行卡内资金转移至其掌控的账户内，则不属于“冒用他人信用卡”，而是属于盗窃行为。

（二）构成本罪要求达到“数额较大”的立案标准

首先，构成信用卡诈骗罪要求行为人实施的信用卡诈骗行为达到“数额较大”的立案标准。根据 2018 年 12 月 1 日生效的《最高人民法院、最高人民检察院关于办理妨害信用卡管理刑事案件具体应用法律若干问题的解释》，以及 2022 年 5 月 15 日生效的《刑事案件立案追诉标准（二）》，对于使用伪造的信用卡、以虚假的身份证明骗领的信用卡、作废的信用卡或者冒用他人信用卡，进行诈骗活动的行为，立案标准为五千元；对于恶意透支的行为，立案标准为五万元。

其次，对于行为人实施恶意透支的行为，在计算数额时，恶意透支的数额仅包括公安机关刑事立案时尚未归还的实际透支的本金数额，而不包括利息、复利、滞纳金、手续费等发卡银行收取的费用。

最后，如果行为人实施了恶意透支的行为，且数额较大（五万元以上不满五十万元），构成信用卡诈骗罪，但只要在检察机关提起公诉前全部归还或者具有其他情节轻微情形的，检察机关可以不起诉；在法院一审判决前全部归还或者具有其他情节轻微情形的，法院可以对行为人免予刑事处罚。但是，曾因信用卡诈骗受过两次以上处罚的行为人不在此列。

（三）构成本罪要求行为人具有非法占有的目的

构成信用卡诈骗罪要求行为人具有非法占有目的。对于未按规定还款的信用卡持卡人，司法机关在判断其是否具有非法占有目的时，会综合持卡人信用记录、还款能力和意愿、申领和透支信用卡的状况、透支资金的用途、透支后的表现、未按规定还款的原因等情节作出判断。

通常情况下，如果持卡人符合以下情形之一，将会被推定为具有“非法占有目的”：（1）明知没有还款能力而大量透支，无法归还的；（2）使用虚假资信证明申领信用卡后透支，无法归还的；（3）透支后通过逃匿、改变联系方式等手段，逃避银行催收的；（4）抽逃、转移资金，隐匿财产，逃避还款的；（5）使用透支的资金进行犯罪活动的；（6）其他非法占有资金，拒不归还的情形。如果有证据证明持卡人确实不具有非法占有目的的，则能推翻上述推定。

（四）对实施本罪及其他信用卡相关犯罪的行为人罪数的认定

司法实践中，部分行为人除实施信用卡诈骗行为外，还伴随实施了其他信用卡犯罪行为，涉嫌伪造、变造金融票证罪、妨害信用卡管理罪、窃取、收买、非法提供信用卡信息罪、信用卡诈骗罪等一个或多个罪名。如果行为人实施的多个犯罪行为具有牵连关系，从一重罪处罚；如果不能评价为具有牵连关系，行为人将面临数罪并罚。例如，行为人窃取他人信用卡信息，仅将部分信息伪造成信用卡，又将部分信息出售给他人用于实施信用卡诈骗犯罪活动，且与他人共谋并共同分赃，行为人同时构成窃取信用卡信息罪、伪造金融票证罪、信用卡诈骗罪，数罪并罚。

二、裁判要点

148 以非法方式获取他人信用卡信息资料，并通过互联网、通信终端等使用的，属于“冒用他人信用卡”的情形

裁判要点

窃取、收买、骗取或者以其他非法方式获取他人信用卡信息资料，并通过互联网、通信终端等使用的，属于信用卡诈骗活动中“冒用他人信用卡”的情形。

裁判思路

基本案情[①]**：**

2015年3月13日，被告人陈某军在明知系“料主”通过网络向被害人的手机发送木马程序非法窃取银行卡账号信息的情况下，仍使用“料主”向其提供的被害人顾某的银行卡信息，用其本人的手机号码注册账号后，在微店上以人民币5888元的价格购买1部金色苹果6plus 16G手机，再将网购的手机销赃，并将

① 案件来源：陈某军信用卡诈骗案【江苏省苏州市中级人民法院（2017）苏05刑再1号】。

所获非法利益与“料主”四六分成。

2016年8月5日，一审法院作出刑事判决，认定被告人陈某军犯盗窃罪，判处罚金人民币6000元。

判决生效后，苏州市人民检察院于2016年11月24日以原审法院适用法律错误，导致量刑畸轻为由提出抗诉。

2017年10月23日，再审法院裁定对本案进行提审。

再审法院认为：

根据《最高人民法院、最高人民检察院关于办理妨害信用卡管理刑事案件具体应用法律若干问题的解释》第五条第二款第三项的规定，“窃取、收买、骗取或者以其他非法方式获取他人信用卡信息资料，并通过互联网、通讯终端等使用的”，属于《刑法》第一百九十六条第一款第三项所称的“冒用他人信用卡”的情形。

本案中，原审被告人陈某军在明知“料主”通过发送木马程序非法获取他人信用卡信息资料的情况下，仍通过互联网、通信终端非法使用被害人的银行卡信息，在微店上以人民币5888元的价格购买1部金色苹果6plus 16G手机，再将网购的手机销赃，其行为完全符合司法解释规定的“冒用他人信用卡”的情形，应当以信用卡诈骗罪追究其刑事责任。因此，原审法院认定盗窃罪罪名不当，被告人陈某军应犯信用卡诈骗罪。

裁判结果

一、撤销苏州市姑苏区人民法院（2016）苏0503刑初389号刑事判决。

二、被告人陈某军犯信用卡诈骗罪，判处拘役两个月，缓刑三个月，并处罚金人民币二万元。

149 以非法占有为目的，骗取他人信用卡并冒用，进行信用卡诈骗活动，数额较大的，构成信用卡诈骗罪

裁判要点

行为人以非法占有为目的，采用为被害人提高信用卡额度的方法，骗取被害

人信用卡后，冒用骗取的信用卡进行信用卡诈骗活动，数额较大的，构成信用卡诈骗罪。

裁判思路

基本案情[①]：

2013 年 3 月至 2014 年 10 月，被告人朱某民分别给夏某、彭某一、杨某一在多家银行办理了信用卡，后朱某民以提升信用卡额度为名，隐瞒使用信用卡的真实意图，将信用卡骗至其手，分别透支被害人夏某信用卡 45000 元、彭某一信用卡 47000 元、杨某一信用卡 30000 元，共计 122000 元。其中 100000 元用于偿还个人债务，余款挥霍。

2018 年 4 月 26 日，一审法院作出刑事判决，判处朱某民犯诈骗罪，判处有期徒刑四年，并处罚金人民币一万元。

判决发生法律效力后，邯郸市人民检察院再审法院提起抗诉。后再审法院公开开庭审理了此案。

再审法院认为：

原审被告人朱某民以非法占有为目的，采用为被害人提高信用卡额度的方法，骗取被害人信用卡后，冒用骗取的信用卡进行信用卡诈骗活动，数额巨大，其行为已经构成信用卡诈骗罪。检察机关以朱某民的行为构成信用卡诈骗罪的意见，法院予以采纳。原审认定朱某民构成诈骗罪有误，应予纠正。

裁判结果

一、撤销河北省武安市人民法院作出（2018）冀 0481 刑初 91 号刑事判决。

二、被告人朱某民犯信用卡诈骗罪，判处有期徒刑五年，并处罚金人民币五万元。

三、追缴原审被告人朱某民违法所得十二万二千元，责令退赔被害人。

---

① 案件来源：朱某民信用卡诈骗案【河北省邯郸市中级人民法院（2019）冀 04 刑再 2 号】。

150 以非法占有为目的，利用信用卡恶意透支，数额较大的，构成信用卡诈骗罪

裁判要点

行为人以非法占有为目的，利用信用卡恶意透支，经银行多次催收后超过三个月仍拒不归还，数额较大的，构成信用卡诈骗罪。

裁判思路

基本案情[①]**：**

2007 年 11 月，舒某乐在工某银行某分行申请办理了卡号为 45×××61 的信用卡；2009 年 5 月，舒某乐在工某银行某分行申请办理了卡号为 62×××59 的信用卡；2009 年 10 月，舒某乐在工某银行某分行申请办理了卡号为 45×××94 的信用卡。

从 2015 年 2 月开始，舒某乐在无还款能力的情况下，通过 POS 机套现、ATM 机取现等方式陆续透支上述三张信用卡，共计人民币 58796.08 元。

上述透支款项经银行多次电话、短信等方式催收，舒某乐在银行催收三个月后仍拒不归还。

一审法院认为，舒某乐犯信用卡诈骗罪，判处有期徒刑二年六个月，并处罚金人民币三万元。另犯诈骗罪被判处有期徒刑十一年，并处罚金人民币五十万元。合并决定执行有期徒刑十二年，并处罚金人民币五十三万元。后舒某乐提起上诉。

二审法院认为：

上诉人舒某乐以非法占有为目的，在背负巨额债务，明知已没有归还能力，仍采取高额利息为诱饵，虚构事实、隐瞒真相，大量骗取他人财物，数额特别巨大，其行为已构成诈骗罪；上诉人舒某乐还以非法占有为目的，利用信用卡恶意透支，数额较大，其行为已构成信用卡诈骗罪。

---

① 案件来源：舒某乐诈骗、信用卡诈骗案【江西省高级人民法院（2018）赣刑终 201 号】。

裁判结果

驳回上诉，维持原判。

151 以非法占有为目的，使用以虚假的身份证明骗领的信用卡，数额较大的，构成信用卡诈骗罪

裁判要点

行为人以非法占有为目的，使用以虚假的身份证明骗领的信用卡，数额较大的，构成信用卡诈骗罪，银行是否存在过错、被冒用人是否知情同意均不影响犯罪成立。

裁判思路

基本案情[①]**：**

2015年底，上诉人刘某玉、刘某芳以成立核桃种植合作社、农业种植合作社等为由，将赵某一、白某二等人伪造为刘某玉、刘某芳设立的“某食品有限公司”员工身份，向某银行成功申领到144张公务卡，后刘某玉、刘某芳冒用其中133张公务卡，通过POS机刷卡套现方式套取现金人民币4068378.17元，至案发前未能归还。

2016年1月，上诉人刘某玉使用其卡号为62×××98的信用卡恶意透支人民币49969.40元，至案发前未归还。上诉人刘某芳使用其卡号为62×××06的信用卡恶意透支人民币49841.43元，至案发前未归还。

2015年底，上诉人吴某华将陈某一、陈某二等被害人伪造为自己经营的“某农业科技有限公司”员工身份，向某银行成功申办了76张公务卡，后吴某华冒用其中的18张公务卡，通过POS机刷卡套现方式套取现金人民币705127.30元，至案发前未能归还。

一审法院认为，三人均构成信用卡诈骗罪，判处刘某玉有期徒刑十三年，并处罚金人民币二十万元；判处刘某芳有期徒刑十一年，并处罚金人民币十五万

---

① 案件来源：刘某玉、刘某芳信用卡诈骗案【云南省高级人民法院（2018）云刑终441号】。

元；判处吴某华有期徒刑十年，并处罚金人民币五万元。后三人提起上诉。

争议焦点：行为人使用以虚假的身份证明骗领的信用卡且数额较大，发卡银行存在管理疏漏、持卡人知情同意是否影响行为人构成犯罪?

辩护意见：

原审被告人刘某玉上诉称：由于大部分证人证言和被害人陈述不属实以及发卡银行存在重大过错，导致原判认定的部分事实不清。

原审被告人刘某芳上诉称：发卡银行和持卡人存在过错。

原审被告人吴某华上诉称：部分持卡人在刷卡套现前已表示知情并同意，不应认定为信用卡诈骗金额。证人证言和被害人陈述不属实以及发卡银行存在重大过错。

二审法院认为：

上诉人刘某玉、刘某芳、吴某华以非法占有为目的，违反国家信用卡管理的相关法律规定，以虚假身份证明骗领信用卡后，冒用他人信用卡刷卡套现的行为和刘某玉、刘某芳恶意透支信用卡的行为均已构成信用卡诈骗罪，刘某玉、刘某芳、吴某华信用卡诈骗数额特别巨大，依法均应予惩处。刘某玉、刘某芳系共同犯罪，二人均系信用卡诈骗正犯，均应对所实施的犯罪承担全部罪责，刘某玉作用略大于刘某芳……

证人证言和被害人陈述均经原审庭审质证确认，且与在案的其他证据相互印证，证实三上诉人所实施的犯罪行为，故刘某玉、吴某华所提大部分证人证言和被害人陈述不属实的上诉理由不能成立，本院亦不予采纳。犯罪分子利用金融机构信用卡管理的疏漏实施犯罪，不但不能成为其为自己罪责开脱的托词，反而印证了其主观恶性之深和犯罪情节之恶劣，故刘某玉、刘某芳、吴某华所提银行存在过错的上诉理由本院不予采纳。吴某华伪造他人身份证明骗领信用卡并使用，无论持卡人是否知情和同意，依法应对其所实施的犯罪承担罪责，故吴某华所提部分持卡人已表示知情和同意的刷卡金额不应认定为信用卡诈骗金额的上诉理由不能成立，本院不予采纳。

裁判结果

驳回上诉，维持原判。

152 恶意透支信用卡后通过逃匿、改变联系方式等手段逃避银行催收的，可以认定具有非法占有目的

裁判要点

持卡人恶意透支信用卡后通过逃匿、改变联系方式等手段逃避银行催收的，可以认定具有非法占有目的。

裁判思路

基本案情①：

2010 年 8 月 2 日和 4 日，上诉人杨某萍分别在某银行申请办理了两张个人信用卡，透支额度分别为 10 万元和 5 万元。

2015 年，杨某萍先后使用两张信用卡恶意透支人民币共计 146258.39 元，并予以挥霍。

后杨某萍改变联系方式，逃避银行催收。经银行工作人员两次上门留置催收，至案发未归还本息。

一审法院认为，杨某萍犯信用卡诈骗罪，判处有期徒刑五年，并处罚金人民币五万元。另外，杨某萍犯诈骗罪，判处无期徒刑，剥夺政治权利终身，并处没收个人全部财产。合并决定执行无期徒刑，剥夺政治权利终身，并处没收个人全部财产。后杨某萍提起上诉。

二审法院认为：

杨某萍以非法占有为目的，透支信用卡后逃匿，改变联系方式，逃避银行催收，数额较大，其行为已构成信用卡诈骗罪。杨某萍一人犯数罪，应数罪并罚。

杨某萍上诉及其辩护人辩护提出“没有非法占有的故意，不构成信用卡诈骗罪”的理由，经查，杨某萍透支信用卡后逃匿，改变联系方式，逃避银行催收，透支数额较大，其行为已构成信用卡诈骗罪。故对该上诉理由和辩护意见不予采纳……

---

① 案件来源：杨某萍诈骗、信用卡诈骗案【湖南省高级人民法院（2019）湘刑终 134 号】。

裁判结果

一、驳回上诉人杨某萍的部分上诉。维持湖南省永州市中级人民法院（2018）湘11刑初56号刑事判决第一项中对杨某萍诈骗罪的判决、信用卡诈骗罪的定罪部分和第二项、第三项。

二、撤销湖南省永州市中级人民法院（2018）湘11刑初56号刑事判决第一项对杨某萍信用卡诈骗罪的量刑部分。

三、上诉人杨某萍……犯信用卡诈骗罪，判处有期徒刑三年，并处罚金人民币五万元……

153 明知没有还款能力而大额透支信用卡，无法归还的，可以认定具有非法占有目的

裁判要点

行为人明知没有还款能力而大额透支信用卡，无法归还的，可以认定具有非法占有目的。

裁判思路

基本案情[①]**：**

2003年，上诉人陈某峰设立某汽车销售服务有限公司，从事汽车销售等业务。2011年5月，陈某峰又设立某商贸有限公司，从事农副产品、日杂百货购销等业务。因经营不善，陈某峰欠下大量债务。

2011年12月至2012年11月，陈某峰在明知自己没有偿还能力的情况下，先后使用其本人及他人的工某银行信用卡，利用POS机虚构交易透支套现，用于偿还债务等。后陈某峰未按期归还透支款，经银行多次催收，陈某峰仍不归还，银行工作人员遂报案。

截至公安机关刑事立案时，陈某峰尚未归还的实际透支本金数额为3181691.45元，刑事立案后陈某峰归还1099719.82元。

① 案件来源：陈某峰信用卡诈骗案【安徽省高级人民法院（2018）皖刑终220号】。

一审法院认为，陈某峰犯信用卡诈骗罪，判处有期徒刑十二年六个月，并处罚金人民币20万元。

二审法院认为：

对陈某峰关于其在使用涉案款项时具有还款能力，没有非法占有目的的上诉理由及辩护人的相关辩护意见，经查，证人常某、牛某一、张某二、房某、傅某、许某二、郑某、杨某一、陈某一证言、陈某峰在侦查阶段的供述及房屋登记信息查询等书证相互印证，证明陈某峰在使用涉案信用卡套现时外欠大量债务，大运某超市主要是靠负债经营，经常被人上门要债，经营状况不好，后被迫停止营业，陈某峰亦无合法登记的房产等固定资产，可以认定陈某峰在透支涉案信用卡时明知自己没有偿还能力……辩护人提交的证据不能证明陈某峰在使用涉案信用卡透支时具有还款能力。综上，现有证据足以认定陈某峰明知自己没有还款能力而大量透支，无法归还，进而认定其以非法占有为目的。故此节上诉理由及辩护意见不能成立，不予采纳。

上诉人陈某峰以非法占有为目的，超过规定期限透支其本人及他人信用卡进行套现，经发卡银行多次催收后超过三个月仍不归还，至公安机关刑事立案时尚未归还的实际透支的本金为3181691.45元，数额巨大，其行为已构成信用卡诈骗罪。

裁判结果

……

三、上诉人陈某峰犯信用卡诈骗罪，判处有期徒刑六年六个月，并处罚金人民币二十万元……

154 恶意透支数额较大，在一审判决前全部归还或者具有其他情节轻微情形的，可以免予刑事处罚

裁判要点

行为人恶意透支数额较大，在一审判决前全部归还或者具有其他情节轻微情形的，可以免予刑事处罚。

裁判思路

基本案情[①]**：**

2012年2月24日，被告人苗某在某银行办理了一张信用卡。2018年6月开始，苗某在明知自己没有偿还能力的情况下，恶意透支使用该信用卡，经银行工作人员多次电话，上门催收未果。

至2018年12月17日案发，苗某恶意透支人民币84362.12元，产生利息及费用人民币36770.4元，合计人民币121132.52元。

2019年3月，在公安机关移送审查起诉之前，苗某已将透支本息全部归还被害单位，并取得被害单位的谅解。

一审法院认为，苗某犯信用卡诈骗罪，判处有期徒刑一年，缓刑一年，并处罚金人民币五万元。后苗某提起上诉。

二审法院认为：

……鉴于其已于公安机关移送审查起诉前将逾期欠款全部还清，本院量刑时将酌情予以考虑……上诉人苗某利用信用卡恶意透支，数额较大，其行为已构成信用卡诈骗罪，应依法惩处。根据《最高人民法院、最高人民检察院关于办理妨害信用卡管理刑事案件具体应用法律若干问题的解释》第十条之规定，在一审判决前全部归还或者具有其他情节轻微情形的，可以免予刑事处罚。原审判决认定事实清楚、定性准确、审判程序合法，对上诉人苗某量刑不当，本院予以纠正。

裁判结果

一、维持营口市鲅鱼圈区人民法院（2019）辽0804刑初465号刑事判决中关于上诉人苗某的定罪部分，即上诉人苗某犯信用卡诈骗罪。

二、撤销营口市鲅鱼圈区人民法院（2019）辽0804刑初465号刑事判决中关于上诉人苗某的量刑部分。

三、上诉人苗某犯信用卡诈骗罪，免予刑事处罚。

---

① 案件来源：苗某信用卡诈骗案【辽宁省营口市中级人民法院（2020）辽08刑终49号】。

155 窃取他人信用卡信息，将部分信息伪造成信用卡，将部分信息出售给他人用于实施信用卡诈骗犯罪活动，且与他人共谋并共同分赃，应当数罪并罚

裁判要点

行为人窃取他人信用卡信息，将部分信息伪造成信用卡，将部分信息出售给他人用于实施信用卡诈骗犯罪活动，且与他人共谋并共同分赃，行为人同时构成窃取信用卡信息罪、伪造金融票证罪、信用卡诈骗罪，数罪并罚。

裁判思路

基本案情①**：**

2014年11月至12月，被告人高某通过他人改装了5台移动POS机，使上述移动POS机增加了记录、存储以及发送在该POS机刷卡消费的相关银行卡信息和密码至其指定手机的功能。嗣后，其即将上述改装好的移动POS机提供给本市一些商户用于正常刷卡交易，其中1台提供给了如某超市经营者陆某某处使用。

案发后，根据银联卡反欺诈服务中心提供的该移动POS机刷卡交易数据量等证据测算，仅2014年12月16日至27日，高某先后非法窃得他人银行卡信息共43条。

与此同时，高某于2014年11月至案发，购买写码器及大量的空白信用卡，将非法获取的他人信用卡信息通过磁条写入的方式制作成伪造的信用卡，其后公安机关从其住处查获的11张空白信用卡中，有6张系伪造的信用卡。

此外，高某于2014年11月至案发，通过QQ向同案关系人李某、何某库等人出售其窃得的信用卡信息7条，按约定由上述人员制作伪卡后通过取现、套现及网上转账等方式进行盗刷，并约定分成比例，其间共计盗刷人民币391698元，高某非法获利人民币8万元。

---

① 案件来源：高某窃取信用卡信息、伪造金融票证、信用卡诈骗案【上海市第二中级人民法院（2016）沪02刑终1047号】。

一审法院认为，高某犯窃取信用卡信息罪，判处有期徒刑五年，并处罚金人民币五万元；犯伪造金融票证罪，判处有期徒刑五年，并处罚金人民币五万元；犯信用卡诈骗罪，判处有期徒刑七年，并处罚金人民币三十万元。合并决定执行有期徒刑十四年，并处罚金人民币四十万元。后被告人高某提起上诉。

争议焦点：行为人窃取他人信用卡信息，将部分信息伪造成信用卡，将部分信息出售给他人用于实施信用卡诈骗犯罪活动，且与他人共谋并共同分赃，应当从一重罪处罚还是数罪并罚？

辩护意见：

上诉人高某辩称：对其不能三罪并罚，而应按照牵连犯原则择一重罪处罚，且原判量刑过重，请求对其从轻处罚。

二审法院认为：

关于对上诉人高某的犯罪行为能否三罪并罚的问题。经查，高某通过违法改装 POS 机以窃取被害人信用卡信息共计 52 条。其中，因 2 条信用卡信息已被其伪造成信用卡而构成伪造金融票证罪；7 条信息因已被其出售给他人用于实施信用卡诈骗犯罪活动，且与他人共谋并共同分赃而构成信用卡诈骗罪；剩余 43 条信息被原判认定构成窃取信用卡信息罪。

本院认为，高某实施的三个犯罪行为分别具有相对的独立性，除高某窃取的部分信用卡信息已用于其他犯罪活动而被认定为牵连犯，并择一重罪处罚外，其余窃取的 43 条信用卡信息在没有证据证明将实施其他犯罪活动的情况下，对其以窃取信用卡信息罪定罪处罚，既符合充分评价原则，也不违背禁止重复评价原则。故原判对高某三罪并罚并无不当，高某的相关辩解和辩护人的相关辩护意见不予采信和采纳。

综上，本院认为，上诉人高某采用秘密手段非法窃取他人信用卡信息，其行为已构成窃取信用卡信息罪，且数量巨大；高某又伪造他人信用卡，其行为已构成伪造金融票证罪，且情节严重；高某还伙同他人使用伪造的信用卡进行诈骗活动，其行为又构成信用卡诈骗罪，且数额巨大，故对高某应三罪并罚。

裁判结果

驳回上诉，维持原判。

156 拾得他人信用卡并在ATM取款机上冒用他人信用卡恶意支取卡内资金，数额较大的，构成信用卡诈骗罪而非盗窃罪

裁判要点

行为人以非法占有为目的，拾得他人信用卡，并冒用他人信用卡在ATM取款机上恶意支取卡内资金，数额较大的，构成信用卡诈骗罪而非盗窃罪。

裁判思路

基本案情①：

2019年9月4日13时30分许，被告人蹇某连伙同张某梅用张某梅拾得的被害人李某遗失的写有密码的银行卡到某银行取款机上取款10000元。13时55分许，二人到某农村信用合作联社欲再次用该拾得的银行卡从ATM取款机上取款3000元，因该卡挂失而被吞卡。事后，蹇某连、张某梅平分赃款。

一审法院认为，被告人蹇某连以非法占有为目的，秘密窃取他人财物，数额较大，其行为依法构成盗窃罪。判决蹇某连犯盗窃罪，判处拘役六个月，缓刑六个月，并处罚金人民币3000元。

后云南省澄江市人民检察院提出抗诉。

二审法院认为：

原审被告人蹇某连伙同他人以非法占有为目的，拾得他人信用卡后冒用他人信用卡恶意支取卡内资金1万元，数额较大，其行为已触犯《刑法》第一百九十六条第一款第三项之规定，构成信用卡诈骗罪，依法应处5年以下有期徒刑或者拘役，并处2万元以上20万元以下罚金。蹇某连犯罪后能自动投案并如实供述犯罪事实，具有自首情节，依法可以从轻或者减轻处罚；蹇某连自愿认罪认罚且签字具结，依法可以从宽处理，且其主动退缴赃款，未给被害人造成经济损失，可酌情从轻处罚。原判认定被告人蹇某连的行为构成盗窃罪定性错误，应予纠正，抗诉机关的抗诉理由成立，应予支持。

---

① 案件来源：蹇某连信用卡诈骗案【云南省玉溪市中级人民法院（2020）云04刑终193号】。

裁判结果

一、撤销云南省澄江市人民法院（2020）云0422刑初211号刑事判决，即被告人蹇某连犯盗窃罪，判处拘役六个月，缓刑六个月，并处罚金人民币三千元。

二、原审被告人蹇某连犯信用卡诈骗罪，判处拘役六个月，缓刑六个月，并处罚金人民币二万元。

157 使用被害人手机，操作支付宝账户的转账功能，属于盗窃行为而非信用卡诈骗行为

裁判要点

行为人使用被害人手机，将被害人支付宝所绑定的银行卡内资金转移至其掌控的账户内，不属于“冒用他人信用卡”，而是盗窃行为。

裁判思路

基本案情[①]**：**

2016年6月，史某峰与被害人李某某相识后常至李某某家中过夜。2016年11月15日，史某峰在李某某家中过夜。11月16日早上，史某峰使用李某某手机，通过操作李某某支付宝账户，从李某某支付宝账户所绑定的李某某平某银行卡中先后分三笔共转出3.5万元至其掌控的户名为苏某某的建某银行卡内。

2016年12月2日，史某峰再次在李某某家中过夜。12月3日早上，史某峰又使用李某某手机，通过操作李某某支付宝账户，先后分两笔共2万元从李某某支付宝账户所绑定的李某某平某银行卡转出至户名为苏某某的支付宝账户内，从李某某支付宝余额向户名为苏某某的支付宝账户分两笔共转账1.1万元。

一审法院认为，史某峰以非法占有为目的，通过事先掌握的相关信息，利用其能单独使用被害人李某某手机的机会，将被害人支付宝、银行卡内的资金转移至其掌控的支付宝、银行卡账户内，其行为分别构成盗窃罪、信用卡诈骗罪，其

---

① 案件来源：史某峰盗窃案【上海市高级人民法院（2019）沪刑再2号】。

中盗窃数额较大，信用卡诈骗数额巨大，依法应予数罪并罚。判决史某峰犯盗窃罪，判处有期徒刑一年三个月，并处罚金人民币三千元；犯信用卡诈骗罪，判处有期徒刑五年，并处罚金人民币六万元。合并决定执行有期徒刑六年，并处罚金人民币六万三千元。

一审判决后，史某峰不服，提出上诉。史某峰上诉称其与被害人李某某系合谋骗取支付宝被盗刷的保险理赔，且相关转账均系被害人本人操作。史某峰的辩护人提出，本案不能排除上诉人与被害人串通报假案实现保险理赔的可能。

二审法院认为，一审法院根据史某峰的犯罪事实、性质及情节等，所作判决并无不当，且审判程序合法。据此，裁定驳回上诉，维持原判。

后上海市人民检察院按照审判监督程序提出抗诉。

争议焦点：行为人使用被害人手机，将被害人支付宝所绑定的银行卡内资金转移至其掌控的账户内，属于盗窃行为还是信用卡诈骗行为?

抗诉意见：

上海市人民检察院抗诉认为：原一、二审裁判以盗窃罪、信用卡诈骗罪两罪并罚，属定性不当，适用法律错误，应予纠正。理由是：（1）从支付宝余额转账与从支付宝绑定的银行卡内转账，两者实施行为相同；（2）窃取支付宝绑定的银行卡内的钱款，定性为信用卡诈骗罪，不符合本罪的基本特征；（3）本案行为特征属于盗窃信用卡并使用，应认定为盗窃罪。史某峰通过秘密窃取的方式，占有被害人钱款，其窃取的是被害人手机中支付宝绑定的银行卡内的资金，是利用网络实施的盗窃行为，并非窃取信用卡信息资料并通过互联网使用，不属于冒用他人信用卡。该行为与盗窃实体信用卡，在线下 ATM 机或 POS 机上刷卡取款、转账或消费，无本质区别，是盗窃信用卡并使用的行为。对史某峰的行为应以盗窃罪一罪论处。原审量刑尚在法定幅度内，可予维持。

再审法院认为：

史某峰无论是从支付宝余额转账还是从支付宝绑定的银行卡转账，其主观故意内容相同，即非法占有被害人的财物；行为方式相同，即使用被害人手机操作支付宝账户的转账功能；所侵害的法益相同，即未妥善保管手机和相关密码的被害人个人财产权利。因此，转移支付宝余额的行为与转移支付宝所绑定银行卡内资金的行为性质是相同的。在同一案件中，行为人多次实施相同性质的犯罪行为应以同一罪名定罪处罚。原审以行为人所转移的资金是来源于支付宝余额还是来源于所绑定的银行卡为标准对行为分别定性没有法律依据。

根据我国《刑法》第二百六十四条规定，“盗窃公私财物，数额较大或者多次盗窃的”定盗窃罪。盗窃罪区别于其他侵财类犯罪的行为特征是秘密窃取。支付宝这类第三方支付系统是转移资金的通道，支付宝账户相当于通道的门，支付宝账户的密码相当于打开门的钥匙。史某峰秘密使用被害人李某某的手机，通过被害人支付宝账户转移被害人支付宝余额和所绑定的银行卡内的资金，转入其掌握的银行卡或支付宝账户内，其行为系破坏他人对财物的控制支配关系，建立起自己对财物的控制支配关系，符合盗窃罪的秘密性与主动获取财物的行为特征，构成盗窃罪。

我国《刑法》第一百九十六条第三款规定：“盗窃信用卡并使用的，依照本法第二百六十四条的规定定罪处罚。”即盗窃信用卡并使用的行为以盗窃罪定罪处罚。秘密使用他人支付宝账户取财的行为，与盗窃他人信用卡并使用的行为本质上没有区别。因此，史某峰的行为应以盗窃罪一罪论处。原一、二审对史某峰的行为以盗窃罪和信用卡诈骗罪两罪并罚，属适用法律错误，应予纠正。

裁判结果

……

二、撤销上海市第二中级人民法院（2018）沪 02 刑终 270 号刑事裁定和上海市嘉定区人民法院（2017）沪 0114 刑初 1572 号刑事判决中第一项的内容，即被告人史某峰犯盗窃罪，判处有期徒刑一年三个月，并处罚金人民币三千元；犯信用卡诈骗罪，判处有期徒刑五年，并处罚金人民币六万元。合并决定执行有期徒刑六年，并处罚金人民币六万三千元。

三、原审被告人史某峰犯盗窃罪，判处有期徒刑四年九个月，并处罚金人民币六万三千元。

……

三、实务建议

中国司法大数据研究院等联合发布的《金融反诈最新行动指南》统计，2019 年至 2021 年，在所有金融诈骗类犯罪案件中，信用卡诈骗罪案件数量始终遥遥领先，占据半壁江山。为防止行为人触犯信用卡诈骗罪，我们在对重点案例梳理的基础上，结合实际办案经验，提出以下建议。

（一）准确掌握罪与非罪的法律界限

尽管信用卡诈骗罪的行为方式具有多样性，但根据立案标准不同，可分为两类。第一类是恶意透支，数额在 5 万元以上的，达到信用卡诈骗罪的追诉标准；第二类是其他信用卡诈骗行为，包括使用伪造的信用卡、使用以虚假的身份证明骗领的信用卡、使用作废的信用卡以及冒用他人信用卡，数额在 5000 元以上的，达到信用卡诈骗罪的追诉标准。

就第一类信用卡诈骗行为而言，是否构成信用卡诈骗罪，关键在于透支的持卡人是否具有非法占有目的。司法实践中，通常根据行为人的客观行为来推定其主观上是否具有非法占有目的，除非行为人能提供相反的证据推翻这一推定。如果持卡人负债累累，明知没有偿还能力而大量透支，事后也无法归还；或者恶意透支后改变联系方式，处于"失联"状态，千方百计逃避银行催收；或者存在转移透支资金，隐匿财产、逃避还款等行为，都足以推定行为人具有非法占有目的，进而认定其构成信用卡诈骗罪。

就第二类信用卡诈骗行为而言，构成信用卡诈骗罪，也同样要求行为人具有诈骗的主观故意。如果行为人不知自己使用的是伪造、骗领的、作废的信用卡，或者因过失或其他原因误用他人信用卡，则不构成信用卡诈骗罪。

（二）了解信用卡其他关联犯罪

《刑法》为信用卡犯罪活动链条上的各个环节编织了严密的法网，实施信用卡犯罪的行为人除了可能构成信用卡诈骗罪以外，还可能触犯伪造、变造金融票证罪、妨害信用卡管理罪，窃取、收买、非法提供信用卡信息罪等罪名。值得重视的是，当行为人实施了多个与信用卡关联的犯罪行为，只有具有同一目的的行为因具有牵连关系而不重复评价，其余行为仍应单独评价，行为人可能需要面对数罪并罚的法律制裁。

（三）积极化解危机、及时止损

当行为人因恶意透支数额较大涉嫌信用证诈骗罪时，应当把握时机、尽早化解危机、及时止损。一方面，如果行为人掌握能证明其不具有非法占有目的的相关证据，应当通过律师尽早向办案机关提交，争取无罪。另一方面，如果行为人对构成犯罪没有异议，应当积极筹措资金，尽早归还所欠款项。根据相关司法解释，如果行为人在提起公诉前全部归还或者具有其他情节轻微情形的，有望获不起诉；如果在一审判决前全部归还或者具有其他情节轻微情形的，也有望免予刑事处罚。

四、法律规范

（一）法律

《中华人民共和国刑法》（2020 年修正）

第一百九十六条　有下列情形之一，进行信用卡诈骗活动，数额较大的，处五年以下有期徒刑或者拘役，并处二万元以上二十万元以下罚金；数额巨大或者有其他严重情节的，处五年以上十年以下有期徒刑，并处五万元以上五十万元以下罚金；数额特别巨大或者有其他特别严重情节的，处十年以上有期徒刑或者无期徒刑，并处五万元以上五十万元以下罚金或者没收财产：

（一）使用伪造的信用卡，或者使用以虚假的身份证明骗领的信用卡的；

（二）使用作废的信用卡的；

（三）冒用他人信用卡的；

（四）恶意透支的。

前款所称恶意透支，是指持卡人以非法占有为目的，超过规定限额或者规定期限透支，并且经发卡银行催收后仍不归还的行为。

盗窃信用卡并使用的，依照本法第二百六十四条的规定定罪处罚。

（二）立法解释

《全国人民代表大会常务委员会关于〈中华人民共和国刑法〉有关信用卡规定的解释》（2004 年 12 月 29 日施行）

全国人民代表大会常务委员会根据司法实践中遇到的情况，讨论了刑法规定的“信用卡”的含义问题，解释如下：

刑法规定的“信用卡”，是指由商业银行或者其他金融机构发行的具有消费支付、信用贷款、转账结算、存取现金等全部功能或者部分功能的电子支付卡。

……

（三）司法解释

最高人民法院、最高人民检察院《关于办理妨害信用卡管理刑事案件具体应用法律若干问题的解释》（2018 年 12 月 1 日施行 法释〔2018〕19 号）

第五条 使用伪造的信用卡、以虚假的身份证明骗领的信用卡、作废的信用卡或者冒用他人信用卡，进行信用卡诈骗活动，数额在五千元以上不满五万元的，应当认定为刑法第一百九十六条规定的“数额较大”；数额在五万元以上不满五十万元的，应当认定为刑法第一百九十六条规定的“数额巨大”；数额在五十万元以上的，应当认定为刑法第一百九十六条规定的“数额特别巨大”。

刑法第一百九十六条第一款第三项所称“冒用他人信用卡”，包括以下情形：

（一）拾得他人信用卡并使用的；

（二）骗取他人信用卡并使用的；

（三）窃取、收买、骗取或者以其他非法方式获取他人信用卡信息资料，并通过互联网、通讯终端等使用的；

（四）其他冒用他人信用卡的情形。

第六条 持卡人以非法占有为目的，超过规定限额或者规定期限透支，经发卡银行两次有效催收后超过三个月仍不归还的，应当认定为刑法第一百九十六条规定的“恶意透支”。

对于是否以非法占有为目的，应当综合持卡人信用记录、还款能力和意愿、申领和透支信用卡的状况、透支资金的用途、透支后的表现、未按规定还款的原因等情节作出判断。不得单纯依据持卡人未按规定还款的事实认定非法占有目的。

具有以下情形之一的，应当认定为刑法第一百九十六条第二款规定的“以非法占有为目的”，但有证据证明持卡人确实不具有非法占有目的的除外：

（一）明知没有还款能力而大量透支，无法归还的；

（二）使用虚假资信证明申领信用卡后透支，无法归还的；

（三）透支后通过逃匿、改变联系方式等手段，逃避银行催收的；

（四）抽逃、转移资金，隐匿财产，逃避还款的；

（五）使用透支的资金进行犯罪活动的；

（六）其他非法占有资金，拒不归还的情形。

第七条 催收同时符合下列条件的，应当认定为本解释第六条规定的“有效催收”：

（一）在透支超过规定限额或者规定期限后进行；

（二）催收应当采用能够确认持卡人收悉的方式，但持卡人故意逃避催收的除外；

（三）两次催收至少间隔三十日；

（四）符合催收的有关规定或者约定。

对于是否属于有效催收，应当根据发卡银行提供的电话录音、信息送达记录、信函送达回执、电子邮件送达记录、持卡人或者其家属签字以及其他催收原始证据材料作出判断。

发卡银行提供的相关证据材料，应当有银行工作人员签名和银行公章。

第八条 恶意透支，数额在五万元以上不满五十万元的，应当认定为刑法第一百九十六条规定的“数额较大”；数额在五十万元以上不满五百万元的，应当认定为刑法第一百九十六条规定的“数额巨大”；数额在五百万元以上的，应当认定为刑法第一百九十六条规定的“数额特别巨大”。

第九条 恶意透支的数额，是指公安机关刑事立案时尚未归还的实际透支的本金数额，不包括利息、复利、滞纳金、手续费等发卡银行收取的费用。归还或者支付的数额，应当认定为归还实际透支的本金。

检察机关在审查起诉、提起公诉时，应当根据发卡银行提供的交易明细、分类账单（透支账单、还款账单）等证据材料，结合犯罪嫌疑人、被告人及其辩护人所提辩解、辩护意见及相关证据材料，审查认定恶意透支的数额；恶意透支的数额难以确定的，应当依据司法会计、审计报告，结合其他证据材料审查认定。人民法院在审判过程中，应当在对上述证据材料查证属实的基础上，对恶意透支的数额作出认定。

发卡银行提供的相关证据材料，应当有银行工作人员签名和银行公章。

第十条 恶意透支数额较大，在提起公诉前全部归还或者具有其他情节轻微情形的，可以不起诉；在一审判决前全部归还或者具有其他情节轻微情形的，可以免予刑事处罚。但是，曾因信用卡诈骗受过两次以上处罚的除外。

第十一条 发卡银行违规以信用卡透支形式变相发放贷款，持卡人未按规定归还的，不适用刑法第一百九十六条“恶意透支”的规定。构成其他犯罪的，以其他犯罪论处。

第十三条 单位实施本解释规定的行为，适用本解释规定的相应自然人犯罪的定罪量刑标准。

（四）立案标准

《最高人民检察院、公安部关于公安机关管辖的刑事案件立案追诉标准的规定（二）》（2022 年 5 月 15 日施行 公通字〔2022〕12 号）

第四十九条 进行信用卡诈骗活动，涉嫌下列情形之一的，应予立案追诉：

（一）使用伪造的信用卡、以虚假的身份证明骗领的信用卡、作废的信用卡或者冒用他人信用卡，进行诈骗活动，数额在五千元以上的；

（二）恶意透支，数额在五万元以上的。

本条规定的“恶意透支”，是指持卡人以非法占有为目的，超过规定限额或者规定期限透支，经发卡银行两次有效催收后超过三个月仍不归还的。

恶意透支的数额，是指公安机关刑事立案时尚未归还的实际透支的本金数额，不包括利息、复利、滞纳金、手续费等发卡银行收取的费用。归还或者支付的数额，应当认定为归还实际透支的本金。

恶意透支，数额在五万元以上不满五十万元的，在提起公诉前全部归还或者具有其他情节轻微情形的，可以不起诉。但是，因信用卡诈骗受过二次以上处罚的除外。

（五）司法解释性质文件

1.《最高人民法院、最高人民检察院、公安部关于信用卡诈骗犯罪管辖有关问题的通知》（2011 年 8 月 8 日施行 公通字〔2011〕29 号）

……

近年来，信用卡诈骗流窜作案逐年增多，受害人在甲地申领的信用卡，被犯罪嫌疑人在乙地盗取了信用卡信息，并在丙地被提现或消费。犯罪嫌疑人企图通过空间的转换逃避刑事打击。为及时有效打击此类犯罪，现就有关案件管辖问题通知如下：

对以窃取、收买等手段非法获取他人信用卡信息资料后在异地使用的信用卡诈骗犯罪案件，持卡人信用卡申领地的公安机关、人民检察院、人民法院可以依法立案侦查、起诉、审判。

2.《最高人民检察院关于拾得他人信用卡并在自动柜员机（ATM 机）上使用的行为如何定性问题的批复》（2008 年 5 月 7 日施行 高检发释字〔2008〕1 号）

拾得他人信用卡并在自动柜员机（ATM 机）上使用的行为，属于刑法第一百九十六条第一款第（三）项规定的“冒用他人信用卡”的情形，构成犯罪的，以信用卡诈骗罪追究刑事责任。

3.《最高人民法院研究室关于信用卡犯罪法律适用若干问题的复函》（2010年7月5日施行　法研〔2010〕105号）

……

经研究，提出以下意见供参考：

一、对于一人持有多张信用卡进行恶意透支，每张信用卡透支数额均未达到1万元的立案追诉标准的，原则上可以累计数额进行追诉。但考虑到一人办多张信用卡的情况复杂，如累计透支数额不大的，应分别不同情况慎重处理。

二、发卡银行的“催收”应有电话录音、持卡人或其家属签字等证据证明。“两次催收”一般应分别采用电话、信函、上门等两种以上催收形式。

三、若持卡人在透支大额款项后，仅向发卡行偿还远低于最低还款额的欠款，具有非法占有目的的，可以认定为“恶意透支”；行为人确实不具有非法占有目的的，不能认定为“恶意透支”。

四、非法套现犯罪的证据规格，仍应遵循刑事诉讼法规定的证据确实、充分的证明标准。原则上应向各持卡人询问并制作笔录。如因持卡人数量众多、下落不明等客观原因导致无法取证，且其他证据已能确实、充分地证明使用信用卡非法套现的犯罪事实及套现数额的，则可以不向所有持卡人询问并制作笔录。

第十节 有价证券诈骗罪

我国《刑法》第一百九十七条规定了有价证券诈骗罪。本罪在客观方面表现为使用伪造、变造的有价证券进行诈骗活动。构成本罪在主观方面要求行为人明知是伪造、变造的国库券或者国家发行的其他有价证券而加以使用，进行诈骗活动，并且要求行为人具有非法占有目的。构成本罪要求达到“数额较大”的追诉标准，根据《刑事案件立案追诉标准（二）》，数额在5万元以上的，应予立案追诉。另外，本罪与其他关联罪名的关系也是实务中应当关注的重点。

为更好掌握司法实务中对有价证券诈骗罪定罪量刑等方面的关注重点，我们对重点案例进行详细解析，通过研究司法机关的裁判思路，提炼了司法实务裁判要点。同时，我们梳理了与有价证券诈骗罪相关的法律、司法解释、立案标准及政策法规等规定。

一、实务解析

（一）本罪在客观方面表现为使用伪造、变造的有价证券实施诈骗行为

有价证券诈骗罪在客观方面表现为使用伪造、变造的国库券或者国家发行的其他有价证券进行诈骗活动。对本罪的客观行为可以从以下三方面进行解读。

首先，本罪的行为对象是有价证券，主要包括国库券、由国家发行的国家建设债券、财政债券、特种国债和保值公债等有价证券。实践中，构成本罪的行为人大多使用的是伪造、变造的凭证式国债收款凭证。

其次，关于“伪造”和“变造”。“伪造”是指按照国家发行的真实有效的有价证券进行仿制；“变造”是对真实的有价证券加以改造的行为，从而实现以假乱真。如果以根本不存在的国库券或有价证券作为模仿对象进行仿制后实施诈骗行为，则可能构成诈骗罪而不构成本罪。

最后，关于“使用”。实践中，“使用”的表现形式包括：将伪造、变造的国库券或国家发行的其他有价证券予以出售、代替现金用于消费、用于抵销债务、向银行等金融机构兑付等，其中向银行兑付和出售的情形较为常见。

（二）本罪主观方面要求行为人具有非法占有目的

有价证券诈骗罪要求行为人主观方面明知是伪造、变造的国库券或者国家发行的其他有价证券而加以使用，进行诈骗活动。如果行为人主观不明知，则不构成犯罪。另外，构成本罪还要求行为人具有非法占有目的。

值得关注的是，司法实践中，如果行为人以低价向他人购买票面金额远超于购买价的有价证券，并且不但没有到开票银行查验真伪，而是直接持该有价证券到银行办理质押贷款或兑付，那么很容易被办案机关认定为具有有价证券诈骗罪的主观故意。

（三）构成本罪要求达到“数额较大”的追诉标准

根据《刑事案件立案追诉标准（二）》第五十条规定，使用伪造、变造的国库券或者国家发行的其他有价证券进行诈骗活动，数额在 5 万元以上的，应予立案追诉。

（四）本罪与其他关联罪名的关系

一方面，本罪与票据诈骗罪、金融凭证诈骗罪的区别值得关注。本罪的对象是伪造、变造的国库券或者国家发行的其他有价证券；如果使用伪造、变造的汇票、本票、支票进行诈骗，则涉嫌票据诈骗罪；如果使用伪造、变造的委托收款凭证、汇款凭证、银行存单以及其他银行结算凭证进行诈骗，则涉嫌金融凭证诈骗罪；如果同时使用伪造、变造的有价证券、支票、银行存单进行诈骗，可能将面临数罪并罚。

另一方面，本罪与伪造、变造有价证券罪的关系同样值得关注。如果行为人只伪造、变造有价证券而没有实施诈骗行为，那么，只以伪造、变造有价证券罪定罪处罚；如果行为人为了实施有价证券诈骗，先参与伪造、变造有价证券，而后使用伪造、变造的有价证券实施诈骗行为，那么，伪造、变造的行为和后续的诈骗行为具有手段和目的的牵连关系，应从一重罪惩处。

二、裁判要点

158 明知是伪造、变造的有价证券而用于诈骗活动，涉嫌有价证券诈骗罪

裁判要点

行为人明知是他人伪造、变造的有价证券而予以使用，进行诈骗活动，数额较大的，构成有价证券诈骗罪。

裁判思路

基本案情[①]**：**

2012 年 12 月，被告人李某阳通过他人伪造了面值为人民币 2600 万元的凭证式国债收款凭证。为了从银行骗取贷款，李某阳联系到被告人李某昌。李某昌在明知该凭证式国债收款凭证系伪造的情况下，联系到被告人范某本、王某某，二人明知该收款凭证系伪造。在范某本和王某某的帮助下，最终联系到吉林市尚某公司法人唐某某，并得知该企业需银行贷款。后双方商定以李某阳提供伪造的凭证式国债收款凭证为唐某某的企业做质押向银行贷款，并由唐某某的公司支付高额的中介费。

2013 年 3 月 16 日，李某阳携带该凭证式国债收款凭证同李某昌、范某本等人见面。此间，李某阳已明确告知李某昌、范某本其所携带的收款凭证为“配合券”，核行时需找特定人联系核行，不能“恶意”核行。

2013 年 3 月 18 日，三名被告人随唐某某到某银行欲使用伪造的凭证式国债收款凭证实施质押贷款，因经该行工作人员核实，发现李某阳持有的面值为 2600 万元的凭证式国债收款凭证系伪造，唐某某随即报案，李某阳、李某昌、范某本实施犯罪未遂。

一审法院认为，三人均构成有价证券诈骗罪，判处李某阳有期徒刑十一年，

---

① 案件来源：李某阳、李某昌、范某本有价证券诈骗案【吉林省吉林市中级人民法院（2014）吉中刑终字第 36 号】。

并处罚金人民币三十万元；判处李某昌有期徒刑十年，并处罚金人民币二十万元；判处范某本有期徒刑十年，并处罚金人民币二十万元。后三人提起上诉。

二审法院认为：

上诉人李某阳、李某昌、范某本明知是他人伪造的有价证券而予以使用，进行诈骗活动，且诈骗数额特别巨大，其行为均已构成有价证券诈骗罪。关于李某阳、李某昌上诉所提原判量刑重的问题，经查，原审在综合考虑本案案件事实、犯罪未遂情节及社会危害后果等，对李某阳、李某昌定罪量刑并无不当，故两名上诉人上诉观点不能成立，本院不予支持；关于李某阳辩护人所提对李某阳应以诈骗罪定罪量刑的观点，经查，李某阳使用伪造的国债债券进行诈骗活动，其行为符合有价证券诈骗罪的特征，故其辩护观点不能成立，本院不予支持；关于范某本上诉称其并不知该国债债券系伪造的辩解观点，经查，依据李某昌、范某本所作供述均能够证实范某本对于涉案国债债券系伪造是知情的，故其上诉观点不能成立，本院不予支持。综上，原审判决认定事实清楚，适用法律正确，审判程序合法，量刑适当，应予维持。

裁判结果

驳回上诉，维持原判。

159 明知国债凭证系伪造，仍持该凭证到银行质押贷款，应认定具有非法占有目的

裁判要点

行为人明知凭证式国债收款凭证系伪造，故意持该凭证到银行质押贷款，足以认定行为人具有非法占有目的。

裁判思路

基本案情[①]**：**

2013 年，被告人富某甲与尹某甲找陈某甲低价办理了一张凭证式国债收款

① 案件来源：富某甲有价证券诈骗案【青海省海东市中级人民法院（2017）青 02 刑终 55 号】。

凭证（户名为富某甲、面额为四千九百万元）。

2016年3月29日，富某甲与王甲、马某甲、许某甲口头商定以富某甲的国债向海东市乐都区某银行抵押办理100万元的贷款用于马某甲华某燃气公司的周转资金，马某甲将其名下的华某燃气公司或工程项目抵押给富某甲。

次日，富某甲等人前往某银行办理国债贷款业务。经该银行向该国债开户行证实，此国债凭证为虚假凭证。银行遂以复核为由未办理该业务，并于同月31日向公安局报警。案发后，富某甲潜逃，于2016年4月22日被民警抓获归案。

一审法院认为，富某甲犯有价证券诈骗罪，判处有期徒刑五年，并处罚金人民币五万元。后富某甲提起上诉。

争议焦点：行为人明知国债系伪造，故意持该国债到银行质押贷款，能否认定其具有非法占有的目的？

辩护意见：

辩护人提出：上诉人富某甲不具有非法占有的目的，去银行只是一种咨询行为。本案缺乏有效证据，事实不清、证据不足，请求宣告上诉人富某甲无罪。

二审法院认为：

关于上诉人富某甲及其辩护人称原判认定事实不清，证据不足，请求依法宣告无罪的诉辩理由。经查，上诉人富某甲在侦查阶段称其通过朋友尹某甲办理伪造的国债凭证，该供述与证人尹某甲的证言相互印证，能够证实其主观上明知该凭证式国债系伪造的，并且故意持该凭证式国债到银行质押贷款……证人申某甲、熊某甲均证实办理贷款业务要对该凭证进行真伪审查，购买国债需要交纳同等价值的金额，并能辨认出上诉人富某甲向银行交付身份证和国债凭证原件办理贷款业务，因审核系伪造凭证后未予办理贷款，且证人马某甲、许某甲证实，当时去某银行意欲用上诉人富某甲的国债凭证办理贷款100万元至200万元，并非上诉人所称只是咨询国债凭证的真伪……上述证据能够证实上诉人富某甲使用伪造的凭证式国债收款凭证进行贷款诈骗，其与辩护人称原判认定事实不清、证据不足，请求依法宣告无罪的诉辩理由不能成立，不予采纳。

裁判结果

驳回上诉，维持原判。

160 以低价购买凭证式国债，未验真伪反而到银行质押贷款，应认定具有诈骗故意

裁判要点

行为人以低价向他人购买户名为本人的凭证式国债，未到开票银行查验真伪，而持该凭证式国债到银行质押贷款，足以认定行为人具有使用有价证券诈骗银行贷款的故意。

裁判思路

基本案情[①]**：**

2014年6月10日，被告人陆某培支付50万元开票费给崔某平，崔某平给被告人陆某培开具一张面额为4300万元的中华人民共和国凭证式国债收款凭证。

7月24日，陆某培持伪造的国债凭证，到某银行要求以此凭证为质押，贷款人民币3870万元，在办理贷款过程中，工作人员向此票出票银行进行查询，发现对方未签发此凭证，银行工作人员随即报案，将陆某培当场抓获。

一审法院认为，陆某培犯有价证券诈骗罪（未遂），判处有期徒刑十年，并处罚金人民币十万元。后陆某培提起上诉。

争议焦点：以低价向他人购买户名为本人的凭证式国债，未到开票银行查验真伪，而持该凭证式国债到银行质押贷款，能否认定行为人具有使用有价证券诈骗银行贷款的故意?

辩护意见：

辩护人提出：上诉人主观上没有想使用有价证券诈骗银行贷款的故意，自始至终不知道他人办的凭证式国债收款凭证是假的，是过失使用有价证券，其行为不构成犯罪。

二审法院认为：

上诉人陆某培及其辩护人关于陆某培始终不知道崔某平给的凭证式国债收款凭证是假的，主观上没有想使用所持的有价证券诈骗银行贷款的理由、意见，经

---

① 案件来源：陆某培有价证券诈骗案【山西省太原市中级人民法院（2015）并刑终字第440号】。

查，凭证式国债是国家通过银行系统发行的记录债权的储蓄国债，特征为等值购买，到期按票面面值及利息兑取。上诉人陆某培所持的面值为 4300 万元的凭证式国债，不是从银行系统等值购买开具的，而是其私下通过支付崔某平个人 50 万元开票保证金非法取得的，其明知该凭证式国债户名为其本人，但其并没有实际出资 4300 万元从银行系统购买过该凭证式国债。上诉人陆某培系具有完全民事行为能力的人，又为公司法定代表人，应当知道崔某平交给其的面值 4300 万元的凭证式国债是不真实的，但其不但没有到开票银行查验真伪，反而故意持该凭证式国债到银行质押贷款。据此，其上诉及辩护人关于不知道崔某平给的凭证式国债收款凭证是假的，主观上没有想使用所持的有价证券诈骗银行贷款的理由、意见不能成立，不予采纳。

上诉人及其辩护人关于陆某培是被崔某平所骗，是过失使用崔某平伪造的有价证券的，其行为不构成有价证券诈骗罪的意见，经查，过失使用有价证券是指不明知户名为他人的有价证券系伪造而使用的行为。本案中，陆某培持有的伪造的凭证式国债，户名并不是他人，而是陆某培本人，其持该伪造的凭证式国债到银行质押贷款，主观上存在故意使用有价证券诈骗的目的，故上诉人及其辩护人的上述意见不能成立，不予采纳。原判根据上诉人陆某培的犯罪事实、未遂情节及前科情况，依法对其从轻处罚，所作量刑并无不当。其辩护人关于原判量刑显重的意见不能成立，不予采纳。

裁判结果

驳回上诉，维持原判。

161 有价证券诈骗罪的数额应以使用行为所骗取的财物数额认定

裁判要点

有价证券诈骗罪的数额应以使用行为所骗取的财物数额认定，而非依据有价证券面值的数额认定。

裁判思路

基本案情[①]：

2015年6月初，倪某某通过他人介绍认识了被告人王某杰，王某杰答应为倪某某向银行贷款提供自己所有的面额为3000万元的国债凭证作为质押担保，作为回报，倪某某需支付360万元作为报酬，另外再行支付30万元差旅费。

6月8日，王某杰陪同倪某某一起到银行办理贷款业务，王某杰拿出一张面额为3000万元的某银行发行的国债凭证，作为倪某某质押担保。在核查过程中，银行工作人员与出票行联系，该行明确表示无国债凭证专用章，国债系伪造。银行随即向公安机关报案。

6月11日，银行以“贷款资料不全”为由，通知倪某某前往银行。倪某某与王某杰到银行后被公安机关带至公安局询问，王某杰当天被刑事拘留。

法院认为：

被告人王某杰以非法占有为目的，明知是伪造的有价证券而进行诈骗活动，数额特别巨大（这里的数额是指使用行为所骗取的财物数额，而不是国家证券面值的数额），公诉机关指控其犯有价证券诈骗罪，事实清楚，证据充分，本院依法予以确认……

裁判结果

被告人王某杰犯诈骗罪，判处有期徒刑五年，并处罚金人民币十万元。

162 持伪造的国债到银行办理质押贷款，视为已着手实行犯罪

裁判要点

行为人明知凭证式国债系伪造，仍持该国债到银行办理质押贷款，因意志以外的原因未能得逞，属于犯罪未遂。

---

① 案件来源：王某杰有价证券诈骗案【江西省乐平市人民法院（2016）赣0281刑初43号】。

裁判思路

基本案情[①]**：**

2014 年 6 月 10 日，被告人陆某培支付 50 万元开票费给崔某平，崔某平给被告人陆某培开具了一张面额为 4300 万元的中华人民共和国凭证式国债收款凭证。

7 月 24 日，陆某培持伪造的国债凭证，到某银行要求以此凭证为质押，贷款人民币 3870 万元，在办理贷款过程中，工作人员向此票出票银行进行查询，发现对方未签发此凭证，银行工作人员随即报案，将陆某培当场抓获。

一审法院认为，陆某培犯有价证券诈骗罪（未遂），判处有期徒刑十年，并处罚金人民币十万元。后陆某培提起上诉。

争议焦点：行为人明知凭证式国债系伪造，仍持该国债到银行办理质押贷款，因意志以外的原因未能得逞，是否属于犯罪未遂？

辩护意见：

辩护人提出：上诉人是在与程某涛去银行咨询贷款、验证票证时才知道国债凭证是假的，此时，贷款人实际并未向银行递交任何贷款资料，也未进入贷款程序，仅是为贷款做准备，如构成犯罪，形态上也只是犯罪预备，原判认定上诉人犯罪未遂，不符合客观事实。

法院认为：

上诉人陆某培以非法占有为目的，使用伪造的有价证券进行诈骗活动，由于意志以外的原因，所持的有价证券被银行查验系伪造而诈骗未得逞，数额特别巨大，其行为已构成有价证券诈骗罪，系犯罪未遂。其辩护人关于上诉人陆某培系犯罪预备的辩护意见不能成立，不予采纳……

裁判结果

驳回上诉，维持原判。

---

① 案件来源：陆某培有价证券诈骗案【山西省太原市中级人民法院（2015）并刑终字第 440 号】。

163 伪造国家有价证券并用于诈骗，构成牵连犯，从一重罪处罚

裁判要点

行为人参与伪造国家有价证券，并使用伪造的国家有价证券进行诈骗，应认定构成牵连犯，从一重罪处罚。

裁判思路

基本案情①：

2015年7月下旬，被害人魏某因公司经营急需资金，经高某介绍认识被告人赫某刚，赫某刚声称能办理大额国债到银行质押贷款，通过管某找到王某，指使王某和魏某签订协议，并约定20万元办理费用。

签订协议后，魏某先支付10万元，赫某刚将办理凭证式国债收款凭证需要的户名、金额等信息提供给王某军，支付现金5万元费用。后王某军将伪造好的凭证交给赫某刚，赫某刚让管某将凭证交给魏某查看，魏某又支付10万元。

7月28日，高某、魏某等人持凭证来到银行办理质押贷款，被银行工作人员发现后报警。

一审法院认为，赫某刚犯诈骗罪，判处有期徒刑四年，并处罚金人民币四万元。后检察院提起抗诉。

争议焦点：行为人参与伪造国家有价证券，并使用伪造的国家有价证券进行诈骗，应如何定罪？

抗诉意见：

新密市人民检察院抗诉认为：赫某刚明知王某军能伪造国债凭证，仍提供涉案国债凭证所需的户名、金额等信息给王某军，花钱购买伪造的国债，构成伪造国家有价证券罪的共犯。赫某刚使用伪造的国家有价证券，先后骗取被害人20万元，其行为构成有价证券诈骗罪，原判没有全面评价赫某刚的诈骗过程，定性为诈骗罪，以偏概全。赫某刚的手段行为与目的行为，符合牵连犯的处罚原则，

---

① 案件来源：赫某刚伪造、变造国家有价证券二审案【河南省郑州市中级人民法院（2018）豫01刑终834号】。

应从一重罪，即以伪造国家有价证券罪定罪，且数额特别巨大。原判适用法律不当，导致量刑畸轻。郑州市人民检察院支持该抗诉意见。

法院认为：

上诉人（原审被告人）赫某刚提供国债凭证所需的户名、金额等信息让他人伪造后，使用该伪造的数额特别巨大的国债凭证，骗取他人钱财，其行为构成有价证券诈骗罪。赫某刚的行为触犯了《刑法》分则对牵连犯罪在定罪处刑上有明确具体规定的第一百九十七条的规定，应以有价证券诈骗罪定罪处罚，该条所称的使用伪造、变造有价证券，应包括使用者伪造、变造有价证券的情况在内。故对抗诉机关的抗诉意见及出庭检察员意见的合理部分，本院予以采纳……

裁判结果

一、撤销河南省新密市人民法院（2017）豫0183刑初712号刑事判决。

二、上诉人（原审被告人）赫某刚犯有价证券诈骗罪，判处有期徒刑五年，并处罚金人民币五万元。

164 同时使用伪造、变造的有价证券及其他金融票据进行诈骗，应数罪并罚

裁判要点

行为人同时使用伪造、变造的有价证券以及其他金融票据进行诈骗，应认定行为人实施了多个犯罪行为，数罪并罚。

裁判思路

基本案情[①]**：**

自2015年10月以来，被告人王某成伙同郭某某等人，以非法占有为目的，分工合作，冒充银行行长、民政局局长等虚假身份，先后6次使用虚假的国债凭证、银行存单，骗取多位被害人钱财共计1979998元。

① 案件来源：王某成金融凭证诈骗、有价证券诈骗案【安徽省淮南市中级人民法院（2020）皖04刑终219号】。

另查明，2019年11月1日，王某成主动到公安局刑警大队重案中队投案。

一审法院认为，王某成犯金融凭证诈骗罪，判处有期徒刑六年六个月，并处罚金人民币六万元；犯有价证券诈骗罪，判处有期徒刑六年六个月，并处罚金人民币六万元。合并决定执行有期徒刑十一年，并处罚金人民币十二万元。后王某成提起上诉。

争议焦点：行为人同时使用伪造、变造的有价证券以及其他金融票据进行诈骗，应按照一罪处罚还是数罪并罚？

辩护意见：

王某成上诉提出：其所犯的两个罪名所侵犯的客体都是金融秩序，同属金融诈骗范畴，且手段相同，应比照一罪的量刑，综合考虑其具有自首、系从犯的情节予以减轻处罚。

二审法院认为：

关于上诉人王某成提出其所犯的两个罪名侵犯的客体都是金融秩序，同属金融诈骗范畴，且手段相同，应比照一罪量刑的意见。经查，王某成等人实施诈骗犯罪所使用的银行储蓄存单是金融凭证，侵犯的是国家有关金融凭证的管理制度，所使用的凭证式国债收款凭证和储蓄国债（电子式）认购确认书，属于《刑法》第一百九十七条所界定的“国库券或者国家发行的其他有价证券”的范畴，侵犯的是国家有价证券管理制度。对王某成应根据其实施的犯罪行为分别确定罪名并对其两罪并罚。此节上诉理由不能成立，本院不予采纳。

上诉人王某成以非法占有为目的，伙同他人多次使用伪造的银行存单，以帮助被害人融某，骗取多名被害人钱财，其行为已构成金融凭证诈骗罪，数额特别巨大；王某成以非法占有为目的，使用伪造的国债认购凭证，骗取多名被害人钱财，其行为又构成有价证券诈骗罪，数额特别巨大。王某成一人犯有两罪，应两罪并罚。鉴于王某成主动投案，归案后能够如实供述本人及团伙其他成员的犯罪事实，依法成立自首。王某成在共同犯罪中起辅助作用，系从犯，依法予以减轻处罚。

裁判结果

驳回上诉，维持原判。

三、实务建议

实践中，虽然有价证券诈骗罪发案率较低，但仍不乏部分心存侥幸之人因法律意识淡薄而锒铛入狱，为防止行为人触犯有价证券诈骗罪，我们在对重点案例梳理的基础上，结合实际办案经验，提出以下建议。

（一）改变“只要不明确知道使用的是伪造、变造的有价证券即不构成犯罪”的错误认识

有价证券诈骗罪的主观构成要件要求行为人明知其使用的是伪造、变造的有价证券。实践中，不少被告人将“明知”错误地理解为“明确地知道”，在法庭上辩称其对有价证券是伪造、变造的不知情。然而，司法实务对行为人的主观认知大多采用综合认定的方式，即结合行为人的客观行为等证据，综合判断其当时的主观心态。如果行为人以远低于有价证券面值的金额购入，如以几十万元购入面值为上千万元的有价证券，购入后不但未到开票银行查验有价证券真伪，还直接持该有价证券到银行办理质押贷款，则明显有违常理，办案人员将很容易推定行为人明知其使用的有价证券是伪造、变造的，进而判断其具备有价证券诈骗罪的主观故意。

（二）走出“只要银行没成功办理质押贷款就不构成犯罪”的认识误区

在有价证券诈骗罪的案例中，被告人被认定诈骗未遂的情形较为常见。部分被告人在法庭上仍坚持认为“银行没有成功办理质押贷款，银行没有遭受损失，其不构成犯罪”。然而，我国《刑法》之所以设立有价证券诈骗罪，保护的客体是复杂客体，即国家对有价证券的正常管理活动以及公私财产的所有权。因此，当行为人明知有价证券是伪造或变造的，并持有该伪造、变造的有价证券进入银行开始办理质押贷款之时，在法律上就已经认定其着手实施有价证券诈骗罪。即使因为意志以外的原因未能成功办理，也属于犯罪未遂，仍然构成犯罪。

（三）明知有价证券“有猫腻”，“中间商”不可轻易当

实践中，有的行为人既参与实施伪造、变造有价证券的行为，又实施诈骗行为，使用的是自己伪造、变造的有价证券，但多数行为人仅作为“需求方”，通

过层层“中间商”才与伪造、变造有价证券的“供货方”取得联系。除了实施诈骗行为的“需求方”涉嫌有价证券诈骗罪，实施伪造、变造有价证券的“供货方”涉嫌伪造、变造国家有价证券罪以外，“中间商”也面临着较高的刑事法律风险。

如果其明知有价证券是伪造、变造的，或购买价与面值之间的差异明显与常理不符且无法作出合理解释，仍然参与“供货方”的或“需求方”的实行行为，如教唆“供货方”伪造、变造有价证券，或者陪“需求方”到银行办理质押贷款，可能被认定为共同犯罪。

四、法律规范

（一）法律

《中华人民共和国刑法》（2020年修正）

第一百九十七条 使用伪造、变造的国库券或者国家发行的其他有价证券，进行诈骗活动，数额较大的，处五年以下有期徒刑或者拘役，并处二万元以上二十万元以下罚金；数额巨大或者有其他严重情节的，处五年以上十年以下有期徒刑，并处五万元以上五十万元以下罚金；数额特别巨大或者有其他特别严重情节的，处十年以上有期徒刑或者无期徒刑，并处五万元以上五十万元以下罚金或者没收财产。

（二）立案标准

《最高人民检察院、公安部关于公安机关管辖的刑事案件立案追诉标准的规定（二）》（2022年5月15日施行 公通字〔2022〕12号）

第五十条 使用伪造、变造的国库券或者国家发行的其他有价证券进行诈骗活动，数额在五万元以上的，应予立案追诉。

（三）司法解释性质文件

《最高人民法院关于印发〈全国法院审理金融犯罪案件工作座谈会纪要〉的通知》（2001年1月21日施行 法〔2001〕8号）

（三）关于金融诈骗罪

1. 金融诈骗罪中非法占有目的的认定

金融诈骗犯罪都是以非法占有为目的的犯罪。在司法实践中，认定是否具有非法占有为目的，应当坚持主客观相一致的原则，既要避免单纯根据损失结果客观归罪，也不能仅凭被告人自己的供述，而应当根据案件具体情况具体分析。根据司法实践，对于行为人通过诈骗的方法非法获取资金，造成数额较大资金不能归还，并具有下列情形之一的，可以认定为具有非法占有的目的：

（1）明知没有归还能力而大量骗取资金的；

（2）非法获取资金后逃跑的；

（3）肆意挥霍骗取资金的；

（4）使用骗取的资金进行违法犯罪活动的；

（5）抽逃、转移资金、隐匿财产，以逃避返还资金的；

（6）隐匿、销毁账目，或者搞假破产、假倒闭，以逃避返还资金的；

（7）其他非法占有资金、拒不返还的行为。但是，在处理具体案件的时候，对于有证据证明行为人不具有非法占有目的的，不能单纯以财产不能归还就按金融诈骗罪处罚。

第十一节　非法经营罪

我国《刑法》第二百二十五条规定了非法经营罪。非法经营罪的行为方式多散见于司法解释之中。我们结合法律规范及司法实务，选取了金融犯罪领域的五类典型的非法经营行为展开研究，分别是：非法经营证券业务、非法经营期货业务、非法从事资金支付结算业务、使用 POS 机等方法实施信用卡套现业务以及非法经营外汇业务。本罪的主体为一般主体，自然人和单位都可构成本罪。另外，本罪属于结果犯，构成本罪要求达到“情节严重”的立案标准。

为更好掌握司法实务中对非法经营罪定罪量刑等方面的关注重点，我们对重点案例进行详细解析，通过研究司法机关的裁判思路，提炼了司法实务裁判要点。同时，我们梳理了与非法经营罪相关的法律、司法解释、立案标准及政策法规等规定。

一、实务解析

（一）非法经营金融业务的行为模式呈现出多样性特征

非法经营罪素有“口袋罪”之称，有研究统计显示，涉嫌构成非法经营罪的行为达 70 余种。在非法经营金融业务领域，我们结合法律规范及司法实务，选取以下五类较为典型的非法经营的客观行为进行研究。

1. 非法经营证券业务

在我国，证券承销、证券保荐、证券经纪以及证券融资融券业务均属于特许经营业务，未经国务院证券监督管理机构核准而从事上述证券业务则涉嫌非法经营罪。例如，超越市场监管部门核准登记的公司经营范围，未经法定机关批准，向不特定的社会公众代理销售上市公司或非上市公司的股票，情节严重的，涉嫌非法经营罪。

非法经营证券业务中，比较常见的是非法经营证券经纪业务、非法经营证券融资融券业务。证券经纪业务主要是指接受客户委托代理买卖证券，包括：为客户开立账户、证券委托交易、数据查询等业务。证券融资融券业务主要是向客户出借资金供客户买入证券或者出借证券供其卖出，并收取担保物保证融资不受损失。

司法实践中，部分非法从事证券业务的行为会同时涉及证券经纪业务和融资融券业务。以场外配资为例，非法场外配资行为因同时涉及非法经营证券经纪、证券融资融券业务而被认定构成本罪。中国证券监督管理委员会对场外配资作出如下界定："场外配资是指以高于投资者支付的保证金数倍的比例向其出借资金，组织投资者在特定证券账户上使用借用资金及保证金进行股票交易，并收取利息、费用或者收益分成的活动。"

场外配资涉嫌本罪主要有三种行为模式：（1）系统分仓模式，即当融资方交纳保证金后，配资经营者向客户分配分仓系统的虚拟子账户并转入本金和配资。融资方通过子账户发出交易指令，分仓系统再委托证券公司下单。（2）出借账户模式，即当融资方交纳保证金后，配资经营者将客户本金和配资转移至其控制的账户并将账户出借给客户，使客户可以通过真实的证券账户下单交易。（3）客户账户模式，即配资经营者将配资转入客户账户，客户在自己的账户下单交易，配资经营者享有平仓等操作权利。

场外配资的系统分仓模式既涉及证券经纪业务，又涉及融资融券业务，出借账户模式、客户账户模式均涉及融资融券业务。行为人在未取得证监会批准的证券业务许可证的情况下，擅自从事上述证券业务，均有可能涉嫌非法经营罪。

除此之外，如果行为人未经批准，擅自接受委托，向不特定的社会公众代理销售非上市股份有限公司的股权或者股票，也涉嫌非法经营证券业务犯罪。

2. 非法经营期货业务

非法经营期货业务是指有关公司或个人未经国务院期货监督管理机构批准，擅自设立或者变相设立期货交易所、期货公司及其他期货经营机构，或者擅自从事期货业务，或者组织变相期货交易活动的行为。非法经营期货业务，情节严重的，涉嫌非法经营罪。

从司法实践来看，非法经营期货业务的行为方式主要包括两类：一类是非法设立期货交易所，另一类是非法开展期货投资咨询业务。其中，非法设立期货交易场所表现为三种形式：非法设立商品类交易场所、非法设立邮币卡类交易场所、非法设立金融资产类交易场所。

非法设立商品类交易场所，主要包括分散式柜台交易和现货连续（延期）交易。分散式柜台交易，指交易场所按照做市商的模式组织交易活动，一般采用高倍杠杆比例进行交易，交易合约具有标准化特征，交易场所不组织商品流通，也不发现商品价格。现货连续（延期）交易实质也是杠杆交易，允许投资者通过每日支付一定费用无限延后交割期限，并可以通过平仓退场免除交割义务。

非法设立邮币卡类交易场所是指以邮票、钱币、磁卡等为交易对象，供客户申购，摇号中签确定申购后次日开始连续集中交易，交易环节中，采用 T+0 交易、连续竞价等方式在平台开展交易。

非法设立金融资产类交易场所，常见情形包括未经批准交易信贷、票据、保险等金融产品，开展类资产证券化业务，如定向融资计划等。

3. 非法从事资金支付结算业务

资金支付结算业务是金融特许专营业务。根据 1997 年中国人民银行发布的《支付结算办法》，银行是经营支付结算业务的中介机构，未经央行批准的任何非银行金融机构及单位不得经营支付结算业务。直至 2010 年中国人民银行出台《非金融机构支付服务管理办法》及《非金融机构支付服务管理办法实施细则》，非金融机构也可以申请取得支付许可资质。

无论是银行等金融机构，还是非金融机构，如果从事资金支付结算业务，须经过金融主管部门批准，且在经营许可范围内严格遵循相应规章制度。如果未经许可或超越许可范围，擅自从事或变相从事资金支付结算业务，情节严重的，可能涉嫌非法经营罪。

我国将非法从事资金支付结算业务纳入非法经营罪打击范围的立法初衷是有效打击“地下钱庄”。地下钱庄未获得中国人民银行批准，逃避金融管理机构监管，擅自以支付结算主体的名义直接为交易双方办理资金支付结算业务，致使大量资金脱离于金融机构的有效监管，是典型的“非法从事资金支付结算业务”行为。

2019 年，最高人民法院、最高人民检察院发布了《关于办理非法从事资金支付结算业务、非法买卖外汇刑事案件适用法律若干问题的解释》第一条明确列举了三种非法从事资金支付结算业务的行为方式，分别是：（1）使用受理终端或者网络支付接口等方法，以虚构交易、虚开价格、交易退款等非法方式向指定付款方支付货币资金的；（2）非法为他人提供单位银行结算账户套现或者单位银行结算账户转个人账户服务的；（3）非法为他人提供支票套现服务的。

4. 使用POS机等方法实施信用卡套现业务

信用卡套现行为违反了信用卡使用的规范要求，扰乱了国家金融秩序，因此被纳入非法经营犯罪打击的范围。信用卡套现的表现形式有：POS机套现、利用第三方支付平台套现、购物退货套现等。其中，POS机套现最为常见。POS机套现指信用卡持卡人与特约商户相互勾结、恶意串通，联合违反与银行的协议约定，以虚构交易、虚开价格、现金退货等虚假方式，通过POS机刷卡的形式套取信用卡额度内现金的行为。POS机套现的具体操作又表现为一般套现、以卡养卡、翻倍套现等模式。

根据最高人民法院、最高人民检察院发布的《关于办理妨害信用卡管理刑事案件具体应用法律若干问题的解释》，行为人违反国家规定，使用POS机等方法，以虚构交易等方式向信用卡持卡人直接支付现金，情节严重的，以非法经营罪定罪处罚。

5. 非法经营外汇业务

我国《刑法》规范以非法经营罪论处的外汇业务的行为模式主要有三种：一是在外汇指定银行和中国外汇交易中心及其分中心以外买卖外汇；二是单位采用非法手段为他人骗购外汇；三是居间介绍骗购外汇。

实践中，行为人因非法买卖外汇而涉嫌本罪的案例较为常见。根据相关规定，买卖外汇只能在指定银行和中国外汇交易中心及其分中心进行，没有资质不能经营外汇买卖。如果在国家规定的交易场所以外购买外汇，即使外汇是他人骗购得来，行为人对此并不知情，只要达到情节严重的立案标准，就涉嫌非法经营罪。另外，变相的非法买卖外汇行为也难逃《刑法》制裁。例如，行为人安排境外收付美元，境内再收付相应数额的人民币，实则是以外汇和人民币互换实现货币价值转换，情节严重的，涉嫌非法经营罪。

（二）本罪的主体为一般主体，自然人和单位都可构成本罪

根据我国《刑法》及相关司法解释，自然人和单位违反国家规定，故意从事非法经营活动，情节严重的，构成非法经营罪。需要注意的是，非法经营犯罪的客观行为类型繁多，司法解释针对不同类型的非法经营行为设立的立案标准也不尽相同。在部分非法经营行为的法律规范中，单位犯罪参照自然人犯罪的立案标准；而在部分非法经营行为的法律规范中，单位犯罪的立案标准有别于自然人犯罪的立案标准。因此，需要结合具体情形具体分析。

（三）本罪属于结果犯，构成本罪须符合“情节严重”的标准

非法经营罪属于结果犯，并非所有从事非法经营的违法行为均构成本罪，构成非法经营罪须符合“情节严重”的立案标准。《刑事案件立案追诉标准（二）》第七十一条明确了各类非法经营行为的追诉标准。以非法经营支付结算业务为例，非法经营数额在500万元以上的，或者违法所得数额在10万元以上，即应当认定为非法经营行为“情节严重”。

二、裁判要点

165　未经许可代理客户买卖股票，涉嫌非法经营罪

裁判要点

被告单位为客户代理买卖股票的行为，属经营证券业务范围，而被告单位和被告人的该行为系在未经中国证监会批准许可的情况下擅自开展的，故违反了相关的法律规定，构成非法经营罪。

裁判思路

基本案情①**：**

2006年1月至8月，被告单位上海弘某投资发展有限公司（以下简称弘某公司）为牟取非法利益，在未经中国证券监督管理委员会批准的情况下，擅自开展证券资产委托管理业务，在某地租赁办公室作为经营地点，采取在上海市电台某栏目发布广告等方式招揽客户，通过与客户签订《投资管理协议书》并按客户委托管理证券资产总值的2.5%、3%或5%收取保证金等。在获取客户提供的账户及密码后，由被告人孙某某向员工下达交易指令，在客户证券账户内买卖股票，被告单位弘某公司按照盈利部分约20%提成。

经查证，被告单位弘某公司接受陈某、周某等38名客户委托管理的资产总值达人民币1350余万元，非法获利人民币30万余元。

---

① 案件来源：孙某某非法经营案【上海市浦东新区人民法院（2008）浦刑初字第876号】。

争议焦点：代理客户买卖股票的行为是否构成非法经营罪？

辩护意见：

被告单位和被告人的辩护人对指控的事实均无异议，但均提出本案不应以非法经营罪追究刑事责任，理由是：（1）本案被告单位的行为性质不属于证券资产管理，而属于私募资金或委托理财；（2）即使本案属于证券资产管理，其也没有被法律明确规定为属于证券业务范围；（3）即使本案属于经营证券业务，也是行为在先，规定在后。法律规定“未经中国证监会批准，不得非法经营证券业务”是在 2006 年之后，而本案弘某公司代理客户买卖股票的行为开始于 2005 年。

法院认为：

被告单位弘某公司未经中国证券监督管理委员会批准，非法经营证券业务，被告人孙某某作为被告单位直接负责的主管人员，其行为均已构成非法经营罪。公诉机关指控的罪名成立。关于被告单位和被告人的辩护人所提弘某公司的行为不构成非法经营罪的意见，经核查，本案被告单位弘某公司的业务模式属证券资产管理，被告单位弘某公司及被告人孙某某为客户代理买卖股票的行为，属经营证券业务范围，而被告单位和被告人的该行为系在未经中国证监会批准许可的情况下擅自开展的，故违反了相关的法律规定，且本案通过在电视台作广告等方式招揽客户，为客户代理买卖股票的行为，具有较强的公开性、影响涉及面广，牟利的目的性明显，具有相关的社会危害性，故应以非法经营罪定罪处罚，辩护人的上述意见，与事实和法律均不符，不予采纳。

裁判结果

一、被告单位弘某公司犯非法经营罪，判处罚金人民币一百二十万元。

二、被告人孙某某犯非法经营罪，判处有期徒刑三年，缓刑三年，并处罚金人民币五十万元。

166 未经批准，擅自以出借账户的方式经营“股票配资”业务，涉嫌非法经营罪

裁判要点

在未取得证监会批准的证券业务许可证、融资融券业务许可证的情况下，擅自以出借账户的方式经营“股票配资”业务，严重扰乱市场秩序的，构成非法经营罪。

裁判思路

基本案情[①]**：**

2016年5月至2017年10月，被告人王某某、毛某某在没有取得中国证监会批准的经营证券业务许可证、国务院证券监督管理机构审查批准的融资融券业务许可证的情况下，以某公司的名义向被害人推销“股票配资”业务。

多名被害人同意“股票配资”，并以银行转账的方式交付了保证金，被告人按照1∶5左右的比例杠杆提供了潘某某等多人在中某证券、财某证券、九某证券的股票交易账户供被害人周某某、李某某、南某某进行炒股，并对配资资金收取月息2%至3.8%的高额利息。

经审计，王某某、毛某某等人非法经营的涉案金额为3339577元，其中王某某涉案金额为2022230元。

法院认为：

被告人王某某、毛某某违反国家规定，未经国家有关主管部门批准，非法经营证券业务，扰乱市场秩序，其行为均已构成非法经营罪……

裁判结果

一、被告人王某某犯非法经营罪，判处有期徒刑二年六个月，并处罚金人民币六万元……被告人毛某某犯非法经营罪，判处有期徒刑三年，并处罚金人民币

---

① 案件来源：王某某、毛某某非法经营罪一审刑事判决书【甘肃省兰州市七里河区人民法院（2020）甘0103刑初134号】。

七万元……

……

167 不具有从事证券业务资格，虚假宣传引流并代客交易股票，涉嫌非法经营罪

裁判要点

在所属公司不具有从事证券业务资格的情况下，行为人伙同他人对外进行虚假宣传，吸引客户前来配资炒股，代替客户进行股票证券交易，扰乱市场秩序，情节严重的，构成非法经营罪。

裁判思路

基本案情①：

2014年4月，尹某一成立永某公司，永某公司在未经证监会批准，不具有从事证券业务资格的情况下，让业务员通过打电话等方式联系发展客户，并通过QQ、微信等软件向客户发送股票信息，虚假宣传永某公司有专业的股票分析师和操盘团队、有股票交易内幕消息，引诱客户到公司配资炒股。

根据客户投资的本金和需求，公司向客户承诺配资1倍至5倍不等的金额，与客户签订《借款协议》《委托交易协议》，由客服部员工根据尹某一的指示在股票交易软件上为客户开设账户并代替客户进行股票证券交易。股票盈利后由客户和公司按约定比例分配，亏损由客户自行承担。

经审计，截至2019年1月，共计169名客户参与配资炒股，客户投资总金额为25522545.13元，配资总金额为63210000元，委托交易总金额为88085000元。

被告人罗某在永某公司担任业务员，按公司要求对外进行虚假宣传吸引客户前来配资炒股，共发展客户3名。其中，客户熊某出资20万元，配资15万元，委托交易总金额35万元；客户陈某出资15万元，委托交易总金额15万元；客户张某出资6万元，委托交易总金额6万元。罗某的违法所得为2.4万元左右。

① 案件来源：罗某非法经营案【重庆市第五中级人民法院（2020）渝05刑终674号】。

一审法院认为，罗某犯非法经营罪，判处有期徒刑一年，并处罚金人民币三万元。后罗某不服，提起上诉。

二审法院认为：

上诉人罗某违反国家规定，未经国家有关主管部门批准，伙同他人非法经营证券业务，扰乱市场秩序，情节严重，其行为已构成非法经营罪，依法应予惩处。罗某系从犯，具有自首情节，且自愿认罪认罚，依法对其从轻处罚。鉴于罗某已退出违法所得2.4万元，并缴纳罚金3万元，认罪悔罪表现好，符合社区矫正条件，依法可以适用缓刑。

裁判结果

……

二、撤销重庆市渝中区人民法院（2020）渝0103刑初466号刑事判决的第一项，即被告人罗某犯非法经营罪，判处有期徒刑一年，并处罚金人民币三万元。

三、上诉人罗某犯非法经营罪，判处有期徒刑六个月，宣告缓刑一年，并处罚金人民币三万元。

168 未经批准，擅自向社会公众销售非上市公司的股权，属非法经营证券业务

裁判要点

行为人为非法经营证券业务而设立公司，超越工商行政管理部门核准登记的公司经营范围，向不特定的社会公众代理销售非上市股份有限公司的股权（股票），属非法经营行为，情节严重的，应当以非法经营罪定罪处罚。

裁判思路

基本案情[①]**：**

2003年12月，被告人陈某纬、王某泽、郑某中为从事非上市公司股票代理

① 案件来源：宁波利某代投资咨询有限公司、陈某纬、王某泽、郑某中非法经营案【《最高人民检察院公报》2009年第1期（总第147期）】。

销售业务，注册设立被告单位宁波利某代投资咨询有限公司（以下简称利某代公司）。三被告人通过他人设立的某投资管理有限公司，为4家非上市公司代理销售股票，并与该投资管理公司协商确定了每股对外销售价格及内部交割价。三被告人对外谎称上述非上市公司的股票短期内即可上市并可获取高额的原始股回报，并指使其公司业务员向不特定社会群众推销上述非上市公司的股票。

2004年3月30日，宁波市工商行政管理局以该公司从事此项业务超出核准登记的经营范围为由，作出责令改正并罚款人民币1万元的处罚决定。同年4月，该公司经核准增加了“代办产权交易申请手续”的经营范围，继续代理销售上述非上市公司的股票。

至2004年11月底，利某代公司在陈某纬、王某泽、郑某中操控下，股票销售总金额达人民币657万余元，利某代公司从中获利人民币240余万元。利某代公司自设立后未从事其他业务。

争议焦点：代理转让非上市股份有限公司股权是否属于从事证券业务?

一审法院认为：

首先，被告单位利某代公司及被告人陈某纬、王某泽、郑某中的行为违反了我国关于证券经营管理的法律、法规和政策。

我国证券市场实行证券业务许可制度。公开发行证券，必须符合法律、行政法规规定的条件，并依法报国务院证券监督管理机构或者国务院授权的部门核准，未经依法核准，任何单位和个人不得公开发行证券。国务院办公厅、证监会亦多次明文要求严厉打击以证券期货投资为名进行的违法犯罪活动，对超出核准的经营范围、非法从事或变相非法从事证券期货交易活动的，以涉嫌非法经营罪立案查处。证监会曾发文明确规定，以非上市公司将要上市并可以获得高额的原始股回报等为幌子，或者编造虚假的公司经营业绩和许诺丰厚的投资回报率等手段，诱骗投资者购买非上市公司股票，从而进行收取代理费等费用的违法活动，属于非法代理买卖非上市公司股票。非法发行股票和非法经营证券业务的行为严重危害社会稳定和金融安全。其主要形式：一是编造公司即将在境内外上市或股票发行获得政府批准等虚假信息，诱骗社会公众购买所谓“原始股”；二是非法中介机构以“投资咨询机构”“产权经纪公司”“外国资本公司或投资公司驻华代表处”的名义，未经法定机关批准，向社会公众非法买卖或代理买卖未上市公司股票；三是不法分子以证券投资为名，以高额回报为诱饵，诈骗群众钱财。

本案中，被告单位利某代公司并未取得国务院证券监督管理机构或者国务院授权的部门核发的证券业务许可证，但擅自公开向社会不特定群众推销非上市股份有限公司的股票，且系拆细发行。在经营活动中，该公司谎称涉案非上市股份有限公司将要上市、投资人可以获得高额原始股回报，诱骗投资者购买涉案非上市股份有限公司的股票，从中收取代理费等费用，其行为属于非法代理买卖非上市公司股票的违法行为……利某代公司不具有产权交易的从业资格，并非产权交易经纪机构，被告人陈某纬、王某泽、郑某中等利某代公司人员亦不具有相应的经纪资格。利某代公司超出工商行政管理部门核准的经营范围，既未被授权或许可经营证券业务，又不具备产权交易经纪机构资格，而非法从事证券交易活动，其行为属于非法经营。

其次，被告单位利某代公司及被告人陈某纬、王某泽、郑某中的行为构成非法经营罪。

根据《刑法》第二百二十五条的规定，非法经营罪是指未经许可经营法律、行政法规规定的专营、专卖物品或者其他限制买卖的物品，买卖进出口许可证、进出口原产地证明以及其他法律、行政法规规定的经营许可证或者批准文件等严重扰乱市场秩序、情节严重的非法经营行为。如前所述，本案中被告单位利某代公司及被告人陈某纬、王某泽、郑某中的行为属于非法经营行为。被告单位及三被告人共计向 216 人代理销售了 4 家非上市股份有限公司的股票，总计销售未上市股份有限公司股票达 188.85 万股，销售总金额达人民币 657 万余元，从中非法获利 240 余万元。从后果看，涉案购股投资人所购买的涉案非上市股份有限公司的股票，最终能否得到涉案非上市股份有限公司的认可都存在很大问题，极有可能就是废纸一张。可以认定，被告单位及三被告人的非法经营行为情节严重，危害波及面广，社会危害性大，已经构成非法经营罪，应依法追究刑事责任。

二审法院认为：

我国证券市场实行证券业务许可制度，未经国务院证券监督管理机构或者国务院授权的部门核准，不得经营证券业务。上诉人陈某纬、王某泽、郑某中设立利某代公司，未经法定机关批准，擅自接受委托向不特定社会群众代理转让非上市股份有限公司股权，且系拆细转让，属非法经营证券业务，其行为已构成非法经营罪。三上诉人及其辩护人关于代理转让非上市股份有限公司股权不属从事证券业务的上诉理由不能成立，不予采纳。三上诉人在利某代公司成立后从事非上市股份有限公司股权代理转让业务，明显超出了工商行政管理部门核准登记的经营范围。在因超范围经营被处罚后，该公司申请增加了“代办产权交易申请手续”的经营范围，但该项业务仅指接受产权所有人委托，以产权所有人的名义向产权交易机构提出产权交易申请，不包括非上市股份有限公司股权代理转让业务。根据一审庭审中出示并经质证的宁波市工商行政管理局施民某、胡某、范某华及证监会宁波监管局郑某斌出具的情况说明，在2004年5月召开的协调会上，有关行政执法部门向三上诉人指出：利某代公司在增加“代办产权交易申请手续”的经营范围后，经营非上市股份有限公司股权代理转让业务仍属超范围经营，要经营该项业务必须经有关证券监管部门批准。但在此后，三上诉人继续经营该项业务。据此可以认定，三上诉人具有非法经营的犯罪故意……

裁判结果

驳回上诉，维持原判。

169 不具有经营期货的资质，与客户签订标准化合约，让客户在其设立的平台上进行大宗无实物交易，属于非法经营期货行为

裁判要点

行为人明知其实际经营的公司不具有经营期货的资质，仍然设立网上交易平台，与客户签订标准化合约，不以实物交割为目的，让客户在公司网络平台上进行大宗无实物白银交易，属于非法经营期货行为。

裁判思路

基本案情①：

2013年4月及2014年2月，上诉人张某先后注册成立中某兴泰公司、乾某公司及黄山市乾某分公司，分公司负责人为卢某海。公司实际管理者为张某，卢某海为中某兴泰公司、乾某公司市场部总监，负责公司客户开发。以上公司经营

① 案件来源：张某、卢某海非法经营案【安徽省高级人民法院（2016）皖刑终168号】。

范围包括投资咨询服务（不含证券、期货咨询）。

张某购进交易软件，搭建中某兴泰公司、乾某公司网络交易平台，指使卢某海等人用拨打电话等方式招募客户或居间代理公司。招募成功后，中某兴泰公司、乾某公司与客户签订标准格式合同，客户在公司网络平台上通过第三方支付平台向公司打入保证金，开立个人账户进行大宗白银交易。公司与客户之间无实物交易，交易杠杆比达 80 倍至 100 倍，客户根据每次交易标的额向中某兴泰公司、乾某公司交纳 200 元至 800 元不等的手续费，交易过程中可双向交易和对冲。客户通过第三方支付平台打款后，该款项即被转入中某兴泰公司、乾某公司账户，而后立即转入张某实际控制的个人银行账户。

经中国证监会安徽监管局认定，中某兴泰公司、乾某公司相关经营行为涉嫌非法组织期货交易活动。经审计，2013 年 4 月至 2014 年 8 月，中某兴泰公司、乾某公司入金共 6734.884234 万元，出金共 6515.8308 万元；检察院补充侦查期间，变更指控入金数额为 6654.884234 万元。

一审法院认为，张某犯非法经营罪，判处有期徒刑五年，并处罚金人民币一万元；卢某海犯非法经营罪，判处有期徒刑一年六个月，并处罚金人民币五千元。宣判后，张某、卢某海不服，提起上诉。

二审法院认为：

关于张某、卢某海及其辩护人提出张某、卢某海的行为不构成非法经营罪，以及卢某海的辩护人提出卢某海没有经营期货的主观故意的上诉理由和辩护意见，经查，在案证据显示，上诉人张某明知其实际经营的中某兴泰公司、乾某公司不具有经营期货的资质，仍然设立网上交易平台，与客户签订标准化合约，不以实物交割为目的，让客户在公司网络平台上进行大宗无实物白银交易，属于非法经营期货行为；上诉人卢某海作为中某兴泰公司、乾某公司的市场部总监，明知公司不具有经营期货的资质，仍按张某的安排，积极安排员工招募客户及代理公司，组织员工培训，开展业务指导，在公司经营活动中起较大作用，两上诉人实施的非法期货交易行为违反了国家规定，扰乱市场秩序，情节严重，一审法院认定两上诉人的行为均构成非法经营罪定性准确。故此节上诉理由和辩护意见依法不能成立，本院不予支持。

上诉人张某、卢某海未经国家有关部门批准非法经营期货业务，扰乱市场秩序，情节严重，其行为已构成非法经营罪……

裁判结果

……

三、上诉人张某犯非法经营罪，判处有期徒刑四年，并处罚金人民币一万元……

四、上诉人卢某海犯非法经营罪，判处有期徒刑一年六个月，并处罚金人民币五千元……

170 不具有经营期货的资质，诱使投资者到交易平台交易，通过高杠杆配置，赚取手续费及“客损”提成，涉嫌非法经营罪

裁判要点

行为人设立公司，在未取得经营期货业务资格的情况下，诱使投资者到交易平台进行交易，实际与投资人形成对赌关系，通过诱使投资者进行频繁交易以及高杠杆配置，赚取投资者手续费以及对赌的“客损”提成，具备期货交易特征，属于未经国家有关部门批准非法经营期货业务。

裁判思路

基本案情①：

2013 年 1 月，被告人朱某光、朱某杰成立国某贵金属有限公司深圳分公司（以下简称深圳国某公司）；2015 年 12 月，朱某杰注册成立国某盛世公司，随后又成立 10 余家分公司，分别与多家交易中心公司签约成为其会员单位。在未取得期货业务资格的情况下，招揽投资者到签约公司所对应的交易平台进行“原油指数”、贵金属等期货交易，国某盛世及其分公司向各交易平台指定的账户交纳保证金。此后，朱某杰招募了上诉人黄某胜等人为公司各部门的主要负责人。

2016 年 1 月，上诉人李某利成立国某盛世公司鼎某分公司，直属于国某盛世管理，主要负责发展投资者进入新某大庆提供的交易平台进行石油指数交易。公司成立后，让业务员按照其留下的投资者电话联系投资者，诱使投资者到新某大

① 案件来源：黄某胜非法经营案【广东省深圳市中级人民法院（2019）粤 03 刑终 2680 号】。

庆交易平台进行“现货石油”交易。

为发展投资者，国某盛世市场部业务员工通过微信与投资者聊天，诱使投资者到交易平台进行期货交易，并将被告人张某晗等人包装成“资深分析师”推荐给投资者，后业务总监、业务经理、业务员之间按公司提供的术语相互配合，同时利用投资者高度依赖“分析师”的心理，诱使投资者在交易中每天进行频繁交易，由于配置了33倍交易杠杆，导致多数投资者严重亏损。公司非法获利后，业务员按比例获得投资者的投资经费和交易手续费。业务经理、业务总监及公司高管均按一定的比例获得投资者的交易手续费及“客损”提成。

经审计，深圳国某公司在未取得经营期货业务资格的情况下吸引投资者非法进行期货交易，造成100名投资者损失金额达人民币3301万元。

一审法院认为，黄某胜犯非法经营罪，判处有期徒刑五年六个月，并处罚金人民币一千万元；云某犯非法经营罪，判处有期徒刑四年，并处罚金人民币一百万元；李某利犯非法经营罪，判处有期徒刑四年，并处罚金人民币三百万元。宣判后，黄某胜、云某、李某利不服，提起上诉。

争议焦点：行为人设立公司，在未取得经营期货业务资格的情况下，诱使投资者到交易平台进行交易，实际与投资人形成对赌关系，通过诱使投资者进行频繁交易以及高杠杆配置，赚取投资者手续费以及对赌的“客损”提成，是否具备期货交易特征？是否属于未经国家有关部门批准非法经营期货业务？

辩护意见：

黄某胜及其辩护人上诉提出：（1）深圳证监局出具的说明不应成为定案依据。涉案各交易所平台上进行的是现货交易而非期货交易，在各交易所不构成刑事犯罪的情况下，作为会员单位的国某系公司员工被追究非法经营罪没有法律依据。（2）即便存在期货交易特征，没有任何法律规定各平台的会员单位需要具备期货资质。即便可能存在经营问题，也可以通过民事、行政方式解决，不应直接上升为刑事犯罪。

二审法院认为：

犯罪嫌疑人朱某光、朱某杰等人成立国某系公司并在相关交易平台注册会员单位，平台以路透社、ODS（香港公司）等期货数据为依据，经过人民币汇率和其他一些因素进行转换，由平台进行报价形成价格走势。平台交易的目的是通过价格波动赚取差价，并不是购买真正的实物，平台亦无实物交割。上诉人黄某胜等人使用国某系公司诱使投资者到交易平台进行交易，实际与投资人形成对赌关系，通过诱使投资者进行频繁交易以及高杠杆配置，导致多数投资者严重亏损，赚取投资者手续费以及对赌的“客损”提成。深圳证监局认定其存在担任做市商以集中交易方式进行标准化合约交易且不以实物交割为目的的行为，具备期货交易特征。且国某系公司均未取得中国证监会核准的经营期货业务资格。因此，上诉人的行为符合《刑法》及相关司法解释规定的未经国家有关部门批准非法经营期货业务的特征。故关于无罪的相关上诉意见及辩护意见，与已经查明的事实不符，本院不予采纳。

本院认为，上诉人（原审被告人）黄某胜、云某、李某利等人未经国家有关部门批准非法经营期货业务，情节特别严重，其行为均已构成非法经营罪……

裁判结果

一、维持深圳市罗湖人民法院（2019）粤 0303 刑初 385 号刑事判决书的第一项、第四项。

二、撤销深圳市罗湖人民法院（2019）粤 0303 刑初 385 号刑事判决书的第二项、第三项。

……

四、上诉人（原审被告人）李某利犯非法经营罪，判处有期徒刑三年六个月，并处罚金人民币三百万元……

171 超出工商登记的经营范围，居间介绍他人从事境外期货买卖交易，属于非法经营期货

裁判要点

行为人成立公司，超出工商登记的经营范围，通过发展代理商、吸引客户到公司提供的经分户软件分户的境外期货账户进行境外期货买卖交易并从中获利，属于非法经营期货行为。

裁判思路

基本案情[①]：

被告人王某一、王某二成立吉某公司。王某一担任吉某公司法定代表人、总经理，王某二担任吉某公司董事长、监事。

2015年11月至2018年5月，王某一、王某二明知吉某公司未经中国证监会批准，在不具备从事经营境内外期货交易业务及居间介绍期货交易资质的情况下，开设多个境外期货账户，并将上述账户设为主账户，绑定境外银行账号，指使工作人员以吉某公司名义招揽客户或二级代理商，再由二级代理商招揽客户的模式向不特定社会公众推销、介绍境外的期货产品，吸引客户进行境外期货买卖交易。

通过分户软件在主账户下进行分户，客户注册获得账号后，通过在账号内出入金或直接通过王某一、王某二等人的银行账号出入金的形式在境内进行境外期货买卖交易，出入金均以人民币结算。后由结算部人员负责将客户投入的人民币以1∶7的固定汇率进行兑换，同时以人民币对美元1∶1或1∶2进行放大杠杆配资。风控部门负责设置强制平仓功能，确保主账户绑定的银行账户内资金不受损失。在投资人期货买卖交易过程中，收取投资人交易手续费从中获利。

经审计，2015年11月至2018年5月，吉某公司在东某证券等5家平台合计成交金额折合人民币3万亿余元，共收取手续费287253339.49元，其中支付居间人的返佣总额1.91亿余元。

一审法院认为，王某一犯非法经营罪，判处有期徒刑十三年，并处罚金人民币六千万元；王某二犯非法经营罪，判处有期徒刑八年，并处罚金人民币三千万元……宣判后，王某一、王某二等人不服，提起上诉。

争议焦点：行为人成立公司，超出工商登记的经营范围，通过发展代理商、吸引客户到公司提供的经分户软件分户的境外期货账户进行境外期货买卖交易并从中获利，是否属于“非法经营期货”行为？

辩护意见：

被告人王某一的辩护人提出：王某一等人成立吉某公司居间介绍他人从事境外期货交易的行为，并未违反《期货交易管理条例》相关规定，不属于我国《刑法》第二百二十五条第三项规定的“非法经营期货”行为，没有扰乱期货市

---

① 案件来源：王某一、王某二等非法经营案【浙江省杭州市中级人民法院（2020）浙01刑终600号】。

场秩序。原判关于王某一等人非法经营期货的认定错误，王某一等人此节行为不构成非法经营罪。

被告人王某二的辩护人提出：原判认定王某二等人“在未经中国证监会批准，不具备从事经营境内外期货交易业务的情况下非法经营期货业务构成“非法经营罪”的相关事实认定错误，吉某公司仅是通过分户软件为客户实现境外期货交易提供一种软件技术服务，王某二等人的行为并不属于“经营期货”行为，王某二等人不构成非法经营罪。

二审法院认为：

关于王某一、王某二的辩护人针对本案定性提出的上诉理由、辩护意见，经查，工商登记显示，吉某公司登记的经营范围不包括“期货交易”相关内容，在经营范围中明确注明“未经金融等监管部门批准，不得从事向公众融资存款、融资担保、代客理财等金融服务”；中国证监会浙江监管局出具的《关于杭州吉某投资管理有限公司证券期货业务经营资格有关情况的复函》证实，吉某公司未经中国证监会批准，不属于经中国证监会批准设立的期货交易所或其他期货交易场所，不具备经营期货业务的资质，亦不具备经中国证监会批准的经营证券业务的资质。

结合吉某公司组织客户开展非法境外期货交易业务的实际经营情况，可以认定被告人王某一、王某二等人以吉某公司为名未经国务院期货监管机构批准获得期货经营资格的情况下，通过发展代理商、吸引客户到吉某公司提供的经分户软件分户的境外期货账户进行境外期货买卖交易，外盘期货依据国际期货交易市场的交易数据结算盈亏，并根据客户出金、入金金额收取手续费等形式从中非法获利。王某一、王某二等人超出核准的经营范围，非法从事期货交易活动，非法经营境外期货业务的行为，符合我国《刑法》第二百二十五条第三项规定的“违反国家规定，未经国家主管部门批准非法经营期货业务”的情形，应以非法经营罪定罪处罚。

裁判结果

一、维持杭州市江干区人民法院（2019）浙0104刑初156号刑事判决主文第十一项，即对作案工具的处置部分，撤销判决的其余部分。

二、上诉人（原审被告人）王某一犯非法经营罪，判处有期徒刑十年，并处罚金人民币六千万元。

三、上诉人（原审被告人）王某二犯非法经营罪，判处有期徒刑七年，并处罚金人民币三千万元。

……

172 非法经营期货后才取得经营许可的，涉案数额应为取得许可前的投资数额

裁判要点

行为人设立公司后，在未取得期货经营资质的情况下开展期货行为，之后取得期货经营资格的，涉案数额应为涉案单位取得期货经营业务许可证之前投资人的投资数额。

裁判思路

基本案情[①]**：**

2015年11月，被告人韩某峰等人注册成立山东期某公司，后于2018年7月成立财某期货济南营业部，财某期货济南营业部于2018年7月取得经营证券期货业务许可证。

经营期间，韩某峰等人除为客户在平台开户进行正常自由交易外，还针对部分客户开展配资业务，即按照客户投资金额1倍至10倍在客户子账户内进行配资，并收取高于正规平台的手续费、交易费，同时按月息一分左右收取配资额利息，被告人陈某澜提供部分配资。为进行期货经营，陈某澜购买麒某资管系统和知某平台软件，客户通过上述软件在子账户内进行期货交易。韩某峰等人招募被告人郭某旭担任讲师，负责分析期货行情，向业务员推送期货专业知识和相关信息。

韩某峰等人为发展业务，要求业务员在网上加入投资期货群，招揽客户到公司的微信群，并安排人员扮演讲师角色进行期货分析，其他业务员配合喊单、发专业话术、发虚假盈利图、烘托气氛等引导客户做配资业务，通过赚取配资业务手续费和利息等方式非法牟利。韩某峰等人按公司获利比例分成，其他业务员的

① 案件来源：韩某峰、陈某澜非法经营案【安徽省淮北市中级人民法院（2020）皖06刑终164号】。

收入为工资或手续费提成。

截至 2018 年 7 月，韩某峰等人发展客户进行配资期货交易，客户存入资金 610 万余元。一审法院认为韩某峰等人非法经营数额为 610 余万元。随后，韩某峰等人提起上诉。

一审法院认为，韩某峰犯非法经营罪，判处有期徒刑六年六个月，并处罚金人民币一百五十万元……宣判后，韩某峰等人不服，提起上诉。

争议焦点：行为人设立公司在未取得期货经营资质的情况下开展期货行为，之后取得期货经营资格的，非法经营数额应如何认定？

辩护意见：

韩某峰上诉提出：原判将投资人的投资款等同于非法经营金额，认定其行为属于情节特别严重，对其判处罚金一百五十万元，均没有事实和法律依据，量刑过重，罚金过高。

郭某旭上诉提出：原判对涉案金额认定有误，应认定山东期某公司收取高于期货公司标准的手续费及利息为非法经营数额。

二审法院认为：

上诉人韩某峰等人未经国家主管部门批准，为赚取利润利用自营平台经营期货业务，扰乱市场经济秩序；上诉人陈某澜负责购买软件、出资等事宜；上诉人郭某旭、戚某龙、胡某耀、原审被告人谭某明知韩某峰等人从事违法犯罪活动，仍在韩某峰等人的安排下从事非法经营活动，其行为均已构成非法经营罪，且情节特别严重。韩某峰等人设立山东期某公司，在未取得期货经营资质的情况下，招聘业务员开展期货业务，后财某期货济南营业部于 2018 年 7 月 26 日取得经营证券期货业务许可证。涉案数额应为涉案单位取得期货经营业务许可证之前投资人的投资数额，在此期间，韩某峰等人共计收取投资人“投资款”610 余万元，涉案数额应以此认定……鉴于五上诉人于二审期间认罪认罚，并签署认罪认罚具结书，可依法从宽处理，对淮北市人民检察院的量刑建议，本院予以采纳。违法所得应依法追缴。

裁判结果

一、维持淮北市相山区人民法院（2019）皖 0603 刑初 492 号刑事判决的第五项、第七项……

二、撤销淮北市相山区人民法院（2019）皖 0603 刑初 492 号刑事判决的第一项、第二项、第三项、第四项、第六项……

三、上诉人（原审被告人）韩某峰犯非法经营罪，判处有期徒刑五年六个月，并处罚金人民币一百二十万元。

……

173 非法经营个股期权证券业务，犯罪数额应根据被害人投资的数额计算

裁判要点

行为人未经国家有关主管部门批准，伙同他人非法经营个股期权证券业务，犯罪数额应当根据被害人投资的数额计算，而非只计算被害人投资的净损失。

裁判思路

基本案情[①]**：**

2017 年 11 月，刘某伟（另案处理）成立益某公司。2018 年 9 月，在刘某伟的授意下，由李某杰（另案处理）出面购买盈某汇公司和道某公司，以盈某汇公司和道某公司的名义面向社会不特定人群吸引客户开展个股期权业务。本案被告人徐某京担任市场部一部一组业务组组长，业务员为被告人李某梦等人。

益某公司在没有相应的金融业务资质、缺乏资金第三方存管机制的情况下，通过互联网平台、微信群等大量招揽客户，宣称为投资者提供场外个股期权交易服务，投资者在该公司自己开发制作的 App 软件中进行下单操作，选择操作标的并接受期权报价（权利金）后，若行权日个股价格高于约定价格且上涨金额大于权利金，则投资者盈利；若上涨金额小于权利金或个股出现下跌，则投资者损失部分或全部权利金。各被告人为了取得客户信任，向客户发送由公司合规部制作的虚假盈利截图，通过夸大盈利、隐瞒风险等欺骗手段，诱使客户购买个股期权。

经审计，2018 年 8 月至 2019 年 5 月，益某公司共吸收 430 名客户进行投资，总额为 69808266 元。其中，徐某京负责的团队经办客户期权费用合计 17403393

① 案件来源：徐某京、李某梦非法经营案【河南省三门峡市中级人民法院（2020）豫 12 刑终 97 号】。

元，共计取得薪资报酬49237.45元、提成收入284793.13元。

一审法院认为，李某梦犯非法经营罪，判处有期徒刑二年六个月，并处罚金人民币二十二万元……后李某梦等人不服，提起上诉。

争议焦点：行为人未经国家有关主管部门批准，伙同他人共同非法经营个股期权证券业务，犯罪数额应当根据被害人投资的数额计算还是只计算被害人投资的净损失？

辩护意见：

李某梦的辩护人提出：不应追究李某梦等业务员刑事责任；如追究刑事责任，犯罪数额应只计算客户投资的净损失。原判量刑畸重，建议二审纠正，考虑适用缓刑。

二审法院认为：

关于原判认定的非法经营犯罪数额。经查，非法经营犯罪侵害市场管理经济秩序，破坏社会安定，本案非法经营犯罪采用诱使被害人投资购买个股期权的方法，所获每笔投资的行为方式均系对市场经济秩序的侵害，评价该犯罪的社会危害程度应当包含被害人的每次投资，犯罪的数额应当根据被害人投资的数额计算。被害人实际盈利与否并不影响非法经营社会危害性的认定，且根据审理查明的事实，只有极少数被害人投资能够盈利，绝大部分被害人都是一次性赔光。故原判以每一次投资的金额之和认定犯罪数额，并无不当。上诉人李某梦的辩护人提出“犯罪数额应只计算客户投资的净损失”，该辩护意见不能成立……

裁判结果

一、维持灵宝市人民法院（2019）豫1282刑初442号刑事判决的第一项、第二项、第三项、第六项、第七项、第十一项。即原审对被告人徐某京、王某、李某梦、孔某宝、于某的定罪量刑……

……

174 设立公司以非法经营场外股权期货业务为主要活动，且公司财产与个人财产混淆，应认定为个人犯罪

裁判要点

行为人投资设立公司后，以非法经营场外股权期货业务为主要活动，且公司财产与相关个人财产混淆，不应认定为单位犯罪，而应认定为个人犯罪。

裁判思路

基本案情[①]**：**

2018 年 3 月，刘某、周某、李某、唐某以亨某公司的名义开展非法场外股权期货经营活动。刘某等四人未经国家主管机关批准，指使下属采用电话营销的方式，以低于正规期货交易所的开户及交易条件、帮助客户配资等为诱饵，大肆招揽投资人，通过由泽某公司实际运营的“金某期权”等 App 平台，进行场外股票期权交易。同时，提供代办开户、行情分析、推荐交易等服务。为此，刘某等人可从泽某公司处获取投资人入账“期权费”的 45%至 47%作为介绍返利款。

经核查，2018 年 6 月至 2019 年 3 月，刘某等人以亨某公司名义非法经营期货业务的数额达人民币 2000 万元左右。刘某个人获利 90 万余元，周某个人获利 90 万余元，李某个人获利 130 万余元，唐某个人获利 130 万余元。

一审法院认为，刘某、周某、李某、唐某犯非法经营罪，判处刘某有期徒刑五年六个月，并处罚金人民币九十万元；判处周某有期徒刑五年，并处罚金人民币九十万元；判处李某有期徒刑五年，并处罚金人民币一百三十万元；判处唐某有期徒刑五年，并处罚金人民币九十万元。宣判后，刘某、周某、李某等人不服，提起上诉。

争议焦点：行为人投资设立公司以非法经营场外股权期货业务为主要活动，且公司财产与相关个人财产混淆，应认定为单位犯罪还是个人犯罪？

辩护意见：

上诉人李某辩称：本案应为单位犯罪，其系从犯，不属于情节特别严重，原判量刑过重。

---

① 案件来源：李某、唐某等非法经营案【上海市第二中级人民法院（2020）沪 02 刑终 459 号】。

二审法院认为：

本院认为，原审被告人刘某、周某、李某、唐某违反国家规定，未经国家有关主管部门批准，与他人共同非法经营期货业务，扰乱市场秩序，其行为均已构成非法经营罪，且情节特别严重，依法均应予惩处。四名原审被告人如实供述罪行，并在家属协助下退缴了全部或部分违法所得，依法可以从轻处罚。经查，亨某公司以非法经营场外股权期货业务为主要活动，且公司财产与相关个人财产混淆，故本案不应认定为单位犯罪……综上，上诉人李某、唐某的相关辩解和辩护人的辩护意见，本院均不予采纳……但一审判决对唐某判处罚金九十万元，属适用法律错误，应予纠正……

裁判结果

一、维持上海市静安区人民法院（2019）沪 0106 刑初 1812 号刑事判决的第一项、第二项、第三项、第五项……

二、撤销上海市静安区人民法院（2019）沪 0106 刑初 1812 号刑事判决的第四项，即被告人唐某犯非法经营罪，判处有期徒刑五年，并处罚金人民币九十万元。

三、上诉人（原审被告人）唐某犯非法经营罪，判处有期徒刑五年，并处罚金人民币一百四十万元。

175 未取得支付业务许可证从事资金支付结算业务，情节严重的，构成非法经营罪

裁判要点

在未取得支付业务许可证的情况下，行为人将购买的公民个人信息注册成微信、支付宝账号生成二维码，录入雇用他人开发的资金支付结算系统，非法从事资金支付结算业务，情节严重的，构成非法经营罪。

裁判思路

基本案情[①]：

2018年4月起，被告人郑某明、邹某强通过网络大量购买公民个人信息，交由柴某公司注册支付宝账号并生成二维码，后将二维码提供给客户用于洗钱中的资金流转，柴某公司抽取流水总额的0.03%作为抽成。之后，郑某明、邹某强又将柴某公司产生的二维码提供给上海的某支付公司用于资金流转，柴某公司从中抽取流水总额的0.15%作为抽成。

同年7月，郑某明雇用并要求被告人张某聚开发一个可以多个网上商城端口接入一个支付系统的系统，张某聚在明知柴某公司没有资金支付结算资质且打算为博彩公司提供资金支付结算业务的情况下，为柴某公司开发了第三方资金支付结算系统——“古某系统”，并伙同他人为该系统提供维护服务。其间，郑某明、邹某强通过网络及发放传单的形式推广柴某公司的资金支付结算通道，并通过网络联系多家博彩公司来使用柴某公司的“古某系统”进行资金支付结算。

经审计，2018年5月至2019年4月，柴某公司为他人提供非法资金支付结算的流水总金额达892930291.74元，获利总金额达28434076.60元。

一审法院认为，郑某明犯非法经营罪，判处有期徒刑八年六个月，并处罚金人民币一千五百万元；被告人邹某强犯非法经营罪，判处有期徒刑七年六个月，并处罚金人民币一千二百万元……宣判后，郑某明、邹某强等人不服，提起上诉。

二审法院认为：

经查，在未取得《支付业务许可证》的情况下，上诉人郑某明、邹某强等人先将购买的公民个人信息注册成微信、支付宝账号，并生成二维码录入雇用原审被告人张某聚开发的“古某系统”，博彩公司平台上的玩家发起充值时，平台会随机调用“古某系统”内的收款二维码进行扫码付款至相应二维码绑定的账户，柴某公司经过统计并收取相应的手续费后，将相关资金通过“古某系统”支付给博彩公司指定的银行账户，构成非法经营罪。同案人卢某的供述、原审被告人吴某雄的供述及银行交易流水等证实上诉人郑某明、邹某强等人通过购买的方式非法获取公民个人信息并对这些信息进行整理、分类后加以使用，上诉人郑某明、邹某强等人的行为同时构成侵犯公民个人信息罪，依法应当实行数罪并罚……

① 案件来源：郑某明、邹某强等非法经营案【福建省莆田市中级人民法院（2020）闽03刑终604号】。

裁判结果

一、维持（2020）闽0302刑初127号刑事判决第一项、第二项、第三项、第四项、第五项、第六项、第七项、第八项、第十项、第十一项、第十二项、第十三项、第十四项、第十五项、第十六项、第十七项、第十八项、第十九项、第二十项、第二十一项、第二十二项……

……

176 以虚构交易方式向指定付款方支付货币资金，为单位账户转个人账户服务的非法资金提供支付结算业务的，涉嫌非法经营罪

裁判要点

从事虚构交易，向指定付款方支付货币资金，非法为单位结算账户转个人账户服务的非法资金提供支付结算业务的，构成非法经营罪。

裁判思路

基本案情[①]：

2016年6月至2019年6月，被告人刘某某利用实际控制的上海迪某金融信息服务有限公司（以下简称迪某公司）和上海上某数据服务有限公司（以下简称上某公司）等18家公司，从上游取得支付牌照的“盛某”“开某通”等第三方支付公司和民某银行等相关银行、银联签约，取得线上收单权限、资金代清算权限及网络接口，将网络接口接入支付服务器，搭建资金的支付通道，实现资金的线上收单和代清算的完整功能。

刘某某等人通过发展下游商户并与其签订合作协议，向下游商户提供网络支付接口，下游商户通过网络支付接口向迪某公司支付服务器发送支付交易指令进行资金支付操作，实现资金快捷支付结算。大量资金通过利用虚假交易、向迪某

① 案件来源：上海迪某金融信息服务有限公司、上海上某数据服务有限公司非法经营一审刑事判决书【湖北省汉川市人民法院（2020）鄂0984刑初240号】。

公司支付服务器发送支付交易指令的方式实现快捷转移，其中包含大量的诈骗等非法活动资金。

经中国人民银行上海分行认定，迪某公司、上某公司的前述行为系无证从事支付业务。

争议焦点：被告公司的行为是否属于非法从事资金支付结算业务?

辩护意见：

被告人刘某某的辩护人提出：

第一，《刑法》和《非法支付结算司法解释》规制的非法支付结算是非持牌机构实施的资金“二清”型的支付结算业务，并未将所有的行政监管层面的支付领域违规行为纳入《刑法》规制范畴。

第二，本案基本业务模式与传统合规第三方支付、资金“二清”非法支付结算业务模式具有的显著区别，主要从事交易信息传递处理，部分涉及资金“二清”。

第三，本案非法经营数额应根据业务模式区分资金流和信息流，以案涉公司使用自有单位银行结算账户转移的资金数额为认定依据。

法院认为：

根据中国人民银行上海分行的认定与上述事实确认，被告单位从事了司法解释[①]确定的“虚构交易”，向指定付款方支付货币资金，非法为单位结算账户转个人账户服务的非法资金支付结算业务，构成非法经营罪。其非法资金支付结算（非法经营）额不能以被告单位的内部账户流转额或支付指令的交易额为区隔，而是应当看其所代为支付或通过其搭建的支付通道所支付的资金，是否符合司法解释确定的非法资金支付结算的情形。本案违法所得数额的认定，并没有明确的司法解释，对违法所得应作广义上的理解，包含经营成本在内的所有数额，因本案重新审计鉴定后，明确了具体的获利数额，其经营成本没有，也难以界定。因此，本案的违法所得以在审理期间重新鉴定的数额为准。综上，对被告人刘某某的辩护人提出的相关辩护意见，本院不予采信。

裁判结果

一、被告单位上海迪某金融信息服务有限公司犯非法经营罪，判处罚金人民

① 司法解释指《最高人民法院、最高人民检察院关于办理非法从事资金支付结算业务、非法买卖外汇刑事案件适用法律若干问题的解释》。

币二百五十万元。

二、被告单位上海上某数据服务有限公司犯非法经营罪，判处罚金人民币一百五十万元。

三、被告人刘某某犯非法经营罪，判处有期徒刑六年，并处罚金人民币六万元。

……

177 未获得支付结算许可，搭建“第四方支付”平台，涉嫌非法经营罪

裁判要点

“第四方支付”平台为获取非法利益，在未取得国家支付结算许可的情况下，违反国家金融管理制度，严重破坏金融管理秩序，构成非法经营罪。

裁判思路

基本案情[①]**：**

2018年1月至9月，被告人林某甲以某科技公司的名义，在未获得支付结算业务资质的情况下，伙同被告人林某乙、张某等人以第三方支付平台为接口，自建支付结算系统，利用向他人收买、公司员工注册、下游商户提供等方式收集的大量无实际经营业务的空壳公司资料在某支付平台注册了数百个公司账户，再将支付接口散接至上述账户。

经审计，林某甲非法从事赌博资金支付结算业务，非法结算资金共计人民币46.69亿余元。

一审法院认为，林某甲犯非法经营罪，判处有期徒刑十二年六个月，并处没收财产人民币五千万元……后林某甲等人不服，提起上诉。

二审法院认为：

被告人林某甲、林某乙、李某乙、金某、张某、王某、吴某、黄某未经国家有关主管部门批准，非法从事资金支付结算业务，扰乱市场秩序，情节特别严

① 案件来源：林某甲等非法经营案【浙江省杭州市中级人民法院（2020）浙01刑终406号】。

重，其行为均已构成非法经营罪。公诉机关的指控成立。

裁判结果

驳回上诉，维持原判。

178 以虚构交易的方式向信用卡持有人直接套现，涉嫌非法经营罪

裁判要点

未经国家有关主管部门批准，非法从事资金支付结算业务，使用 POS 终端机以虚构交易的方式向信用卡持有人直接支付现金，扰乱了金融市场秩序，该行为构成非法经营罪。

裁判思路

基本案情[①]**：**

自 2009 年 3 月 22 日至 5 月 31 日，被告人吴某明租用某商户申领的 2 台 POS 终端机，以虚构交易等方式向信用卡持有人直接支付现金，套现金额达人民币 438754 元。

2009 年 9 月到 2010 年 6 月 9 日，吴某明与同案人孙某楷共同使用 POS 终端机，以虚构交易的方式向信用卡持有人直接支付现金人民币为 6550096 元。

在此期间，吴某明违法所得累计人民币 50000 元。

法院认为：

被告人吴某明违反国家规定，未经国家有关主管部门批准，非法从事资金支付结算业务，使用 POS 终端机，以虚构交易的方式向信用卡持有人直接支付现金人民币为 6988850 元，数额特别巨大，情节特别严重，扰乱了金融市场秩序，其行为已构成非法经营罪，应依法惩处。其归案后如实供述司法机关尚未掌握的同种较重罪行，系自首；审理中自愿认罪，并退出部分非法所得。综上，依法对被告人吴某明减轻处罚，并可给予一定的缓刑考验期限。仪征市人民检察院对被

① 案件来源：吴某明非法经营案【江苏省仪征市人民法院（2012）仪刑初字第 0072 号】。

告人吴某明的指控，事实清楚，证据确实、充分，其指控罪名成立，应予支持。

裁判结果

一、被告人吴某明犯非法经营罪，判处有期徒刑三年，缓刑五年，并处罚金人民币二十万元。

二、被告人吴某明退出的非法所得人民币五万元、作案工具 POS 终端机 2 台，予以没收，上缴国库。

179 以虚构交易的方式为他人提供“信用卡养卡”服务的行为，涉嫌非法经营罪

裁判要点

通过虚构交易，以通过向持卡人的信用卡先还款再刷卡将所还款项套出的方式进行“养卡”，非法向指定付款方支付货币资金，情节严重的，构成非法经营罪。

裁判思路

基本案情[①]**：**

2014 年至 2015 年，被告人袁某超违反国家规定，使用其本人或他人的 POS 机，以虚构交易的方式，通过向持卡人的信用卡先还款再刷卡将所还款项套出的方式进行“养卡”，先后替陈某、朱某、王某等多人共计 80 余张信用卡进行“养卡”，“养卡”金额累计达人民币 1100 余万元。

争议焦点：以虚构交易的方式为他人提供“信用卡养卡”服务的行为是否构成非法经营罪?

辩护意见：

公诉机关指控被告人袁某超犯非法经营罪缺乏法律依据，根据《最高人民法院、最高人民检察院关于办理妨害信用卡管理刑事案件具体应用法律若干问题的

① 案件来源：袁某超非法经营案【江苏省昆山市人民法院（2017）苏 0583 刑初 752 号】。

解释》第七条第一款[①]规定："违反国家规定，使用销售点终端机具（POS 机）等方法，以虚构交易、虚开价格、现金退货等方式向信用卡持卡人直接支付现金，情节严重的，应当依据刑法第二百二十五条的规定，以非法经营罪定罪处罚。"该解释处罚的具体行为是信用卡套现，"信用卡套现"中刷信用卡都是为了获得银行的现金，而"信用卡养卡"的目的是让持卡人不产生利息和逾期利息，据此，本案持卡人和养卡人不是同一人，被告人袁某超仅仅帮持卡人养卡，并没有向持卡人直接支付现金，也就是他没有实施信用卡套现的行为，根据罪刑法定原则的规定不应认定为非法经营。

法院认为：

被告人袁某超违反国家规定，使用销售点终端机具，以虚构交易的非法方式向指定付款方支付货币资金，累计金额达人民币 1100 余万元，情节严重，其行为已构成非法经营罪。被告人袁某超归案后如实供述自己的罪行，依法予以从轻处罚。被告人袁某超积极退缴违法所得，酌情予以从轻处罚。公诉机关指控被告人袁某超犯非法经营罪的事实清楚，证据确实、充分，指控罪名成立。辩护人关于公诉机关指控被告人袁某超犯非法经营罪缺乏法律依据的辩护意见，经查，被告人袁某超违反国家规定，使用销售点终端机具，以虚构交易的非法方式向指定付款方支付货币资金，情节严重，其行为已构成非法经营罪，故此辩护意见，本院不予采纳。

裁判结果

一、被告人袁某超犯非法经营罪，判处有期徒刑二年三个月，缓刑三年，并处罚金人民币二万元。

……

---

① 《最高人民法院、最高人民检察院关于办理妨害信用卡管理刑事案件具体应用法律若干问题的解释》已于 2018 年修正，现为第十二条。

180 在法定的交易场所以外购买外汇，即使外汇是他人骗购得来且行为人并不知情，仍属非法买卖外汇行为

裁判要点

买卖外汇只能在指定银行和中国外汇交易中心及其分中心进行，在国家规定的交易场所以外购买外汇，即使外汇是由他人骗购得来，且行为人并不知情，仍属非法买卖外汇行为。

裁判思路

基本案情[①]**：**

2017年2月、3月，被告人熊某在澳门赌场认识了被告人姚某华，双方商量由熊某提供港币给姚某华。熊某与被告人张某商议帮姚某华兑换港币的事宜，熊某、张某主要通过朋友或在微信上对外发布需要兑换港币的信息招揽客人，买卖他人每年每人享有的年度便利化额度（5万美金）以“境外旅游费”在银行进行分拆购付汇，事成后向客人及介绍人共支付报酬300元人民币。

姚某华每次需要兑换港币时，通过其在珠海市开设的银行账号将人民币转至熊某、张某指定的银行账号后，张某便与招揽到的客人约至珠海市，随后通过笔记本电脑登录客人的网上银行购买港币，再将港币转账至姚某华指定的澳门银行账号。姚某华在澳门接收到港币后用于换购给游客进行牟利。

截至案发，张某、熊某共招揽到约200名客人，向银行共骗购了70532447元港币，并将该70532447元港币全部转账至姚某华指定的澳门银行账号。张某、熊某非法获利约6万元人民币。

一审法院认为，姚某华犯非法经营罪，判处有期徒刑一年八个月，并处罚金人民币四十万元。随后，姚某华提起上诉。

争议焦点：行为人在国家规定的交易场所以外购买外汇，但不知晓外汇是他人骗购得来，是否属于非法买卖外汇行为？

辩护意见：

姚某华的辩护人提出：上诉人姚某华从张某、熊某等人处购得的港币全部是

---

① 案件来源：姚某华、张某非法经营案【广东省珠海市中级人民法院（2019）粤04刑终60号】。

外汇交易指定银行中国银行转账交付，姚某华并不“明知”张某、熊某的港币是骗购而来，原判决定性有误，上诉人姚某华没有“非法经营”的行为，不应认定其犯非法经营罪。

二审法院认为：

经查，《全国人民代表大会常务委员会关于惩治骗购外汇、逃汇和非法买卖外汇犯罪的决定》第四条第一款规定，在国家规定的交易场所以外非法买卖外汇，扰乱市场秩序，情节严重的，依照《刑法》第二百二十五条的规定定罪处罚。《刑法》第二百二十五条第四项以及《最高人民法院、最高人民检察院关于办理非法从事资金支付结算业务、非法买卖外汇刑事案件适用法律若干问题的解释》第二条规定，违反国家规定，实施倒买倒卖外汇或者变相买卖外汇等非法买卖外汇行为，扰乱金融市场秩序，情节严重的，应以非法经营罪定罪处罚。

根据相关法律规定，买卖外汇只能是在指定银行和中国外汇交易中心及其分中心，没有资质不能经营外汇买卖。本案中，上诉人姚某华购得港币的对象是上诉人张某、熊某，并在澳门向游客出售港币，张某、熊某仅是通过中国银行转账渠道将港币汇至上诉人姚某华指定的澳门账户内，并非上诉人姚某华直接与中国银行交易购汇供自己使用，即上诉人姚某华购买外汇是在国家规定的交易场所以外，不论其是否知道上诉人张某、熊某的外汇是骗购得来，均属非法买卖外汇行为。

本院认为，上诉人姚某华、张某、熊某违反国家规定，实施非法买卖外汇行为，扰乱金融市场秩序，非法经营数额达港币70532447元，属情节特别严重，其行为已构成非法经营罪……

裁判结果

一、维持广东省珠海市香洲区人民法院（2018）粤0402刑初1704号刑事判决第一项、第四项、第六项。

二、撤销广东省珠海市香洲区人民法院（2018）粤0402刑初1704号刑事判决第二项、第三项、第五项、第七项。

三、上诉人张某犯非法经营罪，判处有期徒刑一年五个月，并处罚金人民币十万元。

四、上诉人熊某犯非法经营罪，判处有期徒刑一年三个月，并处罚金人民币八万元。

……

181 行为人通过境外收付美元，境内再收付相应数额的人民币的方式实现价值转换，属于变相的非法买卖外汇行为

裁判要点

行为人安排境外收付美元，境内再收付相应数额的人民币，实则是以外汇和人民币互换实现货币价值转换，属于变相的非法买卖外汇行为，情节严重的，构成非法经营罪。

裁判思路

基本案情①：

2016 年 11 月至 2018 年 11 月，被告人邹某容应他人要求，未经批准在深圳市从事资金支付结算业务，帮客户将人民币兑换成美元或者将美元兑换成人民币，从中赚取汇率差。被告人邓某峰明知邹某容未经批准而从事资金支付结算业务，帮助他人经邹某容将美元兑换成人民币或者将人民币兑换成美元，从中赚取汇率差。邹某容使用其名下或者控制的银行账户，收取兑钱资金 72150795. 03 元。邓某峰使用其名下的银行账户支付兑钱资金 37725010. 50 元给萧某，支付兑钱资金 13882509 元给曹某文，支付兑钱资金 4972238 元给李某。

2017 年至 2018 年 10 月，被告人康某台未经批准在广州市从事资金支付结算业务，帮客户将人民币兑换成美元。康某台收取客户人民币后，让他人将美元汇入客户指定账号，从中赚取汇率差。康某台使用其名下的银行账户收取兑钱资金 26299910 元。

一审法院认为，邓某峰犯非法经营罪，判处有期徒刑三年，缓刑四年，并处罚金人民币十万元；康某台犯非法经营罪，判处有期徒刑二年，缓刑三年，并处罚金人民币五万元……宣判后，钦南区人民检察院提起抗诉。

争议焦点：行为人安排境外收付美元，境内再收付相应数额的人民币，属于非法买卖外汇还是非法从事资金支付结算业务？

---

① 案件来源：邹某容、康某台、邓某峰非法经营案【广西壮族自治区钦州市中级人民法院（2020）桂 07 刑终 163 号】。

抗诉意见：

钦南区人民检察院抗诉认为：本案属于非法从事资金支付结算业务，《最高人民法院关于审理骗购外汇、非法买卖外汇刑事案件具体应用法律若干问题的解释》（法释〔1998〕20号）只是对骗购外汇和非法买卖外汇作出司法解释，并没有对非法从事资金支付结算业务作出司法解释，原判依据此司法解释在五年有期徒刑幅度以下对康某台、邓某峰进行判决并适用缓刑，属于适用法律错误。

二审法院认为：

关于资金支付结算业务和买卖外汇认定问题。根据《外汇管理条例》第四十五条的规定，非法买卖外汇主要包括倒买倒卖外汇、变相买卖外汇等情形。倒买倒卖外汇主要指行为人在国内外汇黑市进行低买高卖，从中赚取汇率差价的行为；变相买卖外汇主要指行为人在形式上进行的不是人民币和外汇之间的直接买卖，而是采取以外汇偿还人民币或以人民币偿还外汇、以外汇和人民币互换实现货币价值转换的资金跨国（境）兑付行为。资金跨国（境）兑付是一种典型的变相买卖外汇行为。资金跨国（境）兑付型地下钱庄，不法分子与境外人员、企业、机构相勾结，或利用开立在境外的银行账户，协助他人进行跨境汇款、转移资金活动。

本案中，康某台、邓某峰、邹某容安排境外收付美元，境内再收付相应数额的人民币，实则是以外汇和人民币互换实现货币价值转换，属变相的非法买卖外汇行为。故抗诉机关认为本案属于非法从事资金支付结算业务，《最高人民法院关于审理骗购外汇、非法买卖外汇刑事案件具体应用法律若干问题的解释》（法释〔1998〕20号）与本案无关的抗诉意见不成立，本院不予采纳。

本院认为，原审被告人邓某峰、康某台、邹某容违反国家规定，实施非法买卖外汇行为，扰乱金融市场秩序，非法经营数额均达人民币二千五百万元以上，属于情节特别严重，其行为均已构成非法经营罪……

裁判结果

一、维持广西壮族自治区钦州市钦南区人民法院（2020）桂0702刑初147号刑事判决书第三项对原审被告人邹某容的定罪和量刑……

二、撤销广西壮族自治区钦州市钦南区人民法院（2020）桂0702刑初147号刑事判决书第一项、第二项……

三、原审被告人邓某峰犯非法经营罪，判处有期徒刑五年，并处罚金人民币十万元。

四、原审被告人康某台犯非法经营罪，判处有期徒刑五年，并处罚金人民币五万元。

182 明知他人从事非法买卖外汇业务，仍为其积极提供帮助，涉嫌非法经营罪

裁判要点

行为人明知他人从事非法买卖外汇活动，为他人顺利完成非法买卖外汇交易，大量提供他人银行卡，并使用其掌控的银行卡，为他人从事非法买卖外汇交易积极提供帮助，构成非法经营罪。

裁判思路

基本案情[①]：

2012年2月、3月，被告人刘某通过他人认识了黄某。在明知黄某系从事地下钱庄生意（买卖外汇）的情况下，仍然帮助黄某组织大量的中国公民开办银行卡帮助其完成地下钱庄的转账交易，以规避中国银行组织对外币汇兑等其他违法犯罪行为的监管。刘某还按照黄某的指示，利用自己的或者组织他人开办的银行卡接收黄某转账过来的买卖外汇款，再通过上述中间账户将买卖外汇款转账至买卖外汇人的中国大陆账户，帮助地下钱庄完成交易，且在自己提供的大陆账户出现故障时出面处理，维护账户的正常运行。

刘某在常德地区组织开办的97个银行卡账户，共计转入人民币135559.60369万元（约20186.678732万美元），共计转出人民币135243.348782万元（约20139.584052万美元）；刘某在湘潭地区组织开办的34个银行卡账户，其中6个银行卡账户共计转入人民币9343.663132万元（约1346.931401万美元），转出人民币9345.331331万元（约1347.171880万美元）；刘某在中山地区组织开办的近300张银行卡，其中80个银行卡账户共计转入人民币104635.22731万元（约16056.885971万美元），转出104578.855561万元（约

① 案件来源：刘某非法经营案【湖南省常德市中级人民法院（2018）湘07刑终326号】。

16048.235398 万美元）。

一审法院认为，刘某犯妨害信用卡管理罪，判处有期徒刑四年，并处罚金人民币十五万元；犯非法经营罪，判处有期徒刑五年，并处没收财产人民币五万元。合并决定执行有期徒刑七年，并处罚金人民币十五万元。宣判后，刘某不服，提起上诉。

二审法院认为：

经查，证人马某一、黄某平的证言及刘某的供述证实刘某在 2012 年认识黄某并用自己的银行账户为黄某转账时已知其从事非法买卖外汇生意，仍为其提供帮助，刘某具有非法经营的主观故意；刘某的银行账户交易记录、手机短信记录、台式电脑勘验报告，证人侯某云、王某林、马某花等人证言，金某房地产中介有限公司员工练某梅、张某龄等人的证言证实金某房地产中介有限公司负责人系刘某，收寄银行卡及测试、建立台账、转账均系刘某独自操作，给他人的办卡费用亦由刘某支付，并系提取人民币现金安排马某一交给黄某的人，为黄某顺利完成非法买卖外汇交易逃避监管大量提供他人银行卡，并使用其掌控的郝某华、马某香等人的银行卡为黄某从事非法买卖外汇交易积极提供帮助，刘某实施了非法经营的客观行为，其行为已符合非法经营罪的构成要件，应以非法经营罪定罪处罚……

裁判结果

一、维持湖南省常德市武陵区人民法院（2017）湘 0702 刑初 547 号刑事判决第一项对被告人刘某犯非法经营罪的定罪、量刑部分……

二、撤销湖南省常德市武陵区人民法院（2017）湘 0702 刑初 547 号刑事判决第一项中对刘某犯妨害信用卡管理罪的定罪、量刑部分。

三、上诉人（原审被告人）刘某犯非法经营罪，判处有期徒刑五年，并处没收财产人民币五万元。

183 非法从事资金支付结算业务或者非法买卖外汇违法所得数额难以确定的，按非法经营数额的千分之一认定违法犯罪数额，并处或单处相应罚金

裁判要点

行为人非法从事资金支付结算业务或者非法买卖外汇违法所得数额难以确定的，按非法经营数额的千分之一认定违法犯罪数额，依法并处或单处违法所得 1 倍以上 5 倍以下罚金。

裁判思路

基本案情[①]：

2020 年 5 月 26 日，某电气公司被诈骗 73 万元，该笔资金经多番流转至高某洲银行账户。2020 年 5 月，高某洲（另案处理）通过他人兑换美元，将人民币汇入他人指定的被告人刘某工某银行账户 3854400 元、揭某（另案处理）建某银行账户 7647850 元，再通过刘某、揭某银行账户转入被告人马某明持有的农某银行账户。马某明在自己名下的银行账户因兑换美元被公安机关冻结的情况下，又利用自己堂弟、母亲的银行账户继续从事非法兑换美元业务。

其中，马某明在国家规定的交易场所之外，将其持有的账户内资金共计 25710045 元人民币兑换美元后汇入境外指定账户，马某明个人违法所得 2.4 万元。刘某用其账户、揭某账户转账共计 17112582 元人民币给马某明持有的银行账户用于兑换美元。

一审法院认为，马某明犯非法经营罪，判处有期徒刑五年，并处罚金人民币五十万元；刘某犯非法经营罪，判处有期徒刑三年，并处罚金人民币三十五万元。宣判后，马某明、刘某不服，提起上诉。

二审法院认为：

上诉人（原审被告人）马某明、刘某违反国家规定，实施变相买卖外汇行为，扰乱金融市场秩序，其行为均已构成非法经营罪。其中，马某明系情节特别严重，刘某系情节严重……关于马某明、刘某及其辩护人所提原判罚金过高的上

---

① 案件来源：马某明、刘某非法经营案【河南省南阳市中级人民法院（2021）豫 13 刑终 145 号】。

诉理由和辩护意见，经查，本案马某明违法所得系2.4万元，依据《刑法》第二百二十五条的规定，情节特别严重的，处五年以上有期徒刑，并处违法所得一倍以上五倍以下罚金或者没收财产；刘某的违法所得无法确定，依据《最高人民法院、最高人民检察院关于办理非法从事资金支付结算业务、非法买卖外汇刑事案件适用法律若干问题的解释》第七条的规定，非法从事资金支付结算业务或者非法买卖外汇违法所得数额难以确定的，按非法经营数额的千分之一认定违法所得数额，依法并处或单处违法所得1倍以上5倍以下罚金。原判判处罚金无法律依据，故该上诉理由与辩护理由本院予以采纳。综上，原判认定事实清楚，证据确实、充分，定罪准确，审判程序合法，但适用法律错误，导致罚金不当，本院依法予以纠正。

裁判结果

一、维持河南省南阳市宛城区人民法院（2020）豫1302刑初904号刑事判决第三项。

二、撤销河南省南阳市宛城区人民法院（2020）豫1302刑初904号刑事判决第一项、第二项。

三、上诉人（原审被告人）马某明犯非法经营罪，判处有期徒刑五年，并处罚金人民币十二万元。

四、上诉人（原审被告人）刘某犯非法经营罪，判处有期徒刑三年，并处罚金人民币八万元。

184 提供真实的交易平台和账户，并通过借款协议出借资金，由客户自主完成期货交易，仅收取配资利息及手续费的，不构成非法经营罪

裁判要点

行为人提供真实的交易平台和账户，并通过借款协议出借资金给客户进行期货交易，由客户自主完成期货交易，按照借款协议收取利息、股指期货交易手续费等进行牟利的，不构成非法经营罪。

裁判思路

基本案情[①]**：**

2014年11月21日，被告人周某设立沃某资产管理有限公司。2014年12月至2015年5月，沃某资产管理有限公司及法人周某在未取得期货经营许可，也未取得其他期货公司授权经营的情况下，利用主账户以及交易软件，开立出杨某、伍某的期货交易个人账户，从“某期货有限公司”开立出的陈某、张某、贾某波的期货交易个人账户提供给客户在“众某金融资产管理平台”进行股指期货交易（买涨买跌），同时周某为客户使用的个人账户提供配资（配备期货交易所需资金），为客户的个人账户进行风险控制（设置强制平某线），提供技术支持等，并收取配资月利息1.2%至1.5%、股指期货交易手续费等进行牟利。

一审法院认为，周某利用“众某金融资产管理平台”开立“分账户”供客户使用，从而实现掌控自己出借资金的风险，当客户资金亏到“设定值”时，周某按照“借款协议”进行“平仓”（停止客户进行期货交易），其行为实质上是“配资”行为，即出借资金给客户进行期货交易行为，且期货交易都是客户自主完成，是在未脱离“主账户”的合法交易，周某的行为不构成犯罪。后检察院提起抗诉。

争议焦点：行为人提供真实的交易平台和账户，并通过借款协议出借资金给客户进行期货交易，由客户自主完成期货交易，按照借款协议收取利息、股指期货交易手续费等进行牟利，是否构成非法经营罪？

抗诉意见：

检察院抗诉认为：被告人周某虚构从事配资业务资质，向社会不特定的人提供由自己掌控的非法“期货配资”业务。被告人周某从事“期货配资”为了赚取客户的利率，直接使用主账户扣除客户从事期货交易的“每手交易”手续费牟利，而且在提供“配资业务”中收取被害人较高额的利息。致使客户会被迫进行交易，提高了交易操作风险，被告人周某则可以“稳赚不赔”。一审判决认定事实、适用法律错误从而导致对被告人周某量刑不当。故依法提起抗诉，请二审依法判处。

法院认为：

经查，《刑法》第二百二十五条规定的“非法经营期货”是指有关公司或个人

---

① 案件来源：周某非法经营二审案【湖北省咸宁市中级人民法院（2019）鄂12刑终289号】。

未经国务院期货监督管理机构批准，擅自设立或者变相设立期货交易场所、期货公司及其他期货经营机构，或者擅自从事期货业务，或者组织变相期货交易的活动。

本案中，原审被告人周某利用其他公司合法开立的期货交易主账户，通过“众某金融资产管理平台”交易软件开立“分账户”供客户使用，并出借资金给客户进行期货交易，其间的期货交易行为均由客户自主完成。周某为了实现掌控自己出借资金的风险，当客户资金亏到“设定值”时，周某按照“借款协议”进行“平仓”（指停止客户进行期货交易）。综上，周某提供真实的交易平台和账户，由客户自主操作完成期货交易行为，按照借款协议收取利息、股指期货交易手续费等进行牟利。其行为不符合《刑法》规定的“非法经营期货”，不构成非法经营罪。原审判决根据公诉机关庭审举证的证据对此事实进行认定，并根据“罪行法定原则”和“主客观相统一原则”，对原审被告人周某宣告无罪并无不当。故对此抗诉意见本院不予支持。

本院认为，原审被告人周某将其他公司设立的期货交易账户提供给李某、宋某等人进行股指期货交易，并通过借款协议向李某、宋某等人提供配备期货交易所需资金，收取配资利息及股指期货交易手续费等进行牟利。其行为不符合《刑法》第二百二十五条规定的“非法经营期货”，原审法院根据“罪行法定原则”和“主客观相统一原则”，对原审被告人周某宣告无罪正确，检察机关的抗诉意见不能成立。

裁判结果

驳回抗诉，维持原判。

三、实务建议

非法经营罪作为行政犯，在很多经营者看来，“其从事的业务顶多也就是行政违法，大不了监管部门罚款即可，凡是钱能解决的事都不是事”。正是基于这种错误的认识，对企业经营者而言，作为“口袋罪”的非法经营罪的刑事风险可谓防不胜防。为防止行为人触犯非法经营罪，我们在对重点案例梳理的基础上，结合实际办案经验，提出以下建议。

（一）充分认识场外配资行为的违法性

在很多人看来，场外配资无非就是“借钱炒股”，是一种民间借贷行为，与违法犯罪不沾边。然而，场外配资行为不等同于常见的借贷行为，已经受到非法经营罪的规制。

场外配资是指未取得经营证券业务资质的配资平台，以营利为目的，利用计算机软件系统的二级分仓功能等方式将资金超出借给资方进行证券交易，通过收取保证金、享有平仓权等方式保证配资不受损，并赚取利息、费用或收益分成的行为。如本文在实务解析部分提及，场外配资包含系统分仓模式、出借账户模式、客户账户模式，该三种模式都涉及证券融资融券业务，即向客户出借资金供其进行证券交易，并通过收取担保物等方式保证融资不受损失。

于2019年修订、2020年3月1日生效实施的《证券法》第一百二十条明确规定，证券融资融券业务属于证券公司特许经营业务。自此，场外配资行为被列入非法经营罪规制范围之列。2021年，中共中央办公厅、国务院办公厅印发的《关于依法从严打击证券违法活动的意见》中指出："加强场外配资监测，依法坚决打击规模化、体系化场外配资活动。"结合《刑事案件立案追诉标准（二）》，非法经营证券业务数额在100万元以上，或者违法所得数额在10万元以上的，即构成非法经营罪。

（二）充分了解期货交易的认定标准

在非法经营期货业务的相关案例中，部分展业公司利用现货之名，从事期货之实。从司法实践来看，在涉嫌非法经营期货类案件的法庭审理过程中，被告人或被告单位从事的究竟是现货交易还是期货交易往往成为争议焦点，因此了解期货交易的认定标准，对于有效界定现货交易与期货交易尤为关键。考察是否属于期货交易应当结合形式要件与实质要件的判断标准，如果同时具备，那么将被认定为属于期货交易。

关于形式要件，根据《国务院关于清理整顿各类交易场所切实防范金融风险的决定》《国务院办公厅关于清理整顿各类交易场所的实施意见》，如果具有集中竞价、标准化合约、保证金交易、每日无负债结算、对冲交割等内容，即具备期货交易的形式要件。

关于实质要件，可以从交易目的、交易功能、交易主体进行综合判断。首先，不同于现货交易以转让标的物所有权为核心，期货交易的目的在于转移价格风险，获取投资利润，一般无须实物交割。其次，现货交易主要承担商品流通功能，通常发生于特定的买卖主体之间，流通性较差，而期货交易具有价格发现、投资套利主要功能，流通性较强。最后，在现货交易中，交易平台仅提供基础信息，不提供担保，而在期货交易中，交易所为期货交易提供履约担保。

（三）未经许可不得从事支付结算业务

根据《最高人民检察院关于办理涉互联网金融犯罪案件有关问题座谈会纪要》，支付结算业务（也称支付业务）是商业银行或者支付机构在收付款人之间提供的货币资金转移服务。在我国，资金支付结算业务是金融特许专营业务，无论是以金融机构为主的传统支付结算业务，还是以非金融机构为主的新型网络支付结算业务，都必须经过金融主管部门的批准。其中，非银行机构从事支付结算业务，应当经中国人民银行批准取得《支付业务许可证》，成为支付机构。未取得支付业务许可而从事支付结算业务的行为，情节严重的，构成非法经营罪。

近年来，随着互联网金融的不断发展，网络支付结算已成为主流。由于我国对第三方支付平台监管严格，部分第四方支付机构非法对外提供支付结算业务。“第四方支付”又称“聚合支付”，是指通过聚合第三方支付平台、合作银行、合作电信运营商及其他服务商接口等多种支付工具进行的综合支付服务。根据中国人民银行支付结算司发布的《关于开展违规“聚合支付”服务清理整治工作的通知》，聚合技术服务商严格定位于收单外包机构，不得从事资金结算等业务，不得以任何形式经手特约商户结算资金，从事或变相从事特约商户资金结算。司法实践中，如果第四方支付平台在未获得支付业务许可的情况下，不仅要提供接入支付接口服务，还要在平台所控制的账户内形成“资金池”，经过平台转移客户所充资金，将涉嫌非法经营罪。

（四）转变“信用卡非法套现未牟取非法利润就不构成犯罪”的错误观念

实践中，部分行为人认为其虽然实施了非法套现的行为，但没有牟取非法利润，没有扰乱市场秩序，就不构成犯罪，实则是对非法经营罪的误读。我国《刑法》之所以将信用卡非法套现行为列入非法经营罪的客观行为之中，是因为信用卡非法套现行为侵害了持卡人、银行的资金安全，破坏了信用卡的发行与管理秩序，将银行原本鼓励的消费行为变为取现、借贷行为，绕开了银行针对取现、借贷行为设定的高额费用、透支利息和额度限制，使得银行的资金无息无手续费流出，对银行资金安全、金融稳定埋下巨大隐患。

因此，行为人是否牟取了非法利润不影响非法经营罪的成立，其实施的非法套现行为在事实上已经牟取了银行给予的潜在经济利益，即变相将信用卡的授信额度转化为现金，从而将金融机构资金置于高风险之中，扰乱了国家金融管理秩序，构成非法经营罪。

（五）远离非法外汇买卖

我国对外汇经营业务实行专营制度，银行和其他金融机构只有在经过国家的特别许可以后才能从事此种业务，未经许可不能经营外汇买卖，在外汇指定银行和中国外汇交易中心及其分中心以外买卖外汇，即破坏了国家的外汇专营制度，涉嫌非法经营罪。

值得重视的是，有些人认为非法经营罪仅惩治卖外汇的行为，购买外汇可“高枕无忧”。然而，司法实践判例表明，非法经营罪对“卖外汇”和“买外汇”的行为进行双向打击，如果行为人以卖为目的购买外汇，即使尚未卖出，买外汇的行为实际上是倒买倒卖外汇行为的组成部分，应当认定为非法买卖外汇行为。

另外，除了“卖方”和“买方”涉嫌本罪以外，为“卖方”或“买方”提供帮助的行为人有可能被认定为共犯。例如，如果明知他人从事非法买卖外汇活动，仍为他人提供大量银行卡，并使用银行卡帮助他人接收、转账外汇款，构成非法经营罪。

（六）打破“投资设立的公司涉嫌非法经营属于单位犯罪”的错误认识

自然人与单位都可以构成非法经营罪，因此实践中关于犯罪行为究竟定性为个人犯罪还是单位犯罪是较为常见的争议点。通常而言，区分单位犯罪还是个人犯罪可以从以下三方面进行判断：是否体现单位的意志，由单位决策机构集体决定；是否以单位的名义实施；利益是否最终归属于单位。如果同时符合，通常情况下可能被认定为单位犯罪。

但是，需要注意的是，《最高人民法院关于审理单位犯罪案件具体应用法律有关问题的解释》明确规定以下三种情形不以单位犯罪论处，而应当以自然人犯罪论处：（1）个人为进行违法犯罪活动而设立的公司、企业、事业单位实施犯罪的；（2）公司、企业、事业单位设立后，以实施犯罪为主要活动的；（3）盗用单位名义实施犯罪，违法所得由实施犯罪的个人私分的。因此，对于想要通过投资设立公司来实施非法经营犯罪行为的股东而言，公司并不能成为其逃避法律责任的避风港。

四、法律规范

（一）法律

1.《中华人民共和国刑法》（2020年修正）

第二百二十五条　违反国家规定，有下列非法经营行为之一，扰乱市场秩序，情节严重的，处五年以下有期徒刑或者拘役，并处或者单处违法所得一倍以上五倍以下罚金；情节特别严重的，处五年以上有期徒刑，并处违法所得一倍以上五倍以下罚金或者没收财产：

（一）未经许可经营法律、行政法规规定的专营、专卖物品或者其他限制买卖的物品的；

（二）买卖进出口许可证、进出口原产地证明以及其他法律、行政法规规定的经营许可证或者批准文件的；

（三）未经国家有关主管部门批准非法经营证券、期货、保险业务的，或者非法从事资金支付结算业务的；

（四）其他严重扰乱市场秩序的非法经营行为。

2.《全国人民代表大会常务委员会关于惩治骗购外汇、逃汇和非法买卖外汇犯罪的决定》（1998年12月29日施行）

四、在国家规定的交易场所以外非法买卖外汇，扰乱市场秩序，情节严重的，依照刑法第二百二十五条的规定定罪处罚。

单位犯前款罪的，依照刑法第二百三十一条的规定处罚。

（二）司法解释

1.《最高人民法院关于审理非法集资刑事案件具体应用法律若干问题的解释》（2022年3月1日施行　法释〔2022〕5号）

第十一条　违反国家规定，未经依法核准擅自发行基金份额募集基金，情节严重的，依照刑法第二百二十五条的规定，以非法经营罪定罪处罚。

2.《最高人民法院、最高人民检察院关于办理非法从事资金支付结算业务、非法买卖外汇刑事案件适用法律若干问题的解释》（2019 年 2 月 1 日施行　法释〔2019〕1 号）

第一条　违反国家规定，具有下列情形之一的，属于刑法第二百二十五条第三项规定的“非法从事资金支付结算业务”：

（一）使用受理终端或者网络支付接口等方法，以虚构交易、虚开价格、交易退款等非法方式向指定付款方支付货币资金的；

（二）非法为他人提供单位银行结算账户套现或者单位银行结算账户转个人账户服务的；

（三）非法为他人提供支票套现服务的；

（四）其他非法从事资金支付结算业务的情形。

第二条　违反国家规定，实施倒买倒卖外汇或者变相买卖外汇等非法买卖外汇行为，扰乱金融市场秩序，情节严重的，依照刑法第二百二十五条第四项的规定，以非法经营罪定罪处罚。

第三条　非法从事资金支付结算业务或者非法买卖外汇，具有下列情形之一的，应当认定为非法经营行为“情节严重”：

（一）非法经营数额在五百万元以上的；

（二）违法所得数额在十万元以上的。

非法经营数额在二百五十万元以上，或者违法所得数额在五万元以上，且具有下列情形之一的，可以认定为非法经营行为“情节严重”：

（一）曾因非法从事资金支付结算业务或者非法买卖外汇犯罪行为受过刑事追究的；

（二）二年内因非法从事资金支付结算业务或者非法买卖外汇违法行为受过行政处罚的；

（三）拒不交代涉案资金去向或者拒不配合追缴工作，致使赃款无法追缴的；

（四）造成其他严重后果的。

第四条　非法从事资金支付结算业务或者非法买卖外汇，具有下列情形之一的，应当认定为非法经营行为“情节特别严重”：

（一）非法经营数额在二千五百万元以上的；

（二）违法所得数额在五十万元以上的。

非法经营数额在一千二百五十万元以上，或者违法所得数额在二十五万元以上，且具有本解释第三条第二款规定的四种情形之一的，可以认定为非法经营行为“情节特别严重”。

第五条 非法从事资金支付结算业务或者非法买卖外汇，构成非法经营罪，同时又构成刑法第一百二十条之一规定的帮助恐怖活动罪或者第一百九十一条规定的洗钱罪的，依照处罚较重的规定定罪处罚。

第六条 二次以上非法从事资金支付结算业务或者非法买卖外汇，依法应予行政处理或者刑事处理而未经处理的，非法经营数额或者违法所得数额累计计算。

同一案件中，非法经营数额、违法所得数额分别构成情节严重、情节特别严重的，按照处罚较重的数额定罪处罚。

第七条 非法从事资金支付结算业务或者非法买卖外汇违法所得数额难以确定的，按非法经营数额的千分之一认定违法所得数额，依法并处或者单处违法所得一倍以上五倍以下罚金。

第八条 符合本解释第三条规定的标准，行为人如实供述犯罪事实，认罪悔罪，并积极配合调查，退缴违法所得的，可以从轻处罚；其中犯罪情节轻微的，可以依法不起诉或者免予刑事处罚。

符合刑事诉讼法规定的认罪认罚从宽适用范围和条件的，依照刑事诉讼法的规定处理。

第九条 单位实施本解释第一条、第二条规定的非法从事资金支付结算业务、非法买卖外汇行为，依照本解释规定的定罪量刑标准，对单位判处罚金，并对其直接负责的主管人员和其他直接责任人员定罪处罚。

第十条 非法从事资金支付结算业务、非法买卖外汇刑事案件中的犯罪地，包括犯罪嫌疑人、被告人用于犯罪活动的账户开立地、资金接收地、资金过渡账户开立地、资金账户操作地，以及资金交易对手资金交付和汇出地等。

第十一条 涉及外汇的犯罪数额，按照案发当日中国外汇交易中心或者中国人民银行授权机构公布的人民币对该货币的中间价折合成人民币计算。中国外汇交易中心或者中国人民银行授权机构未公布汇率中间价的境外货币，按照案发当日境内银行人民币对该货币的中间价折算成人民币，或者该货币在境内银行、国际外汇市场对美元汇率，与人民币对美元汇率中间价进行套算。

3.《最高人民法院、最高人民检察院关于办理妨害信用卡管理刑事案件具体应用法律若干问题的解释》（2018 年 12 月 1 日施行　法释〔2018〕19 号）

第十二条　违反国家规定，使用销售点终端机具（POS 机）等方法，以虚构交易、虚开价格、现金退货等方式向信用卡持卡人直接支付现金，情节严重的，应当依据刑法第二百二十五条的规定，以非法经营罪定罪处罚。

实施前款行为，数额在一百万元以上的，或者造成金融机构资金二十万元以上逾期未还的，或者造成金融机构经济损失十万元以上的，应当认定为刑法第二百二十五条规定的“情节严重”；数额在五百万元以上的，或者造成金融机构资金一百万元以上逾期未还的，或者造成金融机构经济损失五十万元以上的，应当认定为刑法第二百二十五条规定的“情节特别严重”。

持卡人以非法占有为目的，采用上述方式恶意透支，应当追究刑事责任的，依照刑法第一百九十六条的规定，以信用卡诈骗罪定罪处罚。

第十三条　单位实施本解释规定的行为，适用本解释规定的相应自然人犯罪的定罪量刑标准。

4.《最高人民法院关于审理骗购外汇、非法买卖外汇刑事案件具体应用法律若干问题的解释》（1998 年 9 月 1 日施行　法释〔1998〕20 号）

第三条　在外汇指定银行和中国外汇交易中心及其分中心以外买卖外汇，扰乱金融市场秩序，具有下列情形之一的，按照刑法第二百二十五条第（三）项的规定定罪处罚：

（一）非法买卖外汇二十万美元以上的；

（二）违法所得五万元人民币以上的。

第四条　公司、企业或者其他单位，违反有关外贸代理业务的规定，采用非法手段，或者明知是伪造、变造的凭证、商业单据，为他人向外汇指定银行骗购外汇，数额在五百万美元以上或者违法所得五十万元人民币以上的，按照刑法第二百二十五条第（三）项的规定定罪处罚。

居间介绍骗购外汇一百万美元以上或者违法所得十万元人民币以上的，按照刑法第二百二十五条第（三）项的规定定罪处罚。

（三）立案标准

《最高人民检察院、公安部关于公安机关管辖的刑事案件立案追诉标准的规定（二）》（2022年5月15日施行　公通字〔2022〕12号）

第七十一条　违反国家规定，进行非法经营活动，扰乱市场秩序，涉嫌下列情形之一的，应予立案追诉：

……

（二）未经国家有关主管部门批准，非法经营证券、期货、保险业务，或者非法从事资金支付结算业务，具有下列情形之一的：

1. 非法经营证券、期货、保险业务，数额在一百万元以上，或者违法所得数额在十万元以上的；

2. 非法从事资金支付结算业务，数额在五百万元以上，或者违法所得数额在十万元以上的；

3. 非法从事资金支付结算业务，数额在二百五十万元以上不满五百万元，或者违法所得数额在五万元以上不满十万元，且具有下列情形之一的：

（1）因非法从事资金支付结算业务犯罪行为受过刑事追究的；

（2）二年内因非法从事资金支付结算业务违法行为受过行政处罚的；

（3）拒不交代涉案资金去向或者拒不配合追缴工作，致使赃款无法追缴的；

（4）造成其他严重后果的。

4. 使用销售点终端机具（POS机）等方法，以虚构交易、虚开价格、现金退货等方式向信用卡持卡人直接支付现金，数额在一百万元以上的，或者造成金融机构资金二十万元以上逾期未还的，或者造成金融机构经济损失十万元以上的。

（三）实施倒买倒卖外汇或者变相买卖外汇等非法买卖外汇行为，扰乱金融市场秩序，具有下列情形之一的：

1. 非法经营数额在五百万元以上的，或者违法所得数额在十万元以上的；

2. 非法经营数额在二百五十万元以上，或者违法所得数额在五万元以上，且具有下列情形之一的：

（1）因非法买卖外汇犯罪行为受过刑事追究的；

（2）二年内因非法买卖外汇违法行为受过行政处罚的；

（3）拒不交代涉案资金去向或者拒不配合追缴工作，致使赃款无法追缴的；

（4）造成其他严重后果的。

3. 公司、企业或者其他单位违反有关外贸代理业务的规定，采用非法手段，或者明知是伪造、变造的凭证、商业单据，为他人向外汇指定银行骗购外汇，数额在五百万美元以上或者违法所得数额在五十万元以上的；

4. 居间介绍骗购外汇，数额在一百万美元以上或者违法所得数额在十万元以上的。

……

（十二）从事其他非法经营活动，具有下列情形之一的：

1. 个人非法经营数额在五万元以上，或者违法所得数额在一万元以上的；

2. 单位非法经营数额在五十万元以上，或者违法所得数额在十万元以上的；

3. 虽未达到上述数额标准，但二年内因非法经营行为受过二次以上行政处罚，又从事同种非法经营行为的；

4. 其他情节严重的情形。

法律、司法解释对非法经营罪的立案追诉标准另有规定的，依照其规定。

（四）司法解释性质文件

1.《最高人民检察院关于办理涉互联网金融犯罪案件有关问题座谈会纪要》（2017年6月2日发布　高检诉〔2017〕14号）

……

（三）非法经营资金支付结算行为的认定

18. 支付结算业务（也称支付业务）是商业银行或者支付机构在收付款人之间提供的货币资金转移服务。非银行机构从事支付结算业务，应当经中国人民银行批准取得《支付业务许可证》，成为支付机构。未取得支付业务许可从事该业务的行为，违反《非法金融机构和非法金融业务活动取缔办法》第四条第一款第（三）、（四）项的规定，破坏了支付结算业务许可制度，危害支付市场秩序和安全，情节严重的，适用刑法第二百二十五条第（三）项，以非法经营罪追究刑事责任。具体情形：

（1）未取得支付业务许可经营基于客户支付账户的网络支付业务。无证网络支付机构为客户非法开立支付账户，客户先把资金支付到该支付账户，再由无证机构根据订单信息从支付账户平台将资金结算到收款人银行账户。

（2）未取得支付业务许可经营多用途预付卡业务。无证发卡机构非法发行可跨地区、跨行业、跨法人使用的多用途预付卡，聚集大量的预付卡销售资金，并根据客户订单信息向商户划转结算资金。

19. 在具体办案时，要深入剖析相关行为是否具备资金支付结算的实质特征，准确区分支付工具的正常商业流转与提供支付结算服务、区分单用途预付卡与多用途预付卡业务，充分考虑具体行为与“地下钱庄”等同类犯罪在社会危害方面的相当性以及刑事处罚的必要性，严格把握入罪和出罪标准。

2. 《最高人民法院、最高人民检察院、公安部、中国证券监督管理委员会关于整治非法证券活动有关问题的通知》（2008年1月2日发布　证监发〔2008〕1号）

……

（三）关于非法经营证券业务的责任追究。任何单位和个人经营证券业务，必须经证监会批准。未经批准的，属于非法经营证券业务，应予以取缔；涉嫌犯罪的，依照《刑法》第二百二十五条之规定，以非法经营罪追究刑事责任。对于中介机构非法代理买卖非上市公司股票，涉嫌犯罪的，应当依照《刑法》第二百二十五条之规定，以非法经营罪追究刑事责任；所代理的非上市公司涉嫌擅自发行股票，构成犯罪的，应当依照《刑法》第一百七十九条之规定，以擅自发行股票罪追究刑事责任。非上市公司和中介机构共谋擅自发行股票，构成犯罪的，以擅自发行股票罪的共犯论处。未构成犯罪的，依照《证券法》和有关法律的规定给予行政处罚。

3. 《最高人民法院、最高人民检察院、公安部关于印发〈办理骗汇、逃汇犯罪案件联席会议纪要〉的通知》（1999年6月7日施行　公通字〔1999〕39号）

……

二、全国人大常委会《关于惩治骗购外汇、逃汇和非法买卖外汇犯罪的决定》（以下简称《决定》）公布施行后发生的犯罪行为，应当依照《决定》办理；对于《决定》公布施行前发生的公布后尚未处理或者正在处理的行为，依照修订后的刑法第十二条第一款规定的原则办理。

最高人民法院1998年8月28日发布的《关于审理骗购外汇、非法买卖外汇刑事案件具体应用法律若干问题的解释》（以下简称《解释》），是对具体应用修订后的刑法有关问题的司法解释，适用于依照修订后的刑法判处的案件。各执法部门对于《解释》应当准确理解，严格执行。

《解释》第四条规定：“公司、企业或者其他单位，违反有关外贸代理业务的规定，采用非法手段、或者明知是伪造、变造的凭证、商业单据，为他人向外汇指定银行骗购外汇，数额在五百万美元以上或者违法所得五十万元人民币以上的，按照刑法第二百二十五条第（三）项的规定定罪处罚；居间介绍骗购外汇一百万美元以上或者违法所得十万元人民币以上的，按照刑法第二百二十五条第（三）项的规定定罪处罚。”上述所称“采用非法手段”，是指有国家批准的进出口经营权的外贸代理企业在经营代理进口业务时，不按国家经济主管部门有关规定履行职责，放任被代理方自带客户、自带货源、自带汇票、自行报关，在不见进口产品、不见供货货主、不见外商的情况下代理进口业务，或者采取法律、行政法规和部门规章禁止的其他手段代理进口业务。

认定《解释》第四条所称的“明知”，要结合案件的具体情节予以综合考虑，不能仅仅因为行为人不供述就不予认定。报关行为先于签订外贸代理协议的，或者委托方提供的购汇凭证明显与真实凭证、商业单据不符的，应当认定为明知。

《解释》第四条所称“居间介绍骗购外汇”，是指收取他人人民币、以虚假购汇凭证委托外贸公司、企业骗购外汇，获取非法收益的行为。

三、公安机关侦查骗汇、逃汇犯罪案件中涉及人民检察院管辖的贪污贿赂、渎职犯罪案件的，应当将贪污贿赂、渎职犯罪案件材料移送有管辖权的人民检察院审查。对管辖交叉的案件，可以分别立案，共同工作。如果涉嫌主罪属于公安机关管辖，由公安机关为主侦查，人民检察院予以配合；如果涉嫌主罪属于人民检察院管辖，由人民检察院为主侦查，公安机关予以配合。双方意见有较大分歧的，要协商解决，并及时向当地党委、政法委和上级主管机关请示。

四、公安机关侦查骗汇、逃汇犯罪案件，要及时全面收集和固定犯罪证据，抓紧缉捕犯罪分子。人民检察院和人民法院对正在办理的骗汇、逃汇犯罪案件，只要基本犯罪事实清楚，基本证据确实充分，应当及时依法起诉、审判。主犯在逃或者骗购外汇所需人民币资金的来源无法彻底查清，但证明在案的其他犯罪嫌疑人实施犯罪的基本证据确实充分的，为在法定时限内结案，可以对在案的其他犯罪嫌疑人先行处理。对于已收集到外汇指定银行汇出凭证和境外收汇银行收款凭证等证据，能够证明所骗购外汇确已汇至港澳台地区或国外的，应视为骗购外汇既遂。

五、坚持“惩办与宽大相结合”的政策。对骗购外汇共同犯罪的主犯，或者参与伪造、变造购汇凭证的骗汇人员，以及与骗购外汇的犯罪分子相勾结的国家工作人员，要从严惩处。对具有自首、立功或者其他法定从轻、减轻情节的，依法从轻、减轻处理。

（五）行政法规和部门规章

《国务院办公厅关于严厉打击以证券期货投资为名进行违法犯罪活动的通知》（2001 年 8 月 31 日施行　国办发〔2001〕64 号）

……

三、正确适用法律，把握政策界限

（一）对超出核准的经营范围，非法从事或变相非法从事证券期货交易活动，非法经营境外期货、外汇期货业务的，以涉嫌非法经营罪立案查处。

第三章　假币类犯罪

第一节　伪造货币罪

我国《刑法》第一百七十条规定了伪造货币罪。伪造货币罪是指行为人仿照人民币或者外币的图案、色彩、形状等，使用印刷、复印、描绘、拓印等各种方法，将非货币的物质非法制造为假货币，冒充真货币的行为。伪造的货币应当具备一定的逼真度，足以使一般人误以为是真币，从而危害金融秩序。伪造的货币应当是可在境内外流通的人民币或其他外国货币。伪造货币，总面额在 2000 元以上或者币量在 200 张以上即应立案追诉。行为人在主观上应具有使用或使假币进入流通领域的意图。伪造货币罪存在未遂形态。

为更好掌握司法实务中对伪造货币罪定罪量刑等方面的关注重点，我们对重点案例进行详细解析，通过研究司法机关的裁判思路，提炼了司法实务裁判要点。同时，我们梳理了与伪造货币罪相关的法律、司法解释、立案标准及政策法规等规定。

一、实务解析

（一）伪造的货币应当具备真币的基本特征，足以使一般人相信为真币

伪造货币是指仿照真货币的图案、形状、色彩等特征非法制造假币。首先，伪造的货币应当是可在境内外流通的人民币或其他外国货币，伪造已停止流通的货币并使用的，涉嫌诈骗罪。其次，伪造的货币应当具有货币的基本特征，如果行为人仅是凭空想象创造出一种原创假币，不可能对货币信用产生损害，也不会构成伪造货币罪。最后，本罪并未对假币的外观特征作出规定，有些货币可能制

作手法粗糙，但该行为仍可构成伪造货币罪。

（二）伪造货币罪必须出于主观故意，但无须具备特定主观目的

伪造货币罪的主观方面为故意并无争议。但理论与实务界对成立本罪是否需特定主观目的存在争论。第一种观点认为，本罪不是目的犯，成立本罪不需要考察被告人有何目的；第二种观点认为，成立本罪需要以非法营利为目的；第三种观点认为，成立本罪应当以使伪造货币进入流通领域为目的。

实践中，司法机关多采纳第一种观点，因为我国现行法律对伪造货币罪的主观目的并无明文规定，且采用后两种观点易使违法者逃脱制裁。

（三）伪造货币罪具有未遂形态

理论上，行为犯只要实施了《刑法》规定的某种行为，就构成犯罪的既遂。伪造货币罪是一种特殊的行为犯，只要实施了伪造行为，不论是否完成全部印制工序，即构成伪造货币罪。同时，伪造货币罪与伪造结果也有关，如果印制过程尚未完成，假币尚无法进入流通领域，实践中一般以犯伪造货币罪未遂认定。

伪造货币罪未遂与既遂的区分是实务中争议较大的问题。在伪造过程中，普通原料需要经过许多步骤才能变为可以欺骗一般人的假币，以哪一步作为区分未遂与既遂的标准，法律尚无具体规定。实践中，司法机关多以假币是否具有真币的基本要素作为区分未遂与既遂的标准。例如，只印了单面的假币、尚未裁剪的整版假币显然不具备真币的基本要素，构成犯罪未遂；而在图案、形状、色彩上已和真币一致，即便未完成全部工序，也可认定犯罪既遂。

（四）伪造货币罪的共同犯罪

货币的制造是一个非常复杂的工作。实践中，已经出现了多个被告人分散于各个地点、各自负责一道工序的生产模式。从生产的顺序来看，假币的制造往往会涉及防伪纸张的供应、纸币模具的雕刻、防伪夹层的制作以及胶版印刷等步骤；从分工主次来看，假币的制造会分为假币制造、原料供应、运输销售和后勤保障等不同工作。有些行为人虽未直接参与假币的生产制造，但客观上仍为假币的生产提供了帮助，属于假币生产环节的一部分，仍会被司法机关认定为伪造货币罪的共犯。

（五）伪造货币罪与其他货币犯罪的认定

关于伪造货币后又持有、使用假币行为的认定。司法实践中，行为人伪造货币后往往又有持有和使用假币的行为，对于这种情况，伪造货币后又自行持有的，应属于“不可罚的事后行为”，仍按照伪造货币罪处理。伪造后又使用的行为不是伪造行为的必然后续行为，具有独立性，应当对其进行单独评价，数罪并罚。

关于伪造货币后又出售、运输假币行为的认定。《刑法》第一百七十一条第三款规定：“伪造货币并出售或者运输伪造的货币的，依照本法第一百七十条的规定定罪从重处罚。”本条规定的是行为人实施伪造货币行为之后又有出售、运输行为的处理原则，如果行为人将伪造出来的假币又予以出售或者运输的，按伪造货币罪从重处罚。

关于伪造货币后又走私假币行为的定性。如果行为人伪造货币之后又走私的，走私的假币是行为人自己所伪造的，与前述伪造后又出售或运输的行为一样，形成牵连关系，按照从一重处的原则处罚。但是，如果行为人走私的假币并非自己所伪造而是他人伪造的，则不形成牵连关系，走私假币的行为独立成罪。

关于伪造货币罪与变造货币罪的区分。两罪的行为方式不同：伪造货币罪中的“伪造”是指将非货币的一些材料经过加工，成为具有真货币外观形态的假货币，是一个从无到有的过程；而变造货币罪中的“变造”则是指在真货币的基础上，通过剪贴、挖补、揭层、涂改等手段加工处理，使原有货币改变形态，从而使面额增加或货币张数增多的行为，是一个从少变多的过程。前者与真货币不发生直接的关系，而后者是在真货币的基础上进行的。危害性的程度不同。变造货币是以真货币的存在为基础，在一般情况下，行为人不可能大量变造，相对来说，变造货币的危害性要比伪造货币的危害性小，表现在变造货币罪的认定上，刑法要求数额较大的，才构成犯罪。

二、裁判要点

185 对假币进行二次加工，涉嫌伪造货币罪

裁判要点

行为人采用做旧、做水印、增加凹凸感等方法对假币进行二次加工，使其达到可使用程度，该行为系伪造货币的犯罪行为，而非持有行为。

裁判思路

基本案情①**：**

2017年5月下旬，被告人樊某彬认识马某某后，二人共同学习假币制作。之后，樊某彬伙同马某某等人购买好制作假币的材料及物品，于10月至11月11日在某租住屋内制作假人民币。12月1日，樊某彬被民警抓获，民警在其住所查获制作假币用的工具及100元、50元、20元、10元面额纸币共计7439张，总面额166180元。

除自己制作假币外，樊某彬还将购得的假币进行二次加工，利用购买的材料、工具对假币进行做旧、做水印、增加凹凸感等二次加工以达到可使用程度，其中伙同郑某军对500张20元面值的假人民币进行了二次加工，总面额10000元；伙同赵某淋及巩某豪对400张20元面值的假人民币进行了二次加工，总面额8000元。待假人民币达到可使用的程度后，在四川、宁夏、甘肃、陕西等各地购买小商品换取真钱。

案发后，民警在段某丙车内及段某、郑某军、赵某淋、巩某豪身上查获100元、50元、20元、10元面额纸币共计1657张，总面额34160元。

一审法院认为，樊某彬等人构成伪造货币罪，分别判处十一年六个月至二年（宣告缓刑，缓刑考验期为五年）有期徒刑，并处人民币十万元至五万元不等罚金。宣判后，樊某彬、段某不服，提出上诉，延安市中级人民法院经审理裁定发回一审法院重新审理。

---

① 案件来源：段某等伪造货币案【陕西省延安市中级人民法院（2020）陕06刑终184号】。

后樊某彬、段某、郑某军对一审法院重新审理的结果不服，再次提起上诉。

争议焦点：行为人购买假币后对假币进行二次加工的行为属于持有行为还是伪造行为?

辩护意见：

段某上诉称：他是在明知被告人樊某彬等人伪造货币的情况下购买假币，通过剪裁、浸泡等非法做旧的方法进行消费，骗取现金，应为持有、使用假币罪……

二审法院认为：

上诉人樊某彬伙同他人非法制造假币，冒充真货币，数额特别巨大，其行为构成伪造货币罪；上诉人段某、郑某军伙同原审被告人赵某淋、巩某豪向他人购买假币后，采用做旧、做水印、增加凹凸感等方法对假币进行二次加工，使其达到可使用程度，其中，段某伪造货币数额特别巨大，郑某军、赵某淋、巩某豪伪造货币数额巨大，四人行为均构成伪造货币罪。樊某彬及其辩护人提出樊某彬是银川马某某等人伪造货币案的从犯，案发前与马某某等人一直一起以制造、贩卖假币获利，与段某等人只是售卖与购买的关系的上诉理由和辩护意见。经查，樊某彬伙同马某某（另案处理）学习伪造货币技术，积极购买实材，联系客源，寄送快递，在共同犯罪中起主要作用，此节上诉理由和辩护意见不能成立；段某、郑某军上诉提出，他们与肖某乙等人持有、使用假币案的情节基本一致，他们应为持有、使用假币罪的理由。经查，段某、郑某军伙同赵某淋、巩某豪为使所购的假币达到真币的相似程度，采用做旧、做水印、增加凹凸感等方法对假币进行二次加工，该行为系伪造货币的犯罪行为，故该理由不能成立……

裁判结果

驳回上诉，维持原判。

186 伪造他国现行流通的货币，涉嫌伪造货币罪

裁判要点

伪造货币的犯罪对象并不仅限于人民币，伪造他国现行流通的货币，仍可构

成伪造货币罪。

裁判思路

基本案情[①]**：**

2012年3月，被告人申某善、排某波、糯某、袁某华共谋伪造缅甸货币牟利。后申某善安排被告人于某吉通过网络寻找伪造缅币的印刷设备和技术人员。同时，申某善、于某吉到山东、成都等地购买了伪造缅币所需的印刷设备和纸张。

2012年底至2013年2月，申某善等人用张某制作的面额10000盾和5000盾的缅币版样，在李某所租的食堂内印制假缅币两次。伪造出缅币后，李某等人将伪造的缅币运至盈江县某地伺机兑换、出售。

2013年2月24日，公安机关接群众举报先后抓获了申某善、排某波、于某吉等人，查获伪造的缅币11.16455亿盾，折合人民币799.38178万元。

一审法院认为，申某善、排某波等人均构成伪造货币罪，分别判处无期徒刑、十五年至五年不等有期徒刑，并判处人民币二十万元至五万元不等罚金。后申某善、排某波等人提起上诉。

争议焦点：制作外国货币是否构成伪造货币罪?

二审法院认为：

上诉人申某善、排某波、李某、于某吉、袁某华、张某、相某和原审被告人陈某高无视国家法律，为牟取非法利益，伪造缅币，破坏金融管理秩序的行为已构成伪造货币罪；上诉人申某善明知是伪造的缅币，而故意使用或者持有数额特别巨大的缅币的行为已构成持有、使用假币罪。均应依法惩处……

裁判结果

驳回上诉，维持原判。

---

① 案件来源：申某善等伪造货币案【云南省高级人民法院（2014）云高刑终字第575号】。

187 假币尚未制作完成就被查获的，涉嫌伪造货币罪（未遂）

裁判要点

尚处在制作过程中被查获的半成品假币，无法进入流通领域，行为人构成伪造货币罪未遂，以半成品的面值计算犯罪数额，可比照既遂犯从轻处罚。

裁判思路

基本案情[①]**：**

2003年7月底，被告人李某伙同蔡某二、李某二、李某三（均已被判刑），商定由蔡某二、李某三各出资10万元，李某提供印制假币的胶版、纸张，李某二负责监工，出售假币所得利润四人各占20%，剩余20%用作其他费用支出。

同年8月，李某二等人纠集了郑某等人在深圳市某区某印刷厂印制了99版面值100元的假人民币约1700万元。2003年9月初，李某授意蔡某二在东莞市物色印刷假币的窝点，最终在高架桥底的仓库建立了假币制造窝点。蔡某二、李某二等人购买了印刷设备和油墨；李某纠集郑某等人负责印刷。

自9月13日起，郑某、蒋某、王某、雷某一、谢某（均已被判刑）等5名技术人员进入窝点印制假币。截至9月16日被查获，该窝点共印制99版面值100元的假人民币半成品3983.76万元。

一审法院认为，李某犯伪造货币罪，判处有期徒刑十五年，剥夺政治权利五年，并处罚金人民币二十万元。后李某提起上诉。

争议焦点：行为人制造出的半成品假币应如何认定和处理？

二审法院认为：

……原审判决对李某等人在深圳某区伪造货币数量的认定，依据各同案人所供述的伪造货币数量中的最低额予以认定；对李某等人在东莞市某镇伪造的货币数量则依据在该窝点查获的人民币半成品的数量予以认定……

上诉人李某伙同他人伪造货币，数额特别巨大，其行为已构成伪造货币罪。鉴于在东莞市某镇伪造的3983.76万元假币是半成品，属于犯罪未遂，对该部分

---

① 案件来源：李某伪造货币案【广东省高级人民法院（2017）粤刑终1522号】。

犯罪可比照既遂犯从轻处罚。李某在共同犯罪中起主要作用，是主犯，依法应当按其所参与的全部犯罪处罚。原审判决认定事实清楚，证据确实、充分，但对李某判处附加剥夺政治权利没有法律依据，应予纠正……

裁判结果

一、维持广东省东莞市中级人民法院（2016）粤19刑初305号刑事判决第一项对上诉人李某的定罪部分和该判决第二项。

二、撤销广东省东莞市中级人民法院（2016）粤19刑初305号刑事判决第一项对上诉人李某的量刑部分。

三、上诉人李某犯伪造货币罪，判处有期徒刑十五年，并处罚金人民币二十万元。

188 未完成印刷工序无法计算面额的假币，不应计入犯罪数额

裁判要点

对于尚未制造出成品，无法计算伪造假币面额的，不认定犯罪数额，依据犯罪情节决定刑罚。

裁判思路

基本案情[①]：

被告人王某通过朋友介绍及网络等渠道学会了伪造人民币的方法。2018年初，王某从网络上购买了制造假币所需的计算机、打印机、专用纸张、裁纸刀等作案工具，在威海市某地非法制造50元、20元面值假人民币。

2018年7月31日，王某被公安机关当场抓获，并查获王某伪造的50元面值假人民币1245张、20元面值假人民币2187张，面额共计105990元；伪造的单面印刷的50元面值假人民币452张、20元面值假人民币626张。

查获的假币中，包含50元面值双面印刷未裁剪假币391页（每页印刷两张

---

① 案件来源：王某伪造货币案【山东省威海市中级人民法院（2019）鲁10刑终136号】。

假币），面额共计39100元，20元面值双面印刷未裁剪假币1101页（每页印刷两张假币），面额共计44040元；伪造的单面印刷未裁剪的50元面值人民币226页（每页印刷两张假币），单面印刷未裁剪的20元面值人民币463页（每页印刷两张假币）。

一审法院认为，王某犯伪造货币罪，判处有期徒刑十一年，并处罚金人民币八万元。后王某提起上诉。

争议焦点：对于假币半成品的犯罪数额应如何计算？

辩护意见：

上诉人提出：《货币真伪鉴定书》未加盖鉴定人印某二签名，本案程序违法、涉案扣押清单以及货币鉴定书记载的货币数量相矛盾，原审法院以数量多的记载予以认定，违反法律原则、未裁剪的半成品数额不应计入犯罪数额之内，一审法院认定王某伪造货币的数量为105990元，以证据不足为由提出上诉。

二审法院认为：

关于犯罪数额的计算问题，经查，2001年1月21日最高人民法院发布《全国法院审理金融犯罪案件工作座谈会纪要》规定，伪造货币的，只要实施了伪造行为，不论是否完成全部印制工序，即构成伪造货币罪。对于尚未制造出成品，无法计算伪造假币面额的，不认定犯罪数额，依据犯罪情节决定刑罚。从本案查明事实看，上诉人王某伪造的假币，已经裁剪完成的成品及双面印刷未裁剪的部分已经具备了伪造真币的图案、形状、色彩等特征，且能够计算出伪造假币的面额，该两部分应计入犯罪数额，据此50元面值已裁剪假人民币成品218张，20张面值已裁剪假币47张为犯罪既遂，共计11840元。对于双面印刷，且每页印刷两张未裁剪的50元或20元面值的假币，尚未最终完成（不能冒充真币使用），无法进入流通领域，该部分面值共计83140元成立犯罪未遂。对于伪造的单面印刷未裁剪的50元及20元面值的假币，由于未完成全部印制工序，不能作为假币使用，该部分数额作为量刑情节予以考量，不计入犯罪数额。上诉人及其辩护人提出未裁剪的假币不应计入犯罪数额，合理部分，本院予以支持，其余部分本院不予采纳。

裁判结果

一、维持威海市环翠区人民法院（2018）鲁1002刑初487号刑事判决第一项定罪部分及第二项财物处置部分……

二、撤销威海市环翠区人民法院（2018）鲁1002刑初487号刑事判决第一项对王某的量刑部分，即判处有期徒刑十一年，并处罚金人民币八万元。

三、上诉人王某犯伪造货币罪，判处有期徒刑八年，并处罚金人民币七万元。

189 伪造的货币满足了真币的基本要素，就构成犯罪既遂

裁判要点

伪造的假币在图案、形状、色彩等方面已具备了真币的基本要素，其行为已构成伪造货币罪。是否完成全部印制工序，实际伪造出来的人民币外观效果和逼真程度等均不影响伪造货币罪的认定。

裁判思路

基本案情①**：**

2017年4月，被告人张某伟通过网络聊天获知了伪造人民币的犯罪方法。为牟取非法利益，张某伟通过网络购买等方式获得了面额分别为10元、20元、50元、100元的假人民币电子版样，并购置了制造假人民币所需要使用的计算机、打印机、烫金机、证券纸和防水颜料墨水等作案工具，在其住所内制作10元、20元、50元、100元面额的假人民币，并通过网络订货、快递邮寄等方式对外销售。

6月17日，公安机关发现张某伟正在其住所内制作假人民币，且室内有大量的假人民币和多台计算机、打印机等工具，遂将张某伟当场抓获。同日，将另一被告人乔某抓获。从现场缴获的面额分别为10元、20元、50元、100元的假人民币共计17522张，总面额401120元。

一审法院认为，张某伟犯伪造货币罪，判处有期徒刑十五年，并处罚金人民币二十万元；乔某犯伪造货币罪，判处有期徒刑六年，并处罚金人民币五万元。后张某伟提起上诉。

争议焦点：行为人案发时未完成伪造假币的制造工序是否影响伪造货币罪的

① 案件来源：张某伟、乔某伪造货币案【河北省高级人民法院（2018）冀刑终381号】。

认定?

辩护意见：

张某伟上诉提出：涉案伪造的货币基本上都未完成所有制造工序，还不能在市场上实际流通，属于犯罪未遂。

二审法院认为：

张某伟仿照真币，所伪造的假币在图案、形状、色彩等方面已具备了真币的基本要素，其行为已构成伪造货币罪。是否完成全部印制工序，实际伪造出来的人民币外观效果和逼真程度等均不影响伪造货币罪的认定。诉称系犯罪未遂的理由，不能成立……张某伟伙同原审被告人乔某伪造人民币的行为，严重破坏了金融管理秩序，已构成伪造货币罪。

裁判结果

驳回上诉，维持原判。

190 明知行为人伪造货币而提供储存、邮寄服务的，涉嫌构成伪造货币罪的共犯

裁判要点

明知行为人伪造货币，仍为其储存、邮寄假币，并对外出售的，其行为构成伪造货币罪的共犯，如果满足从犯的条件，可依法予以从轻或减轻处罚。

裁判思路

基本案情[①]**：**

2015 年 3 月，被告人张某银为获取非法利益，先后购买计算机、彩色打印机、扫描仪等设备，并伪造第五套人民币电子模板。后在其位于河北省某地的租住处印制面值为 1 元、5 元、10 元、20 元、50 元、100 元的假币，并通过他人销售假币。

2015 年 6 月至 11 月，张某银招募在网络上结识的被告人靳某某参与伪造货

① 案件来源：张某银等伪造货币案【江苏省高级人民法院（2017）苏刑终 113 号】。

币，并安排靳某某运送假币给他人销售。其间，张某银为更好地销售假币，创建了专门买卖假币的QQ群，并结识了从其处购买假币的被告人蒋某，二人商定，张某银将其印制的部分假币交由蒋某储存，蒋某按照其提供的地址和数量向假币的买家发货，亦可以将保管的假币对外销售。

截至案发，张某银、靳某某印制假币面额共计350余万元。蒋某明知张某银伪造货币，帮其储存和通过快递的方式向买家曹某等人运送假币，或从张某银处购买假币后通过快递的方式出售给赵某、刘某一等人共计190余万元。

一审法院认为，张某银犯伪造货币罪，判处无期徒刑，并处没收全部财产，剥夺政治权利终身。靳某某犯伪造货币罪，判处有期徒刑十三年，并处罚金人民币三十万元；蒋某犯伪造货币罪，判处有期徒刑九年，并处罚金人民币二十万元。后蒋某提起上诉。

争议焦点：提供储存、邮寄服务的蒋某属于主犯还是从犯？

辩护意见：

上诉人蒋某上诉称：其没有参与张某银、靳某某生产销售假币收益分配，认定其为主犯不当。

二审法院认为：

上诉人张某银雇用上诉人蒋某、卢某、权某明、原审被告人靳某某伪造货币并出售，数额特别巨大；上诉人蒋某明知张某银伪造货币，仍为其储存、邮寄假币，并单独对外出售假币，数额特别巨大，其行为均已构成伪造货币罪，且系共同犯罪，依法均应当判处十年以上有期徒刑或者无期徒刑，并处罚金或者没收财产。在共同犯罪中，上诉人张某银提起犯意，购买设备，招聘其他被告人制作、销售等，起组织、支配作用，系主犯；上诉人蒋某、卢某、权某明、原审被告人靳某某受雇于张某银或根据张某银的安排参与假币制作，起次要或辅助作用，系从犯，可依法予以从轻或减轻处罚。蒋某到案后如实供述自己罪行，系坦白；协助公安机关抓获同案犯张某银，具有立功表现，依法予以减轻处罚……一审判决认定事实清楚，证据确实、充分，定罪准确，但认定原审被告人靳某某、上诉人蒋某为主犯不当，应予纠正……

裁判结果

一、维持江苏省徐州市中级人民法院（2016）苏03刑初99号刑事判决第五项、第六项，即被告人权某明犯伪造货币罪，判处有期徒刑三年，并处罚金人民币五万元……

二、撤销江苏省徐州市中级人民法院（2016）苏03刑初99号刑事判决第一项、第二项、第三项、第四项。

……

五、上诉人蒋某犯伪造货币罪，判处有期徒刑八年，并处罚金人民币十五万元。

191 明知他人伪造货币仍为其提供制造场所的，涉嫌构成伪造货币罪的共犯

裁判要点

明知他人实施伪造货币犯罪行为，仍为其提供场所和帮助容留，虽无伪造货币的制造行为，但仍成立共同犯罪，按伪造货币罪处理，不认定为掩饰、隐瞒犯罪所得罪。

裁判思路

基本案情[①]：

2016年5月起，上诉人刘某强伙同林某斌、蔡某一、刘某仔（均另案处理）等在中山市某地伪造人民币，并将假币转移至汕尾市等地存放和出售。上诉人苏某发明知刘某强等人伪造货币而受雇打杂、送饭和帮忙租车。

2017年7月7日，被告人苏某鑫驾车搭载刘某强及携带假币的蔡某一等人至陆某三市。当晚，蔡某一被公安人员抓获并当场缴获伪造的人民币7920张。同年7月24—25日，公安人员还查获了其他存放假币的窝点，缴获伪造的人民币202557张（面额20255700元）及相关设备，抓获刘某强、苏某发、苏某鑫。

一审法院认为，刘某强犯伪造货币罪，判处有期徒刑十五年，并处罚金人民币三百万元；苏某发犯伪造货币罪，判处有期徒刑四年，并处罚金人民币五万元；苏某鑫犯掩饰、隐瞒犯罪所得罪，判处有期徒刑二年三个月，并处罚金人民币二万元。后刘某强、苏某发提起上诉。

---

① 案件来源：刘某强、苏某发伪造货币案【广东省高级人民法院（2019）粤刑终1077号】。

争议焦点：在明知他人伪造货币实施犯罪的情况下，对其提供场所和帮助容留，无伪造货币的制造行为，应当按照共同犯罪处理还是单独构成掩饰、隐瞒犯罪所得罪?

辩护意见：

刘某强上诉提出：其只是帮忙租赁涉案场地并交水电费和租金，虽然知道林某斌等人在制造假币，但没有出资和分红，不具备造假币的技术，没有参与制造、搬运假币。

二审法院认为：

对上诉人刘某强上诉及其辩护人辩护所提理由，经查，在案证据显示，上诉人刘某强在涉案伪造货币窝点内留下生物痕迹，证人曾某证实刘某强在本案犯罪活动期间出入过该窝点；刘某强本人也承认知道同案人将进行违法犯罪活动而为此租赁作案场所和交纳相关费用，其后也明知在其租赁的场所中从事伪造货币的犯罪活动；同案人苏某发、苏某鑫也指证刘某强安排司机搬运从伪造货币窝点中搬出来的货物；加上刘某强与其妻子的微信聊天记录的佐证，足以认定刘某强对正在进行的伪造货币犯罪提供了协助，共同实施了本案伪造货币的犯罪行为。刘某强本人承认其于2017年5月在涉案窝点看见了蔡某一等人调试机器印刷假币，说明其对蔡某一制造假币一事早已知情，加上刘某强7月5日凌晨的微信聊天内容的佐证，现刘某强所提其对于2017年7月7日与蔡某一回老家时不知道蔡某一携带了假币的理由，本院不予采信。

刘某强虽辩称其在帮同案人租赁犯罪场所时并不清楚该场所将要被用于何种犯罪，但其主观上已具有共同实施该场所中将要及必然要发生的犯罪的概括性故意。故上诉人刘某强在本案中的犯罪行为，属于伪造货币的共同犯罪行为，不属于在伪造货币犯罪完成之后进行掩饰隐瞒的衍生犯罪行为……

对上诉人苏某发上诉及其辩护人辩护所提理由，经查，根据查明的事实，上诉人苏某发明知同案人在实施伪造货币的犯罪活动而仍提供处理废纸、望风、帮忙送饭、租车等协助行为，与同案人共同完成伪造货币的犯罪行为，是本案伪造货币犯罪的共犯。

裁判结果

驳回上诉，维持原判。

192 将真币与假币拼凑变造的行为，构成伪造货币罪而不是变造货币罪

裁判要点

采取将真币裁剪后粘贴上相应假币，拼凑的手段制造假币，所制造的假币在用材上与真币不具有同一性，其行为符合伪造货币犯罪的构成要件。

裁判思路

基本案情①**：**

2013年7月底，被告人杨某一联系购买了第五套人民币的百元面额的假币，伙同被告人杨某二、梁某驹等人预谋采取将百元真币、假币进行剪贴拼凑的方式制造假币使用。

同年8月，杨某一、杨某二、梁某驹等人在济南市某宾馆内，使用铁标尺、固体胶、打火机、刀片、锉刀等工具，采取上述真假拼凑的方式，制造百元假币124张。

同年8月3日1时许，公安人员根据工作中掌握的线索，在宾馆将上述七名被告人抓获，并从阮某航、杨某二、梁某华处分别扣押制造的百元假币28张、13张、1张，从租住房间的天花板处查获制造的百元假币96张及作案工具铁标尺、固体胶、打火机等一宗，从被害人处追回阮某航使用的百元假币11张、梁某驹使用的百元假币3张。

经鉴定，上述查获的152张百元纸币均为假币，变造方式为真假拼凑。

一审法院认为，杨某一、杨某二等人均犯伪造货币罪，判处杨某一有期徒刑五年六个月，并处罚金人民币五万元；判处被告人杨某二、梁某驹、杨某枝等人有期徒刑五年，并处罚金人民币五万元。后杨某一、杨某二等人提起上诉。

争议焦点：将真币与假币拼凑变造的行为构成伪造货币罪还是变造货币罪？

辩护意见：

上诉人及辩护人提出：将百元面额的真币与假币剪贴、拼凑的行为系变造货

---

① 案件来源：杨某一等伪造货币案【山东省济南市中级人民法院（2014）济刑二终字第92号】。

币，原判认定其犯伪造货币罪不当，导致对其量刑过重。

二审法院认为：

关于各上诉人及上诉人梁某驹、阮某航的辩护人提出的原判认定其犯伪造货币罪不当，应当以变造货币罪对其定罪处罚的问题。经查，各上诉人系采取将真币裁剪后粘贴上相应假币，拼凑的手段制造假币，所制造的假币在用材上与真币不具有同一性，其行为符合最高人民法院《关于审理伪造货币等案件具体应用法律若干问题的解释（二）》第二条中关于伪造货币犯罪的构成要件。因此，各上诉人及上诉人梁某驹、阮某航的辩护人提出的此条辩解、辩护意见不能成立，不予采纳。

裁判结果

驳回上诉，维持原判。

三、实务建议

伪造货币罪为故意犯罪，且具有较强的独立性，在过失的情况下很难触犯本罪。但在梳理案例的过程中，我们也发现了一些因为认知局限而触犯本罪的案例。我们在对重点案例梳理的基础上，结合实际办案经验，提出以下建议。

（一）外贸从业者应对外国客户定制物的合法性进行审查核实

伪造货币罪的对象不仅包括人民币，还包括境外流通的货币；不仅包括纸币，还包括各类贵金属纪念币。虽然，多数人能识别世界主要国家的货币，如美元、欧元、日元等，但对其他国家的货币样式其实并不熟悉，可能会误将这些较为少见的货币认定为某种玩具或工艺品。在夏某伪造货币［（2013）东中法刑二初字第14号］案中，夏某在网络平台上接受了西非某客户的订单，被要求制造某种西非法郎硬币，夏某起初认为该法郎只是金属制品或工艺品，后来才知道是西非某国的流通货币，但夏某仍抱有侥幸心理继续为客户供货，最终因伪造货币罪被判刑。

（二）特种原料销售的从业者应对买家身份进行核查

有些人认为，自己只是正常地销售工业原料，没有参与假币的制作，不涉及伪造货币的问题，这其实是一种认识误区。伪造货币是一个复杂的流程，往往需要多人进行配合，在实践中已经出现了高度分工作业的案例，每个环节的人都可能被司法机关认定为伪造货币罪的共犯。例如，在白某沛、吴某辉伪造货币案中[（2019）鲁1724刑初177号]，吴某辉作为特种纸张的销售代理，向假币制造者销售特种纸，其虽辩称没有伪造货币的主观故意，仍被认定了伪造货币罪。

（三）避免因从事辅助工作而成为伪造货币罪的共犯

伪造货币会涉及较为复杂的生产流程，可能会需要一些辅助工作的支持。例如，需要租借生产场地、购买生产设备、提供后勤保障等。有些人认为，该类辅助行为属于中立行为，不涉及假币制造的工艺流程，不会触犯伪造货币罪。但案例显示，即使仅仅为伪造货币者提供辅助支持，仍可能涉嫌伪造货币罪。例如，在刘某强、苏某发伪造货币一案中，刘某强租用了生产场地并交纳了相关的水电费，其虽辩称对伪造货币的行为事先不知情，但法院认为，在案证据已经证明其主观上已具有犯罪的概括性故意，刘某强构成伪造货币罪的共犯。

四、法律规范

（一）法律

《中华人民共和国刑法》（2020年修正）

第一百七十条 伪造货币的，处三年以上十年以下有期徒刑，并处罚金；有下列情形之一的，处十年以上有期徒刑或者无期徒刑，并处罚金或者没收财产：

（一）伪造货币集团的首要分子；

（二）伪造货币数额特别巨大的；

（三）有其他特别严重情节的。

（二）司法解释

1.《最高人民法院关于审理伪造货币等案件具体应用法律若干问题的解释（二）》（2010年11月3日施行　法释〔2010〕14号）

为依法惩治伪造货币、变造货币等犯罪活动，根据刑法有关规定和近一个时期的司法实践，就审理此类刑事案件具体应用法律的若干问题解释如下：

第一条　仿照真货币的图案、形状、色彩等特征非法制造假币，冒充真币的行为，应当认定为刑法第一百七十条规定的“伪造货币”。

对真货币采用剪贴、挖补、揭层、涂改、移位、重印等方法加工处理，改变真币形态、价值的行为，应当认定为刑法第一百七十三条规定的“变造货币”。

第二条　同时采用伪造和变造手段，制造真伪拼凑货币的行为，依照刑法第一百七十条的规定，以伪造货币罪定罪处罚。

第三条　以正在流通的境外货币为对象的假币犯罪，依照刑法第一百七十条至第一百七十三条的规定定罪处罚。

假境外货币犯罪的数额，按照案发当日中国外汇交易中心或者中国人民银行授权机构公布的人民币对该货币的中间价折合成人民币计算。中国外汇交易中心或者中国人民银行授权机构未公布汇率中间价的境外货币，按照案发当日境内银行人民币对该货币的中间价折算成人民币，或者该货币在境内银行、国际外汇市场对美元汇率，与人民币对美元汇率中间价进行套算。

第四条　以中国人民银行发行的普通纪念币和贵金属纪念币为对象的假币犯罪，依照刑法第一百七十条至第一百七十三条的规定定罪处罚。

假普通纪念币犯罪的数额，以面额计算；假贵金属纪念币犯罪的数额，以贵金属纪念币的初始发售价格计算。

第五条　以使用为目的，伪造停止流通的货币，或者使用伪造的停止流通的货币的，依照刑法第二百六十六条的规定，以诈骗罪定罪处罚。

第六条　此前发布的司法解释与本解释不一致的，以本解释为准。

2.《最高人民法院关于审理伪造货币等案件具体应用法律若干问题的解释》(2000 年 9 月 14 日施行　法释〔2000〕26 号)

第一条　伪造货币的总面额在 2000 元以上不满 3 万元或者币量在 200 张（枚）以上不足 3000 张（枚）的，依照刑法第一百七十条的规定，处 3 年以上 10 年以下有期徒刑，并处 5 万元以上 50 万元以下罚金。

伪造货币的总面额在 3 万元以上的，属于“伪造货币数额特别巨大”。

行为人制造货币版样或者与他人事前通谋，为他人伪造货币提供版样的，依照刑法第一百七十条的规定定罪处罚。

第二条　行为人购买假币后使用，构成犯罪的，依照刑法第一百七十一条的规定，以购买假币罪定罪，从重处罚。

行为人出售、运输假币构成犯罪，同时有使用假币行为的，依照刑法第一百七十一条、第一百七十二条的规定，实行数罪并罚。

第三条 出售、购买假币或者明知是假币而运输，总面额在4000元以上不满5万元的，属于“数额较大”；总面额在5万元以上不满20万元的，属于“数额巨大”；总面额在20万元以上的，属于“数额特别巨大”，依照刑法第一百七十一条第一款的规定定罪处罚。

第四条 银行或者其他金融机构的工作人员购买假币或者利用职务上的便利，以假币换取货币，总面额在4000元以上不满5万元或者币量在400张（枚）以上不足5000张（枚）的，处3年以上10年以下有期徒刑，并处2万元以上20万元以下罚金；总面额在5万元以上或者币量在5000张（枚）以上或者有其他严重情节的，处10年以上有期徒刑或者无期徒刑，并处2万元以上20万元以下罚金或者没收财产；总面额不满人民币4000元或者币量不足400张（枚）或者具有其他情节较轻情形的，处3年以下有期徒刑或者拘役，并处或者单处1万元以上10万元以下罚金。

第五条 明知是假币而持有、使用，总面额在4000元以上不满5万元的，属于“数额较大”；总面额在5万元以上不满20万元的，属于“数额巨大”；总面额在20万元以上的，属于“数额特别巨大”，依照刑法第一百七十二条的规定定罪处罚。

第六条 变造货币的总面额在2000元以上不满3万元的，属于“数额较大”；总面额在3万元以上的，属于“数额巨大”，依照刑法第一百七十三条的规定定罪处罚。

第七条 本解释所称“货币”是指可在国内市场流通或者兑换的人民币和境外货币。

货币面额应当以人民币计算，其他币种以案发时国家外汇管理机关公布的外汇牌价折算成人民币。

（三）立案标准

《最高人民检察院、公安部关于公安机关管辖的刑事案件立案追诉标准的规定（二）》（2022年5月15日施行 公通字〔2022〕12号）

第十四条 伪造货币，涉嫌下列情形之一的，应予立案追诉：

（一）总面额在二千元以上或者币量在二百张（枚）以上的；

（二）总面额在一千元以上或者币量在一百张（枚）以上，二年内因伪造货币受过行政处罚，又伪造货币的；

（三）制造货币版样或者为他人伪造货币提供版样的；

（四）其他伪造货币应予追究刑事责任的情形。

（四）司法解释性质文件

1.《最高人民法院关于印发〈全国法院审理金融犯罪案件工作座谈会纪要〉的通知》（2001年1月21日施行 法〔2001〕8号）

（二）关于破坏金融管理秩序罪

2. 关于假币犯罪

假币犯罪的认定。假币犯罪是一种严重破坏金融管理秩序的犯罪。只要有证据证明行为人实施了出售、购买、运输、使用假币行为，且数额较大，就构成犯罪。伪造货币的，只要实施了伪造行为，不论是否完成全部印制工序，即构成伪造货币罪；对于尚未制造出成品，无法计算伪造、销售假币面额的，或者制造、销售用于伪造货币的版样的，不认定犯罪数额，依据犯罪情节决定刑罚。明知是伪造的货币而持有，数额较大，根据现有证据不能认定行为人是为了进行其他假币犯罪的，以持有假币罪定罪处罚；如果有证据证明其持有的假币已构成其他假币犯罪的，应当以其他假币犯罪定罪处罚。

假币犯罪罪名的确定。假币犯罪案件中犯罪分子实施数个相关行为的，在确定罪名时应把握以下原则：

（1）对同一宗假币实施了法律规定为选择性罪名的行为，应根据行为人所实施的数个行为，按相关罪名刑法规定的排列顺序并列确定罪名，数额不累计计算，不实行数罪并罚。

（2）对不同宗假币实施法律规定为选择性罪名的行为，并列确定罪名，数额按全部假币面额累计计算，不实行数罪并罚。

（3）对同一宗假币实施了刑法没有规定为选择性罪名的数个犯罪行为，择一重罪从重处罚。如伪造货币或者购买假币后使用的，以伪造货币罪或购买假币罪定罪，从重处罚。

（4）对不同宗假币实施了刑法没有规定为选择性罪名的数个犯罪行为，分别定罪，数罪并罚。

出售假币被查获部分的处理。在出售假币时被抓获的，除现场查获的假币应认定为出售假币的犯罪数额外，现场之外在行为人住所或者其他藏匿地查获的假币，亦应认定为出售假币的犯罪数额。但有证据证实后者是行为人有实施其他假币犯罪的除外。

制造或者出售伪造的台币行为的处理。对于伪造台币的，应当以伪造货币罪定罪处罚；出售伪造的台币的，应当以出售假币罪定罪处罚。

2.《公安部经济犯罪侦查局关于伪造缅甸货币行为定性问题的批复》（2004年3月31日　公经〔2004〕493号）

云南省公安厅经侦总队：

你总队《关于我省公安机关查获一起伪造假缅币案件适用法律有关问题的请示》（云公传发〔2004〕30号）收悉。经研究并商最高人民法院刑二庭、最高人民检察院侦查监督厅和国家外汇管理局综合司同意，现批复如下：

鉴于缅甸货币在中缅边境地区可以与人民币兑换，伪造缅甸货币的行为应以伪造货币罪定罪处罚。

3.《公安部经济犯罪侦查局关于制造、销售用于伪造货币的版样的行为如何定性问题的批复》（公经〔2003〕660号）

广东省公安厅经侦总队：

你总队《关于对买卖假币胶片行为定性问题的请示》［广公（经）字〔2003〕439号］收悉。经研究并征询最高人民检察院、最高人民法院有关部门的意见，现批复如下：

根据《最高人民法院关于审理伪造货币等案件具体应用法律若干问题的解释》（法释〔2000〕26号）以及《全国法院审理金融犯罪案件工作座谈会纪要》的有关规定，对制造、销售用于伪造货币的版样的行为以伪造货币罪定罪处罚。

第二节　出售、购买、运输假币罪

我国《刑法》第一百七十一条第一款规定了出售、购买、运输假币罪。本罪在客观方面表现为行为人实施出售、购买、运输假币的行为。此罪名为选择性罪名，行为人对同一宗假币实施多种行为的，犯罪数额不累计计算。构成本罪要求涉案金额达到数额较大的立案标准。本罪在主观方面要求行为人明知行为对象为假币而仍实施相关行为。

为更好掌握司法实务中对出售、购买、运输假币罪定罪量刑等方面的关注重点，我们对重点案例进行详细解析，通过研究司法机关的裁判思路，提炼了司法实务裁判要点。同时，我们梳理了与出售、购买、运输假币罪相关的法律、司法解释、立案标准及政策法规等规定。

一、实务解析

（一）对“出售、购买、运输”行为的认定

出售假币是指本人将持有的假币有偿转让给他人。行为人在转让假币的同时，他人会支付相应的对价。这种对价可以是货币或实物，也可以是劳务或服务等其他利益。即使这种劳务或服务是非法的，也会被认定为支付了相应的对价。

购买假币是指将他人持有的假币予以收购，通常是以低于票面额的价格买进。对于购买者支付的对价，同样可以是真币、实物或劳务等其他利益。对于无偿赠与假币且数额较大的行为，应如何认定呢？无偿取得假币或无偿交付假币的行为不属于《刑法》规制的出售、购买、运输或者使用假币行为中的任何情形之一，自然不宜以本罪认定。但是，该行为存在被认定为持有、使用假币的可能性。

运输假币是指利用交通工具将假币从一地运往另一地的行为。两个地点在空间上应该有较长的距离，如果是同一个小区内不同房间的位置移动就难以认定为运输。实践中，部分司法机关会以是否跨县区作为认定是否构成运输的标准。此外，运输应该限定在国境之内，否则可能构成走私假币罪。

（二）出售、购买、运输假币罪的罪数认定与数额累计

从理论上讲，出售、购买、运输假币罪属于选择性罪名，如果针对的是同一宗假币，无论行为人实施的是一个行为还是三个行为，仅以其实际实施的行为认定罪名并判处刑罚，不进行数罪并罚，犯罪金额不累计计算。例如，行为人购买了20万元假币，将其运输至另一地点，再将其出售，构成出售、购买、运输假币罪，犯罪数额20万元。但如果针对的是不同宗假币，情况则有所不同，依旧不进行数罪并罚，但数额累计计算。例如，行为人出售了5万元假币，购买了10万元假币，运输了20万元假币，此时，行为人依旧构成出售、购买、运输假币罪，但犯罪数额应认定为35万元。

（三）出售、购买、运输假币罪既遂的认定

如何认定出售、购买、运输假币罪的犯罪既遂，是理论和实务界争议比较大的问题。对此，有三种观点：第一种，是以双方达成一致意思为界限；第二种，是以假币实际交付的时间为界限；第三种，是以假币和钱款均交付的时间为界限。实践中，司法机关更多采纳第一种和第二种的结合标准，一方面，判断双方是否达成了完整的交易条件；另一方面，判断假币出售人是否将假币带入了与购买人约定的交易地点。因此，如果双方已经达成了完整的条件且将假币带入了约定的地点，无论假币是否交付，均构成犯罪既遂。

二、裁判要点

193 仅具备概括犯罪故意的，以实际查获的运输货物认定行为性质

裁判要点

行为人并未意识到其运输的是假币，但知道运输的是涉嫌违法犯罪的货物。对其运输涉案货物的行为，认定其具有概括故意，以实际查获的货物性质认定为运输行为。

裁判思路

基本案情[①]**：**

2016年9月29日18时许，李某一在深圳市指使上诉人吴某歌驾驶其所有的商务面包车运载假人民币到惠某县，并交代吴某歌到达惠某县下高速后拨打代号“经理”的电话，将假币交给“经理”。

21时50分，上诉人吴某歌驾驶商务面包车驶入某高速公路服务区时被公安机关抓获，当场从其驾驶的面包车上缴获假人民币37箱，吴某歌在现场试图行贿民警遭拒绝。

经中国人民银行汕尾市中心支行清点、鉴定，缴获的属第五套2005年版100元面额假人民币，共计726610张，合计面额72661000元。

一审法院认为，吴某歌犯运输假币罪，判处无期徒刑，剥夺政治权利终身，并处没收个人全部财产。后吴某歌提起上诉。

争议焦点：行为人不知道其运输的是假币，只知道是违禁品，能否认定为运输假币罪?

辩护意见：

被告人吴某歌称：其被他人利用，虽有运输假币的行为，但在运输之前只认为车里面装载的是假烟酒之类的货物，并未意识到是假币，要求从轻处罚。

二审法院认为：

上诉人吴某歌驾驶车运载涉案假人民币被当场查获的事实清楚，有缴获的假币、对涉案假币的鉴定意见、运输假币所用的交通和通信工具及证人证言等证据为证，吴某歌本人也供述在案，证据确实、充分，足以认定。上诉人吴某歌虽称并未意识到其运输的是假币，但也承认知道运载的是涉嫌违法犯罪的货物。无论是已经知道所运之物为假币还是违禁物品都具备犯罪的概括故意，对其运输涉案货物的行为，以实际查获的货物性质认定为运输假币的犯罪行为，并无不当。根据在案证据，本案不排除有其他罪责更重的同案人并未归案，且吴某歌在本案中的罪责为运输假币成品，并非假币提供者或所有者，一审对其在犯运输假币罪所应判处的刑罚上，处以选择法定最高刑明显偏重，不能体现罪刑相适应原则。上诉人吴某歌及其辩护人所提一审量刑重、请求二审从轻改判的理由成立，可予采纳。

---

① 案件来源：吴某歌运输假币案【广东省高级人民法院（2017）粤刑终1191号】。

裁判结果

一、维持广东省汕尾市中级人民法院（2017）粤15刑初68号刑事判决第一项对上诉人吴某歌的定罪部分……

二、撤销广东省汕尾市中级人民法院（2017）粤15刑初68号刑事判决第一项对上诉人吴某歌的量刑部分。

三、上诉人吴某歌犯运输假币罪，判处有期徒刑十五年，并处罚金人民币五十万元。

194 居间介绍假币买卖，构成出售假币罪

裁判要点

行为人在假币买卖中起居间介绍作用，将伪造的货币卖给他人，并收获一定报酬的行为，符合出售假币罪的犯罪构成要件。

裁判思路

基本案情[①]**：**

2014年2月7日，原审被告人杨某所根据上诉人陈某旗的安排到湖南省永州市向上诉人李某兴购买假人民币15万元，后于2月17日交给陈某旗。

同年4月4日，陈某旗前往湖南省某客运站向李某兴购买假人民币200750元，于同年4月9日19时返回到芒市某中学门口下车时被公安民警抓获，当场查获陈某旗携带的假人民币200750元。

同年4月10日、29日，杨某所及李某兴分别被抓获。

一审法院认为，陈某旗、李某兴、杨某所均犯出售、购买、运输假币罪，分别判处十二年至六年不等有期徒刑，并处人民币十万元至七万元不等罚金。后李某兴、杨某所提起上诉。

争议焦点：居间介绍购买假币的行为能否构成出售假币罪？

---

① 案件来源：陈某旗、李某兴出售、购买、运输假币案【云南省高级人民法院（2015）云高刑终字第1073号】。

辩护意见：

原审被告人李某兴以其不构成出售假币罪为由提出上诉，请求对其从轻处罚。

二审法院认为：

上诉人陈某旗、李某兴和原审被告人杨某所、黄某来、白某无视国家法律，陈某旗明知是伪造的货币仍进行买、卖和运输的行为已构成出售、购买、运输假币罪；李某兴明知是伪造的货币而予以出售，其行为构成出售假币罪……关于李某兴所提其不构成出售假币罪的上诉理由，经查，其在陈某旗购买假币的过程中起居间介绍作用，将伪造的货币卖给他人，并获取一定报酬的行为符合出售假币罪的构成要件，该上诉理由不能成立。

裁判结果

驳回上诉，维持原判。

195 运输假币途中被抓获不影响既遂的认定

裁判要点

运输假币罪的既遂不要求行为人完成了运输行为，只要行为人实施了运输假币的行为，即使运输途中被抓获，仍不影响既遂的认定。

裁判思路

基本案情[①]**：**

2014 年 6 月底，被告人周某吉向广东一名绰号叫“老付”的人联系购买 700 万元假人民币。同年 7 月，被告人周某吉、刘某珍分别与被告人周某财电话联系，承诺支付运费，委托周某财去广东“老付”处将周某吉的 700 万元假币和刘某珍的朋友被告人陈某生的 200 万元假币运回，周某财表示同意。

同年 7 月 14 日，周某财分别收到周某吉、陈某生交付的购买假币款 24.5 万元和 7 万元以及假币运输费 0.2 万元和 0.3 万元后，驾车前往广东“老付”处将

① 案件来源：周某财运输假币案【湖南省高级人民法院（2015）湘高法刑二终字第 54 号】。

周某吉和陈某生购买的假人民币装入车厢后返回道县。

同年7月15日22时许，周某财驾车运输假币途经湖南省蓝山县时被公安机关抓获，公安民警当场从周某财驾驶的车辆中查获假人民币873.69万元。

一审法院认为，周某财犯运输假币罪，判处有期徒刑十四年，并处罚金人民币十五万元。后周某财提起上诉。

争议焦点：周某财未完成运输的事实是否构成犯罪未遂？

辩护意见：

上诉人周某财上诉提出：一审判决对其犯罪未遂及从犯情节视而不见，导致量刑过重，请求二审从轻改判……

二审法院认为：

上诉人周某财明知是伪造的人民币而运输，数额特别巨大，其行为已构成运输假币罪……上诉人周某财提出“其在运输假币途中即被抓获，属犯罪未遂，且运输假币系听从他人指挥，应属于从犯，原判量刑过重”的上诉理由。经查，周某财收取运费，驾驶轿车将假币从广东运至湖南，其已实施运输行为，属犯罪既遂……一审法院在量刑过程中已充分考虑了周某财的犯罪事实、犯罪性质以及相关酌定情节，对其量刑并无不当，故其上诉理由不能成立，本院不予采纳。

裁判结果

驳回上诉，维持原判。

196 假币未实际交付不影响出售、购买假币罪的既遂

裁判要点

交易双方已就假币的价格、数量、时间、地点等交易核心要约条件达成一致，且已将交易的假币带到交易现场，行为人买卖假币的行为就已完成，未完成交付不影响犯罪的既遂。

裁判思路

基本案情[①]**：**

2018 年 6 月，被告人李某能、池某云、刘某韬、李某籍共同商议并决定向他人出售假美元，被告人刘某忠表达有购买意向，双方开始就交易进行谈判。

2019 年 1 月 9 日，刘某韬、李某籍与刘某忠面谈，就交易数量、交易地点、交易时间、交易安全等事宜进一步磋商。

2019 年 1 月 25 日，李某籍和刘某忠确定最终交易事宜，即交易数量为 300 本，每本为 100 张 100 元面值的假美元，交易单价为池某云与刘某忠先前确定的每张 100 元面值的假美元售 2.6 元人民币，交易地点为曲靖。

2019 年 1 月 29 日，刘某韬、李某籍等人驾车到曲靖与买家进行交易。当日 16 时许，刘某忠和买家蒋某（另案处理）在李某籍的带领下，到达某农家乐与刘某韬等人进行交易，刘某韬、李某籍、刘某忠等人在交易时被当场抓获，并查扣疑似美元的 100 元券纸币 30149 张。

经鉴定，所查扣疑似美元的纸币均为假币。依案发当日人民币对美元汇率中行折算价，本案涉案假美元折合人民币 20307160.44 元。

一审法院认为，李某能、刘某韬、李某籍、池某云犯购买、出售假币罪，分别判处十年六个月至六年不等有期徒刑，并处人民币十五万元至六万元不等罚金；刘某忠犯购买假币罪，判处有期徒刑五年，并处罚金人民币五万元。后李某能、刘某韬、李某籍、刘某忠等人提起上诉。

争议焦点：假币未实际交付是否构成犯罪未遂？

辩护意见：

李某能的辩护人提出：双方的交易行为没有实际发生，系未遂，未遂犯可比照既遂犯从轻或减轻处罚。

二审法院认为：

被告人李某能、刘某韬、李某籍、刘某忠的辩护人提出本案属犯罪未遂，被告人池某云的辩护人提出其属犯罪预备的辩护意见。经查，本案五被告人互相间已完成约定交易假币的价格、数量、时间、地点等交易核心要约条件，且已将交易的假币带到交易现场，双方系在点验假币的过程中被公安人员抓获，其买卖假

---

① 案件来源：李某能、刘某韬出售、购买假币案【云南省曲靖市中级人民法院（2019）云 0302 刑初 973 号】。

币的行为已完成。根据《刑法》的规定，出售、购买假币罪属行为犯，只要行为人买卖假币的行为已实施完成，就应视为犯罪既遂，至于标的物是否交付，不影响买卖关系的确立，故本案的犯罪形态属犯罪既遂。因此，五被告人辩护人的该辩护意见不能成立，不予采纳。

裁判结果

一、被告人李某能犯购买、出售假币罪，判处有期徒刑十年零六个月，并处罚金人民币十五万元。

二、被告人刘某韬犯购买、出售假币罪，判处有期徒刑十年，并处罚金人民币十五万元。

……

197 出售、购买假币罪是否既遂，需结合交易意图与交易进程综合判断

裁判要点

一般而言，行为人将假币现实地带入了交易环节，便构成出售、购买假币的犯罪既遂。如果双方并未达成完整的合意，应认定为犯罪未遂。

裁判思路

基本案情[①]**：**

2012年5月23日，被告人裴某枝携带伪造的2005版第五套人民币100元券8570张从河南前往四川成都贩卖。

5月25日9时许，裴某枝入住成都市金牛区某宾馆。当日11时许，被告人张某到达旅馆门口，正与裴某枝交易假币时，被民警现场抓获。

民警当场从裴某枝随身携带的挎包内查获假人民币20万元，随后又在房间床下三个布包内查获假人民币65.7万元。

一审法院认为，裴某枝犯出售、运输假币罪，判处有期徒刑十一年，并处罚

① 案件来源：裴某枝出售、运输、购买假币案【四川省高级人民法院（2013）川刑终字第59号】。

金人民币十万元；张某犯购买假币罪，判处有期徒刑八年，并处罚金人民币五万元。后张某提起上诉。

争议焦点：已将假币带入交易点但未达成合意，是否构成购买假币罪既遂？

辩护意见：

张某提起上诉称：其是介绍他人购买，还处于准备购买阶段，尚未确定购买数量，现场从裴某枝身上查获的假币不足20万元，其有立功表现，假币未流入社会，请求从轻处罚。

二审法院认为：

本院认为，原审被告人裴某枝从河南运输伪造的人民币85.7万元到成都进行贩卖，其行为已构成出售、运输假币罪。上诉人（原审被告人）张某购买伪造的人民币20万元，其行为已构成购买假币罪。二人出售、购买、运输假币的数额特别巨大，应依法惩处。裴某枝、张某已经着手实行贩卖、购买假币行为，由于其意志以外的原因未得能逞，属犯罪未遂，故对裴某枝出售假币20万元、张某购买假币20万元的犯罪行为，依法可以比照既遂犯从轻或者减轻处罚……

关于张某提出的其系犯罪未遂的上诉意见，原判已予以认定，并对其从轻处罚。其又系累犯，故其请求再予从轻处罚的意见，本院不予采纳。

裁判结果

驳回上诉，维持原判。

198 购买无法正常流通使用的冥币，应按照购买假币罪犯罪未遂处理

裁判要点

行为人受欺骗，购买无法正常流通使用的冥币，构成购买假币罪犯罪未遂，依法可减轻处罚。

裁判思路

基本案情[①]**：**

2015年底，被告人郭某利与张某通过网上认识，张某及一名叫“二哥”的人利用真版人民币欺骗郭某利说是台湾版的“高仿制假钱，验钞机验不出来”，并当着郭某利的面消费和使用，同时给郭某利几百元让郭某利消费，致使郭某利相信其使用的钱就是验钞机验不出来的假币。

2016年2月23日，郭某利携带10万元人民币到安徽省界首市，在该市一咖啡馆的房间内，从张某、“二哥”处购买假币45万元，因系第一次购买，张某从10万元中抽出1000元给了郭某利。郭某利回到家中后，发现购买的假币全是冥币。次日，郭某利到公安局报案，称被人诈骗10万元并将如何被骗的事实和经过向公安机关详细陈述。

2016年12月20日，郭某利接到公安局传唤再次到公安机关如实供述了其购买假币的事实。

争议焦点：行为人受欺骗，购买无法正常流通使用的冥币，应当如何定罪量刑？

辩护意见：

郭某利的辩护人提出：被告人郭某利购买假币时购买成了冥币，系犯罪未遂，应比照既遂对被告人郭某利减轻处罚。

法院认为：

本院认为，被告人郭某利购买伪造的假币，数额特别巨大，其行为符合购买假币罪的构成要件，构成了购买假币罪，公诉机关指控被告人郭某利犯购买假币罪事实清楚，证据充分，罪名成立，本院予以支持……被告人郭某利已经着手实施犯罪，由于意志以外的原因未能得逞，系犯罪未遂，依法可减轻处罚……

裁判结果

被告人郭某利犯购买假币罪，判处有期徒刑三年，缓刑三年，并处罚金人民币五万元。

① 案件来源：郭某利购买假币案【河南省扶沟县人民法院（2017）豫1621刑初126号】。

199 事中参与出售、购买、运输假币行为的构成本罪的帮助犯

裁判要点

行为人事先不知道他人实施出售、购买、运输假币行为，得知真相后又继续参与的，构成出售、购买、运输假币罪的帮助犯。

裁判思路

基本案情[①]**：**

2020年6月14日晚，被告人王某二驾车到河南省沈丘县外，以人民币35000元的价格从孙某处购买冠字号为R38S569220百元面值假人民币1799张、冠字号K3R9077052百元面值假人民币1300张、冠字号R97X686854百元面值假人民币1张，前述假币面额总计310000元。

后王某二将所购假币藏匿于其驾驶车辆内脚垫下，并于次日驾驶该车辆载乘被告人杨某开往辽宁省沈阳市，欲将所购假币予以使用、销售。杨某明知王某二购买、运输假币，仍在其运输途中提供帮助。后二被告人在途经某高速服务区时被公安机关查获。

一审法院认为，王某二犯购买、运输假币罪，判处有期徒刑十年，并处罚金人民币二十万元；杨某犯非法持有假币罪，判处有期徒刑七年，并处罚金人民币十万元。后杨某提起上诉。

争议焦点：事前不知他人购买假币，得知真相后又继续参与的，是否构成犯罪？

辩护意见：

杨某上诉提出：其对王某二购买假币的事以前不知道，上车才知道，原判量刑过重。

二审法院认为：

原审被告人王某二明知是伪造的货币而购买、运输，数额特别巨大，其行为构成购买、运输假币罪；上诉人杨某明知是伪造的货币而帮助王某二运输，数额

① 案件来源：杨某运输假币案【辽宁省本溪市中级人民法院（2021）辽05刑终14号】。

特别巨大，其行为构成运输假币罪。原审被告人王某二、上诉人杨某系共同故意犯罪。原审被告人王某二购买假币，并将假币藏匿于轿车上运输，在共同犯罪中起主要作用，系主犯，应当按照其所参与或组织、指挥的全部犯罪处罚。原审被告人王某二到案后如实供述犯罪事实，系坦白，且愿意接受处罚，可以从轻处罚。上诉人杨某明知王某二运输假币，在王某二下车期间帮助看管假币，系运输假币的共犯，构成运输假币罪。

裁判结果

一、维持辽宁省本溪满族自治县人民法院（2020）辽0521刑初125号刑事判决第一项、第三项，即被告人王某二犯购买、运输假币罪，判处有期徒刑十年，并处罚金人民币二十万元……

二、撤销辽宁省本溪满族自治县人民法院（2020）辽0521刑初125号刑事判决第二项，即被告人杨某犯非法持有假币罪，判处有期徒刑七年，并处罚金人民币十万元。

三、上诉人杨某犯运输假币罪，判处有期徒刑三年六个月，并处罚金人民币五万元。

200 在假币相关的共同犯罪中，对共犯应按照共同犯罪的全部数额认定，而不应分别认定

裁判要点

在假币相关的共同犯罪中，对共犯的犯罪数额应按照共同犯罪的全部数额认定，而不应分别认定。

裁判思路

基本案情[①]**：**

2019年8月12日，被告人李某刚驾车、李某节乘坐张某一驾驶的车辆到河

---

① 案件来源：李某刚、李某节购买、运输假币案【河南省信阳市中级人民法院（2020）豫15刑终435号】。

南省周口市某地与提前联系好的上家进行假币交易，购买假人民币两箱。

在运输假币返回途中，李某节乘坐张某一驾驶的车辆先行望风探路，李某刚驾车装载两箱假币随后听从李某节电话指引返程。19时许，李某刚驾车行驶至安徽省临泉县某地，被公安民警当场抓获，并现场扣押疑似假币两箱。

李某节发现李某刚的车没有跟上后，就让张某一返回查看情况，后逃离，随即被公安机关布控抓获。

经中国人民银行清点并鉴定，李某刚车上现场扣押的两箱及遮阳板里的4张纸币均系面值100元的假人民币，共计金额401.04万元。

一审法院认为，李某刚犯购买、运输假币罪，判处有期徒刑十二年，剥夺政治权利三年，并处罚金人民币二十万元；李某节犯购买、运输假币罪，判处有期徒刑十四年，剥夺政治权利五年，并处罚金人民币三十万元。后二人提起上诉。

争议焦点：行为人各自付款提货，是否可以认定没有共同犯罪故意，不按查获假币总数额定罪量刑，而按照其各自的提货数额认定为犯罪数额？

辩护意见：

李某节上诉称：其二人系各自购买假币200万元，不应以总数额作为量刑依据。请求改判从轻处罚。

其辩护人认为：二被告人各自付款提货，没有共同犯罪故意，不应按查获假币总数额定罪量刑。

二审法院认为：

上诉人李某刚、李某节二人事先共同预谋并单独使用老年手机号码与贩卖假币的上线联系后，相约到周口市某地进行假币交易，后在上诉人李某节乘车在前望风探路、上诉人李某刚在后驾车装载假币返回途中被布控的侦查机关民警擒获，当场查获面值为100元的假人民币两箱及4张，经开箱清点及送中国人民银行光山县支行鉴定，总金额达401.04万元。侦查及抓获过程的监控视听和执法记录仪资料，与二上诉人关于交易之前看过假币样品，由上诉人李某节到银行取款、上诉人李某刚从其所携带的黑色提包中掏钱交付给上线后获得假币的供述等能够相互印证，证明了二上诉人共同购买、运输假币401.04万元的犯罪事实。上诉人李某刚及其辩护人称李某刚未参与购买及对运输的假币不知情的辩解、辩护理由不能成立，本院不予采纳；上诉人李某节称其与上诉人李某刚系各自单独购买，其只应对假币总额的一半负责的辩解理由，与其二人相互配合、共同实施和完成购买、运输假币401.04万元犯罪的事实不符，本院不予采纳……

裁判结果

驳回上诉，维持原判。

201 出售、购买、运输境外假币应依照规定折合成人民币计算犯罪数额

裁判要点

以正在流通的境外货币为对象的假币犯罪，假境外货币的数额应按照案发当日中国外汇交易中心或中国人民银行授权机构公布的人民币对该货币的中间价折合成人民币计算。

裁判思路

基本案情①：

2019 年 3 月 5 日 11 时，被告人陶某携带美元假币在某市五华区某地出售给王某时，被公安民警抓获，当场从陶某随身携带的棕色布袋内查获贩卖的冠字号为“HB”“JB”的百元面值的假美元 1437 张，面值 143700 美元。

经中国人民银行鉴定认为，总计 1437 张美元为伪造假币。另查明，本案案发当日现汇买入价为 669. 29 元，查获的假美元折合人民币 961769. 73 元。

一审法院认为，陶某犯出售假币罪，判处有期徒刑七年，并处罚金人民币十万元。后陶某提起上诉。

争议焦点：以正在流通的境外货币为对象的假币犯罪，假境外货币犯罪的数额应当如何计算？

辩护意见：

陶某上诉提出：本案应以查获假币的面额认定，不应折算为人民币，且部分假币不属于出售范畴，应予扣除，贩卖的假币仅属“数额巨大”。

二审法院认为：

……以正在流通的境外货币为对象的假币犯罪，假境外货币犯罪的数额，依

---

① 案件来源：陶某出售假币案【云南省昆明市中级人民法院（2019）云 01 刑终 1121 号】。

法应按照案发当日中国外汇交易中心或中国人民银行授权机构公布的人民币对该货币的中间价折合成人民币计算。上诉人陶某为牟利出售假美元，折合人民币961769.73元，属数额特别巨大。关于“贩卖假币仅属数额巨大”的上诉观点，本院不予采纳，其他上诉意见，本院已经注意。原审法院综合上诉人犯罪的情节、社会危害的程度、认罪悔罪的表现，所作刑罚裁量并无不当。

裁判结果

驳回上诉，维持原判。

三、实务建议

近年来，随着移动支付的普及，货币类犯罪呈逐年下降的趋势，但实践中仍出现了一些新的法律适用问题。我们在对重点案例梳理的基础上，结合实际办案经验，提出以下建议。

（一）从事运输行业的主体应当确认运输货物的合法性

本罪属于故意犯罪，行为人必须对运输假币的行为存在一定的主观认识。以运输假币为例，如果运输人受蒙骗不清楚所运输货物是假币的，不构成犯罪。但是，如果运输人对犯罪存在概括故意，实务中一般会以结果来认定行为的性质。概括故意是指行为人明知自己的行为会发生危害社会的结果，只是对侵害范围与侵害性质的认识尚不明确的心理态度。例如，在吴某歌出售、购买、运输假币一案中，行为人虽然不清楚运输的货物是假币，但对货物的违法性是有认识的。因此，运输假币的结果并未超出其概括的犯罪故意，该行为构成运输假币罪。

（二）如发现交易异常，应立刻解除合作，并报告公安机关

部分行为人在交易之初并不清楚交易相关人的犯罪行为，客观上为犯罪提供了帮助。例如，为犯罪者提供运输服务或交易场所。但是，发现真相后，又碍于经济利益，选择维系合作关系，以为这种行为不会构成犯罪，这是一种认识误区。理论上，将这种中途加入的犯罪称为承继的共同犯罪，为出售、购买、运输假币的犯罪者提供帮助的，依旧会被认定为犯罪。

(三) 改变只有出售、购买、运输假人民币才涉嫌犯罪的错误认识

本罪的犯罪对象既包括人民币，也包括可在国内市场流通的境外货币，如美元、英镑等。一些人认为，出售、购买、运输假币罪的货币不包括外国货币，因为这不会对我国的金融秩序产生影响，这是一种错误的认识。司法实践中，因出售、购买、运输假境外货币被定罪处罚的案例比比皆是。因此，应当改变只有出售、购买、运输假人民币才涉嫌犯罪的错误认识。

四、法律规范

(一) 法律

《中华人民共和国刑法》(2020年修正)

第一百七十一条第一款 出售、购买伪造的货币或者明知是伪造的货币而运输，数额较大的，处三年以下有期徒刑或者拘役，并处二万元以上二十万元以下罚金；数额巨大的，处三年以上十年以下有期徒刑，并处五万元以上五十万元以下罚金；数额特别巨大的，处十年以上有期徒刑或者无期徒刑，并处五万元以上五十万元以下罚金或者没收财产。

(二) 司法解释

1.《最高人民法院关于审理伪造货币等案件具体应用法律若干问题的解释(二)》(2010年11月3日施行 法释〔2010〕14号)

第三条 以正在流通的境外货币为对象的假币犯罪，依照刑法第一百七十条至第一百七十三条的规定定罪处罚。

假境外货币犯罪的数额，按照案发当日中国外汇交易中心或者中国人民银行授权机构公布的人民币对该货币的中间价折合成人民币计算。中国外汇交易中心或者中国人民银行授权机构未公布汇率中间价的境外货币，按照案发当日境内银行人民币对该货币的中间价折算成人民币，或者该货币在境内银行、国际外汇市场对美元汇率，与人民币对美元汇率中间价进行套算。

第四条 以中国人民银行发行的普通纪念币和贵金属纪念币为对象的假币犯

罪，依照刑法第一百七十条至第一百七十三条的规定定罪处罚。

假普通纪念币犯罪的数额，以面额计算；假贵金属纪念币犯罪的数额，以贵金属纪念币的初始发售价格计算。

2.《最高人民法院关于审理伪造货币等案件具体应用法律若干问题的解释》(2000年9月14日施行　法释〔2000〕26号)

第三条　出售、购买假币或者明知是假币而运输，总面额在4000元以上不满5万元的，属于“数额较大”；总面额在5万元以上不满20万元的，属于“数额巨大”；总面额在20万元以上的，属于“数额特别巨大”，依照刑法第一百七十一条第一款的规定定罪处罚。

第七条　本解释所称“货币”是指可在国内市场流通或者兑换的人民币和境外货币。

货币面额应当以人民币计算，其他币种以案发时国家外汇管理机关公布的外汇牌价折算成人民币。

(三) 立案标准

《最高人民检察院、公安部关于公安机关管辖的刑事案件立案追诉标准的规定（二）》(2022年5月15日施行　公通字〔2022〕12号)

第十五条　出售、购买伪造的货币或者明知是伪造的货币而运输，涉嫌下列情形之一的，应予立案追诉：

(一) 总面额在四千元以上或者币量在四百张（枚）以上的；

(二) 总面额在二千元以上或者币量在二百张（枚）以上，二年内因出售、购买、运输假币受过行政处罚，又出售、购买、运输假币的；

(三) 其他出售、购买、运输假币应予追究刑事责任的情形。

在出售假币时被抓获的，除现场查获的假币应认定为出售假币的数额外，现场之外在行为人住所或者其他藏匿地查获的假币，也应认定为出售假币的数额。

(四) 司法解释性质文件

《最高人民法院关于印发〈全国法院审理金融犯罪案件工作座谈会纪要〉的通知》(2001年1月21日施行　法〔2001〕8号)

(二) 关于破坏金融管理秩序罪

2. 关于假币犯罪

假币犯罪的认定。假币犯罪是一种严重破坏金融管理秩序的犯罪。只要有证据证明行为人实施了出售、购买、运输、使用假币行为，且数额较大，就构成犯罪。伪造货币的，只要实施了伪造行为，不论是否完成全部印制工序，即构成伪造货币罪；对于尚未制造出成品，无法计算伪造、销售假币面额的，或者制造、销售用于伪造货币的版样的，不认定犯罪数额，依据犯罪情节决定刑罚。明知是伪造的货币而持有，数额较大，根据现有证据不能认定行为人是为了进行其他假币犯罪的，以持有假币罪定罪处罚；如果有证据证明其持有的假币已构成其他假币犯罪的，应当以其他假币犯罪定罪处罚。

假币犯罪罪名的确定。假币犯罪案件中犯罪分子实施数个相关行为的，在确定罪名时应把握以下原则：

（1）对同一宗假币实施了法律规定为选择性罪名的行为，应根据行为人所实施的数个行为，按相关罪名刑法规定的排列顺序并列确定罪名，数额不累计计算，不实行数罪并罚。

（2）对不同宗假币实施法律规定为选择性罪名的行为，并列确定罪名，数额按全部假币面额累计计算，不实行数罪并罚。

（3）对同一宗假币实施了刑法没有规定为选择性罪名的数个犯罪行为，择一重罪从重处罚。如伪造货币或者购买假币后使用的，以伪造货币罪或购买假币罪定罪，从重处罚。

（4）对不同宗假币实施了刑法没有规定为选择性罪名的数个犯罪行为，分别定罪，数罪并罚。

出售假币被查获部分的处理。在出售假币时被抓获的，除现场查获的假币应认定为出售假币的犯罪数额外，现场之外在行为人住所或者其他藏匿地查获的假币，亦应认定为出售假币的犯罪数额。但有证据证实后者是行为人有实施其他假币犯罪的除外。

制造或者出售伪造的台币行为的处理。对于伪造台币的，应当以伪造货币罪定罪处罚；出售伪造的台币的，应当以出售假币罪定罪处罚。

（五）行政法规和部门规章

1.《中国人民银行货币鉴别及假币收缴、鉴定管理办法》（2020年4月1日施行　中国人民银行令〔2019〕第3号）

第一条　为规范货币鉴别及假币收缴、鉴定行为，保护货币持有人的合法权益，根据《中华人民共和国中国人民银行法》、《中华人民共和国商业银行法》、《全国人民代表大会常务委员会关于惩治破坏金融秩序犯罪的决定》和《中华人民共和国人民币管理条例》，制定本办法。

第二条 在中华人民共和国境内设立的办理存取款、货币兑换等业务的银行业金融机构（以下简称金融机构）鉴别货币和收缴假币，中国人民银行及其分支机构和其授权的鉴定机构（以下统称鉴定单位）鉴定货币真伪，适用本办法。

第三条 本办法所称货币是指人民币和外币。人民币是指中国人民银行依法发行的货币，包括纸币和硬币。外币是指在中华人民共和国境内可存取、兑换的其他国家（地区）流通中的法定货币。

本办法所称假币是指不由国家（地区）货币当局发行，仿照货币外观或者理化特性，足以使公众误辨并可能行使货币职能的媒介。

假币包括伪造币和变造币。伪造币是指仿照真币的图案、形状、色彩等，采用各种手段制作的假币。变造币是指在真币的基础上，利用挖补、揭层、涂改、拼凑、移位、重印等多种方法制作，改变真币原形态的假币。

第五条 个人或者单位主动向中国人民银行分支机构上缴假币的，中国人民银行分支机构予以没收。

个人或者单位主动向金融机构上缴假币的，金融机构依照本办法第三章实施。

第十四条 金融机构在办理存取款、货币兑换等业务时发现假币的，应当予以收缴。

第十六条 金融机构在收缴假币过程中有下列情形之一的，应当立即报告当地中国人民银行分支机构和公安机关：

（一）一次性发现假币5张（枚）以上和当地中国人民银行分支机构和公安机关发文另有规定的两者较小者；

（二）利用新的造假手段制造假币的；

（三）获得制造、贩卖、运输、持有或者使用假币线索的；

（四）被收缴人不配合金融机构收缴行为的；

（五）中国人民银行规定的其他情形。

第十八条 金融机构应当将收缴的假币每月全额解缴到当地中国人民银行分支机构，不得自行处理。

金融机构所在地没有中国人民银行分支机构的，由其所在地上一级中国人民银行分支机构确定假币解缴单位。

第二十条 被收缴人对收缴单位作出的有关收缴具体行政行为有异议，可以在收到《假币收缴凭证》之日起60日内向直接监管该金融机构的中国人民银行分支机构申请行政复议，或者依法提起行政诉讼。

第二十一条 被收缴人对被收缴货币的真伪有异议的，可以自收缴之日起3个工作日内，持《假币收缴凭证》直接或者通过收缴单位向当地鉴定单位提出书面鉴定申请。鉴定单位应当即时回复能否受理鉴定申请，不得无故拒绝。

鉴定单位应当无偿提供鉴定服务，鉴定后应当出具按照中国人民银行统一规范制作的《货币真伪鉴定书》，并加盖货币鉴定专用章和鉴定人名章。

第二十二条 鉴定单位鉴定时，应当至少有2名具备货币真伪鉴定能力的专业人员参与，并作出鉴定结论。

第二十三条 鉴定单位应当自收到鉴定申请之日起2个工作日内，通知收缴单位报送待鉴定货币。

收缴单位应当自收到鉴定单位通知之日起2个工作日内，将待鉴定货币送达鉴定单位。

第二十四条 鉴定单位应当自受理鉴定之日起15个工作日内完成鉴定并出具《货币真伪鉴定书》。因情况复杂不能在规定期限内完成的，可以延长至30个工作日，但应当以书面形式向收缴单位或者被收缴人说明原因。

第二十五条 对盖有“假币”字样戳记的人民币纸币，经鉴定为真币的，由鉴定单位交收缴单位按照面额兑换完整券退还被收缴人，并收回《假币收缴凭证》，盖有“假币”戳记的人民币按不宜流通人民币处理；经鉴定为假币的，由鉴定单位予以没收，并向收缴单位和被收缴人开具《货币真伪鉴定书》和《假人民币没收收据》。

对收缴的外币纸币和各种硬币，经鉴定为真币的，由鉴定单位交收缴单位退还被收缴人，并收回《假币收缴凭证》；经鉴定为假币的，由鉴定单位将假币退回收缴单位依法收缴，并向收缴单位和被收缴人出具《货币真伪鉴定书》。

第二十八条 被收缴人对中国人民银行及其分支机构授权的鉴定机构作出的鉴定结果有异议，可以在收到《货币真伪鉴定书》之日起60日内向鉴定机构所在地的中国人民银行分支机构申请再鉴定。

被收缴人对中国人民银行分支机构作出的鉴定结果有异议，可以在收到《货币真伪鉴定书》之日起60日内向中国人民银行分支机构的上一级机构申请再鉴定。

2.《中华人民共和国人民币管理条例》(2018 年修订)

第二十四条 办理人民币存取款业务的金融机构应当根据合理需要的原则，办理人民币券别调剂业务。

第二十五条 禁止非法买卖流通人民币。

纪念币的买卖，应当遵守中国人民银行的有关规定。

第二十六条 禁止下列损害人民币的行为：

(一) 故意毁损人民币；

(二) 制作、仿制、买卖人民币图样；

(三) 未经中国人民银行批准，在宣传品、出版物或者其他商品上使用人民币图样；

(四) 中国人民银行规定的其他损害人民币的行为。

前款人民币图样包括放大、缩小和同样大小的人民币图样。

第二十七条 人民币样币禁止流通。

人民币样币的管理办法，由中国人民银行制定。

第二十八条 任何单位和个人不得印制、发售代币票券，以代替人民币在市场上流通。

第二十九条 中国公民出入境、外国人入出境携带人民币实行限额管理制度，具体限额由中国人民银行规定。

第三十条 禁止伪造、变造人民币。禁止出售、购买伪造、变造的人民币。禁止走私、运输、持有、使用伪造、变造的人民币。

第三十一条 单位和个人持有伪造、变造的人民币的，应当及时上交中国人民银行、公安机关或者办理人民币存取款业务的金融机构；发现他人持有伪造、变造的人民币的，应当立即向公安机关报告。

第三十二条 中国人民银行、公安机关发现伪造、变造的人民币，应当予以没收，加盖“假币”字样的戳记，并登记造册；持有人对公安机关没收的人民币的真伪有异议的，可以向中国人民银行申请鉴定。

公安机关应当将没收的伪造、变造的人民币解缴当地中国人民银行。

第三十三条 办理人民币存取款业务的金融机构发现伪造、变造的人民币，数量较多、有新版的伪造人民币或者有其他制造贩卖伪造、变造的人民币线索的，应当立即报告公安机关；数量较少的，由该金融机构两名以上工作人员当面予以收缴，加盖“假币”字样的戳记，登记造册，向持有人出具中国人民银行统一印制的收缴凭证，并告知持有人可以向中国人民银行或者向中国人民银行授权的国有独资商业银行的业务机构申请鉴定。对伪造、变造的人民币收缴及鉴定的具体办法，由中国人民银行制定。

办理人民币存取款业务的金融机构应当将收缴的伪造、变造的人民币解缴当地中国人民银行。

第三十四条 中国人民银行和中国人民银行授权的国有独资商业银行的业务机构应当无偿提供鉴定人民币真伪的服务。

对盖有“假币”字样戳记的人民币，经鉴定为真币的，由中国人民银行或者中国人民银行授权的国有独资商业银行的业务机构按照面额予以兑换；经鉴定为假币的，由中国人民银行或者中国人民银行授权的国有独资商业银行的业务机构予以没收。

中国人民银行授权的国有独资商业银行的业务机构应当将没收的伪造、变造的人民币解缴当地中国人民银行。

第三十五条 办理人民币存取款业务的金融机构应当采取有效措施，防止以伪造、变造的人民币对外支付。

办理人民币存取款业务的金融机构应当在营业场所无偿提供鉴别人民币真伪的服务。

第三十六条 伪造、变造的人民币由中国人民银行统一销毁。

第三十七条 人民币反假鉴别仪应当按照国家规定标准生产。

人民币反假鉴别仪国家标准，由中国人民银行会同有关部门制定，并协助组织实施。

第三十八条 人民币有下列情形之一的，不得流通：

（一）不能兑换的残缺、污损的人民币；

（二）停止流通的人民币。

第三十九条 印制人民币的企业和有关人员有下列情形之一的，由中国人民银行给予警告，没收违法所得，并处违法所得1倍以上3倍以下的罚款，没有违法所得的，处1万元以上10万元以下的罚款；对直接负责的主管人员和其他直接责任人员，依法给予纪律处分：

（一）未按照中国人民银行制定的人民币质量标准和印制计划印制人民币的；

（二）未将合格的人民币产品全部解缴中国人民银行人民币发行库的；

（三）未按照中国人民银行的规定将不合格的人民币产品全部销毁的；

（四）未经中国人民银行批准，擅自对外提供印制人民币的特殊材料、技术、工艺或者专用设备等国家秘密的。

第四十条　违反本条例第十三条规定的，由工商行政管理机关和其他有关行政执法机关给予警告，没收违法所得和非法财物，并处违法所得1倍以上3倍以下的罚款；没有违法所得的，处2万元以上20万元以下的罚款。

第四十一条　办理人民币存取款业务的金融机构违反本条例第二十一条第二款、第三款和第二十二条规定的，由中国人民银行给予警告，并处1000元以上5000元以下的罚款；对直接负责的主管人员和其他直接责任人员，依法给予纪律处分。

第四十二条　故意毁损人民币的，由公安机关给予警告，并处1万元以下的罚款。

第四十三条　违反本条例第二十五条、第二十六条第一款第二项和第四项规定的，由工商行政管理机关和其他有关行政执法机关给予警告，没收违法所得和非法财物，并处违法所得1倍以上3倍以下的罚款；没有违法所得的，处1000元以上5万元以下的罚款。

工商行政管理机关和其他有关行政执法机关应当销毁非法使用的人民币图样。

第四十四条　办理人民币存取款业务的金融机构、中国人民银行授权的国有独资商业银行的业务机构违反本条例第三十三条、第三十四条和第三十五条规定的，由中国人民银行给予警告，并处1000元以上5万元以下的罚款；对直接负责的主管人员和其他直接责任人员，依法给予纪律处分。

第四十五条　中国人民银行、公安机关、工商行政管理机关及其工作人员违反本条例有关规定的，对直接负责的主管人员和其他直接责任人员，依法给予行政处分。

第三节　持有、使用假币罪

我国《刑法》第一百七十二条规定了持有、使用假币罪。本罪名为选择性罪名，即分为持有假币罪和使用假币罪。本罪的行为方式较为特定，即明知是伪造的货币而持有、使用。本罪在主观方面要求行为人具有故意，即明知是假币而持有、使用。构成本罪要求持有、使用的货币数额较大，根据《刑事案件立案追诉标准（二）》的规定，持有、使用的假币总面额在 4000 元以上或者币量在 400 张（枚）以上即应当立案追诉。本罪与其他关联罪名的关系也是应当关注的重点。

为更好掌握司法实务中对持有、使用假币罪定罪量刑等方面的关注重点，我们对重点案例进行详细解析，通过研究司法机关的裁判思路，提炼了司法实务裁判要点。同时，我们梳理了与持有、使用假币罪相关的法律、司法解释、立案标准及政策法规等规定。

一、实务解析

（一）行为方式较为特定，即明知是伪造的货币而持有、使用

首先，本罪的犯罪对象是伪造的货币，但持有、使用自己伪造的货币的，仅认定为伪造货币罪，不以本罪论处。

其次，本罪是选择性罪名，只要行为人实施持有假币，或使用假币这二者之一的行为，就构成本罪。如果行为人同时实施上述行为，也只构成一罪，不能数罪并罚。

持有假币罪中的“持有”行为，不以所有为判定标准，只要行为人掌握、控制一定数额的假币，并将假币置于事实上的支配之下，就是持有假币行为。值得注意的是，持有假币罪的成立并不要求行为人具有使用的目的，假币是国家明令禁止的收藏品，收藏假币也涉嫌非法持有假币罪。

使用货币罪中的“使用”行为，以流通为必要因素，是一种发挥真货币的一般等价物功能，把假币置于流通领域的行为。使用行为主要包括：购买商品、

存入银行、赠与他人，利用假币入股、出借、缴纳租金等，或是将假币用于赌博等非法用途。但是，趁被害人不备，利用假币调换被害人真币的过程并非交易行为，没有使假币进入流通领域，不属于刑法意义上的“使用假币”行为，不构成持有、使用假币罪，而涉嫌盗窃罪。另外，使用假币应当以对方对假币性质不知情为前提，向知情的人出售假币等行为，不属于使用假币的行为，但可能涉嫌出售假币罪。

（二）主观方面要求行为人具有故意

构成持有、使用假币罪，要求行为人具有主观故意，即明知是假币而非法持有或者使用。一般而言，行为人明知是假币而持有，数额较大，但是在案证据不能认定行为人是为了实施其他假币犯罪，通常以持有假币定罪处罚。如果有证据证明行为人持有的假币已涉嫌其他假币犯罪的，则以其他假币犯罪定罪处罚。

（三）构成本罪要求持有、使用的货币数额较大

根据《刑事案件立案追诉标准（二）》的规定，对于总面额在4000元以上或者币量在400张（枚）以上的；或者总面额在2000元以上或者币量在200张（枚）以上，二年内因持有、使用假币受过行政处罚，又持有、使用假币的；以及其他持有、使用假币应予追究刑事责任的情形，应予立案追诉。

同时，根据《最高人民法院关于审理伪造货币等案件具体应用法律若干问题的解释》第五条之规定，总面额在4000元以上不满50000元的，属于“数额较大”；总面额在50000元以上不满200000元的，属于“数额巨大”；总面额在200000元以上的，属于“数额特别巨大”。

（四）本罪与其他关联罪名的关系

1. 使用假币罪与购买假币罪的关系

根据《最高人民法院关于审理伪造货币等案件具体应用法律若干问题的解释》第二条之规定，行为人购买假币后使用，构成犯罪的，应以购买假币罪定罪，从重处罚，而不以购买假币罪、使用假币罪数罪并罚。

2. 使用假币罪与伪造假币罪的关系

如果行为人使用自己伪造的货币的，仅认定为伪造货币罪，不以使用假币罪定罪处罚。如果行为人伪造货币后又使用他人伪造的货币，按照2001年1月21

日最高人民法院印发的《全国法院审理金融犯罪案件工作座谈会纪要》的规定，属于“对不同宗假币实施了刑法没有规定为选择性罪名的数个犯罪行为”，应当分别定罪，数罪并罚。

3. 持有假币罪与运输假币罪的关系

持有与运输是刑法上两个独立的行为，但它们之间时常有交叉，持有假币有时表现为随身携带假币，二者的主要区别在于行为人的主观故意内容不同。如果有证据证明行为人明知是假币而加以运输的，则以运输假币罪论处。对于不以运输的故意而随身携带假币的，则应以持有假币罪论处。

二、裁判要点

202 持有、使用假币罪的犯罪对象包括外币

裁判要点

持有、使用假币罪的犯罪对象包括外币，并不仅限于人民币。

裁判思路

基本案情[①]**：**

2019 年 11 月初，被告人冯某臣携带 101 张 100 面额的假美元，乘坐江某东驾驶的车辆到达贵州省某地。11 月 8 日，冯某臣被公安机关抓获，现场查获 101 张 100 面额的疑似假美元，金额共计 10100 美元。

经鉴定，查获的 101 张疑似假美元为假币。

一审法院认为，冯某臣犯持有假币罪，判处有期徒刑三年六个月，并处罚金人民币七万元。后冯某臣提起上诉。

二审法院认为：

上诉人冯某臣明知是假币而持有，数额巨大，其行为构成持有假币罪。原判定性准确，本院予以确认。上诉人冯某臣所提“其行为不构成持有假币罪”的上诉理由，经查，根据上诉人冯某臣的交代，证人江某东等人的证言，搜查笔

① 案件来源：冯某臣持有、使用假币案【贵州省遵义市中级人民法院（2020）黔 03 刑终 297 号】。

录、扣押决定书、货币真伪鉴定书等证据证实上诉人冯某臣明知是假美元而持有，其行为符合持有假币罪的构成要件，应认定为持有假币罪。该上诉理由不能成立，本院不予采纳。

裁判结果

驳回上诉，维持原判。

203 印有“魔术道具”字样的假币也可能被认定为持有、使用假币罪的犯罪对象

裁判要点

查获的假币虽印有“魔术道具”字样，但如果仿照了人民币的图案、形状、色彩等特征，符合我国法律规范中假币的定义，也属于持有、使用假币罪的犯罪对象。

裁判思路

基本案情①**：**

2018年1月，被告人吴某通过朋友黄某一介绍，承租了某房屋，并在该房屋内居住。同年4月4日18时许，公安局民警对其居住的单元进行检查时，现场查获冠字号为CT56584660人民币100元（2005版）1870张，共计187000元。

经人民银行鉴定，查获的上述人民币均为假币。

一审法院认为，吴某犯持有假币罪，判处有期徒刑七年，并处罚金人民币四万元。后吴某提起上诉。

争议焦点：印有“魔术道具”字样的假币是否属于持有、使用假币罪的犯罪对象？

辩护意见：

上诉人吴某提出：假币印有“魔术道具”字样，对是否属于假币表示质疑。原判认定事实不清，证据不足，量刑畸重。

---

① 案件来源：吴某持有假币案【湖北省汉江中级人民法院（2019）鄂96刑终60号】。

二审法院认为：

关于上诉人吴某提出假币印有“魔术道具”字样，对是否属于假币表示质疑；原判认定事实不清，证据不足，量刑畸重的上诉理由。经查，查获的假币背面虽印有“魔术道具”字样，但仿照了第五套2005年版人民币100元纸币的图案、形状、色彩等特征。根据《中国人民银行假币收缴、鉴定管理办法》中假币的定义及中国人民银行货币真伪鉴定书认定，吴某所持有的1870张100元纸币均为假币。原判认定的事实清楚，证据确实、充分……

裁判结果

驳回上诉，维持原判。

204 收藏假币涉嫌非法持有假币罪

裁判要点

假币是国家明令禁止的收藏品，收藏假币涉嫌非法持有假币罪。

裁判思路

基本案情①**：**

2009年2月18日，蓝山县公安局经侦大队在办案中获知廖某生持有大量假美元、德国马克和关金。公安民警在廖某生家门口将其抓获，随即依法对廖某生家进行了搜查，在廖某生家卧室的保险柜和书柜内发现了100元面值的假美金101张，以及部分假德国马克和假关金。

经鉴定，该101张美金均系机制假美金。按查获当日人民币与美元的汇率（100美元兑换人民币684.87元），该101张面值为100美元的假美金折算成人民币为69171.87元。

一审法院认为，廖某生犯持有假币罪，判处有期徒刑三年，缓刑四年，并处罚金人民币二万元。后廖某生提起上诉。

争议焦点：收藏假币，行为人是否涉嫌持有假币罪？

① 案件来源：廖某生持有假币罪案【湖南省永州市中级人民法院（2009）永中刑二终字第57号】。

辩护意见：

廖某生上诉提出：其没有持有假币的故意，是收藏，不是持有，既无危害行为，更无危害后果，原判认定事实错误，适用法律错误，不构成持有假币罪。

二审法院认为：

上诉人（原审被告人）廖某生明知是伪造的货币而持有且数额巨大，其行为已构成持有假币罪。廖某生上诉提出“其没有持有假币的故意，是收藏，不是持有，既无危害行为，更无危害后果，原判认定事实错误，适用法律错误，不构成持有假币罪”的理由。经查，上诉人廖某生违反国家货币管理法规，明知是伪造的美元而持有，且持有的数额按查获当时国家外汇管理机关公布的外汇牌价折算成人民币为69171.87元，属数额巨大。假币是国家明令禁止的收藏品，收藏行为就是一种非法持有，其本身已对社会造成了危害，原判认定事实清楚，定性准确，量刑适当，审判程序合法。故其上诉理由不能成立，本院不予采纳。

裁判结果

驳回上诉，维持原判。

205 明知是假币而持有，假币置于行为人事实上的支配状态时即犯罪既遂

裁判要点

行为人明知他人持有假币仍为其保管，假币置于其事实上的支配状态时，犯罪既遂，之后即使他人拿走部分假币，行为人仍应对全部假币承担刑事责任。

裁判思路

基本案情[①]**：**

上诉人何某贤、原审被告人周某泉系假币贩卖团伙成员。2019年3月底，周某泉将装有假币的行李箱交由何某贤保管。之后不久，周某泉从何某贤处取走部

---

① 案件来源：何某贤、周某泉持有、使用假币案【四川省眉山市中级人民法院（2020）川14刑终154号】。

分假币。

2019 年 4 月 2 日，民警将二人抓获。在周某泉租住的房屋内搜查出 100 元面值的疑似人民币 3495 张，总面值 349500 元。在何某贤租住的房屋中搜查出 100 元面值的疑似人民币 1630 张，总面值 163000 元。

经鉴定，以上疑似人民币均为假币。

一审法院认为，周某泉犯持有假币罪，判处有期徒刑六年，并处罚金人民币四万元；何某贤犯持有假币罪，判处有期徒刑七年六个月，并处罚金人民币四万元。后何某贤提起上诉。

争议焦点：行为人明知他人持有假币仍为其保管，之后他人取走部分假币，行为人是否需要对全部假币承担刑事责任?

辩护意见：

何某贤上诉提出：其无主观犯意，不构成持有假币罪，不应对周某泉拿走的 349500 元假币承担责任。

二审法院认为：

关于上诉人何某贤提出其无主观犯意，不构成持有假币罪的辩解理由。经查，在案有周某泉、何某贤的供述与辩解，情况说明，中国人民银行货币真伪鉴定书等证据相互印证，足以证实何某贤明知周某泉交给其的行李箱中装的是假币而予以保管，其行为构成持有假币罪。故该辩解理由不成立。

关于上诉人何某贤提出其不应对周某泉拿走的 349500 元假币承担责任的辩解理由。经查，上诉人何某贤在拿到周某泉交给其装有假币的行李箱时，该批假币即置于其事实上的支配，系犯罪既遂。何某贤的保管行为是不法状态的持续，其应当对行李箱中装有的全部假币承担刑责。故该辩解理由不成立。

裁判结果

驳回上诉，维持原判。

206 构成共同犯罪的，犯罪金额包括共同持有的部分以及个人独立持有的部分

裁判要点

对于持有假币罪行为人犯罪金额的计算，成立共同犯罪的，只计算共同明知的部分，各自独立持有的部分，按个人持有的单独计算。

裁判思路

基本案情①**：**

2019 年 8 月，被告人刘某和张某商议购买假币并使用假币赚钱。之后，刘某和张某一起购买假币带至张某的出租屋。为提高使用出假币的成功率，二被告人使用假币做旧工具对购买的假币进行裁剪、浸泡、揉搓等处理。

9 月 1 日，刘某、张某将做旧好的假币随身携带出门使用，被民警巡逻盘查时查获，当场从刘某身上搜出 50 元面额疑似假币 18 张，从张某身上搜出 50 元面额疑似假币 1 张。随后，民警在张某出租屋内搜出 50 元面额疑似假币 250 张、20 元面额疑似假币 187 张和假币做旧工具一套。

经鉴定，从刘某、张某身上及出租屋内搜出的 17190 元疑似假币均系假人民币。另查明，20 元面额疑似假币 187 张系张某和他人共同购买使用。

一审法院认为，张某犯持有假币罪，判处有期徒刑一年二个月，并处罚金人民币一万七千元；刘某犯持有假币罪，判处有期徒刑一年一个月，并处罚金人民币一万五千元。后张某提起上诉。

辩护意见：

辩护人认为：张某的犯罪金额不能算上刘某的，量刑建议为十个月，一审判一年二个月违背了认罪认罚的宗旨，量刑过重。

二审法院认为：

一审法院认定事实清楚，在对上诉人张某量刑时，综合考虑张某犯罪的性质、犯罪情节，对社会的危害性以及其在共同犯罪中的地位、作用，犯罪后的认

---

① 案件来源：张某、刘某持有、使用假币案【贵州省贵阳市中级人民法院（2020）黔 01 刑终 230 号】。

罪、悔罪表现等作出评判，对张某量刑适当……对于张某犯罪金额的计算，因其和刘某成立共同犯罪，只计算共同明知的部分，各自独立持有的部分，按个人持有的单独计算。对于张某的量刑建议，虽然在签署认罪认罚具结书所提为十个月，但在庭审中公诉机关已变更为一年一个月到一年五个月，一审法院对其判处有期徒刑一年二个月，并未违背认罪认罚的宗旨，量刑适当。故上述上诉理由及辩护意见不能成立，本院不予采纳。

裁判结果

驳回上诉，维持原判。

207 购买假币后又非法持有、使用，应以购买假币罪定罪，从重处罚

裁判要点

行为人购买假币后又非法持有、使用，构成犯罪的，应以购买假币罪定罪，从重处罚。

裁判思路

基本案情[①]**：**

2020 年 5 月 11 日，被告人何某群用人民币 1000 元购买了面额为 100 元假人民币 52 张。5 月 12 日至 13 日，被告人何某阳明知何某群用假人民币买东西换成真人民币实施犯罪行为，仍驾驶小轿车载乘何某群，由何某群加油、管饭。

5 月 13 日 8 时，何某群到陈某某的蛋糕店，用面额 100 元的假人民币购买了四个价值 12 元的面包，陈某某给其找回人民币 87 元（店主无 1 元零钱，故找 87 元）。

当日 12 时许，民警在对何某阳进行口头传唤调查时，在何某阳身上查获面额 100 元的疑似假人民币 1 张，并在车内查获面额 100 元的疑似假人民币 48 张。

---

① 案件来源：何某群、何某阳持有、使用假币案【陕西省商洛市中级人民法院（2021）陕 10 刑终 42 号】。

经鉴定，何某群在被害人陈某某处使用的、在车内查获的、何某阳身上扣押的共计 50 张面值为 100 元的人民币均为假币。

7 月 29 日，何某群到某店买面粉时被发现，后店主报警。民警在何某群身上扣押 100 元面值的疑似假人民币 4 张。经鉴定，4 张面额 100 元钞票均为假币。

一审法院认为，何某群犯购买假币罪，判处有期徒刑十个月，并处罚金人民币三万元；何某阳犯持有、使用假币罪，判处拘役五个月，并处罚金人民币二万元。后何某阳提起上诉。

二审法院认为：

原审被告人何某群违反金融管理秩序，明知是伪造的货币而购买，数额较大，其行为构成购买假币罪；何某群购买假币后又伙同上诉人何某阳非法持有并使用假币，数额较大，二人的行为均构成持有、使用假币罪，属共同犯罪；在共同犯罪中，何某群具体使用假币，系主要实施者，起主要作用，系主犯；何某阳明知何某群使用假币而为其提供便利，起辅助作用，系从犯，依法应予惩处。何某群购买假币后又非法持有、使用，构成购买假币罪，持有、使用假币罪，依照《最高人民法院关于审理伪造货币等案件具体应用法律若干问题的解释》第二条第一款之规定，应以购买假币罪定罪，从重处罚……

裁判结果

驳回上诉，维持原判。

208 行为人持有的假币未流入社会不是法定从轻、减轻处罚情节

裁判要点

持有、使用假币罪系对货币公共信用的危险犯，不以行为人具有使用的目的或造成现实危害作为成立本罪的要素，行为人持有的假币未流入社会不是法定从轻、减轻处罚情节。

裁判思路

基本案情[①]**：**

2017 年 9 月 12 日，被告人张某霞在客运站门口被公安机关查获，并当场从张某霞身上查获面额为 100 元的疑似假美元 551 张。随后，公安机关根据张某霞的交代，在其所居住的房屋进行搜查，当面查获面额为 100 元的疑似假美元 393 张。

经鉴定，涉案美元现钞共计 944 张，合计金额 94400 美元，均为假币。

一审法院认为，张某霞犯持有假币罪，判处有期徒刑十一年，并处罚金人民币六万元。后张某霞提起上诉。

争议焦点：行为人持有的假币未流入社会是否属于法定减轻处罚情节？

辩护意见：

上诉人称：其持有的假币没有流入社会，未造成现实危害，请求二审法院对其减轻处罚。

二审法院认为：

上诉人张某霞主观上明知其持有的 94400 美元系假币，且所涉假币长期处于上诉人张某霞事实上的支配之下，数额特别巨大，依法成立持有假币罪，一审法院定性准确，本院予以确认……本罪系对货币公共信用的危险犯，不以行为人具有使用的目的或造成现实危害作为成立本罪的要素，对上诉人张某霞及其辩护人主张涉案假币未流入社会，未造成严重后果的意见本院不予采纳……

裁判结果

驳回上诉，维持原判。

209 趁人不备用假币调换他人真币的行为，涉嫌盗窃罪

裁判要点

趁被害人不备，利用假币调换被害人真币的过程并非交易行为，没有使假币

---

① 案件来源：张某霞持有、使用假币案【云南省昆明市中级人民法院（2018）云 01 刑终 658 号】。

进入流通领域，不属于刑法意义上的“使用假币”行为，不构成持有、使用假币罪，而是涉嫌盗窃罪。

裁判思路

基本案情[①]**：**

2014年3月23日，被告人李某银伙同周某华（在逃）至吴某某家。二人谎称是电信局工作人员来换电缆线，把线放在吴某某家门口一个月，并将300元零钱付给吴某某作为堆放电缆线的租金。后以要去王经理家喝酒包红包为由，用零钱向吴某某兑换整钱。吴某某将4000元百元面额人民币交给李某银、周某华，后李某银、周某华又编造别人已帮其包好红包，不需要兑换零钱为由，趁被害人不备之机，将事先准备好的4000元假币掉包换下被害人的4000元真币，再将4000元假币还给被害人，从而窃取吴某某人民币4000元。

5月7日，李某银伙同周某华以上述同样方式掉包窃取程某某人民币5000元。当日，李某银被抓获归案，尚有7570元未退赃。

检察机关以李某银构成持有、使用假币罪对其提起公诉。

一审法院认为，李某银犯盗窃罪，判处有期徒刑一年二个月，并处罚金人民币一万元。后李某银提起上诉。

争议焦点：趁被害人不备，用假币调包被害人真币的行为，是否构成持有、使用假币罪？

辩护意见：

李某银的辩护人提出：对起诉书指控的罪名有异议，认为被告人李某银的行为不构成持有、使用假币罪，而构成诈骗罪。被告人用假币调包骗取了被害人的真币，而未将假币投入流通环节，故定持有、使用假币罪明显不当；被告人也不是以秘密方式窃取他人财物，也不构成盗窃罪；被告人采取欺骗手段，使被害人产生错误认识而处分财产，将钱交给被告人，被告人的行为符合诈骗罪的构成要件，故对李某银应定诈骗罪。

二审法院认为：

被告人李某银伙同他人以非法占有为目的，采用秘密手段，窃取他人财物，数额较大，其行为已构成盗窃罪。公诉机关指控的罪名不当。被告人李某银的辩护人提出李某银的行为不构成持有、使用假币罪，而构成诈骗罪的辩护意见，经

---

① 案件来源：李某银盗窃案【安徽省安庆市中级人民法院（2015）宜刑终字第00070号】。

查，持有、使用假币罪是指明知是伪造的货币而持有、使用，数额较大的行为。行为人掌握、控制一定数额的假币，并将假币置于事实上的支配之下，是持有假币行为。行为人隐瞒使用的是假币的事实，将假币作为真币而置于流通领域，使不具备流通性的假币得以充当真币而流通，以此骗取他人财物的行为，是使用假币的行为。

本案中，被告人李某银不是单纯地持有假币，而是利用假币实施了其他犯罪行为，且李某银伙同他人调换被害人真币的过程并非交易行为，没有使假币进入流通领域，不属于刑法意义上的“使用假币”行为，故对被告人李某银定持有、使用假币罪不当，本罪名不能反映本案的犯罪特征。故被告人的辩护人关于李某银的行为不构成持有、使用假币罪的辩护意见予以采纳；被告人李某银虽然向被害人虚构了要用零钱换整钱包红包的事实，但被害人并非基于上述虚构的事实产生错误认识而自愿交付财物，被害人只是听信李某银等人编造的谎言，好心帮忙兑换钱，没有处分其财物的意思表示。被告人的上述欺骗行为是为了掩饰其盗窃犯罪，被告人最终能取得被害人的财物，是趁被害人不备，采取掉包的方式，用同等面额的假币将真币调换，并占有真币，被害人对调包的事实毫不知情，这是采取秘密手段窃取他人财物的行为，被告人的行为符合盗窃罪的构成要件。故被告人李某银的辩护人提出李某银构成诈骗罪的辩护意见理由不充分，不予采纳……

裁判结果

一、撤销安徽省岳西县人民法院（2014）岳刑初字第00171号刑事判决的第一项、第二项，即被告人李某银犯盗窃罪，判处有期徒刑一年二个月，并处罚金人民币一万元……

二、上诉人李某银犯盗窃罪，判处有期徒刑一年一个月，并处罚金人民币一万元。

……

三、实务建议

为防止行为人触犯持有、使用假币罪，以至身陷囹圄。我们在对重点案例梳理的基础上，结合实际办案经验，提出以下建议。

（一）打破对“假币”的错误认识，重塑认知边界

司法实践中，部分被告人持有“假币就是假的人民币”“印有‘魔术道具’字样或图片的货币不是假币”等错误认识。但是，根据《中国人民银行货币鉴别及假币收缴、鉴定管理办法》，假币是指不由国家（地区）货币当局发行，仿照货币外观或者理化特性，足以使公众误辨并可能行使货币职能的媒介。假币既包括人民币，又包括外币；既包括伪造币，又包括变造币。因此，我国现有法律规范对假币的定义是非常宽泛的，只要仿照了发行货币的图案、形状、色彩等特征，就可能涉嫌假币类犯罪。

此外，虽然《刑法》第一百七十二条明确规定了持有、使用假币罪的对象是伪造的货币，持有、使用变造的货币是否构成本罪仍然存在争议，为了避免招致刑事法律风险，对于变造的货币也应当足够警惕。

（二）误收假币后切勿擅自收藏，应尽快上缴银行或公安机关

日常交易中，难免会收到假币，如果不能妥善处理，很可能会面临刑事法律风险。实践中，以个人收藏为目的持有数额较大的假币而受到刑事追诉的案例不在少数。原因在于，假币属于违禁品，个人收藏的行为亦违反相关法律法规，侵犯了货币的公共信用。收到假币后，切勿擅自收藏或将假币交付给其他人，应及时上缴人民银行、其他办理存取款业务的金融机构或公安机关。

（三）明知他人持有或使用假币，切勿“瞎掺和”

如果明知他人持有或使用假币，或者涉嫌其他假币犯罪，例如出售、购买、运输假币、伪造假币等，切不能“应邀帮忙”，否则可能被认定为假币类犯罪共犯，或者构成持有、使用假币罪。部分案件中，行为人明知他人持有假币，仍为其保管假币，当假币处于其事实上的支配状态时，即持有假币罪既遂。部分案件中，行为人明知他人购买假币后持有或使用假币，仍为其持有、使用提供帮助，同样构成持有、使用假币罪。即使假币最终未流入社会，也不影响其构成犯罪。因此，持有、使用假币罪并非遥不可及，只要识别出可疑货币，就应当及时妥善处理，只有如此，才能远离刑事法律风险。

四、法律规范

（一）法律

《中华人民共和国刑法》（2020 年修正）

第一百七十二条 明知是伪造的货币而持有、使用，数额较大的，处三年以下有期徒刑或者拘役，并处或者单处一万元以上十万元以下罚金；数额巨大的，处三年以上十年以下有期徒刑，并处二万元以上二十万元以下罚金；数额特别巨大的，处十年以上有期徒刑，并处五万元以上五十万元以下罚金或者没收财产。

（二）司法解释

《最高人民法院关于审理伪造货币等案件具体应用法律若干问题的解释》（2000 年 9 月 14 日施行 法释〔2000〕26 号）

第五条 明知是假币而持有、使用，总面额在 4000 元以上不满 5 万元的，属于“数额较大”；总面额在 5 万元以上不满 20 万元的，属于“数额巨大”；总面额在 20 万元以上的，属于“数额特别巨大”，依照刑法第一百七十二条的规定定罪处罚。

（三）立案标准

《最高人民检察院、公安部关于公安机关管辖的刑事案件立案追诉标准的规定（二）》（2022 年 5 月 15 日施行 公通字〔2022〕12 号）

第十七条 明知是伪造的货币而持有、使用，涉嫌下列情形之一的，应予立案追诉：

（一）总面额在四千元以上或者币量在四百张（枚）以上的；

（二）总面额在二千元以上或者币量在二百张（枚）以上，二年内因持有、使用假币受过行政处罚，又持有、使用假币的；

（三）其他持有、使用假币应予追究刑事责任的情形。

（四）司法解释性质文件

《最高人民法院关于印发〈全国法院审理金融犯罪案件工作座谈会纪要〉的通知》（2001年1月21日施行　法〔2001〕8号）

（二）关于破坏金融管理秩序罪

2. 关于假币犯罪

假币犯罪的认定。假币犯罪是一种严重破坏金融管理秩序的犯罪。只要有证据证明行为人实施了出售、购买、运输、使用假币行为，且数额较大，就构成犯罪。伪造货币的，只要实施了伪造行为，不论是否完成全部印制工序，即构成伪造货币罪；对于尚未制造出成品，无法计算伪造、销售假币面额的，或者制造、销售用于伪造货币的版样的，不认定犯罪数额，依据犯罪情节决定刑罚。明知是伪造的货币而持有，数额较大，根据现有证据不能认定行为人是为了进行其他假币犯罪的，以持有假币罪定罪处罚；如果有证据证明其持有的假币已构成其他假币犯罪的，应当以其他假币犯罪定罪处罚。

假币犯罪罪名的确定。假币犯罪案件中犯罪分子实施数个相关行为的，在确定罪名时应把握以下原则：

（1）对同一宗假币实施了法律规定为选择性罪名的行为，应根据行为人所实施的数个行为，按相关罪名刑法规定的排列顺序并列确定罪名，数额不累计计算，不实行数罪并罚。

（2）对不同宗假币实施法律规定为选择性罪名的行为，并列确定罪名，数额按全部假币面额累计计算，不实行数罪并罚。

（3）对同一宗假币实施了刑法没有规定为选择性罪名的数个犯罪行为，择一重罪从重处罚。如伪造货币或者购买假币后使用的，以伪造货币罪或购买假币罪定罪，从重处罚。

（4）对不同宗假币实施了刑法没有规定为选择性罪名的数个犯罪行为，分别定罪，数罪并罚。

出售假币被查获部分的处理。在出售假币时被抓获的，除现场查获的假币应认定为出售假币的犯罪数额外，现场之外在行为人住所或者其他藏匿地查获的假币，亦应认定为出售假币的犯罪数额。但有证据证实后者是行为人有实施其他假币犯罪的除外。

制造或者出售伪造的台币行为的处理。对于伪造台币的，应当以伪造货币罪定罪处罚；出售伪造的台币的，应当以出售假币罪定罪处罚。

第四节　变造货币罪

我国《刑法》第一百七十三条规定了变造货币罪。本罪的行为方式较为特定，即行为人在真人民币或者外币的基础上以真货币为基本材料，通过挖补、剪接、涂改、揭层等加工处理，使原货币改变数量、形态和面值，数额较大的行为。主观方面要求具有故意。入罪标准是变造货币的数额较大。

为更好掌握司法实务中对变造货币罪定罪量刑等方面的关注重点，我们对变造货币罪判例进行重点解析，通过研究司法机关的裁判思路，提炼了司法实务裁判要点。同时，我们梳理了与变造货币罪相关的法律、司法解释、立案标准及政策法规等规定。

一、实务解析

（一）本罪的行为方式为在真人民币或者外币的基础上，通过挖补、剪接、涂改、揭层等加工处理，使原货币改变数量、形态和面值

变造货币罪的行为对象应当是真货币。变造行为只能以真币为原材料，并在其基础上加以改造。如果对假币进行变造，其仍属于伪造行为而不是变造行为。“拼凑货币”曾引发理论界的广泛争议，但是，2010 年《最高人民法院关于审理伪造货币等案件具体应用法律若干问题的解释（二）》已将“拼凑货币”明确认定为伪造货币罪。

变造货币罪的行为方式具有多样性。挖补和剪接，是将每张纸币各取出一部分，然后拼凑成更多张或更大面额的纸币；涂改，是将小面额的纸币用涂料改造为大面额的纸币；揭层，是将纸币通过特殊方式正反面分离成两张纸币。除了这些常见的方式，实践中还出现了新的变造方式。例如，使用冲压、打磨、敲合的方式对金属硬币进行变造，以及采用化学感光技术进行变造。

变造行为一般会对货币的价值加以改变。从实践中看，变造货币一般是为了使货币升值，如面额增大，数量增加。只要行为人对货币实施了变造的行为都可能涉嫌变造货币罪。

（二）变造货币罪与伪造货币罪的区分

《刑法》第一百七十条规定了伪造货币罪，其与变造货币罪具有一定的共同点，但法定刑相差较大，有必要予以区分。二者的区别主要表现为以下两方面：一方面，两罪名的客观行为方式不同。变造货币罪是在货币的基础上进行加工、改造，从而使其面额、数量等发生变化，变造后的货币与变造前的货币具有同一性；而伪造货币罪一般不以货币为对象，而是仿照货币制造假货币，即使以真货币为材料，加工出来的“货币”也是假币。另一方面，两罪名的犯罪成立条件不同。变造货币的，数额较大才构成犯罪；伪造货币的成立，则没有数额较大的要求。

（三）变造货币罪的罪数形态

从司法实践来看，由于行为人往往具有非法牟利的目的，因此，行为人变造货币以后，往往还会继续实施出售、使用、运输变造等行为。对于上述情形，由于出售、使用、运输变造的货币是变造货币罪的后续行为，原则上只应按照变造货币罪一罪定罪处罚。但是，如果行为人出售、使用、运输变造的货币，同时又触犯了其他罪名的，则属于牵连犯，应当按照牵连犯的处断原则予以定罪处罚。通常情况下从一重罪处断，《刑法》有特殊规定的，按照规定处理。

二、裁判要点

210 采用剪贴、挖补、拼接等方法加工货币的行为，涉嫌变造货币罪

裁判要点

采用剪贴、挖补、拼接等方法加工处理，增加货币数量，从中获取不正当利益，其行为构成变造货币罪。

裁判思路

基本案情[①]**：**

被告人张某某系某银行现金柜员，负责现金存取款及残损币回收兑换工作。张某某明知残损币不少于3/4就可以兑换同等面额货币，仍将完整的5张百元人民币采用剪贴、挖补、拼接等方法变成4张残损币和2张变造币，从中获利100元人民币。

2013年12月至2014年10月，张某某利用下班时间在其宿舍内采取上述方法变造出400张百元人民币，在工作期间将残损币及变造币进行扎把、封捆入库，从而非法获利20000元人民币。

法院认为：

被告人张某某采用剪贴、挖补、拼接等方法加工处理，增大货币数量，从中获取不正当利益，数额巨大，其行为触犯了《刑法》第一百七十三条之规定，构成变造货币罪，依法应予惩处。被告人张某某犯罪后自动投案，如实供述自己的罪行，系自首，根据《刑法》第六十七条第一款规定，可以减轻处罚。其家属积极退赔损失4万元，依法可酌情从轻处罚。被告人张某某违法所得的人民币2万元，依据《刑法》第六十四条规定，依法应予追缴……

裁判结果

一、被告人张某某犯变造货币罪，判处有期徒刑一年六个月，并处罚金人民币二万元。

二、被告人张某某违法所得人民币二万元，予以追缴。

211 变造正在流通的境外货币也可能构成变造货币罪

裁判要点

违反国家货币金融管理制度，以非法牟利为目的，对他国及地区的法定货币采用冲压、打磨、敲合等方法加工处理，改变其形态、价值，而后按照当时汇率

① 案件来源：张某某变造货币案【黑龙江省双鸭山市宝山区人民法院（2014）宝刑初字第69号】。

打折出售，其行为构成变造货币罪。

裁判思路

基本案情[①]**：**

2004年，被告人梁某某设立上海市徐汇区某铸币社。经营期间，梁某某从他人处收购从进口废金属中分拣并经加工的各式残损外币铸币，然后加价出售。至2009年，梁某某向他人按公斤计价收购残损外币铸币，并出资购买清洗机、冲压机、甩干机等设备，对上述铸币进行清洗、冲压、打磨、敲合等加工，而后按照当时汇率打折出售。

经司法审计，2011年3月至12月，梁某某对外发出的欧元、日元等外币铸币价值折合人民币共计668万余元。

检察机关以梁某某构成非法经营罪对其提起公诉。

争议焦点：变造国内不流通的外国金属铸币是否构成犯罪？

辩护意见：

梁某某辩称：自2000年起国内银行不再回收外币铸币，停止流通，故其行为不构成非法经营罪。

辩护人认为：本案涉及的从进口金属垃圾中分拣出的外币铸币通过转手，再重新至境外银行兑换，该环节完全脱离于境内的外汇汇兑、支付，较于国内的金融市场完全是体外循环。梁某某按照斤两收购，销售比照汇率的5折至9折进行。在梁某某看来这些铸币不是直接对应汇率的外币，而只是作为普通商品在销售……本案涉及的外币铸币不可能介入境内的流通和兑换机制，其货币属性完全体现在境外。

法院认为：

本院认为，被告人梁某某伙同他人违反国家货币金融管理制度，以非法牟利为目的，对他国及地区的法定货币采用冲压、打磨、敲合等方法加工处理，改变其形态、价值，数额巨大，其行为构成变造货币罪，应予处罚。公诉机关指控罪名不当，应予纠正。被告人及其辩护人关于无罪的辩护意见，于法无据，不予采纳。

---

① 案件来源：梁某某变造货币案【上海市徐汇区人民法院（2012）徐刑初字第417号】。

裁判结果

一、被告人梁某某犯变造货币罪，判处有期徒刑六年，并处罚金人民币十万元。

二、违法所得予以追缴、扣押的外币及犯罪工具等予以没收。

212 变造货币的数额应以实际变造出的货币的面额计算

裁判要点

变造货币的数额应以实际变造出的货币的面额计算，未变造完整的假币，不应计入犯罪数额。

裁判思路

基本案情①：

2010年至2016年12月，被告人宋某亮在其家中，利用刀片、剪刀、透明胶布等工具，对第五版面额百元的人民币通过剪切、拼凑、粘贴的方式进行变造。

宋某亮每次从4张完整的百元面额的人民币上，各剪切出不同的部位八分之一左右的人民币残币。用剪切的4块八分之一残币拼接成半张残币，再从1张完整的面额百元人民币上，剪切出带有冠字号的二分之一人民币残币，与之前用4张八分之一残币拼凑出的二分之一拼凑成一张变造币。宋某亮将被剪掉八分之一的剩余八分之七的残币到银行兑换一张完整的面额百元的人民币，用二分之一的不带冠字号的残币到银行兑换50元的人民币。将拼凑好的变造币混杂在真币内，通过银行柜台存款后再取出的方式换出完整的人民币。通过此种方式达到每变造出一张货币可以获利50元的目的。

2017年1月10日，宋某亮在银行办理业务时被抓获，民警从宋某亮身上搜查出79张面值百元的变造币。当日，公安机关对其住处搜查时，查获为变造货币而剪切的人民币残币984张。

争议焦点：未变造完整的假币，是否应当计入犯罪数额？

---

① 案件来源：宋某亮变造货币案【安徽省临泉县人民法院（2016）皖1221刑初438号】。

辩护意见：

宋某某及其辩护人提出：被告人宋某某未变造完整的假币，不应计入犯罪数额。

法院认为：

被告人宋某亮使用剪切、拼凑、粘贴的方式，对中国人民银行发行的人民币进行加工，使其改变为形态不同的变造的货币，数额较大，其行为构成变造货币罪。公诉机关指控的罪名成立。关于公诉机关对被告人宋某亮变造货币数额巨大的指控，经查，中国人民银行阜阳市中心支行临泉县支行鉴定，其中 120 张为拼凑完整的假币，209 张为未拼凑完整的假币。变造货币是以真实的货币为基本原料，采用挖补、撕揭、拼凑等方式，改变货币的外在形态，变造货币的数额应以实际变造出的货币的面额计算。故公诉机关对被告人宋某亮变造货币数额巨大的指控，本院不予认定，应当认定被告人宋某亮编造货币数额较大……关于被告人宋某某及其辩护人提出的被告人宋某某未变造完整的假币，不应计入犯罪数额的辩护意见，与本院查明的事实相符，本院予以采纳。

裁判结果

一、被告人宋某亮犯变造货币罪，判处有期徒刑一年，并处罚金人民币一万元。

二、随卷移送的人民币 3675 元，予以没收。

三、实务建议

为防止行为人触犯变造货币罪，我们在对重点案例梳理的基础上，结合实际办案经验，提出以下建议。

（一）破损货币可去银行兑换，但切勿将其作为获利方法

《中国人民银行残缺污损人民币兑换办法》第四条第一款第一项规定：“能辨别面额，票面剩余四分之三（含四分之三）以上，其图案、文字能按原样连接的残缺、污损人民币，金融机构应向持有人按原面额全额兑换。”该规定的本意是方便破损货币的兑换工作，但也有人误以为可以钻法律的漏洞，利用该法律来凭空获利。在我们检索到的大部分案例中，被告人正是熟悉这一规定才萌发了

变造货币的意图，部分行为人还是银行的工作人员。因此，相关人员须认识到变造货币的刑事风险，避免产生侥幸心理。

（二）外国废弃硬币可以进行简单修复，但切勿对其进行重新拼装

案例显示，部分行为人从事国外废弃硬币回收工作，对回收的废弃硬币进行再加工，修复后直接或间接地运往国外使用。实务界关于对外国硬币进行加工、修复行为的定性，共产生了四种处理意见：第一种认为构成变造货币罪；第二种认为构成伪造货币罪；第三种认为构成非法经营罪；第四种认为不构成犯罪。对此，最高人民法院研究室给出了权威的处理意见：对内芯、外圈分离的货币进行重新拼装、加工修复的，可以认定为“变造货币”；对硬币进行清洗、挑选，或者对扭曲的硬币进行敲打、压平的，不应认定为“变造货币”。

因此，从事废料加工的从业人员应对外国硬币的处理高度谨慎。如果只是对弯曲的硬币进行压平和清洗，未改变真币本身的形态，难以认定为变造货币。但是，如果对内芯、外圈分离的货币进行重新拼装的、加工修复的，则很可能被司法机关认定为“变造货币”。

四、法律规范

（一）法律

《中华人民共和国刑法》（2020 年修正）

第一百七十三条 变造货币，数额较大的，处三年以下有期徒刑或者拘役，并处或者单处一万元以上十万元以下罚金；数额巨大的，处三年以上十年以下有期徒刑，并处二万元以上二十万元以下罚金。

（二）司法解释

1.《最高人民法院关于审理伪造货币等案件具体应用法律若干问题的解释（二）》（2010 年 11 月 3 日施行 法释〔2010〕14 号）

第一条 仿照真货币的图案、形状、色彩等特征非法制造假币，冒充真币的行为，应当认定为刑法第一百七十条规定的“伪造货币”。

对真货币采用剪贴、挖补、揭层、涂改、移位、重印等方法加工处理，改变

真币形态、价值的行为，应当认定为刑法第一百七十三条规定的“变造货币”。

第二条　同时采用伪造和变造手段，制造真伪拼凑货币的行为，依照刑法第一百七十条的规定，以伪造货币罪定罪处罚。

第三条　以正在流通的境外货币为对象的假币犯罪，依照刑法第一百七十条至第一百七十三条的规定定罪处罚。

假境外货币犯罪的数额，按照案发当日中国外汇交易中心或者中国人民银行授权机构公布的人民币对该货币的中间价折合成人民币计算。中国外汇交易中心或者中国人民银行授权机构未公布汇率中间价的境外货币，按照案发当日境内银行人民币对该货币的中间价折算成人民币，或者该货币在境内银行、国际外汇市场对美元汇率，与人民币对美元汇率中间价进行套算。

第四条　以中国人民银行发行的普通纪念币和贵金属纪念币为对象的假币犯罪，依照刑法第一百七十条至第一百七十三条的规定定罪处罚。

假普通纪念币犯罪的数额，以面额计算；假贵金属纪念币犯罪的数额，以贵金属纪念币的初始发售价格计算。

第六条　此前发布的司法解释与本解释不一致的，以本解释为准。

2. **最高人民法院《关于审理伪造货币等案件具体应用法律若干问题的解释》(2000年9月14日施行　法释〔2000〕26号)**

第六条　变造货币的总面额在2000元以上不满3万元的，属于“数额较大”；总面额在3万元以上的，属于“数额巨大”，依照刑法第一百七十三条的规定定罪处罚。

第七条　本解释所称“货币”是指可在国内市场流通或者兑换的人民币和境外货币。

货币面额应当以人民币计算，其他币种以案发时国家外汇管理机关公布的外汇牌价折算成人民币。

(三) 立案标准

《最高人民检察院、公安部关于公安机关管辖的刑事案件立案追诉标准的规定（二）》(2022年5月15日施行　公通字〔2022〕12号)

第十八条　变造货币，涉嫌下列情形之一的，应予立案追诉：

(一) 总面额在二千元以上或者币量在二百张（枚）以上的；

(二) 总面额在一千元以上或者币量在一百张（枚）以上，二年内因变造货币受过行政处罚，又变造货币的；

（三）其他变造货币应予追究刑事责任的情形。

（四）司法解释性质文件

公安部经济犯罪侦查局《关于马党权变造货币案中变造货币数额认定问题的批复》（2003年11月12日发布　公经〔2003〕1329号）

江西省公安厅经侦总队：

你总队《关于马党权变造货币一案有关司法解释的请示》（赣公传发〔2003〕569号）收悉。经研究，现批复如下：

犯罪嫌疑人以货币为基本材料，采用挖补、撕揭、拼凑等方法，改变货币的外在形态，变造货币的数额应以实际变造出的货币的票面数额计算，包括被因挖补、撕揭而改变了外在形态的货币，但已灭失的货币除外。

第四章　非法集资类犯罪

第一节　非法吸收公众存款罪

我国《刑法》第一百七十六条规定了非法吸收公众存款罪。本罪的客观行为须同时具备“非法性、公开性、利诱性、社会性”等四个特征，实践中客观行为形式多样，如以理财投资、投资原始股、发售基金等方式包装后向集资参与人募集资金。本罪在主观方面要求行为人具有非法吸收公众存款的犯罪故意。本罪的主体为一般主体，自然人和单位都可构成本罪。非法集资类案件中，行为人身份的认定和犯罪数额的认定问题值得重点关注。

为更好掌握司法实务中对非法吸收公众存款罪定罪量刑等方面的关注重点，我们对重点案例进行详细解析，通过研究司法机关的裁判思路，提炼了司法实务裁判要点。同时，我们梳理了与非法吸收公众存款罪相关的法律、司法解释、立案标准及政策法规等规定。

一、实务解析

（一）本罪的客观行为须同时具备“非法性、公开性、利诱性、社会性”的特征，在实践中表现形式具有多样性

司法实践中，非法吸收公众存款罪的客观行为在表现形式上具有多样性，常见的行为方式包括以下几种类型：（1）不以销售商品、提供服务为主要目的，而是以商品回购等方式非法吸收资金的；（2）不具有募集基金的真实内容，以假借境外基金、发售虚构基金等方式非法吸收资金的；（3）不具有销售保险的真实内容，以假冒保险公司、伪造保险单据等方式非法吸收资金的；（4）以委

托理财、融资租赁等方式非法吸收资金的；（5）以网络借贷、投资入股、虚拟币交易等方式非法吸收资金的；（6）中介机构以提供信息中介服务为名，实际上从事直接或间接归集资金甚至自融或变相自融等。

尽管表现形式层出不穷，但是非法吸收公众存款的客观行为在本质上均符合“非法性、公开性、利诱性、社会性”的特征。因此，判断是否符合非法吸收公众存款罪的客观构成要件，需从这四个特征入手。

（1）关于“非法性”。“非法性”是指违反国家金融管理法律规定，未经有关部门依法许可或者借用合法经营的形式吸收资金。关于“非法性”有两点值得关注。

其一，公司在工商部门登记的经营范围为项目投资、金融咨询等金融服务，不意味着具备了吸收公众存款的资质。只要未经中国人民银行批准从事吸收存款等相关业务，就不具备向社会公众集资的法定资格。

其二，即使具备吸收存款的资质，也有可能因超范围经营违法相关法律规定，从而符合“非法性”。实践中，司法机关会结合法律法规、部门规章或者金融监管部门制定的规定、办法、实施细则等规范性文件对是否符合“非法性”进行判断。

（2）关于“公开性”。“公开性”是指通过网络、媒体、推介会、传单、手机信息等途径向社会公开宣传。既包括以各种途径向社会公众传播吸收资金的信息，也包括明知吸收资金的信息向社会公众扩散而予以放任等情形。

如果行为人没有通过以上途径向社会公开宣传，而是在他人经营的公司向顾客介绍自己急需资金的情况。该行为中，无论是宣传的方式还是信息接受人员的范围都具有局限性，故难以认定符合“公开性”的特征。

（3）关于“利诱性”。“利诱性”也称为“承诺回报”，是指集资人向集资参与人承诺，只要集资参与人投资，则集资人在一定期限内以货币、实物、股权等方式对集资参与人还本付息或者给付回报。

（4）关于“社会性”。“社会性”是指向社会不特定对象吸收资金。如果未向社会公开宣传，只是在亲友或者单位内部针对特定对象吸收资金的，不符合“社会性”，不属于非法吸收或者变相吸收公众存款。

需要引起特别关注的是，如果存在以下三种情况，那么即使是向亲友或单位内部人员吸收资金，也符合“社会性”：其一，在向亲友或者单位内部人员吸收资金的过程中，明知亲友或者单位内部人员向不特定对象吸收资金而予以放任的；其二，以吸收资金为目的，将社会人员吸收为单位内部人员，并向其吸收资金的；其三，向社会公开宣传，同时向不特定对象、亲友或者单位内部人员吸收资金的。

（二）本罪在主观方面要求行为人具有非法吸收公众存款的犯罪故意

首先，构成非法吸收公众存款罪要求行为人具有非法吸收公众存款的主观故意，但不能具有非法占有的目的，一旦有证据证明行为人对集资款项具有非法占有的目的，则构成集资诈骗罪。

其次，实践中，关于行为人是否具有非法吸收公众存款的主观故意，司法机关采取的认定标准较为宽松。原则上，认定主观故意并不要求以行为人明知法律的禁止性规定为要件。司法机关通常会结合行为人的任职情况、职业经历、专业背景、培训经历、本人因同类行为受到行政处罚或者刑事追究情况等进行综合分析判断。

一般来说，如果行为人具备一定涉金融活动相关从业经历、专业背景或在犯罪活动中担任一定管理职务，即推定行为人应当知晓相关金融法律管理规定，在有证据证明行为人的行为符合本罪的客观构成要件的情况下，原则上就可以认定其具有非法吸收公众存款的主观故意。如果行为人没有相关职业经历、专业背景，从业时间短暂，并且在单位犯罪中层级较低，纯属执行单位领导指令，也没有其他证据证明其具有主观故意的，可以不作为犯罪处理。

最后，值得关注的是，如果行为人提出，其因信赖专家学者、专业人士、主流新闻媒体宣传或有关行政主管部门工作人员的个人意见而陷入错误认识进而参与相关行为，该辩解不能成为排除其主观故意的理由。

（三）本罪的主体为一般主体，自然人和单位都可构成本罪

根据《刑法》第一百七十六条第二款之规定，单位犯非法吸收公众存款罪的，对单位判处罚金，并对其直接负责的主管人员和其他直接责任人员，依照自然人触犯本罪的相关规定处罚。

鉴于自然人和单位都可以构成本罪，司法实践中，区分行为主体是自然人还是单位尤为重要。通常而言，单位实施非法集资犯罪活动，全部或者大部分违法所得归单位所有的，应当认定为单位犯罪。但是，如果个人为进行非法集资犯罪活动而设立的单位实施犯罪的，或者单位设立后，以实施非法集资犯罪行为为主

要活动的，不以单位犯罪论处，而是对单位中组织、策划、实施非法集资犯罪活动的人员，以自然人犯罪依法追究刑事责任。

另外，就自然人犯罪而言，实践中构成本罪的行为主体大多系共同犯罪。如果公司实控人为向社会公众吸收资金设立公司，公司的其他股东、高管对公司的经营模式明知，并且在经营过程中分工负责，则构成非法吸收公众存款罪的共犯。如果行为人为他人向社会公众非法吸收资金提供帮助，从中收取代理费、好处费、返点费、佣金、提成等费用，构成非法吸收公众存款罪的共犯。如果行为人明知他人非法吸收公众存款，仍受他人安排办理银行卡收受非法吸收的公众存款，并利用银行卡为他人办理转账、支付等业务，也构成非法吸收公众存款罪的共犯。

（四）非法吸收公众存款罪的数额认定

在非法吸收公众存款类案件中，尤其需要关注两个数额：一是非法吸收公众存款的金额；二是违法所得数额。前者关乎行为人实施的相关行为所处的法定量刑档，后者影响行为人退赃退赔或被依法追缴的金额。

关于非法吸收公众存款的金额，需要关注的是，非法吸收公众存款的数额，以行为人所吸收的资金全额计算。团队负责人如果对团队其他业务员非法吸收的存款利息进行提成，则应当对该团队吸收的所有存款承担责任。负责涉案公司包括对外吸存业务在内的大部分业务的公司实控人、法定代表人或总经理等通常应当对以公司名义吸收公众存款的总额负责。

二、裁判要点

213 以发售虚构基金等方式非法吸收资金，涉嫌非法吸收公众存款罪

裁判要点

行为人以发售虚构基金等方式吸收资金，在销售“私募基金”过程中，采用向社会公开宣传方式，承诺还本付息，向社会不特定对象吸收资金，涉嫌非法

吸收公众存款罪。

裁判思路

基本案情[①]**：**

2013年7月5日，成都澳某公司成立，实际控制人为庞某鸿（另案处理），被告人李某平为公司总经理，负责公司全部事务。9月12日，成都澳某公司作为普通合伙人成立澳某天信合伙企业，庞某鸿为实际控制人，执行合伙事务人为蒋某（系李某平的丈夫）。2014年5月20日，澳某公司登记为私募投资基金管理人。

2013年11月，经庞某鸿安排，钟某参与设计，澳某公司以澳某天信合伙企业吸纳有限合伙人的方式制作“澳某8号”基金合同，向社会不特定公众吸收资金。2014年6月，经澳某公司副总经理钟某提议，经庞某鸿同意后，钟某设计“澳某天宜”基金合同，该基金以澳某天信合伙企业吸纳有限合伙人的方式向社会不特定公众吸收资金，承诺不少于8%的固定年收益。其间，钟某向马某一等人销售共计630万元。

经鉴定，报案的“澳某8号”基金的6名购买人共计购买金额1561万元，已收利息77.4349万元；报案的“澳某天宜”基金的4名购买人共计购买金额630万元。

一审法院认为，李某平犯非法吸收公众存款罪，判处有期徒刑五年，并处罚金人民币十五万元；钟某犯非法吸收公众存款罪，判处有期徒刑五年，并处罚金人民币十五万元……后李某平、钟某等人不服，提起上诉。

二审法院认为：

关于涉案“澳某8号”“澳某天宜”基金是否属于合法私募基金的问题。本院认为，《最高人民法院关于审理非法集资刑事案件具体应用法律若干问题的解释》第二条第六项规定，不具有募集基金的真实内容，以假借境外基金、发售虚构基金等方式非法吸收资金，符合本解释第一条第一款规定条件的，应以非法吸收公众存款罪定罪处罚。

就“澳某8号”基金而言，澳某公司于2014年5月20日取得私募投资基金管理人牌照，“澳某8号”于2013年11月开始发售，发售时澳某公司不具有私募投资基金管理人资格；基金募集期间，资金未依照《证券投资基金法》的规

① 案件来源：钟某等非法吸收公众存款案【四川省成都市中级人民法院（2017）川01刑终865号】。

定以及基金合同的约定由银行托管，募集的资金亦未用于约定的项目；违规承诺返本，且在基金募集期间，未产生收益的情况下，向基金购买者支付利息；部分投资者为不合格投资者。

就“澳某天宜”基金而言，澳某天信合伙企业登记合伙事务执行人为澳某公司，基金合同约定的合伙事务执行人为蒋某，且作为普通合伙人，澳某公司200万元资金未到位；募集的资金也未依照《证券投资基金法》规定和基金合同约定由银行托管，而是转至庞某鸿控制的商贸公司账户；在资金尚处于募集阶段，未产生收益的情况下，向购买者支付利息；部分投资者为不合格投资者。

以上两只涉案基金违反《证券投资基金法》《私募投资基金监督管理暂行办法》《合伙企业法》中关于私募基金募集、有限合伙人合伙的相关规定，名义上是发行私募基金募集资金，实质上不具有募集基金的目的，属于以发售虚构基金的方式非法吸收资金。

在销售以上两只“私募基金”过程中，涉案人员采用向社会公开宣传的方式，承诺还本付息，向社会不特定对象吸收资金，依法应以非法吸收公众存款罪定罪处罚。故上诉人钟某所提涉案理财产品是合法的“私募基金”，其行为不是非法吸收资金的上诉理由不能成立，本院不予支持。

裁判结果

驳回上诉，维持原判。

214 以开展网络借贷信息中介业务之名，未经批准设立资金池，控制、支配集资款项并承诺还本付息，涉嫌非法吸收公众存款罪

裁判要点

单位或个人假借开展网络借贷信息中介业务之名，未经依法批准，归集不特定公众的资金设立资金池，控制、支配资金池中的资金，并承诺还本付息的，涉嫌非法吸收公众存款罪。

裁判思路

基本案情[①]**：**

2013年2月28日，望某集团成立，被告人杨某国为法定代表人、董事长。自2013年9月起，望某集团开始在线下进行非法吸收公众存款活动。2014年，杨某国又先后成立望某财富公司、望某普惠公司，通过线下和线上两个渠道开展非法吸收公众存款活动。

在线下渠道，望某集团在全国多个省、市开设门店，采用发放宣传单、举办年会、发布广告等方式进行宣传，理财客户或者通过与杨某国签订债权转让协议，或者通过匹配望某集团虚构的信贷客户借款需求进行投资，将投资款转账至杨某国个人名下42个银行账户，被望某集团用于还本付息、生产经营等活动。

在线上渠道，望某集团及其关联公司以网络借贷信息中介活动的名义进行宣传，理财客户在第三方支付平台上开设虚拟账户并绑定银行账户，选定投资项目后将投资款从银行账户转入第三方支付平台的虚拟账户进行投资活动，望某集团、杨某国及望某集团实际控制的担保公司为理财客户的债权提供担保。望某集团对理财客户虚拟账户内的资金进行调配，划拨出借资金和还本付息资金到相应理财客户和信贷客户账户，并将剩余资金直接转至杨某国在第三方支付平台上开设的托管账户，再转账至杨某国开设的个人银行账户，与线下资金混同，由望某集团支配使用。

因资金链断裂，望某集团无法按期兑付本息。截止到2016年4月20日，望某集团通过线上、线下两个渠道非法吸收公众存款共计64亿余元，未兑付资金共计26亿余元，涉及集资参与13400余人。

法院认为：

经查，1. 望某集团通过下属公司以互联网P2P[②]为名开展的吸收资金业务本质是金融。望某集团以提供信息中介服务为名，实际从事直接或间接归集资金甚至自融或变相自融等行为，本质是金融吸储业务。

2. 判断金融业务的非法性，即审查望某集团是否符合“违反国家规定”“未经有关国家主管部门批准”的要件，应当以现行刑事法律和金融管理法律法规为

---

① 案件来源：杨某国等非法吸收公众存款案【浙江省杭州市江干区人民法院（2017）浙0104刑初133号】（最高人民检察院发布第十七批指导性案例：检例第64号）。

② P2P又称点对点网络借款，是一种将小额资金聚集起来借贷给有资金需求人群的一种民间小额借贷模式。

依据。《刑法》第一百七十六条明确规定，非法吸收公众存款或变相吸收公众存款，扰乱金融秩序的，构成非法吸收公众存款罪；1995年5月《商业银行法》第八十一条[①]规定，未经国务院银行业监督管理机构批准，任何单位和个人不得从事吸收公众存款等商业银行业务。在案证据证明，望某集团及望某财富不具有银行业金融机构的从业资质，但被告人杨某国仍指挥公司向社会公众进行宣传，吸收巨额资金，事实上从事了商业银行吸收公众存款的业务，其行为违反了我国金融管理法律规定。我国现行刑事法律和金融管理法律法规对集资中涉及刑事处罚的内容都有明确规定，并不存在2016年4月前对符合刑事处罚的行为法无规定的情况。

裁判结果

一、被告人杨某国犯非法吸收公众存款罪，判处有期徒刑九年六个月，并处罚金人民币五十万元。

……

215 未经批准，向社会公众宣传虚拟数字货币的投资回报价值，吸引社会公众投资购买虚拟数字货币，涉嫌非法吸收公众存款罪

裁判要点

行为人未经金融管理部门批准，向社会公众宣传虚拟数字货币的投资回报价值，设立投资收益回报规则，吸引社会公众投资购买虚拟数字货币，涉嫌非法吸收公众存款罪。

裁判思路

基本案情[②]：

2018年3月，贾某福宣称GMCC虚拟数字货币（以下简称G币）系由美国

① 已于2015年修正，现为第十一条。

② 案件来源：姚某良非法吸收公众存款案【广东省东莞市中级人民法院（2020）粤19刑终1506号】。

GMCC基金会发行，为在中国发展推广，贾某福纠集被告人姚某良、蒋某玉等人作为中国运作团队。贾某福任职社长，姚某良任顾问。

贾某福等人通过微信、讲课等形式向社会公众宣传G币的投资回报价值，吸引社会公众下载“聚某链”App并投资购买G币，并将所筹集资金用于向上级项目方购买G币。为吸引集资参与人投资，G币内设回报规则如下：账户保有币量500—10000个时，每天获得0.1%—0.3%币量增长的静态收益，分享推荐其他人加入购买，可获得对方每天静态收益的10%。

2018年8月，蒋某玉等人注册某区块链科技有限公司，继续以该公司名义经营G币。其间，吸引15名集资参与人投资，共计人民币2405105元。2018年8月，G币的价格暴跌，集资参与人到公安机关报案。2019年7月9日，姚某良被抓获归案。

一审法院认为，姚某良犯非法吸收公众存款罪，判处有期徒刑二年三个月。后姚某良提起上诉。

争议焦点：行为人未经金融管理部门批准，向社会公众宣传虚拟数字货币的投资回报价值，设立投资收益回报规则，吸引社会公众投资购买虚拟数字货币，是否构成非法吸收公众存款罪？

辩护意见：

辩护人认为：G币的法律地位和G币的买卖投资行为不违反法律规定，都是合法的。原审判决对姚某良的罪行定性错误，本案不符合非法吸收公众存款罪的相关构成要件，并未侵犯非法吸收公众存款罪所保护的法益。

二审法院认为：

关于辩护人所提本案定性不当、姚某良不构成非法吸收公众存款罪的意见，经查，姚某良等人虽登记注册区块链科技有限公司，但公司经营范围为“大数据研发、区块链技术开发、信息技术服务、游戏币的技术开发、纪念币设计、财务信息咨询”等，未经金融管理部门批准，系用非法经营的形式吸收资金，且无吸收公众资金的资质，姚某良等人系通过各种方式向公众宣传，承诺在G币账户保有一定币量时，每天可获得一定比例的静态收益，分享推荐他人加入购买的，可每天获得对方一定比例的静态收益，造成本案多名被害人的经济损失。上述事实，有被害人刘某凤等人的报案陈述、转账汇款记录、“聚某链”页面截图、微信聊天记录、银行交易明细等证据予以证实，姚某良对其参与非法吸收公众存款的行为亦予以供认。故，姚某良的行为构成非法吸收公众存款罪，辩护人所提无罪或者本案定性不当的相关意见，与查明事实不符，不予采纳……上诉人姚某良无视国法，结伙非法吸收公众存款，扰乱金融秩序，数额巨大，其行为已构成非法吸收公众存款罪，依法应予惩处……

裁判结果

驳回上诉，维持原判。

216 通过召开推介会等手段，引诱他人购买流量宝成为公司会员，承诺定期还本付息，涉嫌非法吸收公众存款罪

裁判要点

行为人伙同他人通过注册分公司、召开推介会等手段，以需购买流量宝或手机后成为公司会员，承诺定期还本付息或给予股权等方式，引诱投资者投资，涉嫌非法吸收公众存款罪。

裁判思路

基本案情[①]**：**

2018年6月20日，被告人黄某祥注册成立某区块链公司。8月16日，王某注册成立阿城分公司。2018年7月至9月，阿城分公司以召开推介会的形式面向社会不特定多数人进行宣传，黄某祥也在会上向社会公众宣传投资获利方式方法，引诱投资者投资并发展下线，诱使投资者加入该公司。

加入该公司会员方式分为四种：分别交纳3600元购买流量宝，7500元购买手机一部，22500元购买手机三部，42000元购买公司特制手机一部，公司给股权成为会员。

3600元会员是微矿机，每天产能20枚TLC积分，120天回本。7500元是小矿机，每天产能50枚TLC积分，100天回本。22500元是中矿机，每天产能180枚TLC积分，83天回本。42000元是大矿机，每天产能400枚TLC积分，70天回本。1枚TLC积分相当于1.5元，积分可以在公司网络商城兑换物品。

---

① 案件来源：黄某祥非法吸收公众存款案【黑龙江省哈尔滨市中级人民法院（2019）黑01刑终817号】。

经鉴定，阿城分公司已报案会员 42 人，注册会员 62 人，投资金额共计 1267346 元，已返投资款 79537 元，损失金额 1187809 元。

一审法院认为，黄某祥犯非法吸收公众存款罪，判处有期徒刑四年。宣判后，黄某祥提起上诉。

争议焦点：行为人伙同他人通过注册分公司、召开推介会等手段，以需购买流量宝或手机后成为公司会员，承诺定期还本付息或给予股权等方式，引诱投资者投资，是否构成非法吸收公众存款罪？

辩护意见：

黄某祥上诉提出：其经营的区块链科技有限公司是从事正规的商品销售业务，孙某实际控制的阿城分公司运营模式与其公司不同，其对此并不知情，其在阿城分公司期间是宣传产品，没有向被害人宣某收取会费，其本人也未收到孙某给予的任何钱款，原审判决认定事实不清，其不构成非法吸收公众存款罪。

二审法院认为：

黄某祥伙同他人通过注册阿城分公司、召开推介会等手段，以需购买流量宝或手机后成为公司会员，承诺定期还本付息或给予股权等方式，引诱投资者投资，变相吸收社会公众存款共计 1267346 元，造成损失 1187809 元。被害人赵某一、刘某、但某、张某、马某、申某等多人均证实黄某祥在阿城分公司多次向被害人宣传该公司的上述投资方式，同案赵某二及黄某祥本人亦有供述，足以认定。黄某祥所谓被害人获得的产品，系其用于犯罪的手段和工具，而非公平出售的等值产品。依据《刑法》第六十四条规定，犯罪分子违法所得的一切财物，应当予以追缴或者责令退赔。本案系共同犯罪，黄某祥应当承担向本案被害人退赔违法所得的责任。综上，黄某祥提出的上诉理由，均不能成立。

本院认为，原审判决认定上诉人（原审被告人）黄某祥犯非法吸收公众存款罪的事实清楚，证据确实、充分，定罪准确，量刑适当。审判程序合法。黄某祥提出不构成非法吸收公众存款罪的上诉理由，与查明的事实不符，不予采纳。

裁判结果

驳回上诉，维持原判。

217 以提供居间借贷服务为名，向社会公众集资，并承诺保本付息，涉嫌非法吸收公众存款罪

裁判要点

行为人违反国家金融管理法律规定，未经批准，以提供居间借贷服务的名义承诺按期还本付息，并通过“口口相传”“以老带新”等方式公开宣传，向不特定对象吸收资金，涉嫌非法吸收公众存款罪。

裁判思路

基本案情[①]**：**

2016年1月27日，被告人黄某开始经营汇某公司后，以提供居间借贷服务为名，由被告人葛某卫负责审核案外借款人、对公司业务员进行部分指导，安排被告人朱某丹等人以高息回报为诱饵，通过签订《投资理财咨询服务居间合同》的方式向社会不特定对象非法吸收资金。对于符合借款条件的案外借款人，由黄某决定对非法吸收的资金进行统一分配出借给案外借款人，再统一向借款人收取利息和服务费，后根据理财客户的具体投资数额按月支付利息。

2016年1月27日至案发，黄某等人共非法吸收资金1.9137亿元。黄某除将非法吸收的资金大部分用于放贷外，部分资金用于向理财客户还本付息，部分用于向涉案公司员工支付工资、提成。

一审法院认为，黄某犯非法吸收公众存款罪，判处有期徒刑六年。后黄某提起上诉。

争议焦点：行为人以提供居间借贷服务为名，通过签订《投资理财咨询服务居间合同》的方式向社会不特定对象吸收资金，是否构成非法吸收公众存款罪？

辩护意见：

黄某上诉称：其行为不构成非法吸收公众存款罪，因本案不具备非法吸收公众存款的四要素特征，没有通过媒体、推介会、传单、手机短信等途径向社会公

---

① 案件来源：黄某等非法吸收公众存款案【新疆维吾尔自治区昌吉回族自治州中级人民法院（2021）新23刑终12号】。

开宣传的情形，上诉人也未承诺还本付息。上诉人所实施的居间行为与非法吸收公众存款的特征、罪状有着明显及本质上的区别，本案应认定为民事上的居间合同。请求二审法院依法撤销原判，改判上诉人无罪。

二审法院认为：

上诉人黄某，原审被告人葛某卫、朱某丹等人违反国家金融管理法律规定，未经批准，以提供居间借贷服务的名义承诺按期还本付息，并通过“口口相传”“以老带新”等方式公开宣传，向900余名不特定对象吸收资金1.9137亿元，数额巨大，均构成非法吸收公众存款罪，且属共同犯罪。原判定性正确。

黄某关于本案不具备非法吸收公众存款的四要素特征，其没有通过媒体、推介会、传单、手机短信等途径向社会公开宣传的情形，上诉人也未承诺还本付息的意见。在案证据证实，涉案被告人主要通过不特定社会公众“口口相传”“以老带新”及安排业务员口头、电话扩散吸收资金的信息等形式向社会公开宣传，其行为符合相关司法解释的规定，应当认定为“向社会公开宣传”。由于资本的逐利性，涉案的投资理财人均是以从涉案的汇某公司获取高额利息为目的，基于涉案被告人许诺的按期还本付息，涉案资金已达1.9137亿元，故对黄某该辩解意见不予支持。

黄某关于本案应认定为民事上的居间合同而非犯罪行为的意见，本案涉案被告人虽然通过居间的形式促成借贷双方形成债权债务关系，并从中收取服务费，虽然从形式上看提供了居间服务，实质上还是在公开范围内向不特定对象吸收了资金，侵犯了金融机构经营资本的权利，并且扰乱了金融秩序，具备了非法吸收公众存款罪的构成要件，原判以黄某等构成非法吸收公众存款罪追究刑事责任，符合法律规定，故对黄某以上辩解意见本院不予采纳。

裁判结果

驳回上诉，维持原判。

218 明知吸收资金的信息向社会公众扩散而予以放任属于“向社会公开宣传”

裁判要点

“向社会公开宣传”，包括以各种途径向社会公众传播吸收资金的信息，以及明知吸收资金的信息向社会公众扩散而予以放任等情形。

裁判思路

基本案情[①]**：**

1999年10月10日，某镇人民政府将其所有的某缫丝厂出售给被告人陈某新，由陈某新投资经营，企业性质为个人独资企业。在陈某新经营管理期间，其违反国家金融管理规定，未经国家金融机构批准，以厂方生产经营为由、月息1分至1.5分作为回报，向社会不特定对象吸收资金，现造成24名个人借款无法归还。

经审计，2004年1月1日至2011年4月11日，陈某新共收取41名相关人员的个人借款，收取个人借款总额15826520元，偿还个人借款总计金额13074620元。目前，被告人陈某新尚欠24名个人借款金额为2861400元无法偿还。

一审法院认为，陈某新犯非法吸收公众存款罪，判处有期徒刑四年六个月，并处罚金人民币二十万元。后陈某新提起上诉。

争议焦点：行为人明知吸收资金的信息向社会公众扩散而予以放任是否属于非法吸收公众存款罪中的“向社会公开宣传”?

辩护意见：

上诉人陈某新及其辩护人提出的上诉理由和辩护意见是：上诉人陈某新客观上不存在通过公开宣传、宣讲等方式向社会公众宣传以及对不特定对象吸收资金的行为，主观上没有以高额利息回报为手段，向不特定对象吸收存款、扰乱金融秩序的主观故意，因此，不构成非法吸收公众存款罪。

---

① 案件来源：陈某新非法吸收公众存款案【辽宁省丹东市中级人民法院（2021）辽06刑终54号】。

二审法院认为：

经查，向社会公开宣传包括以各种途径向社会传播吸收资金的信息，以及明知吸收资金的信息向社会公众扩散而予以放任等情形，涉案证人证言、陈某新的供述可以证实陈某新首先主动找他人高息借款，后经他人相传，其高息借款的信息已经在社会上扩散，陈某新不予制止，还对社会上前来向其出借款项的人员不予拒绝，向社会不特定对象吸收资金，其行为已经符合《最高人民法院关于审理非法集资刑事案件具体应用法律若干问题的解释》第一条中关于认定“非法吸收公众存款”行为的规定，其行为已经超出民间借贷范畴，且非法吸收公众存款的数额巨大，扰乱了国家的金融秩序，符合非法吸收公众存款罪的主客观构成要件，原判认定其犯有非法吸收公众存款罪并无不当，上诉人陈某新及其辩护人的此项上诉理由及辩护意见不能成立……上诉人陈某新违反国家金融管理法律规定，非法吸收公众存款，数额巨大，扰乱了国家金融秩序，其行为已构成非法吸收公众存款罪。

裁判结果

驳回上诉，维持原判。

219 即使参与非法吸收公众存款的行为人未领取业务提成或佣金，也不影响其构成犯罪

裁判要点

行为人参与非法吸收公众存款活动，即使未领取业务提成或佣金，也不影响其构成非法吸收公众存款罪。

裁判思路

基本案情[①]**：**

2012 年 12 月 3 日，杨某注册成立青岛金某公司后，违反国家金融管理法律法规，未经国家金融主管部门批准，采取在报刊上刊发广告的形式向社会公开宣

① 案件来源：杨某鉴非法吸收公众存款案【山东省青岛市中级人民法院（2021）鲁 02 刑终 73 号】。

传，以月息2%至4%的高息为诱饵，向社会不特定对象吸收资金。

2013年7月至2014年6月，被告人杨某鉴在青岛金某公司担任业务总监，负责员工招聘、培训、接待客户等工作。其间，金某公司非法吸收资金共计人民币3100余万元，其中杨某鉴直接非法吸收资金710万余元。杨某鉴被传唤到案后自愿如实供述自己的罪行，并退赔违法所得42102元。

一审法院认为，杨某鉴犯非法吸收公众存款罪，判处有期徒刑二年，并处罚金人民币五万元。后杨某鉴提起上诉。

争议焦点：行为人参与非法吸收公众存款，但未领取业务提成或佣金，是否构成非法吸收公众存款罪？

辩护意见：

杨某鉴上诉提出：其不是公司业务总监，没有业务提成和佣金，原审判决认定事实不清。

二审法院认为：

经查，本案集资参与人王某一等人的陈述及相关审计结论证实，杨某鉴在青岛金某投资有限公司实施了接待客户、与客户签订借款合同等行为；青岛金某投资有限公司杨某、乔某、丛某等人均证实杨某鉴在公司负责招聘和培训业务员、制定提成方案、管理业务员业绩等具体工作；杨某鉴到案后供述的内容与以上证据相符，上述证据相互印证，足以证实杨某鉴在犯罪过程中管理相关事务、具体实施非法吸收公众存款的行为，原审判决认定的事实清楚，证据确实、充分，其是否领取业务提成或佣金均不影响其犯罪事实的成立。据此，杨某鉴所提原审判决认定事实不清等上诉理由不成立，不予采纳。

裁判结果

驳回上诉，维持原判。

220 采用签订公司借款协议的形式吸收公众存款，但集资款项均用于其个人增资入股，未入公司的账目，应认定为其个人犯罪数额

裁判要点

行为人采用签订公司借款协议的形式吸收公众存款，但所吸收存款均用于其个人增资入股，未入公司非法吸收公众存款的账目，应认定为其个人犯罪数额。

裁判思路

基本案情[①]**：**

2012年8月5日，朱某全召集朱某生等8名股东，未经批准，擅自挂牌成立振某公司。公司通过以人传人、口口相传的方式，向外宣传该公司可以存款。公司在营业过程中，以不定期存款月息1分，定期存款一年以上月息1.5分的利率标准对外吸收存款，再以3分到6分不等的利息标准向外发放贷款，从中赚取利息差额盈利。

9月7日，县工商局批准振某公司成立，朱某全任法定代表人，营业范围中未授权该公司可以从事投资业务。但朱某全、朱某生、林某湘并未更换公司招牌和按照工商部门批准的营业范围开展公司业务，仍然从事非法吸收存款、发放贷款业务。截至案发时，朱某全、朱某生、林某湘共同吸收存款8447050元。

9月，因振某公司吸收存款的金额有限，朱某全又召集8名股东商定每人增加股本100万元。朱某生、林某湘为交纳股本金及资金周转，擅自按振某公司非法吸收存款的利息标准向他人吸收存款。其中，朱某生非法吸收存款101万元，林某湘非法吸收存款5万元。

综上，朱某全非法吸收存款金额为10229050元，朱某生非法吸收存款金额为9457050元，林某湘非法吸收存款金额为8497050元。

一审法院认为，朱某生犯非法吸收公众存款罪，判处有期徒刑三年六个月，

---

① 案件来源：朱某全、朱某生非法吸收公众存款案【湖南省娄底市中级人民法院（2018）湘13刑终214号】。

并处罚金人民币五万元。后朱某生等人不服，提起上诉。

争议焦点：行为人采用签订公司借款协议的形式吸收公众存款，但所吸收存款均用于其个人增资入股，未入公司非法吸收公众存款的账目，是否应认定为个人犯罪数额？

辩护意见：

上诉人朱某生及其辩护人均提出：原审认定朱某生犯罪数额有误，其在案发前后以其个人名义所吸收的资金均系基于其他股东的授权且用于公司，不应认定为个人犯罪数额。

二审法院认为：

上诉人朱某生及其辩护人均提出原审认定朱某生犯罪数额有误，其在案发前后以其个人名义所吸收的资金均系基于其他股东的授权且用于公司，不应认定为个人犯罪数额。经查，在本案中，尽管朱某生系采用签订公司借款协议的形式向龙某、朱某三等人吸收公众存款，但所吸收存款均用于其个人增资入股，未入公司非法吸收公众存款的账目，应认定为其个人犯罪数额。朱某生及其辩护人的该辩护意见、上诉理由不能成立，本院不予采纳……

裁判结果

驳回上诉，维持原判。

221 明知亲友或者单位内部人员向不特定对象吸收资金而予以放任的，向亲友或者单位内部人员吸收的资金应当计入犯罪数额

裁判要点

在向亲友或者单位内部人员吸收资金的过程中，明知亲友或者单位内部人员向不特定对象吸收资金而予以放任的，向亲友或者单位内部人员吸收的资金应当计入犯罪数额。

裁判思路

基本案情[①]**：**

2013年9月至2016年4月，望某集团有限公司在未取得金融许可的情况下，通过在全国各地设立的望某财富投资管理有限公司分支机构的手段，公开向社会公众承诺“高额年化收益”“保本保息”等内容，以销售多种理财产品的形式组织实施吸收资金活动。

2015年4月至2016年4月，在望某财富西城分公司实际负责人即被告人王某刚组织、安排下，该分公司开展吸收资金活动。经统计，共向270名投资人吸收资金合计人民币7400余万元。

其中，被告人梁某作为团队经理，其个人及团队吸收资金的金额合计人民币1100余万元。

一审法院认为，梁某犯非法吸收公众存款罪，判处有期徒刑二年九个月，并处罚金人民币十万元。随后，梁某提起上诉。

争议焦点：行为人向亲友或者同事吸收的资金是否应计入犯罪数额？

辩护意见：

梁某的上诉理由是：其本人、表弟黄某一、前同事韩某一等人不是不特定的社会公众，这些人投资的数额一审判决未扣除，认定其参与犯罪数额为1139万元及未认定其退赔5.55万元有误，对其判处罚金数额过高，刑期过重。

二审法院认为：

对于上诉人梁某所提，其本人、表弟黄某一、同事韩某一等人不是不特定的社会公众，这些人投资的数额一审判决未扣除，认定其参与犯罪数额为1139万元有误，以及梁某的辩护人所提一审判决认定梁某个人及团队募集金额合计1139.6万元，与梁某在检察院核对的询问笔录认定的金额1046万元不一致，且该金额的认定应当将其本人投资的5万元及其表弟黄某一投资的110万元扣除的辩护意见。经查，黄某一是梁某亲戚，韩某一系梁某前同事，经其介绍后加入望某财富西城分公司，根据《关于办理非法集资刑事案件若干问题的意见》第五条第一款的规定，黄某一、韩某一投资的数额应当计入梁某的犯罪数额。一审判决已将梁某本人投资的5万元从其犯罪数额中扣除，综合望某财富西城分公司未还债务明细表、杭州天某会计师事务所出具的专项审计报告及中某会计师事务所

---

① 案件来源：王某刚等非法吸收公众存款案【北京市第二中级人民法院（2019）京02刑终588号】。

有限公司司法鉴定中心出具的司法鉴定意见书等证据，认定梁某参与的犯罪数额，并无不妥，故以上上诉理由及辩护意见不成立，本院不予采纳……

裁判结果

驳回上诉，维持原判。

222 向社会公开宣传，同时向不特定对象、亲友或者单位内部人员吸收资金的，吸收的资金都应当计入犯罪数额

裁判要点

向社会公开宣传，同时向不特定对象、亲友或者单位内部人员吸收资金的，向亲友或者单位内部人员吸收的资金应当计入犯罪数额。

裁判思路

基本案情[①]**：**

2013 年 3 月至 2018 年 1 月，被告人崔某以承建某安置房工程、购买某公司办公楼、修建某停车场等需要周转资金为名，承诺给予每月 1.5 分至 3 分不等的利息，采取口口相传、以人传人等途径对外宣传，先后多次向卢某等 30 人累计吸收资金人民币 1727 万元。

至案发前，崔某退还本金 66 万元，支付利息共计 410.37 万元，造成卢某等 30 人损失人民币 1250.63 万元。

一审法院认为，崔某犯非法吸收公众存款罪，判处有期徒刑四年六个月，并处罚金人民币十五万元。随后，崔某提起上诉。

争议焦点：向社会公开宣传，同时向不特定对象、亲友或者单位内部人员吸收资金的，向亲友或者单位内部人员吸收的资金是否应当计入犯罪数额?

---

① 案件来源：崔某非法吸收公众存款案【重庆市第三中级人民法院（2021）渝 03 刑终 30 号】。

辩护意见：

崔某及辩护人提出：原判认定的集资参与人 30 人中，有部分是崔某的亲朋好友，亲朋好友的款项是自愿帮助崔某的借贷行为，该部分数额应当在犯罪数额中扣除。

二审法院认为：

关于上诉人崔某及辩护人冯某上诉、辩护提出，原判认定的集资参与人中，有部分是他的亲朋好友，该部分数额应当在犯罪数额中扣除的上诉理由。经查，原判认定的集资参与人中有部分是亲朋好友属实，但根据相关司法解释的规定，崔某以口口相传、以人传人的方式向社会公开宣传，同时向不特定对象、亲友或者单位内部人员吸收的资金，应当计入犯罪数额。故该上诉、辩护意见不能成立，本院不予采纳……

裁判结果

驳回上诉，维持原判。

223 吸储点负责人对其他业务员非法吸收的款项进行提成的，应对该吸储点吸收的全部款项承担责任

裁判要点

行为人作为吸储点实际负责人，对该吸储点其他业务员非法吸收的存款利息进行提成，应当对该仓储吸储点所有吸收的存款承担责任。

裁判思路

基本案情[①]：

2011 年 6 月 28 日，嘉某投资公司成立，张某一（另案处理）任法定代表人。2012 年以来，张某一以投资实业、成立小额贷款公司为名，以支付高息为诱饵，指使他人以其成立的源某商贸公司为借款方，嘉某投资公司为担保方，向不特定群众非法吸收存款，所吸收存款再以更高利息出借给他人，以此赚取利息

① 案件来源：贺某非法吸收公众存款案【河南省驻马店市中级人民法院（2019）豫 17 刑终 206 号】。

差。2015年6月以后该公司资金链断裂，不能兑付群众的本金和利息。

被告人贺某为嘉某投资公司同达仓储吸储点负责人，其本人及其下属业务员以嘉某投资公司之名对外吸收存款，且贺某对同达吸储点业务员吸收的资金收取提成费用。经鉴定，该吸储点介绍申报存款客户91人，累计吸收存款864.62万元，造成群众损失756.3572万元。

一审法院认为，贺某犯非法吸收公众存款罪，判处有期徒刑二年八个月，并处罚金五万元……随后，贺某提起上诉。

争议焦点：行为人作为吸储点实际负责人，对该吸储点其他业务员非法吸收的存款利息进行提成，是否应对该仓储吸储点所有吸收的存款承担责任？

辩护意见：

贺某及其辩护人提出：应以贺某实际吸收的9人存款金额207万元定罪量刑。

二审法院认为：

上诉人贺某作为嘉某投资公司工作人员，明知该公司没有吸收存款的资质，仍向社会公众非法吸收存款，数额巨大，其行为已构成非法吸收公众存款罪，且系共同犯罪。在共同犯罪中，贺某起次要作用，系从犯，依法可对其减轻处罚；到案后，贺某能如实供述其全部犯罪事实，系坦白，依法可对其从轻处罚。上述情节原判已考虑。贺某及其辩护人关于原判认定事实不清，证据不足，应以贺某实际吸收的9人存款金额207万元认定吸收数额的上诉理由及辩护意见。经查，现有证据证实，贺某系嘉某投资公司同达仓储吸储点实际负责人，除其本人非法吸收的9人共207万元存款外，也对该吸储点其他业务员非法吸收的存款利息进行提成，其应对该仓储吸储点所有吸收的存款承担责任，故该上诉理由及辩护意见理由不足，不予采纳……原判认定事实清楚，证据确实、充分，定罪准确，量刑适当，审判程序合法。鉴于二审期间贺某主动缴纳罚金5万元人民币，悔罪表现明显，可依法改判，对其从轻处罚……

裁判结果

一、维持驻马店市驿城区人民法院（2019）豫1702刑初27号刑事判决第一项对上诉人贺某犯非法吸收公众存款罪的定罪部分、罚金刑部分及第二项。

二、撤销驻马店市驿城区人民法院（2019）豫1702刑初27号刑事判决第一项对上诉人贺某犯非法吸收公众存款罪的量刑部分。

三、上诉人贺某犯非法吸收公众存款罪，判处有期徒刑二年。

224 公司对外吸收公众存款业务的负责人，应对以公司名义吸收公众存款的总额负责

裁判要点

行为人作为涉案公司总经理，负责公司包括对外吸收公众存款业务在内的大部分业务，应对以公司名义吸收公众存款的总额负责。

裁判思路

基本案情①：

2013年5月至2015年7月，被告人赵某作为宏某投资有限公司实际控制人，在未取得政府部门或者相关金融机构许可的情况下，雇用被告人杨某海担任公司总经理，负责管理总公司及各分公司集资业务，雇用被告人贾某等人担任分公司经理，组织业务人员通过打电话邀约、发传单、熟人介绍等方式，以1.2%至2%的高额月息为回报向社会不特定群众募集资金，将募集资金汇集到宏某投资有限公司账户后高息借贷给其他单位使用。同时，以宏某投资有限公司作为担保，指定其公司员工作为借款人或借款公司代理人与群众签订委托借款担保合同。

经鉴定，截至2017年3月20日，赵某等人实际吸收群众投资金额138535657元，已返还金额10089746.70元，未返还金额128445910.30元。

一审法院以非法吸收公众存款罪，判处赵某有期徒刑六年三个月；以非法吸收公众存款罪，判处杨某海有期徒刑五年六个月……随后杨某海等人提起上诉。

争议焦点：行为人作为涉案公司总经理，负责公司包括对外吸存业务在内的大部分业务，是否应对以公司名义吸收公众存款的总额负责？

辩护意见：

杨某海上诉称：本案涉案资金都是在其请假期间吸收的，一审判决认定其犯罪数额有误，请求对其从轻处罚。

---

① 案件来源：赵某、杨某海等非法吸收公众存款案【陕西省西安市中级人民法院（2018）陕01刑终272号】。

二审法院认为：

上诉人赵某违反国家金融管理法律规定，利用宏某投资有限公司向社会不特定群体非法吸收公众存款，数额巨大，其行为已构成非法吸收公众存款罪。被告人杨某海、贾某、李某、吕某受雇于赵某，违反国家金融管理法律规定，以高额回报为诱饵，向社会不特定群体非法吸收公众存款，数额巨大，其行为亦构成非法吸收公众存款罪。对各上诉人所提上诉理由及辩护人的辩护意见，经查……上诉人杨某海应聘至宏某投资有限公司任总经理，负责公司包括对外吸存业务在内的大部分业务，应对以宏某投资有限公司名义吸收公众存款的总额负责……

裁判结果

驳回上诉，维持原判。

225 合作社设立后以实施非法吸收公众存款犯罪为主要活动的，不以单位犯罪论处

裁判要点

行为人设立合作社后，以实施非法吸收公众存款犯罪为主要活动的，不以单位犯罪论处，而应以自然人犯罪论处。

裁判思路

基本案情[①]**：**

2012年3月，某合作社注册成立，股东包括被告人张某东等人。该合作社成立后，作为股东的张某东等人，对外发展代办员或个人，宣称某合作社存款利息高，有保障，为该合作社非法吸收存款。合作社吸收存款后，将非法吸收的存款以民间借贷方式，高息借贷给他人。

截至案发，经鉴定，2012年5月至2018年12月，该合作社至少通过66名代办员向3460名人员吸收股金本金153638536.50元，归还131966480.50元，支付利息10377071.89元，尚未归还816名人员股金本金21672056.00元。

---

① 案件来源：张某东等非法吸收公众存款案【河北省保定市中级人民法院（2020）冀06刑终741号】。

一审法院认为，张某东犯非法吸收公众存款罪，判处有期徒刑七年，并处罚金人民币十万元。随后，张某东提起上诉。

争议焦点：行为人设立合作社后，以实施非法吸收公众存款犯罪为主要活动，应认定为单位犯罪还是个人犯罪?

辩护意见：

张某东及其辩护人提出：上诉人的行为是单位行为，应属于单位犯罪。

二审法院认为：

关于辩护人辩称上诉人的行为是单位行为，应属于单位犯罪的意见，经查，原审被告人张某东设立合作社后并未从事经营范围内的经营活动，其目的是非法吸收公众存款，设立后以实施非法吸收公众存款犯罪为全部活动，故本案不应以单位犯罪论处，对该辩护意见不予采纳……

裁判结果

驳回上诉，维持原判。

226 公司的股东、高管如果明知公司的经营模式是非法吸收公众存款，并且在经营中分工负责，构成共犯

裁判要点

他人为向社会公众吸收资金设立公司，公司的其他股东、高管如果对公司的经营模式明知，并且在经营过程中分工负责，构成非法吸收公众存款罪的共犯。

裁判思路

基本案情[①]：

2014年3月，被告人徐某国与其妻注册成立某投资公司，目的是向社会公众吸收资金后，再以高息借贷给他人或者其他公司获取利差。

2014年9月，公司召开股东会议吸收新股东稀释股权，将徐某国及其妻持有

① 案件来源：陶某明、张某桃、陶某非法吸收公众存款案【贵州省遵义市中级人民法院（2019）黔03刑终511号】。

的股权部分转让给被告人张某桃、陶某、窦某、陶某明。经分工，徐某国任公司总经理负责对借款项目的考察、审核最终投资并担任出借人代表，陶某明任副总经理负责理财经营方向，张某桃任项目部经理负责对投资项目进行考察，陶某任出纳负责财务具体工作。

自2014年4月至2015年10月，该公司在未取得相关职能部门批准从事金融业务的情况下，通过发放宣传单、宣传物品、节假日搞活动回馈客户、公司人员口口相传、承诺每月以1.5%至2%不等利率支付利息、采用委托理财方式，公开向社会公众吸收存款，并将所吸存款以徐某国为出借人代表，以月利息2.5%至6%不等出借给其他公司等。

2016年3月，本案案发，经核实，共吸收金额2098万元，已归还本金26万元、支付利息190.9275万元。

一审法院认为，徐某国、陶某明、张某桃、陶某犯非法吸收公众存款罪，分别判处有期徒刑三年六个月到一年六个月不等，罚金人民币十万元到五万元不等。后陶某明、张某桃、陶某提起上诉。

争议焦点：他人为向社会公众吸收资金设立公司，公司的其他股东、高管是否构成非法吸收公众存款罪的共犯？

辩护意见：

上诉人陶某明及其辩护人提出：陶某明不构成非法吸收公众存款罪，没有与股东共谋，没有串通，也不知道徐某国成立公司的目的，没有参与分红，不存在共同犯罪。

上诉人张某桃及其辩护人提出：本案系徐某国个人犯罪，其不构成非法吸收公众存款罪的共犯。请求改判其无罪。

上诉人陶某及其辩护人提出：陶某没有非法吸收公众存款的故意，其是公司出纳，只负责核对款项，接受指令完成相应工作。本案实际上是徐某国个人行为，让陶某承担刑事责任于法无据。

二审法院认为：

关于上诉人陶某明、张某桃、陶某的行为是否构成非法吸收公众存款罪及原判认定三人犯罪的证据是否充分的问题。

经查，第一，本案在案证据证实公司设立之初，徐某国就以公司名义对外非法吸收公众存款，实施非法吸收公众存款的犯罪活动，应认定为自然人个人犯罪。

第二，本案中原审被告人徐某国的供述，上诉人陶某明、张某桃、陶某的供述，股权转让协议，人民法院生效判决文书，证人证言等证据证实张某桃、陶某于2014年9月向公司各投资150万元，并占有公司15%股份，且二人的股东身份已经人民法院生效判决确定。黄某三持有的10%股权亦转让给陶某明。上述四人就公司相关工作进行了分工，其中徐某国任公司总经理负责对借款项目的考察、审核最终投资并担任出借人代表，陶某明任副总经理负责理财经营方向，张某桃任项目部经理负责对投资项目进行考察，陶某任出纳负责财务具体工作。故上诉人陶某明、张某桃、陶某不管是作为股东还是分别作为公司副总经理、项目经理、出纳，对于公司的经营模式即以支付小额利息来吸收社会资金出借给第三人获得高额利息，从中赚取利息差是明知的。徐某国、陶某明、张某桃、陶某在共同经营中，有商议、有分工，各负其责，对公司向社会公众非法吸收资金，并对有意向单位和个人出借款项，均负有责任。

综上，原审被告人徐某国与上诉人陶某明、张某桃、陶某的行为均构成非法吸收公众存款罪，系共同犯罪。原判认定四人犯罪的证据亦是确实、充分的。关于上诉人陶某明、张某桃、陶某及其各自辩护人所提“三人的行为不构成非法吸收公众存款罪。原判定罪证据不充分”的上诉理由、辩护意见均不能成立，本院不予采纳……综上所述，原判认定事实清楚，定罪准确，审判程序合法。

裁判结果

驳回上诉，维持原判。

227 明知他人非法吸收公众存款，仍接受安排办理银行卡收受集资款项并办理转账、支付等业务，构成共犯

裁判要点

行为人明知他人非法吸收公众存款，仍受他人安排办理银行卡收受非法吸收的公众存款，并利用银行卡为他人办理转账、支付等业务，构成非法吸收公众存款罪的共犯。

裁判思路

基本案情[①]**：**

2013年10月，李某宏注册成立某公司并担任法定代表人，股东为刘某珍（实际为挂名股东），李某宏为实际控制人。李某宏与刘某珍，曹某与李某言分别为男女朋友关系，李某宏系李某言父亲。

2013年至2015年12月，李某宏以银行过桥需要资金为由，通过刘某珍在信阳向社会不特定群众非法吸收存款，承诺按月支付2分至6分的利息，并给集资50万元以上，利息2分以下的客户按月发1900元以上的工资，非法吸收公众存款共22260000元。李某宏让刘某珍将非法吸收公众的存款全部转到李某宏、曹某及李某言的个人账户。曹某、李某言受李某宏指使，分别担任公司的会计、出纳，按照李某宏的安排，以个人的名义办理多张银行卡，同意将非法吸收的公众存款转入自己的卡内，并利用这些银行卡协助办理支付利息、高息转贷等业务。

经鉴定，李某宏、刘某珍、曹某、李某言非法吸收公众存款22260000元，涉及集资客户39人，已兑付本息6588990元，剩余15671010元没有兑付。

一审法院判决被告人李某宏、刘某珍、曹某、李某言构成非法吸收公众存款罪。随后，李某言等提起上诉。

争议焦点：行为人明知他人非法吸收公众存款，仍受他人安排办理银行卡收受非法吸收的公众存款，并利用银行卡为他人办理转账、支付等业务，是否构成共犯？

辩护意见：

李某言上诉称：其主观上不具备与李某宏、刘某珍非法吸收公众存款的共同犯罪的故意，客观上没有实施非法吸收公众存款的行为，其行为不构成非法吸收公众存款罪。

二审法院认为：

关于李某言上诉称其主观上不具备与李某宏、刘某珍非法吸收公众存款的共同犯罪的故意，客观上没有实施非法吸收公众存款的行为，其行为不构成非法吸收公众存款罪的上诉理由，经查，李某言受李某宏指使，在明知李某宏以办理银行过桥业务为借口，采取高息为诱饵的方式非法吸收公众存款的情况下，按照其

---

① 案件来源：李某宏、刘某珍非法吸收公众存款案【河南省信阳市中级人民法院（2017）豫15刑终433号】。

安排办理多张银行卡，多次接收非法吸收的公众存款，并利用这些银行卡为李某宏办理转账、支付等业务，其构成非法吸收公众存款罪的从犯。故该上诉理由不能成立。

裁判结果

驳回上诉，维持原判。

228 行为人将犯罪所得及个人合法财产复投入非法吸收公众存款业务，不影响对其共犯身份的认定

裁判要点

行为人明知他人从事非法吸收公众存款业务而参与其中，将犯罪所得及个人合法财产复投入非法吸收公众存款业务，不影响对其共犯身份的认定。

裁判思路

基本案情[①]**：**

2016年6月以来，被告人周某与被告人沈某通谋，以公司经营皮衣生意需要资金为名，以高利息为诱饵，通过沈某作为代理，利用QQ、微信等网络平台进行宣传，吸引集资参与人通过店铺或网店拍单或直接以银行转账、支付宝转账的方式出借钱款，所吸收存款汇总于相关店铺绑定的支付宝账户或者银行账户。周某得款后用于公司及相关网店的生产、经营，贷款债务的偿还，集资参与人的本金、利息的结算支付，以及高息借贷等活动。

2017年2月至3月，经沈某的介绍，周某又联系被告人纪某志等作为其代理，纪某志采用上述方式筹措资金。自2016年10月起，纪某志涉案金额2470530元，已兑付本息1165294元，尚未兑付1305236元。

一审法院判决被告人纪某志犯非法吸收公众存款罪，判处有期徒刑二年，并处罚金人民币三万元。随后，纪某志提起上诉。

争议焦点：行为人明知他人从事非法吸收公众存款业务而参与其中，将犯罪

---

① 案件来源：纪某志等非法吸收公众存款案【浙江省嘉兴市中级人民法院（2018）浙04刑终485号】。

所得及个人合法财产复投入非法吸收公众存款业务，是否影响对其共犯身份的认定?

辩护意见：

被告人纪某志上诉提出：其向周某的公司投资十万余元，没有实际获利，也是案件的受害人，请求二审依法改判。

二审法院认为：

关于上诉人纪某志上诉所提，经查，上诉人纪某志明知上诉人周某、原审被告人沈某让其从事的是通过互联网融资揽储行为，为片面追求经济利益而实施上述行为，对于非法吸收公众存款的涉众面不设上限，主观上积极追求网络投资人的数量及投资数目，其行为符合非法吸收公众存款的构成要件。至于上诉人纪某志辩解称自己把犯罪所得及个人合法财产复投给上诉人周某，亦是本案被害人，并不能否认上诉人纪某志作为非法吸收公众存款的共犯身份。上诉人纪某志授权他人操控自己的电子账号实施犯罪行为，并据此获得犯罪收益，其应当为所参与的全部犯罪数额承担刑事责任。原判已对其依法认定自首，并减轻处罚，二审请求再予从轻，不予照准。

裁判结果

驳回上诉，维持原判。

229 行为人在他人的公司向顾客介绍自己急需资金的情况，不属于“向社会公开宣传”

裁判要点

行为人没有通过媒体、推介会、传单、手机短信等途径向社会公开宣传，而是在他人经营的公司向顾客介绍自己急需资金的情况，考虑其宣传的方式及信息接受人员的范围局限性等因素，不属于刑法意义上的“向社会公开宣传”，不构成非法吸收公众存款罪。

裁判思路

基本案情[①]**：**

2010年前后，原审被告人刘某因经营烟酒门市需要，多次在马某经营的汽贸公司购买车辆。其间，刘某认识了马某及其兄弟马某峰、姑父李某。

2011年至2014年，刘某多次向马某、李某及该二人介绍的乔某表、张某春、冯某仙、钱某东、李某东借款共计355.6万元。

一审法院认为，刘某犯非法吸收公众存款罪，判处有期徒刑三年，并处罚金80000元……随后，刘某提起上诉。

二审法院认为：

非法吸收公众存款罪是指违反国家有关规定，非法吸收公众存款或者变相吸收公众存款，扰乱金融秩序的行为，客观方面表现为非法向社会公开吸收公众存款或变相吸收公众存款。本罪要求行为人的行为必须同时具备“向社会公开宣传”和“向社会不特定对象吸收资金”等条件。

1. 关于是否向社会公开宣传的问题。本案中，马某、马某峰、李某均在侦查机关有过陈述，称刘某夫妇常来马某经营的汽贸公司，向购车的顾客介绍自己急需资金周转的情况，此外，无其他证据证明刘某有过宣传的行为。首先，考虑到上述三人与本案存在利害关系，其证明内容未得到其他证据的印证，上述证言对于认定刘某对外宣传借款事宜的证明力较为薄弱。其次，“向社会公开宣传”是指以各种途径向社会公众传播吸收资金的信息，如通过媒体、推介会、传单、手机短信等途径向社会公开宣传，以及明知吸收资金的信息向社会公众扩散而予以放任等情形。本案中，即使刘某在马某经营的汽贸公司向购车顾客介绍自己急需资金的情况，考虑其宣传的方式及信息接收人员的范围局限性等因素，亦不属于刑法意义上的“向社会公开宣传”。另外，本案中无证据证明马某、李某等人实施了向社会公开宣传的行为，故不存在刘某对于其吸收资金的信息向社会公众扩散而予以放任的情形。

2. 关于是否向社会不特定对象吸收资金的问题。根据查明的事实，上诉人刘某共向六人借款，其中马某、马某峰、李某与刘某在借款前即已相识，其他三人分别与介绍人马某或李某存在特定关系，故本案中借款指向的对象明显不具有广泛性和不特定性，不具备非法吸收公众存款罪“向社会不特定对象吸收资金”

---

① 案件来源：刘某非法吸收公众存款案【山西省忻州市中级人民法院（2019）晋09刑终369号】。

的要件。

综上所述，现有证据不能证实上诉人刘某客观上实施了通过公开宣传向社会不特定对象吸收资金的行为，原判认定刘某犯非法吸收公众存款罪事实不清，证据不足，依法应宣告无罪。上诉人刘某的上诉理由，应予采纳。

裁判结果

一、撤销保德县人民法院（2019）晋 0931 刑初 88 号刑事判决。

二、上诉人（原审被告人）刘某无罪。

230 行为人向特定对象借款，没有对外宣传借款信息，不构成非法吸收公众存款罪

裁判要点

行为人向同乡、同学、亲友等特定对象借款，没有采用其他方式或途径对外宣传借款的信息，且没有证据证明行为人明知借款对象向不特定对象募集资金，不符合非法吸收公众存款罪“向社会不特定对象吸收资金”的特征，不构成本罪。

裁判思路

基本案情①：

2010 年 6 月至 2011 年 10 月，上海某珠宝公司法定代表人吴某微以投资或者经营需要资金周转等为由，大多承诺较高利息，部分提供房产抵押或珠宝质押，通过出具借据或签订借款协议等方式，分别向涂某某等 11 人借款，共计 1.5 亿余元。所借款项主要用于偿还他人的借款本息、支付公司运营支出等。至案发，吴某微对上述款项尚未完全支付本息。

上海市黄浦区检察院指控被告单位上海某珠宝公司和吴某微犯非法吸收公众存款罪，一审法院判决上海某珠宝公司和吴某微无罪。后上海市黄浦区检察院提

---

① 案件来源：上海某珠宝公司、吴某微非法吸收公众存款案【上海市第二中级人民法院（2015）沪二中刑终字第 68 号】。

起抗诉。

争议焦点：被告人的行为是否符合非法吸收公众存款罪“向社会不特定对象吸收资金”的特征?

抗诉意见：

上海市黄浦区人民检察院抗诉认为：原判认定事实及证据采信有误，适用法律不当，致使有确实、充分证据证明有罪的原审被告单位和原审被告人被宣判无罪，属判决错误。理由是：（1）吴某微已采用其他方式将其对外借款的信息扩散到社会公众，且吴某微明知部分借款对象的资金系向他人融资所得，非但没有阻止，相反还欣然接受，应当认定吴某微向社会公众公开宣传。（2）吴某微与借款对象虽然相识，但双方主要基于高额利息的引诱，且吴某微对资金来者不拒，主观上并未选择在特定范围内借款，应当认定吴某微向不特定对象借款。（3）吴某微在其公司严重亏损，没有偿债能力的情况下，故意隐瞒公司经营状况，虚构投资项目，并采用高息回报方式向他人借款，所得资金又主要用于偿还债务，最终造成他人损失，吴某微的行为超出公司正常的借贷范畴，依法应予惩处。

上海市人民检察院第二分院认为，原审被告单位某珠宝公司和原审被告人吴某微，采用以支付高额利息的方法，公开向社会公众吸收存款计 1.5 亿余元，其行为应以《刑法》第一百七十六条规定的非法吸收公众存款罪定罪处罚。原判以证据不足为由，对某珠宝公司和吴某微宣告无罪，属认定事实和适用法律有误，导致判决错误。据此，建议本院依照《刑事诉讼法》第二百二十四条、第二百二十五条的规定予以纠正。

辩护意见：

原审被告单位某珠宝公司诉讼代表人和原审被告人吴某微提出：吴某微向其朋友、同学等特定对象借款，吴某微经营的公司没有亏损等，某珠宝公司和吴某微无罪。

吴某微的辩护人认为：吴某微向朋友、亲戚等借款，没有向不特定对象吸收资金，且吴某微既不知道部分朋友、亲戚等的资金是向他人融资，也没有证据证明吴某微知道部分朋友、亲戚等向不特定对象募集资金，同时，吴某微个人和其经营公司的资产远大于借款金额，不存在资不抵债等亏损情况。

二审法院认为：

原审被告人吴某微除以原审被告单位某珠宝公司资金周转、归还贷款、从事经营活动等为名，向其同乡、同学、亲友等特定对象借款，并许诺给予借款对象回报外，没有采用其他方式或途径对外宣传借款的信息。即使少部分出借人向其朋友、亲戚等特定对象融资时流露过是吴某微借款的意思表示，也只是在特定范围内传播，并不符合向不特定对象即社会公众传播的特征。

同时，根据现有证据，除少部分借款对象称吴某微知道有部分资金是他们向他人借款外，没有其他证据予以证实，也没有证据证明吴某微明知借款对象向不特定对象募集资金。至于吴某微是否隐瞒公司经营状况，是否虚构投资项目等事实，因检察机关没有指控，本院无法认定。

因此，对某珠宝公司和吴某微均不能以非法吸收公众存款罪认定。上海市黄浦区人民检察院的抗诉理由不能成立，对上海市人民检察院第二分院支持抗诉的意见不予支持。原判认定事实和适用法律正确，所作的判决并无不当，且诉讼程序合法。

裁判结果

驳回抗诉，维持原判。

三、实务建议

近年来，非法集资类犯罪呈现井喷式发展态势，涉案金额动辄数亿元，甚至数百亿元，案发后司法机关处理退赔问题面临较大的压力。因此，出于解决退赔等问题的考虑，司法机关在一定程度上“扩大”了涉案人员的打击范围。涉案公司的员工中，上至实控人、股东、高管，下至业务经理、总监，甚至普通的业务员工等都被纳入了刑事打击的范围。我们办理了多起非法吸收公众存款类案件，均取得了较好的辩护效果。为防止行为人触犯非法吸收公众存款罪，我们在对重点案例梳理的基础上，结合实际办案经验，提出以下建议。

（一）探求业务本质，把握非法吸收公众存款罪认定的四大特征

无论是个人还是公司，无论是公司高层、股东还是基层业务员，都有可能因涉嫌非法吸收公众存款罪而身陷囹圄，刑事法律风险并不遥远。如果行为人从事的业务可能涉及向社会公众吸收资金的情形，在启动业务之前务必进行刑事风险评估。

如果相关业务同时符合以下四个条件，则涉嫌非法吸收公众存款罪，具有较高的刑事法律风险，应当慎重考虑：其一，违反国家金融管理法律规定，未经有关部门依法许可或者借用合法经营的形式吸收资金；其二，通过网络、媒体、推介会、传单、手机信息等途径主动向社会公开宣传，或者明知吸收资金的信息向社会公众扩散而予以放任；其三，向投资人承诺在一定期限内还本付息；其四，向社会不特定对象吸收资金。

（二）改变非法吸收公众存款案件中常见的错误认知

通常，在非法吸收公众存款类案件中，被立案侦查的人员范围较大。身陷囹圄的不仅有股东、高管，还有中层管理人员、普通员工，不仅有业务人员等前台员工，还有财务、技术、人事、法务等中后台人员。但是，由于很多行为人对非法吸收公众存款罪的认定存在下列错误认知，并没有认识到作为非法吸收公众存款罪主体之一的风险性。

其一，持有“只要未领取业务提成或佣金就不构成犯罪”的错误认识。实际上，构成非法吸收公众存款罪并不以行为人获取业务提成或佣金为前提，只要行为人参与了非法吸收公众存款的行为，即使没有获得相关的提成、佣金，也构成本罪。

其二，持有“只要参与投资，就是被害人”的错误认识。司法实践中，有许多涉嫌非吸罪的被告人在法庭上辩护称，其将犯罪所得或者个人合法财产投入非法吸收公众存款业务，其也是被害人。然而，行为人是否参与投资不影响对其构成犯罪的认定，只不过如果行为人有证据（如转账凭证、合同等）证明其参与投资的实际金额，在计算行为人的吸收金额时，行为人投资的金额将不会计入其吸收的金额。

其三，持有“向亲友或单位员工吸收资金不构成犯罪，吸收的资金不应计入吸收金额”的错误认识。向亲友或单位员工吸收资金是否构成犯罪需要区分具体情形。如果符合以下三种情形之一，那么不但涉嫌非法吸收公众存款罪，并且向亲友或单位员工吸收的资金也计入吸收金额：（1）在向亲友或者单位内部人员吸收资金的过程中，明知亲友或者单位内部人员向不特定对象吸收资金而予以放任的；（2）以吸收资金为目的，将社会人员吸收为单位内部人员，并向其吸收资金的；（3）向社会公开宣传，同时向不特定对象、亲友或者单位内部人员吸收资金的。

（三）案发后积极退赃退赔、及时止损

如果行为人已被公安机关立案侦查，或被采取强制措施，也不意味着无计可施。根据我国法律的相关规定，在提起公诉前积极退赃退赔，减少损害结果发生的，可以从轻或者减轻处罚；在提起公诉后退赃退赔的，可以作为量刑情节酌情考虑。非法吸收或者变相吸收公众存款，主要用于正常的生产经营活动，能够在提起公诉前清退所吸收资金的，可以免予刑事处罚；情节显著轻微，危害不大的，不作为犯罪处理。

因此，涉案行为人可以通过聘请律师了解案件证据情况、与办案人员沟通辩护意见、积极退赃退赔等方式，在刑事诉讼程序各个阶段努力争取取保候审、不起诉、无罪、免予刑事处罚、缓刑等辩护效果。

四、法律规范

（一）法律

《中华人民共和国刑法》（2020 年修正）

第一百七十六条 非法吸收公众存款或者变相吸收公众存款，扰乱金融秩序的，处三年以下有期徒刑或者拘役，并处或者单处罚金；数额巨大或者有其他严重情节的，处三年以上十年以下有期徒刑，并处罚金；数额特别巨大或者有其他特别严重情节的，处十年以上有期徒刑，并处罚金。

单位犯前款罪的，对单位判处罚金，并对其直接负责的主管人员和其他直接责任人员，依照前款的规定处罚。

有前两款行为，在提起公诉前积极退赃退赔，减少损害结果发生的，可以从轻或者减轻处罚。

（二）司法解释

《最高人民法院关于审理非法集资刑事案件具体应用法律若干问题的解释》（2022 年 3 月 1 日施行　法释〔2022〕5 号）

第一条 违反国家金融管理法律规定，向社会公众（包括单位和个人）吸收资金的行为，同时具备下列四个条件的，除刑法另有规定的以外，应当认定为

刑法第一百七十六条规定的“非法吸收公众存款或者变相吸收公众存款”：

（一）未经有关部门依法许可或者借用合法经营的形式吸收资金；

（二）通过网络、媒体、推介会、传单、手机信息等途径向社会公开宣传；

（三）承诺在一定期限内以货币、实物、股权等方式还本付息或者给付回报；

（四）向社会公众即社会不特定对象吸收资金。

未向社会公开宣传，在亲友或者单位内部针对特定对象吸收资金的，不属于非法吸收或者变相吸收公众存款。

第二条　实施下列行为之一，符合本解释第一条第一款规定的条件的，应当依照刑法第一百七十六条的规定，以非法吸收公众存款罪定罪处罚：

（一）不具有房产销售的真实内容或者不以房产销售为主要目的，以返本销售、售后包租、约定回购、销售房产份额等方式非法吸收资金的；

（二）以转让林权并代为管护等方式非法吸收资金的；

（三）以代种植（养殖）、租种植（养殖）、联合种植（养殖）等方式非法吸收资金的；

（四）不具有销售商品、提供服务的真实内容或者不以销售商品、提供服务为主要目的，以商品回购、寄存代售等方式非法吸收资金的；

（五）不具有发行股票、债券的真实内容，以虚假转让股权、发售虚构债券等方式非法吸收资金的；

（六）不具有募集基金的真实内容，以假借境外基金、发售虚构基金等方式非法吸收资金的；

（七）不具有销售保险的真实内容，以假冒保险公司、伪造保险单据等方式非法吸收资金的；

（八）以网络借贷、投资入股、虚拟币交易等方式非法吸收资金的；

（九）以委托理财、融资租赁等方式非法吸收资金的；

（十）以提供“养老服务”、投资“养老项目”、销售“老年产品”等方式非法吸收资金的；

（十一）利用民间“会”“社”等组织非法吸收资金的；

（十二）其他非法吸收资金的行为。

第三条　非法吸收或者变相吸收公众存款，具有下列情形之一的，应当依法追究刑事责任：

（一）非法吸收或者变相吸收公众存款数额在100万元以上的；

（二）非法吸收或者变相吸收公众存款对象150人以上的；

（三）非法吸收或者变相吸收公众存款，给存款人造成直接经济损失数额在50万元以上的。

非法吸收或者变相吸收公众存款数额在50万元以上或者给存款人造成直接经济损失数额在25万元以上，同时具有下列情节之一的，应当依法追究刑事责任：

（一）曾因非法集资受过刑事追究的；

（二）二年内曾因非法集资受过行政处罚的；

（三）造成恶劣社会影响或者其他严重后果的。

第四条 非法吸收或者变相吸收公众存款，具有下列情形之一的，应当认定为刑法第一百七十六条规定的"数额巨大或者有其他严重情节"：

（一）非法吸收或者变相吸收公众存款数额在500万元以上的；

（二）非法吸收或者变相吸收公众存款对象500人以上的；

（三）非法吸收或者变相吸收公众存款，给存款人造成直接经济损失数额在250万元以上的。

非法吸收或者变相吸收公众存款数额在250万元以上或者给存款人造成直接经济损失数额在150万元以上，同时具有本解释第三条第二款第三项情节的，应当认定为"其他严重情节"。

第五条 非法吸收或者变相吸收公众存款，具有下列情形之一的，应当认定为刑法第一百七十六条规定的"数额特别巨大或者有其他特别严重情节"：

（一）非法吸收或者变相吸收公众存款数额在5000万元以上的；

（二）非法吸收或者变相吸收公众存款对象5000人以上的；

（三）非法吸收或者变相吸收公众存款，给存款人造成直接经济损失数额在2500万元以上的。

非法吸收或者变相吸收公众存款数额在2500万元以上或者给存款人造成直接经济损失数额在1500万元以上，同时具有本解释第三条第二款第三项情节的，应当认定为"其他特别严重情节"。

第六条 非法吸收或者变相吸收公众存款的数额，以行为人所吸收的资金全额计算。在提起公诉前积极退赃退赔，减少损害结果发生的，可以从轻或者减轻处罚；在提起公诉后退赃退赔的，可以作为量刑情节酌情考虑。

非法吸收或者变相吸收公众存款，主要用于正常的生产经营活动，能够在提起公诉前清退所吸收资金，可以免予刑事处罚；情节显著轻微危害不大的，不作为犯罪处理。

对依法不需要追究刑事责任或者免予刑事处罚的，应当依法将案件移送有关行政机关。

第九条第一款　犯非法吸收公众存款罪，判处三年以下有期徒刑或者拘役，并处或者单处罚金的，处五万元以上一百万元以下罚金；判处三年以上十年以下有期徒刑的，并处十万元以上五百万元以下罚金；判处十年以上有期徒刑的，并处五十万元以上罚金。

第十条　未经国家有关主管部门批准，向社会不特定对象发行、以转让股权等方式变相发行股票或者公司、企业债券，或者向特定对象发行、变相发行股票或者公司、企业债券累计超过200人的，应当认定为刑法第一百七十九条规定的“擅自发行股票或者公司、企业债券”。构成犯罪的，以擅自发行股票、公司、企业债券罪定罪处罚。

第十一条　违反国家规定，未经依法核准擅自发行基金份额募集基金，情节严重的，依照刑法第二百二十五条的规定，以非法经营罪定罪处罚。

第十二条　广告经营者、广告发布者违反国家规定，利用广告为非法集资活动相关的商品或者服务作虚假宣传，具有下列情形之一的，依照刑法第二百二十二条的规定，以虚假广告罪定罪处罚：

（一）违法所得数额在10万元以上的；

（二）造成严重危害后果或者恶劣社会影响的；

（三）二年内利用广告作虚假宣传，受过行政处罚二次以上的；

（四）其他情节严重的情形。

明知他人从事欺诈发行证券，非法吸收公众存款，擅自发行股票、公司、企业债券，集资诈骗或者组织、领导传销活动等集资犯罪活动，为其提供广告等宣传的，以相关犯罪的共犯论处。

第十三条　通过传销手段向社会公众非法吸收资金，构成非法吸收公众存款罪或者集资诈骗罪，同时又构成组织、领导传销活动罪的，依照处罚较重的规定定罪处罚。

第十四条　单位实施非法吸收公众存款、集资诈骗犯罪的，依照本解释规定的相应自然人犯罪的定罪量刑标准，对单位判处罚金，并对其直接负责的主管人员和其他直接责任人员定罪处罚。

（三）立案标准

《最高人民检察院、公安部关于公安机关管辖的刑事案件立案追诉标准的规定（二）》（2022 年 5 月 15 日施行　公通字〔2022〕12 号）

第二十三条　非法吸收公众存款或者变相吸收公众存款，扰乱金融秩序，涉嫌下列情形之一的，应予立案追诉：

（一）非法吸收或者变相吸收公众存款数额在一百万元以上的；

（二）非法吸收或者变相吸收公众存款对象一百五十人以上的；

（三）非法吸收或者变相吸收公众存款，给集资参与人造成直接经济损失数额在五十万元以上的；

非法吸收或者变相吸收公众存款数额在五十万元以上或者给集资参与人造成直接经济损失数额在二十五万元以上，同时涉嫌下列情形之一的，应予立案追诉：

（一）因非法集资受过刑事追究的；

（二）二年内因非法集资受过行政处罚的；

（三）造成恶劣社会影响或者其他严重后果的。

（四）司法解释性质文件

1.**《最高人民法院、最高人民检察院、公安部印发〈关于办理非法集资刑事案件若干问题的意见〉的通知》**（2019 年 1 月 30 日施行　高检会〔2019〕2 号）

一、关于非法集资的“非法性”认定依据问题

人民法院、人民检察院、公安机关认定非法集资的“非法性”，应当以国家金融管理法律法规作为依据。对于国家金融管理法律法规仅作原则性规定的，可以根据法律规定的精神并参考中国人民银行、中国银行保险监督管理委员会、中国证券监督管理委员会等行政主管部门依照国家金融管理法律法规制定的部门规章或者国家有关金融管理的规定、办法、实施细则等规范性文件的规定予以认定。

二、关于单位犯罪的认定问题

单位实施非法集资犯罪活动，全部或者大部分违法所得归单位所有的，应当认定为单位犯罪。

个人为进行非法集资犯罪活动而设立的单位实施犯罪的，或者单位设立后，以实施非法集资犯罪活动为主要活动的，不以单位犯罪论处，对单位中组织、策划、实施非法集资犯罪活动的人员应当以自然人犯罪依法追究刑事责任。

判断单位是否以实施非法集资犯罪活动为主要活动，应当根据单位实施非法集资的次数、频度、持续时间、资金规模、资金流向、投入人力物力情况、单位进行正当经营的状况以及犯罪活动的影响、后果等因素综合考虑认定。

三、关于涉案下属单位的处理问题

办理非法集资刑事案件中，人民法院、人民检察院、公安机关应当全面查清涉案单位，包括上级单位（总公司、母公司）和下属单位（分公司、子公司）的主体资格、层级、关系、地位、作用、资金流向等，区分情况依法作出处理。

上级单位已被认定为单位犯罪，下属单位实施非法集资犯罪活动，且全部或者大部分违法所得归下属单位所有的，对该下属单位也应当认定为单位犯罪。上级单位和下属单位构成共同犯罪的，应当根据犯罪单位的地位、作用，确定犯罪单位的刑事责任。

上级单位已被认定为单位犯罪，下属单位实施非法集资犯罪活动，但全部或者大部分违法所得归上级单位所有的，对下属单位不单独认定为单位犯罪。下属单位中涉嫌犯罪的人员，可以作为上级单位的其他直接责任人员依法追究刑事责任。

上级单位未被认定为单位犯罪，下属单位被认定为单位犯罪的，对上级单位中组织、策划、实施非法集资犯罪的人员，一般可以与下属单位按照自然人与单位共同犯罪处理。

上级单位与下属单位均未被认定为单位犯罪的，一般以上级单位与下属单位中承担组织、领导、管理、协调职责的主管人员和发挥主要作用的人员作为主犯，以其他积极参加非法集资犯罪的人员作为从犯，按照自然人共同犯罪处理。

四、关于主观故意的认定问题

认定犯罪嫌疑人、被告人是否具有非法吸收公众存款的犯罪故意，应当依据犯罪嫌疑人、被告人的任职情况、职业经历、专业背景、培训经历、本人因同类行为受到行政处罚或者刑事追究情况以及吸收资金方式、宣传推广、合同资料、业务流程等证据，结合其供述，进行综合分析判断。

犯罪嫌疑人、被告人使用诈骗方法非法集资，符合《最高人民法院关于审理非法集资刑事案件具体应用法律若干问题的解释》第四条规定的，可以认定为集资诈骗罪中“以非法占有为目的”。

办案机关在办理非法集资刑事案件中，应当根据案件具体情况注意收集运用涉及犯罪嫌疑人、被告人的以下证据：是否使用虚假身份信息对外开展业务；是否虚假订立合同、协议；是否虚假宣传，明显超出经营范围或者夸大经营、投资、服务项目及盈利能力；是否吸收资金后隐匿、销毁合同、协议、账目；是否传授或者接受规避法律、逃避监管的方法，等等。

五、关于犯罪数额的认定问题

非法吸收或者变相吸收公众存款构成犯罪，具有下列情形之一的，向亲友或者单位内部人员吸收的资金应当与向不特定对象吸收的资金一并计入犯罪数额：

（一）在向亲友或者单位内部人员吸收资金的过程中，明知亲友或者单位内部人员向不特定对象吸收资金而予以放任的；

（二）以吸收资金为目的，将社会人员吸收为单位内部人员，并向其吸收资金的；

（三）向社会公开宣传，同时向不特定对象、亲友或者单位内部人员吸收资金的。

非法吸收或者变相吸收公众存款的数额，以行为人所吸收的资金全额计算。集资参与人收回本金或者获得回报后又重复投资的数额不予扣除，但可以作为量刑情节酌情考虑。

六、关于宽严相济刑事政策把握问题

办理非法集资刑事案件，应当贯彻宽严相济刑事政策，依法合理把握追究刑事责任的范围，综合运用刑事手段和行政手段处置和化解风险，做到惩处少数、教育挽救大多数。要根据行为人的客观行为、主观恶性、犯罪情节及其地位、作用、层级、职务等情况，综合判断行为人的责任轻重和刑事追究的必要性，按照区别对待原则分类处理涉案人员，做到罚当其罪、罪责刑相适应。

重点惩处非法集资犯罪活动的组织者、领导者和管理人员，包括单位犯罪中的上级单位（总公司、母公司）的核心层、管理层和骨干人员，下属单位（分公司、子公司）的管理层和骨干人员，以及其他发挥主要作用的人员。

对于涉案人员积极配合调查、主动退赃退赔、真诚认罪悔罪的，可以依法从轻处罚；其中情节轻微的，可以免除处罚；情节显著轻微、危害不大的，不作为犯罪处理。

……

九、关于涉案财物追缴处置问题

办理跨区域非法集资刑事案件，案件主办地办案机关应当及时归集涉案财物，为统一资产处置做好基础性工作。其他涉案地办案机关应当及时查明涉案财物，明确其来源、去向、用途、流转情况，依法办理查封、扣押、冻结手续，并制作详细清单，对扣押款项应当设立明细账，在扣押后立即存入办案机关唯一合规账户，并将有关情况提供案件主办地办案机关。

人民法院、人民检察院、公安机关应当严格依照刑事诉讼法和相关司法解释的规定，依法移送、审查、处理查封、扣押、冻结的涉案财物。对审判时尚未追缴到案或者尚未足额退赔的违法所得，人民法院应当判决继续追缴或者责令退赔，并由人民法院负责执行，处置非法集资职能部门、人民检察院、公安机关等应当予以配合。

人民法院对涉案财物依法作出判决后，有关地方和部门应当在处置非法集资职能部门统筹协调下，切实履行协作义务，综合运用多种手段，做好涉案财物清运、财产变现、资金归集、资金清退等工作，确保最大限度减少实际损失。

根据有关规定，查封、扣押、冻结的涉案财物，一般应在诉讼终结后返还集资参与人。涉案财物不足全部返还的，按照集资参与人的集资额比例返还。退赔集资参与人的损失一般优先于其他民事债务以及罚金、没收财产的执行。

十、关于集资参与人权利保障问题

集资参与人，是指向非法集资活动投入资金的单位和个人，为非法集资活动提供帮助并获取经济利益的单位和个人除外。

人民法院、人民检察院、公安机关应当通过及时公布案件进展、涉案资产处置情况等方式，依法保障集资参与人的合法权利。集资参与人可以推选代表人向人民法院提出相关意见和建议；推选不出代表人的，人民法院可以指定代表人。人民法院可以视案件情况决定集资参与人代表人参加或者旁听庭审，对集资参与人提起附带民事诉讼等请求不予受理。

十一、关于行政执法与刑事司法衔接问题

处置非法集资职能部门或者有关行政主管部门，在调查非法集资行为或者行政执法过程中，认为案情重大、疑难、复杂的，可以商请公安机关就追诉标准、证据固定等问题提出咨询或者参考意见；发现非法集资行为涉嫌犯罪的，应当按照《行政执法机关移送涉嫌犯罪案件的规定》等规定，履行相关手续，在规定的期限内将案件移送公安机关。

人民法院、人民检察院、公安机关在办理非法集资刑事案件过程中，可商请处置非法集资职能部门或者有关行政主管部门指派专业人员配合开展工作，协助查阅、复制有关专业资料，就案件涉及的专业问题出具认定意见。涉及需要行政处理的事项，应当及时移交处置非法集资职能部门或者有关行政主管部门依法处理。

十二、关于国家工作人员相关法律责任问题

国家工作人员具有下列行为之一，构成犯罪的，应当依法追究刑事责任：

（一）明知单位和个人所申请机构或者业务涉嫌非法集资，仍为其办理行政许可或者注册手续的；

（二）明知所主管、监管的单位有涉嫌非法集资行为，未依法及时处理或者移送处置非法集资职能部门的；

（三）查处非法集资过程中滥用职权、玩忽职守、徇私舞弊的；

（四）徇私舞弊不向司法机关移交非法集资刑事案件的；

（五）其他通过职务行为或者利用职务影响，支持、帮助、纵容非法集资的。

2.《最高人民检察院关于办理涉互联网金融犯罪案件有关问题座谈会纪要》（2017年6月2日施行　高检诉〔2017〕14号）

（一）非法吸收公众存款行为的认定

6. 涉互联网金融活动在未经有关部门依法批准的情形下，公开宣传并向不特定公众吸收资金，承诺在一定期限内还本付息的，应当依法追究刑事责任。其中，应重点审查互联网金融活动相关主体是否存在归集资金、沉淀资金，致使投资人资金存在被挪用、侵占等重大风险等情形。

7. 互联网金融的本质是金融，判断其是否属于“未经有关部门依法批准”，即行为是否具有非法性的主要法律依据是《商业银行法》、《非法金融机构和非法金融业务活动取缔办法》（国务院令第247号）等现行有效的金融管理法律规定。

8. 对以下网络借贷领域的非法吸收公众资金的行为，应当以非法吸收公众存款罪分别追究相关行为主体的刑事责任：

（1）中介机构以提供信息中介服务为名，实际从事直接或间接归集资金、甚至自融或变相自融等行为，应当依法追究中介机构的刑事责任。特别要注意识别变相自融行为，如中介机构通过拆分融资项目期限、实行债权转让等方式为自己吸收资金的，应当认定为非法吸收公众存款。

(2) 中介机构与借款人存在以下情形之一的，应当依法追究刑事责任：①中介机构与借款人合谋或者明知借款人存在违规情形，仍为其非法吸收公众存款提供服务的；中介机构与借款人合谋，采取向出借人提供信用担保、通过电子渠道以外的物理场所开展借贷业务等违规方式向社会公众吸收资金的；②双方合谋通过拆分融资项目期限、实行债权转让等方式为借款人吸收资金的。在对中介机构、借款人进行追诉时，应根据各自在非法集资中的地位、作用确定其刑事责任。中介机构虽然没有直接吸收资金，但是通过大肆组织借款人开展非法集资并从中收取费用数额巨大、情节严重的，可以认定为主犯。

(3) 借款人故意隐瞒事实，违反规定，以自己名义或借用他人名义利用多个网络借贷平台发布借款信息，借款总额超过规定的最高限额，或将吸收资金用于明确禁止的投资股票、场外配资、期货合约等高风险行业，造成重大损失和社会影响的，应当依法追究借款人的刑事责任。对于借款人将借款主要用于正常的生产经营活动，能够及时清退所吸收资金，不作为犯罪处理。

9. 在非法吸收公众存款罪中，原则上认定主观故意并不要求以明知法律的禁止性规定为要件。特别是具备一定涉金融活动相关从业经历、专业背景或在犯罪活动中担任一定管理职务的犯罪嫌疑人，应当知晓相关金融法律管理规定，如果有证据证明其实际从事的行为应当批准而未经批准，行为在客观上具有非法性，原则上就可以认定其具有非法吸收公众存款的主观故意。在证明犯罪嫌疑人的主观故意时，可以收集运用犯罪嫌疑人的任职情况、职业经历、专业背景、培训经历、此前任职单位或者其本人因从事同类行为受到处罚情况等证据，证明犯罪嫌疑人提出的“不知道相关行为被法律所禁止，故不具有非法吸收公众存款的主观故意”等辩解不能成立。除此之外，还可以收集运用以下证据进一步印证犯罪嫌疑人知道或应当知道其所从事行为具有非法性，比如犯罪嫌疑人故意规避法律以逃避监管的相关证据：自己或要求下属与投资人签订虚假的亲友关系确认书，频繁更换宣传用语逃避监管，实际推介内容与宣传用语、实际经营状况不一致，刻意向投资人夸大公司兑付能力，在培训课程中传授或接受规避法律的方法，等等。

10. 对于无相关职业经历、专业背景，且从业时间短暂，在单位犯罪中层级较低，纯属执行单位领导指令的犯罪嫌疑人提出辩解的，如确实无其他证据证明其具有主观故意的，可以不作为犯罪处理。另外，实践中还存在犯罪嫌疑人提出因信赖行政主管部门出具的相关意见而陷入错误认识的辩解。如果上述辩解确有证据证明，不应作为犯罪处理，但应当对行政主管部门出具的相关意见及其出具过程进行查证，如存在以下情形之一，仍应认定犯罪嫌疑人具有非法吸收公众存款的主观故意：

(1) 行政主管部门出具意见所涉及的行为与犯罪嫌疑人实际从事的行为不一致的；

(2) 行政主管部门出具的意见未对是否存在非法吸收公众存款问题进行合法性审查，仅对其他合法性问题进行审查的；

(3) 犯罪嫌疑人在行政主管部门出具意见时故意隐瞒事实、弄虚作假的；

(4) 犯罪嫌疑人与出具意见的行政主管部门的工作人员存在利益输送行为的；

(5) 犯罪嫌疑人存在其他影响和干扰行政主管部门出具意见公正性的情形的。

对于犯罪嫌疑人提出因信赖专家学者、律师等专业人士、主流新闻媒体宣传或有关行政主管部门工作人员的个人意见而陷入错误认识的辩解，不能作为犯罪嫌疑人判断自身行为合法性的根据和排除主观故意的理由。

11. 负责或从事吸收资金行为的犯罪嫌疑人非法吸收公众存款金额，根据其实际参与吸收的全部金额认定。但以下金额不应计入该犯罪嫌疑人的吸收金额：

(1) 犯罪嫌疑人自身及其近亲属所投资的资金金额；

(2) 记录在犯罪嫌疑人名下，但其未实际参与吸收且未从中收取任何形式好处的资金。

吸收金额经过司法会计鉴定的，可以将前述不计入部分直接扣除。但是，前述两项所涉金额仍应计入相对应的上一级负责人及所在单位的吸收金额。

12. 投资人在每期投资结束后，利用投资账户中的资金（包括每期投资结束后归还的本金、利息）进行反复投资的金额应当累计计算，但对反复投资的数额应当作出说明。对负责或从事行政管理、财务会计、技术服务等辅助工作的犯罪嫌疑人，应当按照其参与的犯罪事实，结合其在犯罪中的地位和作用，依法确定刑事责任范围。

13. 确定犯罪嫌疑人的吸收金额时，应当重点审查、运用以下证据：(1) 涉案主体自身的服务器或第三方服务器上存储的交易记录等电子数据；(2) 会计账簿和会计凭证；(3) 银行账户交易记录、POS 机支付记录；(4) 资金收付凭证、书面合同等书证。仅凭投资人报案数据不能认定吸收金额。

3.《最高人民法院、最高人民检察院、公安部关于办理非法集资刑事案件适用法律若干问题的意见》(2014年3月25日施行　公通字〔2014〕16号)

一、关于行政认定的问题

行政部门对于非法集资的性质认定，不是非法集资刑事案件进入刑事诉讼程序的必经程序。行政部门未对非法集资作出性质认定的，不影响非法集资刑事案件的侦查、起诉和审判。

公安机关、人民检察院、人民法院应当依法认定案件事实的性质，对于案情复杂、性质认定疑难的案件，可参考有关部门的认定意见，根据案件事实和法律规定作出性质认定。

二、关于"向社会公开宣传"的认定问题

《最高人民法院关于审理非法集资刑事案件具体应用法律若干问题的解释》第一条第一款第二项中的"向社会公开宣传"，包括以各种途径向社会公众传播吸收资金的信息，以及明知吸收资金的信息向社会公众扩散而予以放任等情形。

三、关于"社会公众"的认定问题

下列情形不属于《最高人民法院关于审理非法集资刑事案件具体应用法律若干问题的解释》第一条第二款规定的"针对特定对象吸收资金"的行为，应当认定为向社会公众吸收资金：

(一)在向亲友或者单位内部人员吸收资金的过程中，明知亲友或者单位内部人员向不特定对象吸收资金而予以放任的；

(二)以吸收资金为目的，将社会人员吸收为单位内部人员，并向其吸收资金的。

四、关于共同犯罪的处理问题

为他人向社会公众非法吸收资金提供帮助，从中收取代理费、好处费、返点费、佣金、提成等费用，构成非法集资共同犯罪的，应当依法追究刑事责任。能够及时退缴上述费用的，可依法从轻处罚；其中情节轻微的，可以免除处罚；情节显著轻微、危害不大的，不作为犯罪处理。

五、关于涉案财物的追缴和处置问题

向社会公众非法吸收的资金属于违法所得。以吸收的资金向集资参与人支付的利息、分红等回报，以及向帮助吸收资金人员支付的代理费、好处费、返点费、佣金、提成等费用，应当依法追缴。集资参与人本金尚未归还的，所支付的回报可予折抵本金。

将非法吸收的资金及其转换财物用于清偿债务或者转让给他人，有下列情形之一的，应当依法追缴：

（一）他人明知是上述资金及财物而收取的；

（二）他人无偿取得上述资金及财物的；

（三）他人以明显低于市场的价格取得上述资金及财物的；

（四）他人取得上述资金及财物系源于非法债务或者违法犯罪活动的；

（五）其他依法应当追缴的情形。

查封、扣押、冻结的易贬值及保管、养护成本较高的涉案财物，可以在诉讼终结前依照有关规定变卖、拍卖。所得价款由查封、扣押、冻结机关予以保管，待诉讼终结后一并处置。

查封、扣押、冻结的涉案财物，一般应在诉讼终结后，返还集资参与人。涉案财物不足全部返还的，按照集资参与人的集资额比例返还。

六、关于证据的收集问题

办理非法集资刑事案件中，确因客观条件的限制无法逐一收集集资参与人的言词证据的，可结合已收集的集资参与人的言词证据和依法收集并查证属实的书面合同、银行账户交易记录、会计凭证及会计账簿、资金收付凭证、审计报告、互联网电子数据等证据，综合认定非法集资对象人数和吸收资金数额等犯罪事实。

第二节　集资诈骗罪

我国《刑法》第一百九十二条规定了集资诈骗罪。本罪在客观方面表现为使用诈骗方法非法集资，实践中表现形式具有多样性。构成本罪要求达到“数额较大”的立案标准。构成本罪要求主观上具有非法占有目的，该要件是区分集资诈骗罪与非法吸收公众存款罪的关键。自然人和单位都能构成本罪。

为更好掌握司法实务中对集资诈骗罪定罪量刑等方面的关注重点，我们对重点案例进行详细解析，通过研究司法机关的裁判思路，提炼了司法实务裁判要点。同时，我们梳理了与集资诈骗罪相关的法律、司法解释、立案标准及政策法规等规定。

一、实务解析

（一）本罪客观方面表现为使用诈骗方法非法集资，表现形式具有多样性

根据我国法律和司法解释的相关规定，集资诈骗罪在客观方面表现为使用诈骗方法非法集资。其中，非法集资是指单位或个人未依照法定程序经有关部门批准，向社会不特定对象即社会公众筹集资金，并承诺在一定期限内给出资人还本付息的行为。

实践中，非法集资的表现形式具有多样性，较为常见的模式包括：以民间会社进行互助性集资；以投资房地产、种植、养殖业为投资理由集资；以理财服务、投资入股的方式非法集资；假冒保险公司非法吸收资金等。近年来，非法集资衍生出利用互联网借贷平台非法建立资金池募集资金、开展虚拟货币业务集资、利用传销手段集资等新形式。

集资诈骗罪的诈骗方法主要包括虚构资金用途、向投资人出具虚假的证明文件、虚构投资无风险、有巨大升值空间、高回报率的事实、隐瞒资金链断裂、无力偿还债务的事实真相等。

司法实践中，集资诈骗罪通常的犯罪路径为：（1）“身份伪装”，让投资人

相信公司的实力和投资项目的盈利空间；（2）高额利息引诱，行为人通常以高于银行几倍甚至十几倍的利率作为诱饵，引诱公众参与集资活动；（3）返利诱惑，行为人通常在投资者投资前期及时返利，引诱投资者复投；（4）资金链断裂案发。

（二）构成本罪要求达到“数额较大”的立案标准

根据2022年3月1日生效的《最高人民法院关于审理非法集资刑事案件具体应用法律若干问题的解释》，无论是行为主体是个人还是单位，集资诈骗数额在10万元以上的，即达到“数额较大”的立案标准。

需要特别关注的是，集资诈骗的数额以行为人实际骗取的数额计算，在案发前已归还的数额应予扣除，而行为人为实施集资诈骗活动而支付的广告费、中介费、手续费、回扣，或者用于行贿、赠与等费用则不予扣除。

另外，如果公司财务负责人明知他人以非法占有为目的进行非法集资，仍参与其中，负责非法集资款的调拨管理，与他人构成共同犯罪，应按照造成投资人实际损失的数额而非其经手的款项来认定其犯罪数额。

（三）构成本罪要求主观上具有非法占有目的

参与非法集资的行为人是否具有非法占有目的，是区分其构成集资诈骗罪还是非法吸收公众存款罪的关键所在。

结合司法解释和司法实务，如果行为人具有以下情形之一的，即可认定其具有非法占有目的：（1）集资后不用于生产经营活动，或者用于生产经营活动与筹集资金规模明显不成比例，致使集资款不能返还的；（2）肆意挥霍集资款，致使集资款不能返还的；（3）携带集资款逃匿的；（4）将集资款用于违法犯罪活动的；（5）抽逃、转移资金、隐匿财产，逃避返还资金的；（6）隐匿、销毁账目，或者搞假破产、假倒闭，逃避返还资金的；（7）拒不交代资金去向，逃避返还资金的；（8）资金使用成本过高，生产经营活动的盈利能力不具有支付全部本息的现实可能性的；（9）对资金使用的决策极度不负责任，造成资金缺口较大的；（10）归还本息主要通过借新还旧来实现的。

此外，如果行为人起初仅具有非法吸收公众存款的故意，但在发生经营失败、资金链断裂等问题后，明知没有归还能力仍然继续吸收公众存款的，此时已产生非法占有目的，对于行为人之后的行为应被认定为集资诈骗罪。

（四）本罪的主体为一般主体

集资诈骗罪的行为主体为一般主体，自然人和单位均可构成。根据现有司法解释，单位实施集资诈骗犯罪的，依照相应自然人犯罪的定罪量刑标准，对单位判处罚金，并对其直接负责的主管人员和其他直接责任人员定罪处罚。

实践中，集资诈骗犯罪行为大多通过公司对外实施，并非都属于单位犯罪。根据《最高人民法院关于审理单位犯罪案件具体应用法律有关问题的解释》，如果行为人为进行违法犯罪活动而设立公司、企业、事业单位实施犯罪的，或者公司、企业、事业单位设立后，以实施犯罪为主要活动的，不以单位犯罪论处，仍然属于个人犯罪。

二、裁判要点

231 以非法占有为目的，使用欺骗方法非法集资，数额较大的，构成集资诈骗罪

裁判要点

行为人未经有权机关批准，采取虚构集资用途、以虚假的证明文件和高回报率为诱饵，向社会公众非法募集资金，将集资款用于实体经营的比例极小，无法通过正常经营偿还前期非法募集的本金及约定利息，骗取集资款数额较大的，构成集资诈骗罪。

裁判思路

基本案情[①]**：**

被告人许某成伙同案外他人成立北京冠某公司、南京冠某公司。许某成任法定代表人，被告人许某卿任南京冠某公司总经理，被告人马某梅任北京冠某公司财务总监。

---

① 案件来源：许某成、许某卿、马某梅集资诈骗案【（2008）苏刑初字第 36 号】【《最高人民法院公报》2009 年第 10 期（总第 156 期）】。

自2002年始，许某成违反中国人民银行有关规定，未依照法定程序经有关部门批准，推行“星炬计划”非法集资。2004年1月至2005年3月，许某成、许某卿、马某梅以南京冠某公司名义，在明知无法归还本息的情况下，以高额回报为诱饵，虚构集资用途非法集资，向社会不特定对象宣称集资款用于开发、研制蚂蚁产品。集资过程中，被告人在向社会不特定对象发布的宣传资料中虚构“星炬计划”被国务院扶贫办中国老区扶贫工作委员会、中国科技扶贫工作委员会在全国推广。

事实上，许某成投入的资金量占其募集资金的比例非常小。北京冠某公司基本没有经营活动，南京冠某公司的主要活动为募集客户资金及返还到期本金及利润，开发研制及销售蚂蚁产品、为养殖蚂蚁投入的资金量非常小。

三被告人用收到的后期投资款兑现前期投资款，骗取客户信任，共骗取社会不特定对象829人投资款合计人民币33278700元，骗取的巨额集资款由三被告人占有、支配，除用于支付客户投资款和与客户约定的利息外，还用于个人生活消费，以个人的名义购置房产、汽车等。后三被告无力支付客户投资款和与客户约定的利息。

法院认为：

……《中国人民银行关于取缔非法金融机构和非法金融业务活动中有关问题的通知》第一条规定，非法集资是指单位或者个人未依照法定程序经有关部门批准，以发行股票、债券、彩票、投资基金证券或其他债权凭证的方式向社会公众筹集资金，并承诺在一定期限内以货币、实物及其他方式向出资人还本付息或给予回报的行为。它具有如下特点：（一）未经有关部门批准；（二）承诺在一定期限内给出资人还本付息；（三）向社会不特定对象即社会公众筹集资金；（四）以合法形式掩盖非法集资的性质。

根据本案查明的事实，被告人许某成、许某卿、马某梅未经有关部门批准，通过与客户签订特种药蚁销售合同、特种药蚁委托养殖合同、特种药蚁回收合同等三种系列合同，承诺客户每窝蚂蚁投资人民币460元，1年后返还人民币640元，年回报率为39.13%。2004年10月后，合同调整为每窝蚂蚁投资人民币460元，1年后返还人民币540元，年回报率为17.39%。上述合同系承诺在一定期限内给出资人还本付息方式，向社会不特定对象筹集资金，该筹集资金的行为属于非法集资。

许某成、许某卿、马某梅在非法集资过程中，明知无法归还本息，仍以高额回报为诱饵，虚构集资用途，谎称其集资款用于养殖蚂蚁、开发研制及销售蚂蚁产品，在募集资金过程中虚构其实施的“星炬计划”被国务院扶贫办中国老区扶贫工作委员会、中国科技扶贫工作委员会在全国推广；虚构南京冠某公司、北京冠某公司是2003年2月成立的中国冠成集团的下属公司、子公司，实力雄厚，其行为属于通过虚构和夸大公司实力等手段欺骗社会不特定对象投资。综上，可以认定三被告人采取了诈骗的方法非法集资。

对于认定集资诈骗罪中的“以非法占有为目的”，应当坚持主客观相统一的认定标准，既要避免单纯根据损失结果客观归罪，也不能仅凭被告人自己的供述，应当结合案情具体分析。本案中，被告人许某成、许某卿、马某梅骗取巨额集资款后，款项均打入三被告人的个人账户，由三被告人占有、支配，并未将资金用于合同约定用途，为养殖蚂蚁以及开发研制、销售蚂蚁产品只投入极少资金，收到的后期投资款部分用于兑现前期投资款的本金以及约定的高额利息，其余部分，除了用于涉案公司的运作开支外，许某成、马某梅还以个人的名义购置房产、汽车。许某成称涉案公司无力兑现一部分客户的前期投资款本金以及约定的利息，给客户带来损失是因为经营方式有问题，事实上，三被告人进行实体经营的比例极小，根本无法通过正常经营偿还前期非法募集的本金及约定利息，甚至还将募集的款项进行挥霍，应当认定其主观上具有非法占有的目的。

裁判结果

一、被告人许某成犯集资诈骗罪，判处死刑，缓期二年执行，剥夺政治权利终身，没收个人全部财产。被告人许某卿犯集资诈骗罪，判处无期徒刑，剥夺政治权利终身，没收个人全部财产。被告人马某梅犯集资诈骗罪，判处有期徒刑十五年，罚金人民币五十万元。

……

232 以非法占有为目的，使用诈骗方法利用民间“会”“社”等组织非法吸收资金，数额较大的，构成集资诈骗罪

裁判要点

行为人为偿还债务，虚构投资生意等借款理由，以民间“标会”的形式向

社会公开筹集资金，所筹集资金用于生产经营活动与筹集资金规模明显不成比例，致使集资款不能返还，数额较大的，构成集资诈骗罪。

裁判思路

基本案情①：

2014年至2016年，上诉人林某旋、陈某容为偿还林某旋因生意和赌博欠下的债务，虚构投资生意等借款理由，以月息2%至6%的利率为诱饵向亲友及社会人员借款融资，又以民间“标会”的形式向社会公开筹集资金。林某旋、陈某容取得集资款后，除小部分资金用于投资生意外，其余大部分资金用于还付借款本息及赌博、日常开支、购买房产车辆等消费。

2016年10月，林某旋、陈某容严重负债，无法继续借款集资，遂逃往外地藏匿，最终造成集资参与人损失共计人民币9443110元。

一审法院认为，林某旋犯集资诈骗罪，判处有期徒刑十三年，并处罚金人民币三十万元；陈某容犯集资诈骗罪，判处有期徒刑十一年，并处罚金人民币十万元。宣判后，林某旋、陈某容不服，提起上诉。

二审法院认为：

现有证据证实，林某旋、陈某容虚构投资生意等借款理由，以月息2%至6%的利率为诱饵向他人借款，同时还以民间“标会”的形式非法筹集资金。所筹集资金，除小部分用于投资生意外，其余大部分用于以借新还旧的方式还付借款本息，以及赌博、家庭日常开支、购买房产车辆等消费，用于生产经营活动与筹集资金规模明显不成比例，致使集资款不能返还，在严重负债的情况下逃匿。综合上述情况，原判认定林某旋、陈某容主观上具有非法占有的目的，客观上实施了集资诈骗行为，以集资诈骗罪对其定罪处罚，并无不当……上诉人林某旋、陈某容以非法占有为目的，使用诈骗方法非法集资，数额特别巨大，其行为均已构成集资诈骗罪，依法应予惩处。

裁判结果

一、维持广东省汕尾市中级人民法院（2019）粤15刑初23号刑事判决第一项及第二项对上诉人陈某容的定罪部分。

二、撤销广东省汕尾市中级人民法院（2019）粤15刑初23号刑事判决第二

① 案件来源：林某旋、陈某容集资诈骗案【广东省高级人民法院（2020）粤刑终237号】。

项对上诉人陈某容的量刑部分及第三项。

三、上诉人陈某容犯集资诈骗罪，判处有期徒刑十年，并处罚金人民币十万元。

……

233 未经许可开展虚拟货币相关业务，虚构事实诱使社会公众投资后未将资金用于生产经营活动，导致投资者遭受经济损失的，构成集资诈骗罪

裁判要点

行为人未经许可开展具有虚拟货币性质的相关业务，通过虚构投资无风险、有巨大升值空间的事实，诱使社会公众投资，将所吸收的资金用于非生产经营活动，经短暂炒作之后崩盘，导致众多投资者遭受经济损失，构成集资诈骗罪。

裁判思路

基本案情[①]**：**

2017年5月，上诉人吴某民成立健某公司，并担任公司董事长，负责公司的日常管理和运营及资金操作。健某公司以非法占有为目的，在未取得金融管理部门许可的情况下，以一元钱一个的价格向社会公众发售“健某积分”以吸收社会资金。

集资过程中，健某公司对外宣传投资“健某积分”无风险、有巨大升值空间，利用“内网分红”“外网升值”等一系列方式，诱使投资者相继购买“健某积分”。实际上，“健某积分”无任何产品价值、流通价值，无任何相对应的实际生产经营项目。

上诉人魏某、冯某受纠集参与本案，负责向社会公众宣传健某公司及“健某积分”的销售并从中牟利。原审被告人黎某芬受纠集参与本案，负责向社会公众宣传健某公司及“健某积分”，拉人组建团队销售“健某积分”并从中牟利。

“健某积分”在相关网络平台上经短暂炒作之后崩盘，众多投资者遭受经济

① 案件来源：吴某民、魏某集资诈骗案【广东省高级人民法院（2020）粤刑终13号】。

损失。经审计，72名报案人的入金减出金大于零，报案金额为15604382.32元，入金总金额为13696455.34元，出金总金额为3404114.67元，入金减出金总金额为10292340.67元。

一审法院认为，吴某民犯集资诈骗罪，判处有期徒刑十一年，并处罚金人民币一百万元；魏某、黎某芬、冯某等犯非法吸收公众存款罪，判处三年至五年不等有期徒刑，并处罚金人民币十万元至三十万元不等。后吴某民等提起上诉。

二审法院认为：

经查，根据上诉人吴某民的供述，其成立健某公司未想过盈利，仅为了拿投资人的钱来经营另一个项目，且在公司没有实体经营及未取得金融管理部门许可的情况下，虚构事实、隐瞒真相，以一元钱一个的价格向社会公众大肆发售“健某积分”，面向不特定的社会公众吸收资金，并将所吸收的资金用于支付投资者的住宿费用、补贴营销团队的上线、支付给火某网及千某网等用于拉高“健某积分”等非生产经营活动，而“健某积分”并无实际价值，却在流通交易中被套现，导致众多投资者遭受经济损失。

上诉人魏某、冯某和原审被告人黎某芬等人供述吴某民是健某公司的董事长，通过赠送或者以低价向其等人出售“健某积分”来让其等人帮忙推广“健某积分”项目，在明知只有掌握原始积分的投资者才有出售获利可能的情况下，以召开精英会、为投资者报销食宿、交通费用等方式通过肖某文、魏某、冯某等人的团队向社会公众虚构投资无风险、有巨大升值空间的事实，诱使不明真相的投资者相继购买“健某积分”，所吸收的资金未用于生产经营活动，而“健某积分”在相关网络平台上经短暂炒作之后崩盘，导致众多投资者遭受经济损失。健某公司的架构、营运模式、宣传资料、“健某积分”的相关交易数据、账户交易流水、健某公司部分工作人员的证言、相关集资参与人的证言等亦印证了上述事实。原判引用《最高人民法院关于审理非法集资刑事案件具体应用法律若干问题的解释》第四条的规定，认定吴某民具有非法占有的目的，并无不当。综上，上诉人吴某民的行为构成集资诈骗罪。

裁判结果

一、驳回上诉人吴某民、魏某、冯某的上诉，维持广东省深圳市中级人民法院（2018）粤03刑初752、947号刑事判决第二项、第三项、第四项、第五项以及第一项对上诉人吴某民的定罪部分。

二、撤销广东省深圳市中级人民法院（2018）粤03刑初752、947号刑事判决第一项对上诉人吴某民的量刑部分。

三、上诉人吴某民犯集资诈骗罪，判处有期徒刑十一年，并处罚金人民币五十万元。

234 明知资不抵债却虚构资金用途非法集资，并将集资款用于转贷和炒股等高风险行为，足以认定具有非法占有目的

裁判要点

行为人在资不抵债的情况下，虚构资金用途，以高额利息为诱饵向社会不特定人员非法集资，将集资款基本用于转贷和炒股，使集资款处于高风险状态，足以认定其具有非法占有目的。

裁判思路

基本案情①：

2008年至2011年7月，被告人姜某澄在自身实力和抗风险能力明显不足的情况下，以公司生意需要资金周转为由，以每月偿付1.5%至3%不等的高额利息为诱饵，陆续向杨某等40名不特定人员非法集资近3亿元，集资款项用于高息出借给他人赚取利息差额、炒股及归还集资款利息等，后因资金链断裂，导致19851.4万元无法归还。

一审法院认为，姜某澄犯集资诈骗罪，判处无期徒刑，剥夺政治权利终身，并处没收个人全部财产。后姜某澄不服，提起上诉。

二审法院认为：

经查，被害人杨某、郑某一、姜某二等人的陈述证实，被告人姜某澄系以做生意需要资金周转为由向他们借钱，而在案证据证实，姜某澄系将集资款用于转贷、炒股及归还集资款利息等，并非用于生意资金周转，属于虚构资金用途，客观上具有虚构事实、隐瞒真相的行为。根据姜某澄在侦查、审查起诉阶段的供述，其系在炒股产生大量亏损、自身资不抵债的情况下，以高额利息为诱饵向社

① 案件来源：姜某澄集资诈骗案【浙江省高级人民法院（2020）浙刑终288号】。

会不特定人员非法集资，并将集资款基本用于转贷和炒股，使集资款处于高风险状态，对他人资金损失持放任态度，一审法院认定其具有非法占有目的并无不当。姜某澄上诉及其辩护人提出姜某澄不构成集资诈骗罪的意见不能成立，不予采纳。

裁判结果

驳回上诉，维持原判。

235 明知无力偿还集资款，仍隐瞒真相向社会公众非法集资，在公司无盈利的情况下向股东分红，足以认定具有非法占有目的

裁判要点

行为人明知无力偿还集资款，仍隐瞒真相，以高息作诱饵，向社会公众非法集资，在公司无盈利的情况下向股东分红，足以认定具有非法占有目的。

裁判思路

基本案情[①]**：**

2012 年至 2018 年，被告人叶某琴未经相关部门批准，明知投资经营的盛某典当行几无获利，仍隐瞒实际无履约能力的真相，以盛某典当行需要资金周转、投资等为由，以月息 1%至 4.5%或投资年化收益率 30%的高额利息为诱饵，通过借新还旧的形式，向亲友和社会公众共 41 人集资，集资金额达人民币 60113.66 万元，截至案发时仍有 15980.06055 万元未能归还。其间，叶某琴为制造盛某典当行经营成功的假象，连续四年用集资款向股东支付所谓的利润分红，金额累计 1780 余万元。

一审法院认为，叶某琴犯集资诈骗罪，判处无期徒刑，剥夺政治权利终身，并处没收个人全部财产。后叶某琴不服，提出上诉。

二审法院认为：

被告人叶某琴经营的盛某典当行自成立至案发，业务量和盈利额极为有限，

① 案件来源：叶某琴集资诈骗案【浙江省高级人民法院（2020）浙刑终 297、298 号】。

集资的款项主要用于前期的巨额借款本息，其亦几乎没有其他有价值的经营收入来源和可供相应还债的资产，根本无法维持每年数千万元甚至上亿元的高额利息支出，必然导致资金链的断裂。但叶某琴明知无力偿还集资款，仍隐瞒真相，以高息作诱饵，大肆向社会公众非法集资，放任无法偿还的后果发生。叶某琴明知盛某典当行几乎无盈利，仍以分红的名义向股东支付 1780 万余元，亦存在肆意使用集资款的行为。故原判认定叶某琴的上述行为构成集资诈骗罪，并无不当。

裁判结果

驳回上诉，维持原判。

236 利用网贷平台发布虚假信息，募集资金并非法建立资金池，所得资金主要用于借新还旧和个人挥霍，足以认定具有非法占有目的

裁判要点

网络借贷信息中介机构或其控制人，利用网络借贷平台发布虚假信息，非法建立资金池募集资金，所得资金大部分未用于生产经营活动，主要用于借新还旧和个人挥霍，无法归还所募资金数额巨大，足以认定具有非法占有目的。

裁判思路

基本案情[①]**：**

2011 年 2 月，被告人周某成立中某投资公司，担任法定代表人。公司上线运营“中某投资”网络平台，借款人在网络平台注册后，可发布各种招标信息。投资人将投资款汇至周某公布在网站上的个人账户或第三方支付平台账户。借款人可直接从周某处取得所融资金。项目完成后，借款人返还资金，周某将收益给予投标人。

运行前期，因部分借款人未能还清借款造成公司亏损。自 2011 年 5 月至 2013 年 12 月，周某陆续虚构 34 个借款人，并利用虚假身份自行发布大量虚假抵

① 案件来源：周某集资诈骗案【浙江省高级人民法院（2015）浙刑二终字第 104 号】。

押标、宝石标等，以支付投资人约20%的年化收益率及额外奖励等为诱饵，向社会不特定公众募集资金。所募资金全部由周某个人掌控和支配，除部分用于归还投资人到期的本金及收益外，其余主要用于购买房产、高档车辆、首饰等。

至案发，周某通过该平台累计向全国1586名不特定对象非法集资共计10.3亿余元，除支付本金及收益回报6.91亿余元外，尚有3.56亿余元无法归还。

一审法院以集资诈骗罪判处被告人周某有期徒刑十五年，并处罚金人民币五十万元。后浙江省衢州市人民检察院提起抗诉，周某不服，提起上诉。

争议焦点：网络借贷信息中介机构或其控制人，利用网络借贷平台发布虚假信息，非法建立资金池募集资金，将所得资金大部分用于借新还旧和个人挥霍，导致巨额集资款无法归还，能否认定行为人具有非法占有目的?

辩护意见：

周某上诉及其辩护人提出：周某系正常经营，且案发时资金链没有断裂，周某也没有逃避返还资金义务。主观上不具有非法占有目的，其行为不构成集资诈骗罪。

二审法院认为：

在案证据证实，周某在没有明确投资项目的情况下，采用虚构事实、隐瞒真相的方法，向不特定多数人非法募集资金，所募资金极少用于经营，在明知收益无法支持其承诺的高息及回报情况下，仍继续发布大量虚假投资项目非法集资，并将大量集资款用于个人挥霍及随意处置，导致巨额集资款无法归还，其具有集资诈骗的主观故意及客观行为，原审以集资诈骗罪定性准确。相关上诉、辩护理由于法无据，不予采信……被告人周某以非法占有为目的，虚构事实、隐瞒真相，向社会不特定公众非法集资，且数额特别巨大，其行为已构成集资诈骗罪。

裁判结果

一、驳回衢州市人民检察院的抗诉。

二、驳回被告人周某的上诉。

三、维持原判。

237 行为人在资金链已经断裂、丧失偿还债务能力的情况下，仍隐瞒真相募集资金，用于违法犯罪活动等，足以认定具有非法占有目的

裁判要点

非法吸收公众存款的行为人在资金链已经断裂、严重丧失偿还债务能力的情况下，仍隐瞒事实真相，以经营开发项目的名义继续向社会公众募集资金，将吸收的资金用于借新还旧、挥霍、违法犯罪活动，足以认定具有非法占有目的。

裁判思路

基本案情①：

2013年10月，黄某泉注册成立了洲某公司。同年12月，黄某泉以洲某公司的名义，通过拍卖行以1.2亿元竞得某地6万平方米土地使用权，并以洲某公司的名义开发洲某大悦城项目。其间，黄某泉以洲某大悦城项目建设资金周转为由，以洲某公司及其个人的名义向社会公众借款。截至2014年4月30日，黄某泉非法吸收公众存款数额达2.6625亿元，造成社会公众经济损失共计1.9460825亿元。

2014年5月起，由于借款太多，黄某泉无力偿还债务，其资金链已经断裂，但其仍以开发洲某大悦城项目为由、以高额利息作引诱，继续向他人大量集资借款。但是，黄某泉并未将募集的资金用于洲某大悦城项目，其中大部分资金被其用于归还前期借款的利息，一部分被其用于购置豪宅、豪车、旅游等，还有一部分被其用于赌博。

截至案发，黄某泉将数亿元集资款挥霍一空，其本人及其妻子名下、公司名下的土地、房产等固定资产都被其用于抵押贷款，或因其他合法债务被多个法院重复查封。截至2015年1月，黄某泉集资诈骗的数额达1.237565亿元。

一审法院认为，黄某泉犯集资诈骗罪，判处无期徒刑，剥夺政治权利终身，并处没收个人全部财产。后黄某泉不服，提起上诉。

---

① 案件来源：黄某泉集资诈骗案【广东省高级人民法院（2017）粤刑终1739号】。

二审法院认为：

……在向社会公众吸收资金的过程中，由于黄某泉的自有资金远远不足，而其所开发的洲某大悦城项目只有投入没有产出、运营周期长，且所借资金利息高，导致资金缺口日趋增大。从2014年5月开始，黄某泉在明知其资金链已经断裂、严重丧失偿还债务能力的情况下，仍隐瞒上述事实真相，以经营开发洲某大悦城项目的名义继续向社会公众募集资金。而被害人正是受黄某泉对外宣称其经营洲某大悦城项目、出资后会有项目保证回报的错误认识所蒙蔽而借款给黄某泉。但实际上，黄某泉在2014年5月后吸收的资金绝大部分被其以“拆东墙补西墙”的方式偿还了之前的借款本息，并没有用于洲某大悦城项目的开发，被害人根本不可能从洲某大悦城项目中得到资金安全的保障。

另外，黄某泉还将其吸收的一部分资金用于购买自用的豪车、豪宅，以及用于疯狂下注参与赌博等违法犯罪活动，根据黄某泉本人的供述及相关书证，仅外围“六合彩”、外围足球的赌博其就输掉了过千万元。可见从2014年5月起，黄某泉已完全置被害人的资金安全于不顾，肆意挥霍被害人的财产，其在此期间向社会公众募集资金的行为显然具有非法占有他人财物的主观故意，其行为已构成集资诈骗罪。

裁判结果

驳回上诉，维持原判。

238 行为人用于招揽集资人投资的回扣、好处费用，在计算集资诈骗犯罪数额时不予以扣除

裁判要点

集资诈骗行为人将部分集资款用于支付给被害人作为奖励，实质是用于招揽集资人投资的回扣、好处费用，不包含在投资的返还数额内，在计算犯罪数额时不予以扣除。

裁判思路

基本案情[①]**：**

2016 年 5 月至 2019 年 6 月，被告人李某以非法占有为目的，通过虚构事实、支付高额利息的手段，非法吸收公众资金，数额特别巨大。

在此过程中，李某肆意挥霍集资款项，购买房产、汽车、首饰、衣物等供其高消费，总计造成 54 名集资参与人经济损失人民币 21766529.50 元。其中，李某花费 500 余万元购买的金币，用于支付给被害人作为奖励。

一审法院认为，李某犯集资诈骗罪，判处无期徒刑，剥夺政治权利终身，并处没收个人全部财产。后李某不服，提起上诉。

争议焦点：行为人将部分集资款用于支付给被害人作为奖励，是否可以在认定诈骗数额时予以扣除？

辩护意见：

李某及辩护人提出：李某花费 500 余万元购买的金币，用于支付给被害人作为奖励，应在认定诈骗数额时予以扣除。

二审法院认为：

关于李某所提花费 500 余万元购买的金币，用于支付给被害人作为奖励，应在认定诈骗数额时予以扣除的理由和意见。经查，李某给予金币系用于招揽集资人投资的回扣、好处费用，不包含于投资的返还数额，且具体数量没有得到集资参与人确认。该上诉理由，本院不予支持。

裁判结果

驳回上诉，维持原判。

---

① 案件来源：李某集资诈骗案【河北省高级人民法院（2020）冀刑终 199 号】。

239 公司财务负责人明知他人实施集资诈骗，仍参与其中，负责非法集资款的调拨管理，系主犯，应以造成投资人实际损失的数额来认定其犯罪数额

裁判要点

公司财务负责人明知他人以非法占有为目的进行非法集资，仍参与其中，负责非法集资款的调拨管理，在共同犯罪中系主犯，应当以造成投资人实际损失的数额而非其经手的款项来认定其犯罪数额。

裁判思路

基本案情[①]**：**

2006年，同案犯张某某成立润某塑料制品有限公司。2013年12月，张某某在上海注册成立润某上海公司，伙同同案犯孟某某（已判决）、被告人张某良等人在未取得“金融许可证”的情况下，通过发放小广告、随机拨打电话等方式，以投资生产新型环保工农业用薄膜或黑蒜项目可获24%年化回报为诱饵向社会公众宣传投资项目，招揽不特定对象进行投资。

在润某上海公司经营期间，被告人张某良作为该公司财务负责人，明知该公司对外宣传投资项目系虚假，仍按张某某要求，将每日吸收投资款的45%作为报酬支付给业务团队，其余款项则用于支付投资人本息、偿还债务及公司日常经营所需。

至案发，张某良在润某上海公司任职期间，共参与该公司吸收349名投资人投资款共计人民币29188000元，已归还投资人本息共计2452420元，造成投资人损失共计26735580元。

一审法院认为，张某良犯集资诈骗罪，判处有期徒刑十年，并处罚金人民币五万元。后张某良不服，提起上诉。

争议焦点：在集资诈骗犯罪活动中，被告人作为公司财务负责人，是否系从犯？是否应以其实际经手的集资款作为其犯罪数额？

---

① 案件来源：张某良集资诈骗案【上海市高级人民法院（2020）沪刑终23号】。

辩护意见：

上诉人张某良及其辩护人提出：张某良仅负责管理公司财务，虽然客观上对犯罪有一定的帮助，但仅为次要、辅助作用，系从犯；张某良实际经手的集资款不到600万元，应以此作为其犯罪数额。

二审法院认为：

一、关于上诉人张某良在共同犯罪中是否系从犯的问题。经查，同案犯张某某、孟某某、刘某、郭某某、谢某的供述与张某良的供述相互印证，证实张某良系润某上海公司的财务负责人，在公司运营期间，明知张某某等人以非法占有为目的，仍虚构事实，向社会不特定公众非法募集资金，参与资金管理，按照既定安排，由业务团队提取高额提成，将每日流动资金经其分配后，用于支付投资人本息、偿还个人债务及公司日常经营，造成投资人损失2000余万元。张某良在上述共同犯罪中地位明显、行为积极、起到了不可或缺的重要作用，不应认定为从犯。张某良及其辩护人关于张某良系从犯的上诉理由和辩护意见不能成立，本院不予采纳。

二、关于上诉人张某良犯罪数额的问题。经查，张某良系润某上海公司的财务负责人，对张某某等人以非法占有为目的，通过润某上海公司名义，对外虚假宣传投资项目进行非法集资的犯罪模式明知，仍参与其中，具体负责非法集资款的调拨管理，应当对其任职期间内润某上海公司发生的犯罪总额承担刑事责任。《司法鉴定补充意见书》等证据证实，该期间，润某上海公司进行集资诈骗活动造成投资人实际经济损失共计2000余万元，属于数额特别巨大。张某良及其辩护人提出张某良的犯罪数额应以其实际经手分配的不到600万元认定的上诉理由和辩护意见不能成立，本院不予采纳……

裁判结果

驳回上诉，维持原判。

240 设立公司后以实施集资诈骗为主要活动的，不成立单位犯罪

裁判要点

行为人设立公司后以实施集资诈骗为主要活动的，不成立单位犯罪，而属于个人犯罪。

裁判思路

基本案情[①]**：**

2017年3月、2019年8月，周某分别注册成立链某公司、保某公司，且为两家公司的实际控制人。

2019年8月至11月，周某伙同胡某军，由胡某军负责招募销售团队，以保险分红为由，通过发送短信和拨打电话的方式推广招揽客户，承诺6%左右的年化收益率，并以链某公司作为资金需求方，保某公司作为担保方的形式，向社会公众募集资金。周某及胡某军二人商定所募集的资金中33%给周某，67%作为胡某军及其团队的佣金。

经司法审计鉴定，截至2021年9月，共有80余位投资人报案，已核实投资金额为人民币300万余元，其中未兑付金额为人民币280万余元。

一审法院以集资诈骗罪分别判处周某有期徒刑八年，并处罚金人民币十万元；判处胡某军有期徒刑八年，并处罚金人民币十万元。宣判后，周某、胡某军不服，提起上诉。

争议焦点：行为人设立公司后以实施集资诈骗为主要活动的，是否成立单位犯罪？

辩护意见：

周某辩护人认为：本案应为链某公司单位犯罪，并非周某个人犯罪。

二审法院认为：

上诉人周某伙同原审被告人胡某军以非法占有为目的，使用诈骗方法非法集

---

① 案件来源：胡某军集资诈骗案【上海市第二中级人民法院（2021）沪02刑终1217号】。

资，数额巨大，其行为均已构成集资诈骗罪，依法均应予以惩处。经查，多名证人证言及周某、胡某军的供述能够印证周某系保某公司的实际控制人，周某与胡某军共谋成立保某公司募集资金，所募资金的67%被胡某军团队瓜分，剩余33%用于保某公司房租、员工工资等支出，应认定周某等人具有非法占有集资款的目的。同时，本案系以保某公司所经营保险业务为名与被害人签订集资协议骗取集资款，且其成立后即以实施本案犯罪为主要业务，本案不成立单位犯罪。故，上诉人周某的辩解及辩护人的辩护意见，本院不予采信、采纳……

裁判结果

驳回上诉，维持原判。

241 公司高管和员工参与了非法集资行为，不具有非法占有目的的，构成非法吸收公众存款罪，不构成集资诈骗罪

裁判要点

公司高管和员工虽然参与了由董事长组织的非法集资行为，但现有证据不足以认定主观上具有非法占有目的，构成非法吸收公众存款罪，不构成集资诈骗罪。

裁判思路

基本案情[①]**：**

2005年4月20日，被告人曹某一注册成立天某公司，由曹某一任法定代表人兼董事长，被告人曹某二任总经理，被告人陈某任财务总监，被告人李某金任财务部经理。其间，成立了新某城分公司等营业点。

2008年至2015年，曹某一在未经金融管理部门批准的情况下，组织员工以路边派发传单、组织免费旅游、抽奖等方式，邀请社会人员参与天某公司组织的活动，虚假宣传天某公司经营规模，虚构“生物柴油”项目的盈利情况以及“颐康养老城项目”的发展前景，并以合作经营、股权认购、投资上述项目等可

---

① 案件来源：曹某一、曹某二等集资诈骗案【广东省广州市中级人民法院（2016）粤01刑初407号】。

以获得13%至28%不等的高额返利为诱饵，吸引社会人员向公司投资。

集资款进入天某公司后全部由曹某一个人控制支配，其中15%左右用于向分公司总经理及以下人员发放提成，13%至28%用于向客户返利，其余款项则用于维持公司运营、购买个人理财产品、低息借贷他人、购买豪华汽车等用途，另有大量资金被转移。实际用于“生物柴油”和“颐康养老城”项目上的资金较少，与所吸收的资金规模明显不成比例，公司经营完全依靠借新还旧方式得以维持，给集资参与人造成巨大的经济损失。

经鉴定，曹某一组织天某公司共向6065人非法集资1495390900元，造成6006名集资参与人实际损失共计人民币1283819186.90元。

法院认为：

关于被告人曹某二、陈某等本案其他被告人是否构成集资诈骗罪的问题。经查，现有证据证实被告人曹某二作为公司总经理，协助曹某一从事管理工作，在曹某一不在公司时代为履行职权，掌握合同专用章，曾分管财务工作，并在天某公司和下属公司或担任股东或担任法人代表；被告人陈某根据曹某一的指示掌握公司财务管理工作，与分公司对账结算，培训任命财务人员，监督管理分公司工作；被告人何某林、李某武、吴某川、邓某林、梁某丹、刘某涛、陈某远、董某飞作为分公司的高层管理人员和运营部的负责人，直接组织下级员工向社会人员集资；被告人张某民先后担任分公司总经理助理、运营部总监和教育部总监，参与公司行政管理和集资工作，从集资款中获取高比例的提成、奖金；被告人李某金、徐某球、许某云作为公司财务人员，负责处理财务事务，是公司实施集资行为中不可缺少的一环，对于公司集资起到协助作用。

但本案现有证据不足以证实被告人曹某二、陈某、何某林、李某武、吴某川、邓某林、梁某丹、刘某涛、张某民、陈某远、董某飞、李某金、徐某球、许某云参与了“生物柴油”项目和“颐康养老城”项目的经营管理工作，不足以证实其主观上知悉这些项目的盈利情况，也不足以证实上述被告人知悉曹某一所吸收的资金的去向。

此外，天某公司经理会议纪要证实，曹某一在内部会议上的讲话，谈及公司的经营业绩时，与公司对外宣传口径基本一致，由此判断，关于公司的实际经营情况，不排除曹某一对其他人员有所隐瞒。

另外，被告人何某林、李某武、吴某川、刘某涛、陈某远等人均提供其本人和亲属向公司投资的借款合同，印证了其相信公司经营实力的辩解。

综上，本案现有证据不足以证实被告人曹某二、陈某、何某林、李某武、吴某川、邓某林、梁某丹、张某民、刘某涛、陈某远、董某飞、李某金、徐某球、许某云等人主观上具有非法占有的故意。但上述被告人在曹某一的领导下，组织、参与向社会不特定人员集资，数额巨大，严重扰乱金融秩序，均依法构成非法吸收公众存款罪……

裁判结果

一、被告人曹某一犯集资诈骗罪，判处无期徒刑，剥夺政治权利终身，并处没收个人全部财产。

二、被告人曹某二犯非法吸收公众存款罪，判处有期徒刑八年，并处罚金人民币五十万元。

三、被告人陈某犯非法吸收公众存款罪，判处有期徒刑七年，并处罚金人民币五十万元。

……

242 行为人向熟人吸收资金，借款时未虚构事实，且没有肆意挥霍、逃避返还资金等情形，不能认定行为人构成集资诈骗罪

裁判要点

行为人在资金缺乏的情况下向熟人吸收资金，借款时未虚构事实，在案证据不能锁定资金去向，不能证实行为人有肆意挥霍、逃避返还资金等情形，不能认定行为人构成集资诈骗罪。

裁判思路

基本案情[①]**：**

2001 年至 2004 年，庞某系某某楼酒业有限责任公司巴某市总经销商，庞某与平昌某某楼酒类销售公司签订了酒买卖合同。庞某在从事某某楼酒经销期间，

① 案件来源：庞某集资诈骗案【四川省巴中市中级人民法院（2017）川 19 刑终 37 号】。

以代理某某楼酒差钱为由，以年息或月1分至3分的利息，在认识的冯某一等人处借款；以经营巴某市某某楼酒业有限责任公司缺钱为由，以年息或月息1分至5分利息，在认识的李某三、王某一等人处借款。

截至2012年11月，庞某在支付部分借款本息和以酒抵款后，未能偿还的款项共计223.9924万元。

一审法院认为，被告人庞某以非法占有为目的，使用诈骗方法非法集资，且未返还，数额特别巨大，其行为构成集资诈骗罪，判处有期徒刑十年，并处罚金人民币十万元。后庞某不服，提起上诉。

争议焦点：行为人在资金缺乏的情况下向熟人吸收资金，在案证据不能锁定资金去向，不能证实行为人有肆意挥霍、逃避返还资金的情形，能否认定行为人构成集资诈骗罪?

辩护意见：

庞某上诉称：其没有以非法占有为目的，无非法收取他人贷款和借款的故意，也无逃匿，其不构成集资诈骗罪，请求改判无罪。

其辩护人的辩护意见：借款、欠款是事实，但没有占为己有、拒不归还的意图，主观、客观均没有犯罪的故意，庞某外出并非逃匿。请求判决庞某无罪。

二审法院认为：

关于集资诈骗罪，本院认为庞某是否具有非法占有目的，使用诈骗方法非法集资，主要从以下几个方面来分析判断：

1. 庞某实施非法集资的行为，是否向社会公开宣传，是否向不特定的对象集资。经查，根据庞某供述、各债权人陈述，庞某在资金缺乏的情况下，均是庞某主动向熟识的各债权人提出，两者之间并未通过其他人介绍、联系，各借款人在借款前均认识庞某，在案无证据证实庞某采用向社会公开宣传的方式向不特定的人进行集资。

2. 庞某向他人借款时是否虚构事实。根据庞某供述、各债权人陈述以及在案书证、证人证言，可证实庞某借款的原因是代理某某楼酒和投资巴某市某某楼酒业有限责任公司的酒厂，经查，庞某的借款时间确实是在其代理某某楼酒、投资某酒厂的期间内，故借款的事由并未虚构。

3. 庞某借款是否具有非法占有的主观目的。经查，现有证据证实庞某对巴某市某某楼酒业有限责任公司的酒厂进行了投入，酒厂也进行了生产，经侦查机关委托，四川中某资产评估事务所认为酒厂的投资无施工依据、购买依据、合法的土地使用手续，故无法对投资金额进行评估。而根据生产许可证办理情况、各借款人以酒抵债及巴某区人民法院查封库存白酒200吨等情况看，侦查机关对巴某市某某楼酒业有限责任公司酒厂的投入情况未收集到客观真实的证据。故现有在案证据不能确定庞某投入生产经营活动或者用于生产经营活动所需资金与所筹集资金规模的比例，不能锁定资金去向，也无其他证据证实庞某在此期间有肆意挥霍、携款潜逃、资金用于违法犯罪活动、逃避返还资金的情形，从而实现非法占有。

综上所述，本院认为，原判认定庞某构成集资诈骗罪的证据不足，原公诉机关指控上诉人（原审被告人）庞某所犯罪名不能成立。上诉人（原审被告人）庞某及其辩护人关于庞某无罪的上诉及辩护意见成立，本院予以采纳。

裁判结果

一、撤销四川省南江县人民法院（2017）川1922刑初14号刑事判决。

二、上诉人（原审被告人）庞某无罪。

三、实务建议

近几年，非法集资类犯罪呈现井喷式发展态势，集资诈骗罪作为非法集资类犯罪的表现形式之一，发案数量较大。相较于非法吸收公众存款罪的认定而言，司法机关对集资诈骗罪认定的标准相对较高，特别是对于非法占有目的的认定。另外，在办理集资诈骗罪案件过程中，司法机关在一定程度上“扩大”了涉案人员的打击范围，涉案公司的员工中，股东、高管、经理、总监、业务员，甚至技术人员、财务人员等都被纳入了刑事打击的范围。为防止行为人触犯集资诈骗罪，我们在对重点案例梳理的基础上，结合实际办案经验，提出以下建议。

（一）准确掌握合法借款与非法集资的界限

尽管借款与非法集资在客观上都能帮助行为人获取资金，但二者的法律性质有着本质上的不同。借款属于民事法律关系，如果到期未能归还借款，借贷双方可通过民事诉讼定分止争；而非法集资属于违法行为，甚至可能涉嫌非法吸收公众存款罪、集资诈骗罪等罪名，厘清二者界限尤为重要。

非法集资，是指单位或个人未依照法定程序经有关部门批准，向社会不特定对象即社会公众筹集资金，并承诺在一定期限内给出资人还本付息的行为。非法集资与借款最显著的区别在于：非法集资面向不特定的社会公众，采用向社会公开宣传的方式向不特定的人进行集资；而借款发生于特定的主体之间，并没有通过公开宣传面向社会集资。

正是因为非法集资面向社会公众吸收资金，在吸收资金的人数、规模、资金量上远超借款，社会影响力大。非法集资的行为主体扮演着“金融机构”的角色，而事实上却未经合法授权、缺失有效监管，严重扰乱了金融秩序和社会安定，不再属于“意思自治”的范畴，而属于违法犯罪行为。

综上所述，如果行为人在资金匮乏时，向亲朋好友或特定的主体借款，不属于非法集资。如果通过广告等方式面向不特定的社会公众吸收资金并承诺到期还本付息，则该行为可能被认定为非法集资。

（二）了解“非法占有目的”的司法认定标准

在集资诈骗案件中，行为人是否具有非法占有目的，是司法机关认定行为人罪与非罪、此罪与彼罪的关键，往往成为法庭辩论的争议焦点。非法占有目的作为一种主观心态，具有内在性的特点，办案人员只能根据行为人实施集资行为前后的经济状况、经营状况、行为手段、后续表现等情形进行推定。

因此，对于已被列入司法解释的高风险情形应当予以高度重视，避免被误认为具有非法占有目的。从司法实务情况来看，易被办案人员认定为具有非法占有目的的情形主要包括三种：（1）吹嘘的主营业务、投资项目是虚假的，或客观上不具有盈利可能性、不具有支付全部本息的现实可能性；（2）集资后“不务正业”，用于生产经营活动的资金与筹集资金的规模明显不成比例，换句话说，没有将筹集的资金主要用于生产经营活动，而是将资金主要用于个人挥霍、高风险投机、借新还旧、违法犯罪、虚假宣传“粉饰太平”、支付高额提成费等；（3）在发生经营失败、资金链断裂等问题后，明知没有归还能力仍然继续吸收公众存款。

值得关注的是，在共同犯罪或单位犯罪中，由于不同的行为人之间在层级、职责分工、对全部犯罪事实的知情程度方面存在差异，犯罪目的存在不同，存在部分行为人被认定为集资诈骗罪，部分行为人被认定为非法吸收公众存款罪的情况。如果行为人参与了非法集资行为，但是其对投资项目的真实性、盈利预期、资金去向不了解，可能被认定为“不具有非法占有目的”。

（三）打消“以公司名义对外实施集资诈骗行为，个人不担责”的错误认识

部分行为人直至开庭仍持有“以公司名义对外实施集资诈骗行为，个人不担责”的错误认识，认为公司承担责任即可，自己无须为公司“背锅”。尽管集资诈骗的行为主体为一般主体，单位也可以构成，但是根据相关司法解释，无论是行为人为实施集资诈骗而设立公司实施犯罪的，还是公司设立后以实施集资诈骗为主要活动的，均不属于单位犯罪，而是属于个人犯罪。实践中，集资诈骗案件中犯罪主体大多为个人而非单位，公司不是行为人实施犯罪的“挡箭牌”和“庇护所”。

（四）识别法律风险，远离“不靠谱”公司

对于高级管理人员或者普通工薪阶层来说，如果其就职的公司主要从事投融资、保险、网络借贷等面向公众吸收资金的相关业务，应当在日常工作中擦亮双眼，尽可能了解、考察公司是否办理了相关的牌照，公司的主营业务、投资项目是否真实，评估是否存在集资诈骗的刑事法律风险。如果公司存在提成比例显著高于市场、投资者频繁报警讨债、同事之间互不知晓真名、公司经常组织应对执法部门检查的逃生演习等情形，则该类公司具有较高的刑事法律风险，应当尽早远离。

四、法律规范

（一）法律

《中华人民共和国刑法》（2020 年修正）

第一百九十二条　以非法占有为目的，使用诈骗方法非法集资，数额较大的，处三年以上七年以下有期徒刑，并处罚金；数额巨大或者有其他严重情节的，处七年以上有期徒刑或者无期徒刑，并处罚金或者没收财产。

单位犯前款罪的，对单位判处罚金，并对其直接负责的主管人员和其他直接责任人员，依照前款的规定处罚。

（二）司法解释

《最高人民法院关于审理非法集资刑事案件具体应用法律若干问题的解释》（2022年3月1日施行 法释〔2022〕5号）

第二条 实施下列行为之一，符合本解释第一条第一款规定的条件的，应当依照刑法第一百七十六条的规定，以非法吸收公众存款罪定罪处罚：

（一）不具有房产销售的真实内容或者不以房产销售为主要目的，以返本销售、售后包租、约定回购、销售房产份额等方式非法吸收资金的；

（二）以转让林权并代为管护等方式非法吸收资金的；

（三）以代种植（养殖）、租种植（养殖）、联合种植（养殖）等方式非法吸收资金的；

（四）不具有销售商品、提供服务的真实内容或者不以销售商品、提供服务为主要目的，以商品回购、寄存代售等方式非法吸收资金的；

（五）不具有发行股票、债券的真实内容，以虚假转让股权、发售虚构债券等方式非法吸收资金的；

（六）不具有募集基金的真实内容，以假借境外基金、发售虚构基金等方式非法吸收资金的；

（七）不具有销售保险的真实内容，以假冒保险公司、伪造保险单据等方式非法吸收资金的；

（八）以网络借贷、投资入股、虚拟币交易等方式非法吸收资金的；

（九）以委托理财、融资租赁等方式非法吸收资金的；

（十）以提供"养老服务"、投资"养老项目"、销售"老年产品"等方式非法吸收资金的；

（十一）利用民间"会""社"等组织非法吸收资金的；

（十二）其他非法吸收资金的行为。

第七条 以非法占有为目的，使用诈骗方法实施本解释第二条规定所列行为的，应当依照刑法第一百九十二条的规定，以集资诈骗罪定罪处罚。

使用诈骗方法非法集资，具有下列情形之一的，可以认定为"以非法占有为目的"：

（一）集资后不用于生产经营活动或者用于生产经营活动与筹集资金规模明显不成比例，致使集资款不能返还的；

（二）肆意挥霍集资款，致使集资款不能返还的；

（三）携带集资款逃匿的；

（四）将集资款用于违法犯罪活动的；

（五）抽逃、转移资金、隐匿财产，逃避返还资金的；

（六）隐匿、销毁账目，或者搞假破产、假倒闭，逃避返还资金的；

（七）拒不交代资金去向，逃避返还资金的；

（八）其他可以认定非法占有目的的情形。

集资诈骗罪中的非法占有目的，应当区分情形进行具体认定。行为人部分非法集资行为具有非法占有目的的，对该部分非法集资行为所涉集资款以集资诈骗罪定罪处罚；非法集资共同犯罪中部分行为人具有非法占有目的，其他行为人没有非法占有集资款的共同故意和行为的，对具有非法占有目的的行为人以集资诈骗罪定罪处罚。

第八条　集资诈骗数额在 10 万元以上的，应当认定为“数额较大”；数额在 100 万元以上的，应当认定为“数额巨大”。

集资诈骗数额在 50 万元以上，同时具有本解释第三条第二款第三项情节的，应当认定为刑法第一百九十二条规定的“其他严重情节”。

集资诈骗的数额以行为人实际骗取的数额计算，在案发前已归还的数额应予扣除。行为人为实施集资诈骗活动而支付的广告费、中介费、手续费、回扣，或者用于行贿、赠与等费用，不予扣除。行为人为实施集资诈骗活动而支付的利息，除本金未归还可予折抵本金以外，应当计入诈骗数额。

第九条第二款　犯集资诈骗罪，判处三年以上七年以下有期徒刑的，并处十万元以上五百万元以下罚金；判处七年以上有期徒刑或者无期徒刑的，并处五十万元以上罚金或者没收财产。

第十二条第二款　明知他人从事欺诈发行证券，非法吸收公众存款，擅自发行股票、公司、企业债券，集资诈骗或者组织、领导传销活动等集资犯罪活动，为其提供广告等宣传的，以相关犯罪的共犯论处。

第十三条　通过传销手段向社会公众非法吸收资金，构成非法吸收公众存款罪或者集资诈骗罪，同时又构成组织、领导传销活动罪的，依照处罚较重的规定定罪处罚。

第十四条　单位实施非法吸收公众存款、集资诈骗犯罪的，依照本解释规定的相应自然人犯罪的定罪量刑标准，对单位判处罚金，并对其直接负责的主管人员和其他直接责任人员定罪处罚。

（三）立案标准

《最高人民检察院、公安部关于公安机关管辖的刑事案件立案追诉标准的规定（二）》（2022年5月15日施行　公通字〔2022〕12号）

第四十四条　以非法占有为目的，使用诈骗方法非法集资，数额在十万元以上的，应予立案追诉。

（四）司法解释性质文件

1.《最高人民检察院关于办理涉互联网金融犯罪案件有关问题座谈会纪要》（2017年6月2日施行　高检诉〔2017〕14号）

（二）集资诈骗行为的认定

14. 以非法占有为目的，使用诈骗方法非法集资，是集资诈骗罪的本质特征。是否具有非法占有目的，是区分非法吸收公众存款罪和集资诈骗罪的关键要件，对此要重点围绕融资项目真实性、资金去向、归还能力等事实进行综合判断。犯罪嫌疑人存在以下情形之一的，原则上可以认定具有非法占有目的：

（1）大部分资金未用于生产经营活动，或名义上投入生产经营但又通过各种方式抽逃转移资金的；

（2）资金使用成本过高，生产经营活动的盈利能力不具有支付全部本息的现实可能性的；

（3）对资金使用的决策极度不负责任或肆意挥霍造成资金缺口较大的；

（4）归还本息主要通过借新还旧来实现的；

（5）其他依照有关司法解释可以认定为非法占有目的的情形。

15. 对于共同犯罪或单位犯罪案件中，不同层级的犯罪嫌疑人之间存在犯罪目的发生转化或者犯罪目的明显不同的，应当根据犯罪嫌疑人的犯罪目的分别认定。

（1）注意区分犯罪目的发生转变的时间节点。犯罪嫌疑人在初始阶段仅具有非法吸收公众存款的故意，不具有非法占有目的，但在发生经营失败、资金链断裂等问题后，明知没有归还能力仍然继续吸收公众存款的，这一时间节点之后的行为应当认定为集资诈骗罪，此前的行为应当认定为非法吸收公众存款罪。

（2）注意区分犯罪嫌疑人的犯罪目的的差异。在共同犯罪或单位犯罪中，犯罪嫌疑人由于层级、职责分工、获取收益方式、对全部犯罪事实的知情程度等不同，其犯罪目的也存在不同。在非法集资犯罪中，有的犯罪嫌疑人具有非法占有的目的，有的则不具有非法占有目的，对此，应当分别认定为集资诈骗罪和非法吸收公众存款罪。

16. 证明主观上是否具有非法占有目的，可以重点收集、运用以下客观证据：

（1）与实施集资诈骗整体行为模式相关的证据：投资合同、宣传资料、培训内容等；

（2）与资金使用相关的证据：资金往来记录、会计账簿和会计凭证、资金使用成本（包括利息和佣金等）、资金决策使用过程、资金主要用途、财产转移情况等；

（3）与归还能力相关的证据：吸收资金所投资项目内容、投资实际经营情况、盈利能力、归还本息资金的主要来源、负债情况、是否存在虚构业绩等虚假宣传行为等；

（4）其他涉及欺诈等方面的证据：虚构融资项目进行宣传、隐瞒资金实际用途、隐匿销毁账簿；等等。司法会计鉴定机构对相关数据进行鉴定时，办案部门可以根据查证犯罪事实的需要提出重点鉴定的项目，保证司法会计鉴定意见与待证的构成要件事实之间的关联性。

17. 集资诈骗的数额，应当以犯罪嫌疑人实际骗取的金额计算。犯罪嫌疑人为吸收公众资金制造还本付息的假象，在诈骗的同时对部分投资人还本付息的，集资诈骗的金额以案发时实际未兑付的金额计算。案发后，犯罪嫌疑人主动退还集资款项的，不能从集资诈骗的金额中扣除，但可以作为量刑情节考虑。

2.《最高人民法院关于印发〈全国法院审理金融犯罪案件工作座谈会纪要〉的通知》（2001 年 1 月 21 日施行　法〔2001〕8 号）

……

（三）关于金融诈骗罪

……

3. 集资诈骗罪的认定和处理：集资诈骗罪和欺诈发行股票、债券罪、非法吸收公众存款罪在客观上均表现为向社会公众非法募集资金。区别的关键在于行为人是否具有非法占有的目的。对于以非法占有为目的而非法集资，或者在非法集资过程中产生了非法占有他人资金的故意，均构成集资诈骗罪。但是，在处理具体案件时要注意以下两点：一是不能仅凭较大数额的非法集资款不能返还的结果，推定行为人具有非法占有的目的；二是行为人将大部分资金用于投资或生产经营活动，而将少量资金用于个人消费或挥霍的，不应仅以此便认定具有非法占有的目的。

(五) 行政法规和部门规章

《中国人民银行关于取缔非法金融机构和非法金融业务活动中有关问题的通知》(1999年1月27日施行　银发〔1999〕41号)

一、非法集资是指单位或者个人未依照法定程序经有关部门批准，以发行股票、债券、彩票、投资基金证券或其他债权凭证的方式向社会公众筹集资金，并承诺在一定期限内以货币、实物及其他方式向出资人还本付息或给予回报的行为。它具有如下特点：

(一) 未经有关部门依法批准，包括没有批准权限的部门批准的集资以及有审批权限的部门超越权限批准的集资；

(二) 承诺在一定期限内给出资人还本付息。还本付息的形式除以货币形式为主外，还包括以实物形式或其他形式；

(三) 向社会不特定对象即社会公众筹集资金；

(四) 以合法形式掩盖其非法集资的性质。

第三节　欺诈发行证券罪

《刑法》第一百六十条规定了欺诈发行证券罪。2021 年 3 月 1 日，本罪由欺诈发行股票、债券罪更名为欺诈发行证券罪。本罪在客观方面表现为在发行文件中隐瞒重要事实或者编造重大虚假内容，发行证券的行为。本罪的犯罪主体为特殊主体，即发行人及其控股股东、实际控制人和相关责任人员。实务中，欺诈发行多为共同犯罪。另外，构成本罪要求达到“数额巨大、后果严重或者有其他严重情节”的立案标准。

为更好掌握司法实务中对欺诈发行证券罪定罪量刑等方面的关注重点，我们对重点案例进行详细解析，通过研究司法机关的裁判思路，提炼了司法实务裁判要点。同时，我们梳理了与欺诈发行证券罪相关的法律、司法解释、立案标准及政策法规等规定。

一、实务解析

（一）本罪在客观方面表现为在发行文件中隐瞒重要事实或者编造重大虚假内容，发行证券的行为

2021 年 2 月 26 日发布的《最高人民法院、最高人民检察院关于执行〈中华人民共和国刑法〉确定罪名的补充规定（七）》将本罪罪名由欺诈发行股票、债券罪改为欺诈发行证券罪。2021 年 3 月 1 日，《刑法修正案（十一）》正式生效，该修正案对欺诈发行证券罪的犯罪构成进行了较大幅度的修订。

当前，欺诈发行证券罪在客观方面表现为：在招股说明书、认股书、公司、企业债券募集办法等发行文件中隐瞒重要事实或者编造重大虚假内容，发行股票或者公司、企业债券、存托凭证或者国务院依法认定的其他证券的行为。对本罪客观方面的认识可以从犯罪对象和行为类型两个角度着手。

第一，关于本罪的犯罪对象。为实现与《证券法》的联动调整，《刑法修正案（十一）》扩大了所发行“证券”的范围及“发行文件”的范围。其一，所发行“证券”的范围：在原先的“股票、公司、企业债券”的基础上新增了

“存托凭证或者国务院依法认定的其他证券”。其中，根据2018年6月6日施行的中国证券监督管理委员会令第143号《存托凭证发行与交易管理办法（试行）》，存托凭证是指由存托人签发、以境外证券为基础在中国境内发行、代表境外基础证券权益的证券。其二，“发行文件”的范围：由原先的“招股说明书、认股书、公司、企业债券募集办法”扩大至“等发行文件”。

尽管当前公开的司法案例具有滞后性，未能体现《刑法修正案（十一）》修订后的新变化，但对于本罪犯罪对象的理解应当结合《证券法》及《公司法》的相关规定。另外，值得关注的是，欺诈发行私募债券是否构成本罪在理论界虽颇有争议，但司法实践中倾向于将私募债券纳入证券范畴，从而受到本罪的规制，已有多个判例将行为人欺诈发行私募债券的行为认定构成欺诈发行证券罪。

第二，关于本罪的行为类型。欺诈发行证券罪主要存在两种行为类型，即积极的作为行为——“编造重大虚假内容”，与消极的不作为行为——“隐瞒重要事实”。所谓“重要事实”或者“重大内容”是指可能对投资人或证券监管部门产生误导，从而作出错误决定的事实。“编造重大虚假内容”是指在发行文件中记载与客观事实不符的内容，如发行人虚构或故意夸大公司生产经营利润和公司净资产额；对所筹资金的使用提出虚假的计划、虚假的经营生产项目。“隐瞒重要事实”是指对发行文件中应当公开的内容不予以披露，如故意隐瞒、遗漏公司所负债务、订立的重要合同以及公司正在进行的重大诉讼事项；严重损害投资者合法权益和社会公共利益的其他情形等。实践中，较为常见的欺诈发行证券行为包括虚构财务数据、变造担保材料等。

（二）本罪的犯罪主体为特殊主体，实践中多为共同犯罪

欺诈发行证券罪的犯罪主体为特殊主体，即有权发行股票、债券、存托凭证或者国务院依法认定的其他证券的发行人及其控股股东、实际控制人和相关责任人员。实务中，欺诈发行多为共同犯罪，涉案人员众多。

尤其需要关注的是，《刑法修正案（十一）》新增了“控股股东、实际控制人”作为本罪的犯罪主体，将“关键少数”的组织、指使的共犯行为“正犯化”，从而压实欺诈发行行为幕后人员的刑责。

对“控股股东、实际控制人”的理解同样需要结合《公司法》等相关法律规范的规定。根据《公司法》第二百一十六条规定，控股股东，是指其出资额占有限责任公司资本总额50%以上或者其持有的股份占股份有限公司股本总额50%以上

的股东；出资额或者持有股份的比例虽然不足 50%，但依其出资额或者持有的股份所享有的表决权已足以对股东会、股东大会的决议产生重大影响的股东。实际控制人，是指虽不是公司的股东，但通过投资关系、协议或者其他安排，能够实际支配公司行为的人。《〈首次公开发行股票注册管理办法〉第十二条、第十三条、第三十一条、第四十四条、第四十五条和〈公开发行证券的公司信息披露内容与格式准则第 57 号——招股说明书〉第七条有关规定的适用意见——证券期货法律适用意见第 17 号》（中国证券监督管理委员会公告〔2023〕14 号，2023 年 2 月 17 日施行）明确，发行人股权较为分散但存在单一股东控制比例达到百分之三十的情形的，若无相反的证据，原则上应当将该股东认定为控股股东或者实际控制人。

（三）构成本罪要求达到“数额巨大、后果严重或者有其他严重情节”的立案标准

根据《刑法》第一百六十条之规定，构成欺诈发行证券罪要求达到“数额巨大、后果严重或者有其他严重情节”的立案标准。结合《刑事案件立案追诉标准（二）》第五条规定，在招股说明书、认股书、公司、企业债券募集办法等发行文件中隐瞒重要事实或者编造重大虚假内容，发行股票或者公司、企业债券、存托凭证或者国务院依法认定的其他证券，涉嫌下列情形之一的，应予立案追诉：

（一）非法募集资金金额在一千万元以上的；

（二）虚增或者虚减资产达到当期资产总额百分之三十以上的；

（三）虚增或者虚减营业收入达到当期营业收入总额百分之三十以上的；

（四）虚增或者虚减利润达到当期利润总额百分之三十以上的；

（五）隐瞒或者编造的重大诉讼、仲裁、担保、关联交易或者其他重大事项所涉及的数额或者连续十二个月的累计数额达到最近一期披露的净资产百分之五十以上的；

（六）造成投资者直接经济损失数额累计在一百万元以上的；

（七）为欺诈发行证券而伪造、变造国家机关公文、有效证明文件或者相关凭证、单据的；

（八）为欺诈发行证券向负有金融监督管理职责的单位或者人员行贿的；

（九）募集的资金全部或者主要用于违法犯罪活动的；

（十）其他后果严重或者有其他严重情节的情形。

二、裁判要点

243 在发行文件中编造重大虚假内容，发行证券，涉嫌欺诈发行证券罪

裁判要点

在招股说明书等发行文件中编造重大虚假内容，发行股票或其他证券，数额巨大、后果严重或者有其他严重情节的，构成欺诈发行证券罪。

裁判思路

基本案情①：

2004年至2007年6月，被告人何某葵、蒋某西、庞某星共同策划让被告单位云南绿某地公司发行股票并上市，由被告人赵某丽、赵某艳登记注册了一批由云南绿某地公司实际控制或者掌握银行账户的关联公司，并利用相关银行账户操控资金流转，采用伪造合同、发票、工商登记资料等手段，少付多列，将款项支付给其控制的公司，虚构交易业务、虚增资产7011.4万元、虚增收入29610万余元。云南绿某地公司招股说明书中包含了上述虚假内容。

2007年12月21日，被告单位云南绿某地公司在深圳证券交易所首次发行股票并上市，非法募集资金达3.4629亿元。

法院认为：

被告单位云南绿某地公司、被告人何某葵等五人在招股说明书中编造重大虚假内容，发行股票，非法募集资金达3.4629亿元，其行为构成欺诈发行股票罪……

裁判结果

被告单位云南绿某地公司犯欺诈发行股票罪、伪造金融票证罪、故意销毁会计凭证罪，判处罚金人民币1040万元。

---

① 案件来源：云南绿某地公司欺诈发行股票案【昆明市中级人民法院（2012）昆刑一初字第73号】。

被告人何某葵犯欺诈发行股票罪、伪造金融票证罪、违规披露重要信息罪、故意销毁会计凭证罪，数罪并罚，决定执行有期徒刑十年，并处罚金人民币六十万元。

……

244 私募债券属于欺诈发行证券罪的行为对象

裁判要点

私募债券本质是公司、企业债券，属于欺诈发行证券罪的行为对象。在公司债券募集办法中隐瞒重要事实、编造重大虚假内容，发行私募债券，数额巨大、后果严重或者有其他严重情节的，构成欺诈发行证券罪。

裁判思路

基本案情[①]**：**

被告单位江苏北某皓天科技有限公司（以下简称北某皓天公司）于 2009 年 12 月注册成立，注册资本 5000 万元，后增资至 1.1 亿元。被告人杨某业系法定代表人、执行董事，负责公司全面工作。

2010 年前后，杨某业代表公司与某大学实验室开展合作，由北某皓天公司出资购买 LED 生产设备及支付实验室相关费用，该实验室帮助北某皓天公司组建生产线、培训技术骨干，并提供生产技术、芯片产品样品等。2012 年，杨某业为解决融资问题，决定发行私募债券，并由中某证券承销，拟向上海证券交易所申请非公开发行中小企业私募债券。

2013 年 3 月，北某皓天公司在 2013 年中小企业私募债券募集说明书中隐瞒公司尚未建成投产、尚无销售收入和利润的重大事项，提交虚假的审计报告、纳税证明等材料，骗取上海证券交易所备案，备案金额为不超过 1 亿元，债券期限为 3 年期，销售期限为 6 个月。

---

① 案件来源：江苏北某皓天科技有限公司、杨某业欺诈发行债券案【江苏省无锡市中级人民法院（2018）苏 02 刑初 49 号】（备注：法官评析作者为本案一审承办人楼炯燕，内容源于《欺诈发行债券罪的构成要件》，载《人民司法·案例》2020 年第 8 期，第 39 页）。

2013 年 9 月，在投资者认购意向不足，该债券面临发行失败时，由杨某伦及杨某业出面借款 6700 万元，分别以某科技公司的名义虚假认购 700 万元，以某投资公司的名义虚假认购 6000 万元，认购完成后随即归还出借人，最终实际募集到嘉某公司认购的 2700 万元资金。

争议焦点：发行私募债券是否属于欺诈发行证券罪的规制对象？

辩护意见：

被告人杨某业的辩护人提出：北某皓天公司发行的是私募债，系突破原有刑法框架的制度创新，量刑应当予以从轻。

法院认为：

被告单位北某皓天公司在公司债券募集办法中隐瞒重要事实、编造重大虚假内容，发行公司债券，数额巨大；被告人杨某业作为被告单位北某皓天公司直接负责的主管人员，决定并实施上述犯罪行为，其行为均已构成欺诈发行债券罪。被告人杨某业到案后如实供述自己的罪行，系坦白，依法可予以从轻处罚。江苏省无锡市人民检察院指控被告单位北某皓天公司及被告人杨某业犯欺诈发行债券罪的事实清楚，证据确实、充分，指控罪名成立，本院予以采纳……

关于辩护人提出“北某皓天公司发行的是私募债，系突破原有刑法框架的制度创新，量刑应当予以从轻”的辩护意见，经查，欺诈发行股票、债券罪属于《刑法》“妨害国家对公司、企业的管理秩序罪”范畴，对本罪中“公司、企业债券”的理解除应根据《刑法》的规定外，还应根据《公司法》《证券法》等专门法律的规定。《公司法》规定，公司债券是指公司依照法定程序发行、约定在一定期限还本付息的有价证券。公开发行公司债券应当符合《证券法》的规定。《证券法》规定，公司证券可分为公开发行的证券和不公开发行的证券。私募债券虽然在发行方式、对投资者的要求、是否须经国家证券监管部门审核等方面与公开发行的公司、企业债券不同，但其本质仍是公司、企业债券，应受《刑法》相关规定的调整。因此，《刑法》第一百六十条中规定的“公司、企业债券”应当包含私募债券。故该辩护意见不能成立，本院不予采纳……

法官评析：

本案的争议焦点在于，北某皓天公司发行私募债券是否属于欺诈发行债券罪的规制范围？第一种意见认为，北某皓天公司发行的是私募债券，而《刑法》规制的是发行公募债券的行为，不应当认定为欺诈发行债券罪。第二种意见认为，无论是公募债券还是私募债券，均属于欺诈发行债券罪的行为对象，本案应认定为欺诈发行债券罪。我们同意第二种意见，原因如下：

一、中小企业发行私募债券属于欺诈发行债券罪的规制对象

根据《公司法》规定，公司债券是指公司依照法定程序发行、约定在一定期限还本付息的有价证券。公司债券按发行方式划分，可分为公募债券和私募债券。公募债券是指按法定手续经国家监督管理机构批准公开向社会投资者发行的公司债券，我国《公司法》《证券法》均对这种形式作出了规定，称为公开发行的公司债券。依法公开发行的公司债券应在依法设立的证券交易所上市交易或者在国务院批准的其他证券交易场所转让。

二、发行私募债券是解决中小企业融资难的一种方式

2012 年 5 月，上海和深圳证券交易所各自发布《中小企业私募债券业务试点办法》，以自律规范方式创设了私募债券。《上海证券交易所中小企业私募债券业务试点办法》《深圳证券交易所中小企业私募债券业务试点办法》均规定，中小企业私募债券，是指中小微型企业在中国境内以非公开方式发行和转让，约定在一定期限还本付息的公司债券。与一般公司债券相比，私募债券的特点在于：(1) 发行人应当以非公开方式发行私募债券，不得采用广告、公开劝诱和变相公开方式，每期私募债券的投资者合计不得超过 200 人。(2) 私募债券的发行采用备案制。发行人提交私募募集说明书等备案文件，并应当保证备案文件及信息披露内容真实、准确、完整，不得有虚假记载、误导性陈述或重大遗漏。(3) 私募债券应当由证券公司承销。(4) 投资者必须符合适格条件。可见，私募债券是指以特定的少数投资者为对象发行的债券，发行手续简单，一般不能公开上市交易。其与公募债券的区别主要在于是否公开发行、是否采用核准制，但其本质上仍然符合“依照法定程序发行、约定在一定期限还本付息”的公司债券的基本特征，理应属于欺诈发行债券罪的规制对象……

裁判结果

一、被告单位江苏北某皓天科技有限公司犯欺诈发行债券罪，判处罚金人民币一百万元。

二、被告人杨某业犯欺诈发行债券罪，判处有期徒刑一年三个月。

……

245 变造担保材料属于欺诈发行债券罪中的“编造重大虚假内容”

裁判要点

变造担保材料属于《刑法》第一百六十条“欺诈发行证券罪”规定的“编造重大虚假内容”。

裁判思路

基本案情[①]**：**

2012年下半年，为解决建设东台纺某产业园的资金问题，被告单位东某马某里纺机有限公司（以下简称东某马某里公司）的法定代表人朱某决定通过长某证券申请发行私募债券筹集资金。根据长某证券发行私募债券的要求，需要由政府融资平台出具“不可撤销连带责任保证”的担保材料，经被告人朱某协调，东台交某公司只同意为东某马某里公司发行私募债券出具信用评级担保的担保函、担保协议和董事会决议等担保材料。

为东某马某里公司能顺利发行私募债券，朱某产生“变造东台交某公司担保材料、欺诈发行债券”的想法，后朱某自己或安排他人对东台交某公司出具的担保材料进行变造，将东台交某公司出具的“信用评级”担保材料变造为“不可撤销连带责任保证”的担保材料，提供给长某证券的调查人员，报深圳证券交易所审核通过。2013年1月25日、3月25日，东某马某里公司委托长某证券在深圳证券交易所发行期限均为两年的“12东某201”“12东某202”两期中小企业私募债券，额度分别为人民币1.1亿元、1.5亿元，所得资金均被用于公司经营。

东某马某里公司于2014年1月按期支付了私募债券一年的利息，于2015年3月20日偿还4家“12东某201”债券认购商的本金合计人民币710万元，其余部分未能按期还本付息，朱某出逃。

争议焦点：变造担保文件是否属于《刑法》第一百六十条“欺诈发行证券

---

① 案件来源：东某马某里纺机有限公司、朱某欺诈发行债券案【江苏省盐城市中级人民法院（2017）苏09刑初10号】。

罪”规定的“编造重大虚假内容”？

辩护意见：

被告人朱某的辩护人提出：变造担保文件不属于《刑法》第一百六十条规定的编造重大虚假内容。

法院认为：

关于变造担保材料是否属于编造重大虚假内容的问题。经查：根据《深圳证券交易所中小企业私募债券业务试点办法》第四条的规定，发行人应当保证发行文件及信息披露内容真实、准确、完整，不得有虚假记载、误导性陈述或重大遗漏。本案中，东某马某里公司根据承销商长某证券公司的要求准备材料，其中即包括政府平台提供的不可撤销连带责任的担保材料，并在其备案材料及募集说明书中均作为一个重要内容向投资者披露。根据犯罪嫌疑人朱某的供述、证人周某一等人的证言证实，“如果没有政府融资平台作出不可撤销连带责任担保，发行不会审核通过”，而认购私募债券单位出具的相关情况说明及工作人员证言均证实，“不是因为有政府平台担保，是不可能信任东某马某里公司，也不可能购买东某马某里公司的私募债券”，因此变造担保材料应当属于欺诈发行债券罪中的“编造重大虚假内容”。故辩护人提出变造担保材料不属于编造重大虚假内容的辩护意见不成立，本院不予采纳。

综上，被告单位东某马某里公司在公司债券募集说明书中编造重大虚假内容，发行公司债券，数额巨大；被告人朱某作为被告单位东某马某里公司的负责人，决定并实施上述犯罪行为，其行为均构成欺诈发行债券罪。公诉机关指控被告单位东某马某里公司、被告人朱某犯欺诈发行债券罪的罪名成立。被告人朱某具有坦白情节，依法可以从轻处罚。综合考虑被告人朱某认罪、悔罪态度较好、积极退赃并获得被害人谅解等因素，依法对其适用缓刑……

裁判结果

一、被告单位东某马某里纺机有限公司犯欺诈发行债券罪，判处罚金人民币一千三百万元。

二、被告人朱某犯欺诈发行债券罪，判处有期徒刑三年，缓刑五年。

……

246 单位构成欺诈发行证券罪的，对直接负责的主管人员和其他直接责任人员按本罪处罚

裁判要点

单位构成欺诈发行证券罪的，对单位判处罚金，并对其直接负责的主管人员和其他直接责任人员以欺诈发行证券罪定罪量刑。

裁判思路

基本案情[①]**：**

2012 年下半年，经宿迁市致某皮业有限公司（以下简称致某公司）实际控制人周某康决定，公司拟对外发行私募债券融资。致某公司委托 Z 公司担任承销商和受托管理人，由王某刚负责发债现场审计工作。致某公司总经理林某敏及财务经理叶某龙负责向王某刚提供财务资料。

现场审计过程中，王某刚认为致某公司实际财务情况不符合发债 1.5 亿元的要求，提出可将账外收入调整至财务报表中，增加公司的营业收入和净利润数据。而后，林某敏将账外收入出库单、收款凭证交给叶某龙，并授意叶某龙配合王某刚的需要窜改财务账套数据，编制虚假的纳税申报表等财务凭证。王某刚依据上述虚假财务数据制作内容不实的现场审计底稿，并要求致某公司提供与虚假财务数据相配套的缴税凭证和增值税专用发票等财务凭证。叶某龙根据林某敏的要求，伪造了与虚增财务数据相对应的电子缴税付款凭证和增值税专用发票，交由林某敏审核，并加盖公章，再由王某刚提交给某会计所应对审核。某会计所据此出具了内容严重失实的审计报告。

2012 年 12 月 26 日，Z 公司根据审计报告以及叶某龙提供的虚假财务数据，出具了《募集说明书》，说明书中记载了致某公司虚假财务数据，其中营业收入共计虚增 11.97 亿余元至 17 亿余元，净利润虚增 1.45 亿余元至 1.56 亿余元。周某康、林某敏、叶某龙分别在该说明书上签名。2013 年 2 月 5 日，Z 公司发行“致某公司非公开发行 2012 年中小企私募债券” 1.5 亿元。至 2015 年 2 月 5 日，

① 案件来源：致某皮业有限公司欺诈发行债券案【上海市第一中级人民法院（2018）沪 01 刑初 58 号】。

致某公司支付了三期利息后无力偿付投资人本金及后续利息，造成投资人重大经济损失。

法院认为：

……

二、关于被告人林某敏在被告单位致某公司单位犯罪中的地位

经查，虽然被告单位致某公司对外发行私募债券由公司的实际控制人周某康决定，并安排其他人员至公司负责推进，但被告人林某敏作为致某公司的总经理兼财务总监，对财务工作全面负责，其指使财务经理叶某龙伪造财务数据及相关凭证，并在《募集说明书》等重要的债券发行文件上签名，对记载的虚假财务数据予以确认，故应认定为直接负责的主管人员，辩护人的相关辩护意见不予采纳。

三、关于被告人叶某龙是否应认定为从犯

本院认为，被告人叶某龙作为公司的财务经理，听从林某敏的安排，配合王某刚实施了调整财务数据、伪造财务资料的行为，虽然与林某敏等直接负责的主管人员相比，其地位较低、作用较小，可依法认定为其他直接责任人员，但不宜认定为从犯，同时量刑时与直接负责的主管人员予以区分。辩护人关于从犯的辩护意见不予采纳……

本院认为，被告单位致某公司伙同被告人王某刚在企业债券募集办法中隐瞒重要事实、编造重大虚假内容，发行企业债券，数额巨大，后果严重，其行为均已构成欺诈发行债券罪，系共同犯罪。被告人林某敏、叶某龙分别系致某公司欺诈发行债券直接负责的主管人员和其他直接责任人员，其行为也均构成欺诈发行债券罪……

裁判结果

一、被告单位宿迁市致某皮业有限公司犯欺诈发行债券罪，判处罚金人民币四百五十万元。

二、被告人林某敏犯欺诈发行债券罪，判处有期徒刑三年。

三、被告人叶某龙犯欺诈发行债券罪，判处有期徒刑二年，缓刑二年。

……

247 为他人欺诈发行证券提供帮助，构成欺诈发行证券罪

裁判要点

为他人欺诈发行证券提供帮助，在募集办法等发行文件中隐瞒重要事实、编造重大虚假内容，数额巨大、后果严重，或者有其他严重情节的，构成欺诈发行证券罪。

裁判思路

基本案情[①]**：**

2013年下半年，关某在经营管理中某物流公司期间，为达到顺利发行私募债券、募集资金的目的，在明知公司财务状况不符合发债要求的情况下，伙同为公司代理记账的刘某某及公司财务负责人周某，向承销券商国某证券提供虚假财务数据，致使国某证券依据虚假的财务数据决定对公司发行私募债券项目立项。

嗣后，关某伙同周某、刘某某通过制作虚假“增值税专用发票”“纳税凭证”等财务凭证及虚假财务报表的方式，虚增公司营业收入及利润，并通过会计事务所出具了虚增营业收入6.7亿余元、虚增利润1.4亿余元、虚增资本公积金6517万余元的审计报告。2014年1月，承销券商国某证券出具了包含上述审计报告数据的《江苏中某物流有限公司2013年中小企业私募债券募集说明书》。

2014年3月至7月，中某物流公司以上述募集说明书向深圳证券交易所备案后，先后向三家机构投资者发行两年期私募债券“13中联01”“13中联02”“13中联03”，共计0.9亿元。2016年7月上述债券到期后，中某物流公司无力支付本息，造成投资者重大资金损失。

一审法院认为，关某、周某、刘某某均犯欺诈发行债券罪，判处关某有期徒刑三年；周某有期徒刑二年；刘某某有期徒刑二年，并处罚金人民币十万元。后刘某某提起上诉。

---

① 案件来源：刘某某等欺诈发行债券二审案【上海市高级人民法院（2019）沪刑终61号】。

二审法院认为：

一、关于上诉人刘某某是否构成欺诈发行债券罪的问题

经查，原审被告人关某、证人袁某某和钟某分别证实，刘某某知道关某的中某物流公司要发行债券，并向袁某某、钟某介绍了中某物流公司的财务状况，对此刘某某的供述予以部分印证；原审被告人关某、周某分别证实刘某某为中某物流公司做了内外两套账，内账是公司真实经营状况，外账是虚增营业收入和净利润，且得到刘某某公司的员工卞某的充分印证；司法鉴定意见书证实，2011 年 1 月至 2013 年 12 月，中某物流公司募集说明书多报营业收入 674365414. 74 元，多报利润 140410424. 09 元。刘某某两次通过邮件发送给袁某某关于中某物流公司的财务数据，国某证券正是根据这两个邮件的财务数据才会发债立项，对此袁某某予以证实。证人徐某某、胡某某的证言分别证实亚某会计事务所的审计报告是以电子账套为基础制作的，而原审被告人关某、周某和证人卓某等均证实电子账套是刘某某制作并提供给中某物流公司。

综上，本院认为，刘某某作为一名资深会计人员，应当遵守职业操守，制作真实财务数据，但刘某某明知中某物流公司发债前每年仅有几百万元的营业收入且净利润亏损的情况下，仍根据中某物流公司关某的指示，对中某物流公司的营业收入、净利润等数据进行了相应调整，并发送邮件、提供电子账套，帮助中某物流公司达到发债要求。另关某作为中某物流公司实际控制人之一，应当确保发行文件及信息披露内容真实、准确、完整，不得虚假记载，但却伙同刘某某、周某等人制作并提供中某物流公司的虚假财务数据，隐瞒重要事实、编造重大虚假内容，导致发行的债券到期无法兑付，造成认购者的重大财产损失，后果严重，故关某、周某、刘某某的行为均已构成欺诈发行债券罪……

……

裁判结果

驳回上诉，维持原判。

248 在申请上市前后连续财务造假，涉嫌欺诈发行证券罪与违规披露重要信息罪

裁判要点

在上市的申请文件和招股说明书中编造重大财务虚假内容，发行股票数额巨大，构成欺诈发行股票罪。上市后向股东和社会公众提供虚假和隐瞒重要事实的财务报告，严重损害股东利益，构成违规披露重要信息罪，应当数罪并罚。

裁判思路

基本案情①：

2011年3月30日，被告单位欣某电气股份有限公司（以下简称欣某电气公司）提出在创业板上市的申请，因持续盈利能力不符合条件而被证监会驳回。被告人温某乙、刘某胜为达到上市目的，合谋决定组织单位工作人员通过外部接口、使用自有资金或伪造银行单据等方式，采取虚减应收账款、少计提坏账准备等手段，虚构2011年至2013年6月的收回应收款项情况，采用在报告期末冲减应收款项，下一会计期期初冲回的方式，虚构有关财务数据，并在向证监会报送的首次公开发行股票及创业板上市申请文件的定期财务报告中载入上述重大虚假内容。

2014年1月3日，证监会核准欣某电气公司在创业板上市。随后，欣某电气公司在《首次公开发行股票并在创业板上市招股说明书》中亦载入了具有重大虚假内容的财务报告。2014年1月27日，欣某电气公司股票在深圳证券交易所创业板挂牌上市，首次以每股发行价16.31元的价格向社会公开发行1577.8万股，共募集资金2.57亿元。

欣某电气公司上市后，温某乙、刘某胜继续沿用前述手段进行财务造假，向公众披露了具有重大虚假内容的2013年年度报告、2014年半年度报告、2014年

---

① 案件来源：欣某电气股份有限公司、温某乙、刘某胜欺诈发行股票、违规披露重要信息案【辽宁省丹东市中级人民法院（2017）辽06刑初11号】（最高人民法院发布7件人民法院依法惩处证券、期货犯罪典型案例之一）。

年度报告等重要信息。2017 年 7 月，深圳证券交易所决定欣某电气公司退市、摘牌，主承销商兴某证券股份有限公司设立先行赔付专项基金，先行赔付 1 万余名投资人的损失共计 2.36 亿余元。

争议焦点：在申请上市前后连续财务造假的行为应当如何认定?

辩护意见：

被告人温某乙的辩护人提出：对温某乙不应以欺诈发行股票罪、违规披露重要信息罪数罪并罚，只应定一罪；被告欣某电气公司、温某乙、刘某胜因本案已受到最严厉的行政处罚，近年来证监会对类似案件的处理，均将上市之前的欺诈行为与上市后的违规披露行为按一个行为处理，且处罚相对较轻。

被告人刘某胜的辩护人提出：本案欺诈发行股票的行为与违规披露重要信息的行为应择一重罪处罚。

法院认为：

被告单位欣某电气公司为达到上市发行股票的目的，采取伪造、虚构财务事项等手段，在首次公开发行股票及创业板上市的申请文件和招股说明书中编造重大财务虚假内容，发行股票数额巨大，其行为构成欺诈发行股票罪；被告人温某乙作为欣某电气公司董事长、被告人刘某胜作为财务部门负责人，均系欣某电气公司直接负责的主管人员，其行为均构成欺诈发行股票罪；欣某电气公司作为负有信息披露义务的公司，多次向股东和社会公众提供虚假和隐瞒重要事实的财务报告，最终导致公司发行的股票被终止上市，严重损害股东利益，温某乙与刘某胜作为被告单位欣某电气公司直接负责的主管人员，其行为均构成违规披露重要信息罪，均应予以惩处，应当数罪并罚……

裁判结果

一、被告单位欣某电气股份有限公司犯欺诈发行股票罪，判处罚金人民币八百三十二万元。

二、被告人温某乙犯欺诈发行股票罪，判处有期徒刑二年六个月；犯违规披露重要信息罪，判处有期徒刑一年，并处罚金人民币十万元，决定执行有期徒刑三年，并处罚金人民币十万元。

三、被告人刘某胜犯欺诈发行股票罪，判处有期徒刑二年；犯违规披露重要信息罪，判处有期徒刑六个月，并处罚金人民币八万元，决定执行有期徒刑二年，并处罚金人民币八万元。

三、实务建议

为防止行为人触犯欺诈发行证券罪，我们在对重点案例梳理的基础上，结合实际办案经验，提出以下建议。

（一）转变“欺诈发行证券罪刑责轻”的固有印象

《刑法修正案（十一）》于2021年3月1日正式施行，在以往的司法实践中，办案机关依据1997年《刑法》定罪量刑，大多处罚较轻，鲜有从重处罚的情况。在云南绿某地公司欺诈发行股票案中，因原审量刑偏轻，仅对单位犯罪判处百万元罚金，对所有自然人被告人适用缓刑，而引起检方抗诉，后重审改判。

欺诈发行被认为是资本市场的“万恶之源”，不但破坏证券市场的秩序，损害了广大投资者的财产权益，且易衍生伪造金融票证、票据诈骗、违规披露、不披露重要信息等违法犯罪行为。1997年《刑法》对本罪的量刑已经无法与其社会危害性相匹配，也无法与《证券法》等法律规范设定的行政处罚措施相衔接。

有鉴于此，《刑法修正案（十一）》对欺诈发行证券罪的量刑进行了“大刀阔斧式”的修订。首先，设置了阶梯式的法定刑，对于“数额特别巨大、后果特别严重或者有其他特别严重情节的”增设“五年以上有期徒刑”，即最高可判处十五年有期徒刑。其次，对于自然人犯罪，取消了罚金上限，调整为无限额罚金。再次，扩大了责任主体范围，对控股股东、实际控制人组织、指使实施欺诈发行证券行为的，不仅设置了自由刑，还增加了“并处或单处非法募集资金金额百分之二十以上一倍以下”的罚金刑。最后，对于单位犯罪中直接负责的主管人员和其他直接责任人员，也增加了罚金刑。可以预见的是，《刑法修正案（十一）》实施后，相关司法裁判的刑罚将普遍提升。

（二）树立“欺诈发行私募债券”涉嫌犯罪的法律意识

欺诈发行私募债券的司法认定问题在学界引起争议，部分学者主张，欺诈发行证券罪不应保护专业投资者。司法实践中，因欺诈发行私募债券涉嫌本罪的案件不在少数，法庭审理过程中，被告人和辩护人也往往提出私募债券不受本罪规制的辩护观点。

然而，可供公开检索的判例显示，办案机关倾向于将私募债券纳入证券范畴，将行为人欺诈发行私募债券的行为认定构成欺诈发行证券罪。例如，在东某马某里公司欺诈发行债券案中，法院认为，我国《刑法》第一百六十条并未对发行对象作“公开发行”的限定，而私募债券本身属于我国《证券法》调整的非公开发行的债券类型，不应超出法条本身的文义对债券种类做限缩性解释；欺诈发行债券罪保护的法益是国家对证券市场的管理秩序及投资者的合法权益，私募债券虽是非公开发行，对发行对象及投资者人数有严格限制，但在一定范围内也是不特定的，发行人采取欺诈手段发行私募债券，同样会损害投资者的利益、扰乱正常的证券市场秩序。再如，在江苏北某皓天科技有限公司、杨某业欺诈发行债券案中，法院认为，私募债券虽然在发行方式、对投资者的要求、是否须经国家证券监管部门审核等方面与公开发行的公司、企业债券不同，但其本质仍是公司、企业债券，应受《刑法》相关规定的调整。

因此，《刑法》第一百六十条中规定的“公司、企业债券”应当包含私募债券，应当树立“欺诈发行私募债券”涉嫌欺诈发行证券罪的法律意识。

（三）了解欺诈发行证券罪的潜在犯罪主体

欺诈发行证券罪的行为主体范围较广，既包括自然人，也包括单位。其中，自然人包括发行人的主管负责人员、具体行为人员和其他辅助人员，如董事、监事、财务负责人及其他高管。另外，控股股东和实际控制人也不因其名义上未担任公司要职而免予刑责，《刑法修正案（十一）》的规定让组织、指使实施欺诈发行证券行为的控股股东和实际控制人从“幕后”走向“台前”，独立承担刑事责任。

此外，欺诈发行行为的进行，通常会有保荐人、证券服务机构等中介机构或者发行主体以外的自然人参与其中，如果与发行主体合谋，或为发行人欺诈发行行为提供帮助，那么也涉嫌欺诈发行证券罪。例如，在刘某某等欺诈发行债券二审案中，刘某某为中某物流公司代理记账，明知中某物流公司的财务状况不符合发债要求，仍根据该公司负责人的指示，对公司的营业收入、净利润等数据进行了相应调整，帮助该公司达到发债要求，最终仍被法院判决构成欺诈发行证券罪。

四、法律规范

（一）法律

1.《中华人民共和国刑法》（2020 年修正）

第一百六十条 在招股说明书、认股书、公司、企业债券募集办法等发行文件中隐瞒重要事实或者编造重大虚假内容，发行股票或者公司、企业债券、存托凭证或者国务院依法认定的其他证券，数额巨大、后果严重或者有其他严重情节的，处五年以下有期徒刑或者拘役，并处或者单处罚金；数额特别巨大、后果特别严重或者有其他特别严重情节的，处五年以上有期徒刑，并处罚金。

控股股东、实际控制人组织、指使实施前款行为的，处五年以下有期徒刑或者拘役，并处或者单处非法募集资金金额百分之二十以上一倍以下罚金；数额特别巨大、后果特别严重或者有其他特别严重情节的，处五年以上有期徒刑，并处非法募集资金金额百分之二十以上一倍以下罚金。

单位犯前两款罪的，对单位判处非法募集资金金额百分之二十以上一倍以下罚金，并对其直接负责的主管人员和其他直接责任人员，依照第一款的规定处罚。

2.《中华人民共和国证券法》（2019 年修订）

第二条 在中华人民共和国境内，股票、公司债券、存托凭证和国务院依法认定的其他证券的发行和交易，适用本法；本法未规定的，适用《中华人民共和国公司法》和其他法律、行政法规的规定。

政府债券、证券投资基金份额的上市交易，适用本法；其他法律、行政法规另有规定的，适用其规定。

资产支持证券、资产管理产品发行、交易的管理办法，由国务院依照本法的原则规定。

在中华人民共和国境外的证券发行和交易活动，扰乱中华人民共和国境内市场秩序，损害境内投资者合法权益的，依照本法有关规定处理并追究法律责任。

第二十四条 国务院证券监督管理机构或者国务院授权的部门对已作出的证券发行注册的决定，发现不符合法定条件或者法定程序，尚未发行证券的，应当予以撤销，停止发行。已经发行尚未上市的，撤销发行注册决定，发行人应当按照发行价并加算银行同期存款利息返还证券持有人；发行人的控股股东、实际控制人以及保荐人，应当与发行人承担连带责任，但是能够证明自己没有过错的除外。

股票的发行人在招股说明书等证券发行文件中隐瞒重要事实或者编造重大虚假内容，已经发行并上市的，国务院证券监督管理机构可以责令发行人回购证券，或者责令负有责任的控股股东、实际控制人买回证券。

第八十五条 信息披露义务人未按照规定披露信息，或者公告的证券发行文件、定期报告、临时报告及其他信息披露资料存在虚假记载、误导性陈述或者重大遗漏，致使投资者在证券交易中遭受损失的，信息披露义务人应当承担赔偿责任；发行人的控股股东、实际控制人、董事、监事、高级管理人员和其他直接责任人员以及保荐人、承销的证券公司及其直接责任人员，应当与发行人承担连带赔偿责任，但是能够证明自己没有过错的除外。

第九十三条 发行人因欺诈发行、虚假陈述或者其他重大违法行为给投资者造成损失的，发行人的控股股东、实际控制人、相关的证券公司可以委托投资者保护机构，就赔偿事宜与受到损失的投资者达成协议，予以先行赔付。先行赔付后，可以依法向发行人以及其他连带责任人追偿。

第一百八十一条 发行人在其公告的证券发行文件中隐瞒重要事实或者编造重大虚假内容，尚未发行证券的，处以二百万元以上二千万元以下的罚款；已经发行证券的，处以非法所募资金金额百分之十以上一倍以下的罚款。对直接负责的主管人员和其他直接责任人员，处以一百万元以上一千万元以下的罚款。

发行人的控股股东、实际控制人组织、指使从事前款违法行为的，没收违法所得，并处以违法所得百分之十以上一倍以下的罚款；没有违法所得或者违法所得不足二千万元的，处以二百万元以上二千万元以下的罚款。对直接负责的主管人员和其他直接责任人员，处以一百万元以上一千万元以下的罚款。

（二）立案标准

《最高人民检察院、公安部关于公安机关管辖的刑事案件立案追诉标准的规定（二）》（2022 年 5 月 15 日施行 公通字〔2022〕12 号）

第五条 在招股说明书、认股书、公司、企业债券募集办法等发行文件中隐瞒重要事实或者编造重大虚假内容，发行股票或者公司、企业债券、存托凭证或者国务院依法认定的其他证券，涉嫌下列情形之一的，应予立案追诉：

（一）非法募集资金金额在一千万元以上的；

（二）虚增或者虚减资产达到当期资产总额百分之三十以上的；

（三）虚增或者虚减营业收入达到当期营业收入总额百分之三十以上的；

（四）虚增或者虚减利润达到当期利润总额百分之三十以上的；

（五）隐瞒或者编造的重大诉讼、仲裁、担保、关联交易或者其他重大事项所涉及的数额或者连续十二个月的累计数额达到最近一期披露的净资产百分之五十以上的；

（六）造成投资者直接经济损失数额累计在一百万元以上的；

（七）为欺诈发行证券而伪造、变造国家机关公文、有效证明文件或者相关凭证、单据的；

（八）为欺诈发行证券向负有金融监督管理职责的单位或者人员行贿的；

（九）募集的资金全部或者主要用于违法犯罪活动的；

（十）其他后果严重或者有其他严重情节的情形。

（三）行政法规和部门规章

《存托凭证发行与交易管理办法（试行）》（2023年2月17日施行　中国证券监督管理委员会令第215号）

第二条　本办法所称存托凭证是指由存托人签发、以境外证券为基础在中国境内发行、代表境外基础证券权益的证券。

存托凭证的发行和交易，适用《证券法》、《若干意见》、本办法以及中国证券监督管理委员会（以下简称中国证监会）的其他规定。存托凭证的境外基础证券发行人应当参与存托凭证发行，依法履行公开发行证券的公司、上市公司的义务，承担相应的法律责任。

第四节　擅自发行股票、公司、企业债券罪

《刑法》第一百七十九条规定了擅自发行股票、公司、企业债券罪，本罪在客观方面表现为未经国家有关主管部门批准，擅自发行股票或者公司、企业债券的行为，实践中擅自发行股票的犯罪行为占据多数。本罪的犯罪主体为一般主体，结伙实施本罪犯罪行为的情形较为常见。构成本罪要求达到“数额巨大、后果严重或者有其他严重情节”的立案标准。另外，本罪与非法吸收公众存款罪、集资诈骗罪等关联罪名的关系也是我们关注的重点。

为更好掌握司法实务中对擅自发行股票、公司、企业债券罪定罪量刑等方面的关注重点，我们对重点案例进行详细解析，通过研究司法机关的裁判思路，提炼了司法实务裁判要点。同时，我们梳理了与擅自发行股票、公司、企业债券罪相关的法律、司法解释、立案标准及政策法规等规定。

一、实务解析

（一）本罪在客观方面表现为未经国家有关主管部门批准，擅自发行股票或者公司、企业债券的行为，实践中，擅自发行股票的犯罪行为占据多数

首先，本罪的犯罪对象包括股票、公司、企业债券。其中，股票是指股份有限公司签发的证明股东所持有股份的凭证；公司债券是指公司依照法定程序发行的，约定在一定期限内还本付息的有价证券；企业债券是指企业依照法定程序发行、约定在一定期限内还本付息的有价证券。司法实务中，构成本罪的犯罪行为大多体现为擅自发行股票。

其次，关于“未经国家有关主管部门批准”的理解。根据我国《证券法》第九条的相关规定，公开发行证券，必须符合法律、行政法规规定的条件，并依法报经国务院证券监督管理机构或者国务院授权的部门核准或者注册（目前，深交所和上交所的主板实行核准制，上交所科创板、深交所创业板和北交所实行注册制）。未经依法核准或者注册，任何单位和个人不得公开发行证券。因此，

“未经国家有关主管部门批准”主要包含两种情形，即公司尚未进行注册便发行证券，以及公司虽然提交了证券发行申请但尚未通过审查便发行证券。

再次，关于“擅自发行股票或者公司、企业债券”。2022 年 5 月 15 日起施行的《刑事案件立案追诉标准（二）》第二十九条第二款明确，“擅自发行股票或者公司、企业债券”包括以下两种类型：（1）向社会不特定对象发行或变相发行股票或者公司、企业债券；（2）向特定对象发行或变相发行股票或者公司、企业债券，累计超过 200 人。其中，对两组概念的理解尤为关键。其一，“发行”与“变相发行”。值得关注的是，根据我国现有法律规定，转让股权的行为属于“变相发行”。其二，“特定对象”与“不特定对象”。尽管我国尚未出台法律规范对“特定对象”作出明确解释，司法实践中，办案人员对“特定对象”的认定采取审慎态度，通常结合投资者的选择程序、承担风险能力与人数等因素综合分析。如果公司在对投资者的选择上没有设定限制条件，不考察投资人的具体情况，只要出资即予以接纳，且有员工亲戚、朋友之外的其他人投资入股，通常会认定系向不特定对象发行证券。

最后，“变相公开发行”同样值得重视。向特定对象发行股票后股东累计不超过 200 人的，为非公开发行。但如果采用了广告、公开劝诱，或者公告、广播、电话、推介会、说明会、网络等公开或变相公开方式，将被认定为“公开发行证券”。

（二）本罪的犯罪主体为一般主体，结伙实施本罪犯罪行为的情形较为常见

本罪的犯罪主体为一般主体，自然人和单位都可以构成擅自发行股票、公司、企业债券罪。《刑法》第一百七十九条第二款明确规定，单位犯本罪的，对单位判处罚金，并对其直接负责的主管人员和其他直接责任人员，处五年以下有期徒刑或者拘役。

在涉及本罪的司法判例中，部分行为人在法庭辩论中提出其行为属于单位犯罪，而非个人犯罪，该辩护意见最终未被法院采纳。需要关注的是，如果个人为进行违法犯罪活动而设立公司、企业实施犯罪的，或者公司、企业设立后，以实施犯罪为主要活动的，不以单位犯罪论处。

实践中，结伙实施本罪犯罪行为的情形较为常见，如果行为人参与实施擅自发行股票、公司、企业债券行为的组织策划、对销售人员的培训管理、对投资人

的推销联络等环节，则有可能被司法机关认定为共犯。

（三）构成本罪要求达到“数额巨大、后果严重或者有其他严重情节”的立案标准

根据《刑事案件立案追诉标准（二）》第二十九条第一款规定，未经国家有关主管部门批准或者注册，擅自发行股票或者公司、企业债券，涉嫌下列情形之一的，应予立案追诉：（一）非法募集资金金额在一百万元以上的；（二）造成投资者直接经济损失数额累计在五十万元以上的；（三）募集的资金全部或者主要用于违法犯罪活动的；（四）其他后果严重或者有其他严重情节的情形。

（四）本罪与其他关联罪名的关系

1. 与欺诈发行股票、债券罪的关系

我国《刑法》第一百六十条规定了欺诈发行证券罪。本罪与欺诈发行股票、债券罪的犯罪对象都是股票、公司、企业债券，主观方面也都是故意。二者的区别主要在于客观行为方式不同。擅自发行股票、公司、企业债券罪在客观方面表现为：未经国家有关部门批准，擅自发行股票或者公司、企业债券的行为，侧重于强调程序不合法；而欺诈发行股票、债券罪在客观方面表现为：行为主体在招股说明书、认股书、公司、企业债券募集办法等发行文件中隐瞒重要事实或者编造重大虚假内容，发行证券的行为，侧重于强调采用欺诈手段发行证券。

2. 与非法吸收公众存款罪的关系

本罪与非法吸收公众存款罪在主观方面均为故意，在客观行为方式上较为相似。司法实践中，以本罪立案侦查，最终被判决构成非法吸收公众存款罪的案例并不鲜见，厘清二者的区别尤为关键，主要包括以下两点：其一，行为人是否真实发行股票或债券。如果行为人虽违反程序规定但真实发行股票或债券，构成本罪；如果行为人采用虚假转让股权等方式非法募集资金，则涉嫌非法吸收公众存款罪，如在西安文某信通公司非法吸收公众存款一案中，文某信通公司转让股权的数量远超出股东所持股权数量，且股东对其名下股权被转让一事毫不知情，明显为“虚假转让股权”。其二，行为人是否承诺还本付息。非法吸收公众存款罪的行为人通常会向投资人承诺还本付息；而在擅自发行股票案中，投资人收益的取得与发行人的经营状况紧密相连，发行人无法确保投资人获得固定、稳定的现金流。

3. 与集资诈骗罪的关系

实务中，部分行为人以发行证券为名，行集资诈骗之实，最终被法院认定构成集资诈骗罪。本罪与集资诈骗罪同属非法集资类犯罪，区分二者的核心在于行为人主观上是否具有非法占有目的。集资诈骗罪是以非法占有为目的，行为人发行股票只是诈骗财产的一种手段，而擅自发行股票罪的主观方面则是为了非法募集生产经营资金，不具备非法占有的目的。

在陈某安等集资诈骗案中，司法机关从行为人的主体身份、履约能力、履约行为、对非法筹集资金的处置四方面进行综合分析，最终认定被告人主观上具有非法占有目的。简要来说，（1）从行为人的主体身份分析：使用虚假名义或者假冒他人名义则是集资诈骗行为人惯用的伎俩。（2）从行为人的履约能力分析：擅自发行股票罪案件中，行为人在实施发行股票之初往往具有一定的资金实力，具有一定的偿还能力或者盈利能力；而集资诈骗罪案件中，行为人在实施集资之初往往没有偿还能力，集资项目和用途亦为虚构。（3）从行为人的履约行为分析：擅自发行股票罪案件中，行为人有履约的诚意，也积极实践事先的承诺；而集资诈骗罪案件中，行为人往往没有将募集到的资金投放到公司生产经营活动中，没有兑现募集资金时承诺的资金项目和用途。（4）从行为人对非法筹集资金的处置分析：擅自发行股票罪案件中，非法募集的资金被投入公司正常的生产经营活动中；而集资诈骗案例中，行为人常将募集资金肆意挥霍，甚至隐匿财产、携款潜逃，致使募集到的资金根本无法返还。

二、裁判要点

249 未经批准，擅自发行股票、公司债券，涉嫌擅自发行股票、公司债券罪

裁判要点

未经国家有关部门批准，擅自发行股票、公司债券，数额巨大，其行为已构成擅自发行股票、公司债券罪。

裁判思路

基本案情[①]**：**

2011 年 3 月，被告人唐某奎设立美国某联盟公司（MAL）办事处，后更名为十某空间公司，向社会不特定群众公开宣传十某空间公司推销的美国某联盟公司（MAL）无记名债券，唐某奎担任该办事处负责人，于某良（已判）负责接待投资群众、收取投资款并按照唐某奎的安排将收取的投资款汇至该公司在深圳的办事处。

3 月至 7 月，唐某奎伙同于某良在未经国家有关部门批准的情况下，通过组织听课等途径推销美国某联盟公司（MAL）无记名债券，宣称该无记名债券一份 6000 美元（折合人民币 42000 元），期限 52 周，每周返还 2%的利息。债券到期以后，客户本金可转换成美国某联盟公司（MAL）或其子公司中已经上市的公司股票；另，根据认购本金返还 2 倍至 4 倍的股票，公司上市后股票可以流通变现，以此向牛某某等 27 名投资人非法募集资金达人民币 100 余万元。

2012 年 2 月该办事处关闭，2012 年 7 月该批无记名债权到期。2012 年 5 月 29 日，唐某奎通知于某良，要求于某良通知上述 27 名投资人到某酒店找戴某某（新加坡籍）、陈某某（马来西亚籍）办理股票对接手续。5 月 29 日至 30 日，魏某某等 26 名投资人在向戴某某、陈某某分别交纳人民币 1000 元的手续费后办理了股票对接手续。截至案发，大部分募集款未清退。

法院认为：

被告人唐某奎未经国家有关部门批准，擅自发行股票、公司债券，数额巨大，其行为已构成擅自发行股票、公司债券罪。公诉机关指控的罪名成立。被告人唐某奎当庭自愿认罪，如实供述主要的犯罪事实，可以从轻处罚……

裁判结果

被告人唐某奎犯擅自发行股票、公司债券罪，判处有期徒刑一年六个月，并处罚金人民币五万元。

---

① 案件来源：唐某奎擅自发行股票、公司债券案【山西省太原市万柏林区人民法院（2021）晋 0109 刑初 96 号】。

250 未经批准，向不特定社会公众转让股权，属于擅自发行股票的行为

裁判要点

非上市股份有限公司为筹集经营资金，在未经证券监管部门批准的情况下，委托中介机构向不特定社会公众转让公司股东的股权，其行为属于未经批准擅自发行股票的行为，数额巨大、后果严重或者有其他严重情节的，应当以擅自发行股票罪定罪处罚。

裁判思路

基本案情[①]：

被告单位上海安某生物科技股份有限公司（以下简称安某公司）成立于1997年4月，注册资金为人民币3400万元，股东包括2家单位和16名自然人。被告人郑某担任安某公司的董事长、法定代表人，持股比例为44%。

2001年12月，安某公司为筹集研发资金，由郑某提议经股东会集体同意后，委托中介公司及个人向社会不特定公众转让自然人股东的股权。此后直到2007年8月，由郑某负责联系并先后委托投资公司及个人，以随机拨打电话的方式，对外谎称安某公司的股票短期内将在美国纳斯达克上市并能获取高额回报，向不特定社会公众推销郑某及其他自然人股东的股权。郑某和中介人员具体商定每股转让价格为人民币2元至4元不等。安某公司与受让人分别签订《股权转让协议书》和《回购承诺书》（承诺如果三年内公司不能上市就回购股权），并发放自然人股东缴款凭证卡和收款收据。

经审计，安某公司向260余名社会公众人员发行股票计322万股，筹集资金人民币1109万余元。上述募集资金全部用于安某公司的经营活动和支付中介代理费。安某公司成立后主要从事艾滋病药物的研发，一直处于研发阶段，没有任何生产和销售行为。案发后不能回购股票，不能退还钱款，仅有土地及房产被查封。

---

① 案件来源：上海安某生物科技股份有限公司、郑某擅自发行股票案【上海市浦东新区人民法院（2009）浦刑初字第917号】【《最高人民法院公报》2010年第9期（总第167期）】。

争议焦点：非上市股份有限公司为筹集经营资金，在未经证券监管部门批准的情况下，委托中介机构向不特定社会公众转让公司股东的股权，是否构成擅自发行股票罪？

辩护意见：

被告单位安某公司、被告人郑某及其辩护人均辩称：（1）国家法律对于非上市股份公司能否转让股权没有明确规定，依据“法无明文规定不为罪”的原则，被告单位及被告人的行为不构成刑事犯罪；（2）被告单位及被告人所从事的是正常的股权转让业务，本案应属安某公司与受让人之间的民事债权债务纠纷。

法院认为：

《刑法》第一百七十九条规定，未经国家有关主管部门批准，擅自发行股票或者公司、企业债券，数额巨大、后果严重或者有其他严重情节的，构成擅自发行股票、公司、企业债券罪。依据《公司法》和《证券法》的规定，股份公司的股权表现形式就是股票，也包括未上市股份公司的股权。因此，这里的“发行股票”包括未上市公司转让股权。据此，判断行为人的行为是否构成擅自发行股票罪，应从以下几个方面分析：

一、发行股票的行为是否经国家有关主管部门批准

我国法律、法规及相关政策对非上市股份公司的股权能否转让、如何转让，有三个阶段的限制性规定。

第一阶段，1998 年到 2002 年为严令禁止阶段。1998 年《国务院办公厅转发证监会关于清理整顿场外非法股票交易方案的通知》、2003 年《中国证监会关于处理非法代理买卖未上市公司股票有关问题的紧急通知》、2004 年《中国证监会办公厅关于进一步打击以证券期货投资为名进行违法犯罪活动的紧急通知》均明确禁止非上市公司从事股权交易，除进行股权整体转让外，严禁代理和买卖非上市公司股票。

第二阶段，2003 年到 2006 年为托管引导阶段。其间，一些城市相继开展股权登记托管业务。2003 年初，上海成立股权托管中心与上海联合产权交易所。2005 年初，上海市发布《关于进一步规范本市发起设立股份有限公司审批、登记和备案相关事项的通知》[①]，要求国有股权必须到上海联合产权交易所交易、到托管中心登记，对于私有股权采取自愿进场交易原则，依法禁止场外擅自

① 现已失效。

交易。

第三阶段，2006年至今为明确规范阶段。《证券法》规定，向不特定对象或向特定对象累计超过200人发行证券，属于公开发行证券。公开发行证券，必须经国务院证券监管机构或国务院授权的部门核准。2006年底，国务院办公厅发布的《关于严厉打击非法发行股票和非法经营证券业务有关问题的通知》规定，第一，严禁擅自公开发行股票，向不特定对象发行股票或向特定对象发行股票后股东累计超过200人的，为公开发行，应依法报经证监会核准；第二，严禁变相公开发行股票，非公开发行股票及其股权转让，不得采用广告、公告、广播、电话、传真、信函、推介会、说明会、网络、短信、公开劝诱等公开方式或变相公开方式向社会公众发行。严禁任何公司股东自行或委托他人以公开方式向社会公众转让股票。

综上，国家一直禁止擅自进行非上市公司的股权交易。本案中，被告单位安某公司与被告人郑某在2001年至2007年8月，连续不间断地擅自向社会公众转让股权，其行为违反上述规定，系在未经有关主管部门批准的情况下实施发行股票行为。

二、有无实施发行股票的行为

根据本案事实，被告单位安某公司与被告人郑某擅自向社会公众转让股权的行为，属于《国务院办公厅关于严厉打击非法发行股票和非法经营证券业务有关问题的通知》所严禁的行为，应当认定为《刑法》第一百七十九条规定的“擅自发行股票、公司、企业债券”的行为。

1. 受让人属于不特定对象。区分特定对象与不特定对象，应当结合投资者的选择程序、承担风险能力与人数等因素综合分析。通常情况下，出让方委托中介机构面向社会公众采用推广会等方式进行宣传，随后筛选出合适的投资人，审查投资人的资产价值与申报财产内容的真实性、是否具备识别并承担风险能力等内容，明确提示投资风险，有明确的人数和资金总量的限制。对于符合上述条件的，应当认定为属于特定对象。相反，对于不设定任何标准和人数条件，不考察投资人的具体情况，只要出资即予以接纳的情况，应当认为属于不特定对象。本案中，被告单位安某公司委托中介公司与个人，向上海及浙江宁波等地的居民随机进行推销，不审查财产状况且没有人数限制，应当认定为向不特定对象转让股权。

2. 转让股权的价格具有不确定性。合法的转让股权应由第三方对公司财务状况进行审计，结合审计结论、运营情况、公司拟上市后的预增利润等综合因素，由出让方确定统一合理的出让价格，报证券监管部门批准备案后向全社会公布。本案中，转让股权价格未经过任何审计、批准备案、公开的程序，仅由被告人郑某与中介公司商定，按照注册资本3400万元确定为3400万股，据审计报告显示，每股转让价格从1.5元到4.2元不等，包括12种不同价格。这充分说明涉案股权转让价格具有极大的随意性和不确定性。

3. 采用公开的形式转让股权。判断公开与非公开方式的标准，是信息沟通渠道是否畅通。非公开发行是指基于相互信任与意思自治原则，双方能够交流获取真实有效的信息，无须借助第三方力量来传递信息达到沟通目的。而公开发行由于面向社会公众且信息不对称，出让方需要借助中介力量，利用广告、公告、广播、电话、推介会、说明会、网络等方式传递信息，以达到吸引投资人获取资金的目的。本案中，被告单位安某公司与被告人郑某委托多家中介公司与个人，先采用随机拨打电话的方式，以提供理财帮助为名邀请不特定对象到中介公司，后由业务员介绍并推销股权，对于犹豫不决的客户，业务员反复打电话以动员劝诱。故可以认定涉案股权转让形式属于公开发行。

4. 转让股权的运作模式不合规。由于涉及社会公众权益，转让股权必须接受多方面的监管，要求运作模式必须合法规范，包括中介机构的主体资格、签订合同的内容、披露信息的要求、财务情况的公开、区分收费账户与公司账户、按约履行权利义务等。本案中，被告单位安某公司与被告人郑某转让股权没有详细工作计划，没有披露公司的详细财务状况，没有委托固定有资质的中介机构，没有签订规范的服务合同，在2002年到2007年8月，被告方频繁地更换中介公司与个人，这种运作模式完全不符合规范。

5. 募集资金全部用于经营活动和支付中介费用。实践中，存在利用擅自发行股票的方法取得资金以实施集资诈骗的情况发生，这种集资诈骗罪与擅自发行股票罪的主要区别在于主观上是否具有非法占有的目的。集资诈骗罪是以非法占有为目的，行为人发行股票只是诈骗财产的一种手段，在取得钱款后往往出现携款逃跑、挥霍滥用、抽逃转移资金、隐匿销毁账目等情况。擅自发行股票罪的主观方面则是为了非法募集生产经营资金，不具备非法占有的目的。本案中，被告单位安某公司募集资金1109万元均存入公司账户，有400万元支付中介代理费，另有600余万元用于公司的生产经营活动，包括租用厂房、购买设备、支付工资、研发费用等，且公司财务账册中未反映有挪用抽逃等不正常现象发生，仅仅由于客观上经营不善导致钱款不能返还，不能认定主观上具有非法占有目的。

根据《最高人民法院、最高人民检察院、公安部、中国证券监督管理委员会关于整治非法证券活动有关问题的通知》的规定，公司、公司股东违反规定擅自向社会公众转让股票，应当追究擅自发行股票罪的责任……

综上，被告单位安某公司违反国家政策及相关法律规定，未经证券监管部门的批准，委托他人以公开方式向不特定社会公众发行股票，情节严重，被告人郑某系安某公司直接负责的主管人员，其行为均已构成擅自发行股票罪。

裁判结果

一、被告单位安某公司犯擅自发行股票罪，判处罚金人民币三十万元。

二、被告人郑某犯擅自发行股票罪，判处有期徒刑二年，维持（2008）六刑初字第 82 号刑事判决对郑某判处的有期徒刑四年，决定执行有期徒刑五年六个月。

三、违法所得予以追缴。

251 应当结合投资者的选择程序等因素综合分析发行对象是否特定，组织召开说明会属于变相公开发行股票

裁判要点

区分特定对象与不特定对象，应当结合投资者的选择程序、承担风险能力与人数等因素综合分析。组织召开上市业务说明会或邀请不特定投资者到公司介绍公司情况及增发股票业务，属于变相公开增发股票。

裁判思路

基本案情[①]**：**

深圳九某源矿业股份有限公司（以下简称九某源公司）于 2013 年 5 月注册成立，公司自成立以来，未经证监部门批准，以公司计划在加拿大多伦多证券交易所创业板上市，购买公司原始股上市后可以获得高额回报为名，由公司工作人

① 案件来源：张某洲等擅自发行股票案【广东省高级人民法院（2015）粤高法刑二终字第 238 号】。

员或公司股东通过电话联系投资者、以“口口相传”等公开、变相公开方式向社会不特定对象出售公司股票。

投资者有意向购买公司股票的，公司组织投资者召开上市业务说明会或邀请投资者到公司结合幻灯片演示详细介绍公司情况及增发股票业务。投资者支付购股款项后，与九某源公司签订《股份认购协议书》《股权确认书》，作为投资者认购、持有公司股票的证明。九某源公司收取投资者的股份认购款后主要用于支付公司员工工资、介绍他人购买股票提成、租用办公场地、员工出差、公司日常运作等。

经统计，截至2014年6月12日，九某源公司向50余名投资者收取股本金人民币462.3万元。

张某洲作为九某源公司的法定代表人、董事长、总经理，负责公司运作成立、总体经营管理、增发股票及借款业务的提议及决策等。

一审法院认为，张某洲犯擅自发行股票罪，判处有期徒刑二年。后张某洲提起上诉。

争议焦点：如何认定发行股票的对象是否特定？组织召开上市业务说明会或邀请不特定投资者到公司介绍公司情况及增发股票业务，是否属于变相公开增发股票？

辩护意见：

张某洲及其辩护人上诉提出：九某源公司的股东都是特定人，即公司员工、股东及其亲戚朋友；股东人数也没有超过200人，不属于公开发行及变相公开发行。九某源公司对投资者是有条件限制的，需有投资意识、详细了解公司项目发展战略、最少能认购1万股最多不能超50万股、详细阅读《股权确认书》《协议书》，经公司负责人把关、审核同意后方可成为股东。

二审法院认为：

对于上诉人张某洲的上诉理由及其辩护人的辩护意见，综合评判如下：

1. 关于张某洲上诉及辩护提出九某源公司发行股票的对象是特定的而非不特定的行为，经查，区分特定对象与不特定对象，应当结合投资者的选择程序、承担风险能力与人数等因素综合分析。本案中，九某源公司要求员工或股东通过电话、面谈等方式联系自己的亲戚、朋友，以公司计划在加拿大多伦多证券交易所创业板上市，购买原始股上市后可获得高额回报为名，吸收上述人群成为投资者。新的投资者再以“口口相传”的方式吸收更多的投资者购买公司股票。公司在对投资者的选择上并没有设定限制条件，投资者未参与公司的实际经营，甚至对公司的经营状况不了解。公司对成功吸收投资者的员工予以提成奖励，鼓励员工向不特定对象推介公司股票。九某源公司不考察投资人的具体情况，只要出资即予以接纳的情况，且有员工亲戚、朋友之外的其他人投资入股，应当认为九某源公司系向不特定对象发行股票。

2. 关于张某洲上诉及辩护提出该公司不属于变相公开增发股票的行为，经查，九某源公司通过员工或股东以电话、面谈等方式邀请不特定对象到公司，公司组织投资者召开上市业务说明会或邀请投资者到公司结合幻灯片演示介绍公司情况及增发股票业务，故可以认定九某源公司增发股票的形式属于变相公开增发股票……

九某源公司未经国家有关主管部门批准，擅自发行股票，数额巨大。上诉人张某洲作为该公司直接负责的主管人员……其行为已构成擅自发行股票罪……原审判决认定事实清楚，证据确实、充分，定罪准确，量刑适当，审判程序合法。上诉人张某洲的上诉理由及其辩护人辩护所提意见均不成立，不予采纳……

裁判结果

驳回上诉，维持原判。

252 即使与出资人签订虚假的劳动合同，出资人仍被认定为不特定对象

裁判要点

为规避法律，采用与不具有真实劳动关系的出资人签订劳动合同，确认出资股东身份的手段，向出资人转让股权，不能认定出资人属于特定对象，该行为属于向不特定对象发行股票的行为。

裁判思路

基本案情[①]**：**

2009 年至 2011 年，被告人王某豫未经国家有关主管部门批准，在北京市朝

① 案件来源：王某豫擅自发行股票案【北京市第三中级人民法院（2018）京 03 刑初 72 号】。

阳区 SOHO 写字楼某座某室等地，擅自向赵某等四十余人发行某公司的股票。

在案证据中，证人赵某等 44 人提供的报案材料等证明：某公司于 2010 年 10 月在广西北海组织全国各地搞大型社区运动健康指导中心，借公益营销之名，称是内部职工股，某公司将于 2011 年在美国上市，并在网上大肆宣传。2011 年分 3 次溢价，2011 年 5 月 1 日溢价至每股 5 元，2011 年 9 月 1 日溢价至每股 6 元。赵某等人将钱给王某豫后，某公司批准赵某等 44 人成为某公司内部职工股东，持股 1 万元至 24 万元人民币股不等。

中国证券监督管理委员会北京监管局出具的复函证明：某公司向不特定投资者销售该公司未上市原始股，属于须经证监会核准的公开发行证券行为，其公开销售原始股行为属于非法行为。另外，经查，某公司为在香港注册登记的私人公司，不具备在交易所上市交易的条件。

争议焦点：为规避法律，采用与不具有真实劳动关系的出资人签订劳动合同，确认出资股东身份的手段，向出资人转让股权，能否认定出资人属于特定对象？

辩护意见：

王某豫辩称：其发行的系内部职工福利，并不违反法律规定。

辩护人认为：王某豫的行为系股权转让行为，并非公开发行股票的行为，不需要国家有关主管部门批准，应宣告王某豫无罪。

法院认为：

对于被告人王某豫的辩解及其辩护人所提的辩护意见，经查，王某豫的辩解及其辩护人的辩护意见主要集中在王某豫的行为并非针对不特定对象的发行股票的行为，不需要国家主管部门批准，但是根据《证券法》① 第二条规定，在中华人民共和国境内，股票、公司债券和国务院依法认定的其他证券的发行和交易，适用本法。第十条规定，公开发行证券，必须符合法律、行政法规规定的条件，并依法报经国务院证券监督管理机构或者国务院授权的部门核准；未经依法核准，任何单位和个人不得公开发行证券。

本案中的股权证实书证明证人黄某等人出资后取得了某公司内部股东的资格，证人黄某、叶某等人的证言等材料可以证明，本案多名出资人并非某公司及其关联公司的员工，证人刘某一等人的证言证明某公司及关联公司与出资人签订的劳动合同，并非出资人与某公司存在真实劳动关系，而是某公司为了规避法律

---

① 此为《证券法》（2014 年修正版）。

以劳动合同的形式确认出资股东身份的手段，中国证监会北京监管局的回函更为明确，王某豫的行为属于须经中国证监会核准的公开发行证券的行为，其公开销售原始股的行为属于非法行为。某公司系在香港注册登记的私人公司，不具备在交易所上市交易的条件，由此可以认定王某豫的行为系未经国家有关部门批准的针对不特定对象发行股票的行为，故王某豫所提辩解意见及其辩护人所提辩护意见，本院均不予采纳。

被告人王某豫未经国家有关主管部门批准，擅自发行股票，情节严重，其行为已构成擅自发行股票罪，依法应予惩处。北京市人民检察院第三分院指控被告人王某豫犯擅自发行股票罪的事实清楚，证据确实、充分，指控罪名成立……

裁判结果

被告人王某豫犯擅自发行股票罪，判处有期徒刑二年六个月，并处罚金人民币五万元……

253 参与擅自发行股票，即属于擅自发行股票罪的共犯

裁判要点

参与实施擅自发行股票行为的组织策划、对销售人员的培训管理、对投资人的推销联络等环节，属于擅自发行股票罪的共犯。

裁判思路

基本案情[①]**：**

2016年，被告人李某一经被告人刘某东介绍认识某林业公司法定代表人李某二。三人商议，某林业公司拟增资1000万股，并由李某一、刘某东等人负责对外销售该公司股票，某林业公司按照55%的比例向李某一支付销售股票佣金。

从2016年12月开始，李某一未经国家有关部门批准，以其控制的陕西中某公司、西安茂某公司名义招募被告人孙某文、李某三、张某一、张某二、苏某、闫某文、严某莉、来某强等100余人，在网上批量购买或者由公司员工自行寻找

① 案件来源：李某一等擅自发行股票案【陕西省西安市雁塔区人民法院（2018）陕0113刑初277号】。

获取社会公众的QQ、微信、电话号码，以在新三板挂牌为名，通过发送信息、拨打电话等通信手段，面向社会不特定对象公开推销某林业公司股票，每股3元。

截至案发，共有65人以定向增资的名义，给李某二及某林业公司账户转入金额1977万元，其中27人报案，报案金额为1200万元。李某三涉及金额为90万元；张某一涉及金额为99万元；孙某文涉及金额为942万元；苏某涉及金额为75万元；严某莉涉及金额为54万元；张某二涉及金额为708万元；来某强涉及金额为618万元；闫某文涉及金额为144万元。

法院认为：

被告人李某一、刘某东、孙某文、李某三、张某一、张某二、苏某、闫某文、严某莉、来某强未经国家有关主管部门批准，结伙擅自发行股票，数额巨大，其行为均已构成擅自发行股票罪，属共同犯罪……十名被告人的辩护人分别辩称该十名被告人系从犯的辩护意见，经查，该十名被告人或参与实施了擅自发行股票行为的组织策划，或参与实施了对销售人员的培训管理，或直接实施了对投资人的推销联络，均在共同犯罪中起到了主要作用，应均系主犯，故对该项辩护意见，本院均不予采信，唯可根据各被告人在共同犯罪中所起的具体作用综合予以量刑。

裁判结果

一、被告人李某一犯擅自发行股票罪，判处有期徒刑一年八个月，并处罚金人民币三十万元。

……

十、被告人来某强犯擅自发行股票罪，判处有期徒刑一年一个月，并处罚金人民币七万元。

……

254 以虚假转让股权的方式集资并承诺还本付息，不构成擅自发行股票罪，涉嫌非法吸收公众存款罪

裁判要点

未经有关部门依法批准，通过中介机构以虚假对外转让股权的方式非法募集资金，并承诺如不能上市，将对投资人的投资还本付息，不构成擅自发行股票罪，但涉嫌非法吸收公众存款罪。

裁判思路

基本案情[①]**：**

2001 年 11 月，西安文某信通公司（以下简称文某信通公司）注册成立，李某任该公司法定代表人。2002 年 1 月，文某信通公司与某托管公司签订《股权托管协议》，将本公司全部股权交由某托管公司托管，并指派李某蓉全权办理股权托管登记事宜。

后文某信通公司为筹集经营资金，在未经有关部门依法批准的情况下，由李某指使李某蓉与中某产权公司签订股权委托转让协议，委托中某产权公司转让文某信通公司股东富某公司（李某蓉担任法定代表人）及周某某、靳某等人所持的股权，共委托中某产权公司转让富某公司所持的 300 万股股权。

上述中介机构以每股 2.8 元至 5.5 元不等的价格向社会公众推销文某信通公司股权，并宣传文某信通公司将于 2006 年三季度以前以 3 新加坡元至 5 新加坡元的价格在海外上市，承诺如不能上市，将对投资人的投资还本付息。

通过上述方式，文某信通公司共计转让股权 1849 人次、股权 28177920 股，大大超出上述股东所持股权数量。李某蓉根据李某的指使，参与办理股权转让托管登记手续，收取股权转让款，并将所收取的股权转让款以还款名义交给文某信通公司，用于该公司经营支出。

检察机关以文某信通公司、李某和李某蓉犯擅自发行股票罪提起公诉。

一审法院认为，文某信通公司、李某和李某蓉构成非法吸收公众存款罪，判

① 案件来源：西安文某信通公司、李某、李某蓉非法吸收公众存款案【陕西省高级人民法院（2014）陕刑二终字第 00063 号】。

处文某信通公司罚金人民币二百万元；判处李某有期徒刑九年；判处李某蓉有期徒刑五年六个月。后文某信通公司、李某提起上诉。

争议焦点：未经有关部门依法批准，通过中介机构以虚假对外转让股权的方式集资，并承诺如不能上市，将对投资人的投资还本付息，构成擅自发行股票罪还是非法吸收公众存款罪？

辩护意见：

上诉单位文某信通公司、上诉人李某及其辩护人辩护提出：文某信通公司所转让的股权是真实存在的股权，转让股权所收入的所有款项均用于公司经营活动，且对所有股民进行过股利及配股的分配，属于真实的股权转让，文某信通公司的行为属于擅自发行股票的行为，原审判决认定文某信通公司与李某、李某蓉构成非法吸收公众存款罪属定性错误。原审判决认定事实不清，定性错误，对李某量刑过重，请求依法改判。

二审法院认为：

上诉单位文某信通公司未经有关部门依法批准，通过中介机构以虚假对外转让股权的方式变相向不特定社会公众吸收存款，其行为已构成非法吸收公众存款罪。上诉人李某作为文某信通公司的法定代表人，在未取得国家金融管理部门批准的情况下，直接决定该公司以虚假转让股权的方式非法吸收公众存款，系直接负责的主管人员。原审被告人李某蓉根据李某的安排指使，实施了办理股权转让托管登记手续，收取股权转让款等行为，系文某信通公司非法吸收公众存款的直接责任人员。李某及李某蓉的行为亦构成非法吸收公众存款罪，均应依法惩处。

对于文某信通公司和李某的上诉理由及辩护人的辩护意见，经查，上诉人李某及原审被告人李某蓉供述，文某信通公司财务人员邹某、贾某、张某等人证言及收款收据证明，文某信通公司所转让的是股东富某公司和周某某、靳某等人名下的股权，但周某某对此并不知情，且文某信通公司通过中某产权公司等中介机构转让股权的数量大大超出了上述股东所持股权数量；报案材料及证人杨某某证言证明，相关中介机构在向社会公众转让文某信通公司股权时，承诺如果文某信通公司不能按期上市，承诺对投资人还本付息，文某信通公司在《致文某信通西安部分投资者的一封信》中也作出上述承诺；且股权转让款是通过虚假还款的方式转入文某信通公司，用于该公司支出。文某信通公司的上述行为显然属于虚假转让股权的行为，不符合擅自发行股票犯罪的构成要件，原判以非法吸收公众存款罪定性并无不当。故上诉人及其辩护人关于原审判决定性错误的上诉理由不能成立……原审判决定罪准确，审判程序合法。唯上诉人李某归案后能如实供述罪行，认罪态度较好，可对其酌情从轻处罚，原审判决对李某量刑过重，应依法改判……

裁判结果

一、维持西安市中级人民法院（2011）西刑二初字第00049号刑事判决第一项、第三项、第四项及第二项对被告人李某的定罪部分……

二、撤销西安市中级人民法院（2011）西刑二初字第00049号刑事判决第二项中对被告人李某的量刑部分……

三、上诉人李某犯非法吸收公众存款罪，判处有期徒刑六年。

……

255 以非法占有为目的，擅自发行股票，非法募集资金，涉嫌集资诈骗罪

裁判要点

公司的法定代表人以非法占有为目的，未经国家主管部门批准擅自向社会发行公司股票，非法募集资金数额较大的，不构成擅自发行股票罪，构成集资诈骗罪。

裁判思路

基本案情[①]：

2007年7月，被告人陈某安成立奥某公司，注册资金50万元，无厂房、生产基地、自身生产的产品等。2003年度至2007年度，公司应纳税额均为零。

2007年12月，陈某安将奥某公司变更为奥某科技公司，注册资本5000万元。陈某安对该公司进行包装后宣称可以到美国上市，借机对外进行融资。随后，陈某安化名“陈俞安”建立了奥某科技公司网站，在奥某公司尚未变更为奥某科技公司之前，即私刻了奥某科技公司公章、财务章、某律师事务所印章，

① 案件来源：陈某安等集资诈骗案【福建省厦门市中级人民法院（2009）厦刑终字第238号】。

在网站上发布了大量有关奥某科技公司规模、产品、实力、财务报表以及将赴美国纳斯达克上市等虚假信息。为进一步骗取投资者的信任，陈某安通过雇请他人代垫注册资本金的方式，将奥某公司的注册资本由50万元虚增至5000万元。

被告人杨某军化名“杨长霖”，担任奥某科技公司副总经理，主要负责奥某科技公司“股权信托受益权”转让业务的相关事宜。杨某军独自或指使公司员工与多家中介机构联系，委托中介机构招揽投资者购买奥某科技公司股东陈某初（陈某安的妻子）名下的“股权信托受益权”，并承诺给予一定比例的分成，谎称奥某科技公司将于2008年到美国纳斯达克资本市场上市等，并向投资者出具了虚假的宣传资料，从而诱骗52名投资者投资款项共计2993050元，收款后立即全部转走并予以瓜分，致使被害人的大部分投资款至案发无法返还。

一审法院认为，陈某安犯集资诈骗罪，判处有期徒刑十三年，并处罚金人民币三十万元；杨某军犯集资诈骗罪，判处有期徒刑十一年六个月，并处罚金人民币二十五万元。

争议焦点：擅自发行股票非法募集资金，构成擅自发行股票罪还是集资诈骗罪?

辩护意见：

陈某安辩称：其对指控的罪名有意见。其一直都是想让公司去美国上市，根本没有以非法占有为目的，没有诈骗的目的，公司只收回40多万元，款项都用于公司的投资，其行为应构成擅自发行股票罪。

其辩护人认为：本案的实质是非法发行股票，构成擅自发行股票罪，公诉机关关于集资诈骗罪的指控是定性错误。原因如下：第一，本案仅是未经批准擅自发行股票而不是使用诈骗方法非法集资。以“高回报为诱饵，以骗取资金为目的”是集资诈骗罪的重要特征，本案中奥某科技公司不具备这一特征。第二，本案是非法发行证券的弄虚作假手段而不是非法集资的诈骗手段。

杨某军辩称：其不认同指控的罪名，其不是来骗钱的，只是打工者，不是结伙诈骗。

其辩护人认为：被告人杨某军不构成公诉机关指控的集资诈骗罪，其行为不具备本罪犯罪构成要件中的主观要件，即其不具有非法占有集资款的目的。

二审法院认为：

经查，（1）擅自发行股票罪的行为人主观上是以非法募集经营资金为目的，而集资诈骗罪的行为人主观上是以非法占有为目的的。擅自发行股票罪与集资诈骗罪的重要区别就是行为人是否具有非法占有目的。（2）本案二被告人个人均使用化名对外联系，使用私刻的奥某科技公司印章与投资者签订协议书，多次虚增公司注册资金，而且发布大量的虚假信息，开始实施犯罪行为时奥某科技公司也不具有任何偿还能力或者盈利能力，二被告人根本没有落实其对外宣称的生产经营项目，投资者的投资款也没有被用于约定的用途，相反二被告人收到投资者的投资款后立即全部转走并予以瓜分，非法随意处分。通过对二被告人的主体身份、履约能力、履约行为、对非法筹集资金的处置综合分析，可以充分认定二被告人具有非法占有的目的。二被告人以非法占有为目的，打着公司的旗号进行非法集资活动，其实施的行为不符合擅自发行股票罪的犯罪构成要件……二被告人及其辩护人的上述辩解和辩护意见，依据不足，本院均不予采纳。

被告人陈某安、杨某军以非法占有为目的，结伙采用虚构事实的手段，以转让股权信托受益权为幌子，以虚假的证明文件和高回报率为诱饵，变相向社会公众募集骗取资金达299万余元，数额特别巨大，严重扰乱了国家金融管理秩序，侵犯了他人的财产所有权，其行为均已构成集资诈骗罪，且系共同犯罪……

裁判结果

驳回上诉，维持原判。

三、实务建议

为防止行为人触犯擅自发行股票、公司、企业债券罪，我们在对重点案例梳理的基础上，结合实际办案经验，提出以下建议。

（一）树立“向不特定对象转让股权属于公开发行”的法律意识

在可供公开检索的司法判例中，行为人因未经批准，擅自向不特定对象转让股权而涉嫌本罪的案例占据多数。在审理过程中，部分行为人仍坚持认为非上市公司向不特定对象转让股权属于民事纠纷，不涉嫌犯罪，实则是对“公开发行”的内涵缺乏充分认识。

根据我国法律的相关规定，公开发行证券，必须符合法律、行政法规规定的条件，并依法报经国务院证券监督管理机构或者国务院授权的部门核准或者注册。简言之，公开发行必须经依法批准或注册，如果未经依法批准或注册即为擅自发行。

对公开发行的内涵可以从两个维度进行理解。从发行对象角度出发，公开发行是指向不特定对象发行证券，或者向特定对象发行证券累计超过200人；从发行方式角度出发，公开发行包括直接发行股票、公司、企业债券以及变相发行。根据最高人民法院《关于审理非法集资刑事案件具体应用法律若干问题的解释》第十条、《刑事案件立案追诉标准（二）》第二十九条规定，转让股权即属于变相发行。转让股权行为实质上是向他人销售股票，使受让人取得股东权利，该行为属于证券法上的股票发行行为。因此，无论是向不特定对象转让股权，还是向特定对象转让股权累计超过200人，均属于“公开发行”，必须依法注册，不可肆意而为。

（二）了解区分“特定对象”与“不特定对象”的司法认定逻辑

发行对象是否属于“特定对象”直接关涉对发行行为是否属于“公开发行”的认定。如果认定发行对象属于“特定对象”且未超过200人，那么就属于非公开发行；如果发行对象属于“不特定对象”，或虽属于“特定对象”但累计超过200人，那么就属于公开发行，未经依法批准或注册则涉嫌本罪。因此，司法实务中，行为人往往辩称其发行对象属于“特定对象”。

实践中，司法机关对发行对象是否属于“特定对象”通常采取审慎的态度，结合投资者的选择程序、承担风险能力与人数等因素进行综合分析。在安某公司、郑某擅自发行股票一案中，法院认为，“通常情况下，出让方委托中介机构面向社会公众采用推广会等方式进行宣传，随后筛选出合适的投资人，审查投资人的资产价值与申报财产内容的真实性、是否具备识别并承担风险能力等内容，明确提示投资风险，有明确的人数和资金总量的限制。对于符合上述条件的，应当认定为属于特定对象。相反，对于不设定任何标准和人数条件，不考察投资人的财产状况，没有人数限制，只要出资即予以接纳的情况，应当认为属于不特定对象”。在张某洲等擅自发行股票一案中，法院认为，“公司在对投资者的选择上并没有设定限制条件，投资者未参与公司的实际经营，甚至对公司的经营状况都不了解。公司对成功吸收投资者的员工予以提成奖励，鼓励员工向不特定对象推介公司股票。公司不考察投资人的具体情况，只要出资即予以接纳的情况，且有员工亲戚、朋友之外的其他人投资入股，应当认为公司系向不特定对象发行股票”。

值得重视的是，为规避法律，采用与不具有真实劳动关系的出资人签订劳动合同，确认出资股东身份的手段，向出资人转让股权，并不能将出资人“变为”特定对象，该行为仍然属于向不特定对象发行股票的行为。

（三）准确识别“擅自发行”行为，避免充当“帮凶”

需要特别注意的是，采用广告、公告、广播、电话、传真、信函、推介会、说明会、网络、短信、公开劝诱等公开方式或变相公开方式向社会公众发行，均属于“公开发行”。如上所述，公开发行股票、公司、企业债券必须经依法批准或注册，若未经依法批准或注册即为擅自发行。

实践中，擅自发行股票、公司、企业债券的行为通常包括组织策划、对销售人员的培训管理、对投资人的推销联络等多个环节，并非只有公司负责人才涉嫌本罪，如果被招聘的公司员工参与了上述环节，则可能被司法机关认定属于共犯，乃至被认定为主犯。

四、法律规范

（一）法律

1. **《中华人民共和国刑法》（2020 年修正）**

第一百七十九条 未经国家有关主管部门批准，擅自发行股票或者公司、企业债券，数额巨大、后果严重或者有其他严重情节的，处五年以下有期徒刑或者拘役，并处或者单处非法募集资金金额百分之一以上百分之五以下罚金。

单位犯前款罪的，对单位判处罚金，并对其直接负责的主管人员和其他直接责任人员，处五年以下有期徒刑或者拘役。

2. **《中华人民共和国证券法》（2019 年修订）**

第九条 公开发行证券，必须符合法律、行政法规规定的条件，并依法报经国务院证券监督管理机构或者国务院授权的部门注册。未经依法注册，任何单位和个人不得公开发行证券。证券发行注册制的具体范围、实施步骤，由国务院规定。

有下列情形之一的，为公开发行：

（一）向不特定对象发行证券；

（二）向特定对象发行证券累计超过二百人，但依法实施员工持股计划的员工人数不计算在内；

（三）法律、行政法规规定的其他发行行为。

非公开发行证券，不得采用广告、公开劝诱和变相公开方式。

第十一条　设立股份有限公司公开发行股票，应当符合《中华人民共和国公司法》规定的条件和经国务院批准的国务院证券监督管理机构规定的其他条件，向国务院证券监督管理机构报送募股申请和下列文件：

（一）公司章程；

（二）发起人协议；

（三）发起人姓名或者名称，发起人认购的股份数、出资种类及验资证明；

（四）招股说明书；

（五）代收股款银行的名称及地址；

（六）承销机构名称及有关的协议。

依照本法规定聘请保荐人的，还应当报送保荐人出具的发行保荐书。

法律、行政法规规定设立公司必须报经批准的，还应当提交相应的批准文件。

第十二条　公司首次公开发行新股，应当符合下列条件：

（一）具备健全且运行良好的组织机构；

（二）具有持续经营能力；

（三）最近三年财务会计报告被出具无保留意见审计报告；

（四）发行人及其控股股东、实际控制人最近三年不存在贪污、贿赂、侵占财产、挪用财产或者破坏社会主义市场经济秩序的刑事犯罪；

（五）经国务院批准的国务院证券监督管理机构规定的其他条件。

上市公司发行新股，应当符合经国务院批准的国务院证券监督管理机构规定的条件，具体管理办法由国务院证券监督管理机构规定。

公开发行存托凭证的，应当符合首次公开发行新股的条件以及国务院证券监督管理机构规定的其他条件。

第十五条　公开发行公司债券，应当符合下列条件：

（一）具备健全且运行良好的组织机构；

（二）最近三年平均可分配利润足以支付公司债券一年的利息；

（三）国务院规定的其他条件。

公开发行公司债券筹集的资金，必须按照公司债券募集办法所列资金用途使用；改变资金用途，必须经债券持有人会议作出决议。公开发行公司债券筹集的资金，不得用于弥补亏损和非生产性支出。

上市公司发行可转换为股票的公司债券，除应当符合第一款规定的条件外，还应当遵守本法第十二条第二款的规定。但是，按照公司债券募集办法，上市公司通过收购本公司股份的方式进行公司债券转换的除外。

第十六条 申请公开发行公司债券，应当向国务院授权的部门或者国务院证券监督管理机构报送下列文件：

（一）公司营业执照；

（二）公司章程；

（三）公司债券募集办法；

（四）国务院授权的部门或者国务院证券监督管理机构规定的其他文件。

依照本法规定聘请保荐人的，还应当报送保荐人出具的发行保荐书。

第二十一条 国务院证券监督管理机构或者国务院授权的部门依照法定条件负责证券发行申请的注册。证券公开发行注册的具体办法由国务院规定。

按照国务院的规定，证券交易所等可以审核公开发行证券申请，判断发行人是否符合发行条件、信息披露要求，督促发行人完善信息披露内容。

依照前两款规定参与证券发行申请注册的人员，不得与发行申请人有利害关系，不得直接或者间接接受发行申请人的馈赠，不得持有所注册的发行申请的证券，不得私下与发行申请人进行接触。

第一百八十条 违反本法第九条的规定，擅自公开或者变相公开发行证券的，责令停止发行，退还所募资金并加算银行同期存款利息，处以非法所募资金金额百分之五以上百分之五十以下的罚款；对擅自公开或者变相公开发行证券设立的公司，由依法履行监督管理职责的机构或者部门会同县级以上地方人民政府予以取缔。对直接负责的主管人员和其他直接责任人员给予警告，并处以五十万元以上五百万元以下的罚款。

（二）立案标准

《最高人民检察院、公安部关于公安机关管辖的刑事案件立案追诉标准的规定（二）》（2022 年 5 月 15 日施行　公通字〔2022〕12 号）

第二十九条 未经国家有关主管部门批准或者注册，擅自发行股票或者公司、企业债券，涉嫌下列情形之一的，应予立案追诉：

（一）非法募集资金金额在一百万元以上的；

（二）造成投资者直接经济损失数额累计在五十万元以上的；

（三）募集的资金全部或者主要用于违法犯罪活动的；

（四）其他后果严重或者有其他严重情节的情形。

本条规定的“擅自发行股票或者公司、企业债券”，是指向社会不特定对象发行、以转让股权等方式变相发行股票或者公司、企业债券，或者向特定对象发行、变相发行股票或者公司、企业债券累计超过二百人的行为。

（三）司法解释性质文件

1.《最高人民法院关于审理非法集资刑事案件具体应用法律若干问题的解释》（2022年3月1日施行 法释〔2022〕5号）

第十条 未经国家有关主管部门批准，向社会不特定对象发行、以转让股权等方式变相发行股票或者公司、企业债券，或者向特定对象发行、变相发行股票或者公司、企业债券累计超过200人的，应当认定为刑法第一百七十九条规定的“擅自发行股票或者公司、企业债券”。构成犯罪的，以擅自发行股票、公司、企业债券罪定罪处罚。

2.《最高人民法院、最高人民检察院、公安部、中国证券监督管理委员会关于整治非法证券活动有关问题的通知》（2008年1月2日施行 证监发〔2008〕1号）

二、明确法律政策界限，依法打击非法证券活动

（一）关于公司及其股东向社会公众擅自转让股票行为的性质认定。《证券法》第十条第三款规定：“非公开发行证券，不得采用广告、公开劝诱和变相公开方式。”国办发99号文规定：“严禁任何公司股东自行或委托他人以公开方式向社会公众转让股票。向特定对象转让股票，未依法报经证监会核准的，转让后，公司股东累计不得超过200人。”公司、公司股东违反上述规定，擅自向社会公众转让股票，应当追究其擅自发行股票的责任。公司与其股东合谋，实施上述行为的，公司与其股东共同承担责任。

（二）关于擅自发行证券的责任追究。未经依法核准，擅自发行证券，涉嫌犯罪的，依照《刑法》第一百七十九条之规定，以擅自发行股票、公司、企业债券罪追究刑事责任。未经依法核准，以发行证券为幌子，实施非法证券活动，涉嫌犯罪的，依照《刑法》第一百七十六条、第一百九十二条等规定，以非法

吸收公众存款罪、集资诈骗罪等罪名追究刑事责任。未构成犯罪的，依照《证券法》和有关法律的规定给予行政处罚。

（三）关于非法经营证券业务的责任追究。任何单位和个人经营证券业务，必须经证监会批准。未经批准的，属于非法经营证券业务，应予以取缔；涉嫌犯罪的，依照《刑法》第二百二十五条之规定，以非法经营罪追究刑事责任。对于中介机构非法代理买卖非上市公司股票，涉嫌犯罪的，应当依照《刑法》第二百二十五条之规定，以非法经营罪追究刑事责任；所代理的非上市公司涉嫌擅自发行股票，构成犯罪的，应当依照《刑法》第一百七十九条之规定，以擅自发行股票罪追究刑事责任。非上市公司和中介机构共谋擅自发行股票，构成犯罪的，以擅自发行股票罪的共犯论处。未构成犯罪的，依照《证券法》和有关法律的规定给予行政处罚。

（四）行政法规和部门规章

1. 中国证券监督管理委员会《上市公司证券发行管理办法》（2020 年 2 月 14 日施行　中国证券监督管理委员会令第 163 号，已失效）

第四十五条　上市公司申请公开发行证券或者非公开发行新股，应当由保荐人保荐，并向中国证监会申报。

保荐人应当按照中国证监会的有关规定编制和报送发行申请文件。

第四十七条　自中国证监会核准发行之日起，上市公司应在十二个月内发行证券；超过十二个月未发行的，核准文件失效，须重新经中国证监会核准后方可发行。

2.《国务院办公厅关于严厉打击非法发行股票和非法经营证券业务有关问题的通知》（2006 年 12 月 12 日施行　国办发〔2006〕99 号）

三、明确政策界限，依法进行监管

（一）严禁擅自公开发行股票。向不特定对象发行股票或向特定对象发行股票后股东累计超过 200 人的，为公开发行，应依法报经证监会核准。未经核准擅自发行的，属于非法发行股票。

（二）严禁变相公开发行股票。向特定对象发行股票后股东累计不超过 200 人的，为非公开发行。非公开发行股票及其股权转让，不得采用广告、公告、广播、电话、传真、信函、推介会、说明会、网络、短信、公开劝诱等公开方式或变相公开方式向社会公众发行。严禁任何公司股东自行或委托他人以公开方式向社会公众转让股票。向特定对象转让股票，未依法报经证监会核准的，转让后，公司股东累计不得超过200人。

（三）严禁非法经营证券业务。股票承销、经纪（代理买卖）、证券投资咨询等证券业务由证监会依法批准设立的证券机构经营，未经证监会批准，其他任何机构和个人不得经营证券业务。

违反上述三项规定的，应坚决予以取缔，并依法追究法律责任。

……

第五章　证券市场类犯罪

第一节　违规披露、不披露重要信息罪

我国《刑法》第一百六十一条规定了违规披露、不披露重要信息罪。构成本罪要求行为人实施违规披露或不披露重要信息的行为，且违规披露、不披露重要信息的行为严重损害股东或者其他人利益，或者有其他严重情节；本罪的犯罪主体具有多样性，不仅公司、企业直接负责的主管人员和其他直接责任人员可以构成本罪，公司、企业的控股股东、实际控制人也可能构成本罪，本罪中共同犯罪居多；本罪对应的刑罚相对较轻，缓刑适用率较高。

为更好掌握司法实务中对违规披露、不披露重要信息罪定罪量刑等方面的关注重点，我们对重点案例进行详细解析，通过研究司法机关的裁判思路，提炼了司法实务裁判要点。同时，我们梳理了与违规披露、不披露重要信息罪相关的法律、司法解释、立案标准及政策法规等规定。

一、实务解析

（一）本罪的犯罪主体具有多样性，共同犯罪居多

在《刑法修正案（十一）》正式施行之前，本罪只处罚公司、企业直接负责的主管人员和其他直接责任人员。而在《刑法修正案（十一）》正式施行以后，如果公司、企业的控股股东、实际控制人自己实施，或者组织、指使他人实施违规披露、不披露重要信息的行为，或者隐瞒相关事项导致前述情形发生的，公司、企业的控股股东、实际控制人也要接受处罚。

在被定罪处罚的行为人中，主体身份涉及董事长、副董事长、总经理、总会

计师、副总会计师、财务经理等多种职位，犯罪主体具有多样性。同时，在检索到的案例中，多人共同实施犯罪的情况较为普遍。

（二）构成本罪要求行为人实施违规披露或不披露重要信息的行为

违规披露的行为，在实践中较为常见的表现形式为，违反信息披露的真实性原则，在财务会计报告中虚增收入、利润，或者在公司财务会计报告中将亏损披露为盈利，或者将盈利披露为亏损。

不披露重要信息，即行为人对应当披露的信息，如重大诉讼、仲裁、担保、关联交易或者其他重大事项，不予以披露。

（三）构成本罪要求行为人实施的违规披露、不披露重要信息的行为严重损害股东或者其他人利益，或者有其他严重情节

根据《刑事案件立案追诉标准（二）》第六条的规定，实施该行为，符合下列情形之一的，应当立案追诉：（1）造成股东、债权人或者其他人直接经济损失数额累计在一百万元以上的；（2）虚增或者虚减资产达到当期披露的资产总额百分之三十以上的；（3）虚增或者虚减营业收入达到当期披露的营业收入总额百分之三十以上的；（4）虚增或者虚减利润达到当期披露的利润总额百分之三十以上的；（5）未按照规定披露的重大诉讼、仲裁、担保、关联交易或者其他重大事项所涉及的数额或者连续十二个月的累计数额达到最近一期披露的净资产百分之五十以上的；（6）致使不符合发行条件的公司、企业骗取发行核准或者注册并且上市交易的；（7）致使公司、企业发行的股票或者公司、企业债券、存托凭证或者国务院依法认定的其他证券被终止上市交易的；（8）在公司财务会计报告中将亏损披露为盈利，或者将盈利披露为亏损的；（9）多次提供虚假的或者隐瞒重要事实的财务会计报告，或者多次对依法应当披露的其他重要信息不按照规定披露的；（10）其他严重损害股东、债权人或者其他人利益，或者有其他严重情节的情形。

下文案例中，以任某某、林某二等违规披露、不披露重要信息案为例，虽然被告人实施的行为并没有造成“严重损害股东或者其他人利益”的危害后果，但符合司法解释规定的“其他严重情节”，所以最终认定构成本罪。

如果行为人实施了违规披露或者不披露的行为，但是在案证据无法证明其行为严重损害股东或者其他人的利益，则无法认定其构成本罪。以顾某军案为例，

在顾某军案中，顾某军等人虽然实施了虚增利润并将其编入财务会计报告予以披露的行为，但是经最高人民法院审理认为，现有证据不足以证实这些行为造成的危害后果已经达到了严重损害股东或者其他人利益的程度，最终认定其不构成本罪。

（四）本罪对应的刑罚相对较轻，缓刑适用率较高

案例检索结果显示，目前检索到的案例中，大部分被定罪的被告人被判处一年以下有期徒刑或拘役，并且被定罪的被告人大多适用了缓刑。

二、裁判要点

256 以上市公司的名义为关联方提供担保，未按规定披露，担保金额或者连续十二个月的累计数额占净资产50%以上的，构成本罪

裁判要点

行为人以上市公司的名义为关联方提供担保，未按规定披露，担保金额或者连续十二个月的累计数额占净资产50%以上的，构成违规不披露重要信息罪。

裁判思路

基本案情①：

江苏琼某高科技股份有限公司（以下简称江苏琼某）的控股股东为琼某集团，实际控制人为被告人于某青。2006年11月至2008年11月，时任江苏琼某法定代表人、董事长的于某青使用江苏琼某公章，以江苏琼某的名义，为明显不具有清偿能力的控股股东琼某集团等关联方提供24笔担保，担保金额共计人民币16035万元，占江苏琼某2008年12月31日经审计的净资产的101.29%。其中，2007年11月1日至2008年10月31日连续12个月的担保累计金额为12005

---

① 案件来源：于某青违规不披露重要信息罪案【江苏省扬州市邗江区（县）人民法院（2012）扬邗刑初字第0005号】。

万元，占江苏琼某2008年12月31日经审计的净资产的75.83%。

江苏琼某对上述担保事项未按规定履行临时公告披露义务，也未在2006年年报、2007年年报、2008年半年报中进行披露。截至2009年12月31日，琼某集团、于某青均通过以股抵债或者用减持股票款的方式向债权人清偿了全部债务，江苏琼某的担保责任已经解除。

法院认为：

江苏琼某对依法应当披露的重要信息不按规定披露，情节严重，被告人于某青作为江苏琼某的直接主管人员，其行为构成违规不披露重要信息罪。于某青犯罪以后自动投案，如实供述自己的罪行，属于自首，依法可以从轻处罚，并可给予一定的考验期限。公诉机关指控于某青构成违规不披露重要信息罪的事实清楚，证据确实、充分，罪名成立。

裁判结果

被告人于某青犯违规不披露重要信息罪，判处拘役三个月，缓刑六个月，并处罚金人民币二十万元。

257 “虚增利润达到当期披露的利润总额30%以上”与“在公司财务会计报告中将亏损披露为盈利”均属于“其他严重情节”

裁判要点

“虚增利润达到当期披露的利润总额30%以上”与“在公司财务会计报告中将亏损披露为盈利”均属于法律规定的“其他严重情节”。

裁判思路

基本案情[①]：

上海中某达系上海证券交易所上市公司，依法负有信息披露义务。2015年7月，中某达全资子公司厦门中某达与某旅游投资有限公司签订《施工合同》，合

① 案件来源：任某某、林某二等违规披露、不披露重要信息案【上海市第三中级人民法院（2020）沪03刑初4号】。

同中包含已由其他企业完工的约80%的工程量。后因未支付保证金等原因，合同未生效，由厦门中某达承接的工程量未实际开展。

2015年10月，上海中某达为虚增业绩，决定由时任公司副董事长、总经理任某某将上述项目中已由其他企业完工的约80%工程收入违规计入公司三季报，具体由公司副总经理、财务总监林某二，公司财务经理秦某某，厦门中某达副总经理盛某实施。盛某安排厦门中某达提供虚假的工程、财务数据，秦某某依据上述数据编制上海中某达三季度财务报表，交由林某二签字确认。

2015年10月28日，上海中某达将该三季度财务报表对外披露。经鉴定，上海中某达共虚增主营业务收入人民币72670000元，占同期披露主营业务收入总额的50.24%；虚增利润10638888元，占同期披露利润总额的81.35%；虚增净利润7979166元，将亏损披露为盈利。

法院认为：

……上海中某达的三季度报表中虚增利润1063万余元，占同期披露利润总额的81.35%，虚增净利润797万余元，将亏损披露为盈利，属于法律规定的“其他严重情节”，任某某、林某二和秦某某作为主管人员或直接责任人员，或决定或直接参与对外提供虚假财务会计报告，损害了股东和社会公众的知情权，在一定程度上也影响到证券市场的稳定，不属于犯罪情节轻微，对被告人不能免予刑事处罚。

裁判结果

一、被告人任某某犯违规披露重要信息罪，判处有期徒刑一年，缓刑一年，并处罚金人民币二十万元。

……

四、被告人秦某某犯违规披露重要信息罪，判处拘役三个月，缓刑三个月，并处罚金人民币五万元。

258 公司如果向股东和社会公众公示了高于企业会计准则的确认收入的财务标准，应根据该标准计算是否符合刑事立案追诉的标准

裁判要点

依法负有信息披露义务的公司，如果向股东和社会公众公示了高于企业会计准则的确认收入的财务标准，应根据该标准计算是否符合刑事立案追诉的标准。

裁判思路

基本案情①：

华某风电公司是在上海证券交易所上市交易的公司，依法负有信息披露的义务。被告人韩某良在担任华某风电公司董事长、总裁期间，于2011年指派时任华某风电公司副总裁兼财务总监的被告人陶某等公司高级管理人员，通过组织公司财务部、市场部、客户服务中心、生产管理部等部门虚报数据等方式虚增华某风电公司2011年的收入及利润，合计虚增利润2.58亿余元，占华某风电公司2011年年度报告披露的利润总额的34.99%。

一审法院认为，韩某良犯违规披露重要信息罪，判处有期徒刑十一个月，并处罚金人民币十万元；陶某犯违规披露重要信息罪，判处拘役四个月，缓刑六个月，并处罚金人民币五万元。后韩某良、陶某提起上诉。

二审法院认为：

在案的华某风电公司首次公开发行A股股票招股说明书、2011年年度报告等书证及韩某良的供述、公司原财务总监魏某强的证言证明，华某风电公司向社会公众披露的公司确认收入的财务标准为风机完成吊装，并取得双方认可。尽管该标准高于企业会计准则，但该标准经华某风电公司向社会公众公示，作为公司确认收入的标准后，华某风电公司向股东和社会公众披露的利润均应按该标准执行。而在案的司法会计鉴定意见书证明，根据华某风电公司向股东和社会公众公示的标准，华某风电公司2011年虚增的利润占当年披露利润总额的34.99%，已

---

① 案件来源：韩某良、陶某违规披露、不披露重要信息案【北京市高级人民法院（2017）京刑终88号】。

符合刑事立案追诉的标准……

裁判结果

一、维持北京市第一中级人民法院（2016）京 01 刑初 135 号刑事判决的第一项，即被告人韩某良犯违规披露重要信息罪，判处有期徒刑十一个月，并处罚金人民币十万元。

二、撤销北京市第一中级人民法院（2016）京 01 刑初 135 号刑事判决的第二项，即被告人陶某犯违规披露重要信息罪，判处拘役四个月，缓刑六个月，并处罚金人民币五万元。

三、上诉人陶某犯违规披露重要信息罪，免予刑事处罚。

259 董事会成员在违规披露重要信息过程中起决策、主导作用的，应当认定为直接负责的主管人员

裁判要点

公司董事会成员在违规披露重要信息过程中起决策、主导作用，不应认定为其他直接责任人员，应当认定为直接负责的主管人员。

裁判思路

基本案情①：

上海普某系上海证券交易所上市公司，依法负有信息披露义务。2014 年，被告人郑某某（时任上海普某副董事长、总经理）为实现上海普某年度报告盈利，授意被告人陆某二（时任上海普某总会计师）、沈某华（时任能源公司总经理）等人虚增利润。

当年，上海普某采用与其他公司开展无实物交割、资金闭环的虚假贸易，并违规延期结转成本费用的方式，虚增主营业务收入和利润。其间，沈某华指使被告人顾某某（时任能源公司商务经理）制作虚假合同、单据开展虚假贸易；被

① 案件来源：郑某某、陆某二等违规披露、不披露重要信息案【上海市第三中级人民法院（2020）沪 03 刑初 57 号】。

告人高某某（时任上海普某副总会计师、财务部总经理）负责虚假贸易合同审核及资金流转；被告人王某二（时任上海普某总工程师、采购中心负责人）负责虚假采购合同审批；陆某二负责虚假贸易合同审批并将虚假财务数据编入2014年财务报告。

2015年3月，郑某某作为公司董事及高级管理人员、陆某二和王某二作为公司高级管理人员，明知财务报告虚假，仍对2014年年度报告书面确认，在虚假财务报告上签字确认。同年3月20日，上海普某将上述虚假财务报告在2014年年度报告中对外披露。

经鉴定，上海普某共计虚增主营业务收入人民币12295.28万元，虚增利润1810.35万元，虚增利润占当期披露利润总额的133.61%，将亏损披露为盈利。

争议焦点：对行为人的地位、作用如何认定?

辩护意见：

郑某某的辩护人提出：郑某某虽是主要领导，但不是董事会成员，其作为受托人出席董事会会议，在董事会决议上签字仅是履行程序上的义务，其在虚假合同上没有签过字，不了解虚假贸易的具体情况，其仅是放任了造假后果的发生，因此其不应当承担主管人员的职责，而是其他直接责任人员，作用较小情节轻微。

法院认为：

《上海普某董监高信息表》、职位聘任通知、岗位职责说明等书证，证人关某某、陆某一等的证言，与各被告人的供述相互印证，证实2014年期间郑某某作为上海普某的副董事长、总经理，系董事会成员，统筹负责公司的经营业务，其在明知2014年年度报告无法实现盈利的情况下，仍与陆某二、沈某华沟通，要求能源公司继续增加指标以实现盈利，其虽没有直接明确指示陆某二、沈某华去虚增利润，但作为能源公司的分管领导，平时关注财务数据，经常听取陆某二关于财务报表的汇报，应当知晓能源公司在短时间内不可能通过正常贸易以弥补盈利缺口，其还在多次经营分析会议上要求在案相关被告人等“该做的贸易要做，该开的票要开”，亦暗示通过虚假贸易虚增利润，据此郑某某主观上为了2014年年度报告能实现盈利，在一定程度上调动了负责采购、销售、法务和财务等各环节的在案其余被告人推进虚假贸易的开展，以至于2014年年度财务数据扭亏为盈，并在郑某某主持召开的董事会决议上表决通过2014年年度报告后向社会公众披露，其在整个违规披露重要信息过程中起决策、主导作用，不能认定为其他直接责任人员，郑某某辩护人的相关辩护意见，本院不予采纳……

裁判结果

一、被告人郑某某犯违规披露重要信息罪，判处有期徒刑一年二个月，缓刑一年二个月，并处罚金人民币二十万元。

二、被告人陆某二犯违规披露重要信息罪，判处有期徒刑八个月，缓刑一年，并处罚金人民币十万元。

……

260 不足以证明行为人实施的违规披露、不披露重要信息的行为严重损害股东或者其他人利益，不构成本罪

裁判要点

现有证据不足以证明行为人实施的违规披露、不披露重要信息的行为严重损害股东或者其他人利益，或者有其他严重情节的，不构成本罪。

裁判思路

基本案情[①]**：**

科某电器由于2000年、2001年连续亏损，被深圳证券交易所以“ST”标示，如果2002年继续亏损，将会退市。原审被告人顾某军为了夸大科某电器的业绩，在2002年至2004年，安排原审被告人姜某军、严某松、张某、晏某茹、刘某等人采取年底封存库存产品、开具虚假销售出库单或者发票、第二年予以大规模退货退款等方式虚增利润，并将该利润编入科某电器财务会计报告向社会公布。

2006年6月15日，中国证监会以科某电器“未按照有关规定披露信息，或者所披露的信息有虚假记载、误导性陈述或者有重大遗漏”等为由，对科某电器及顾某军等人作出行政处罚决定，并于同年10月16日作出维持原行政处罚决定

① 案件来源：顾某军等虚报注册资本、违规披露、不披露重要信息、挪用资金案【最高人民法院（2018）最高法刑再4号】。

的行政复议决定。2007 年 4 月 3 日，国务院作出行政复议裁决，维持中国证监会作出的上述行政处罚决定和行政复议决定。

侦查期间，侦查机关曾委托会计师事务所对科某电器实施上述行为“严重损害股东或者其他人利益”的危害后果进行鉴定，但所出具的司法（会计）鉴定意见存在鉴定人不具备司法鉴定人执业资格、鉴定机构选择不符合法律规定等问题。侦查机关还收集了陈某一、陈某二、张某某、陈某三等四名股民的证言，但存在相同侦查人员在相同时间和地点对不同证人取证、连续询问时间超过 24 小时等问题。

一审法院认为，顾某军为夸大科某电器的业绩，指使被告人姜某军、严某松、张某、晏某茹、刘某等人虚增利润，向社会提供上市公司科某电器虚假的财务会计报告，给股东和社会造成严重损失，其行为均已构成违规披露、不披露重要信息罪。后顾某军提起上诉。

二审法院裁定维持原判。顾某军向最高人民法院提出申诉，最高人民法院经审查决定启动再审程序。

争议焦点：在案证据是否足以证实顾某军的行为严重损害股东或者其他人利益?

再审辩护意见：

顾某军及其辩护人提出：原审认定顾某军犯违规披露、不披露重要信息罪错误，应当依法改判无罪……原审认定科某电器提供虚假财务会计报告行为严重损害了股东或者其他人的利益，证据不足。

再审检察院意见：

最高人民检察院出庭检察员提出：原审认定科某电器提供的 2002 年至 2004 年财务会计报告含有虚假成分，事实清楚，证据确实、充分；但在案证据不足以证明该行为造成了严重损害股东或者其他人利益的后果，原审以违规披露、不披露重要信息罪对原审被告人顾某军等人定罪处刑，在认定事实和适用法律上存在错误。本案再审过程中，检察机关收集了能够间接证明造成损害后果的证据，但仍未达到确实、充分的程度。鉴于认定损害后果部分的事实无法查清，证据不足，对顾某军等人的行为，应按无罪处理。

再审法院认为：

……在案证据证实，原审被告人顾某军等人在无真实贸易背景的情况下，将产品封存于仓库，未使产品发生实际转移，却开具大量销售出库单或者发票，次年在账面上制作无正当理由的大规模退货记录，并将由此形成的不实销售收入计为当期收入，制造公司利润增长的假象。随后，在顾某军等人的安排下，科某电器将2002年至2004年的虚假销售记录及相关财会资料编入财务会计报告，经董事会讨论通过后在媒体上予以发布，违反了信息披露制度的真实性要求……

证券制度是社会主义市场经济的重要组成部分。以真实性、准确性和完整性为核心要求的信息披露制度，是证券市场健康、稳定发展的基础，也是保护投资者合法权益的有力手段。提供虚假财务会计报告，不如实披露重要信息的行为，违背信息披露制度的根本要求，扰乱证券市场秩序，损害股东和社会公众的利益，当然为法律所禁止。

但根据本案发生时的《刑法》规定，只有该行为造成了“严重损害股东或者其他人利益”的危害后果，才能追究行为人的刑事责任。本案中，原审认定科某电器在2002年至2004年将虚增利润编入财务会计报告予以披露的事实存在，但现有证据不足以证实科某电器提供虚假财务会计报告行为造成的危害后果已经达到严重损害股东或者其他人利益的程度，该部分事实不清，证据不足，根据证据裁判原则，依法不应追究原审被告人顾某军等人的刑事责任……

裁判结果

一、撤销广东省高级人民法院（2008）粤高法刑二终字第101号刑事裁定和广东省佛山市中级人民法院（2006）佛刑二初字第65号刑事判决第一项对原审被告人顾某军犯虚报注册资本罪，违规披露、不披露重要信息罪的定罪量刑部分和犯挪用资金罪的量刑部分……

二、维持广东省佛山市中级人民法院（2006）佛刑二初字第65号刑事判决第一项对原审被告人顾某军犯挪用资金罪的定罪部分……

三、原审被告人顾某军犯挪用资金罪，判处有期徒刑五年。

……

三、实务建议

为防止上市公司中负有信息披露义务的主体触犯违规披露、不披露重要信息罪，在办理同类案件的基础上，结合实际办案经验，我们提出以下建议。

（一）莫给信息披露“开美颜”，否则法律责任终难免

通过梳理本罪相关案例，我们发现，违规披露、不披露重要信息的行为方式五花八门，虚增收入和利润最为常见。为达到该目的，信息披露义务人或虚构客户、虚构贸易、虚报数据，或虚开发票、伪造单据，或“张冠李戴”，将他人的业绩作为上市公司的业绩进行列报统计，或采用隐瞒费用支出、延期结算成本等方式。

然而，无论行为方式如何变换包装，只要违反《证券法》《上市公司信息披露管理办法》等法律规范披露信息，或对应当披露的信息不及时披露，并且达到立案标准，相关信息披露义务人就将面临刑事指控。此外，即使未达到刑事立案标准，未按规定披露信息的行为人也将面临监管部门的行政处罚或者高额的民事索赔。

（二）了解立案标准，红线不可逾越

立案标准是决定能否启动刑事诉讼程序的关键。尤其值得关注的是，如果行为人违规披露、不披露重要信息，给他人造成100万元以上直接经济损失，或者虚增资产、利润达到当期披露的资产、利润的30%以上，或者未披露担保、关联交易的数额占净资产50%以上，或者在财务会计报告中将亏损披露为盈利、将盈利披露为亏损，都构成本罪。

需要重视的是，如果上市公司向股东和社会公众公示了高于企业会计准则的确认收入的财务标准，那么需要根据该标准而非企业会计准则计算是否符合刑事立案追诉的标准。因此，对上市公司而言，为“树立企业形象”，在监管要求的标准之上“人为拔高”财务标准，可能会将自身置于不利的境地。

（三）打破只有高管才构成本罪的错误认识，实控人更需警惕信息披露风险

《刑法修正案（十一）》已于2021年3月1日正式施行，根据新的规定，除了直接负责的主管人员、直接责任人员需要承担刑事责任之外，上市公司的控股股东、实控人的刑事风险也极高。上市公司的控股股东、实控人，无论是亲自参与实施，组织、指使上市公司实施相关行为，还是隐瞒相关情况导致上市公司发生违规信息披露或不披露的情形，都将被追究刑事责任。因此，作为幕后的是决策者，上市公司的控股股东、实控人应当特别注意《刑法修正案（十一）》为其“量身定制”的刑事法律责任。

四、法律规范

（一）法律

《中华人民共和国刑法》（2020年修正）

第一百六十一条 依法负有信息披露义务的公司、企业向股东和社会公众提供虚假的或者隐瞒重要事实的财务会计报告，或者对依法应当披露的其他重要信息不按照规定披露，严重损害股东或者其他人利益，或者有其他严重情节的，对其直接负责的主管人员和其他直接责任人员，处五年以下有期徒刑或者拘役，并处或者单处罚金；情节特别严重的，处五年以上十年以下有期徒刑，并处罚金。

前款规定的公司、企业的控股股东、实际控制人实施或者组织、指使实施前款行为的，或者隐瞒相关事项导致前款规定的情形发生的，依照前款的规定处罚。

犯前款罪的控股股东、实际控制人是单位的，对单位判处罚金，并对其直接负责的主管人员和其他直接责任人员，依照第一款的规定处罚。

（二）立案标准

《最高人民检察院、公安部关于公安机关管辖的刑事案件立案追诉标准的规定（二）》（2022年5月15日施行 公通字〔2022〕12号）

第六条 依法负有信息披露义务的公司、企业向股东和社会公众提供虚假的或者隐瞒重要事实的财务会计报告，或者对依法应当披露的其他重要信息不按照规定披露，涉嫌下列情形之一的，应予立案追诉：

（一）造成股东、债权人或者其他人直接经济损失数额累计在一百万元以上的；

（二）虚增或者虚减资产达到当期披露的资产总额百分之三十以上的；

（三）虚增或者虚减营业收入达到当期披露的营业收入总额百分之三十以上的；

（四）虚增或者虚减利润达到当期披露的利润总额百分之三十以上的；

（五）未按照规定披露的重大诉讼、仲裁、担保、关联交易或者其他重大事项所涉及的数额或者连续十二个月的累计数额达到最近一期披露的净资产百分之五十以上的；

（六）致使不符合发行条件的公司、企业骗取发行核准或者注册并且上市交易的；

（七）致使公司、企业发行的股票或者公司、企业债券、存托凭证或者国务院依法认定的其他证券被终止上市交易的；

（八）在公司财务会计报告中将亏损披露为盈利，或者将盈利披露为亏损的；

（九）多次提供虚假的或者隐瞒重要事实的财务会计报告，或者多次对依法应当披露的其他重要信息不按照规定披露的；

（十）其他严重损害股东、债权人或者其他人利益，或者有其他严重情节的情形。

第二节　背信损害上市公司利益罪

我国《刑法》第一百六十九条之一规定了背信损害上市公司利益罪。本罪的行为方式具有多样性，通常表现为无偿向其他单位或者个人提供资金、商品、服务或者其他资产，或者以明显不公平的条件，提供或者接受资金、商品、服务或者其他资产等；“致使上市公司利益遭受重大损失”是构成本罪的前提；本罪主体为特殊主体，包括上市公司的董事、监事、高级管理人，以及上市公司的控股股东或者实际控制人等。实践中，被告人被判处的自由刑相对较轻。

为更好掌握司法实务中对背信损害上市公司利益罪定罪量刑等方面的关注重点，我们对重点案例进行详细解析，通过研究司法机关的裁判思路，提炼了司法实务裁判要点。同时，我们梳理了与背信损害上市公司利益罪相关的法律、司法解释、立案标准及政策法规等规定。

一、实务解析

（一）本罪的主体为特殊主体

根据《刑法》的规定，本罪的主体为特殊主体，包含两种类型：一是上市公司的董事、监事、高级管理人员；二是上市公司的控股股东或者实际控制人。实践中，因本罪被刑事追诉的主体大多为上市公司的董监高人员。

（二）本罪的行为方式具有多样性

本罪的客观方面表现为行为人违背对公司的忠实义务，利用职务便利，操纵上市公司从事损害上市公司利益的行为。《刑法》明确列举了五种应当入罪的具体行为，同时规定了兜底条款。《刑事案件立案追诉标准（二）》第十三条明确了本罪中应当立案追诉的七种具体情形。

七种具体情形为：（1）无偿向其他单位或者个人提供资金、商品、服务或者其他资产；（2）以明显不公平的条件，提供或者接受资金、商品、服务或者其他资产；（3）向明显不具有清偿能力的单位或者个人提供资金、商品、服务或者其他资产；（4）为明显不具有清偿能力的单位或者个人提供担保，或者无正当理由为其他单位或者个人提供担保；（5）无正当理由放弃债权、承担债务；（6）致使公司、企业发行的股票或者公司、企业债券、存托凭证或者国务院依法认定的其他证券被终止上市交易；（7）其他致使上市公司利益遭受重大损失的情形。

在既有公开案例中，客观行为主要涉及《刑法》第一百六十九条之一第一款所罗列的前两项行为。例如，王某信案和张某案涉及“（一）无偿向其他单位或者个人提供资金、商品、服务或者其他资产的”，刘某案涉及“（二）以明显不公平的条件，提供或者接受资金、商品、服务或者其他资产的”。

值得关注的是，尽管《刑法》规定了兜底条款，但是在余某妮案中，法院认为并非所有损害上市公司利益的行为都构成背信损害上市公司利益罪，对本罪兜底条款的解释应限制在其他通过与关联公司不正当交易“掏空”上市公司资产的行为。

（三）“致使上市公司利益遭受重大损失”是构成本罪的前提

我国《刑法》规定，本罪属于结果犯，只有当行为人实施的行为“致使上市公司利益遭受重大损失”才构成本罪。《刑事案件立案追诉标准（二）》第十三条对“致使上市公司利益遭受重大损失”进行释明，立案追诉的前提是：行为人的背信行为致使上市公司直接经济损失达到一定的数额标准，或者致使公司发行的股票、债券等被终止上市交易等情形。

后文案例中，例如于某青案，虽然于某青实施了向明显不具有清偿能力的关联企业提供担保的行为，但其违规担保的风险在公安机关立案前已全部化解，未给公司造成实际损失，最终被法院认定不构成本罪。

（四）实践中，被告人被判处的自由刑相对较轻

根据我国《刑法》的规定，背信损害上市公司利益罪有两个量刑档，分别是“三年以下有期徒刑或者拘役”，以及“三年以上七年以下有期徒刑”。鉴于第二个量刑档的前置条件“致使上市公司利益遭受特别重大损失的”尚未有司法解释作出进一步说明，实践中，大部分案件中，被告人被判处的刑罚在三年以下，部分案件被告人被宣告缓刑。

二、裁判要点

261 上市公司董事长操纵上市公司无偿向其他单位和个人提供资金且没有追回，涉嫌背信罪

裁判要点

上市公司董事长违背对公司的忠实义务，利用职务上的便利，操纵上市公司无偿向其他单位和个人提供资金且没有追回，致使上市公司利益遭受特别重大损失，构成背信损害上市公司利益罪。

裁判思路

基本案情[①]**：**

人某农业和杨某沙苑是人某集团的子公司，王某信既是人某农业和杨某沙苑的法定代表人和实际控制人，也是人某集团的法定代表人。秦某农业科技股份有限公司（以下简称秦某农业）是由种某集团控股的在上海证券交易所A股挂牌上市的股份有限公司。

2005年10月，陕西省国资委选定人某农业对种某集团和秦某农业进行重组。2005年12月，王某信被选举为秦某农业的董事长。2006年2月，人某农业以其自有的一万余亩林地使用权注资种某集团，成为种某集团控股股东，王某信亦被选举为种某集团的董事长，实际控制了种某集团和秦某农业。

2006年3月13日，秦某农业的下属子公司秦某向日葵和杨某沙苑签订了虚假的《国产油葵g101种子预约生产合同》，合同约定秦某向日葵委托杨某沙苑繁殖国产油葵g101种子，秦某向日葵向杨某沙苑支付育种款。合同签订后，从2006年3月至2007年9月，王某信指使财务人员从秦某向日葵等公司以支付育种款为由，向杨某沙苑账户转移资金9270582.44元，除案发时杨某沙苑账内剩余的492370.13元，为秦某农业支付赞助费、工程费等费用共计751280.10元，代种某集团支付审计费、职工工资2016522.10元外，王某信指使财务人员将其

① 案件来源：王某信背信损害上市公司利益案【陕西省高级人民法院（2010）陕刑二终字第20号】。

余 6010410.11 元无偿提供给人某集团、人某农业、杨某沙苑等公司和个人使用。案发后，占用款项均未追回。

一审法院认为，王某信犯背信损害上市公司利益罪，判处有期徒刑四年，并处罚金人民币一百万元……宣判后，王某信以其没有背信损害上市公司利益的主观故意和客观行为，不构成此罪为由，提出上诉。

二审法院认为：

上诉人王某信身为上市公司秦某农业董事长，违背对公司的忠实义务，利用职务上的便利，操纵上市公司无偿向其他单位和个人提供资金且没有追回，致使上市公司利益遭受特别重大损失，其行为已构成背信损害上市公司利益罪，应依法予以惩处。对于其提出的上诉理由，经查，王某信在侦查阶段供述是其为了寻找安全账户或为了给秦某农业贷款，将资金转入杨某沙苑需要合理的借口和理由才签订的合同，承认合同是未履行的虚假合同。此供述也得到证人孙某瑞、刘某勇、冯某、张某勇、王某、王某民、全某海证言和有关书证印证。且资金转到杨某沙苑后，实际上也没有被用于制种生产。

裁判结果

驳回上诉，维持原判。

262 上市公司高管明知供应商不符合招投标条件并且售价明显高于市价仍接受供货，涉嫌背信罪

裁判要点

上市公司高管明知供货公司不符合招投标条件并且售价明显高于市场价格仍接受供货，违背了对公司的忠实义务，致使公司利益遭受重大损失，构成背信损害上市公司利益罪。

裁判思路

基本案情[①]**：**

2007年12月，国某新集公司在上海证券交易所上市。被告人刘某自1998年8月起，担任国某新集公司总经理，又于2011年9月任该公司董事长，直至2014年1月。2008年4月，曹某任淮南市代市长，其妻刘某一告知曹某自己所经营的威某公司因不符合供应商招投标条件被国某新集公司停止供应业务一事，后曹某与刘某谈论此事。

在曹某的授意下，刘某一以威某公司名义向国某新集公司出具《关于申请产品供货的报告》。后刘某自行在该份报告上签字同意，并让时任国某新集公司企管部部长田某具体负责此事，同时向其明确说明该公司是市长曹某妻子刘某一经营的。

2008年6月23日，国某新集公司企管部和供应部联合盖章，向刘某请示，建议以“议价”价格采购威某公司的PDC钻头，刘某在请示报告上签字同意。最终刘某一的威某公司以议价形式，且用明显高于市场价格的售价，从2009年开始向国某新集公司供应PDC钻头及配件直至2012年。2012年2月，刘某一成立的正某公司合并了威某公司。

自2009年至2012年，国某新集公司以上述明显不公平的条件，接受威某公司、正某公司销售的钻头，造成公司直接经济损失1844.64万元。

法院认为：

……背信损害上市公司利益罪客观方面表现在上市公司的董事、监事、高级管理人员违背对公司的忠实义务，利用职务之便，通过操纵上市公司从事不当、不公平的关联交易等非法手段，致使上市公司利益遭受重大损失。本案中，被告人刘某因曹某请托，不顾公司规定，在明知刘某一经营的公司不符合招投标条件的情况下，利用职务便利，不仅让其公司继续供货，还明确让下属工作人员在采购价格上予以关照，客观上帮助了刘某一经营的公司获得了不当利益，同时让国某新集公司承担了利益上的重大损失，故被告人刘某的行为完全符合背信损害上市公司利益罪客观方面要件要求。

背信损害上市公司利益罪侵犯的客体是上市公司及其股东的合法权益和市场

---

① 案件来源：刘某背信损害上市公司利益案【安徽省芜湖市三山区人民法院（2017）皖0208刑初10号】。

经济管理秩序。被告人刘某作为国某新集公司的高级管理人员，在日常管理中，应为公司的利益善意地处理公司事务、处置公司财产，其行使权力的目的也得是公司的利益。但在本案中，在威某公司违规向国某新集公司供货这一事情上，被告人刘某没有忠实于公司，违反了对公司的忠实义务，其行为已经严重影响了公司及股东的利益，破坏了市场经济秩序，符合背信损害上市公司利益罪客体要件要求……

裁判结果

被告人刘某犯背信损害上市公司利益罪，判处有期徒刑十个月，并处罚金人民币十万元。

263 上市公司高管挪用公司资金无偿提供给关联企业使用，同时构成背信罪和挪用资金罪的，应认定构成背信罪

裁判要点

背信损害上市公司利益罪所规定的第一款行为，即公司高管人员无偿向关联企业挪用单位资金的行为系挪用资金罪的具体规定，包容于挪用资金罪的犯罪构成，二者属于特别法与一般法的法条竞合关系，应按照特别法优于一般法的规定处理，认定构成背信损害上市公司利益罪。

裁判思路

基本案情[①]**：**

被告人张某系上海科某公司董事长。2003 年 7 月、8 月，张某在上海科某公司大股东斯某特集团实际控制人严某群的要求下，未经公司董事会同意，并在未告知财务经理胡某资金最终去向的情况下，指使胡某先后两次将上海科某公司账外账户中的人民币 1 亿元和 6800 万元划至上海科某公司下属的南京宽某公司账户。

---

① 案件来源：张某背信损害上市公司利益案——背信损害上市公司利益罪的认定【上海市浦东新区人民法院（2007）浦刑初字第 1521 号】【《人民司法·案例》2008 年第 20 期，第 70 页】。

南京宽某公司的出纳刘某瑶按张某指令没有将该两笔钱款入账，而是将其中1亿元划至上海科某公司下属控股孙子公司南京图某公司，后经严某群签字确认将该人民币1亿元划至斯某特集团指定的南京凯某公司。嗣后，严某群指使斯某特集团出纳王某亚将该1亿元用于投资设立湖南新某视界公司。另外6800万元会同南京宽某公司的人民币200万元，按严某群要求划至其实际控制的南京罗某公司。

斯某特集团得款后，严某群指使王某亚将该7000万元会同南京信某公司和斯某特集团的2300万元用于收购小某鹅公司的股权。8月29日，南京信某公司通过南京罗某公司，将7000万元划回南京宽某公司账户。刘某瑶经张某同意和严某群审批，将该7000万元划至南京某远公司账户，该账户将7000万元连同南京某进出口公司划入的2000万元合计人民币9000万元电汇至上某证券有限责任公司临平路证券营业部，以广州安某公司名义开设账户进行股票买卖。

上海市浦东检察院以张某犯挪用资金罪向上海市浦东法院提起公诉。

争议焦点：上市公司高管人员利用职务上的便利，挪用上市公司资金无偿提供给其他单位使用，致使上市公司利益遭受重大损失，构成挪用资金罪还是背信损害上市公司利益罪?

法院认为：

被告人张某身为上海科某公司董事长，违背对公司的忠实义务，利用职务上的便利，操纵上市公司，无偿地将本单位资金提供给其他单位使用，致使上市公司利益遭受重大损失，其行为已构成背信损害上市公司利益罪。被告人张某到案后交代态度较好，有一定的悔罪表现，斯某特集团已将占用的上海科某的资金全数归还，上海科某的利益损失得到弥补，酌情从轻处罚。

法院评论：

……张某的行为同时符合挪用资金罪和背信损害上市公司利益罪的犯罪构成，二罪竞合时应判断其法条适用的时间效力与竞合关系。首先，依据从旧兼从轻原则，在一个行为同时符合新旧《刑法》规定的时候，应该适用处罚较轻的新《刑法》条文。张某的挪用行为发生在《刑法修正案（六）》施行之前，由于《刑法修正案（六）》是2006年6月29日公布施行的新法，且背信损害上市公司利益罪处刑相对挪用资金罪较轻，故按照从旧兼从轻原则，对于张某的犯罪行为应以背信损害上市公司利益罪定罪。其次，仔细比较两罪的犯罪构成，背信损害上市公司利益罪所规定的第一款行为，即公司高管人员无偿向关联企业挪用单位资金的行为系挪用资金罪的具体规定，包容于挪用资金罪的犯罪构成，二者属于特别法与一般法的法条竞合关系，仅在本案中应按照特别法优于一般法的规定处理。从本案的犯罪性质来看，张某作为上市公司的董事长，无论是从主体身份还是犯罪的客观方面等均更为符合背信损害上市公司利益罪，对张某按照此罪定罪处罚更准确。

裁判结果

被告人张某犯背信损害上市公司利益罪，判处有期徒刑二年，并处罚金人民币二千元。

264 对本罪兜底条款的解释应限制为与关联公司不正当交易“掏空”上市公司的行为

裁判要点

并非所有损害上市公司利益的行为都构成背信损害上市公司利益罪，对本罪兜底条款的解释应限制在其他通过与关联公司不正当交易“掏空”上市公司的行为。

裁判思路

基本案情[①]**：**

博某公司原系上海证券交易所上市公司，华某泰公司为博某公司控股股东。在博某公司并购重组过程中，有关人员作出了业绩承诺，在业绩不达标时需向博某公司支付股改业绩承诺款。

2011 年 4 月，余某妮、伍某清、张某萍、罗某元等人采取循环转账等方式虚构华某泰公司已代全体股改义务人支付股改业绩承诺款 3.84 亿余元的事实，在博某公司临时报告、半年报中进行披露。为掩盖以上虚假事实，余某妮、伍某清、张某萍、罗某元采取将 1000 万元资金以循环转账等方式，虚构用股改业绩

① 案件来源：余某妮等违规披露、不披露重要信息、背信损害上市公司利益案【广东省珠海市中级人民法院（2016）粤 04 刑初 131 号】。

承诺款购买37张面额共计3.47亿元银行承兑汇票的事实，在博某公司2011年的年报中进行披露。

2012年至2014年，余某妮、张某萍多次虚构银行承兑汇票贴现等交易事实，并根据虚假的交易事实进行记账，制作虚假的财务报表，虚增资产或者虚构利润均达到当期披露的资产总额或利润总额的30%以上，并在博某公司当年半年报、年报中披露。此外，博某公司还违规不披露实际控制人及其关联公司等信息。

法院认为：

本案不构成背信损害上市公司利益罪。本案中，李某甲伙同被告人余某妮等人为达到实现股票上市流通的目的，掩盖没有完成3.84亿余元股改业绩承诺款缴纳的事实，以博某公司实际控制人、高级管理人员的身份，指使财务人员伪造财务报表，实际操纵公司，致使公司被证监部门稽查并被终止上市，客观上损害了博某公司的利益，致使博某公司遭受重大损失。

就各被告人行为的定性问题，《刑法修正案（六）》增加第一百六十九条之一规定“上市公司的董事、监事、高级管理人员违背对公司的忠实义务，利用职务便利，操纵上市公司从事下列行为之一，致使上市公司利益遭受重大损失的，处……”采用列举式的方式描述了本罪的罪状，同时在第六项中采用兜底方式规定了“采用其他方式损害上市公司利益的”行为。根据《刑法》的体系解释和目的解释的方法，该条款列举的前五项均系公司高级管理人员通过与关联公司不正当交易“掏空”上市公司的行为，第六项兜底条款的解释应当采用相当性解释，即限制在其他通过与关联公司不正当交易“掏空”上市公司的行为，而非所有损害公司利益的行为。故各被告人的行为不构成背信损害上市公司利益罪……

裁判结果

一、被告人余某妮犯违规披露、不披露重要信息罪，判处有期徒刑一年七个月，并处罚金人民币十万元。

……

265 未致使上市公司利益遭受重大损失，不构成背信损害上市公司利益罪

裁判要点

行为人虽然实施了损害上市公司利益的行为，但未致使上市公司利益遭受重大损失，不构成背信损害上市公司利益罪。

裁判思路

基本案情①：

江苏琼某高科技股份有限公司（以下简称江苏琼某）的控股股东为琼某集团，实际控制人为被告人于某青。2006 年 11 月至 2008 年 11 月，时任江苏琼某法定代表人、董事长的于某青使用江苏琼某公章，以江苏琼某的名义，为明显不具有清偿能力的控股股东琼某集团等关联方提供 24 笔担保，担保金额共计人民币 16035 万元，占江苏琼某 2008 年 12 月 31 日经审计的净资产的 101.29%。其中，2007 年 11 月 1 日至 2008 年 10 月 31 日连续 12 个月的担保累计金额为 12005 万元，占江苏琼某 2008 年 12 月 31 日经审计的净资产的 75.83%。

江苏琼某对上述担保事项未按规定履行临时公告披露义务，也未在 2006 年年报、2007 年年报、2008 年半年报中进行披露。截至 2009 年 12 月 31 日，琼某集团、于某青均通过以股抵债或者用减持股票款的方式向债权人清偿了全部债务，江苏琼某的担保责任已经解除。

2009 年 6 月 24 日，被告人于某青主动到公安机关投案，如实供述了全部犯罪事实。2010 年 3 月 18 日，公安机关对该案立案侦查。江苏省扬州市邗江区人民检察院以被告人于某青犯违规不披露重要信息罪、背信损害上市公司利益罪向扬州市邗江区人民法院提起公诉。

法院认为：

……指控于某青所犯背信损害上市公司利益罪必须以“致使上市公司利益遭

---

① 案件来源：于某青违规不披露重要信息案【江苏省扬州市邗江区（县）人民法院（2012）扬邗刑初字第 0005 号】。

受重大损失”为要件，于某青虽然有向明显不具有清偿能力的关联企业提供担保的行为，但其违规担保的风险在公安机关立案前已全部化解，未给江苏琼某造成实际损失。因此，其行为不符合背信损害上市公司利益罪的构成特征，公诉机关指控于某青犯背信损害上市公司利益罪不能成立。

裁判结果

法院认为，该案不构成背信损害上市公司利益罪。但是，公诉机关指控的违规不披露重要信息罪部分的事实成立。故判决如下：

被告人于某青犯违规不披露重要信息罪，判处拘役三个月，缓刑六个月，并处罚金人民币二十万元。

三、实务建议

背信损害上市公司利益案件的发案量相对较少，我们曾经为全国涉案金额最大的背信损害上市公司利益案中的某上市公司总裁提供有效辩护。辩护过程中，在侦查阶段，委托人被批捕之后，我们为委托人优先于后顺位的嫌疑人变更了强制措施，与同案人员相比，减少羁押期限至少100余天。审查起诉阶段，我们通过与检察机关沟通，将委托人由主犯变更为从犯，起诉顺序由二告变更为三告，并成功争取到了缓刑的量刑建议。审判阶段，通过精准发问，争取有利形势，为委托人争取最大权益。

为防止上市公司实控人、控股股东、董事、监事和高管等人员犯背信损害上市公司利益罪，以致身陷囹圄。在办理同类案件的基础上，结合实际办案经验，我们提出以下建议。

（一）有权必有责，特殊群体更应重视背信罪的法律风险

背信损害上市公司利益罪主要惩治的是利用职务之便，违背忠实义务，“掏空”上市公司资产的犯罪行为。因此，“享有职务之便”的上市公司的董事、监事、高管是本罪的“高风险”人群。根据《公司法》第二百一十六条规定，上市公司的经理、副经理、财务负责人、董事会秘书和公司章程规定的其他人员，都在“高管”之列，都具有本罪的主体资格。

另外，尽管在目前公开的案例中惩处的对象集中于上市公司的董事、监事、

高管，但控股股东、实际控制人仍应当对本罪法律风险保持高度警惕。如果有证据证明上市公司的董事、监事、高管实施背信行为是受控股股东、实控人指使，控股股东、实际控制人面临被立案追诉的刑事风险也极高。

（二）遵循《公司法》和公司章程规定的行为准则，恪守忠实义务

根据我国《刑法》的规定，背信损害上市公司利益罪在客观方面体现为，违背忠实义务，利用职务便利，操纵上市公司从事特定行为。

“忠实义务”源于《公司法》的相关规定。《公司法》第一百四十七条明确规定，董事、监事、高级管理人员对公司负有忠实义务。《公司法》第一百四十八条规定罗列了违反对公司忠实义务的具体行为。因此，无论是《刑法》列举的背信行为，还是《公司法》规定的违反忠实义务的行为，都是不容逾越的底线。在为数不多的公开案例中，较为常见的背信行为包括关联公司违规占用上市公司资金及将上市公司资金用于个人营利活动等。

值得关注的是，《公司法》《刑法》对于背信行为都设置了兜底条款。换言之，即使行为人实施的行为未被列明，只要其行为本质属于“掏空”上市公司资产，就涉嫌背信损害上市公司利益罪。

综上，董事、监事、高级管理人员应当遵循《公司法》和公司章程规定的行为准则，恪守忠实义务。凡是涉及公司重大利益的项目，都应当严格依照法律法规和公司章程规定的程序实施。

（三）刑事立案之前的补救和减损至关重要

背信损害上市公司利益罪属于结果犯，只有当背信行为造成的损害后果达到法律规定的门槛，才对行为人进行刑事追诉。

如果背信行为已经发生，那么把握时机，采取补救措施至关重要。在刑事立案前，应当尽可能挽回经济损失，降低损害后果。即使未能将损失降低到立案标准以下，经济损失的数额、积极挽回损失的态度也对行为人的量刑有重要影响。

四、法律规范

（一）法律

《中华人民共和国刑法》（2020 年修正）

第一百六十九条之一 上市公司的董事、监事、高级管理人员违背对公司的

忠实义务，利用职务便利，操纵上市公司从事下列行为之一，致使上市公司利益遭受重大损失的，处三年以下有期徒刑或者拘役，并处或者单处罚金；致使上市公司利益遭受特别重大损失的，处三年以上七年以下有期徒刑，并处罚金：

（一）无偿向其他单位或者个人提供资金、商品、服务或者其他资产的；

（二）以明显不公平的条件，提供或者接受资金、商品、服务或者其他资产的；

（三）向明显不具有清偿能力的单位或者个人提供资金、商品、服务或者其他资产的；

（四）为明显不具有清偿能力的单位或者个人提供担保，或者无正当理由为其他单位或者个人提供担保的；

（五）无正当理由放弃债权、承担债务的；

（六）采用其他方式损害上市公司利益的。

上市公司的控股股东或者实际控制人，指使上市公司董事、监事、高级管理人员实施前款行为的，依照前款的规定处罚。

犯前款罪的上市公司的控股股东或者实际控制人是单位的，对单位判处罚金，并对其直接负责的主管人员和其他直接责任人员，依照第一款的规定处罚。

（二）立案标准

《最高人民检察院、公安部关于公安机关管辖的刑事案件立案追诉标准的规定（二）》（2022年5月15日施行　公通字〔2022〕12号）

第十三条　上市公司的董事、监事、高级管理人员违背对公司的忠实义务，利用职务便利，操纵上市公司从事损害上市公司利益的行为，以及上市公司的控股股东或者实际控制人，指使上市公司董事、监事、高级管理人员实施损害上市公司利益的行为，涉嫌下列情形之一的，应予立案追诉：

（一）无偿向其他单位或者个人提供资金、商品、服务或者其他资产，致使上市公司直接经济损失数额在一百五十万元以上的；

（二）以明显不公平的条件，提供或者接受资金、商品、服务或者其他资产，致使上市公司直接经济损失数额在一百五十万元以上的；

（三）向明显不具有清偿能力的单位或者个人提供资金、商品、服务或者其他资产，致使上市公司直接经济损失数额在一百五十万元以上的；

（四）为明显不具有清偿能力的单位或者个人提供担保，或者无正当理由为其他单位或者个人提供担保，致使上市公司直接经济损失数额在一百五十万元以上的；

（五）无正当理由放弃债权、承担债务，致使上市公司直接经济损失数额在一百五十万元以上的；

（六）致使公司、企业发行的股票或者公司、企业债券、存托凭证或者国务院依法认定的其他证券被终止上市交易的；

（七）其他致使上市公司利益遭受重大损失的情形。

第三节　内幕交易、泄露内幕信息罪

我国《刑法》第一百八十条规定了内幕交易、泄露内幕信息罪。本罪在客观方面具有多种行为方式，但实践中内幕交易行为占多数；本罪的入罪门槛相对较低；本罪的犯罪主体具有多样性；实践中，构成本罪的行为人被判处的量刑相对较轻。

为更好掌握司法实务中对内幕交易、泄露内幕信息罪定罪量刑等方面的关注重点，我们对重点案例进行详细解析，通过研究司法机关的裁判思路，提炼了司法实务裁判要点。同时，我们梳理了与内幕交易、泄露内幕信息罪相关的法律、司法解释、立案标准及政策法规等规定。

一、实务解析

（一）本罪的客观表现形式多样，实践中，内幕交易行为占多数

我国《刑法》规定，本罪客观方面的行为方式共有三种：一是行为人利用内幕信息进行证券、期货买卖；二是行为人泄露内幕信息；三是行为人根据内幕信息建议他人进行证券、期货买卖。实施上述三种行为之任何一种，均可以构成犯罪。本罪是选择性罪名，司法实践中，根据行为人实施的具体行为可以分别认定为内幕交易罪、泄露内幕信息罪或者内幕交易、泄露内幕信息罪。

在检索到的案例中，大部分行为人只实施了第一种行为方式，即内幕交易的行为，继而构成内幕交易罪。还有部分行为人既实施了内幕交易的行为，又实施了泄露内幕信息的行为，从而构成内幕交易、泄露内幕信息罪。只有极少数行为人仅泄露内幕信息但没有内幕交易行为，仅构成泄露内幕信息罪。

（二）本罪的入罪门槛相对较低

本罪要求达到“情节严重”才能构成犯罪。根据《刑事案件立案追诉标准（二）》的规定，证券交易获利或者避免损失数额在五十万元以上的，或者证券交易成交额在二百万元以上的，或者二年内三次以上实施内幕交易、泄露内幕信

息行为等情形，都属于“情节严重”的情形，应予立案追诉。与金融证券类犯罪动辄数千万、数亿元的犯罪金额相比，本罪的入罪标准相对较低。此外，没有获利不是入罪的阻却条件，即使未获利也有可能构成本罪。

（三）本罪的犯罪主体具有多样性

本罪的犯罪主体是内幕信息的知情人员或者非法获取内幕信息的人员。关于“证券交易内幕信息的知情人员”，新《证券法》扩大了内幕信息知情人的范围，规定了九类人员，分别为：（1）发行人及其董事、监事、高级管理人员；（2）持有公司百分之五以上股份的股东及其董事、监事、高级管理人员，公司的实际控制人及其董事、监事、高级管理人员；（3）发行人控股或者实际控制的公司及其董事、监事、高级管理人员；（4）由于所任公司职务或者因与公司业务往来可以获取公司有关内幕信息的人员；（5）上市公司收购人或者重大资产交易方及其控股股东、实际控制人、董事、监事和高级管理人员；（6）因职务、工作可以获取内幕信息的证券交易场所、证券公司、证券登记结算机构、证券服务机构的有关人员；（7）因职责、工作可以获取内幕信息的证券监督管理机构工作人员；（8）因法定职责对证券的发行、交易或者对上市公司及其收购、重大资产交易进行管理可以获取内幕信息的有关主管部门、监管机构的工作人员；（9）国务院证券监督管理机构规定的可以获取内幕信息的其他人员。

实践中，内幕信息知情人员主要集中于“由于所任公司职务或者因与公司业务往来可以获取公司有关内幕信息的人员”以及“发行人及其董事、监事、高级管理人员”。

关于“非法获取内幕信息的人员”，《最高人民法院、最高人民检察院关于办理内幕交易、泄露内幕信息刑事案件具体应用法律若干问题的解释》第二条规定了三类人员，即非法手段型获取内幕信息的人员、特定身份型获取内幕信息的人员和积极联系型获取内幕信息的人员。实践中，非法获取内幕信息人员集中于后两类，即属于内幕信息知情人的近亲属或者其他关系密切的人员，或者与内幕信息知情人员联络、接触而获知内幕信息的人员。

单位也可以构成本罪。单位犯罪的，实行双罚制，既对单位判处罚金，又要处罚单位中直接负责的主管人员和其他直接责任人员。

（四）实践中构成本罪的行为人被判处的量刑相对较轻

我国《刑法》规定，构成本罪情节严重的，处五年以下有期徒刑或者拘役，并处或者单处违法所得一倍以上五倍以下罚金；情节特别严重的，处五年以上十年以下有期徒刑，并处违法所得一倍以上五倍以下罚金。

实践中，大部分案件未达到“情节特别严重”的标准，行为人被判处的刑罚大都在三年以下，在少数达到“情节特别严重”标准的案件中，大多数行为人被判处的量刑在六年以下。

二、裁判要点

266 商谈重大资产重组并形成合作框架在公开披露前属于内幕信息

裁判要点

商谈重大资产重组并形成合作框架，该事项在公开披露前属于内幕信息。

裁判思路

基本案情[①]**：**

2009年1月，某所欲通过南京地区一家上市公司进行资产重组从而借壳上市。2月初，某所与南京市某县政府就投资合作及收购某公司的国有股份等事宜进行商谈，双方经商洽和实地考察，均表达了合作的意向。3月6日，由某所草拟的《合作框架》形成初稿，条款包括某县政府将所持的某公司部分股权转让给某所，使该所成为某公司第一大股东、实际控制人等内容。

3月23日，杜某库到下属的某所等单位考察。某所所长、副总经济师向其汇报了某所准备收购南京地区股份制企业借壳上市的内容。3月29日，杜某库通过互联网检索，得出唯一符合借壳条件的公司是高某陶瓷。3月31日，杜某库参加某所搬迁仪式期间，南京市政府领导就某所收购重组事宜出面协调，使其确信某所拟借壳公司为高某陶瓷公司。次日，杜某库将某所欲重组高某陶瓷公司的信息告知其妻刘某华，双方均同意购买高某陶瓷股票。

① 案件来源：杜某库等内幕交易、泄露内幕信息案【江苏省无锡市中级人民法院（2011）锡刑二初字第0002号】（2012年5月22日最高人民法院发布的内幕交易、泄露信息犯罪典型案例）。

4月2日至4月20日，杜某库单独操作买入高某陶瓷股票累计223000股，交易金额1542185.52元，获利2470351.38元；杜某库、刘某华共同操作买入高某陶瓷股票累计137100股，交易金额966946.91元，获利1739692.46元。

4月20日，某公司宣布公司控股股东正筹划重大资产重组事项，公司股票自4月21日起停牌。5月22日，某公司股票复牌交易后价格上扬，连续10个交易日封于涨停。

争议焦点：被告人杜某库获取的信息是否属于内幕信息?

辩护意见：

被告人杜某库的辩护人辩称：杜某库获取的信息不是内幕信息。

法院认为：

根据《证券法》规定，内幕信息是指证券交易活动中，涉及公司的经营、财务或者对该公司证券的市场价格有重大影响的尚未公开的信息，包括持有公司百分之五以上股份的股东或者实际控制人，其持有股份或者控制公司的情况发生较大变化；公司股权结构的重大变化等重大事件信息。

本案中，杜某库从某所罗某等人处获悉并告知刘某华的信息，具有真实性和秘密性。

首先，从参与主体和内容看，某公司资产重组涉及控股31.33%的股东转让股权，属于持有公司百分之五以上股份的股东，持有股份、控制公司的情况发生变化的重大事件；由某所受让股权，拟成为第一大股东，属于公司股权结构的重大变化。上述事项均是法定的内幕信息。

其次，从时间上看，2009年3月6日的《合作框架》是该内幕信息的第一次书面化，虽有双方对洽谈重组方案几易其稿、不断完善的过程，但所涉某所受让某公司国有股并成为该公司第一大股东和实际控制人的内容始终被保留，即某所重组某公司借壳上市的工作已经展开，该重组信息始终是真实的。

再次，从知情范围看，自2009年3月6日双方形成《合作框架》初稿，到4月20日某公司发布停牌公告、向社会公开披露重大资产重组事项前，该内幕信息的知悉人控制在很小的范围内，因而具有秘密性，完全符合内幕信息尚未公开的法定要求。

最后，从影响力看，因某公司于停牌期间发布一系列公告信息，在2009年5月22日复牌交易后，某公司股票连续涨停，充分说明资产重组事项对该股票价格的重大影响。

因此，中国证监会关于某所与某县政府商谈重组某公司并形成合作框架，该事项在公开披露前属于内幕信息，价格敏感期为2009年3月6日至4月20日的认定意见，有事实和法律依据……

裁判结果

一、被告人杜某库犯内幕交易罪，判处有期徒刑六年，并处罚金人民币四百二十五万元。

二、被告人刘某华犯内幕交易、泄露内幕信息罪，判处有期徒刑三年，并处罚金人民币四百二十五万元。

三、侦查机关扣押的被告人杜某库、刘某华违法所得人民币4210043.84元予以没收，上缴国库。

267 上市公司筹划重大投资行为的事项在公开披露前属于内幕信息

裁判要点

上市公司筹划重大投资行为的事项在公开披露前属于内幕信息。

裁判思路

基本案情[①]**：**

2014年，东营和某投资在塔吉克斯坦注册设立中某石油。2015年1月13日，吉某科技成为和某投资的控股股东，被告人宋某军持有和某投资34%的股权，为和某投资的法定代表人。

2015年3月、4月，马某岳作为和某投资的股东，了解到哈萨克斯坦某炼油厂闲置。5月、6月，马某岳向代表吉某科技参与中某石油项目管理工作的郭某祥汇报，并建议由吉某科技收购某炼油厂，以获取哈萨克斯坦的原油配额、解决中某石油的原油采购问题。马某岳另向宋某军汇报、咨询考察和收购某炼油厂在技术装置等方面需要注意的事项。6月4日，马某岳办理了签证，准备赴哈萨克

① 案件来源：宋某军内幕交易、泄露内幕信息案【山东省东营市中级人民法院（2017）鲁05刑初3号】。

斯坦进一步了解某炼油厂的原油配额、设备等情况。7 月 15 日，马某岳根据宋某军的指导意见起草了《哈萨克斯坦谈判注意事项》，通过其个人邮箱发送至宋某军邮箱。8 月 19 日，吉某科技公告停牌，称正在筹划收购位于哈萨克斯坦的某炼油厂。

7 月 20 日至 8 月 5 日，宋某军安排季某使用宋某军实名证券账户多次为其交易吉某科技股票，共计买入吉某科技股票 1648520 股，成交金额 22853030.95 元，共计盈利 5066388.77 元。

法院认为：

《证券法》[①] 第七十五条规定，证券交易活动中，涉及公司的经营、财务或者对该公司证券的市场价格有重大影响的尚未公开的信息，为内幕信息。根据法律规定，公司的重大投资行为和重大的购置财产的决定、公司分配股利或者增资的计划以及国务院证券监督管理机构认定的对证券交易价格有显著影响的其他重要信息都属于内幕信息。

本案中，吉某科技 2015 年 8 月 19 日停牌，虽当时并未与收购方签定合作意向书，但吉某科技确有收购某炼油厂的意向并与对方进行过实际协商。最终收购结果虽无法确定，但不能否认停盘公告信息具有可能性和现实性。另外，该信息属于上市公司重大的投资行为，已具备内幕信息重要性和非公开性的特征，具有了影响股价波动的价格敏感性的特征。故吉某科技筹划收购哈萨克斯坦的某炼油厂的事项在公开披露前，属于《证券法》规定的内幕信息……

裁判结果

一、被告人宋某军犯内幕交易罪，判处有期徒刑三年，缓刑五年，并处罚金人民币六百万元。

……

① 此处《证券法》为 2014 年修正版。

268 订立对公司的资产、负债等产生重要影响的合同在未公开披露前属于内幕信息

裁判要点

公司订立可能对公司的资产、负债、权益和经营成果产生重要影响的重要合同的相关信息在未公开披露前属于内幕信息。

裁判思路

基本案情①：

被告人陈某红自2013年1月起担任天某光电总经理。2013年8月，上海超某董事长倪某向天某光电董事长冯某提出将上海超某空闲厂房和设备出租给天某光电以便用租金抵偿欠天某光电债务的方案。冯某在征求陈某红等人意见后，于同年9月5日与倪某就上述方案达成合意。

同年9月18日，冯某在天某光电高管会议上向陈某红、天某光电董事会副总经理吕某等人通报了上述方案。同月20日至23日，吕某受指派考察并对相关租金进行了测算和汇报。此后，天某光电经与上海超某进一步协商，于同年11月1日签订《合作生产经营协议书》。同月2日，上海超某发布关于签订上述协议的公告。

2013年9月初，被告人刘某从陈某红处获悉用租金抵偿债务方案的信息。同年9月11日至13日，刘某指使他人利用实际控制的证券账户共计买入天某光电31万余股。同月25日10时左右，刘某指使他人将10万股天某光电予以出售。25日13时许，刘某与陈某红电话联系，时长达25分钟余。次日，刘某指使他人购入天某光电，并开始抛售其他股票用于买入天某光电。2013年11月6日，刘某指使他人抛出所持有的全部天某光电股票。至此，刘某共计购入天某光电319万余股，总成交金额为2336万余元，获利139万余元。

一审法院认为，陈某红犯泄露内幕信息罪，判处有期徒刑五年六个月，并处

---

① 案件来源：陈某红等泄露内幕信息、内幕交易案【上海市高级人民法院（2015）沪高刑终字第140号】。

罚金人民币一百五十万元；刘某犯内幕交易罪，判处有期徒刑三年，缓刑五年，并处罚金人民币一百四十万元。宣判后，陈某红不服，提起上诉。

二审法院认为：

……《证券法》[①] 第七十五条、第六十七条第二款第三项规定，证券交易活动中，涉及公司的经营、财务或者对该公司证券的市场价格有重大影响的尚未公开的信息，为内幕信息；内幕信息包括可能对上市公司股票交易产生较大影响的重大事件；重大事件包括公司订立重要合同，可能对公司的资产、负债、权益和经营成果产生重要影响。

天某光电与上海超某以租抵债合作生产经营协议的签订，将对本公司的负债、经营成果等产生重要影响，利好股价，实际股票价格走势也印证了合同签订的重要性，因此，相关信息具有重大性，在公告前具有未公开性，根据前述法律规定，属于内幕信息……

裁判结果

驳回上诉，维持原判。

269 因所任职务参与改革重组相关会议，知悉资产重组内幕信息的，为内幕信息知情人

裁判要点

行为人由于所任公司职务参与公司改革重组相关会议，知悉资产重组内幕信息的，应当被认定为内幕信息知情人。

裁判思路

基本案情[②]：

2011 年 10 月，深圳广某集团启动并实施深圳有线广播电视网络的改革重组

---

① 此处《证券法》系 2005 年修订版。

② 案件来源：徐某庭内幕交易、泄露内幕信息案【广东省高级人民法院（2015）粤高法刑二终字第 134 号】。

工作，拟将天某公司、深圳市天某广播电视网络股份有限公司分离后的网络资产和业务，以定向增发的方式注入天某视讯，相关信息经中国证监会认定为内幕信息，内幕信息的敏感期为2011年10月18日至2012年6月11日。

被告人徐某庭是天某公司副总经理，参与了2010年10月18日天某公司总经理办公（扩大）会议，并参与研究《关于有线广播电视网络改革重组若干意见的函》及有关起草说明，知道深圳市广播电视网络改革重组的工作情况；徐某庭还参加了2011年12月27日天某公司经营班子的考评会、2012年2月2日天某公司广电网络改革座谈会等重要会议，知悉“深圳广某集团改革重组”“台网分离”“天某公司并入天某视讯”等重大资产重组的内幕信息进展情况。

在内幕信息敏感期间，徐某庭于2012年2月7日开始，多次买入、卖出天某视讯股票。其间，合计买入113500股，成交金额人民币1889346元，卖出113500股。徐某庭成交金额共计人民币1934770元，盈利人民币32016.88元。

一审法院认为，徐某庭犯内幕交易、泄露内幕信息罪，判处有期徒刑五年，并处罚金人民币五万元。后徐某庭不服，提起上诉。

二审法院认为：

徐某庭是否属于内幕信息知情人认定问题。徐某庭上诉提出其不是内幕信息知情人。经查，徐某庭是天某视讯的交易对方天某公司的副总经理，其参与了2010年10月18日天某公司总经理办公（扩大）会议，并参与研究《关于有线广播电视网络改革重组若干意见的函》及有关起草说明，知道深圳市广播电视网络改革重组的工作情况；徐某庭还参加了2011年12月27日天某公司经营班子的考评会、2012年2月2日天某公司广电网络改革座谈会、2012年2月7日天某公司总经理办公会、2012年2月28日天某公司总经理办公会，知悉“深圳广某集团改革重组”“台网分离”“天某公司并入天某视讯”等重大资产重组的内幕信息进展情况。上述事实有多名证人证言、会议纪要、会议记录、会议签到表、《关于宝安区有线广播电视网络改革重组若干意见的函》（代拟稿）及起草说明等书证以及徐某庭本人供述等证据证实。根据中国证监会有关认定函的意见，依照《证券法》[①] 第七十四条第四项的规定，应认定徐某庭属于内幕信息知情人，依法应承担内幕信息的保密义务。上诉人徐某庭上诉及其辩护人提出徐某庭未参加过天某视讯重组的任何相关会议，其不属于内幕信息知情人与查明事实不符……

---

① 此处《证券法》系2005年修订版。

裁判结果

驳回上诉，维持原判。

270 国家工作人员因履职而获取对证券交易价格具有重大影响的、尚未公开的信息的，属于内幕信息的知情人员

裁判要点

国家工作人员因履行工作职责而获取对证券交易价格具有重大影响的、尚未公开的信息的，属于内幕信息的知情人员。

裁判思路

基本案情[①]：

2009 年 2 月至 4 月，被告人刘某春受某市人民政府指派，代表某市经济委员会参与中国某科技集团公司某研究所及其下属企业国某集团有限公司与县人民政府洽谈重组江苏高某陶瓷股份有限公司过程，在涉及对证券交易价格有重大影响的信息尚未公开前，将该信息告知被告人陈某玲。

后刘某春、陈某玲经共谋，在价格敏感期内，以出售所持其他股票、向他人借款人民币 400 万元所得资金，并使用其家庭控制的股票账户，由陈某玲在其办公室通过网上委托交易方式先后买入共计 614022 股的高某陶瓷流通股，抛出后非法获利人民币 7499479.22 元。

争议焦点：被告人刘某春作为国家工作人员，因履行工作职责参与上市公司的重组洽谈，是否属于内幕信息的知情人员?

辩护意见：

被告人刘某春辩称：其仅是某所与县人民政府商谈重组高某陶瓷公司的牵线联系人，对于重组的谈判过程、谈判能否成功其不清楚，其不是内幕信息知情人。

---

① 案件来源：刘某春、陈某玲内幕交易案【江苏省南通市中级人民法院（2010）通中刑二初字第 0005 号】【《最高人民法院公报》2013 年第 1 期（总第 195 期）】。

被告人刘某春的辩护人认为：刘某春是政府机关公务人员，作为内幕交易罪的犯罪主体不适格。

法院认为：

……根据《刑法》第一百八十条的规定，内幕信息的知情人员范围，依照法律、行政法规的规定确定。根据《证券法》[①] 第七十四条的规定，证券交易内幕信息的知情人包括相关公司人员、证券监管人员以及国务院证券监督管理机构规定的其他人。

本案中，被告人刘某春代表某市经济委员会，作为某所与县人民政府洽谈某所对高某陶瓷公司资产重组事项的某市政府部门联系人，参与了重组过程，在此期间，洽谈双方均多次告知刘某春合作谈判的进展情况，刘某春也多次向某市人民政府分管领导进行汇报。刘某春是因其担任的行政机关职务、履行其工作职责而获悉了内幕信息。刘某春在价格敏感期内外借巨资买入巨额高某陶瓷股票、牟取巨额利益的行为，也充分证明其是内幕信息知情人。作为国务院证券监督管理机构的中国证监会作出刘某春属于《证券法》第七十四条规定的证券交易内幕信息知情人的认定，有充分的事实依据和法律依据，应予采信。刘某春关于其不是内幕信息知情人的辩解及其辩护人关于刘某春是政府机关公务人员、作为内幕交易罪的犯罪主体不适格的辩护意见均不能成立……

裁判结果

一、被告人刘某春犯内幕交易罪，判处有期徒刑五年，并处罚金人民币七百五十万元。

二、被告人陈某玲犯内幕交易罪，免予刑事处罚。

三、被告人刘某春、陈某玲违法所得人民币 7499479.22 元予以追缴，上缴国库。

---

① 此处《证券法》系 2005 年修订版。

271 内幕信息知情人员的近亲属或者其他与内幕信息知情人员关系密切的人员，只要获取内幕信息，就属于非法获取内幕信息的人员

裁判要点

内幕信息知情人员的近亲属或者其他与内幕信息知情人员关系密切的人员，无论是主动获取还是被动获取内幕信息，均属于非法获取内幕信息的人员。

裁判思路

基本案情①**：**

2013 年 11 月 7 日，江苏东某电器第一大股东孙某一与金某智汇沟通确认将书面全权委托金某智汇代其处理股份减持及东某电器的重组等事宜。时任金某智汇负责人的薛某一参与了东某电器与贵州邦某能源有限公司、合肥国某高科动力能源有限公司的重组事宜，系东某电器重组的内幕信息知情人。

2013 年 11 月中旬，被告人陈某啸到薛某一家咨询股权转让事项，后陈某啸于 2013 年 11 月 18 日至 2014 年 1 月 24 日，使用其本人证券账户买入东某电器共计 247.843 万股，成交金额计 1628.07455 万元。2014 年 2 月至 3 月，陈某啸与薛某一多次联络、接触，在内幕信息敏感期内薛某一安排其弟媳朱某借给陈某啸 3100 万元，陈某啸将该笔资金全部买入东某电器股票。之后，陈某啸又通过质押东某电器股票融资 2200.147 万元，继续买入东某电器股票。2013 年 11 月 18 日至 2014 年 3 月 31 日，陈某啸在其本人证券账户内共买入东某电器股票 1022.1469 万股，成交金额 6919.690825 万元。

2014 年 4 月 1 日东某电器股票停牌，同年 9 月 10 日东某电器公告重大资产重组信息并复牌；陈某啸于 2014 年 9 月 19 日和 24 日两个交易日将上述东某电器股票全部卖出，获利 10381.658135 万元。

一审法院认为，陈某啸犯内幕交易、泄露内幕信息罪，判处有期徒刑七年，

---

① 案件来源：陈某啸内幕交易、泄露内幕信息案【安徽省高级人民法院（2020）皖刑终 16 号】（最高人民法院发布的依法惩处证券、期货犯罪典型案例）。

并处罚金人民币 1.5 亿元。后陈某啸不服，提起上诉。

二审法院认为：

经二审审查，中国证监会出具的认定函认定，薛某一系该案交易股票的内幕信息知情人；《最高人民法院、最高人民检察院关于办理内幕交易、泄露内幕信息刑事案件具体应用法律若干问题的解释》及《证券法》第七十四条规定，薛某一属于“国务院证券监督管理机构规定的其他人”……薛某一作为内幕信息知情人，陈某啸系非法获取内幕信息的人员，两种不同的身份，法律作出了不同的定罪标准；《最高人民法院、最高人民检察院关于办理内幕交易、泄露内幕信息刑事案件具体应用法律若干问题的解释》规定，非法获取证券内幕信息的人员包括非法手段型获取内幕信息的人员、特定身份型获取内幕信息的人员和积极联系型获取内幕信息的人员三类。其中，特定身份型获取内幕信息的人员是指内幕信息知情人员的近亲属或者其他与内幕信息知情人员关系密切的人员（包括基于学习、工作产生的关系，如同学、校友），这类人员无论是主动获取还是被动获取内幕信息，均属于非法获取内幕信息的人员。本案中，陈某啸从薛某一处既有被动获取也有主动获取内幕信息的行为，故陈某啸属于非法获取内幕信息的人员。

裁判结果

驳回上诉，维持原判。

272 与内幕信息知情人关系密切的人员，在敏感期内交易与内幕信息有关的股票，交易行为明显异常，属于非法获取内幕信息的人员

裁判要点

与内幕信息知情人关系密切的人员，交易与内幕信息有关的股票的时间与内幕信息的形成、变化时间基本一致，相关交易行为明显异常，应当被认定为非法获取内幕信息的人员。

裁判思路

基本案情[①]**：**

2011 年 10 月 11 日，广东省文化体制改革工作领导小组启动县（市、区）广电网络改革重组工作。10 月 18 日，深圳广某集团上报了天某视讯通过向控股股东深圳广某集团等特定对象发行股份整合深圳某宝广播电视网络股份有限公司以及天某广播电视网络股份有限公司网络资产等事项。上述事项包括“深圳广某集团改革重组”“台网分离”“天某公司和天隆公司并入天某视讯公司”等内容，经中国证监会认定为内幕信息，内幕信息价格敏感期为 2011 年 10 月 18 日至 2012 年 6 月 11 日（天某视讯股票复牌日）。

被告人倪某琴自 2008 年开始担任深圳市委宣传部国有文化资产监督管理办公室主任，2011 年担任副巡视员，参与了深圳广某集团网络资产整合的协调工作，是本案内幕信息知情人。被告人胡某和与倪某琴有亲戚关系，倪某琴于 2011 年 10 月到 2012 年 3 月，将该内幕信息泄露给胡某和。胡某和从 2011 年 10 月 24 日至 2012 年 3 月 28 日，通过其控制的证券账户共买入天某视讯股票 183 万余股，交易金额为人民币 3168 万余元。

一审法院认为，倪某琴犯内幕交易、泄露内幕信息罪，判处有期徒刑六年，并处罚金人民币一千元；胡某和犯内幕交易罪，判处有期徒刑五年六个月，并处罚金人民币一千元。宣判后，倪某琴、胡某和等人不服，提起上诉。

争议焦点：与内幕信息知情人关系密切的人员，交易与内幕信息有关的股票，是否属于非法获取内幕信息的人员？

辩护意见：

胡某和及其辩护人提出：胡某和没有获取内幕信息，凭网络信息和经验、技术指标交易天某视讯，不构成内幕交易。

二审法院认为：

1. 胡某和交易天某视讯股票与内幕信息的形成、变化时间基本一致，相关交易行为明显异常。2011 年 10 月 18 日，深圳广某集团向深圳市委宣传部部长王某生直接上报《关于加快推进全市有线广电网络改革重组工作有关问题的请示》。10 月 24 日，胡某和买入天某视讯股票 9 万多股。2012 年 1 月初，深圳广

---

① 案件来源：倪某琴、胡某和内幕交易、泄露内幕信息案【广东省高级人民法院（2015）粤高法刑二终字第 151 号】。

某集团向深圳市委宣传部汇报称与宝安、龙岗区就广电网络改革重组基本达成一致意见，后根据会议精神于2012年1月11日上报正式请示件。胡某和于2012年1月9日买入天某视讯股票9万多股。2月28日，深圳广某集团向深圳市委宣传部呈报《关于推进全市有线广电网络改革重组工作的请示》，倪某琴提出3月2日停牌、签约的意见。3月1日，倪某琴与胡某和通话。胡某和于3月2日、5日、6日连续购买天某视讯84万股，交易金额1512万元，且于3月2日、5日亏损卖出长江传媒共计979177股，3月5日、6日亏损卖出ST源发共计553400股。3月23日，深圳市委宣传部要求深圳广某集团等单位于3月31日之前签署协议，确定停牌时间。倪某琴于3月23日与胡某和通话。胡某和3月23日购买327600股天某视讯，并于26日至28日连续增仓天某视讯441028股。在此期间，胡某和曾卖出部分天某视讯股票，但是总体上在大量买入天某视讯股票，其交易天某视讯股票与内幕信息的形成、变化时间基本一致，相关交易行为应认定为交易明显异常。

2. 胡某和辩解依照网络信息、技术、经验交易天某视讯的理由不成立。虽然东某财富网股吧有天某视讯改革重组的有关信息，但是这些信息很早之前已出现，其内容不客观，且曾被证伪，可信度很低。在中国证监会发现胡某和天某视讯股票交易行为异常找其调查时，胡某和却在较长时间内避而不见，并更换手机号码。胡某和辩称主要依据东某财富网信息和技术指标以及本人经验交易天某视讯与上述事实矛盾。胡某和与倪某琴有亲戚关系，且胡某和曾借过大额款项给倪某琴夫妻购房，两家关系较亲近，胡某和因为生活和企业业务、转型投资等与倪某琴经常联系。因此，胡某和与倪某琴属于关系密切的人员。而且，倪某琴供述2011年10月至2012年3月，胡某和曾向其了解深圳广电网络改革重组的有关信息。根据上述事实，依照《最高人民法院、最高人民检察院关于办理内幕交易、泄露内幕信息刑事案件具体应用法律若干问题的解释》第二条、第三条的规定，胡某和作为与天某视讯改革重组内幕信息知情人（即倪某琴）关系密切的人员，在内幕信息敏感期内，交易天某视讯股票，相关交易行为明显异常，应当认定为非法获取内幕信息的人员……

裁判结果

驳回上诉，维持原判。

273 内幕信息知情人对公司筹划收购的资产准备考察的时间，应认定为内幕信息敏感期的形成时间

裁判要点

内幕信息知情人对公司筹划收购的资产准备考察的时间，属于内幕信息的动议、筹划，执行者动议、筹划、执行的初始时间，应认定为内幕信息敏感期的形成时间。

裁判思路

基本案情①**：**

2014 年，东营和某投资在塔吉克斯坦注册设立中某石油。2015 年 1 月 13 日，吉某科技成为和某投资的控股股东，被告人宋某军持有和某投资 34%的股权，为和某投资的法定代表人。

2015 年 3 月、4 月，马某岳作为和某投资的股东，了解到哈萨克斯坦某炼油厂闲置。2015 年 5 月、6 月，马某岳向代表吉某科技参与中某石油项目管理工作的郭某祥汇报，并建议由吉某科技收购某炼油厂，以获取哈萨克斯坦的原油配额、解决中某石油的原油采购问题。马某岳另向宋某军汇报、咨询考察和收购某炼油厂在技术装置等方面需要注意的事项。6 月 4 日，马某岳办理了签证，准备赴哈萨克斯坦进一步了解某炼油厂的原油配额、设备等情况。7 月 15 日，马某岳根据宋某军的指导意见起草了《哈萨克斯坦谈判注意事项》，通过其个人邮箱发送至宋某军邮箱。8 月 19 日，吉某科技公告停牌，称正在筹划收购位于哈萨克斯坦的某炼油厂。

7 月 20 日至 8 月 5 日，宋某军安排季某使用宋某军实名证券账户多次为其交易吉某科技股票，共计买入吉某科技股票 1648520 股，成交金额 22853030. 95 元，共计盈利 5066388. 77 元。

法院认为：

……关于内幕信息敏感期的形成时间，《最高人民法院、最高人民检察院关

---

① 案件来源：宋某军内幕交易、泄露内幕信息案【山东省东营市中级人民法院（2017）鲁 05 刑初 3 号】。

于办理内幕交易、泄露内幕信息刑事案件具体应用法律若干问题的解释》第五条规定，影响内幕信息形成的动议、筹划、决策或者执行人员，其动议、筹划、决策或者执行初始时间，应当认定为内幕信息的形成之时。

本案中，马某岳作为吉某科技控股公司和某投资的股东，负责为和某投资的全资项目中某石油寻找油源，在其履职过程中，向吉某科技总经理郭某祥推荐由吉某科技收购某炼油厂获取哈萨克斯坦的原油配额，以解决中某石油的原油采购问题的建议，并根据高某、郭某祥安排，实际从事收购考察和谈判工作，参与合作意向书的签订。马某岳因其职务行为而获悉该内幕信息，属于内幕信息知情人。其虽不能直接对“吉某科技筹划收购哈萨克斯坦的某炼油厂的事项”的内幕信息具有决策权，但其推荐、考察属于司法解释规定的“动议、筹划、执行人员”。马某岳作为该内幕信息的动议、筹划、执行者，在2015年6月4日申请签证决定赴哈萨克斯坦考察某炼油厂时，即至迟已属于其动议、筹划的初始时间。不能因为马某岳不能代表吉某科技作出最终是否收购的决策，而否认其在该筹划收购事项中的影响力和作用。因此，本案中认定内幕信息的敏感期形成之时为2015年6月4日并无不当……

裁判结果

一、被告人宋某军犯内幕交易罪，判处有期徒刑三年、缓刑五年，并处罚金人民币六百万元。

……

274 公司筹划资产重组的初始时间应认定为内幕信息的形成时间

裁判要点

公司筹划资产重组的初始时间应认定为内幕信息的形成时间。

裁判思路

基本案情[①]**：**

被告人李某忠系被告单位北京嘉某德兴投资有限公司（以下简称嘉某德兴公司）的实际控制人。乙公司系上海证券交易所上市公司。被告人程某罡系乙公司董事会秘书。2014 年下半年，乙公司的控股股东甲集团拟通过资产重组方式扭转乙公司的亏损局面，并于 2014 年 8 月形成了初步资产重组方案。程某罡邮箱于 8 月 12 日收到该报告方案。

2015 年 4 月 7 日，程某罡接丙电话通知向丙汇报乙公司基本经营情况和资本运营情况，程某罡随即向甲集团权益部索要了重组报告。4 月 9 日上午，程某罡获悉乙公司是丙推进资产重组的重点公司之一。4 月 10 日下午，乙公司股票涨停，经程某罡提议，乙公司向上海证券交易所申请停牌。4 月 13 日，乙公司股票正式停牌。

2014 年 8 月至 2015 年 4 月 10 日，程某罡将乙公司即将进行资产重组的内幕信息泄露给李某忠，李某忠安排他人卖出账户内其他股票并融资筹款，于 4 月 10 日集中买入乙股票 1431.1755 万股，成交金额 23200.495072 万元。从 2015 年 11 月 19 日起，李某忠安排他人将乙公司股票陆续卖出。经上海证券交易所计算，上述股票交易违法所得共计 3646.897611 万元。

2016 年 9 月 30 日，中国证监会认定：乙公司 2015 年 4 月 25 日发布重大资产重组的停牌公告所涉重大资产重组事项属于内幕信息，内幕信息敏感期为 2014 年 8 月 12 日至 2015 年 4 月 25 日。

法院认为：

……2014 年，甲集团即开始筹划本次重组，拟将旗下部分军品业务资产及丁业务注入乙公司，通过资产重组方式扭转乙公司的亏损局面，并于 2014 年 8 月形成了初步资产重组方案。与最终确定的重组方案相比，虽然交易金额和收购的公司发生部分改变，但交易标的资产都为甲集团及其下属子公司资产，且都为甲集团的石油机械板块，标的资产类型基本未改变。甲集团在重组过程中具有主导作用，影响内幕信息的形成。根据《最高人民法院、最高人民检察院关于办理内幕交易、泄露内幕信息刑事案件具体应用法律若干问题的解释》第五条规

---

① 案件来源：北京嘉某德兴投资有限公司内幕交易、泄露内幕信息罪案【重庆市第一中级人民法院（2018）渝 01 刑初 31 号】。

定，内幕信息敏感期是指内幕信息自形成至公开的期间，影响内幕信息形成的动议、筹划、决策或者执行人员，其动议、筹划、决策或者执行初始时间，应当认定为内幕信息的形成之时。故甲集团筹划重组的初始时间应认定为内幕信息的形成时间，即不晚于程某罡于 2014 年 8 月 12 日收到重组报告草案的邮箱显示时间。中国证监会对内幕信息敏感期的认定准确……

裁判结果

一、被告单位嘉某德兴公司犯内幕交易罪，判处罚金人民币五千万元。

二、被告人李某忠犯内幕交易罪，判处有期徒刑三年，缓刑四年。

三、被告人程某罡犯泄露内幕信息罪，判处有期徒刑五年六个月，并处罚金人民币三千六百五十万元。

……

275 与内幕信息知情人员关系密切的人员，在内幕信息敏感期内，从事与该内幕信息有关的证券交易，交易异常且无正当理由的，应被认定为非法获取了内幕信息

裁判要点

与内幕信息知情人员关系密切的人员，在内幕信息敏感期内，从事与该内幕信息有关的证券交易，相关交易行为明显异常，且无正当理由或者正当信息来源的，应当认定为行为人非法获取了内幕信息。

裁判思路

基本案情[①]**：**

2011 年 6 月至 9 月，三某科技与扬某公司多次就收购扬某公司一事进行商议。同年 10 月 19 日，三某科技将《购买初步方案》发给扬某公司。2012 年 2 月 17 日，三某科技停牌。同年 4 月 25 日，三某科技公告发行股份购买扬某公

① 案件来源：黄某芳内幕交易、泄露内幕信息案【浙江省台州市中级人民法院（2014）浙台刑二初字第 4 号】。

司资产事项并复牌。

经中国证监会认定，上述三某科技拟发行股份购买扬某公司资产的事项在公开前属于《证券法》规定的内幕信息，内幕信息敏感期为2011年10月19日至2012年4月25日。

被告人黄某芳与三某科技董事长卢某关系密切，非法获悉上述内幕信息后，控制并使用本人及其亲属的9个证券账户，于2011年10月24日至2012年2月17日，即内幕信息敏感期内买入三某科技股票2576481股，成交额为人民币23385480.18元，卖出742537股，成交额为人民币7353657.61元，其余股票未抛售。上述交易非法获利共计2060904.57元（其中卖出股票获利40余万元）。

法院认为：

……从被告人黄某芳控制的九个证券账户交易清单显示，在2007年11月至2011年1月虽曾经断断续续购买过三某科技，但每次交易金额没有超过200万元，特别是2011年以来，都以打新股为主，其中黄某丙、潘某、黄某甲自2011年5月至10月23日以空仓为主，而自2011年10月24日至三某科技停牌之日前，其控制的账户陆续购入三某科技股份2000多万元，且基本上是持单一股票。依照《最高人民法院、最高人民检察院关于办理内幕交易、泄露内幕信息刑事案件具体应用法律若干问题的解释》规定，被告人黄某芳与三某科技董事长卢某关系密切，所以在三某科技内幕信息敏感期内，买入三某科技数额特别巨大，该交易行为明显异常，且无正当理由或正当信息来源，依法可认定被告人黄某芳于2011年10月24日前就非法获取了三某科技的内幕信息。

裁判结果

一、被告人黄某芳犯内幕交易罪，判处有期徒刑三年，缓刑四年，并处罚金人民币八十万元。

二、被告人黄某芳已退缴的违法所得2060904.57元予以没收，上缴国库。

276 内幕信息敏感期内，与知情人接触，从事或者明示他人从事与该内幕信息有关的证券交易，交易行为异常且无正当理由的，应认定为内幕交易

裁判要点

行为人在内幕信息敏感期内，与内幕信息知情人员接触，自己从事或明示他人从事与该内幕信息有关的证券交易，相关交易行为明显异常，且无正当理由或正当信息来源的，应当认定为行为人构成内幕交易。

裁判思路

基本案情[①]：

鼎某公司系上市公司。智某公司于2006年7月成立，被告人汪某某于2013年1月16日起担任该公司副总经理职务，系高级管理人员。2014年3月，鼎某公司与智某公司的高层人员开始就并购重组事宜展开多轮磋商和互访，最终达成共识。同年5月30日，“世纪鼎某”股票停牌。鼎某公司随后发布了重大资产重组的公告，又于同年7月29日发布了收购智某公司100%股权的公告。同年7月30日，“世纪鼎某”股票复牌。汪某某作为智某公司的高级管理人员，虽未直接参与相关并购重组事宜，但于同年4月底在工作中知晓了鼎某公司可能将收购智某公司等内幕信息。

2014年5月2日，汪某某在与姐夫即被告人彭某见面过程中，谈及通信行业内包括鼎某公司等一些上市公司的情况，又于同月28日晚向彭某家中拨打电话。同月29日证券开市后，孙某某应丈夫彭某的要求将两人名下股票账户内全部原有股票予以抛售，再全仓买入“世纪鼎某”股票共计20万余股，成交金额共计人民币361万余元。同日9时53分，彭某在微信群内向他人发送了“推荐一个股票，世纪鼎某，有封盘的可能，4G的，建议满盘杀入”的信息。同年9月，彭某将上述股票陆续卖出，共计获利27万余元。

一审法院以泄露内幕信息罪，判处汪某某有期徒刑三年，并处罚金人民币五

---

① 案件来源：汪某某等泄露内幕信息、内幕交易案【上海市高级人民法院（2016）沪刑终141号】。

十二万元；以内幕交易罪，判处彭某有期徒刑五年，并处罚金人民币五十六万元；以内幕交易罪，判处项某某有期徒刑二年，缓刑二年，并处罚金人民币二十五万元。宣判后，汪某某等人不服，提起上诉。

二审法院认为：

……根据法律规定，内幕信息知情人员的近亲属或者其他与内幕信息知情人员关系密切的人员，在内幕信息敏感期内，与内幕信息知情人员联络、接触，从事或者明示、暗示他人从事，或者泄露内幕信息导致他人从事与该内幕信息有关的证券、期货交易，相关交易行为明显异常，且无正当理由或者正当信息来源的，在涉及证券的发行，证券、期货交易或者其他对证券、期货交易价格有重大影响的信息尚未公开前，买入或者卖出该证券，或者从事与该内幕信息有关的期货交易，或者泄露该信息，或者明示、暗示他人从事上述交易活动，情节严重的，构成内幕交易罪。

彭某系汪某某的姐夫，与其妻以往的交易习惯是前期涨幅大的股票不在选股范围内。在买入世纪鼎某股票的前一日晚，彭某比较了 4G 通信行业的几只概念股，其中世纪鼎某股票是前期涨幅最大的。以前，彭某通常只做自己熟悉的体育产业和政府支持产业的相关股票，并不关注通信板块股票，但在 2014 年 5 月 2 日，汪某某来无锡与彭某聊天中推荐了包括世纪鼎某股票的几只股票后，彭某就研究通信行业相关股票的投资可行性，最终选定了世纪鼎某股票，在同年 5 月 28 日晚与汪某某通过电话后的第二天，即相关并购重组的敏感期内，将两个账户中的原有股票全部抛出，全部买入与内幕信息有关的世纪鼎某股票，相关交易行为明显异常。并于同日在微信朋友圈明示他人从事与该内幕信息有关的证券交易。

综上，彭某与内幕信息知情人员汪某某接触，自己从事并明示他人从事与该内幕信息有关的证券交易，相关交易行为明显异常，且无正当理由或正当信息来源，情节特别严重，彭某的行为符合内幕交易罪的构成要件。原判认定彭某构成内幕交易罪的事实清楚，证据确实、充分，定性正确。上诉人及其辩护人提出彭某不构成内幕交易罪的意见不符合事实与法律规定，本院不予采纳……

裁判结果

驳回上诉，维持原判。

277 获取的内幕信息对促使其交易具有一定影响，就应认定是利用内幕信息从事内幕交易

裁判要点

只要行为人获取的内幕信息对促使其交易决定具有一定影响，就应当认定行为人利用内幕信息从事内幕交易。

裁判思路

基本案情[①]**：**

被告人满某某作为宝某股份对外投资收购项目的合作方康某石油的董事长，系宝某股份对外投资收购资产内幕信息的知情人员。宝某股份对外投资收购资产的信息在未公开披露前属于内幕信息，内幕信息敏感期为2013年9月30日至2014年1月21日。

2013年10月，在内幕信息敏感期内，满某某将该内幕信息泄露给其妻弟被告人孙某甲，孙某甲告诉了其家人。满某某安排孙某甲为其交易宝某股份股票，孙某甲的家人委托孙某甲为他们交易宝某股份股票。

2013年10月16日至2014年2月10日，孙某甲使用他人的证券账户先后买入、卖出宝某股份股票。其中，买入成交金额670.294747万元，卖出成交金额801.547009万元，盈利共计126.03519万元。

争议焦点：如何判断内幕信息知情人是依据内幕信息还是其他信息进行交易的?

辩护意见：

被告人孙某甲辩称：购买宝某股份也有自己技术分析的因素。

孙某甲辩护人提出：孙某甲购买宝某股份的股票不属于从事与内幕信息有关的证券交易，孙某甲具有正当的股票买入理由和信息来源。

---

① 案件来源：满某某、孙某甲内幕交易、泄露内幕信息案【山东省东营市中级人民法院（2016）鲁05刑初14号】。

法院认为：

……判断行为人是利用内幕信息还是依据其他信息进行交易，关键看促使行为人作出交易决定的因素中有无内幕信息的影响。只要行为人获取的内幕信息对促使其交易决定具有一定影响，即帮助其在一定程度上确信从事相关交易必定获得丰厚回报，就应当认定行为人是利用内幕信息从事内幕交易。

本案中，孙某甲关注宝某股份，是基于内幕信息，买入宝某股份并不断加大仓位是基于内幕信息，甚至满某某在加拿大考察谈判期间遥控指挥孙某甲取回270余万元集资款也全部买入宝某股份，也是基于对内幕信息的了解程度。

从被告人孙某甲使用的两个股票账户分析，在2013年10月23日至2014年1月20日资金量异常放大，并不断转入资金且仅买入宝某股份一只股票，所买入的宝某股份绝大部分在内幕信息公开后卖出，两个账户资金变化及交易宝某股份的时间与内幕信息形成、变化、公开的时间高度吻合。

被告人孙某甲及其辩护人所提依据公开信息和自己的判断交易宝某股份的辩解、辩护意见不足以解释孙某甲交易行为的异常，且即使公开信息和行为人自己的判断在交易时起到一定作用，亦不影响对孙某甲利用内幕信息从事内幕交易的认定。对孙某甲购买宝某股份的股票不属于从事与内幕信息有关的证券交易的辩护意见不予采纳……

裁判结果

一、被告人满某某犯内幕交易、泄露内幕信息罪，判处有期徒刑三年，缓刑五年，并处罚金人民币一百七十万元。

被告人孙某甲犯内幕交易、泄露内幕信息罪，判处有期徒刑二年，缓刑三年，并处罚金人民币一百六十五万元。

二、扣押于山东省公安厅的违法所得161.760411万元予以追缴，上缴国库。

278 内幕信息知情人在敏感期内买卖特定证券，是否实际获利不影响对内幕交易犯罪性质的认定

裁判要点

内幕信息知情人在内幕信息敏感期内买卖特定证券，无论获利与否，均不影

响对内幕交易犯罪性质的认定。

裁判思路

基本案情[①]**：**

2007 年 4 月，中某村上市公司拟与鹏某公司进行资产置换，被告人黄某裕作为中某村上市公司的董事及鹏某公司的法定代表人，参与了该项重大资产置换的运作和决策。

在该信息公告前，黄某裕决定并指令他人借用身份证，开立个人股票账户并由其直接控制。2007 年 4 月 27 日至 6 月 27 日，黄某裕使用他人的股票账户，累计购入中某村股票 976 万余股，成交额共计人民币 9310 万余元。至 6 月 28 日该信息公告日时，其实际控制的股票账户的账面收益额为人民币 348 万余元。

2007 年 7 月、8 月，中某村上市公司拟收购鹏某控股公司全部股权进行重组。在该信息公告前，黄某裕指使他人开立相关个人股票账户，并由黄某裕控制，同时安排被告人杜某协助管理以上股票账户。杜某于同年 8 月 13 日至 9 月 28 日，按照黄某裕的指令，指使他人使用上述股票账户，累计购入中某村股票 1.04 亿余股，成交额共计人民币 13.22 亿余元，至 2008 年 5 月 7 日该信息公告日时，上述股票账户的账面收益额为人民币 3.06 亿余元。

争议焦点：内幕信息知情人在内幕信息敏感期内买卖特定证券但未获利，是否构成内幕交易罪？

辩护意见：

黄某裕的辩护人提出：内幕交易的目的在于获利或止损，黄某裕买入股票的目的在于长期持有而非套现获利，且现有证据证明黄某裕买入中某村股票后并未抛售，因此不能认定黄某裕利用内幕信息进行内幕交易。

法院认为：

内幕交易罪侵犯的客体是国家对证券市场交易的管理制度和投资者公平交易、公开交易的合法权益。无论黄某裕在买卖中某村股票时所持何种目的，只要作为内幕信息的知情者，在内幕信息价格交易敏感期内买卖该特定证券，无论是否获利，均不影响对内幕交易犯罪性质的认定。故黄某裕的辩护人所提该项辩护意见不能成立，本院不予采纳……

---

① 案件来源：黄某裕非法经营、内幕交易、泄露内幕信息、单位行贿案【北京市第二中级人民法院（2010）二中刑初字第 689 号】（2012 年 5 月 22 日最高人民法院发布的内幕交易、泄露信息犯罪典型案例）。

裁判结果

被告人黄某裕犯……内幕交易罪，判处有期徒刑九年，并处罚金人民币六亿元。

被告人杜某犯内幕交易罪，判处有期徒刑三年六个月，并处罚金人民币二亿元。

……

279 内幕信息知情人买入内幕信息相关的股票未售出，按该股票复牌后第一个收盘价计算余股市值，认定为违法所得

裁判要点

内幕信息知情人买入内幕信息相关的股票未售出，按该股票复牌后第一个收盘价计算余股市值，认定为行为人的违法所得。

裁判思路

基本案情[①]：

2012 年 7 月，某电测公司拟并购某设备公司。2012 年 11 月 22 日，某电测公司召开会议，与会各方对某电测公司通过定向增发方式并购某设备公司 100% 股权形成一致意见。

2013 年 3 月 4 日，某电测公司在创业板信息披露网站上发布重大资产重组停牌公告。当日，某电测公司股票停牌。6 月 13 日，某电测公司股票复牌。13 日及 14 日、17 日，该股票连续三个交易日涨停。6 月 18 日，该股票收盘时跌幅为 2.41%。上述某电测公司重大资产重组事宜在公开披露前属于《证券法》规定的内幕信息，内幕信息敏感期为 2012 年 11 月 22 日至 2013 年 3 月 4 日。

被告人段某自 2009 年 11 月起担任某电测公司 IPO 项目保荐代表人，负责某电测公司的督导事宜。2012 年 12 月中旬至 2013 年 2 月 2 日，某电测公司董事长康某就重大资产重组的相关问题咨询了作为保荐代表人的段某，并通过段某向某

---

① 案件来源：段某内幕交易、泄露内幕信息案【北京市第二中级人民法院（2016）京 02 刑初 82 号】。

公司就聘请重大资产重组事项的财务顾问正式询价。在此过程中，段某获悉某电测公司将进行重大资产重组，属于内幕信息知情人。

2013年2月6日、18日和28日，段某借用他人证券账户及手机，分别使用他人及自有资金，以手机委托的方式合计买入某电测公司股票46300股，成交金额共计人民币686590元。至2013年6月18日，上述股票账面盈利人民币286173元。

法院认为：

……根据《最高人民法院、最高人民检察院关于办理内幕交易、泄露内幕信息刑事案件具体应用法律若干问题的解释》第十条第一款的规定，违法所得是指通过内幕交易行为所获利益或者避免的损失。本案中，被告人段某所购买的某电测公司股票尚未售出，本院以内幕信息对股票交易价格有无影响及内幕交易行为与违法所得有无因果关系为标准，按某电测公司股票复牌后第一个收盘价打开涨停交易日的收盘价计算余股市值，进而认定2013年6月18日收盘时涉案股票的账面盈利人民币286173元，为段某通过本案内幕交易行为所获利益，并以此所获利益计算段某的违法所得。

裁判结果

被告人段某犯内幕交易罪，判处有期徒刑一年，缓刑一年。

280 内幕信息知情人在敏感期内将内幕信息泄露给他人，明示他人进行股票交易，涉嫌泄露内幕信息罪

裁判要点

内幕信息知情人在内幕信息敏感期内将内幕信息泄露给他人，明示他人进行股票交易，情节严重的，构成泄露内幕信息罪。

裁判思路

基本案情[①]：

2015年1月31日，被告人林某陪同中某物流董事兼华某总经理戴某润、金某对华某物流进行重组考察。之后，华某物流与中某物流就洽谈重组事宜进行多次沟通，林某均参加。同年3月20日，华某物流、中某物流的相关人员举行见面会，达成初步重组意向。林某作为中某物流财务总监参加了会谈。同年7月21日，华某物流发布股票停牌公告。停牌期间，华某物流发布了关于股份并收购中某物流的相关公告。

该内幕信息形成时间不晚于2015年1月31日，公开时间不早于2015年7月21日。

林某参与了上述重组有关事项，是内幕信息知情人，在内幕信息敏感期内，向被告人苏某芝泄露中某物流并购重组内幕消息。苏某芝获悉该内幕交易后利用本人、“谭某斯”两个股票账户买卖华某物流股票，累计买入华某物流股票225800股，成交金额为人民币2632411元，复牌后陆续卖出，合计亏损166288.25元。

法院认为：

被告人林某是内幕信息知情人，在内幕信息敏感期，泄露信息给他人，明示他人进行股票交易，情节特别严重，其行为应当以泄露内幕信息罪追究其刑事责任。公诉机关指控其犯罪的事实和罪名成立，本院应对其行为依法予以惩处。被告人苏某芝在内幕信息敏感期，从内幕信息知情人处获悉内幕信息后进行股票交易，情节特别严重，其行为应当以内幕交易罪追究其刑事责任。公诉机关指控其犯罪的事实和罪名成立，本院应对其行为依法予以惩处。被告人林某、苏某芝因本案事实被行政处罚，可以酌定从轻处罚。被告人林某、苏某芝均主动投案并在归案后如实供述自己的罪行，在法庭审理期间亦能如实供述自己的罪行，可认定为具有自首情节，依法可减轻处罚。被告人林某、苏某芝均自愿认罪认罚且签字具结，依法可从宽处理。公诉机关的量刑建议，本院予以采纳。

---

① 案件来源：林某等泄露内幕信息、内幕交易案【湖南省长沙市天心区人民法院（2021）湘0103刑初24号】。

裁判结果

一、被告人林某犯泄露内幕信息罪，判处有期徒刑二年，缓刑三年，并处罚金人民币三万元。

……

281 内幕信息知情人在敏感期内将内幕信息泄露给他人，导致他人从事相关证券交易，涉嫌泄露内幕信息罪

裁判要点

内幕信息知情人在内幕信息敏感期内将工作中获取的内幕信息泄露给他人，导致他人从事相关证券交易，情节严重的，构成泄露内幕信息罪。

裁判思路

基本案情①：

2014年3月，上市公司A公司与上海某公司的高层人员就并购重组事宜达成共识。5月30日，“世纪鼎某”股票停牌。A公司发布了重大资产重组的公告，于7月29日发布了收购上海某公司100%股权的公告。7月30日，“世纪鼎某”股票复牌。

被告人汪某某作为上海某公司的高级管理人员，虽未直接参与并购重组事宜，但于4月底在工作中知晓了A公司可能将收购上海某公司等内幕信息。

2014年5月2日，汪某某在与姐夫即被告人彭某见面过程中，谈及包括A公司等一些上市公司的情况，又于28日晚向彭某家中拨打电话。29日证券开市后，孙某某应丈夫彭某的要求将两人名下股票账户内全部原有股票予以抛售，再全仓买入“世纪鼎某”股票共计20万余股，成交金额共计361万余元。9月，彭某将上述股票陆续卖出，共计获利27万余元。

2014年5月3日，汪某某在与岳母即被告人项某某见面过程中，告知A公司可能会重组等内幕信息。项某某遂于20日至29日陆续买入“世纪鼎某”股

① 案件来源：汪某某等泄露内幕信息、内幕交易案【上海市高级人民法院（2016）沪刑终141号】。

票，并在该股停牌前和复牌后陆续卖出，共计获利24万余元。

该案一审法院判决被告人汪某某犯泄露内幕信息罪，判处有期徒刑三年。

二审法院认为：

……二审庭审中，汪某某明确供述5月2日用了暗示的方式让彭某关注“世纪鼎某”的股票，5月28日电话回答彭某说有重组计划，随时有可能停牌。

本院认为，汪某某作为证券交易内幕信息的知情人员，在内幕信息敏感期内将工作中获取的相关内幕信息泄露给彭某、项某某，导致彭某、项某某从事“世纪鼎某”证券交易成交额468万余元，获利数额52万余元，属于情节特别严重，应当判处五年以上十年以下有期徒刑，并处违法所得一倍以上五倍以下罚金。汪某某虽主动到案，但未供述向彭某泄露内幕信息的事实，在此情况下原判鉴于其供述了向项某某泄露内幕信息的事实，认定其具有自首情节，并结合其预缴罚金并代项某某退缴违法所得和预缴罚金，对其减轻处罚，判处有期徒刑三年，并处罚金人民币五十二万元，对其的量刑充分体现了有利于被告人的原则和宽严相济的刑事政策，原判量刑并无不当。二审庭审中汪某某如实供述向彭某泄露内幕信息的事实，不符合法律规定适用缓刑的条件，不足以对其适用缓刑。

裁判结果

驳回上诉，维持原判。

282 非法获取内幕信息的人员，在敏感期内将内幕信息泄露给他人，并受托交易相关证券，涉嫌内幕交易、泄露内幕信息罪

裁判要点

非法获取证券交易内幕信息的人员，在涉及证券交易价格有重大影响的信息尚未公开前，将获取的内幕信息泄露给他人，并接受他人委托交易相关证券，情节严重的，构成内幕交易、泄露内幕信息罪。

裁判思路

基本案情[①]**：**

被告人满某某系宝某股份对外投资收购资产内幕信息的知情人员。宝某股份对外投资收购资产的信息在未公开披露前属于内幕信息，内幕信息敏感期为2013年9月30日至2014年1月21日。

2013年10月，在内幕信息敏感期内，满某某将该内幕信息泄露给其妻弟被告人孙某甲、康某石油总经理宋某燕、康某石油财务主管刘某芬及朋友王某霞，孙某甲告诉了其家人，刘某芬告诉了康某石油副总经理李某亮。

被告人满某某安排孙某甲为其交易宝某股份股票，宋某燕、刘某芬、李某亮及孙某甲的家人委托孙某甲为他们交易宝某股份股票。

孙某甲使用杨某霞的证券账户在内幕信息敏感期内为满某某、宋某燕、刘某芬、李某亮以及孙某甲的家人交易宝某股份股票。交易期间，买入宝某股份股票成交金额670.294747万元，卖出成交金额801.547009万元，盈利126.03519万元。孙某甲使用自己的证券账户买入宝某股份成交金额133.6354万元，卖出成交金额170.4433万元，盈利35.725221万元。

法院认为：

被告人满某某作为证券交易内幕信息的知情人员，在涉及证券交易价格有重大影响的信息尚未公开前，泄露该信息明示、暗示他人交易该证券，安排孙某甲为其买入或卖出该证券，交易成交额971.990309万元，盈利161.760411万元，属情节特别严重；被告人孙某甲作为非法获取证券交易内幕信息的人员，在涉及证券交易价格有重大影响的信息尚未公开前，买入该证券，同时按照被告人满某某的安排及他人的委托实施该证券的交易行为，交易成交额971.990309万元，盈利161.760411万元，属情节特别严重。对被告人满某某、孙某甲的行为应以内幕交易、泄露内幕信息罪追究其刑事责任。公诉机关指控事实及罪名成立，予以支持。

本案系共同犯罪，被告人满某某作为内幕信息知情人员，向他人泄露内幕信息，委托他人从事买入或卖出该证券的交易活动，系主犯；被告人孙某甲虽系交易活动的直接实施者，但泄露、交易行为均受满某某的指挥，在共同犯罪中起辅助作用，应认定为从犯，依法可从轻处罚。

---

① 案件来源：满某某、孙某甲内幕交易、泄露内幕信息案【山东省东营市中级人民法院（2016）鲁05刑初14号】。

裁判结果

一、被告人满某某犯内幕交易、泄露内幕信息罪，判处有期徒刑三年，缓刑五年，并处罚金人民币一百七十万元；被告人孙某甲犯内幕交易、泄露内幕信息罪，判处有期徒刑二年，缓刑三年，并处罚金人民币一百六十五万元。

……

283 内幕信息知情人在敏感期内泄露内幕信息，未获利并非法定从宽处罚理由

裁判要点

内幕信息的知情人员在对证券交易价格有重大影响的信息尚未公开前，向他人泄露该信息，情节特别严重，未实际获利并非法定从宽处罚理由。

裁判思路

基本案情①：

江西某公司是广东某公司下属全资子公司。2016年12月21日，广东某公司的投资方推荐某畅公司收购江西某公司。2017年1月15日，广东某公司、某畅公司双方负责人达成收购意向，被告人王某沣作为广东某公司董事会秘书参与洽谈；同年2月9日，广东某公司、某畅公司签署收购意向协议；同年2月10日，某畅公司宣布筹划重大资产重组，发布股票停牌公告；同年4月7日，某畅公司因与广东某公司未就收购核心条款达成一致，公告终止筹划重大资产重组，股票于当日开市复牌。

经中国证监会认定，上述收购事项在公开前属于内幕信息，敏感期为2017年1月15日至4月7日，王某沣系内幕信息的知情人员。

2016年12月，王某沣与被告人金某见面，透露广东某公司计划向某畅公司出售江西某公司。2017年2月9日，王某沣与金某通话，向金某泄露广东某公司

① 案件来源：王某沣等内幕交易、泄露内幕信息案【北京市第二中级人民法院（2021）京02刑初154号】。

与某畅公司重大资产重组的进展情况。金某于当日紧急筹集资金，在股票停牌前使用本人证券账户买入某畅公司股票8.37万股，成交金额共计人民币411万余元。同年4月7日、11日，金某在某畅公司股票复牌后，随即将持有的某畅公司股票8.37万股全部售出，成交金额共计359万余元。

争议焦点：内幕信息的知情人员在对证券交易价格有重大影响的信息尚未公开前，向他人泄露该信息，情节特别严重，但未实际获利，能否从宽处罚？

辩护意见：

被告人王某沣的辩护人提出：王某沣未从犯罪中获利，建议对王某沣减轻处罚并适用缓刑。

法院认为：

一、关于辩护人所提王某沣、金某未从犯罪中获利，建议对二人从宽处罚的辩护意见

经查，金融安全系国家安全的重要组成部分，为进一步防范和化解金融风险，国家强化金融监管，加大对证券犯罪的惩处力度。泄露内幕信息、内幕交易虽与非法获利目的相关，但危害性更在于对证券市场公平交易秩序和国家金融管理秩序的破坏。内幕交易成交额大小与对公平交易秩序、金融管理秩序破坏程度高低密切相关，相关司法解释将成交额作为衡量泄露内幕信息、内幕交易情节严重、情节特别严重的标准。王某沣长期从事资本运营，明知内幕信息对证券交易价格具有重大影响，仍故意向金某泄露内幕信息，金某利用从王某沣处非法获取的内幕信息进行证券交易，成交额高达411万余元，超过司法解释规定的“证券交易成交额在二百五十万元以上”构成情节特别严重的数额标准，不能仅因二人未实际获利，就认为相关行为的危害结果不大，进而对二人从宽处罚。

……本院认为：被告人王某沣作为证券交易内幕信息的知情人员，在对证券交易价格有重大影响的信息尚未公开前，向被告人金某泄露该信息，金某利用非法获取的内幕信息买入该证券，王某沣、金某的行为分别构成泄露内幕信息罪、内幕交易罪，且均系情节特别严重，依法均应予以惩处……王某沣、金某具有的法定、酌定从宽情节，本院在量刑时予以充分考虑，对二人均予以减轻处罚并宣告缓刑，辩护人所提相关辩护意见成立，本院予以采纳。王某沣、金某虽未从泄露内幕信息、内幕交易行为中实际非法获利，但刑法对两罪规定并处罚金，本院将酌情判处，并从二人向证监会缴纳的罚款中依法进行折抵。

……

裁判结果

一、被告人王某沣犯泄露内幕信息罪，判处有期徒刑二年，缓刑二年，并处罚金人民币十万元。

……

284 中国证监会、上交所法律部出具的函件可以作为证据采信

裁判要点

中国证监会、上交所法律部出具的函件可以作为证据采信。

裁判思路

基本案情①：

2009 年 2 月至 4 月，被告人刘某春受某市人民政府指派，代表某市经济委员会参与中国某科技集团公司某研究所及其下属企业国某集团有限公司与县人民政府洽谈重组江苏高某陶瓷股份有限公司过程。

在涉及对证券交易价格有重大影响的信息尚未公开前，刘某春将该信息告知被告人陈某玲。后刘某春、陈某玲经共谋，在价格敏感期内，以出售所持其他股票、向他人借款人民币 400 万元所得资金，并使用其家庭控制的股票账户，由陈某玲在其办公室通过网上委托交易方式先后买入共计 614022 股的高某陶瓷流通股，抛出后非法获利人民币 7499479. 22 元。

2010 年 3 月 17 日、4 月 22 日，中国证监会先后作出《关于刘某春等人涉嫌内幕交易、泄露内幕信息案有关问题的认定函》《关于刘某春等人涉嫌内幕交易案有关事项的补充认定函》，认定：2009 年 3 月 6 日，某所与某县人民政府商洽重组高某陶瓷公司，并形成合作框架初稿等事项，在公开披露前属于《证券法》第七十五条规定的内幕信息；被告人刘某春属于《证券法》第七十四条规定的证券交易

---

① 案件来源：刘某春、陈某玲内幕交易案【江苏省南通市中级人民法院（2010）通中刑二初字第 0005 号】【《最高人民法院公报》2013 年第 1 期（总第 195 期）】。

内幕信息的知情人；内幕信息的价格敏感期为2009年3月6日至4月20日。

争议焦点：中国证监会、上交所法律部出具的函件可否作为证据采信？

辩护意见：

被告人刘某春的辩护人辩称：中国证监会、上交所法律部出具的函件，属于法律未作规定的单位作证，主体不适格，应当予以排除。

被告人陈某玲的辩护人辩称：中国证监会出具的两份认定函作为证据不具有合法性，认定函的内容不具有客观真实性。

法院认为：

……中国证监会是国务院证券监督管理机构，依法行使监督管理全国证券期货市场、维护证券期货市场秩序的行政职能。《证券法》赋予中国证监会对内幕信息、知情人员等的认定权。《最高人民法院、最高人民检察院、公安部、中国证券监督管理委员会关于整治非法证券活动有关问题的通知》规定，对非法证券活动是否涉嫌犯罪，由公安机关、司法机关认定；公安机关、司法机关认为需要有关行政主管机关进行性质认定的，行政主管机关应当出具认定意见。故中国证监会在法定职权范围内，对本案内幕信息、知情人员、价格敏感期起止日期以及利用内幕信息进行股票交易等出具的认定意见，是根据法律授权作出的专业认定，符合客观事实和法律规定，具有证明力。

至于上交所法律部受侦查机关的委托，经该所有关部门对涉案股票账户实际交易记录的相关数据进行核算后作出的专业统计，既与两被告人的供述、相关证人证言相一致，又与书证涉案账户股票交易的明细情况互相印证，亦具有证明力。因该回函所证明的案件事实已经查清，函件经办人员没有必要再到庭作证。故两被告人的辩护人关于中国证监会、上交所法律部出具的函件不应作为本案的证据采用的辩护意见不能成立，被告人刘某春的辩护人要求出具上述函件的经办人员出庭接受质询的申请，不予采纳。

裁判结果

一、被告人刘某春犯内幕交易罪，判处有期徒刑五年，并处罚金人民币七百五十万元。

二、被告人陈某玲犯内幕交易罪，免予刑事处罚。

三、被告人刘某春、陈某玲违法所得人民币7499479.22元予以追缴，上缴国库。

三、实务建议

近年来，司法实践中，内幕交易罪的主体范围呈现扩张之势，为预防特定人群触犯内幕交易、泄露内幕信息罪，以至身陷囹圄，我们在对重点案例梳理的基础上，结合实际办案经验，提出以下建议。

（一）内幕信息知情人员等特定人群需重点关注刑事风险

面临本罪刑事法律风险的特定人群分为两类，一类是“证券、期货交易内幕信息的知情人员”；另一类是“非法获取证券、期货交易内幕信息的人员”。

关于“内幕信息的知情人员”，新《证券法》第五十一条列举了八类人员，并以“国务院证券监督管理机构规定的可以获取内幕信息的其他人员”作为兜底条款。实践中，只要因职务或工作可以获取内幕信息的人员，不论是否有特定身份、是否为国家工作人员、是主动获取还是被动获取，都可能被认定为“知情人员”。

关于“非法获取证券、期货交易内幕信息的人员”，司法解释规定了三类人员，分别是非法手段型获取内幕信息的人员、特定身份型获取内幕信息的人员以及积极联系型获取内幕信息的人员。其中，后两类人员是本罪的高发群体。

实践中，法院对“非法获取证券、期货交易内幕信息的人员”采用较为宽泛的认定标准：“内幕信息的知情人员”的配偶、亲戚、发小、同学、校友、战友等都可能被认定为特定身份型获取内幕信息的人员；与“内幕信息的知情人员”经常联系、频繁接触的人可能被认定为积极联系型获取内幕信息的人员。

因此，“内幕信息的知情人员”的关联人员更应当警惕刑事法律风险。如果在内幕信息敏感期内交易行为异常，如买入或者卖出证券、期货合约行为明显与平时交易习惯不同的，或大量买入相关证券、期货，或与内幕信息有关的证券、期货合约时间与内幕信息的形成、变化和公开时间基本一致，且行为人对此无法合理解释或者无法说明信息来源，都有构成本罪的可能。

（二）了解并掌握“内幕信息”的实务认定规则

根据法律和司法解释的相关规定，“内幕信息”是指为内幕人员所知悉的、尚未公开的，对证券的发行，证券、期货交易或价格有重大影响的信息。“内幕信息”具备三个特征：重要性、价格敏感性、未公开性。特定人群应当对符合前述特征的信息保持敏锐洞察力，较为常见的“内幕信息”包括公司资产重组、重大投资行为、公司股权结构发生重大变动、公司订立重要合同、提供重大担保、从事关联交易等可能对公司的资产、负债、权益和经营成果产生重要影响的相关信息。

值得关注的是，司法实践中对于“内幕信息”的认定，并不要求“内幕信息”具有确定性。因此，只要符合重要性、价格敏感性、未公开性三个特征，即使信息尚未最终确定，仍然属于内幕信息。

另外，获悉“内幕信息”后，应杜绝在敏感期从事相关的证券、期货交易，否则即便作出交易决定是依据自己的技术判断，也百口莫辩。实践中，有判例显示只要认定“内幕信息”对促使交易有影响，就认定行为人是利用内幕信息从事内幕交易。

（三）审慎判断“敏感期”

对内幕信息敏感期的认定直接关系到内幕交易性质的认定和涉案金额的认定，也是内幕交易案件中常见的争议点。“内幕信息敏感期”是指内幕信息自形成至公开的期间。内幕信息的公开时间较易判断，而内幕信息的形成时间易引发争议。

根据司法解释的规定，影响内幕信息形成的动议、筹划、决策或者执行人员，其动议、筹划、决策或者执行初始时间，即为内幕信息的形成之时。需要特别重视的是，敏感期形成时可能被提前至重大事件发生前的筹划、准备工作，如内幕信息知情人对公司筹划收购的资产准备考察的时间。因此，对待“敏感期”应当持谨慎态度。如果发生的事件表明相关重大事项已进入实质操作阶段并具有转化为现实的高度可能性，那么，该节点很有可能被认定为内幕信息形成的时间。

（四）打破“获利才构成本罪”的错误认识

内幕交易案件通常涉案金额巨大，行为人通过内幕交易可以获得巨额利润，但是构成本罪并不以获利为前提。内幕信息知情人在内幕信息敏感期内买卖特定证券，只要符合“情节严重”的情形，即使未获利，也不影响对内幕交易犯罪性质的认定。

另外，如果案发时内幕信息知情人买入内幕信息相关的股票还未售出，法院将按该股票复牌日收盘价计算其违法所得。

四、法律规范

（一）法律

1.《中华人民共和国刑法》（2020年修正）

第一百八十条 证券、期货交易内幕信息的知情人员或者非法获取证券、期货交易内幕信息的人员，在涉及证券的发行，证券、期货交易或者其他对证券、期货交易价格有重大影响的信息尚未公开前，买入或者卖出该证券，或者从事与该内幕信息有关的期货交易，或者泄露该信息，或者明示、暗示他人从事上述交易活动，情节严重的，处五年以下有期徒刑或者拘役，并处或者单处违法所得一倍以上五倍以下罚金；情节特别严重的，处五年以上十年以下有期徒刑，并处违法所得一倍以上五倍以下罚金。

单位犯前款罪的，对单位判处罚金，并对其直接负责的主管人员和其他直接责任人员，处五年以下有期徒刑或者拘役。

内幕信息、知情人员的范围，依照法律、行政法规的规定确定。

证券交易所、期货交易所、证券公司、期货经纪公司、基金管理公司、商业银行、保险公司等金融机构的从业人员以及有关监管部门或者行业协会的工作人员，利用因职务便利获取的内幕信息以外的其他未公开的信息，违反规定，从事与该信息相关的证券、期货交易活动，或者明示、暗示他人从事相关交易活动，情节严重的，依照第一款的规定处罚。

2.《中华人民共和国证券法》（2019年修订）

第五十一条 证券交易内幕信息的知情人包括：

（一）发行人及其董事、监事、高级管理人员；

（二）持有公司百分之五以上股份的股东及其董事、监事、高级管理人员，公司的实际控制人及其董事、监事、高级管理人员；

（三）发行人控股或者实际控制的公司及其董事、监事、高级管理人员；

（四）由于所任公司职务或者因与公司业务往来可以获取公司有关内幕信息的人员；

（五）上市公司收购人或者重大资产交易方及其控股股东、实际控制人、董事、监事和高级管理人员；

（六）因职务、工作可以获取内幕信息的证券交易场所、证券公司、证券登记结算机构、证券服务机构的有关人员；

（七）因职责、工作可以获取内幕信息的证券监督管理机构工作人员；

（八）因法定职责对证券的发行、交易或者对上市公司及其收购、重大资产交易进行管理可以获取内幕信息的有关主管部门、监管机构的工作人员；

（九）国务院证券监督管理机构规定的可以获取内幕信息的其他人员。

第五十二条 证券交易活动中，涉及发行人的经营、财务或者对该发行人证券的市场价格有重大影响的尚未公开的信息，为内幕信息。

本法第八十条第二款、第八十一条第二款所列重大事件属于内幕信息。

第八十条 发生可能对上市公司、股票在国务院批准的其他全国性证券交易场所交易的公司的股票交易价格产生较大影响的重大事件，投资者尚未得知时，公司应当立即将有关该重大事件的情况向国务院证券监督管理机构和证券交易场所报送临时报告，并予公告，说明事件的起因、目前的状态和可能产生的法律后果。

前款所称重大事件包括：

（一）公司的经营方针和经营范围的重大变化；

（二）公司的重大投资行为，公司在一年内购买、出售重大资产超过公司资产总额百分之三十，或者公司营业用主要资产的抵押、质押、出售或者报废一次超过该资产的百分之三十；

（三）公司订立重要合同、提供重大担保或者从事关联交易，可能对公司的资产、负债、权益和经营成果产生重要影响；

（四）公司发生重大债务和未能清偿到期重大债务的违约情况；

（五）公司发生重大亏损或者重大损失；

（六）公司生产经营的外部条件发生的重大变化；

（七）公司的董事、三分之一以上监事或者经理发生变动，董事长或者经理无法履行职责；

（八）持有公司百分之五以上股份的股东或者实际控制人持有股份或者控制公司的情况发生较大变化，公司的实际控制人及其控制的其他企业从事与公司相同或者相似业务的情况发生较大变化；

（九）公司分配股利、增资的计划，公司股权结构的重要变化，公司减资、合并、分立、解散及申请破产的决定，或者依法进入破产程序、被责令关闭；

（十）涉及公司的重大诉讼、仲裁，股东大会、董事会决议被依法撤销或者宣告无效；

（十一）公司涉嫌犯罪被依法立案调查，公司的控股股东、实际控制人、董事、监事、高级管理人员涉嫌犯罪被依法采取强制措施；

（十二）国务院证券监督管理机构规定的其他事项。

公司的控股股东或者实际控制人对重大事件的发生、进展产生较大影响的，应当及时将其知悉的有关情况书面告知公司，并配合公司履行信息披露义务。

第八十一条 发生可能对上市交易公司债券的交易价格产生较大影响的重大事件，投资者尚未得知时，公司应当立即将有关该重大事件的情况向国务院证券监督管理机构和证券交易场所报送临时报告，并予公告，说明事件的起因、目前的状态和可能产生的法律后果。

前款所称重大事件包括：

（一）公司股权结构或者生产经营状况发生重大变化；

（二）公司债券信用评级发生变化；

（三）公司重大资产抵押、质押、出售、转让、报废；

（四）公司发生未能清偿到期债务的情况；

（五）公司新增借款或者对外提供担保超过上年末净资产的百分之二十；

（六）公司放弃债权或者财产超过上年末净资产的百分之十；

（七）公司发生超过上年末净资产百分之十的重大损失；

（八）公司分配股利，作出减资、合并、分立、解散及申请破产的决定，或者依法进入破产程序、被责令关闭；

（九）涉及公司的重大诉讼、仲裁；

（十）公司涉嫌犯罪被依法立案调查，公司的控股股东、实际控制人、董事、监事、高级管理人员涉嫌犯罪被依法采取强制措施；

（十一）国务院证券监督管理机构规定的其他事项。

（二）司法解释

《最高人民法院、最高人民检察院关于办理内幕交易、泄露内幕信息刑事案件具体应用法律若干问题的解释》（2012 年 6 月 1 日施行 法释〔2012〕6 号）

为维护证券、期货市场管理秩序，依法惩治证券、期货犯罪，根据刑法有关规定，现就办理内幕交易、泄露内幕信息刑事案件具体应用法律的若干问题解释如下：

第一条 下列人员应当认定为刑法第一百八十条第一款规定的“证券、期货交易内幕信息的知情人员”：

（一）证券法第七十四条①规定的人员；

（二）期货交易管理条例第八十五条第十二项②规定的人员。

第二条 具有下列行为的人员应当认定为刑法第一百八十条第一款规定的“非法获取证券、期货交易内幕信息的人员”：

（一）利用窃取、骗取、套取、窃听、利诱、刺探或者私下交易等手段获取内幕信息的；

（二）内幕信息知情人员的近亲属或者其他与内幕信息知情人员关系密切的人员，在内幕信息敏感期内，从事或者明示、暗示他人从事，或者泄露内幕信息导致他人从事与该内幕信息有关的证券、期货交易，相关交易行为明显异常，且无正当理由或者正当信息来源的；

（三）在内幕信息敏感期内，与内幕信息知情人员联络、接触，从事或者明示、暗示他人从事，或者泄露内幕信息导致他人从事与该内幕信息有关的证券、期货交易，相关交易行为明显异常，且无正当理由或者正当信息来源的。

第三条 本解释第二条第二项、第三项规定的“相关交易行为明显异常”，要综合以下情形，从时间吻合程度、交易背离程度和利益关联程度等方面予以认定：

（一）开户、销户、激活资金账户或者指定交易（托管）、撤销指定交易（转托管）的时间与该内幕信息形成、变化、公开时间基本一致的；

（二）资金变化与该内幕信息形成、变化、公开时间基本一致的；

（三）买入或者卖出与内幕信息有关的证券、期货合约时间与内幕信息的形成、变化和公开时间基本一致的；

（四）买入或者卖出与内幕信息有关的证券、期货合约时间与获悉内幕信息的时间基本一致的；

（五）买入或者卖出证券、期货合约行为明显与平时交易习惯不同的；

（六）买入或者卖出证券、期货合约行为，或者集中持有证券、期货合约行

① 2019年修订后《证券法》第五十一条。

② 2017年修订后《期货交易管理条例》第八十一条第十二项。

为与该证券、期货公开信息反映的基本面明显背离的；

（七）账户交易资金进出与该内幕信息知情人员或者非法获取人员有关联或者利害关系的；

（八）其他交易行为明显异常情形。

第四条 具有下列情形之一的，不属于刑法第一百八十条第一款规定的从事与内幕信息有关的证券、期货交易：

（一）持有或者通过协议、其他安排与他人共同持有上市公司百分之五以上股份的自然人、法人或者其他组织收购该上市公司股份的；

（二）按照事先订立的书面合同、指令、计划从事相关证券、期货交易的；

（三）依据已被他人披露的信息而交易的；

（四）交易具有其他正当理由或者正当信息来源的。

第五条 本解释所称“内幕信息敏感期”是指内幕信息自形成至公开的期间。

证券法第六十七条第二款[①]所列“重大事件”的发生时间，第七十五条[②]规定的“计划”、“方案”以及期货交易管理条例第八十五条第十一项[③]规定的“政策”、“决定”等的形成时间，应当认定为内幕信息的形成之时。

影响内幕信息形成的动议、筹划、决策或者执行人员，其动议、筹划、决策或者执行初始时间，应当认定为内幕信息的形成之时。

内幕信息的公开，是指内幕信息在国务院证券、期货监督管理机构指定的报刊、网站等媒体披露。

第六条 在内幕信息敏感期内从事或者明示、暗示他人从事或者泄露内幕信息导致他人从事与该内幕信息有关的证券、期货交易，具有下列情形之一的，应当认定为刑法第一百八十条第一款规定的“情节严重”：

（一）证券交易成交额在五十万元以上的；

（二）期货交易占用保证金数额在三十万元以上的；

（三）获利或者避免损失数额在十五万元以上的；

（四）三次以上的；

（五）具有其他严重情节的。

---

① 2019年修订后《证券法》第八十条第二款、第八十一条第二款。

② 2019年修订后《证券法》第八十条。

③ 2017年修订后《期货交易管理条例》第八十一条第十一项。

第七条 在内幕信息敏感期内从事或者明示、暗示他人从事或者泄露内幕信息导致他人从事与该内幕信息有关的证券、期货交易，具有下列情形之一的，应当认定为刑法第一百八十条第一款规定的“情节特别严重”：

（一）证券交易成交额在二百五十万元以上的；

（二）期货交易占用保证金数额在一百五十万元以上的；

（三）获利或者避免损失数额在七十五万元以上的；

（四）具有其他特别严重情节的。

第八条 二次以上实施内幕交易或者泄露内幕信息行为，未经行政处理或者刑事处理的，应当对相关交易数额依法累计计算。

第九条 同一案件中，成交额、占用保证金额、获利或者避免损失额分别构成情节严重、情节特别严重的，按照处罚较重的数额定罪处罚。

构成共同犯罪的，按照共同犯罪行为人的成交总额、占用保证金总额、获利或者避免损失总额定罪处罚，但判处各被告人罚金的总额应掌握在获利或者避免损失总额的一倍以上五倍以下。

第十条 刑法第一百八十条第一款规定的“违法所得”，是指通过内幕交易行为所获利益或者避免的损失。

内幕信息的泄露人员或者内幕交易的明示、暗示人员未实际从事内幕交易的，其罚金数额按照因泄露而获悉内幕信息人员或者被明示、暗示人员从事内幕交易的违法所得计算。

第十一条 单位实施刑法第一百八十条第一款规定的行为，具有本解释第六条规定情形之一的，按照刑法第一百八十条第二款的规定定罪处罚。

（三）立案标准

《最高人民检察院、公安部关于公安机关管辖的刑事案件立案追诉标准的规定（二）》（2022年5月15日施行　公通字〔2022〕12号）

第三十条 证券、期货交易内幕信息的知情人员、单位或者非法获取证券、期货交易内幕信息的人员、单位，在涉及证券的发行，证券、期货交易或者其他对证券、期货交易价格有重大影响的信息尚未公开前，买入或者卖出该证券，或者从事与该内幕信息有关的期货交易，或者泄露该信息，或者明示、暗示他人从事上述交易活动，涉嫌下列情形之一的，应予立案追诉：

（一）获利或者避免损失数额在五十万元以上的；

（二）证券交易成交额在二百万元以上的；

（三）期货交易占用保证金数额在一百万元以上的；

（四）二年内三次以上实施内幕交易、泄露内幕信息行为的；

（五）明示、暗示三人以上从事与内幕信息相关的证券、期货交易活动的；

（六）具有其他严重情节的。

内幕交易获利或者避免损失数额在二十五万元以上，或者证券交易成交额在一百万元以上，或者期货交易占用保证金数额在五十万元以上，同时涉嫌下列情形之一的，应予立案追诉：

（一）证券法规定的证券交易内幕信息的知情人实施或者与他人共同实施内幕交易行为的；

（二）以出售或者变相出售内幕信息等方式，明示、暗示他人从事与该内幕信息相关的交易活动的；

（三）因证券、期货犯罪行为受过刑事追究的；

（四）二年内因证券、期货违法行为受过行政处罚的；

（五）造成其他严重后果的。

（四）行政法规和部门规章

《期货交易管理条例》（2017 年 3 月 1 日施行）

第八十一条

……

（十一）内幕信息，是指可能对期货交易价格产生重大影响的尚未公开的信息，包括：国务院期货监督管理机构以及其他相关部门制定的对期货交易价格可能发生重大影响的政策，期货交易所作出的可能对期货交易价格发生重大影响的决定，期货交易所会员、客户的资金和交易动向以及国务院期货监督管理机构认定的对期货交易价格有显著影响的其他重要信息。

（十二）内幕信息的知情人员，是指由于其管理地位、监督地位或者职业地位，或者作为雇员、专业顾问履行职务，能够接触或者获得内幕信息的人员，包括：期货交易所的管理人员以及其他由于任职可获取内幕信息的从业人员，国务院期货监督管理机构和其他有关部门的工作人员以及国务院期货监督管理机构规定的其他人员。

第四节　利用未公开信息交易罪

我国《刑法》第一百八十条第四款规定了利用未公开信息交易罪。构成本罪的行为方式较为特定，即特定人员利用内幕信息以外的其他非公开信息从事相关证券、期货交易活动。本罪的犯罪主体为特殊主体，即证券交易所、期货交易所、证券公司、期货经纪公司、基金管理公司、商业银行、保险公司等金融机构工作的人员以及有关监管部门或者行业协会工作的人员，其中，基金公司从业人员占比较高。另外，实践中，法院对构成本罪的被告人判处的自由刑相对较轻，罚金的数额与行为人违法所得大致相当。

为更好掌握司法实务中对利用未公开信息交易罪定罪量刑等方面的关注重点，我们对重点案例进行详细解析，通过研究司法机关的裁判思路，提炼了司法实务裁判要点。同时，我们梳理了与利用未公开信息交易罪相关的法律、司法解释、立案标准及政策法规等规定。

一、实务解析

（一）构成本罪的行为方式较为特定，以趋同交易为主

本罪的行为方式为特定人员利用内幕信息以外的其他非公开信息从事相关证券、期货交易活动。该客观行为主要表现为趋同交易，存在两种基本行为模式。

一是交易行为，即具有特定身份的行为人利用因职务便利获取的未公开信息，违反规定，从事与该信息相关的证券交易活动。例如，基金管理公司的从业人员未事先申报，擅自买卖与所任职的基金公司交易种类相同的股票。

二是建议行为，即具有特定身份的行为人利用未公开信息明示、暗示他人从事相关交易活动，自己从中受益。例如，基金管理公司交易员的近亲属从事证券交易，交易习惯明显异常，与交易员所在基金管理公司的证券交易高度趋同，且不能作出合理解释，通常能够认定是交易员利用职务便利获取未公开信息明示、暗示近亲属从事相关交易活动。

（二）犯罪主体为特殊主体，基金公司从业人员占比较高

根据《刑法》第一百八十条第四款规定，本罪的犯罪主体主要包括两类：一类是在“证券交易所、期货交易所、证券公司、期货经纪公司、基金管理公司、商业银行、保险公司”等金融机构工作的人员；另一类是在“监管部门或者行业协会”工作的人员。实践中，有判决将中国证券登记结算有限公司的工作人员认定符合本罪的犯罪主体。

虽然法律规定的犯罪主体具有多样性，但实践中，构成本罪的行为人中，以基金管理公司的工作人员为主。除此之外，占比较高的是证券公司从业人员和保险公司从业人员，其他犯罪主体较为少见。

本罪虽是身份犯，但不具有特殊身份的人明知他人是金融机构从业人员，仍为其实施利用未公开信息交易行为提供帮助，同样构成犯罪，属于利用未公开信息交易罪的共犯，实践中，此类共同犯罪较为普遍。

（三）被告人被判处的自由刑相对较轻，罚金的数额与行为人违法所得大致相当

根据《刑法》第一百八十条第一款规定，构成本罪情节严重的，处五年以下有期徒刑或者拘役，并处或者单处违法所得一倍以上五倍以下罚金；情节特别严重的，处五年以上十年以下有期徒刑，并处违法所得一倍以上五倍以下罚金。

目前检索到的案件中，大部分被告人被判处三年以下有期徒刑，被处以五年以上有期徒刑的被告人相对较少，本罪的缓刑适用率较高。另外，判例显示，行为人被判处罚金的数额通常与违法所得数额较为接近。

二、裁判要点

285 基金公司人员擅自买卖与所任职的基金公司交易种类相同的股票属于利用未公开信息交易罪的构成要件所要求的“违反规定”

裁判要点

基金管理公司的从业人员未事先申报，擅自买卖与所任职的基金公司交易种

类相同的股票，与基金份额持有人发生利益冲突，属于利用未公开信息交易罪的构成要件所要求的“违反规定”。

裁判思路

基本案情[①]**：**

2005 年 8 月至 2009 年 5 月，被告人李某某担任某基金公司投资决策委员会主席、投资总监，2007 年 8 月开始兼任该公司蓝某基金经理。在此期间，李某某参与某基金公司所有基金的投资决策，并对蓝某基金进行股票投资拥有决定权。

2009 年 4 月 7 日，在某基金公司旗下蓝某基金、成某基金进行工某银行和建某银行股票买卖的信息尚未披露前，李某某指令五某金田营业部总经理李某君，在名为“岳某某”“童某某”实为李某某等控制的证券账户内，先于或同期于某基金公司买入工某银行、建某银行股票，累计成交额为人民币 52263797. 34 元，并于同年 6 月将上述股票全部卖出，股票交易累计获利 8992399. 86 元，同时分得股票红利 1723342. 50 元。

一审法院以利用未公开信息交易罪，判处李某某有期徒刑四年，并处罚金人民币一千八百万元。后李某某不服，提起上诉。

争议焦点：基金管理公司工作人员擅自买卖与所任职的基金公司交易种类相同的股票是否属于利用未公开信息交易罪的构成要件所要求的“违反规定”？

辩护意见：

李某某的辩护人提出：根据《刑法》第一百八十条第四款的规定，构成利用未公开信息交易罪必须“违反规定”，李某某没有违反规定，故不构成本罪。

二审法院认为：

……根据全国人大常委会 2003 年 10 月 28 日通过、2004 年 6 月 1 日施行的《中华人民共和国证券投资基金法》（以下简称《基金法》）第十八条的规定，基金管理人的董事、监事、经理和其他从业人员，不得从事损害基金财产和基金份额持有人利益的证券交易及其他活动。全国人大常委会 2012 年 12 月 28 日修订、2013 年 6 月 1 日施行的《基金法》第十九条亦有类似规定。中国证监会 2009 年 3 月 17 日修订、2009 年 4 月 1 日施行的《基金管理公司投资管理人员管理指导意见》（以下简称《指导意见》）第六条第二款规定：“投资管理人员不得利用基金财产或利用管理基金份额之便向任何机构和个人进行利益输送，不得

---

① 案件来源：李某某利用未公开信息交易案【上海市高级人民法院（2013）沪高刑终字第 5 号】。

从事或者配合他人从事损害基金份额持有人利益的活动。”第八条规定：“投资管理人员应当恪守职业道德，信守对基金份额持有人、监管机构和公司作出的承诺，不得从事与履行职责有利益冲突的活动。”

李某某利用因职务便利获取的所任职基金公司的未公开信息进行证券交易，违背了其作为基金从业人员对基金份额持有人、监管机构及基金公司作出的承诺，与其职务行为存在利益冲突，损害了基金份额持有人的利益，违反了上述法律和规定。

上述《指导意见》第二十三条第三款规定：“除法律、行政法规另有规定外，公司员工不得买卖股票，直系亲属买卖股票的，应当及时向公司报备其账户和买卖情况。公司所管理基金的交易与员工直系亲属买卖股票的交易应当避免利益冲突。”根据这一规定，基金管理公司员工买卖股票原本就属于被禁止的行为，即使是修订后的《基金法》修改了对基金管理公司员工买卖股票的禁止性规定，但仍规定基金从业人员从事股票买卖，应事先申报，并不得从事与基金份额持有人发生利益冲突的股票交易行为，其实质是更有针对性地严格监管和防止基金管理公司工作人员擅自买卖与所任职的基金公司交易种类相同的股票。李某某在其所任职的某基金公司旗下基金投资买卖工某银行和建某银行股票的同时，未作申报，逃避监管，个人买卖相同股票，与基金份额持有人发生利益冲突，明显属于“违反规定”。

裁判结果

驳回上诉，维持原判。

286 基金公司交易员买入与其按照基金经理指令下单交易相同的股票属于利用未公开信息交易

裁判要点

基金管理公司的交易员买入与其按照基金经理指令下单交易相同的股票，不属于交易巧合，符合刑法意义上利用未公开信息进行的交易。

裁判思路

基本案情[①]**：**

2010年4月15日至2015年5月29日，被告人胡某夫利用担任某基金管理公司中央交易室股票交易员、副总监，负责执行基金经理的指令下单交易股票，知悉基金交易信息的职务便利，违反规定，使用其实际控制的胡某、耿某名下证券账户，亲自或明示、暗示他人同期于指令交易买入相同股票，趋同买入成交金额共计人民币11.1亿余元，非法获利共计4186.071662万元。

一审法院认为，胡某夫犯利用未公开信息交易罪，判处有期徒刑七年，并处罚金人民币九千万元。后胡某夫不服，提起上诉。

二审法院认为：

……胡某夫在某基金管理公司任职期间，明知某基金管理公司禁止员工交易股票，仍私自操作胡某、耿某证券账户，买入与其按照基金经理指令下单交易相同的股票，该情节不属于“交易巧合”，符合刑法意义上利用未公开信息进行的交易。胡某夫供称向胡某透露过其在公司下单交易股票的信息。胡某也明确证明其交易股票种类、时间等具体信息都来源于胡某夫。鉴于胡某与胡某夫之间的父子关系，其提供不利于胡某夫的证言具有较强的真实性，且与胡某夫的供述能够相互印证。根据在案证据，胡某交易股票与胡某夫按照基金经理指令下单交易股票的趋同，也不属于“交易巧合”，而是胡某夫明示或暗示胡某同期于指令交易买入相同股票，同样应认定为利用未公开信息进行的交易……

裁判结果

驳回胡某夫的上诉，维持原判。

---

① 案件来源：胡某夫利用未公开信息交易案【北京市高级人民法院（2018）京刑终70号】（2020年11月6日最高人民检察院、中国证券监督管理委员会联合发布的证券违法犯罪典型案例）。

287 交易员近亲属从事证券交易与所在基金公司的证券交易高度趋同且不能作出合理解释的，涉嫌利用非公开信息交易

裁判要点

基金管理公司交易员的近亲属从事证券交易，交易习惯明显异常，与交易员所在基金管理公司的证券交易高度趋同，不能作出合理解释的，能够认定是交易员利用职务便利获取未公开信息，明示、暗示近亲属从事相关交易活动。

裁判思路

基本案情①：

自2008年11月起，被告人王某在某基金公司从事债券交易员工作。该公司为其开通了某交易系统“6609”账号的站点权限，该权限能够查询证券买卖方向、投资类别、证券代码、交易价格、成交金额、下达人、委托流水、证券成交回报、证券资金流水、组合证券持仓、基金资产情况等信息。自2009年1月15日起至2011年8月9日，王某曾多次使用“6609”账号明显不合理地登录某交易系统，登录次数共计710次。被告人王某强、宋某祥系王某父母。

王某强于2008年11月18日以其侄女牛某的身份信息在海某证券开立股票账户，2010年12月19日销户；于2010年12月9日在华某证券开立账户，主要交易时间集中在2011年9月前。上述两个账户实际由王某强控制，并进行证券交易。

宋某祥于1999年10月25日以其兄宋某一的身份信息开立证券账户，2011年8月9日后无股票交易；以其妹宋某二的身份信息于2010年4月21日在广某证券开立证券账户，2010年12月22日销户；于2010年12月20日在招某证券开立证券账户，2011年8月9日后无股票交易。上述三个账户实际由宋某祥控制并进行证券交易。

2009年3月至2011年8月，王某强、宋某祥实际控制的上述证券账户交易

① 案件来源：王某、王某强等利用未公开信息交易案【重庆市第一中级人民法院（2015）渝一中法刑初字第00162号】。

金额、交易频率、与某基金旗下股票基金产品交易趋同程度较之前明显大幅增加。

法院认为：

……虽三被告人到案后拒不认罪，且其信息传递方式隐蔽，犯罪时距案发时间较长而难以查证，但本案现有证据能够证实被告人王某在2009年1月至2011年8月明显不合理地多次登录“6609”账号，而该账户能够查询到某基金公司的证券交易信息。与此同时，被告人王某强、宋某祥利用其实际控制的他人证券账户从事证券交易，交易习惯明显异常，与之前相比交易金额、频率均大幅增加，同期于王某无查询权限时间点停止交易，与某基金公司同期或稍晚（1个至2个交易日）证券交易高度趋同。而与王某进入某基金工作，具备获取相关未公开信息之前相比，两人控制账户与某基金的证券交易趋同度明显较低，三被告人对此并未作出合理解释。基于三被告人之间系近亲属关系，且王某强、宋某祥均否认认识除王某以外的其他某基金从业人员，并结合王某在接受证监会调查时无故离去并擅自离职的异常行为，现有证据已形成完整锁链，并可排除合理怀疑，能够认定王某将其利用职务便利所获取未公开信息传递给王某强、宋某祥，该二人利用该信息从事证券交易并获利的事实。

裁判结果

一、被告人王某犯利用未公开信息交易罪，判处有期徒刑六年六个月，并处罚金人民币九百万元。

……

四、对被告人王某、王某强、宋某祥违法所得人民币1773.666221万元依法予以追缴，上缴国库。

288 认定利用未公开信息交易罪，不要求交易行为同时符合“先买先卖”的特征，只要二者居其一即可

裁判要点

认定利用未公开信息交易罪，不要求交易行为同时符合“先买先卖”的特

征，只要行为人利用因职务便利获取的未公开信息，违反规定从事与该信息相关的证券交易活动，就构成本罪。

裁判思路

基本案情①**：**

2005年8月至2009年5月，被告人李某某担任某基金公司投资决策委员会主席、投资总监，2007年8月开始兼任该公司蓝某基金经理。在此期间，李某某参与某基金公司所有基金的投资决策，并对蓝某基金进行股票投资拥有决定权。

2009年4月7日，在某基金公司旗下蓝某基金、成某基金进行工某银行和建某银行股票买卖的信息尚未披露前，李某某指令某证券深圳华富路证券营业部总经理李某君，在李某某控制的证券账户内，先于或同期于某基金公司买入工某银行、建某银行股票，累计成交额为人民币52263797.34元，并于同年6月将上述股票全部卖出，股票交易累计获利8992399.86元，同时分得股票红利1723342.50元。

一审法院以利用未公开信息交易罪，判处李某某有期徒刑四年，并处罚金人民币一千八百万元。后李某某不服，提起上诉。

争议焦点：构成利用未公开信息交易罪，是否要求交易行为同时符合“先买先卖”的特征？

辩护意见：

李某某的辩护人提出：涉案账户对工某银行、建某银行股票的交易，不符合“先买先卖”的特征，李某某的行为不构成利用未公开信息交易罪。

二审法院认为：

……根据中国证监会对基金定期报告信息披露的相关规定，2009年8月28日报出的蓝某基金2009年半年报中披露了对工某银行的股票投资，成某基金2009年半年报中披露了对工某银行、建某银行的股票投资。在此之前，相关信息都属于“未公开信息”。

涉案证券账户中的建某银行和工某银行股票大多数均早于某基金公司旗下的蓝某基金、成某基金购买，李某某的行为属于“先买”或者“同期购买”。关于卖出时间，童某某证券账户中的建某银行股票晚于成某基金卖出；岳某某证券账户卖出涉案工某银行股票系在蓝某基金账户中的部分工某银行股票已经卖出、部

① 案件来源：李某某利用未公开信息交易案【上海市高级人民法院（2013）沪高刑终字第5号】。

分尚未卖出的期间，属于同期于基金卖出。

依照《刑法》第一百八十条第四款的规定，构成利用未公开信息交易罪并不以“先买先卖”同时具备为条件，只要行为人利用因职务便利获取的未公开信息，违反规定从事与该信息相关的证券交易活动，就构成利用未公开信息交易罪。这种交易活动，既可以是利用利多信息先行或同期买入，也可以是利用利空信息先行或同期卖出，只要二者居其一即可，并不要求行为同时符合“先买先卖”的条件。本案李某某的行为符合利用未公开信息交易罪的构成要件……

裁判结果

驳回上诉，维持原判。

289 无相反证据证实其交易行为与掌握的未公开信息无关的情况下，推定其交易的时间范围是交易日前五日至后二日

裁判要点

在行为人无相反证据证实其交易行为与掌握的未公开信息无关的情况下，可以推定其利用未公开信息交易的时间范围是“前五后二”，即金融机构交易日前五日至后二日。

裁判思路

基本案情[①]**：**

2008 年 7 月至 2013 年 1 月，被告人张某民担任某资管公司股票投资部副总经理，先后负责管理公司相关账户股票投资业务。2007 年 4 月 16 日，张某民借用其亲戚的账户在光某证券开设证券账户。2009 年初，张某民指使其妻被告人尹某为其借身份证开设证券账户，由张某民实际控制。

2009 年 2 月至 2013 年 12 月，张某民利用因上述职务便利获取的相关账户股票交易等未公开信息，自行或指使被告人尹某，通过其控制证券账户与其管理公司的账户趋同交易 140 只股票，累计趋同交易金额共计人民币 13.4 亿余元，获

---

① 案件来源：张某民、尹某利用未公开信息交易案【上海市高级人民法院（2015）沪高刑终字第 49 号】。

利金额2800余万元。

一审法院以利用未公开信息交易罪分别判处张某民有期徒刑二年九个月，并处罚金人民币二千八百五十万元；判处尹某拘役三个月，缓刑三个月，并处罚金人民币十二万元。宣判后，张某民、尹某不服，提起上诉。

争议焦点：如何认定利用未公开信息交易的时间范围？

辩护意见：

张某民及其辩护人辩称：本案中，未公开信息形成于机构交易当日，故只能将张某民在机构交易当日及后二日的趋同交易认定为利用未公开信息交易，并以此认定犯罪金额。

二审法院认为：

本案中的未公开信息并不仅是指张某民管理的保险资产实际进行股票交易的信息，还包括作出交易决策等信息，该交易决策信息并非形成于机构交易当日，而是先于机构交易之日形成。原判采用“前五后二”的标准认定行为人利用未公开信息交易的时间范围，符合未公开信息本身的特征，也对交易的关联性作出了合理限定，故在上述时间范围内的交易符合行为人“利用信息的未公开性”和“交易的关联性”特征。据此，本院对张某民及其辩护人的上述意见不予采纳……

裁判结果

驳回上诉，维持原判。

290 中国证券登记结算有限公司的工作人员符合利用未公开信息交易罪的主体构成要件

裁判要点

中国证券登记结算有限公司的工作人员符合利用未公开信息交易罪的主体构成要件。

裁判思路

基本案情[①]**：**

2011年6月至2014年3月，被告人涂某一在中国证券登记结算有限公司深某分公司证券账户管理岗位工作期间，利用其具有的证券账户查询权限，知悉了相关信托产品、金融机构资管产品的股票拥有及变动情况等未公开信息。

后涂某一以电话短信等方式告知其弟弟被告人涂某二，涂某二按照涂某一的指令以实际由涂某一控制的“白某英”“张某妹”“卢某佳”等证券账户进行操作，趋同买入金额人民币1971649887.68元，盈利1577900.19元。同时，涂某二也利用其控制的“宋某欣”“骆某华”等证券账户跟随交易。

上述账户与相关私募基金、券商资管计划趋同交易股票237只，累计趋同买入金额人民币2137087250.15元，趋同交易盈利3475387.60元。

一审法院认为，涂某一犯利用未公开信息交易罪，判处有期徒刑三年，并处罚金人民币二百万元；涂某二犯利用未公开信息交易罪，判处有期徒刑二年，并处罚金人民币一百五十万元。宣判后，涂某一、涂某二不服，提起上诉。

二审法院认为：

原审被告人涂某一在中国证券登记结算有限公司深某分公司证券账户管理岗位工作期间，利用其具有的证券账户查询权限所知悉的信托产品、金融机构资管产品股票拥有及变动情况等未公开信息，指令上诉人涂某二从事相关交易活动，情节特别严重，原审被告人涂某一、上诉人涂某二的行为均已构成利用未公开信息交易罪……

裁判结果

驳回上诉，维持原判。

① 案件来源：涂某一、涂某二利用未公开信息交易案【广东省高级人民法院（2018）粤刑终479号】。

291 基金公司交易员明知不得利用未公开信息从事与该信息相关的股票交易而仍然实施趋同交易行为，即具备利用未公开信息交易罪的主观要件

裁判要点

基金公司交易员明知不得利用未公开信息从事与该信息相关的股票交易而仍然实施趋同交易行为，即具备利用未公开信息交易罪的主观要件，辩称缺乏违法性认识，既不影响法庭对其犯罪事实及行为性质的认定，也不能作为对其从宽处罚的理由。

裁判思路

基本案情[①]**：**

胡某夫于2007年开始在某基金管理公司中央交易室工作，先后担任交易员、副总监，负责分发、执行基金经理的指令，下单操作交易股票，具有知悉本公司股票交易信息的职务权限。

2010年4月至2015年5月，胡某夫按照基金经理指令下单交易股票后，使用其父胡某勋、岳父耿某刚证券账户或者指使胡某勋使用其本人证券账户，同期交易买入与本公司相同的股票，买入成交金额共计11.1亿余元、卖出金额共计人民币12.1亿余元，非法获利共计人民币4186.07万元。

一审法院认为，胡某夫犯利用未公开信息交易罪，判处有期徒刑七年，并处罚金人民币九千万元。后胡某夫不服，提起上诉。

二审法院认为：

……在案胡某夫的供述、《员工保密协议》证明，胡某夫作为基金管理公司的从业人员，对其在某基金管理公司任职期间，不得利用在工作中获得的未公开信息，从事以及明示或暗示他人从事与该信息相关的股票交易活动是明知的。

---

① 案件来源：胡某夫利用未公开信息交易案【北京市高级人民法院（2018）京刑终70号】（2020年11月6日最高人民检察院、中国证券监督管理委员会联合发布的证券违法犯罪典型案例）。

《刑法》将该类行为规定为犯罪，已向全社会予以公示。胡某夫辩称缺乏违法性认识，既不影响法庭对其犯罪事实及行为性质的认定，也不能作为对其从宽处罚的理由……

裁判结果

驳回上诉，维持原判。

292 明知行为人是金融机构从业人员，仍为其实施利用未公开信息交易行为提供帮助的，构成共犯

裁判要点

明知行为人是金融机构从业人员，仍为其实施利用未公开信息交易行为提供帮助的，应认定为利用未公开信息交易罪的共犯。

裁判思路

基本案情①**：**

2008 年 7 月至 2013 年 1 月，被告人张某民担任某资管公司股票投资部副总经理，先后负责管理“平某人寿—寿险传统—高”“平某产险”账户以及相关账户股票投资。

2009 年 2 月至 2012 年 12 月，张某民利用因上述职务便利获取的相关账户股票交易等未公开信息，通过其控制的“张某村”“杨某”“谢某英”名下证券账户，与其管理的上述某资管公司账户趋同交易“深某马 A”“湖某宜化”“徐某机械”等 140 只股票，累计趋同成交金额共计 13.4 亿余元，获利金额 2800 余万元。

在此期间，尹某在张某民的授意下从杨某、谢某英处借得身份证，用于开设证券账户，并在张某民的指令下操作部分股票交易。

---

① 案件来源：张某民、尹某利用未公开信息交易案【上海市第一中级人民法院（2015）沪一中刑初字第 17 号】。

法院认为：

……被告人尹某明知张某民系金融机构从业人员，不能个人从事股票交易，且应当明知张某民在其控制的证券账户中实施的交易有可能利用其掌握的未公开信息，仍在张某民的要求下为其开设证券账户提供帮助。之后，尹某又按照张某民的指示在相关证券账户中多次实施交易行为。据此，应认定尹某系利用未公开信息交易罪的共犯，依法予以处罚……

裁判结果

一、被告人张某民犯利用未公开信息交易罪，判处有期徒刑二年九个月，并处罚金人民币二千八百五十万元。

二、被告人尹某犯利用未公开信息交易罪，判处拘役三个月，缓刑三个月，并处罚金人民币十二万元。

三、违法所得从冻结在案的相关账户中予以划扣。

293 证券交易所出具的趋同交易认定结果可以作为定案证据使用

裁判要点

证券交易所出具的趋同交易认定结果可以作为定案的证据使用。

裁判思路

基本案情[①]**：**

2011 年 11 月至 2014 年 1 月，被告人厉某超任某基金管理公司“中某核心优选基金”经理，对所负责的基金进行投资决策，决定买卖股票的种类、规模、时机等。

厉某超在担任该基金的基金经理期间，利用因职务便利获取的不公开信息，使用其控制的“孔某甲”等证券账户，先于该基金 1 个至 5 个交易日、同步或者

① 案件来源：厉某超利用未公开信息交易案【山东省高级人民法院（2016）鲁刑终 146 号】。

稍晚于1个至2个交易日买入卖出与该基金相同的股票。

经上海证券交易所和深圳证券交易所认定，厉某超操作的10个证券账户与该基金累计趋同交易金额共计人民币914700506.23元，累计趋同交易获利人民币16828048.43元，获利款项由厉某超与他人分配，厉某超将赃款325万元用于购房，部分赃款用于日常消费。

一审法院认为，厉某超犯利用未公开信息交易罪，判处有期徒刑三年六个月，并处罚金人民币一千七百万元。后厉某超不服，提起上诉。

二审法院认为：

……关于上诉人厉某超的辩护人所提“一审法院认定厉某超趋同交易金额及非法获利金额的证据不确实、充分”的辩护意见，经查，原审法院认定厉某超趋同交易金额及非法获利金额的证据，有某基金管理公司股票投资指令统计表、相关银行账户查询资料、相关证券账户开户资料及资金明细和证券交易明细、相关证人证言、厉某超的供述、上海证券交易所法律部、深圳证券交易所市场监察部出具的趋同交易情况统计表和趋同明细表等证据证实。厉某超对该认定意见亦予确认。上海证券交易所法律部和深圳证券交易所市场监察部是具有组织、监督证券交易、负责证券市场交易活动的日常监管职能部门，其所出具的趋同交易情况统计表、趋同明细表和趋同交易协查结果，可以作为定案的证据使用。原审判决认定厉某超趋同交易金额及非法获利金额的证据确实、充分。上诉人厉某超的辩护人所提前述辩护意见不能成立，不予采纳……

裁判结果

驳回上诉，维持原判。

294 利用未公开信息交易罪有“情节严重”“情节特别严重”两种情形和两个量刑档次

裁判要点

利用未公开信息交易罪有“情节严重”“情节特别严重”两种情形和两个量刑档次。

裁判思路

基本案情[①]**：**

2011 年 3 月 9 日至 2013 年 5 月 30 日，被告人马某担任某基金管理有限公司旗下的博某精选股票证券投资经理，全权负责投资基金投资股票市场，掌握了博某精选股票证券投资基金交易的标的股票、交易时间和交易数量等未公开信息。

任职期间，马某利用其掌控的上述未公开信息，从事与该信息相关的证券交易活动，操作自己控制的三个股票账户，通过临时购买的不记名神某行电话卡下单，先于（1 个至 5 个交易日）、同期或稍晚于（1 个至 2 个交易日）其管理的"博某精选"基金账户买卖相同股票 76 只，累计成交金额人民币 10.5 亿余元，非法获利人民币 18833374.74 元。

一审法院以利用未公开信息交易罪判处马某有期徒刑三年，缓刑五年，并处罚金人民币一千八百八十四万元。

宣判后，深圳市人民检察院提出抗诉。广东省高级人民法院二审维持原判，广东省人民检察院提请最高人民检察院按照审判监督程序向最高人民法院提出抗诉。

再审法院认为：

从立法目的上理解，由于我国基金、证券、期货等领域中，利用未公开信息交易行为比较多发，行为人利用公众投入的巨额资金作后盾，以提前买入或者提前卖出的手段获得巨额非法利益，将风险与损失转嫁到其他投资者，不仅对其任职单位的财产利益造成损害，而且严重破坏了公开、公正、公平的证券市场原则，严重损害客户投资者或处于信息弱势的散户利益，严重损害金融行业信誉，影响投资者对金融机构的信任，进而对资产管理和基金、证券、期货市场的健康发展产生严重影响。

为此，《刑法修正案（七）》新增利用未公开信息交易罪，并将本罪与内幕交易、泄露内幕信息罪规定在同一法条中，说明两罪的违法与责任程度相当。利用未公开信息交易罪也应当适用"情节特别严重"。

---

① 案件来源：马某利用未公开信息交易案【最高人民法院（2015）刑抗字第 1 号】（2016 年 6 月 30 日最高人民法院发布的指导案例 61 号）（注：2019 年 7 月 1 日施行的《最高人民法院、最高人民检察院关于办理利用未公开信息交易刑事案件适用法律若干问题的解释》已经明确了利用未公开信息交易罪中"情节严重"和"情节特别严重"的标准）。

从法条文意理解，首先，《刑法》第一百八十条第四款中的“情节严重”是入罪条款，《刑事案件立案追诉标准（二）》对利用未公开信息交易罪规定了追诉的情节标准，说明本罪需达到“情节严重”才能被追诉。利用未公开信息交易罪属情节犯，立法要明确其情节犯属性，就必须借助“情节严重”的表述，以避免“情节不严重”的行为入罪。

其次，本条款中“情节严重”并不兼具量刑条款的性质，《刑法》条文中大量存在“情节严重”兼具定罪条款及量刑条款性质的情形，但无一例外均在其后列明了具体的法定刑。《刑法》第一百八十条第四款中“情节严重”之后，并未列明具体的法定刑，而是参照内幕交易、泄露内幕信息罪的法定刑，因此本款中的“情节严重”仅具有定罪条款的性质，而不具有量刑条款的性质。

从立法技术上理解，援引法定刑是指对某一犯罪并不规定独立的法定刑，而是援引其他犯罪的法定刑作为该犯罪的法定刑。《刑法》第一百八十条第四款援引法定刑的目的是避免法条文字表述重复，并不属于法律规定不明确的情形。

综上，《刑法》第一百八十条第四款虽然没有明确表述“情节特别严重”，但是根据本条款设立的立法目的、法条文意及立法技术，应当包含“情节特别严重”的情形和量刑档次。法条没有重复表述不等同于法律没有明确规定。在法律已有明确规定的情况下，应当适用该法律规定，而不再适用有利于被告人的原则。

基于上述对《刑法》第一百八十条第四款援引法定刑的理解，在明确利用未公开信息交易罪有“情节严重”“情节特别严重”两种情形和两个量刑档次的前提下，本案应对马某的行为是否属于“情节特别严重”予以评价。

目前，虽然没有关于利用未公开信息交易罪“情节特别严重”认定标准的专门规定，但鉴于《刑法》规定利用未公开信息交易罪是参照内幕交易、泄露内幕信息罪的规定处罚，《最高人民法院、最高人民检察院关于办理内幕交易、泄露内幕信息刑事案件具体应用法律若干问题的解释》将成交额250万元以上、获利75万元以上等情形认定为内幕交易、泄露内幕信息罪“情节特别严重”的标准，利用未公开信息交易罪也应当遵循相同的标准。马某利用未公开信息进行交易活动，累计成交额达人民币10.5亿余元，非法获利达人民币1912万余元，已远远超过上述标准，且在案发时属全国查获的该类犯罪数额最大者，参照《最高人民法院、最高人民检察院关于办理内幕交易、泄露内幕信息刑事案件具体应用法律若干问题的解释》，马某的犯罪情节应当属于“情节特别严重”……

裁判结果

一、维持广东省高级人民法院（2014）粤高法刑二终字第137号刑事裁定和深圳市中级人民法院（2014）深中法刑二初字第27号刑事判决中对原审被告人马某的定罪部分。

二、撤销广东省高级人民法院（2014）粤高法刑二终字第137号刑事裁定和深圳市中级人民法院（2014）深中法刑二初字第27号刑事判决中对原审被告人马某的量刑及追缴违法所得部分。

三、原审被告人马某犯利用未公开信息交易罪，判处有期徒刑三年，并处罚金人民币一千九百一十三万元。

四、违法所得人民币19120246.98元依法予以追缴，上缴国库。

三、实务建议

对客户负有信义义务的金融机构工作人员、监管机构、行业协会的工作人员以及中登公司等金融市场基础设施的工作人员都具有构成本罪的法律风险，为预防上述主体触犯利用未公开信息交易罪，在办理同类案件的基础上，结合实际办案经验，我们提出以下建议。

（一）打破对“老鼠仓”的固有认识，明确认定构成本罪的重要标准之一是“趋同交易”

在我国，典型的“老鼠仓”指的是“抢先交易、提早撤仓获利”，即金融机构的从业人员在用客户资金买入证券或其他金融产品前，以自己的名义，或者借用他人的名义，或者告知亲朋好友，先行买入证券等金融产品，然后利用客户资金拉升到高位以后，自己率先卖出获利，该行为具有“先买先卖”的特征。

然而，实践中，在绝大多数行政处罚和刑事案例中，中国证监会、司法机关对“老鼠仓”的认定不局限于“抢先交易”。认定是否构成利用未公开信息交易罪采用的标准是“趋同交易”，即行为人使用私人账户进行的交易与其管理的基金相同方向的买入卖出行为。趋同比率，通常采取“前五后二”的计算方法，也就是看行为人为公司购买某只股票的前五个工作日和后两个工作日，关联账户购买的趋同比率，高度的趋同交易是认定犯罪的关键。因此，构成本罪，不要求交易行为符合“先买先卖”的特征，即使涉案证券账户的交易与基金公司的交易时间同期，甚至晚于基金公司的交易时间，都有涉嫌本罪的可能。

（二）恪守信息保密义务，坚守交易“红线”

一旦行为人的交易行为被认定为趋同交易，行为人即涉嫌利用未公开信息交易罪。尽管我国《刑法》明确构成利用未公开信息交易罪还需满足“违反规定”“利用的信息属于未公开信息”、主观明知等构成要件。但是，实践中，对上述构成要件的认定较为宽泛，围绕上述构成要件展开的辩解出罪难度较大。

其一，“违反规定”中的规定不限于国家规定。无论是违反法律、行政法规、部门规章、全国性行业规范有关证券、期货未公开信息保护的规定，还是违反行为人所在的金融机构有关信息保密、禁止交易、禁止利益输送等规定，都属于“违反规定”。

其二，具备未公开性、价格敏感性的信息都属于“未公开信息”的范畴。目前，关于“未公开信息”何时构成公开在实践中也有很大争议。即使基金公司公开披露了年度、季度等定期报告，已披露投资标的后续投资决策也属于未公开信息。

其三，缺乏违法性认识不是“避风港”。只要行为人明知不得利用未公开信息从事与该信息相关的股票交易，如签署了保密协议，再从违法性认识可能性的角度出罪难度就很大。因此，唯有消除侥幸心理、恪守保密义务才能与法律风险保持安全距离。

四、法律规范

（一）法律

《中华人民共和国刑法》（2020 年修正）

第一百八十条 证券、期货交易内幕信息的知情人员或者非法获取证券、期货交易内幕信息的人员，在涉及证券的发行，证券、期货交易或者其他对证券、期货交易价格有重大影响的信息尚未公开前，买入或者卖出该证券，或者从事与该内幕信息有关的期货交易，或者泄露该信息，或者明示、暗示他人从事上述交易活动，情节严重的，处五年以下有期徒刑或者拘役，并处或者单处违法所得一倍以上五倍以下罚金；情节特别严重的，处五年以上十年以下有期徒刑，并处违法所得一倍以上五倍以下罚金。

单位犯前款罪的，对单位判处罚金，并对其直接负责的主管人员和其他直接责任人员，处五年以下有期徒刑或者拘役。

内幕信息、知情人员的范围，依照法律、行政法规的规定确定。

证券交易所、期货交易所、证券公司、期货经纪公司、基金管理公司、商业银行、保险公司等金融机构的从业人员以及有关监管部门或者行业协会的工作人员，利用因职务便利获取的内幕信息以外的其他未公开的信息，违反规定，从事与该信息相关的证券、期货交易活动，或者明示、暗示他人从事相关交易活动，情节严重的，依照第一款的规定处罚。

（二）司法解释

《最高人民法院、最高人民检察院关于办理利用未公开信息交易刑事案件适用法律若干问题的解释》（2019年7月1日施行　法释〔2019〕10号）

第一条　刑法第一百八十条第四款规定的“内幕信息以外的其他未公开的信息”，包括下列信息：

（一）证券、期货的投资决策、交易执行信息；

（二）证券持仓数量及变化、资金数量及变化、交易动向信息；

（三）其他可能影响证券、期货交易活动的信息。

第二条　内幕信息以外的其他未公开的信息难以认定的，司法机关可以在有关行政主（监）管部门的认定意见的基础上，根据案件事实和法律规定作出认定。

第三条　刑法第一百八十条第四款规定的“违反规定”，是指违反法律、行政法规、部门规章、全国性行业规范有关证券、期货未公开信息保护的规定，以及行为人所在的金融机构有关信息保密、禁止交易、禁止利益输送等规定。

第四条　刑法第一百八十条第四款规定的行为人“明示、暗示他人从事相关交易活动”，应当综合以下方面进行认定：

（一）行为人具有获取未公开信息的职务便利；

（二）行为人获取未公开信息的初始时间与他人从事相关交易活动的初始时间具有关联性；

（三）行为人与他人之间具有亲友关系、利益关联、交易终端关联等关联关系；

（四）他人从事相关交易的证券、期货品种、交易时间与未公开信息所涉证券、期货品种、交易时间等方面基本一致；

（五）他人从事的相关交易活动明显不具有符合交易习惯、专业判断等正当理由；

（六）行为人对明示、暗示他人从事相关交易活动没有合理解释。

第五条 利用未公开信息交易，具有下列情形之一的，应当认定为刑法第一百八十条第四款规定的“情节严重”：

（一）违法所得数额在一百万元以上的；

（二）二年内三次以上利用未公开信息交易的；

（三）明示、暗示三人以上从事相关交易活动的。

第六条 利用未公开信息交易，违法所得数额在五十万元以上，或者证券交易成交额在五百万元以上，或者期货交易占用保证金数额在一百万元以上，具有下列情形之一的，应当认定为刑法第一百八十条第四款规定的“情节严重”：

（一）以出售或者变相出售未公开信息等方式，明示、暗示他人从事相关交易活动的；

（二）因证券、期货犯罪行为受过刑事追究的；

（三）二年内因证券、期货违法行为受过行政处罚的；

（四）造成恶劣社会影响或者其他严重后果的。

第七条 刑法第一百八十条第四款规定的“依照第一款的规定处罚”，包括该条第一款关于“情节特别严重”的规定。

利用未公开信息交易，违法所得数额在一千万元以上的，应当认定为“情节特别严重”。

违法所得数额在五百万元以上，或者证券交易成交额在五千万元以上，或者期货交易占用保证金数额在一千万元以上，具有本解释第六条规定的四种情形之一的，应当认定为“情节特别严重”。

第八条 二次以上利用未公开信息交易，依法应予行政处理或者刑事处理而未经处理的，相关交易数额或者违法所得数额累计计算。

第九条 本解释所称“违法所得”，是指行为人利用未公开信息从事与该信息相关的证券、期货交易活动所获利益或者避免的损失。

行为人明示、暗示他人利用未公开信息从事相关交易活动，被明示、暗示人员从事相关交易活动所获利益或者避免的损失，应当认定为“违法所得”。

第十条 行为人未实际从事与未公开信息相关的证券、期货交易活动的，其罚金数额按照被明示、暗示人员从事相关交易活动的违法所得计算。

第十一条 符合本解释第五条、第六条规定的标准，行为人如实供述犯罪事实，认罪悔罪，并积极配合调查，退缴违法所得的，可以从轻处罚；其中犯罪情节轻微的，可以依法不起诉或者免予刑事处罚。

符合刑事诉讼法规定的认罪认罚从宽适用范围和条件的，依照刑事诉讼法的规定处理。

第十二条 本解释自2019年7月1日起施行。

（三）立案标准

《最高人民检察院、公安部关于公安机关管辖的刑事案件立案追诉标准的规定（二）》（2022年5月15日施行 公通字〔2022〕12号）

第三十一条 证券交易所、期货交易所、证券公司、期货公司、基金管理公司、商业银行、保险公司等金融机构的从业人员以及有关监管部门或者行业协会的工作人员，利用因职务便利获取的内幕信息以外的其他未公开的信息，违反规定，从事与该信息相关的证券、期货交易活动，或者明示、暗示他人从事相关交易活动，涉嫌下列情形之一的，应予立案追诉：

（一）获利或者避免损失数额在一百万元以上的；

（二）二年内三次以上利用未公开信息交易的；

（三）明示、暗示三人以上从事相关交易活动的；

（四）具有其他严重情节的。

利用未公开信息交易，获利或者避免损失数额在五十万元以上，或者证券交易成交额在五百万元以上，或者期货交易占用保证金数额在一百万元以上，同时涉嫌下列情形之一的，应予立案追诉：

（一）以出售或者变相出售未公开信息等方式，明示、暗示他人从事相关交易活动的；

（二）因证券、期货犯罪行为受过刑事追究的；

（三）二年内因证券、期货违法行为受过行政处罚的；

（四）造成其他严重后果的。

第五节 操纵证券、期货市场罪

我国《刑法》第一百八十二条规定了操纵证券、期货市场罪。本罪的行为方式具有多样性，主要表现为利用连续交易、约定交易、自我交易、虚假申报、“抢帽子”交易等方式操纵市场。司法实践中，本罪的犯罪主体以公司实际控制人、法定代表人或者高级管理人员为主，共同犯罪较为常见。在公开的司法判例中，构成本罪的行为人被判处的刑罚相对较轻。

为更好掌握司法实务中对操纵证券、期货市场罪定罪量刑等方面的关注重点，我们对重点案例进行详细解析，通过研究司法机关的裁判思路，提炼了司法实务裁判要点。同时，我们梳理了与操纵证券、期货市场罪相关的法律、司法解释、立案标准及政策法规等规定。

一、实务解析

（一）本罪的行为方式多样，以连续交易、自我交易和“抢帽子”交易方式最为常见

关于本罪常见的行为方式，《证券法》第五十五条、《刑法》第一百八十二条和《最高人民法院、最高人民检察院关于办理操纵证券、期货市场刑事案件适用法律若干问题的解释》第一条作了列举，主要包括以下行为。

（1）连续交易操纵，即单独或者合谋，集中资金优势、持股或者持仓优势或者利用信息优势联合或者连续买卖，操纵证券、期货交易价格或者证券、期货交易量。

（2）约定交易操纵，即与他人串通，以事先约定的时间、价格和方式相互进行证券、期货交易，影响证券、期货交易价格或者证券、期货交易量。

（3）自我交易操纵，即在自己实际控制的账户之间进行证券交易，或者以自己为交易对象，自买自卖期货合约，影响证券、期货交易价格或者证券、期货交易量。

（4）虚假申报操纵，即不以成交为目的，频繁申报、撤单或者大额申报、

撤单，误导投资者作出投资决策，影响证券、期货交易价格或者证券、期货交易量，并进行与申报相反的交易或者牟取相关利益。

（5）蛊惑交易操纵，即利用虚假或者不确定的重大信息，诱导投资者作出投资决策，影响证券、期货交易价格或者证券、期货交易量，并进行相关交易或者牟取相关利益。

（6）“抢帽子”交易操纵，即通过对证券及其发行人、上市公司、期货交易标的公开作出评价、预测或者投资建议，误导投资者作出投资决策，影响证券、期货交易价格或者证券、期货交易量，并进行与其评价、预测、投资建议方向相反的证券交易或者相关期货交易。

（7）重大事项操纵，即通过策划、实施资产收购或者重组、投资新业务、股权转让、上市公司收购等虚假重大事项，误导投资者作出投资决策，影响证券交易价格或者证券交易量，并进行相关交易或者牟取相关利益。

（8）控制信息操纵，即通过控制发行人、上市公司信息的生成或者控制信息披露的内容、时点、节奏，误导投资者作出投资决策，影响证券交易价格或者证券交易量，并进行相关交易或者牟取相关利益。

（9）跨期、现货市场操纵，即通过囤积现货，影响特定期货品种市场行情，并进行相关期货交易。

实践中，发生较多的是连续交易、自我交易和“抢帽子”交易操纵行为。并且，某一案件中的行为方式并非表现为单一形式，往往是多种行为方式混合在一起。例如，唐某博案中，其操纵行为就包括自我交易和虚假申报交易两种方式；王某案中，其操纵行为则存在连续交易和自我交易两种。此外，本罪是选择性罪名，实务中操纵证券市场的案件居多，操纵期货市场的案件较少。

（二）本罪犯罪主体在实践中以公司实际控制人、法定代表人或者高级管理人员为主，共同犯罪较为常见

根据《刑法》规定，本罪主体为一般主体，即年满16周岁、具有刑事责任能力的自然人均可构成。目前检索到的案例中，行为人的身份、职务集中于公司实际控制人、法定代表人或者总经理等高级管理人员。

单位亦可构成本罪。例如，伊某顿国际贸易有限公司、金某献等操纵期货市场案就是单位和自然人共同构成本罪。此外，在检索到的案件中，共同犯罪较为常见。

（三）实践中，构成本罪的行为人被判处的刑罚相对较轻

根据《刑法》规定，操纵证券、期货市场，情节严重的，处五年以下有期徒刑或者拘役，并处或者单处罚金；情节特别严重的，处五年以上十年以下有期徒刑，并处罚金。

在我们检索到的案例中，被判处五年以上有期徒刑的行为人占少数，大部分行为人被判处三年以下有期徒刑，且适用缓刑的比例较高。总体来看，实践中，触犯本罪的行为人被判处的刑罚相对较轻。

二、裁判要点

295 利用控制的账户组连续集中交易、反向交易和对倒交易等方式操纵股价，情节严重的，构成操纵证券市场罪

裁判要点

行为人利用控制的账户组连续集中交易、反向交易和对倒交易等方式操纵股价，情节严重的，构成操纵证券市场罪。

裁判思路

基本案情[①]**：**

2013 年开始，黄某铭组织谢某华、朱某、黄某中等人非法操纵“珠某啤酒”股票价格。

2014 年 1 月 9 日至 10 月 15 日，黄某铭等人以大宗交易接盘方式获得“珠某啤酒”股票，接盘后用其控制的 58 个股票账户组成的账户组，通过二级市场利用连续集中交易、反向交易和对倒交易等方式操纵“珠某啤酒”的股价。

2014 年 3 月 26 日至 4 月 23 日的连续 20 个交易日，账户组对倒量占同期市

---

① 案件来源：谢某华、朱某、黄某中、刘某轩、孔某操纵证券、期货市场罪一审案【广东省深圳市中级人民法院（2017）粤 03 刑初 847 号】。

场成交总量的比例为23.93%；2014年7月30日至8月26日的连续20个交易日，账户组对倒量占同期市场成交总量的比例为24.67%。至案发时账面获利人民币120060427.57元。

法院认为：

被告人谢某华、朱某、黄某中、刘某轩、孔某在自己实际控制的账户之间交易“珠某啤酒”股票，影响股票价格，情节严重，其行为均已构成操纵证券市场罪……

裁判结果

一、被告人谢某华犯操纵证券市场罪，判处有期徒刑一年十个月，并处罚金人民币一百万元。

……

五、被告人孔某犯操纵证券市场罪，判处有期徒刑一年二个月，并处罚金人民币三十万元。

六、追缴涉案非法所得人民币120060427.57元，上缴国库……

296 非法接入交易系统，利用非法手段获取的交易速度优势，操纵股指期货交易，属于“以其他方法操纵证券、期货市场的”情形

裁判要点

行为人违反有关规定，隐瞒实际控制的大量账户从事高频程序化交易等情况，规避交易所对风险控制的监管措施，将自行研发的报单交易系统非法接入交易系统，利用以逃避期货公司资金和持仓验证等非法手段获取的交易速度优势，大量操纵股指期货交易，影响期货交易价格或者期货交易量，属于“以其他方法操纵证券、期货市场的”情形。

裁判思路

基本案情[①]**：**

2012年9月，张家港保税区伊某顿国际贸易有限公司（以下简称伊某顿公司）注册成立，该公司自成立起即从事期货、证券交易。

2012年底，伊某顿公司通过时任Z公司技术总监的金某献在该期货公司开设期货账户。高某于2014年1月担任伊某顿公司执行董事，对期货账户进行日常管理、购买部分服务器等。梁某中于2014年5月担任伊某顿公司业务拓展经理，主要负责收集交易政策和市场行情数据、购买服务器、维护服务器网络和程序等。

自2013年6月起至2015年2月，伊某顿公司通过高某、金某献，以有偿租借方式先后实际控制了19个个人期货账户，还通过高某开设了7个特殊法人期货账户，由此实际控制了伊某顿账户组。自2013年1月起至2015年7月，伊某顿公司使用自有资金和从高某、金某献等人处拆借所得的资金等，利用实际控制的期货账户，采用高频程序化交易方式从事股指期货交易。其间，伊某顿公司隐瞒实际控制伊某顿账户组、大量账户从事高频程序化交易等情况，规避某所对账户实际控制关系报备、股指期货交易的交易手数、撤单量和自成交量等限制的监管措施，从而取得不正当交易优势。

自2013年底起至2015年4月，伊某顿公司伙同金某献等人，自行研发、测试了RM交易系统[②]，并进行了技术伪装，还铺设了专门用于股指期货交易的网络。其间，金某献指使下属员工将自行购买的服务器存放于A公司机房内，将RM交易系统下载、安装至上述服务器内并与伊某顿账户组相关联。至此，伊某顿公司因擅自使用RM交易系统，绕过Z公司资金和持仓验证，从而非法取得额外交易速度优势。

2015年6月1日至7月6日，伊某顿公司及其直接责任人员高某、梁某中伙同金某献，在已使用高频程序化交易的基础上，利用不正当的交易优势和额外交易速度优势大量操纵某所股指期货交易。

---

① 案件来源：张家港保税区伊某顿国际贸易有限公司、金某献等操纵期货市场案【上海市第一中级人民法院（2016）沪01刑初78号】。

② RM交易系统是指获得许可的，由市场运营商运营或管理的，为第三方买卖意向提供撮合功能的多边交易系统。

经统计，伊某顿公司分别成交 IC、IF① 主力合约 100.47 万手和 276.97 万手，合计 377.44 万手，共计非法获利 3.893 亿余元。

法院认为：

……被告单位伊某顿公司违反《某所交易细则》《某所实际控制关系账户报备指引（试行）》关于股指期货交易实行实际控制关系账户报备、连接测试、程序化交易报备等监管措施的相关规定，隐瞒了实际控制账户和大量账户使用高频程序化交易等情况，规避了某所对风险控制的监管，从而恶意取得不正当交易优势。

伊某顿公司违反《期货交易管理条例》《期货公司监督管理办法》《某所交易细则》关于某所实行会员（即期货公司）分级结算制度和基于该制度延伸出的保证金制度和持仓限额制度等基本制度，擅自使用未经检测的 RM 交易系统，绕过 Z 公司的资金和持仓验证，减少了相对于其他合规投资者必须耗费的验证时间，降低了自身整体交易时间延迟，从而非法取得其他合规投资者无法取得的额外交易速度优势。

伊某顿公司在本身已使用高频程序化交易的基础上，利用上述不正当交易优势和额外交易速度优势抢占交易先机，限制或排除其他合规投资者最优交易机会，其行为严重破坏了股指期货市场公平交易的秩序和原则，符合操纵期货市场的行为特征。

伊某顿公司的操纵行为系新型操纵行为，不仅破坏了股指期货市场的基本制度、基本原则和交易秩序，而且造成了严重的社会危害，与《刑法》第一百八十二条第一款前三项所规定的典型操纵情形在危害性上具有相当性。据此，伊某顿公司为牟取非法利益，操纵某所 IC、IF 主力合约，其行为构成操纵期货市场罪。伊某顿公司所犯操纵期货市场罪的操纵手法隐蔽，操纵时间长，非法获利数额特别巨大，操纵后果十分严重，属于“情节特别严重”……

裁判结果

一、被告单位伊某顿公司犯操纵期货市场罪，判处罚金人民币三亿元。

二、被告人高某犯操纵期货市场罪，判处有期徒刑三年，缓刑四年，并处罚金人民币一百万元。

---

① IC 是指中证 500 指数的合约代码；IF 是指沪深 300 指数的合约代码。

三、被告人梁某中犯操纵期货市场罪，判处有期徒刑二年六个月，缓刑三年，并处罚金人民币八十万元。

四、被告人金某献犯操纵期货市场罪，判处有期徒刑二年，并处罚金人民币六十万元。

……

297 证券机构及其工作人员违规买卖、持有证券，在对相关证券作出公开评价、预测或者投资建议后，通过反向操作牟取利益的，涉嫌操纵证券市场罪

裁判要点

证券公司、证券咨询机构、专业中介机构及其工作人员违背从业禁止规定，买卖或者持有证券，并在对相关证券作出公开评价、预测或者投资建议后，通过预期的市场波动反向操作，牟取利益，情节严重的，以操纵证券市场罪追究其刑事责任。

裁判思路

基本案情①**：**

2013年2月1日至2014年8月26日，被告人朱某明担任某证券公司龙华西路营业部经纪人，并受邀担任“谈某论金”电视节目嘉宾。

其间，朱某明在其亲属“朱某”等人名下的证券账户内，预先买入“利某精制”“万某股份”等15只股票，并在随后播出的“谈某论金”电视节目中通过详细介绍股票标识性信息、展示K线图或明示股票名称、代码等方式，对其预先买入的前述15只股票进行公开评价、预测及推介，再于节目在某电视台首播后1个至2个交易日内抛售相关股票，人为地影响前述股票的交易量与交易价格，获取非法利益。

经审计，朱某明买入前述股票交易金额共计2094.22万余元，卖出股票交易

① 案件来源：朱某明操纵证券市场案【上海市第一中级人民法院（2017）沪01刑初49号】。

金额共计2169.7万余元，非法获利75.48万余元。

法院认为：

被告人朱某明身为证券公司工作人员，违反规定买卖或持有证券，并通过公开评价、预测或者投资建议，在相关证券交易中非法获利75万余元，情节严重，其行为已构成操纵证券市场罪，应处五年以下有期徒刑或者拘役，并处罚金。朱某明在庭审期间能自愿认罪，且退回全部违法所得，在量刑时酌情予以考虑。综合全案犯罪事实、情节，对朱某明处以相应刑罚。

裁判结果

一、被告人朱某明犯操纵证券市场罪，判处有期徒刑十一个月，并处罚金人民币七十六万元。

二、扣押在案的违法所得，予以没收。

298 为帮助他人获利而实施操纵证券市场的行为，涉嫌操纵证券、期货市场罪

裁判要点

为帮助他人获利而实施了操纵证券市场的行为，构成操纵证券、期货市场罪。

裁判思路

基本案情[①]：

2011年4月，被告人刘某甲进入某证券公司投资咨询部担任投资顾问；2012年3月，被告人陶某进入该公司任刘某甲的助理。2012年1月起，该证券公司冠名某卫视“天某我财”系列财经节目，刘某甲担任嘉宾分析师，对证券或者其发行人、上市公司公开作出评价、预测或者投资建议，陶某协助刘某甲制作课件。

① 案件来源：陶某、刘某甲操纵证券、期货市场案【湖北省武汉市中级人民法院（2015）鄂武汉中刑初字第00123号】。

2012年6月6日至8月10日，陶某利用制作课件的便利条件，提前获悉刘某甲和另一节目嘉宾分析师于某在节目中将要推荐的股票信息后，亲自或者委托刘某乙按其指令进行股票操作，于节目播出当日下午收盘前全仓买进，待推荐的股票信息在节目播出后，伺机卖出股票获利。陶某利用他人证券账户买入股票金额共计28420251.74元，卖出金额29453545.04元，非法获利840093元，陶某个人实际获利430817元。

2012年7月12日至8月10日，刘某甲利用担任该财经节目嘉宾分析师的优势条件，操作前女友龙某的证券账户，提前买入其将在该节目上推荐的股票5只和于某将在该节目上推荐的股票1只，在节目播出后卖出，为龙某非法获利共计75422元。

争议焦点：为帮助他人获利而实施了操纵证券市场的行为，是否构成操纵证券、期货市场罪？

辩护意见：

被告人刘某甲的辩护人提出：刘某甲的犯罪情节轻微，社会危害程度小，个人未从中获利，当庭认罪悔罪，且具有自首情节，恳请对其依法从宽处理。

法院认为：

经查，刘某甲利用其担任证券机构投资顾问的专业优势及某卫视“天某我财”节目嘉宾的影响力，通过媒体对证券或其发行人、上市公司公开作出评价、预测或者投资建议，足以影响证券市场交易价格波动，采取“抢帽子”交易操纵的方式，牟取不正当利益，违反了证券交易市场公平、信用的原则。其主观上是为自己牟利或者帮助他人获利，不影响对其行为性质的认定。辩护人就此提出的辩护意见，本院不予采纳。被告人陶某、刘某甲身为证券公司从业人员，违反国家对证券交易的管理制度和有关从业禁止性的规定，在公开作出评价、预测或者投资建议前买入其将要推荐的股票，待电视节目播出后卖出牟取非法利益，情节严重，其行为均已构成操纵证券市场罪……

裁判结果

一、被告人陶某犯操纵证券市场罪，判处拘役六个月，缓刑一年，并处罚金人民币十五万元。

二、被告人刘某甲犯操纵证券市场罪，判处罚金人民币十万元。

三、被告人陶某非法所得人民币八十四万零九十三元、被告人刘某甲非法所得人民币七万五千四百二十二元，予以追缴，上缴国库。

299 总经理未经控股股东或决策机构批准或认可而实施操纵期货市场的犯罪行为，不属于单位犯罪

裁判要点

公司总经理未经单位控股股东或决策机构批准、同意或认可而实施操纵期货市场的犯罪行为，不属于单位犯罪。

裁判思路

基本案情[①]**：**

2014年11月3日，被告人姜某通过某化工公司和欣某欣公司向郑州商品交易所大量申请临近交割月买入甲醇1501合约套期保值额度。当月26日，共计获批15000手，实现在临近交割月持有大量多头仓位的基本条件，并利用5个账户建仓大量买入甲醇1501合约，在11月14日买入持仓占比达30.75%，同时囤积现货，以便对期货价格造成影响。

2014年11月14日至12月16日，为使甲醇现货市场价格符合预期，并确保多头套期保值持仓顺利进入交割月，姜某控制或决策欣某欣等42个期货账户，累计动用资金4.1亿余元，利用持仓优势，连续交易甲醇1501合约，在价格处于低位或价格下跌时，集中增加买入持仓量，阻止价格继续下跌并拉抬价格适当上升，当价格较高时，适当进行卖出平仓，既维持盘面的交投活跃，又回流资金以补充流动资金，以便在价格下跌时反手买入，继续维持并扩大持仓优势，确保价格在可接受区间，致使甲醇1501合约价格出现异常波动，导致期货价格信息失真，严重影响期货市场价格发现、规避风险等功能的有效发挥。

另查明，2014年9月9日，欣某欣公司向控股股东亚某公司报送《关于申请办理套期保值业务的请示》，申请利用期货及电子交易平台进行保证金在3000

---

① 案件来源：姜某操纵证券、期货市场罪一审案【四川省成都市中级人民法院（2016）川01刑初100号】。

万元以内的甲醇产品套期保值业务，亚某公司按规定逐级上报该请示，截至案发，未得到最终同意开展业务的批复。

按照2014年12月16日甲醇1501合约结算价计算，姜某在2014年11月14日至12月16日，因交易该合约共亏损79459652元。

争议焦点：公司总经理未经单位控股股东或决策机构批准、同意或认可而实施操纵期货市场的犯罪行为，属于单位犯罪还是个人犯罪?

辩护意见：

被告人姜某及其辩护人提出：本案应认定为单位犯罪。理由是：操纵期货市场行为是欣某欣公司集体研究决定，以欣某欣公司名义实施，如有收益也应归欣某欣公司所有，姜某是欣某欣公司总经理，其行为系职务行为。

法院认为：

……单位犯罪是指在单位意志支配下，以单位名义实施的犯罪行为。本案中，被告人姜某虽然任欣某欣公司总经理，但其未经单位控股股东或决策机构批准、同意或认可而实施犯罪行为，不属于单位犯罪。

首先，欣某欣公司向亚某公司报送的《关于申请办理套期保值业务的请示》、亚某公司《关于欣某欣公司进行3000万元套期保值业务的相关文件说明》等证据证实，姜某以欣某欣公司的名义进行甲醇期货交易并未取得该公司控股股东批准，即使获得批准，也应当将保证金控制在3000万元以内，而其实际动用的资金远远大于3000万元，因此姜某通过欣某欣公司实施的操纵期货市场的行为不代表单位意志。

其次，姜某供述其以预付款的形式将资金转入某公司，再由该公司购买期货合约，是由其个人决定，并未向欣某欣公司的其他股东汇报过，而且姜某联系其他公司，违规借用期货账户，分仓操纵甲醇1501合约价格，也未告知其他股东，因此该部分行为也不代表单位意志。

最后，姜某的辩护人出示的有关民事判决书，能够证实欣某欣公司因借用其他公司期货账户穿仓而承担相应赔偿责任的事实，但民事法律关系并不等同于刑事法律关系，有关法院判决欣某欣公司承担在甲醇1501合约交易过程中造成损失的民事责任，并不意味着该公司必然应承担操纵期货市场的刑事责任。欣某欣公司承担民事责任，是基于姜某作为总经理与其在民事上的代理关系，根据有关民事法律规定，第三人有权向被代理人主张权利，即在民事责任中，是以受损失公司的外部视角确定责任承担者，因其很难得知欣某欣公司内部的决策过程，其认为姜某就代表欣某欣公司，故应由欣某欣公司承担民事责任，这也符合代理制度降低交易成本和保护交易安全稳定的价值追求。在刑事责任中，是从欣某欣公司内部考察责任的产生者，进而确定责任承担者，如果是经集体研究决定，就应由欣某欣公司承担刑事责任，而在案证据能够证实，操纵期货市场的行为是由姜某个人决定，因此刑事责任系因姜某个人行为产生，依法应由其个人承担。综上，该项辩解及辩护意见不能成立，本院不予采纳……

裁判结果

被告人姜某犯操纵期货市场罪，判处有期徒刑二年六个月，并处罚金人民币一百万元。

300 应以与涉案股票操纵行为实质关联的股票建仓时间以及出售时间等为范围来计算违法所得

裁判要点

对操纵证券市场违法所得数额的认定，应以与涉案股票操纵行为实质关联的股票建仓时间以及出售时间等为范围来计算违法所得，而非仅认定实施操纵行为当日的违法所得。

裁判思路

基本案情[①]**：**

2012年5月至2013年1月，被告人唐某博实际控制“杨某一”等证券账户，被告人唐某子实际控制“苏某”等证券账户。其间，唐某博伙同唐某子、唐某琦，不以成交为目的，频繁申报、撤单或大额申报、撤单，影响股票交易价格与交易量，并进行与申报相反的交易。

2012年5月9日至14日，唐某博、唐某子控制账户组撤回申报买入“华某实业”股票量分别占当日该股票总申报买入量的57.02%、55.62%、61.10%，

---

① 案件来源：唐某博等操纵证券、期货市场案【上海市第一中级人民法院（2019）沪01刑初19号】。

撤回申报金额分别为 9000 余万元、3.5 亿余元、2.5 亿余元。同年 5 月 7 日至 23 日，唐某博、唐某子控制账户组通过实施与虚假申报相反的交易行为，违法所得金额 425.77 万余元。

2012 年 5 月至 2013 年 1 月，唐某博、唐某子等人还以同样的方式多次实施操纵市场的行为。

前述交易中，唐某博、唐某子控制账户组违法所得共计 2581.21 万余元。其中，唐某博控制账户组违法所得 2440.87 万余元，唐某子控制账户组违法所得 140.33 万余元。唐某琦在明知唐某博存在操纵证券市场行为的情况下，仍接受唐某博的安排多次从事涉案股票交易。

争议焦点：如何认定操纵证券市场违法所得的数额?

辩护意见：

被告人唐某博的辩护人提出：违法所得认定有误，涉案三只股票的操纵区间认定有误；涉案股票的浮盈、浮亏不应计入违法所得，即使计算账面获利，区间也应限定为操纵当日。

法院认为：

……对操纵证券市场违法所得数额的认定，应以与涉案股票操纵行为实质关联的股票建仓时间以及出售时间等为范围来计算违法所得，而非仅认定实施操纵行为当日的违法所得。同时，从本案来看，操纵证券市场违法所得数额以实际获利金额认定更为妥当，鉴于本案被告人实际获利金额略高于指控数额，本院不再增加认定。被告人唐某博伙同被告人唐某子、唐某琦，不以成交为目的，频繁申报、撤单或者大额申报、撤单，误导投资者作出投资决策，影响证券交易价格、交易量，并进行与申报相反的交易，其行为均已构成操纵证券市场罪。其中，唐某博、唐某子属于情节特别严重，唐某琦属于情节严重……

裁判结果

一、被告人唐某博犯操纵证券市场罪，判处有期徒刑三年六个月，并处罚金人民币二千四百五十万元。

……

四、操纵证券市场违法所得予以追缴。

三、实务建议

近年来，中国证监会及派出机构已对上百件操纵市场案件作出行政处罚，在资本市场领域，操纵市场已经成为仅次于内幕交易、违法披露信息的第三大违法行为。此外，数十起操纵案件进入刑事诉讼程序，受到刑事追责。

为预防相关人员触犯操纵证券、期货市场罪，在对重点案例进行深入研究的基础上，结合实际办案经验，我们提出以下建议。

（一）洞悉犯罪行为的“外壳”与“内核”，止于红线

目前，刑事法律规范所列明的操纵证券、期货市场的行为类型包括九种，分别是：（1）联合、连续交易操纵；（2）约定交易操纵；（3）自买自卖操纵；（4）蛊惑交易操纵；（5）“抢帽子”交易操纵；（6）重大事件操纵；（7）控制信息操纵；（8）虚假申报操纵；（9）跨期、现货市场操纵。此外，兜底条款依然适用，换言之，与上述行为具有相同的本质特征，即属于滥用市场优势非法控制资本市场的行为，均有可能被认定为操纵证券、期货市场罪的行为。

相关从业人员应当了解现行法律关于操纵行为认定的“负面清单”，守住操纵证券、期货市场犯罪的红线，避免实施类型化的操纵市场行为。

（二）打破“为帮助他人获利不构成犯罪”和“亏损不构成犯罪”的错误认识

部分行为人抱有“为帮助他人获利不构成犯罪”或者“亏损不构成犯罪”的错误认识。虽然，构成操纵证券、期货市场罪须达到“情节严重”的标准，但“情节严重”并非以“违法所得”作为唯一的评价因素，而是采用“犯罪数额+情节”的混合认定模式。其中，“情节”又包括特定身份、是否受过行政处罚、社会影响等。因此，只要实施了上述操纵行为，犯罪数额和情节达到了“情节严重”的标准，无论主观上是为自己牟利还是帮助他人牟利，无论是否盈利，都不影响认定构成本罪。

（三）刑事立案后，通过专业的刑事辩护工作积极争取无罪或罪轻效果

鉴于本罪名体现较强的专业性特征，即使因涉嫌操纵市场行为而被刑事立案，

通过寻求专业的刑事辩护，在以下方面仍有争取无罪或罪轻的空间：(1) 是否有证据足以推翻证券监管部门对主观故意的推定；(2) 行为人的操作行为是否为证券价量波动的主要因素；(3) 对实际控制账户的认定是否准确；(4) 违法所得数额的计算是否合理；(5) 个人犯罪或单位犯罪的认定是否准确；(6) 共犯中行为人的地位、作用和影响；(7) 是否存在从轻、减轻处罚的情形，如配合证券处罚机关调查且有立功表现，或主动消除、减轻操纵行为危害后果等。

四、法律规范

(一) 法律

1. **《中华人民共和国刑法》(2020 年修正)**

第一百八十二条 有下列情形之一，操纵证券、期货市场，影响证券、期货交易价格或者证券、期货交易量，情节严重的，处五年以下有期徒刑或者拘役，并处或者单处罚金；情节特别严重的，处五年以上十年以下有期徒刑，并处罚金：

(一) 单独或者合谋，集中资金优势、持股或者持仓优势或者利用信息优势联合或者连续买卖的；

(二) 与他人串通，以事先约定的时间、价格和方式相互进行证券、期货交易的；

(三) 在自己实际控制的帐户之间进行证券交易，或者以自己为交易对象，自买自卖期货合约的；

(四) 不以成交为目的，频繁或者大量申报买入、卖出证券、期货合约并撤销申报的；

(五) 利用虚假或者不确定的重大信息，诱导投资者进行证券、期货交易的；

(六) 对证券、证券发行人、期货交易标的公开作出评价、预测或者投资建议，同时进行反向证券交易或者相关期货交易的；

(七) 以其他方法操纵证券、期货市场的。

单位犯前款罪的，对单位判处罚金，并对其直接负责的主管人员和其他直接责任人员，依照前款的规定处罚。

2.《中华人民共和国证券法》（2019年修订）

第五十五条 禁止任何人以下列手段操纵证券市场，影响或者意图影响证券交易价格或者证券交易量：

（一）单独或者通过合谋，集中资金优势、持股优势或者利用信息优势联合或者连续买卖；

（二）与他人串通，以事先约定的时间、价格和方式相互进行证券交易；

（三）在自己实际控制的账户之间进行证券交易；

（四）不以成交为目的，频繁或者大量申报并撤销申报；

（五）利用虚假或者不确定的重大信息，诱导投资者进行证券交易；

（六）对证券、发行人公开作出评价、预测或者投资建议，并进行反向证券交易；

（七）利用在其他相关市场的活动操纵证券市场；

（八）操纵证券市场的其他手段。

操纵证券市场行为给投资者造成损失的，应当依法承担赔偿责任。

（二）司法解释

《最高人民法院、最高人民检察院关于办理操纵证券、期货市场刑事案件适用法律若干问题的解释》（2019年7月1日施行 法释〔2019〕9号）

第一条 行为人具有下列情形之一的，可以认定为刑法第一百八十二条第一款第四项规定的“以其他方法操纵证券、期货市场”：

（一）利用虚假或者不确定的重大信息，诱导投资者作出投资决策，影响证券、期货交易价格或者证券、期货交易量，并进行相关交易或者谋取相关利益的；

（二）通过对证券及其发行人、上市公司、期货交易标的公开作出评价、预测或者投资建议，误导投资者作出投资决策，影响证券、期货交易价格或者证券、期货交易量，并进行与其评价、预测、投资建议方向相反的证券交易或者相关期货交易的；

（三）通过策划、实施资产收购或者重组、投资新业务、股权转让、上市公司收购等虚假重大事项，误导投资者作出投资决策，影响证券交易价格或者证券交易量，并进行相关交易或者谋取相关利益的；

（四）通过控制发行人、上市公司信息的生成或者控制信息披露的内容、时点、节奏，误导投资者作出投资决策，影响证券交易价格或者证券交易量，并进行相关交易或者谋取相关利益的；

（五）不以成交为目的，频繁申报、撤单或者大额申报、撤单，误导投资者作出投资决策，影响证券、期货交易价格或者证券、期货交易量，并进行与申报相反的交易或者谋取相关利益的；

（六）通过囤积现货，影响特定期货品种市场行情，并进行相关期货交易的；

（七）以其他方法操纵证券、期货市场的。

第二条 操纵证券、期货市场，具有下列情形之一的，应当认定为刑法第一百八十二条第一款规定的“情节严重”：

（一）持有或者实际控制证券的流通股份数量达到该证券的实际流通股份总量百分之十以上，实施刑法第一百八十二条第一款第一项操纵证券市场行为，连续十个交易日的累计成交量达到同期该证券总成交量百分之二十以上的；

（二）实施刑法第一百八十二条第一款第二项、第三项操纵证券市场行为，连续十个交易日的累计成交量达到同期该证券总成交量百分之二十以上的；

（三）实施本解释第一条第一项至第四项操纵证券市场行为，证券交易成交额在一千万元以上的；

（四）实施刑法第一百八十二条第一款第一项及本解释第一条第六项操纵期货市场行为，实际控制的帐户合并持仓连续十个交易日的最高值超过期货交易所限仓标准的二倍，累计成交量达到同期该期货合约总成交量百分之二十以上，且期货交易占用保证金数额在五百万元以上的；

（五）实施刑法第一百八十二条第一款第二项、第三项及本解释第一条第一项、第二项操纵期货市场行为，实际控制的帐户连续十个交易日的累计成交量达到同期该期货合约总成交量百分之二十以上，且期货交易占用保证金数额在五百万元以上的；

（六）实施本解释第一条第五项操纵证券、期货市场行为，当日累计撤回申报量达到同期该证券、期货合约总申报量百分之五十以上，且证券撤回申报额在一千万元以上、撤回申报的期货合约占用保证金数额在五百万元以上的；

（七）实施操纵证券、期货市场行为，违法所得数额在一百万元以上的。

第三条 操纵证券、期货市场，违法所得数额在五十万元以上，具有下列情形之一的，应当认定为刑法第一百八十二条第一款规定的“情节严重”：

（一）发行人、上市公司及其董事、监事、高级管理人员、控股股东或者实际控制人实施操纵证券、期货市场行为的；

（二）收购人、重大资产重组的交易对方及其董事、监事、高级管理人员、控股股东或者实际控制人实施操纵证券、期货市场行为的；

（三）行为人明知操纵证券、期货市场行为被有关部门调查，仍继续实施的；

（四）因操纵证券、期货市场行为受过刑事追究的；

（五）二年内因操纵证券、期货市场行为受过行政处罚的；

（六）在市场出现重大异常波动等特定时段操纵证券、期货市场的；

（七）造成恶劣社会影响或者其他严重后果的。

第四条 具有下列情形之一的，应当认定为刑法第一百八十二条第一款规定的“情节特别严重”：

（一）持有或者实际控制证券的流通股份数量达到该证券的实际流通股份总量百分之十以上，实施刑法第一百八十二条第一款第一项操纵证券市场行为，连续十个交易日的累计成交量达到同期该证券总成交量百分之五十以上的；

（二）实施刑法第一百八十二条第一款第二项、第三项操纵证券市场行为，连续十个交易日的累计成交量达到同期该证券总成交量百分之五十以上的；

（三）实施本解释第一条第一项至第四项操纵证券市场行为，证券交易成交额在五千万元以上的；

（四）实施刑法第一百八十二条第一款第一项及本解释第一条第六项操纵期货市场行为，实际控制的帐户合并持仓连续十个交易日的最高值超过期货交易所限仓标准的五倍，累计成交量达到同期该期货合约总成交量百分之五十以上，且期货交易占用保证金数额在二千五百万元以上的；

（五）实施刑法第一百八十二条第一款第二项、第三项及本解释第一条第一项、第二项操纵期货市场行为，实际控制的帐户连续十个交易日的累计成交量达到同期该期货合约总成交量百分之五十以上，且期货交易占用保证金数额在二千五百万元以上的；

（六）实施操纵证券、期货市场行为，违法所得数额在一千万元以上的。

实施操纵证券、期货市场行为，违法所得数额在五百万元以上，并具有本解释第三条规定的七种情形之一的，应当认定为“情节特别严重”。

第五条 下列帐户应当认定为刑法第一百八十二条中规定的“自己实际控制的帐户”：

（一）行为人以自己名义开户并使用的实名帐户；

（二）行为人向帐户转入或者从帐户转出资金，并承担实际损益的他人帐户；

（三）行为人通过第一项、第二项以外的方式管理、支配或者使用的他人帐户；

（四）行为人通过投资关系、协议等方式对帐户内资产行使交易决策权的他人帐户；

（五）其他有证据证明行为人具有交易决策权的帐户。

有证据证明行为人对前款第一项至第三项帐户内资产没有交易决策权的除外。

第六条 二次以上实施操纵证券、期货市场行为，依法应予行政处理或者刑事处理而未经处理的，相关交易数额或者违法所得数额累计计算。

第七条 符合本解释第二条、第三条规定的标准，行为人如实供述犯罪事实，认罪悔罪，并积极配合调查，退缴违法所得的，可以从轻处罚；其中犯罪情节轻微的，可以依法不起诉或者免予刑事处罚。

符合刑事诉讼法规定的认罪认罚从宽适用范围和条件的，依照刑事诉讼法的规定处理。

第八条 单位实施刑法第一百八十二条第一款行为的，依照本解释规定的定罪量刑标准，对其直接负责的主管人员和其他直接责任人员定罪处罚，并对单位判处罚金。

第九条 本解释所称“违法所得”，是指通过操纵证券、期货市场所获利益或者避免的损失。

本解释所称“连续十个交易日”，是指证券、期货市场开市交易的连续十个交易日，并非指行为人连续交易的十个交易日。

第十条 对于在全国中小企业股份转让系统中实施操纵证券市场行为，社会危害性大，严重破坏公平公正的市场秩序的，比照本解释的规定执行，但本解释第二条第一项、第二项和第四条第一项、第二项除外。

第十一条 本解释自2019年7月1日起施行。

（三）立案标准

《最高人民检察院、公安部关于公安机关管辖的刑事案件立案追诉标准的规定（二）》（**2022年5月15日施行　公通字〔2022〕12号**）

第三十四条　操纵证券、期货市场，影响证券、期货交易价格或者证券、期货交易量，涉嫌下列情形之一的，应予立案追诉：

（一）持有或者实际控制证券的流通股份数量达到该证券的实际流通股份总量百分之十以上，实施刑法第一百八十二条第一款第一项操纵证券市场行为，连续十个交易日的累计成交量达到同期该证券总成交量百分之二十以上的；

（二）实施刑法第一百八十二条第一款第二项、第三项操纵证券市场行为，连续十个交易日的累计成交量达到同期该证券总成交量百分之二十以上的；

（三）利用虚假或者不确定的重大信息，诱导投资者进行证券交易，行为人进行相关证券交易的成交额在一千万元以上的；

（四）对证券、证券发行人公开作出评价、预测或者投资建议，同时进行反向证券交易，证券交易成交额在一千万元以上的；

（五）通过策划、实施资产收购或者重组、投资新业务、股权转让、上市公司收购等虚假重大事项，误导投资者作出投资决策，并进行相关交易或者谋取相关利益，证券交易成交额在一千万元以上的；

（六）通过控制发行人、上市公司信息的生成或者控制信息披露的内容、时点、节奏，误导投资者作出投资决策，并进行相关交易或者谋取相关利益，证券交易成交额在一千万元以上的；

（七）实施刑法第一百八十二条第一款第一项操纵期货市场行为，实际控制的帐户合并持仓连续十个交易日的最高值超过期货交易所限仓标准的二倍，累计成交量达到同期该期货合约总成交量百分之二十以上，且期货交易占用保证金数额在五百万元以上的；

（八）通过囤积现货，影响特定期货品种市场行情，并进行相关期货交易，实际控制的帐户合并持仓连续十个交易日的最高值超过期货交易所限仓标准的二倍，累计成交量达到同期该期货合约总成交量百分之二十以上，且期货交易占用保证金数额在五百万元以上的；

（九）实施刑法第一百八十二条第一款第二项、第三项操纵期货市场行为，实际控制的帐户连续十个交易日的累计成交量达到同期该期货合约总成交量百分之二十以上，且期货交易占用保证金数额在五百万元以上的；

（十）利用虚假或者不确定的重大信息，诱导投资者进行期货交易，行为人进行相关期货交易，实际控制的帐户连续十个交易日的累计成交量达到同期该期货合约总成交量百分之二十以上，且期货交易占用保证金数额在五百万元以上的；

（十一）对期货交易标的公开作出评价、预测或者投资建议，同时进行相关期货交易，实际控制的帐户连续十个交易日的累计成交量达到同期该期货合约总成交量的百分之二十以上，且期货交易占用保证金数额在五百万元以上的；

（十二）不以成交为目的，频繁或者大量申报买入、卖出证券、期货合约并撤销申报，当日累计撤回申报量达到同期该证券、期货合约总申报量百分之五十以上，且证券撤回申报额在一千万元以上、撤回申报的期货合约占用保证金数额在五百万元以上的；

（十三）实施操纵证券、期货市场行为，获利或者避免损失数额在一百万元以上的。

操纵证券、期货市场，影响证券、期货交易价格或者证券、期货交易量，获利或者避免损失数额在五十万元以上，同时涉嫌下列情形之一的，应予立案追诉：

（一）发行人、上市公司及其董事、监事、高级管理人员、控股股东或者实际控制人实施操纵证券、期货市场行为的；

（二）收购人、重大资产重组的交易对方及其董事、监事、高级管理人员、控股股东或者实际控制人实施操纵证券、期货市场行为的；

（三）行为人明知操纵证券、期货市场行为被有关部门调查，仍继续实施的；

（四）因操纵证券、期货市场行为受过刑事追究的；

（五）二年内因操纵证券、期货市场行为受过行政处罚的；

（六）在市场出现重大异常波动等特定时段操纵证券、期货市场的；

（七）造成其他严重后果的。

对于在全国中小企业股份转让系统中实施操纵证券市场行为，社会危害性大，严重破坏公平公正的市场秩序的，比照本条的规定执行，但本条第一款第一项和第二项除外。

图书在版编目（CIP）数据

金融刑事风控实战指南：实务解析、裁判要点与防控建议／韩帅编著．—北京：中国法制出版社，2024．1

ISBN 978-7-5216-3855-4

Ⅰ．①金… Ⅱ．①韩… Ⅲ．①金融犯罪-刑事犯罪-案例-中国-指南 Ⅳ．①D924．335-62

中国国家版本馆 CIP 数据核字（2023）第 162945 号

策划编辑：赵　宏　　责任编辑：陈晓冉　　封面设计：周黎明

金融刑事风控实战指南：实务解析、裁判要点与防控建议

JINRONG XINGSHI FENGKONG SHIZHAN ZHINAN：SHIWU JIEXI、CAIPAN YAODIAN YU FANGKONG JIANYI

编著/韩帅

经销/新华书店

印刷/河北华商印刷有限公司

开本/710 毫米×1000 毫米　16 开　　印张/ 47．75　字数/ 636 千

版次/2024 年 1 月第 1 版　　2024 年 1 月第 1 次印刷

中国法制出版社出版

书号 ISBN 978-7-5216-3855-4　　定价：198．00 元

北京市西城区西便门西里甲 16 号西便门办公区

邮政编码：100053　　传真：010-63141600

网址：http：//www．zgfzs．com　　**编辑部电话：010-63141835**

市场营销部电话：010-63141612　　**印务部电话：010-63141606**

（如有印装质量问题，请与本社印务部联系。）